国家自然科学基金重大项目
互联网背景下金融创新与风险管理若干基础理论与方法系列专著

互联网背景下
金融服务和产品创新的影响

吴冲锋 刁训娣 李晨辰 周春阳 等 著

科学出版社
北京

内 容 简 介

本书重点研究互联网背景下金融服务和产品创新对投资者行为、市场信息传播和资产定价等方面的影响。第 1~6 章为移动交易篇，主要研究移动交易对投资者信念异质性、从众行为、投资者情绪、市场信息扩散和股票收益率等方面的影响。第 7~11 章为互联网金融产品篇，主要介绍互联网消费金融、互联网投资金融、互联网证券化产品、市场参与者行为特征、互联网风险事件、互联网金融监管等方面的内容。第 12~15 章为综合篇，主要介绍投资者时变风险偏好和动态投资组合模型、市场信息传播和衰减模型、互联网信息搜索对股票市场的影响、互联网政务治理信息化等内容。本书注重基本理论与实证分析相结合，研究中采用问卷调查、统计分析、计量建模等方法，为相关问题的研究提供了很好的借鉴。

本书可供高等院校本科生、研究生、教师以及金融市场相关科研人员、投资者和市场监管人员参考。

图书在版编目(CIP)数据

互联网背景下金融服务和产品创新的影响 / 吴冲锋等著. -- 北京：科学出版社, 2024.12

（互联网背景下金融创新与风险管理若干基础理论与方法系列专著）

国家自然科学基金重大项目

ISBN 978-7-03-074551-4

Ⅰ. ①互… Ⅱ. ①吴… Ⅲ. ①互联网络－应用－金融－商业服务－研究 ②互联网络－应用－金融产品－产品设计－研究 Ⅳ. ①F830.49

中国版本图书馆 CIP 数据核字（2022）第 252962 号

责任编辑：王丹妮 / 责任校对：姜丽策
责任印制：张 伟 / 封面设计：有道设计

科 学 出 版 社 出版
北京东黄城根北街 16 号
邮政编码：100717
http://www.sciencep.com

北京中科印刷有限公司印刷
科学出版社发行 各地新华书店经销

*

2024 年 12 月第 一 版 开本：720×1000 1/16
2024 年 12 月第一次印刷 印张：29
字数：600 000
定价：298.00 元
（如有印装质量问题，我社负责调换）

丛书编委会

编委会顾问：
  柴洪峰 院 士 复旦大学
  李心丹 教 授 南京大学
  汪昌云 教 授 中国人民大学
  郑振龙 教 授 厦门大学
  徐 忠 研究员 中国银行间市场交易商协会
  张健华 研究员 华夏银行

编委会主任：
  张 维 教 授 天津大学

编委会委员：
  吴冲锋 教 授 上海交通大学
  田 轩 教 授 清华大学
  陈 收 教 授 湖南大学
  熊 熊 教 授 天津大学
  吴文锋 教 授 上海交通大学
  陈 卓 副教授 清华大学
  邹自然 副教授 湖南大学

总　　序

互联网背景下，数字技术与经济社会各个领域的联系日益密切，以前所未有的速度、广度和深度影响着经济活动，以此为基础的数字经济正在成为全球资源要素配置、经济结构转变、竞争格局重塑的关键力量，成为经济复苏和发展的重要引擎。作为经济活动的关键组成部分，金融活动乘着互联网、大数据、人工智能等新一代数字信息技术的"东风"，在积累海量数据、形成丰富应用场景的同时，也推动金融体系的功能和结构发生了深刻变化。以互联网为依托的金融创新以及由此而产生的金融风险得到了学界和业界的广泛关注。

近年来，我国金融行业的改革和发展成绩斐然，产品服务日益丰富，普惠金融深入推进，各项设施不断完善。作为利用前沿数字技术的行业，金融业积极利用互联网等新一代数字信息技术为自身赋能，进行数字化转型，通过改变金融服务触达用户的方式、增加投融资双方的信息透明度、扩展风险分析的大数据资源和分析能力、揭示新的风险定价因素、强化风险管理的及时性和细节、创造新的金融产品市场等基本途径，提升了金融的社会资金配置效率和提供金融服务的效率，为克服金融服务过去的一些薄弱环节提供了新的解决方案。比如，金融机构借助数字金融技术进行转型升级，利用作为"信用背书"的网上交易流水为小微企业经营者发放完全无抵押的贷款，合理地确定贷款利率；利用网店销售数据、资金关系等非标信息进行风控，为小微企业解决"融资难、融资贵"问题。又比如，移动支付、在线理财、非接触银行等金融服务的兴起，推动数字经济迅猛增长，也在抗击新冠肺炎疫情、促进生产生活恢复和发展方面发挥了重要作用。再比如，中国人民银行数字货币的推出提高了支付的安全性，也使得跨境结算变得更加便利，有助于推动中国企业的海外投资和"一带一路"倡议的顺利推行。还比如，监管机构利用互联网技术为上市公司信息披露、小投资者权益保护提供了新的途径，有助于建立规范、透明、开放、有活力、有韧性的资本市场。

然而，我们也应该看到，在互联网背景下的金融创新快速发展的实践中，也存在着不平衡、不充分的问题；从学术意义上来看，由于理论赖以成立的一些基础性假设（如信息的完备性、不同的金融活动参与者的信息获取和处理能力的均等性等）并非总是成立，这些都为金融体系的风险管理带来了新的挑战。依托互联网等新一代数字信息技术所进行的金融创新，在一定程度上模糊了金融业和非金融业之间的传统边界，以创新为企业基因的大科技公司（Big Tech）与以风险交易为核心的金融机构，在风险文化上存在着天然的差异，在这类金融创新和实操的过程中常常会看到"风险意识"被有意或者无意地弱化。可以看到，某些不当的所谓"金融创新"在某种程度上助长了违法违规的"金融"行为，加重而非减少了投融资者之间的信息不对称性，提高而非降低了金融交易成本，加剧而非缓解了"脱实向虚"的倾向，集聚而非分散了系统风险，进而背离了金融创新的初衷。因此，互联网背景下的金融创新和风险管理实践，为金融经济学的研究提出了全新的科学问题。如何理解这些创新所产生的新价值、新影响、新规律，如何应对这些创新所带来的新风险、新机遇、新问题，进而如何基于对上述科学规律的认知，在实践中对这些金融创新进行评价和监管，值得深入思考和探究。

为了系统地分析互联网背景下金融创新的内在机理和外在表现，提炼互联网背景下风险管理的思路与方法，我们有幸承担了国家自然科学基金重大项目"互联网背景下金融创新与风险管理若干基础理论与方法"（71790590）的研究任务，这个项目成为国内首个探讨互联网、大数据如何对金融活动和潜在风险产生影响的国家自然科学基金重大项目。

本重大项目以我国互联网信息技术与金融交易活动深度融合为现实研究对象，以现有的相关理论与实践现实之间存在的差异为线索，从参与主体、重要功能、市场影响和管理技术四个角度出发，深入研究了互联网背景下金融市场微观参与者行为规律及其风险效应、金融产品/服务创新与风险及其定价、金融机构创新规律与业绩表现、金融市场效率与监管等四个大方面的相关问题，覆盖了金融创新与风险管理的微观、中观和宏观层次，试图以此建立互联网背景下金融创新与风险管理的新的理论认知体系，以期理解我国金融体制机制变革与新一代数字信息技术进步的关系。图0-1揭示了整个项目的研究框架和思路。

为此，我们组织了一支来自天津大学、上海交通大学、清华大学和湖南大学等多个机构，聚集了海内外优秀金融学者的研究团队，结合中国实际情况和国际前沿理论，在深入调研、把握规律的基础上，围绕前述研究框架开展了一系列科学探索。经过四年多的不懈努力，取得了一批创新的研究成果。

1. 形成了互联网背景下的金融市场参与者行为及其宏观影响规律的认识

本重大项目研究了在互联网背景下金融市场微观参与者的信息行为、决策行为与价值判断，构建了一个基于复杂性科学视角的"信息行为-交易行为-市场涌现"金融市场规律认知新框架，建设了一个基于微观行为指标的金融数据库，获得了对互联网背景下金融市场参与者行为规律的深刻理解，揭示了由这些信息行为和交易行为所涌现出来的金融市场动力学形态及其风险效应，为互联网背景下的金融创新监管提供了理论支持和政策建议。

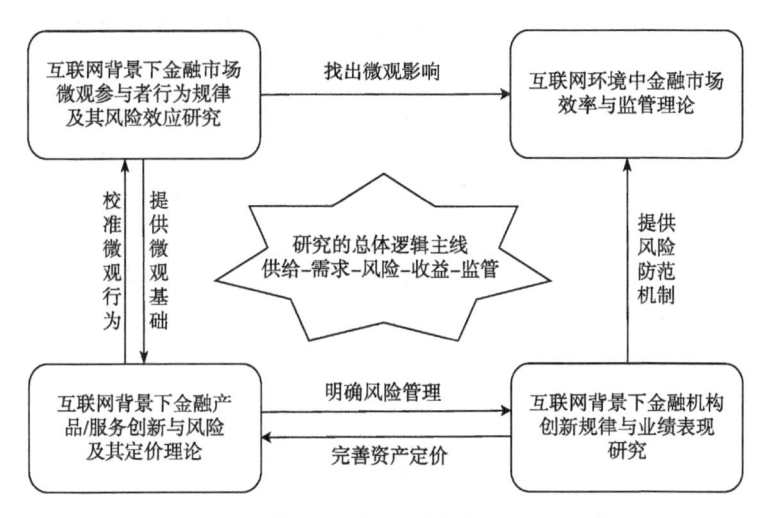

图 0-1 项目研究框架图

2. 建立了互联网背景下金融产品/服务创新及其定价的新理论与新方法

本重大项目研究了互联网带来的外部交易环境变化和金融创新如何导致金融产品/服务供需特性的变化与损益特性的变化，总结了互联网背景下金融产品/服务创新的定价机制以及其对金融市场的影响规律，为加强金融风险管理与促进金融市场健康发展提供了理论依据。

3. 探究了互联网背景下金融机构的创新激励机制、演化规律与绩效影响

本重大项目研究了具有开放性、便利性及普及性的互联网背景下金融机构创新规律与业绩表现，归纳了互联网背景下激励因素发挥作用的机制以及金融机构创新的演化规律，从服务实体经济的角度建立了金融机构创新绩效的评价体系，并在此基础上，总结了创新给金融监管带来的挑战和机遇，提供了相关政策建议。

4. 揭示了互联网背景下金融风险的特殊性质及其管理规律

本重大项目研究了互联网环境中的金融效率和金融监管，探讨了个体信用因素的动态特征及对市场交易效率的影响、管制约束条件下交易成本及信息对称性对市场效率的作用机理、互联网背景下信用评价与违约风险控制、网络借贷平台定价机制与风险评价、市场监管规范效应等问题，提出了互联网背景下个体与平台信用评价和风险管理的理论与方法，开发了信用评估的关键技术。

以上述四部分研究内容及其成果为基础，本重大项目研究团队撰写的一大批论文相继发表在相关领域的国际国内顶级期刊上［如 UT Dallas（The University of Texas at Dallas，得克萨斯大学达拉斯分校）界定的 24 种期刊之中的 *The Review of Financial Studies*、*Journal of Financial Economics*、*Journal of Accounting Research*、*Management Science*、*Information Systems Research*、*INFORMS Journal on Computing*，以及《管理科学学报》、《经济研究》、《管理世界》等］，并在相关领域国内外知名的系列学术会议［如 AFA Annual Meeting（American Finance Association Annual Meeting，美国金融学年会）、CICF（China International Conference in Finance，中国金融国际年会）、EFA Annual Meeting（European Finance Association Annual Meeting，欧洲金融学年会）、WFA Annual Meeting（Western Finance Association Annual Meeting，美国西部金融学年会）、中国金融学年会等］上做报告，这些都体现了国内外同行对我们学术工作的认可。同时，我们重视将研究成果服务于管理部门和金融机构决策实践，形成重要的社会影响。我们的研究工作成果支持了地方（如上海市）金融监管方面的立法工作；从互联网背景下新业态及监管、新冠肺炎疫情应对、我国经济发展及金融改革等多方面为中央和地方政府提供了近 40 项政策建议，部分报告得到了中央或地方领导的批示。我们也重视把创新成果应用于金融实践并获得多项奖励：项目成员作为中国证券监督管理委员会上市公司并购重组审核委员会委员和深圳证券交易所创业板上市委员会委员，多次参会并针对上市公司重大事项提供专业意见；与深圳证券交易所、上海期货交易所、招商银行等进行合作，帮助它们制定监管政策、优化产品服务。此外，本重大项目的学术研究活动也在人才培养方面取得了显著的效果，例如，项目团队的卓越青年学者获得了国家杰出青年科学基金资助，一些团队成员还获得了若干其他类型的国家级杰出人才称号；有些获得了中国青年经济学家奖、重要的系列学术会议优秀论文奖等学术奖励；培养的一批优秀毕业博士生获聘国内外一流高校与金融机构的任职。

　　为了更好地向大众展示我们所取得的研究成果，特编撰了这一系列的专著。希望能够有助于相关领域辛勤耕耘的学者进一步深入研究，并吸引更多青年学者投身这一前景广阔的前沿研究领域，由此激发出更多有深度思想、有价值意义的高水平研究，为这一领域的发展壮大做出我们这个研究团队的一点贡献。

　　而今，本重大项目已近尾声，但是关于互联网背景下金融创新与风险管理的规律和方法的研究正欣欣向荣、蒸蒸日上。随着技术的不断突破、监管的持续跟进、观念的迭代升级，这一领域也将不断涌现出新的现象、新的问题、新的规律，值得更进一步地探讨和分析。比如，数字人民币的推出、加密货币交易的禁止、零售金融业务的全程数字化改造、线上场景对线下场景的加速替代等，都已经开始引起社会各界的关注。在未来，我们认为至少如下几个方向值得继续探索：首先，随着互联网技术在金融产业应用场景的不断增加，涉及的因素越来越多，除了每一因素独立发挥作用，不同因素之间的交互作用也会越来越复杂，如何更清晰地识别某一特定互联网因素对金融创新与风险管理的影响以及建立它们之间的因果关系，都将依旧是一项富有挑战的工作；其次，随着数据存储水平和网络链路优化技术的提高，短视频、直播等网络新业态崛起，这些图像、音频、视频也会影响金融交易活动的进行，如何对异构的非结构化数据进行处理、融合、从中提取有效信息也是一个值得重视的课题；最后，随着国家大数据立法的步伐加快、个人隐私保护持续加码，在这样的强监管背景下，高度依赖于数据收集的金融科技也面临着新的挑战，如何保护好数据被收集对象的权益并设定好技术标准、提高技术安全也是亟待解决的问题。总之，如何在新一代数字信息技术发展的时代背景下，进一步释放数字经济的效能，如何使金融体系通过数字化变革实现自身的健康发展，让互联网背景下的金融创新真正服务于我国的社会经济可持续发展，如何通过新一代数字信息技术的手段，守住不发生系统性金融风险的底线，这些问题的解决，都需要更多不同领域的学者和实践者共同贡献智慧。

本重大项目之所以能够在过去的几年中顺利展开，离不开众多组织机构、学界同仁的鼎力支持和关怀，离不开项目团队集体以及每个成员的辛勤努力和无私付出。为此，我们首先要感谢国家自然科学基金委员会各级领导的高瞻远瞩、深谋远虑，对项目的立项、推进给予了极大的推动和殷切的关怀；感谢本重大项目的指导专家组和各位学界同仁对我们工作的悉心指导、坚定支持和巨大帮助；感谢项目各团队所依托的单位（天津大学、上海交通大学、清华大学和湖南大学）为项目实施提供了良好的学术环境和支撑条件；感谢项目推进过程中为我们提供了热情帮助的相关实践部门和金融机构（如深圳证券交易所、上海期货交易所、招商银行等），它们为本重大项目的执行提供了强有力的支持。其次要感谢所有参与本重大项目研究的老师和同学，是大家持续多年的倾情投入，才催生了这样的累累学术硕果，完美地体现了团队的精神和力量。最后也感谢促使本系列专著得以出版的科学出版社领导和编辑，特别是我们热情的老朋友马跃先生，正是他们的鼓励和支持，使得本系列专著得以顺利面世。

生逢盛世，吾辈之幸；学无止境，漫路求索。

编委会

前　　言

从 20 世纪末到 21 世纪初，新浪、搜狐、百度、阿里巴巴、腾讯、京东等著名互联网公司诞生，虽然 2000 年前后全球互联网泡沫破裂，互联网公司进入寒冬，但是我国互联网公司发展依然势不可挡，互联网普及率不断攀升。特别是随着智能手机的普及，移动互联网深入人心，与传统行业深度融合，为人们的工作和生活、投资和融资、支付和结算以及社交活动等提供了极大的便利。根据中国互联网络信息中心的第 50 次《中国互联网络发展状况统计报告》，截至 2022 年 6 月，我国网民规模为 10.51 亿人，互联网普及率达 74.4%；网民使用手机上网的比例达 99.6%，人均每周上网时长为 29.5h；我国国内市场上监测到的应用（application，APP）数量为 232 万款。

根据《中国支付产业年报 2022》和《2022 年第一季度支付体系运行总体情况》截至 2021 年 12 月，网络支付用户规模为 9.04 亿人，互联网理财规模为 1.94 亿人，搜索引擎用户规模为 8.29 亿人，在线办公用户规模达 4.69 亿人。2022 年第一季度银行共处理网上支付业务 235.70 亿笔，金额为 585.16 万亿元，同比分别增长 4.60%和 5.72%；移动支付业务 346.53 亿笔，金额为 131.58 万亿元，同比分别增长 6.24%和 1.11%。

互联网在深度融入人们日常生活的同时，也大大影响了人们的工作、投资、支付、消费和信息获取等方方面面，它直接或者间接地影响金融市场和市场参与者的行为。在直接影响方面，是指人们通过互联网手段直接交易、支付、投资金融标的物从而影响金融市场行为等。目前金融机构（包括从事金融业务的有关金融科技公司）普遍推广使用移动交易、移动支付和移动投资等业务，市场参与者基本不受是否在办公室计算机前或者柜台前的交易限制，可以随时随地参与股票市场的交易、移动支付和移动投资。互联网背景下发展起来的一些金融业务在一定程度上具有支付更加便捷、操作更加容易、涉及面更广、普惠包容性大、直接交易成本更低等众多优势，从而迅速步入规模化发展阶段，吸引了许多市场参与者。这些变化呈现出金融市场参与主体广泛性与差异性共存、便捷性和决策随意性共存、信息及时性与分析受限性共存、交易方便性与安全性共存、金融普及与风险忽视共存。这些差异会对参与者行为和金融市场产生重要影响。在间接影响方面，通过利用互联网手段间接影响交易、支付、投资金融标的物等。互联网给在线工作提供了可能，特别在疫情期间，大量分析师不再去现场调研，而是开展在线调研工作（通过影响分析师工作而影响金融市场）。在线工作具有便利性，同时也会存在实体体验性差的问题。这些是否会影响分析师对上市公司的业绩判断，从而影响投资者的行为和市场行为？同样地，搜索引擎以及微博、微信等工具的大量使用改变了金融信息的获取、传播、分析和使用方式，改变了金融市场之间的信息关联。快速、便利、互联互动与信息"消化不良"共存，这些都可能影响投资者对公司的判断，从而影响市场参与者的行为和金融市场行为。利用互联网技术，政府数字化转型稳步开展，政务服务平台、监督平台和全国信用体系已经形成，推进了国家治理体系和治理能力现代化。互联网应用也改变了政府与公司关系"最多跑一次"和"一网通办"等发展模式，缩短了政府与企业和公民的距离，有效解决了企业办事慢、办事烦等问题，促进了监管手段的提升，并有效改善了政企关系和营商环境。这可能会影响公司业绩，从而影响金融市场。

随着互联网和移动通信技术的发展以及移动交易和移动支付的快速兴起，股市的交易方式也产生了诸多变化，从排队填单到电话交易到计算机交易，到如今，股民可以用智能手机接收股票资讯、随时随地进行股票买卖。交易终端的多样性和智能化，会给股票市场带来什么呢？在中国目前移动交易（手机端交易）非常普遍、移动支付非常盛行、个人投资者直接参与金融市场的比例奇高以及互联网信息真实性问题较严重等情况下来研究互联网背景下金融服务和产品创新及其对参与者和市场的影响问题，具有非常重要的理论意义和现实意义。

本书包括移动交易篇、互联网金融产品篇以及综合篇共15章内容。这只是上述问题研究的一部分结果，是国家自然科学基金重大项目课题的一部分成果。图0-2展示了本书的主要研究内容以及关系。本书第1章由王玉东、刁训娣、潘志远和吴冲锋等完成，第2章由吴海波和吴冲锋等完成，第3章由李卓蕾、刁训娣和吴冲锋等完成，第4章由李晨辰和吴冲锋等完成，第5章由李晨辰和吴冲锋等完成，第6章由刁训娣、方妍和周亚萍等完成，第7章由滕哲卿、刁训娣和吴冲锋等完成，第8章由彭潇颖、池豪、千芊、饶轩和邹楚伊等完成，第9章由徐菁怡和吴冲锋等完成，第10章由刘晓艺和吴冲锋等完成，第11章由唐士亚、马楠、程雪军和许多奇等完成，第12章由周春阳、李海涛和吴冲锋完成，第13章由黄瑞、王玉东、郝显峰和吴冲锋完成，第14章由陈星、刁训娣和吴冲锋完成，第15章由王辛楠、舒海兵、吴冲锋等完成。本书在撰写过程中，宫庆彬博士和李天洋博士等参与了内容校对、绘图等部分工作。

本书得到了国家自然科学基金重大项目课题（71790592）的支持，在此真诚

前　言

地表示感谢，感谢上海市高峰学科的支持，感谢出版社编辑的辛勤付出。

　　由于作者水平有限，书中难免存在不足之处，恳请读者批评指正。

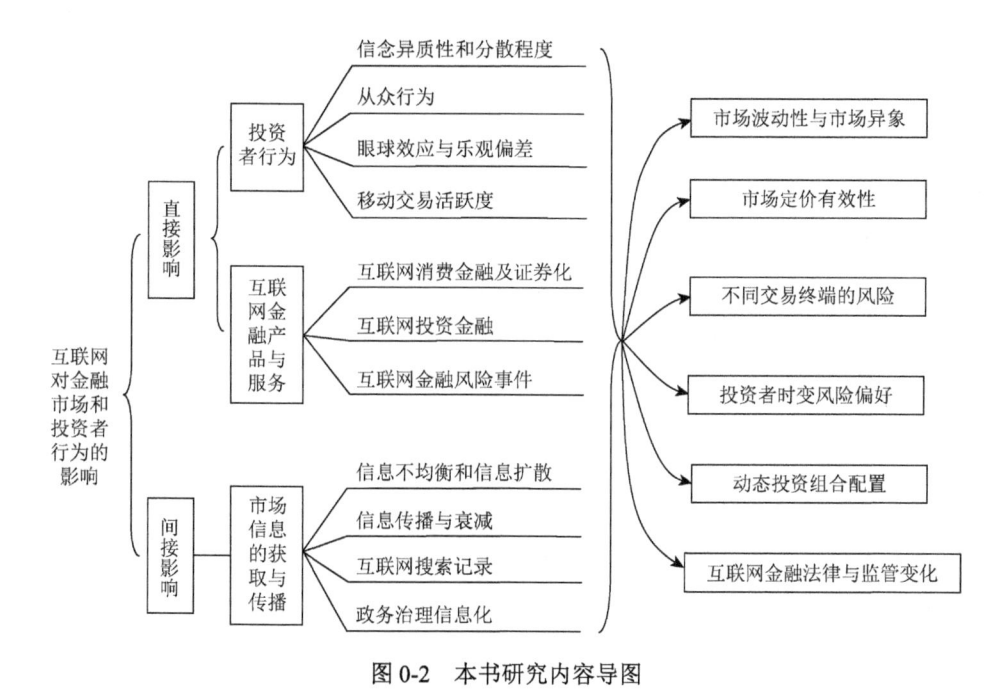

图 0-2　本书研究内容导图

作　者

2023 年 10 月

目 录

第一篇　移动交易篇

第1章　移动交易与异质信念 ⋯⋯⋯⋯⋯⋯⋯⋯⋯⋯⋯⋯⋯⋯⋯⋯⋯⋯⋯⋯⋯ 3
 1.1　概述 ⋯⋯⋯⋯⋯⋯⋯⋯⋯⋯⋯⋯⋯⋯⋯⋯⋯⋯⋯⋯⋯⋯⋯⋯⋯⋯⋯⋯ 3
 1.2　相关文献综述 ⋯⋯⋯⋯⋯⋯⋯⋯⋯⋯⋯⋯⋯⋯⋯⋯⋯⋯⋯⋯⋯⋯⋯⋯ 4
 1.3　数据 ⋯⋯⋯⋯⋯⋯⋯⋯⋯⋯⋯⋯⋯⋯⋯⋯⋯⋯⋯⋯⋯⋯⋯⋯⋯⋯⋯⋯ 5
 1.4　稳健性检验 ⋯⋯⋯⋯⋯⋯⋯⋯⋯⋯⋯⋯⋯⋯⋯⋯⋯⋯⋯⋯⋯⋯⋯⋯⋯ 13
 1.5　小结 ⋯⋯⋯⋯⋯⋯⋯⋯⋯⋯⋯⋯⋯⋯⋯⋯⋯⋯⋯⋯⋯⋯⋯⋯⋯⋯⋯⋯ 21

第2章　移动交易与股票预期收益 ⋯⋯⋯⋯⋯⋯⋯⋯⋯⋯⋯⋯⋯⋯⋯⋯⋯⋯ 23
 2.1　概述 ⋯⋯⋯⋯⋯⋯⋯⋯⋯⋯⋯⋯⋯⋯⋯⋯⋯⋯⋯⋯⋯⋯⋯⋯⋯⋯⋯⋯ 23
 2.2　移动交易的发展现状 ⋯⋯⋯⋯⋯⋯⋯⋯⋯⋯⋯⋯⋯⋯⋯⋯⋯⋯⋯⋯⋯ 24
 2.3　数据与变量 ⋯⋯⋯⋯⋯⋯⋯⋯⋯⋯⋯⋯⋯⋯⋯⋯⋯⋯⋯⋯⋯⋯⋯⋯⋯ 25
 2.4　移动交易活跃度与股票收益 ⋯⋯⋯⋯⋯⋯⋯⋯⋯⋯⋯⋯⋯⋯⋯⋯⋯⋯ 27
 2.5　移动交易活跃度的波动与股票收益 ⋯⋯⋯⋯⋯⋯⋯⋯⋯⋯⋯⋯⋯⋯⋯ 31
 2.6　小结 ⋯⋯⋯⋯⋯⋯⋯⋯⋯⋯⋯⋯⋯⋯⋯⋯⋯⋯⋯⋯⋯⋯⋯⋯⋯⋯⋯⋯ 38

第3章　移动交易对收益率分散性及从众行为的影响 ⋯⋯⋯⋯⋯⋯⋯⋯⋯⋯ 40
 3.1　概述 ⋯⋯⋯⋯⋯⋯⋯⋯⋯⋯⋯⋯⋯⋯⋯⋯⋯⋯⋯⋯⋯⋯⋯⋯⋯⋯⋯⋯ 40
 3.2　文献回顾 ⋯⋯⋯⋯⋯⋯⋯⋯⋯⋯⋯⋯⋯⋯⋯⋯⋯⋯⋯⋯⋯⋯⋯⋯⋯⋯ 42
 3.3　数据与方法 ⋯⋯⋯⋯⋯⋯⋯⋯⋯⋯⋯⋯⋯⋯⋯⋯⋯⋯⋯⋯⋯⋯⋯⋯⋯ 44
 3.4　实证分析 ⋯⋯⋯⋯⋯⋯⋯⋯⋯⋯⋯⋯⋯⋯⋯⋯⋯⋯⋯⋯⋯⋯⋯⋯⋯⋯ 49
 3.5　其他可能解释 ⋯⋯⋯⋯⋯⋯⋯⋯⋯⋯⋯⋯⋯⋯⋯⋯⋯⋯⋯⋯⋯⋯⋯⋯ 58
 3.6　小结 ⋯⋯⋯⋯⋯⋯⋯⋯⋯⋯⋯⋯⋯⋯⋯⋯⋯⋯⋯⋯⋯⋯⋯⋯⋯⋯⋯⋯ 65

第4章　证券交易的移动化：眼球效应与乐观偏差 ⋯⋯⋯⋯⋯⋯⋯⋯⋯⋯⋯ 67
 4.1　文献回顾 ⋯⋯⋯⋯⋯⋯⋯⋯⋯⋯⋯⋯⋯⋯⋯⋯⋯⋯⋯⋯⋯⋯⋯⋯⋯⋯ 69
 4.2　研究设计 ⋯⋯⋯⋯⋯⋯⋯⋯⋯⋯⋯⋯⋯⋯⋯⋯⋯⋯⋯⋯⋯⋯⋯⋯⋯⋯ 71
 4.3　数据 ⋯⋯⋯⋯⋯⋯⋯⋯⋯⋯⋯⋯⋯⋯⋯⋯⋯⋯⋯⋯⋯⋯⋯⋯⋯⋯⋯⋯ 72
 4.4　眼球效应 ⋯⋯⋯⋯⋯⋯⋯⋯⋯⋯⋯⋯⋯⋯⋯⋯⋯⋯⋯⋯⋯⋯⋯⋯⋯⋯ 77
 4.5　移动端投资者乐观偏差 ⋯⋯⋯⋯⋯⋯⋯⋯⋯⋯⋯⋯⋯⋯⋯⋯⋯⋯⋯⋯ 83
 4.6　投资者表现 ⋯⋯⋯⋯⋯⋯⋯⋯⋯⋯⋯⋯⋯⋯⋯⋯⋯⋯⋯⋯⋯⋯⋯⋯⋯ 88

	4.7	小结 ·· 91
第5章	移动交易对信息扩散效应的影响 ·························· 93
	5.1	数据描述 ··· 94
	5.2	移动交易异质信念如何影响产业链信息扩散速度 ········ 100
	5.3	移动交易异质信念与未来股票回报 ····················· 108
	5.4	移动交易异质信念与信息风险 ·························· 112
	5.5	小结 ··· 118
第6章	交易终端的风险与市场指数收益率的可预测性 ··············· 119
	6.1	概述 ··· 119
	6.2	文献回顾 ·· 120
	6.3	风险测度与收益率预测模型 ·························· 124
	6.4	不同交易终端的股票风险分析 ························· 127
	6.5	基于不同交易终端风险的预测能力分析 ················· 132
	6.6	小结 ··· 142

第二篇　互联网金融产品篇

第7章	互联网消费金融与消费者行为研究 ························· 147
	7.1	概述 ··· 147
	7.2	文献回顾 ·· 149
	7.3	理论基础和研究假设 ································ 151
	7.4	实证分析 ·· 156
	7.5	小结 ··· 184
第8章	互联网投资金融与投资者行为研究 ························· 187
	8.1	我国互联网投资金融概述 ····························· 187
	8.2	相关理论基础与模型构建 ····························· 188
	8.3	问卷调查与描述性统计分析 ·························· 191
	8.4	实证分析 ·· 196
	8.5	影响投资行为的其他因素 ····························· 202
	8.6	小结 ··· 205
第9章	互联网金融的风险事件及其影响 ························· 207
	9.1	互联网风险事件对投资行为的影响 ····················· 207
	9.2	互联网风险事件对互联网理财产品的影响路径 ········ 211
	9.3	互联网风险事件对互联网理财产品收益的影响 ········ 214

第10章 互联网消费金融证券化产品研究 ... 241
10.1 市场现状与典型案例 ... 241
10.2 发行利率的影响因素 ... 250
10.3 与相似产品对比分析 ... 266
10.4 小结 ... 268

第11章 互联网金融法律与监管的变化 ... 270
11.1 互联网金融监管的必要性 ... 270
11.2 互联网金融监管原则与监管体制 ... 276
11.3 互联网金融监管政策演进 ... 281
11.4 互联网金融的监管政策梳理 ... 284

第三篇 综 合 篇

第12章 时变风险偏好和动态投资组合配置研究 ... 303
12.1 概述 ... 303
12.2 模型 ... 305
12.3 模型校准 ... 312
12.4 最优投资组合配置 ... 316
12.5 小结 ... 327

第13章 信息传播快、衰减快对市场预测和定价的影响 ... 328
13.1 概述 ... 328
13.2 方法论 ... 331
13.3 基于时间加权的最小二乘预测回归 ... 332
13.4 样本和预测表现评价方法 ... 334
13.5 预测结果 ... 337
13.6 衰减指数 ... 358
13.7 小结 ... 362

第14章 互联网搜索记录传播带来的影响 ... 363
14.1 概述 ... 363
14.2 文献回顾与假设 ... 366
14.3 数据 ... 368
14.4 实证结果 ... 370
14.5 进一步研究 ... 378
14.6 稳健性检验 ... 387
14.7 小结 ... 395

第 15 章	基于互联网的政务治理信息化对公司业绩的影响	397
15.1	概述	397
15.2	理论推演与研究假设	399
15.3	研究设计	400
15.4	实证结果分析	402
15.5	稳健性检验	408
15.6	异质性分析	413
15.7	小结	421

参考文献 422

第一篇　移动交易篇

第 1 章　移动交易与异质信念

1.1　概　　述

波动率建模和预测是实证资产定价中的重要问题，因为准确的波动率预测对资产配置、衍生品定价和风险管理具有重要意义。一类研究试图使用经济基本面来解释股票波动率，例如，Schwert（1989）、Engle 和 Rangel（2008）、Engle 等（2013）、Paye（2012）的研究；另一类研究从不同的视角阐释了投资者行为的重要性，如投资者关注（Andrei and Hasler，2014）和羊群效应（Dennis and Strickland，2002；Atmaz and Basak，2018；Anderson et al.，2005；Shalen，1993）。Wang 等（2019）主要对信念分散与市场波动之间的预测关系进行了深入研究。

本章的贡献主要集中在以下五个方面。

（1）现有的大多数研究都集中在美国市场上，很少关注中国市场。但是，在 2017 年底，中国存在 1.336 亿个个人投资账户。此外，个人投资账户在总投资账户中的比例为 99.73%，机构账户仅占 0.27%。这与大多数投资者都是机构投资者的美国市场完全不同。更多的个人投资者导致更高的信念分散，中国股市也比美国市场波动更剧烈。2010 年 1 月至 2017 年 12 月，上海证券综合指数回报率的年度标准差为 22.1%，而同一时期的标准普尔 500 指数回报率的年度标准差为 14.7%。因此，本章旨在通过研究中国市场来填补这一研究不足，为研究异质信念对股票波动性的影响提供良好的实验背景。

（2）我们针对中国市场提出了一种新的信念分散度测量方法。分析师预测分歧是测量信念分散的常用代理变量（Diether et al.，2002；Qu et al.，2003；Anderson et al.，2005）。然而，这一方法不是很适用于中国市场，因为大多数参与者是个人投资者，而不是依赖专业分析师的机构投资者。此外，中国没有专门的分析师预测数据库。因此，我们采用移动终端和个人计算机（personal computer，PC）终端价格收益的等相关性差异（difference in equi-correlation，DEC）来测量信念分散度。这种方法的动机是使用这两个终端的交易者不同，使用移动终端交易的往往是乐观的个人投资者，而机构投资者很少使用移动终端进行交易。来自两个交易平台的数据为分析其异质信念提供了一个很好的机会。因为等相关捕获了总市场风险（Pollet and Wilson，2010），联动（comovement）反映了投资者的行为（Barberis et al.，2005），因此，DEC 指数可以视为信念分散的代理变量。此外，使用 DEC 而非分析师预测分歧作为衡量信念分散的一个优势是可获得日度数据。这使我们能够以更高的频率研究信念分散对波动性的影响。

（3）我们同时使用样本内和样本外数据来证实使用信念分散预测波动率的有效性。投资决策是基于事前分析而不是事后发现做出的。我们考虑三种不同的预测范围，分别为 1 天、5 天和 20 天，使用五种不同的波动率测量方法，使用四种常用的损失函数评估信念分散的预测表现。我们使用 Diebold 和 Mariano（1995）的方法来测试损失函数差异的显著性。我们的结果表明，将 DEC 纳入基准异质自回归（heterogeneous autoregression，HAR）模型（Corsi，2009）显著提高了样本外的预测准确性。White（2000）的检验结果进一步表明这种可预测性不是由数据挖掘导致的。我们发现使用各种基准模型之后，预测表现都得到了显著提高。

（4）我们研究了信念分散是否有助于提高股票收益的密度表现。即使市场参与者和政策制定者需要密度预测，现有文献也没有解决这个问题（Aastveit et al.，2014；Segnon et al.，2018；Diebold et al.，2017）。Gneiting（2011）认为收益和波动率的"点预测"的评估结果对损失函数的选择很敏感，而密度预测评估则不存在这个问题。在构建股票回报的密度预测时，我们使用 AR（1）等不同模型来预测股票收益的概率密度分布。这样，密度预测表现是由密度预测的准确性唯一决定的。使用期望对数分数，我们发现，在 5 天和 20 天的时间段内，使用 DEC 的预测回归显著优于不使用 DEC 时的基准 HAR，但在 1 天的预测范围内则不能得出这一结果。这一发现表明，信念分散有助于改善密度预测表现。

（5）我们研究了异质信念对组合投资实践的意义，现有文献对此考虑得不多。我们假设具有均值方差偏好的投资者投资于由股票指数和无风险资产构成的投资组合。在每个时点上，该投资组合中股票的最佳权重由事前预测的收益和波动率确定。我们使用确定性等价收益（certainty equivalent return，CER）来评估投资组合的表现。我们的结果表明，在 1 天的预测周期内，DEC 和基准投资组合的相对表现随着波动率测量方法的不同而不同。但在更长的预测周期内，在所有情况下，包含 DEC 信息的 CER 均为正值。在没有交易成本的情况下，5 天的效用提高为 43.7~88.2 个基点，20 天的效用提高为 46.3~146.2 个基点。在考虑 10 个基点的交易成本后，CER 变化非常小。因此，信念分散信息有助于在较长的预测时间内改善投资组合绩效；也就是说，除了统计意义上的可预测性，经济意义上的可预测性也是存在的。

1.2 相关文献综述

本章与探讨信念分散对波动率影响的文献密切相关。该领域的许多研究通过建立理论模型来检验信念分散影响波动率的渠道，通常发现信念分散对波动率存在正向的影响。这些模型包括期货市场的两阶段噪声理性预期模型（Shalen，

1993）、嵌套理性预期和意见差异方法的动态模型（Banerjee，2011）、信念分散的经济均衡模型（Atmaz and Basak，2018）、情绪的一般均衡意见差异模型（Dumas et al.，2009）、考虑投资者对股息持有结构异质信念的扩展模型（Li，2007；Lucas，1978）、考虑过度自信代理人的均衡模型（Scheinkman and Xiong，2003）、考虑经济基本面异质信念的一般均衡模型（David，2008）、理性基本面学习模型（Andrei and Hasler，2014），以及考虑股息增长率信念异质性的期权定价模型（Buraschi and Jiltsov，2006）。Anderson等（2005）提供了有关信念分散影响的唯一经验证据。他们使用分析师预测分歧来衡量信念的异质性。结果表明，在样本外测试中，分析师盈利预测的离散度是一个很好的收益波动预测指标。Anderson等（2005）发现，信念分散对于使用月度数据对个体公司进行资产定价和波动预测很重要。本章基于日度数据，提供了信念分散对市场总波动的影响证据。此外，本章研究还发现，信念分散是一种有效的度量方法，可以在较长的时间范围内改善密度预测和投资组合业绩。

本章还与关于波动性建模和预测的文献相关联。Paye（2012）发现，将流行的宏观变量纳入作为基准的自回归模型并不能改善样本外预测表现。Christiansen等（2012）的综合分析进一步证实了这一发现。本章的结论表明，衡量信念分散的微观变量是市场波动的有力预测因子。本章还将目前最优的已实现波动率模型作为替代基准。本章的样本外结果表明，信念分散可以预测波动率并且对基准模型的变化不敏感。

本章还广泛涉及相关风险的研究。Pollet和Wilson（2010）发现，相关性是总体市场风险的一个度量指标，因为个股回报均受到真实市场收益冲击的影响。Krishnan等（2009）认为相关性是一个系统风险因素，高相关性意味着低分散收益和高总风险。本章提出了一种新的信念分散度量方法，它基于等相关性，并证明了该度量方法对总波动率的预测能力。我们的发现证实了相关文献中的论点。

1.3 数　　据

1.3.1 股票波动率度量

波动率是一种潜在变量，继Andersen和Bolleslev（1998）的开创性工作之后，基于日内高频数据的已实现波动率（realized volatility，RV）已成为建模总市场波动率的最流行工具。RV被定义为每日内收益的平方和：

$$\mathrm{RV}_t = \sum_{j=1}^{M} r_{t,j}^2, \quad t=1,2,\cdots,T \tag{1-1}$$

式中，$r_{t,j}$ 为股票 j 在第 t 期的收益率；$1/M$ 为采样频率；T 为总交易日数。本章考虑上海证券交易所综合股价指数（简称上证指数）的 5min 和 10min 数据。使用这两个频率构建的已实现波动率分别用 RV5 和 RV10 表示。Liu 等（2015）发现，在预测应用中，更复杂的已实现测量并未优于 RV5。

本章使用一些替代的已实现方法来检验我们的实证结果的稳健性。Bandi 和 Russell（2008）的研究表明，RV 对采样频率较为敏感。因此，他们提出了一组二次变差的核估计（realized kernel，RK）。本章采用了带有校正的 Tukey-Hanning2 核（RK_{th2}）和 Parzen 核（RK_{parzen}）。本章还采用了 Ikeda（2015）提出的双标度核估计 RK（RK_{tsk}）。该指标是具有不同带宽的两个 RK 的线性组合，明显优于原始 RK 估计量。已实现的波动性度量数据来自牛津大学英仕曼量化金融研究所。

1.3.2　我国股票市场信念分散

众所周知，信念分散度难以测量。分析师预测的分散度在直觉上很有吸引力，在文献中通常被用作投资者分歧的代表（Diether et al.，2002）。然而，由于中国的专门分析师预测数据不可得，这一方法不适用于中国股市。中国市场的大多数投资者是个人投资者，而不是专业分析师，美国的大多数投资者都是机构投资者。分析师预测代表机构投资者对股市活动的预期，而非个人投资者的信念。此外，有证据表明分析师预测存在偏差，如过度乐观（Hong and Stein，2003）、对公共信息反映不足、对私人信息过度自信（Abarbanell and Bernard，1992），以及预测的羊群效应和反羊群效应（Hong et al.，2000a，2000b；Bernhardt et al.，2006）。

本章使用移动终端和 PC 终端的收盘价格回报的等相关差异作为信念分散的代理变量。此度量可以写成：

$$DEC_t = DECO_{mb,t} - DECO_{pc,t} \qquad (1\text{-}2)$$

式中，$DECO_{mb,t}$ 和 $DECO_{pc,t}$ 分别为来自移动终端和 PC 终端的等相关性。请注意，计算等相关性是在两个交易终端上计算相同股票但不同收盘价的等相关系数。这些相关性由 Engle 和 Kelly（2012）的动态等相关性模型生成。

我们使用来自两个不同终端的价格的动机源自中国市场的独有特征。移动终端交易在中国非常流行，参与者通常是个人投资者。机构投资者很少使用移动终端进行交易。一些保守的个人投资者使用 PC 终端进行交易，他们喜欢在执行交易前搜索信息。更重要的是，几乎所有的机构投资者都通过 PC 终端进行交易，因此机构投资者在决定该终端的价格方面发挥着重要作用。由于投资者的这种异质性，两个交易平台的存在为我们研究信念分散提供了绝佳的机会。

使用等相关性的动机源于 Barberis 等（2005）的论点，即联动与投资者行为有关。因此，相关性的动态变化反映了投资者的信念。Barberis 等（2005）确定了交易活动中的两种联动。首先，当投资者将不同的证券分类到同一资产类别中，并以相关方式将资源移入和移出该类别时，就会出现"基于类别的"联动。其次，当一组投资者将其交易限制在一组给定的证券上，并且投资者同时进出该组证券时，"聚居的"联动就会出现。

Engle 和 Kelly（2012）的动态等相关（dynamic equi-correlation, DECO）模型假设每对股票收益之间的相关性在每个时间点都是等价的，但随着时间的推移而变化。虽然这一假设似乎很严格，但它意味着等相关度量市场中普遍存在的联动。研究表明，这种等相关性也与总体市场的多样化风险有关（Buss et al., 2018; Driessen et al., 2013）。此外，由于个股收益对真实市场收益冲击具有共同的敏感性，股票之间的相关性越高，总波动性越高（Pollet and Wilson, 2010）。通过这种方式，本章对等相关性差异的测量既捕获了信念分散程度，又在理论意义上与总波动率相联系。

超过 3000 只股票在中国的上海、深圳和创业板市场交易。我们选择的样本期为 2010 年 1 月至 2017 年 12 月，因此包含了上证指数 1943 个交易日。当移动终端上没有股票交易活动或股票在 t 日暂停交易时，我们使用 $t-1$ 日的价格。在这种情况下，该终端在 t 日的股票收益为零。同样的规则也适用于 PC 终端价格。我们删除了 2010 年后上市的股票，停牌太多的股票也不考虑。最后，在执行这两个程序后，我们总共保留了 1000 只股票。我们使用上海市场的 622 只股票进行主要实证分析，并使用其他两个市场的剩余 378 只股票进行稳健性检验。

本章通过 DECO 模型生成了上海市场移动终端和 PC 终端的股票收益的等相关系数。然后，计算等相关系数的差异来构建 DEC 指数。获得日等相关系数的另一种方法是基于日内高频数据计算两两相关系数，然后对两两相关系数进行平均。然而，移动终端无法获得日内数据，计算数百只股票的两两相关系数的工作量很大。生成动态相关性的另一种方法是使用滚动窗口技术计算两两相关系数，然后对两两相关系数进行平均，这利用了重叠信息。DECO 模型的一个优势是，它以动态方式产生每日等相关系数。

图 1-1 绘制了信念分散的 DEC 指数和上海市场指数的 5min RV。使用 DEC 指数数据而不是月度或季度分析师预测作为信念分散的衡量标准的一个主要优势是，可以使用日度数据。这使我们能够进行短期和长期的实证分析。显然，DEC 指数反映了总体市场的波动，在 2010 年和 2015 年的两次崩盘期间，RV 和 DEC 均达到局部峰值。表 1-1 显示了五种 RV 度量方法和标准化 DEC 指数的汇总统计数据。需要注意的是，DEC 指数和每个 RV 之间的相关性介于 0.375 和 0.423 之间。这种中等相关性意味着，当将这些度量纳入同一预测回归模型时，将不存在共线性问题。

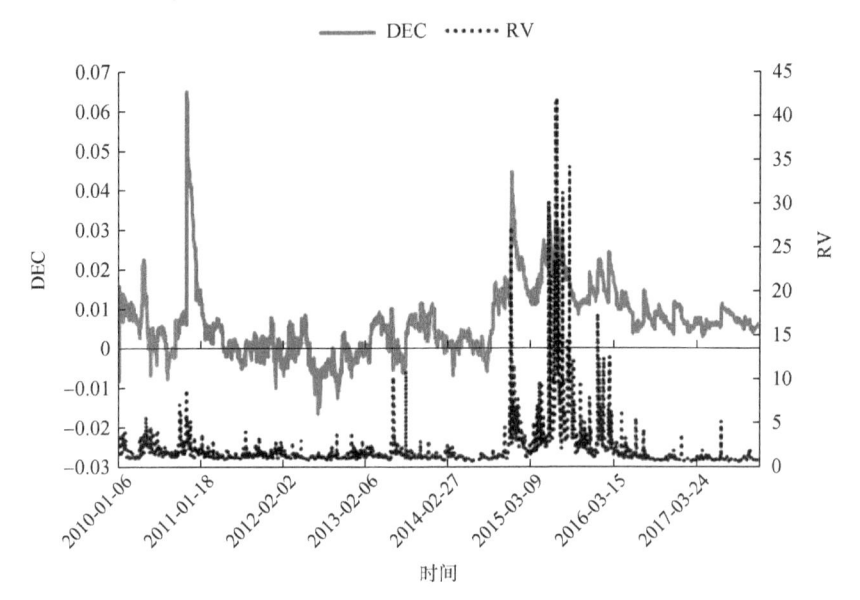

图 1-1　信念分散的 DEC 指数和上海市场指数的 5min RV

表 1-1　描述性统计

统计数据	RV5	RV10	RK$_{th2}$	RK$_{parzen}$	RK$_{tsk}$	DEC
面板 A：描述性统计量							
均值	1.441	1.407	0.715	1.419	0.703	0.000
中位数	0.677	0.705	0.314	0.672	0.322	−0.111
最大值	41.460	39.550	27.590	47.840	27.470	6.528
最小值	0.064	0.061	0.029	0.043	0.032	−2.643
标准差	2.964	2.711	1.679	2.924	1.641	1.000
偏度	7.320	7.401	8.273	7.319	8.460	1.458
峰度	73.870	79.700	96.160	77.450	100.500	7.731
面板 B：DEC 与 RV 之间的相关性							
相关系数	0.423	0.396	0.399	0.375	0.380	1.000

注：本表提供了 5 个 RV 度量的汇总统计数据，以及一个 DEC 度量。DEC 表示移动端和 PC 端的价格收益等相度度的差异。相关系数表示 DEC 与第一行中列出的每个波动率度量之间的皮尔逊相关性

图 1-1 中的信念分散是通过价格收益 DEC 的差异来衡量的。RV 是通过使用 5min 数据对每个工作日内的日内收益平方求和得出的。DEC 绘制为实线并以左侧垂直轴进行标记。RV 绘制为虚线并标记为右侧垂直轴。样本时间为 2010 年 1 月至 2017 年 12 月。

1.3.3 样本内结果

本节研究 DEC 指数对总体市场波动率的样本内预测效果。我们使用 Corsi（2009）的 HAR 模型。尽管该模型很简单，但它具有吸引人的特征，可以适应一些典型的波动特征，如长记忆和多尺度行为。HAR 模型表示为以下预测回归模型：

$$V_{t+1:t+h} = \alpha + \beta_d V_{d,t} + \beta_w V_{w,t} + \beta_m V_{m,t} + \varepsilon_{t+1:t+h} \quad (1\text{-}3)$$

式中，$V_{t+1:t+h} = (V_{t+1} + V_{t+2} + \cdots + V_{t+h})/h$ 为 h 天内的波动率，V_{t+1} 为在第 $t+1$ 天波动率的实际测量值；$V_{d,t}$、$V_{w,t}$、$V_{m,t}$ 分别为日度、周度以及月度波动率，即 $V_{d,t} = V_{t-1}$，$V_{w,t} = V_{t-4:t}$，$V_{m,t} = V_{t-19:t}$；α、β_d、β_w、β_m 分别为相关的参数；$\varepsilon_{t+1:t+h}$ 为随机项。

为了解释信念分散的作用，我们将 DEC 添加到 HAR 模型的右侧：

$$V_{t+1:t+h} = \alpha + \beta_d V_{d,t} + \beta_w V_{w,t} + \beta_m V_{m,t} + \delta \text{DEC}_t + \varepsilon_{t+1:t+h} \quad (1\text{-}4)$$

式（1-3）和式（1-4）中的所有参数都可以通过普通最小二乘（ordinary least squares, OLS）方法获得。DEC 对股票波动率的预测能力由 δ 捕获。原假设 DEC 对波动率不具备预测性，即 $\delta = 0$，可以使用基于 Newey-West 标准误差的 t 统计量检验。

表 1-2 给出了式（1-4）的样本内估计结果。我们考虑一天（$h=1$）、一周（$h=5$）和一个月（$h=20$）的时间范围。滞后波动率的 β_d 和 β_w 系数在多数情况下都非常显著。这是意料之中的，因为波动持续性是金融市场的一个典型事实。该系数随预测范围和波动率度量的变化而变化。尽管如此，我们发现 δ 在 5%甚至更低的水平上具有显著性，表明 DEC 可以预测样本内的总市场波动。我们还显示了在基准模型即式（1-3）中加入 DEC 后普通 R^2 的增加（ΔR^2）。该增加值乘以 100 以表示百分比。我们发现，对于每个波动率模型，ΔR^2 都为正，这意味着 DEC 提高了样本内表现。此外，ΔR^2 在较长的时间段内更大。例如，RV5 预测模型的 ΔR^2 在 1 天、5 天和 20 天内分别为 0.151%、0.359%和 1.945%。也就是说，在较长时间段内，信念分散对波动率的预测能力更强。需要注意的是，就月度范围而言，与 Paye（2012）给出的美国股市的个别经济变量相比，DEC 样本内表现的提高程度更大。

表 1-2 样本内估计结果

统计数据	RV5	RV10	RK_{th2}	RK_{parzen}	RK_{tsk}
预测范围 $h=1$					
α	0.198**	0.207**	0.088**	0.215**	0.088**
β_d	0.270***	0.281***	0.350***	0.360***	0.349***
β_w	0.475***	0.456***	0.472***	0.343***	0.469***

续表

统计数据	RV5	RV10	RK$_{th2}$	RK$_{parzen}$	RK$_{tsk}$
预测范围 $h=1$					
β_m	0.116	0.114	0.054	0.144	0.055
δ	0.139**	0.127**	0.074***	0.124**	0.073***
$\Delta R^2/\%$	0.151	0.156	0.151	0.131	0.156
预测范围 $h=5$					
α	0.296**	0.303***	0.146***	0.345***	0.146***
β_d	0.290***	0.231***	0.358***	0.228***	0.350***
β_w	0.213***	0.286***	0.242**	0.294***	0.252**
β_m	0.288**	0.264*	0.193**	0.232**	0.189**
δ	0.179**	0.171**	0.113***	0.190**	0.111***
$\Delta R^2/\%$	0.359	0.426	0.467	0.468	0.479
预测范围 $h=20$					
α	0.549***	0.556***	0.288***	0.620***	0.285***
β_d	0.119**	0.097**	0.165**	0.110**	0.163**
β_w	0.142	0.180**	0.145	0.142	0.146
β_m	0.357***	0.325***	0.288**	0.309**	0.286**
δ	0.355***	0.329***	0.230***	0.383***	0.223***
$\Delta R^2/\%$	1.945	2.160	2.590	2.727	2.605

注：本表给出了预测回归的估计结果。信念分散是通过移动端和 PC 端价格收益等相关性的差异来衡量的。DEC 变量是标准化的。ΔR^2 表示 R^2 相对于没有 DEC 的基准波动率模型的百分比变化。使用基于 Newey-West 标准误差的 t 统计量检验 DEC 对波动率不具有预测性，即 $\delta=0$ 的原假设

*、**和***分别表示在 10%、5% 和 1% 显著性水平下拒绝原假设

1.3.4 样本外结果

众所周知，显著的样本内预测能力并不意味着样本外预测能力也显著。事实上，样本外的表现与市场参与者更相关，因为他们想知道模型在未来的表现如何。我们比较了基准 HAR 模型［式（1-3）］和包含 DEC 的替代模型［式（1-4）］的预测结果。直观地说，假如 DEC 模型的波动率预测平均而言比基准预测更准确，我们可以得出结论，信念分散有助于提高样本外表现。

本章通过滚动窗口办法生成样本外预测。具体来说，将 T 天的整个样本分为两个子样本：第一个子样本覆盖最初的 k 个工作日用于参数估计，第二个子样本覆盖剩余的 $T-k$ 天用于预测评估。样本外预测很容易获得，因为：

$$\hat{V}_{j+1:j+h} = \hat{\alpha}_j + \hat{\beta}_{d,j}V_{d,j} + \hat{\beta}_{w,j}V_{w,j} + \hat{\beta}_{m,j}V_{m,j} \quad (1-5)$$

式中，参数 $\hat{\alpha}_j$ 和 $\hat{\beta}_{i,j}(i=d,w,m)$ 通过 $\{\hat{V}_{t+1:t+h}\}_{t=j-k+1}^{j}$ 对常数、$\{\hat{V}_{d,t}\}_{t=j-k+1}^{j}$、$\{\hat{V}_{w,t}\}_{t=j-k+1}^{j}$ 和

$\{\hat{V}_{m,t}\}_{t=j-k+1}^{j}$ 回归得到。对于 $j=k,\cdots,T-h$，重复产生一系列 $T-h-k+1$ 的 h 步向前预测，记为 $\{V_{j+1:j+h}\}_{j=k}^{T-h}$。同样的预测方法也适用于波动率的 DEC 模型。在预测过程中，每次估计窗口包含最近一个月的观测值时，都使用所有可用的收益构建 DEC 指数，以避免前瞻性偏差。在主要的实证分析中，使用滚动窗口长度 $k=500$，在稳健性检验中考虑其他窗口长度作为替代。

我们使用损失函数的百分比减小量来评估 DEC 样本外的预测表现：

$$\mathrm{PR}_i = 100 \times \frac{L_{i,\mathrm{bench}} - L_{i,\mathrm{model}}}{L_{i,\mathrm{bench}}} \tag{1-6}$$

式中，$L_{i,\mathrm{bench}}$ 和 $L_{i,\mathrm{model}}$ 为式（1-3）和式（1-4）在预先指定的损失函数 i 下的预测损失。特别是，当损失函数是均方预测误差（mean-square prediction error, MSPE）时，PR_i 相当于收益预测研究中使用的样本外 R^2（Campbell and Thompson, 2008; Rapach et al., 2010; Welch and Goyal, 2008）。直观地说，一个正的 PR_i 意味着 DEC 模型可以比基准模型更准确地预测波动率，表明可预测性的存在。在这里，我们考虑四种不同的损失函数，而不是依赖单一的选择：

$$L_{\mathrm{MSPE1}} = \frac{1}{T-h-k+1} \sum_{j=k}^{T-h} \left(\hat{V}_{j+1:j+h} - V_{j+1:j+h} \right)^2 \tag{1-7}$$

$$L_{\mathrm{MAPE1}} = \frac{1}{T-h-k+1} \sum_{j=k}^{T-h} \left| \hat{V}_{j+1:j+h} - V_{j+1:j+h} \right| \tag{1-8}$$

$$L_{\mathrm{MSPE2}} = \frac{1}{T-h-k+1} \sum_{j=k}^{T-h} \left(\sqrt{\hat{V}_{j+1:j+h}} - \sqrt{V_{j+1:j+h}} \right)^2 \tag{1-9}$$

$$L_{\mathrm{MAPE2}} = \frac{1}{T-h-k+1} \sum_{j=k}^{T-h} \left| \sqrt{\hat{V}_{j+1:j+h}} - \sqrt{V_{j+1:j+h}} \right| \tag{1-10}$$

式中，$\hat{V}_{j+1:j+h}$ 和 $V_{j+1:j+h}$ 分别为 h 日波动率的预测值和真实值；MSPE1 和 MAPE1 分别为方差预测的均方预测误差和平均绝对预测误差；MSPE2 和 MAPE2 分别为标准差预测的两个对应损失函数。为了检验可预测性的显著性，本章使用 Diebold 和 Mariano（1995）（简写为 DM）检验。原假设是基准模型预测损失等于或小于竞争模型预测损失，而单边（下尾）备择假设是基准模型预测损失大于竞争模型预测损失。本章计算给定模型和基准模型之间的损失函数差异，然后将该差异对常数进行回归。DM 检验统计量等于常数的 t 统计量。

表 1-3 给出了样本外预测结果。在 1 天内，在 MSPE1 标准下，损失函数的减少百分比大部分为负值。DM 统计数据表明，DEC 模型和基准模型的表现差异在统计学上并不显著。在其他三个损失标准下，DEC 模型预测比基准预测准确得多。PR 值在 1.432% 和 5.131% 之间变化，具体取决于波动率度量方法。对于 5 天和

20 天的较长预测期，DEC 模型对股票波动率的可预测性更强。在 20 天内，PR 值均高于 10%。更重要的是，本章发现，在较长的预测时间段内，DEC 模型在几乎所有情况下都显著优于基准 HAR 模型。总之，样本外证据表明，DEC 模型比 HAR 模型更适合预测波动率。

表 1-3 样本外预测结果

损失标准	RV5	RV10	RK$_{th2}$	RK$_{parzen}$	RK$_{tsk}$
预测范围 h = 1					
MSPE1/%	−0.208 （0.324）	0.270 （−0.604）	−0.216 （0.231）	−0.360 （0.591）	−0.173 （0.182）
MAPE1/%	1.778*** （−3.694）	2.299*** （−5.214）	2.636*** （−4.661）	1.706*** （−4.755）	3.004*** （−5.171）
MSPE2/%	1.432* （−1.605）	1.737** （−1.965）	2.279** （−2.123）	2.407*** （−3.964）	2.252** （−2.050）
MAPE2/%	2.820*** （−3.704）	3.475*** （−4.498）	4.833*** （−4.948）	3.463*** （−5.806）	5.131*** （−5.185）
预测范围 h = 5					
MSPE1/%	1.506 （−1.164）	2.590*** （−2.489）	2.257* （−1.454）	2.035** （−1.893）	2.343* （−1.526）
MAPE1/%	3.742*** （−5.521）	5.193*** （−7.961）	6.455*** （−8.410）	4.616*** （−7.167）	6.816*** （−8.848）
MSPE2/%	7.402*** （−6.164）	7.104*** （−5.944）	9.345*** （−6.935）	8.497*** （−7.655）	9.644*** （−7.129）
MAPE2/%	6.365*** （−7.267）	6.879*** （−7.683）	9.033*** （−8.575）	7.182*** （−8.497）	9.558*** （−8.938）
预测范围 h = 20					
MSPE1/%	14.18*** （−4.333）	16.42*** （−5.707）	15.62*** （−4.987）	17.01*** （−5.181）	15.63*** （−5.043）
MAPE1/%	10.18*** （−8.004）	12.09*** （−9.095）	13.03*** （−9.899）	13.14*** （−10.28）	13.42*** （−10.28）
MSPE2/%	19.71*** （−9.322）	20.93*** （−10.66）	21.25*** （−10.68）	22.71*** （−11.24）	21.33*** （−10.78）
MAPE2/%	10.90*** （−9.135）	12.12*** （−10.19）	14.19*** （−11.48）	13.65*** （−11.34）	14.65*** （−11.80）

注：括号中的负 DM 统计数据表示模型的预测损失低于基准模型
*、**和***分别表示在 10%、5%和 1%显著性水平下拒绝原假设

预测性的发现可能来自"好运"，而不是真正的预测能力。本章使用 White

（2000）的现实验证检验（reality check）控制数据挖掘（或数据窥探）。表 1-4 显示了无可预测性的零假设下的 p 值。本章总共执行了 5000 次自举。在 MSPE1 标准下，1 天内的 p 值均大于 0.1。在其他三个损失标准下，p 值均小于 0.1，表明 DEC 模型对波动率具有显著的可预测性。对于较长的预测期，大多数情况下 p 值低于 0.1。唯一的例外是，当预测 RV5、RK_{th2} 和 RK_{tsk} 时，p 值在 5 天的范围内显示出不显著的可预测性。因此，本章的真实性检验结果与 DM 测试结果基本一致，数据挖掘无法解释 DEC 模型对波动率的可预测性。

表 1-4　零假设下的 p 值

损失标准	RV5	RV10	RK_{th2}	RK_{parzen}	RK_{tsk}
预测范围 $h=1$					
MSPE1/%	1.000	0.284	1.000	1.000	1.000
MAPE1/%	0.002	0.000	0.000	0.000	0.000
MSPE2/%	0.078	0.031	0.029	0.000	0.031
MAPE2/%	0.002	0.000	0.000	0.000	0.000
预测范围 $h=5$					
MSPE1/%	0.183	0.034	0.109	0.084	0.107
MAPE1/%	0.000	0.000	0.000	0.000	0.000
MSPE2/%	0.000	0.000	0.000	0.000	0.000
MAPE2/%	0.000	0.000	0.000	0.000	0.000
预测范围 $h=20$					
MSPE1/%	0.008	0.002	0.004	0.003	0.004
MAPE1/%	0.000	0.000	0.000	0.000	0.000
MSPE2/%	0.000	0.000	0.000	0.000	0.000
MAPE2/%	0.000	0.000	0.000	0.000	0.000

注：本表评估了总体市场波动率信念分散模型的预测性能：$V_{t+1:t+h} = \alpha + \beta_d V_{d,t} + \beta_w V_{w,t} + \beta_m V_{m,t} + \delta DEC_t + \varepsilon_{t+1:t+h}$，其中 h 天范围内的波动率为 $V_{t+1:t+h} = (V_{t+1} + V_{t+2} + \cdots + V_{t+h})/h$，而 V_{t+1} 是第 t 天波动率的已实现度量。$V_{d,t}$、$V_{w,t}$ 和 $V_{m,t}$ 分别表示每日、每周和每月波动率。也就是说，有 $V_{d,t} = V_{t-1}$，$V_{w,t} = V_{t-4:t}$ 和 $V_{m,t} = V_{t-19:t}$。White（2000）检验的原假设是具有 DEC 的波动率模型和没有 DEC 的基准模型具有相等的损失函数。我们考虑四种不同的损失函数，总共执行 5000 次自举以获得 p 值。

1.4　稳健性检验

本章发现 DEC 模型可以预测股票波动。本节将执行一系列稳健性检验以确认这一发现。首先，调整滚动窗口的长度。其次，使用替代基准模型。最后，使用另一个相关差分指数来测量信念分散度。

1.4.1 滚动窗口长度的影响

在前文的主要分析中，我们使用滚动窗口方案进行波动率预测。窗口长度显然是预测结果的关键决定因素。如果我们使用更长的预测窗口，回归参数会更平稳地变化，因此对波动的结构性断点不太敏感。出于这个考虑，本章不使用过长的窗口长度。前面的分析中使用了窗口长度 $k = 500$。在本节中，考虑两种可选长度 $k = 400$ 和 $k = 600$，相应的预测结果见表 1-5 和表 1-6。

表 1-5 样本外预测结果（窗口长度 = 400）

损失标准	RV5	RV10	RK_{th2}	RK_{parzen}	RK_{tsk}
预测范围 $h = 1$					
MSPE1/%	−0.524	−0.003	−0.783	−0.925	−0.794
	(0.607)	(0.004)	(0.560)	(0.958)	(0.545)
MAPE1/%	2.308***	2.305***	2.212***	1.426***	2.364***
	(−4.365)	(−4.775)	(−3.465)	(−3.318)	(−3.643)
MSPE2/%	2.000**	1.886**	1.419*	1.849***	1.071
	(−2.162)	(−2.298)	(−1.303)	(−2.662)	(−0.960)
MAPE2/%	3.402***	2.975***	3.150***	2.654***	3.120***
	(−4.510)	(−4.040)	(−3.279)	(−4.319)	(−3.151)
预测范围 $h = 5$					
MSPE1/%	1.349	2.420**	1.568	1.171	1.527
	(−0.741)	(−1.781)	(−0.620)	(−0.648)	(−0.584)
MAPE1/%	3.725***	5.158***	5.615***	3.879***	5.827***
	(−4.951)	(−7.255)	(−6.286)	(−4.887)	(−6.643)
MSPE2/%	8.495***	8.042***	9.148***	8.664***	9.102***
	(−6.800)	(−6.480)	(−6.351)	(−7.129)	(−6.253)
MAPE2/%	5.978***	6.415***	6.919***	6.146***	7.169***
	(−6.736)	(−7.142)	(−6.271)	(−7.078)	(−6.413)
预测范围 $h = 20$					
MSPE1/%	15.45***	17.90***	16.80***	17.76***	16.77***
	(−4.642)	(−5.753)	(−5.003)	(−5.098)	(−5.005)

续表

损失标准	RV5	RV10	RK$_{th2}$	RK$_{parzen}$	RK$_{tsk}$
预测范围 $h=20$					
MAPE1/%	12.37***	13.83***	14.75***	14.53***	14.98***
	(−9.412)	(−9.775)	(−10.42)	(−10.96)	(−10.66)
MSPE2/%	23.54***	23.98***	23.59***	25.25***	23.73***
	(−10.33)	(−11.15)	(−10.78)	(−11.41)	(−10.88)
MAPE2/%	13.84***	13.85***	14.79***	15.23***	15.14***
	(−11.04)	(−11.04)	(−10.81)	(−11.97)	(−11.02)

注：括号内为DM统计量

*、**和***分别表示在10%、5%和1%显著性水平下拒绝原假设

表1-6 样本外预测结果（窗口长度＝600）

损失标准	RV5	RV10	RK$_{th2}$	RK$_{parzen}$	RK$_{tsk}$
预测范围 $h=1$					
MSPE1/%	−0.124	0.369	−0.104	−0.166	−0.065
	(0.207)	(−0.853)	(0.119)	(0.291)	(0.073)
MAPE1/%	1.824***	2.114***	2.854***	1.381***	3.159***
	(−3.892)	(−5.264)	(−5.266)	(−4.169)	(−5.667)
MSPE2/%	1.642**	1.907***	2.809***	2.132***	2.972***
	(−1.894)	(−2.432)	(−2.901)	(−3.386)	(−3.033)
MAPE2/%	4.071***	4.002***	6.220***	3.252***	6.603***
	(−5.191)	(−5.728)	(−6.400)	(−6.236)	(−6.787)
预测范围 $h=5$					
MSPE1/%	1.656*	2.578***	2.251*	2.214**	2.310*
	(−1.347)	(−2.423)	(−1.526)	(−2.034)	(−1.582)
MAPE1/%	3.402***	4.709***	6.602***	3.914***	6.782***
	(−5.220)	(−7.475)	(−8.805)	(−6.351)	(−9.030)
MSPE2/%	6.629***	6.332***	9.552***	7.534***	9.720***
	(−5.755)	(−5.574)	(−7.532)	(−6.906)	(−7.618)
MAPE2/%	6.665***	7.032***	11.279***	6.674***	11.600***
	(−7.830)	(−8.224)	(−10.31)	(−8.191)	(−10.51)
预测范围 $h=20$					
MSPE1/%	13.17***	15.09***	14.49***	15.84***	14.49***
	(−4.218)	(−5.391)	(−4.678)	(−4.899)	(−4.724)

续表

损失标准	RV5	RV10	RK$_{th2}$	RK$_{parzen}$	RK$_{tsk}$
预测范围 h = 20					
MAPE1/%	10.01***	11.80***	11.99***	12.50***	12.26***
	(−7.995)	(−9.025)	(−9.342)	(−9.988)	(−9.639)
MSPE2/%	16.88***	18.77***	19.30***	20.75***	19.47***
	(−8.162)	(−9.803)	(−10.33)	(−10.52)	(−10.47)
MAPE2/%	12.30***	13.68***	14.90***	14.79***	15.27***
	(−9.648)	(−11.10)	(−12.15)	(−12.03)	(−12.41)

注：括号内为 DM 统计量

*、**和***分别表示在 10%、5%和 1%显著性水平下拒绝原假设

调整窗口长度后，DEC 模型的表现与表 1-3 所示的 500 天窗口的情况基本一致。唯一的区别是，在 5 天的时间范围内，当窗口长度从 500 减少到 400 时，在 MSPE1 标准下，三个已实现内核的可预测性从显著变为不显著。当窗口长度从 500 增加到 600 时，RV5 的可预测性在 5 天的范围内变得非常显著。更重要的是，本章仍然发现在基准 HAR 模型中加入 DEC 可以提高预测表现。因此，本章发现信念分散提供了有关样本外未来市场波动的有用信息，这对预测窗口长度的选择是稳健的。

1.4.2 替代基准模型

基准模型的选择在预测分析中至关重要，因为糟糕的基准模型会导致人为的可预测结果。我们使用原始的 HAR 模型作为基准模型，这是用于建模和预测波动率的最常用的基准模型。在本节中，选择 HAR 的几个扩展模型，作为已实现波动率的异质自回归模型（heterogeneous autoregression model for realized volatility，HAR-RV）的替代模型。这些扩展模型在相关文献中已被证明可以改善对波动率的预测。

第一个基准模型由 Andersen 等（2007）提出。在 HAR-RV 模型中添加了一个跳跃变量：

$$RV_{t+1:t+h} = \alpha + \beta_d RV_{d,t} + \beta_w RV_{w,t} + \beta_m RV_{m,t} + \theta J_t + \varepsilon_{t+1:t+h} \quad (1\text{-}11)$$

式中，θ 为模型参数；跳跃变量 $J_t = \max\{RV_{d,t} - BV_{d,t}, 0\}$，二次幂变差 $BV_{d,t} = u_1^{-2} \sum_{j=2}^{M} |r_{t,j-1} - r_{t,j}|$，$u_1 = (2/\pi)^{0.5}$。

第二个基准模型包含了"杠杆效应"，即负收益总是导致比正收益更高的波动

性。该模型在 HAR-RV 模型中包含了一个不对称项：

$$\mathrm{RV}_{t+1:t+h} = \alpha + \beta_d \mathrm{RV}_{d,t} + \gamma \mathrm{RV}_{d,t} I(r_t < 0) + \beta_w \mathrm{RV}_{w,t} + \beta_m \mathrm{RV}_{m,t} + \varepsilon_{t+1:t+h} \quad (1\text{-}12)$$

式中，$I(\cdot)$ 为一个指示函数，当括号中的条件满足时，取值为 1，否则为 0。正 γ 的显著性意味着存在杠杆效应。

其余四个模型由 Patton 和 Sheppard（2015）提出。第三个基准模型使用半方差来捕捉收益-波动率关系中的不对称性：

$$\mathrm{RV}_{t+1:t+h} = \alpha + \beta_d^+ \mathrm{RV}_{d,t}^+ + \beta_d^- \mathrm{RV}_{d,t}^- + \beta_w \mathrm{RV}_{w,t} + \beta_m \mathrm{RV}_{m,t} + \varepsilon_{t+1:t+h} \quad (1\text{-}13)$$

式中，β_d^+ 和 β_d^- 为回归系数；$\mathrm{RV}_{d,t}^+$ 和 $\mathrm{RV}_{d,t}^-$ 分别为与日内正、负收益相关的半方差：

$$\mathrm{RV}_{d,t}^+ = \sum_{j=1}^{M} r_{t,j}^2 I(r_{t,j} > 0), \quad \mathrm{RV}_{d,t}^- = \sum_{j=1}^{M} r_{t,j}^2 I(r_{t,j} < 0) \quad (1\text{-}14)$$

第四个模型是式（1-12）和式（1-13）的组合，考虑了半方差和杠杆效应的作用：

$$\mathrm{RV}_{t+1:t+h} = \alpha + \beta_d^+ \mathrm{RV}_{d,t}^+ + \beta_d^- \mathrm{RV}_{d,t}^- + \gamma \mathrm{RV}_{d,t} I(r_t < 0) + \beta_w \mathrm{RV}_{w,t} + \beta_m \mathrm{RV}_{m,t} + \varepsilon_{t+1:t+h}$$

$$(1\text{-}15)$$

第五个模型考虑了基于半方差的跳跃效应：

$$\mathrm{RV}_{t+1:t+h} = \alpha + \beta_{sj} \mathrm{SJ}_{d,t} + \beta_{bv} \mathrm{BV}_{d,t} + \beta_w \mathrm{RV}_{w,t} + \beta_m \mathrm{RV}_{m,t} + \varepsilon_{t+1:t+h} \quad (1\text{-}16)$$

式中，跳跃变量 $\mathrm{SJ}_{d,t} = \mathrm{RV}_{d,t}^+ - \mathrm{RV}_{d,t}^-$。

最后一个替代基准模型分解了正跳和负跳的作用：

$$\mathrm{RV}_{t+1:t+h} = \alpha + \beta_{sj}^+ \mathrm{SJ}_{d,t}^+ + \beta_{sj}^- \mathrm{SJ}_{d,t}^- + \beta_{bv} \mathrm{BV}_{d,t} + \beta_w \mathrm{RV}_{w,t} + \beta_m \mathrm{RV}_{m,t} + \varepsilon_{t+1:t+h}$$

$$(1\text{-}17)$$

式中，与正回报和负回报相关的跳跃变量分别定义为 $\mathrm{SJ}_{d,t}^+ = \mathrm{SJ}_{d,t} I(r_t > 0)$ 以及 $\mathrm{SJ}_{d,t}^- = \mathrm{SJ}_{d,t} I(r_t < 0)$。

类似地，将 DEC 添加到这些替代基准模型中作为额外的预测因子，然后使用式（1-6）定义的 PR 评估 DEC 模型的性能。预测结果如表 1-7 所示。本节发现，DEC 的预测表现确实受到基准模型选择的影响。例如，基准模型中预测损失变化的百分比减小量随着模型选择的变化而变化。在 MSPE2 标准下，当使用四个具有半方差的基准模型进行为期 1 天的预测时，DEC 对波动率的可预测性变得不再显著。然而，就性质而言，实证结果与 HAR-RV 基准模型是一致的。在 1 天的范围内，在 MSPE1 和 MSPE2 标准下，将 DEC 纳入每个基准模型不会显著降低预测精度。在其他两种损失函数下，DEC 可以显著提高预测表现。在大多数情况下，在 5 天和 20 天的时间段内，我们也发现 DEC 具有显著的预测能力。总体而言，基准模型的选择对 DEC 的样本外表现影响较小。

表 1-7　样本外预测性能：替代基准模型

损失标准	模型 1	模型 2	模型 3	模型 4	模型 5	模型 6
预测范围 $h=1$							
MSPE1/%	−0.187	−0.101	−0.741	−0.518	−0.788	−0.748
	(0.343)	(0.162)	(1.069)	(0.754)	(1.056)	(0.938)
MAPE1/%	1.820	2.081	0.423*	0.508*	0.542**	0.501*
	(−3.980)	(−4.294)	(−1.291)	(−1.482)	(−1.654)	(−1.520)
MSPE2/%	1.830**	1.888**	0.280	0.491	0.461	0.498
	(−2.279)	(−2.139)	(−0.510)	(−0.857)	(−0.885)	(−0.927)
MAPE2/%	4.500***	4.504***	1.422***	1.360***	1.786***	1.975***
	(−5.895)	(−5.559)	(−2.753)	(−2.501)	(−3.708)	(−4.274)
预测范围 $h=5$							
MSPE1/%	1.506	1.631*	1.136	1.856*	0.932	0.839
	(−1.245)	(−1.320)	(−0.935)	(−1.528)	(−0.803)	(−0.698)
MAPE1/%	3.361***	3.773***	2.851***	3.034***	2.613***	2.373***
	(−5.238)	(−5.696)	(−4.722)	(−4.981)	(−4.460)	(−4.041)
MSPE2/%	6.349***	6.965***	5.654***	5.833***	5.270***	5.068***
	(−5.776)	(−5.923)	(−5.031)	(−5.299)	(−4.906)	(−4.736)
MAPE2/%	6.665***	7.150***	5.833***	5.966***	5.257***	5.110***
	(−7.965)	(−8.212)	(−7.528)	(−7.569)	(−6.908)	(−6.702)
预测范围 $h=20$							
MSPE1/%	13.34***	12.89***	11.86***	12.27***	11.61***	11.48**
	(−4.287)	(−4.089)	(−4.106)	(−4.269)	(−4.122)	(−3.296)
MAPE1/%	10.00***	9.990***	9.451***	9.428***	9.350***	9.071***
	(−8.073)	(−7.972)	(−7.978)	(−7.984)	(−7.968)	(−7.703)
MSPE2/%	16.71***	16.80***	15.84***	15.62***	15.73***	15.45***
	(−8.131)	(−8.098)	(−7.847)	(−7.878)	(−7.888)	(−7.682)
MAPE2/%	12.39***	12.38***	11.64***	11.53***	11.60***	11.38***
	(−9.761)	(−9.699)	(−9.362)	(−9.292)	(−9.382)	(−9.183)

注：括号内为 DM 统计量

*、**和***分别表示在 10%、5%和 1%显著性水平下拒绝原假设

1.4.3　信念分散的替代指标

本节使用信念分散来预测上海股票市场的总体波动性。信念分散是根据沪市上市股票的移动端和 PC 端收盘价构建的。本节选择深圳和创业板市场的股票作

为替代，目标是明确 DEC 的预测能力是否针对特定市场。表 1-8 给出了使用替代 DEC 指数的预测回归的估计结果。本节发现了高度一致的结果，实证结果表明 DEC 的系数（δ）在 5% 及更低的水平上显著为正。我们还发现 DEC 预测能力在所有三个时间范围和所有五个波动率度量方法中均通过了显著性检验。DEC 可以提供反映中国股市共同因素的预测信息。

表 1-8 样本内估计结果：另一种信念分散度量

统计数据	RV5	RV10	RK$_{th2}$	RK$_{parzen}$	RK$_{tsk}$
预测范围 $h=1$					
α	0.187**	0.198**	0.086**	0.207**	0.086**
β_d	0.270***	0.281***	0.350***	0.360***	0.349***
β_w	0.476***	0.457***	0.471***	0.344***	0.469***
β_m	0.123	0.119	0.057	0.148	0.058
δ	0.121**	0.119**	0.074***	0.119**	0.074***
$\Delta R^2/\%$	0.127	0.149	0.158	0.131	0.166
预测范围 $h=5$					
α	0.289**	0.296***	0.144***	0.337***	0.144***
β_d	0.291***	0.231***	0.358***	0.228***	0.350***
β_w	0.212***	0.287**	0.241***	0.294***	0.251**
β_m	0.293***	0.269*	0.198**	0.238***	0.193**
δ	0.183***	0.176***	0.117***	0.192***	0.114***
$\Delta R^2/\%$	0.409	0.489	0.521	0.516	0.532
预测范围 $h=20$					
α	0.525***	0.530***	0.278***	0.592***	0.275***
β_d	0.120**	0.097**	0.165**	0.110**	0.164**
β_w	0.142	0.184**	0.145	0.145	0.147
β_m	0.371***	0.340***	0.301**	0.325***	0.299**
δ	0.326***	0.298***	0.211***	0.347***	0.204***
$\Delta R^2/\%$	1.775	1.921	2.281	2.402	2.286

*、**和***分别表示在 10%、5% 和 1% 显著性水平下拒绝原假设

1.4.4 密度预测

本节将之前的分析扩展到密度预测，初衷是密度预测对政策制定和投资决策具有重要意义（Segnon et al., 2018; Diebold et al., 2017）。Gneiting（2011）认为

均值和波动率预测的评估结果依赖于损失函数，密度预测评估则不存在这一问题。本章使用滞后期为 1 的自回归模型对总市场收益进行平均预测。然后，使用来自不同模型的条件均值和方差预测的相同 AR（1）预测来构建密度预测。这样，密度预测的准确性依赖于方差模型的表现。

本章使用期望对数分数（ln$S$）评估密度预测表现。平均而言，较大的 ln$S$ 值表示事件发生的概率更高，因此意味着更准确的密度预测。表 1-9 显示了 ln$S$ 的数值，定义为 DEC 模型预测的 ln$S$ 值与相应的 HAR 基准模型预测之间的差异。我们发现，对于 1 天的时间范围，DEC 模型导致了负 ln$S$ 值，这意味着相对于基准模型，DEC 表现不佳。对于 5 天和 20 天的期限，DEC 显示了收益密度的样本外可预测性，正 ln$S$ 值证明了这一点。为了测试可预测性的显著性，我们使用 Mitchell 和 Hall（2005）给出的方法。与基准模型相比，无论考虑哪种波动率度量指标，DEC 模型都能够取得显著的预测改进。DEC 包含的信息对于长期的密度预测也很有用。

表 1-9 密度预测结果

期限	RV5	RV10	RK_{th2}	RK_{parzen}	RK_{tsk}
$h=1$	−0.138 (−1.262)	−0.110*** (−2.245)	−0.436*** (−3.204)	−0.016* (−1.284)	−0.344*** (−4.070)
$h=5$	0.056*** (11.370)	0.061*** (12.890)	0.044** (2.034)	0.055*** (11.520)	0.070*** (10.360)
$h=20$	0.063*** (9.479)	0.068*** (10.41)	0.079*** (11.050)	0.073*** (9.883)	0.084*** (10.810)

注：括号内的数值为 t 统计量
*、**和***分别表示在 10%、5%和 1%显著性水平下拒绝原假设

1.4.5 投资组合实践效果

与统计可预测性相比，经济可预测性也很重要，因为投资者可以使用资产配置中的波动率预测来推断他们能做得多好。根据相关文献（Rapach et al.，2010；Dangl and Halling，2012），想象一个具有均值方差效用的投资者在股票指数和无风险资产之间分配财富。这种投资组合的效用由式（1-18）给出：

$$U_t(r_t) = E_t(\omega_t r_t + r_{t,f}) - \frac{1}{2}\gamma \mathrm{var}_t(\omega_t r_t + r_{t,f}) \qquad (1\text{-}18)$$

式中，ω_t 为分配给投资组合中股票指数的权重；r_t 为超过无风险利率 $r_{t,f}$ 的股票收益，使用隔夜上海银行间同业拆放利率作为每日无风险利率的代表；$E_t(\cdot)$ 和 $\mathrm{var}_t(\cdot)$ 分别为时间 t 可用信息条件下的均值和方差。

我们通过最大化 $U_t(r_t)$ 来获得股票指数在第 $t+1$ 天的事前最优权重：

$$\omega_t^* = \frac{1}{\gamma} \frac{\hat{r}_{t+1}}{\hat{\sigma}_{t+1}^2} \tag{1-19}$$

式中，$\hat{r}_{t+1}$ 和 $\hat{\sigma}_{t+1}^2$ 分别为股票收益的均值和波动率预测。根据 Rapach 等（2010）的研究，最佳权重 ω_t^* 被限制在 0~1.5 内，以防止卖空并防止超过 50%的杠杆。这样，第 $t+1$ 天的投资组合收益为

$$r_{p,t+1} = \omega_t^* r_{t+1} + r_{t+1,f} \tag{1-20}$$

使用 CER 来评估投资组合的表现。与密度预测的情况一致，用于计算最佳权重的平均预测来自相同的 AR（1）模型。因此，投资组合的表现仅由波动率预测表现决定。

考虑风险厌恶系数 γ 从 2 变为 6 的情况。评估结果如表 1-10 所示。我们展示了每个 DEC 模型组合的 CER 相对于基准组合的百分比变化。很明显，投资组合的表现会随着不同的波动率指标而变化。若在 $\gamma=2$ 时使用 RV10 以及在 $\gamma=3$ 和 4 时使用 RK$_{parzen}$，DEC 模型的 CER 低于基准模型。然而，在大多数情况下，我们发现 CER 有正收益。需要注意的是，当使用 RK$_{th2}$ 和 RK$_{tsk}$ 作为波动率代理变量且 $\gamma=6$ 时，来自 DEC 模型的 CER 增加百分比分别高达 16.440%和 16.226%。在将 DEC 纳入最常用的波动率代理变量 RV5 的自回归模型后，还获得了 1.703%~7.206%的百分比 CER 增益。总体而言，本章发现普遍一致的证据证实了 DEC 在改善投资组合绩效方面的有用性。因此，基于信念分散的波动率可预测性具有经济意义。

表 1-10 投资组合表现　　　　　　　　　　（单位：%）

γ	RV5	RV10	RK$_{th2}$	RK$_{parzen}$	RK$_{tsk}$
2	1.703	−0.276	1.746	0.855	2.410
3	7.008	0.806	4.763	−1.652	4.486
4	7.206	2.085	5.816	−1.522	5.015
5	4.079	3.757	9.383	1.084	8.679
6	5.637	7.321	16.440	1.091	16.226

注：本表显示了投资组合配置中总体市场波动率的信念分散模型的样本外表现，展示了每个 DEC 模型组合的 CER 相对于基准组合的百分比变化

1.5　小　　结

信念分散很难衡量，在相关文献中，分析师预测分歧经常被用作信念分散的

代理变量。然而，这一方法并不适合中国市场，而且中国没有分析师预测数据库。本章利用移动端和 PC 端收盘价的差异，为中国市场开发了一种新的信念分散度量方法。结果表明，信念分散可以从样本内和样本外两个角度预测总体市场波动。此外，这种可预测性对不同的波动率代理变量、预测范围或基准模型表现稳健。本章的检验还证明，信念分散对波动率的可预测性不是来自数据挖掘。

此外，本章在两个维度上检验了信念分散的预测能力。首先，发现它有助于改进密度预测。其次，对于在股票指数和无风险资产之间分配财富的、具有均值方差效用的投资者来说，应用信念分散进行的波动率预测可以在更长的期限内获得更好的投资组合表现。

第 2 章 移动交易与股票预期收益

2.1 概　　述

近年来，投资者正在改变他们获取金融信息和参与股票市场的方式。其中，增加移动设备（如智能手机）在投资活动中的使用是最显著的变化之一。随着技术的不断改进，移动端（手机）与 PC 端之间的交易在速度以及可靠性等方面的大部分差异已经得以消除。因此，越来越多的投资者选择便携的移动设备作为交易工具，为市场注入了新生的交易力量。

现有文献发现，交易设备的转变会影响投资者处理信息和做出决策的方式，从而影响市场结果（Brown et al., 2015; Grant, 2020; Clor-Proell et al., 2020; Chen et al., 2022; 吴海波和吴冲锋, 2023; Wu et al., 2024）。然而，很少有研究涉及移动交易和股票回报之间的直接联系。鉴于此，在本章中，我们探究移动交易的活跃度及其可变性与横截面股票的预期回报之间的密切关系。

在观察两类交易者之间交易活动的不同趋势时，交易比例是最直观的指标之一。例如，Han 和 Kumar（2013）使用小额订单的交易比例来捕捉散户交易活动的活跃度，从而证明散户的投机交易对资产价格的影响。因此，我们首先通过移动交易占比来刻画移动交易活动的活跃度，并以此来研究移动交易的活跃度是否会影响资产回报。我们发现股票的彩票属性是个股移动交易活跃度的重要决定因素。这意味着与 PC 交易者相比，移动交易者存在显著的投机倾向。正如以前的文献记载的那样，当投机交易水平高时，股票定价过高（Scheinkman and Xiong, 2003; Han and Kumar, 2013），我们的横截面分析同样揭示了个股月度的移动交易活跃度与下个月平均股票收益之间的显著负相关关系。并且，这种关系在控制了投机效应后变得不显著，这意味着投机性的移动交易是影响资产价格的主要原因。

投资者的行为方式不仅反映在交易活动的一阶指标上，其二阶矩同样具有经济含义（Chordia et al., 2001）。个股移动交易月内的平均活跃度可以看作交易活动的一阶矩，我们继而研究了移动交易活跃度的二阶矩，即可变性对资产定价的影响。我们发现，月内每日移动交易活跃度的变异系数和预期收益之间表现出显著的正相关关系，并且移动交易者的投机偏好不能解释这种风险溢价。

我们进一步探索了移动交易活跃度的二阶矩所代表的经济含义，发现个股移动交易活跃度的变异系数反映了股票的逆向选择风险。实证结果表明，个股的变异系数与流动性、投资者关注度以及信息流呈显著的负相关关系。同时，当一个未预期到的消息公布时，个股移动交易的活跃度（变异系数）在接下来的十天显著高于（低于）前十天。这意味着，投资者移动端的交易相较于 PC 端的交易而言，具有更强的噪声性，更容易受到关注度的驱动。

本章的主要贡献在于扩展了有关移动交易影响的文献。我们的结果显示，衡量移动投资者交易活动的一阶矩和二阶矩指标对横截面股票的预期收益都具有显著的预测作用。通过进一步的分析发现，个股中移动投资者的交易活跃度反映了个人投资者投机性交易的倾向，同时，交易活跃度的二阶矩衡量了投资者对个股的关注程度。因此，我们的研究结果也为行为金融学的研究提供了一些启示。

2.2 移动交易的发展现状

中国股市是移动交易者投资最活跃的市场之一。图 2-1 显示了 2010 年 1 月至 2017 年 12 月中国一家顶尖券商中移动交易量占总交易量的月度比例。投资者的月度移动交易比例从 2% 逐年增加到 50% 以上。移动交易者在短时间内成为中国股市不可忽视的力量有几个原因。一方面，人们习惯使用移动设备进行支付交易。根据艾瑞咨询的数据，中国 2016 年的移动支付达到 5.5 万亿美元，大约是美国 1120 亿美元市场规模的 50 倍。另一方面，智能手机的普及也同样重要。图 2-2 显示了中国的智能手机使用率从 2012 年的 33% 增长到 2017 年的 83%，而美国从 2012 年的 44% 增长到 2017 年的 78%。受益于移动支付和智能手机的偏好，中国交易者可以快速接受并使用移动设备进行股票交易。

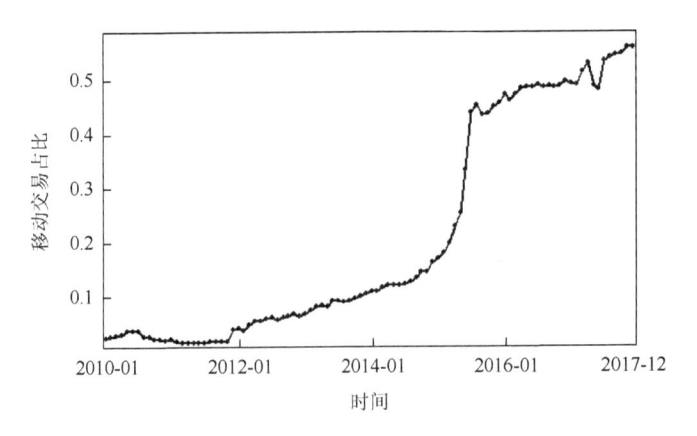

图 2-1　移动交易占比

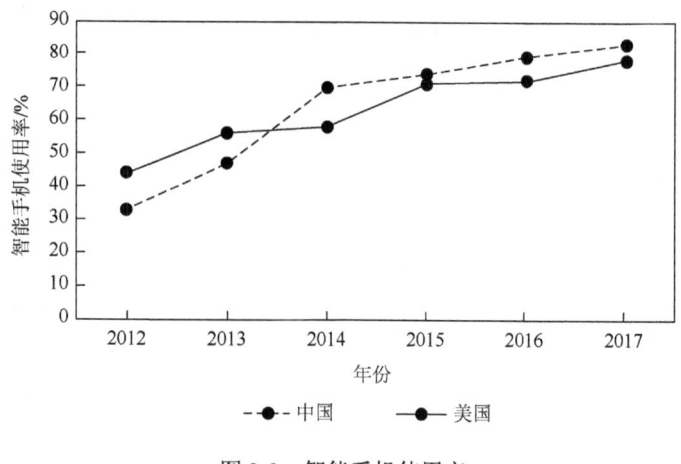

图 2-2　智能手机使用率

资料来源：谷歌消费者晴雨表

中国股票市场中移动交易异常活跃的另一个原因是散户占主导地位。例如，Bailey 等（2009）的数据显示，198 只中国大型股票 92% 的交易量来自个人投资者。与基于 PC 端的交易相比，移动设备交易更方便，但无法进行复杂的数据分析。其灵活性导致个人投资者可以从移动交易的及时性上受益，然而机构投资者由于限制较多，在移动设备上进行的交易较少。

2.3　数据与变量

我们的样本包括在上海和深圳证券交易所上市的所有 A 股股票。其中，2010 年 1 月至 2017 年 12 月期间的手机交易数据来自中国的一家顶尖券商，他们将投资者的交易分为手机交易和 PC 交易两部分。在每个交易日，我们都有每只股票的移动端和 PC 端的总交易量。其余数据是从几个数据库中收集的。其中，每日和每月的股票收益、股票价格、流通股、资产负债表、机构持股数据和分析师盈利预测数据均来自中国证券市场与会计研究（China Stock Market & Accounting Research，CSMAR）数据库。分析师报道和个股新闻（推送通知）来自 iFinD。上述日数据和月数据均在 2010 年 1 月至 2017 年 12 月期间产生。最后，我们从中国研究数据服务平台获得搜索量指数（search volume index，SVI）数据，该指标数据覆盖 2011 年 1 月至 2017 年 12 月，由 3489 家上市公司的 234 260 条观测值组成。

表 2-1 给出了证券特征的中位数、平均值和标准差的时间序列平均值。对于每只股票，每月计算的变量及其表示的含义如下。

表 2-1 描述性统计

变量	中位数	平均值	标准差
MTP/%	16	17.1	8.54
CVMTP	1.17	1.26	0.517
Turnover/%	39.6	58.1	61.9
CVTURN	0.662	0.69	0.18
Size/亿元	53.8	133	517
BM	0.461	0.496	0.241
IVOL	0.0165	0.0183	0.0105
COSKEW	−1.02	−0.908	3.06
MAX/%	3.05	3.37	1.61
MOM/%	15.2	19.9	38.3
REV/%	−0.173	1.6	1.36
ILLIQ	0.0389	0.288	3.35
ANCOV	0.0938	3.62	7.23
DISP	0.129	0.202	0.332
β^{MKT}	0.995	0.999	0.299
IO/%	3.47	6.19	9.07

MTP（移动交易占比）：移动交易的价值除以同期（一个月）的交易总值。

CVMTP（占比变异系数）：月内每日移动交易比例的变异系数。在我们的计算中，我们剔除了少于 15 个交易日的股票。

Turnover（换手率）：每月换手率的计算方法是交易的股票数量除以每个月末流通在外的股票数量。

CVTURN（换手率变异系数）：遵从 Chordia 等（2001）的方法，我们计算了过去 36 个月的换手率的变异系数。

Size（公司规模）：每月月底公司股权的市场价值。

BM（账面市值比）：是净资产与月末市值的比率。

IVOL（异质波动率）：遵从 Ang 等（2006）的方法，每月异质波动率计算为 Fama 和 French（1993）的研究中三个因子的每日超额收益回归的残差的标准差。

COSKEW（协偏度）：遵从 Mitton 和 Vorkink（2007）的研究，我们在 60 个月的周期内从以下模型中估计系数 γ_i，即

$$R_{i,t} = \alpha_i + \beta_i R_{m,t} + \gamma_i R_{m,t}^2 + \varepsilon_{i,t}$$

式中，$R_{i,t}$、$R_{m,t}$ 分别为个股 i 和市场指数的超额收益；α_i、β_i 和 γ_i 分别为模型的参数；$\varepsilon_{i,t}$ 为随机项。我们剔除了在 60 个月周期内少于 24 个月观测值的个股。

MAX（最大收益）：遵从 Bali 等（2011，2021）的研究，彩票需求计算为当月股票的五个最高每日收益的平均值。我们剔除月内每日收益观测值少于 15 次的股票。

MOM（长期动量）：遵从 Jegadeesh 和 Titman（1993）的研究，长期动量是股票从当前时间的上一个月到前 11 个月的累积回报。

REV（短期反转）：遵从 Jegadeesh（1990）的研究，短期反转被定义为每月股票收益率。

ILLIQ（非流动性）：遵从 Amihud（2002）的研究，股票的非流动性以每日绝对股票收益与当月平均每日交易价值的比率来衡量。我们剔除月内每日收益观测值少于 15 次的股票。

ANCOV（分析师覆盖）：遵从 Andrade 等（2013）的研究，分析师覆盖计算为跟随股票的券商数量。

DISP（分析师分歧）：遵从 Diether 等（2002）的研究，分析师分歧定义为年度每股收益预测的标准差，按平均未完成预测的绝对值衡量。

β^{MKT}（市场贝塔）：遵从 Fama 和 French（1992）的研究，市场贝塔值是使用前 60 个月的股票收益估算的。

IO（机构持有率）：机构投资者持有的公司股份的总比例。

汇总统计数据显示，几个变量显示出高度偏态（即 Turnover、Size、ANCOV 和 IO）。因此，在其余的回归中，使用这些变量的自然对数。表 2-2 给出了在分析中使用的变量的横截面相关性的平均值。我们发现 IVOL 与 MAX、REV 与 MAX、REV 与 IVOL、Turnover 与 IVOL、Turnover 与 MAX 之间存在较大的相关性，其他相关性均小于 0.40。这些变量的高度相关性并不奇怪。Bali 等（2011）发现了 IVOL 和 MAX 之间的高度相关性。对中国股市换手率的相关研究也有类似的结果（Pan et al.，2016）。因此，REV 与投机交易代理指标之间的高度相关性是可以理解的。

2.4　移动交易活跃度与股票收益

本节将研究移动交易的活跃度是否会影响资产回报。受 Barber 和 Odean（2002）的启发，投资者在使用更方便的设备（在线）进行交易后，往往会更积极、更投机。因此，我们进行了一项测试，以检查移动交易的活跃度是否受到股票的彩票型特征的影响，包括 IVOL、COSKEW 和股票价格（Kumar，2009）或 MAX（Bali et al.，2011）。

表 2-2 相关系数矩阵

变量	MTP	CVMTP	Turnover	CVTURN	Size	BM	IVOL	COSKEW	MAX	MOM	REV	ILLIQ	ANCOV	DISP	β^{MKT}	IO
MTP	1.000															
CVMTP	-0.307	1.000														
Turnover	0.012	-0.272	1.000													
CVTURN	0.019	-0.006	-0.051	1.000												
Size	0.042	-0.073	-0.123	0.166	1.000											
BM	-0.064	-0.028	-0.217	0.130	0.150	1.000										
IVOL	0.037	-0.183	0.581	-0.020	-0.109	-0.280	1.000									
COSKEW	-0.011	-0.033	-0.092	0.113	0.076	0.164	-0.057	1.000								
MAX	0.020	-0.191	0.572	-0.024	-0.087	-0.231	0.836	-0.056	1.000							
MOM	0.060	-0.127	0.236	0.035	0.002	-0.277	0.279	-0.054	0.202	1.000						
REV	-0.027	-0.020	0.257	0.015	0.007	-0.089	0.429	-0.102	0.664	-0.030	1.000					
ILLIQ	0.032	0.373	-0.171	0.067	-0.157	-0.104	-0.025	-0.044	-0.044	-0.112	0.004	1.000				
ANCOV	-0.022	-0.069	-0.066	-0.065	0.155	-0.0004	0.034	0.019	0.048	0.084	0.079	-0.181	1.000			
DISP	0.017	-0.027	0.037	-0.066	-0.032	0.110	0.042	0.027	0.029	-0.054	-0.016	0.059	-0.063	1.000		
β^{MKT}	0.050	-0.056	0.181	-0.049	-0.218	-0.152	0.132	0.068	0.143	0.069	0.002	0.096	-0.156	0.087	1.000	
IO	-0.020	0.016	-0.100	-0.007	0.047	0.038	-0.019	0.035	-0.012	0.043	0.020	-0.086	0.123	-0.048	-0.110	1.000

我们首先分析移动交易活跃度的决定因素。表 2-3 中展示了利用 Fama 和 MacBeth（1973）的模型回归的结果。其中，因变量是每月个股的 MTP，自变量中加入股票彩票特征的替代指标。（1）列和（3）列报告的结果表明，具有高 IVOL、高 COSKEW 和低股价的股票的 MTP 水平更高。为了进一步检验 MTP 是否捕捉移动交易者的投机偏好，我们引入 MAX 作为彩票需求的替代指标。（2）列和（4）列中的回归估计报告了对 MAX 的显著估计，这也表明移动交易者存在显著的投机倾向。

表 2-3 移动交易活跃度的决定因素

自变量	因变量：MTP				
	（1）	（2）	（3）	（4）	（5）
截距项	9.076***	9.133***	10.961***	11.096***	10.879***
	(6.704)	(6.668)	(6.431)	(6.402)	(6.803)
上期 MTP	0.370***	0.371***	0.363***	0.364***	0.359***
	(21.226)	(21.057)	(22.884)	(22.634)	(23.181)
IVOL	44.329***		63.799***		55.278***
	(5.952)		(6.165)		(4.222)
MAX		0.197***		0.291***	0.135**
		(6.002)		(6.302)	(2.550)
COSKEW			0.048***	0.048***	0.040**
			(2.637)	(2.580)	(2.357)
股票价格			−0.510***	−0.478***	−0.528***
			(−3.456)	(−3.374)	(−3.526)
Size			−0.054	−0.064	−0.052
			(−0.994)	(−1.152)	(−0.986)
BM			−1.511***	−1.672***	−1.278***
			(−5.096)	(−5.125)	(−4.989)
β^{MKT}			−0.543**	−0.518**	−0.265
			(−2.215)	(−2.164)	(−1.285)
REV					−0.027***
					(−3.229)
MOM					0.007***
					(4.696)

续表

自变量	因变量：MTP				
	（1）	（2）	（3）	（4）	（5）
IO					−0.039
					(−1.329)
Turnover					−0.048
					(−0.968)

注：括号内的数值为 t 统计量

***、**分别表示在1%、5%的置信水平下显著

为了检验 MTP 变量所代表的移动交易者投机交易活动对资产定价的影响，我们将股票未来一个月的收益作为因变量，对相关的定价因子进行法马-麦克贝思（Fama-MacBeth）回归（Fama and MacBeth，1973）。与 Han 和 Kumar（2013）的研究结果一致，我们的结果表明，移动投资者的活跃度会影响股票的预期收益。表 2-4 的（1）列报告的估计值证实 MTP 系数显著为负（估计值 = −0.010，t 统计量 = −2.528）。结果表明，在控制预期股票收益的已知横截面决定因素的多元回归设置中，MTP 与未来收益的关系显著为负。

表 2-4　MTP 与预期收益

自变量	因变量：个股在 $t+1$ 月的收益率					
	（1）	（2）	（3）	（4）	（5）	（6）
截距项	3.348***	2.851***	2.560**	6.021***	4.177***	3.326***
	(3.026)	(2.601)	(2.336)	(4.657)	(3.968)	(3.153)
MTP	−0.010**	−0.010***	−0.09**	−0.006**	−0.005	−0.005
	(−2.528)	(−2.747)	(2.303)	(−2.193)	(−1.048)	(−1.313)
β^{MKT}	−0.627**	−0.303	−0.287	0.097	0.169	−0.195
	(−1.974)	(−0.858)	(−0.807)	(0.281)	(0.492)	(−0.574)
Size	−0.487***	−0.440**	−0.377*	−0.640***	−0.451*	−0.398**
	(−2.428)	(−2.240)	(−1.926)	(−3.195)	(−2.333)	(−2.093)
BM	−2.049***	−2.428***	−2.385***	−2.663***	−2.797***	−2.545***
	(−3.165)	(−3.883)	(−3.802)	(−4.203)	(−4.269)	(−4.014)
MOM		−0.006**	−0.006**	−0.002	−0.0003	−0.002
		(−2.266)	(−2.154)	(−0.842)	(−0.124)	(−0.999)
REV		−0.058***	−0.065***	−0.047***	−0.029**	−0.025
		(−5.318)	(−5.876)	(−3.994)	(−2.485)	(−1.619)

续表

自变量	因变量:个股在 $t+1$ 月的收益率					
	(1)	(2)	(3)	(4)	(5)	(6)
IO		0.242*** (5.009)	0.244** (5.079)	0.224*** (4.736)	0.223*** (4.721)	0.226*** (4.777)
ILLIQ			2.616*** (2.754)	−0.840 (−0.580)		
Turnover				−0.888*** (−6.915)		
IVOL					−92.783*** (−10.629)	
MAX						−0.378*** (−4.274)

注:括号内的数值为 t 统计量

***、**和*分别表示在1%、5%和10%的置信水平下显著

随后,我们加入了几个控制变量来检验 MTP 与预期收益负向的关系是否由几种已知的因素驱动。在表 2-4 的(2)列中,我们添加了 3 个变量:REV、MOM 和 IO。尤其是由于机构具有信息优势,其大量持有的股票未来可能表现良好。表 2-3 中给出了 MTP 和 IO 之间的负相关关系,说明移动交易在机构投资者持股低的个股中更活跃,这可能是预期收益较低的原因。在表 2-4 的(3)列和(4)列中,我们进一步添加了两个用于解释流动性的代理变量:ILLIQ 和 Turnover。Amihud(2002)和 Chordia 等(2001)的研究表明流动性与预期收益具有强负相关关系,移动交易越活跃的股票可能流动性越高,从而预期收益较低。但是,在控制这些变量后,MTP 的所有估计值均保持其显著性,结果表明 MTP 并未反映这些已知的效应。

我们进一步引入 IVOL 和 MAX 作为投机倾向的代理变量,以检验 MTP 是否反映了投机交易的影响。表 2-4 的(5)列和(6)列中报告的回归估计表明,当 IVOL 和 MAX 变量得到控制时,MTP 失去了显著性。这一证据再次证实,高 MTP 所反映的负向预期收益主要是由投机交易驱动的。

2.5 移动交易活跃度的波动与股票收益

本节将研究移动交易活跃度的波动是否会影响资产定价。一方面,大量文献表明,交易活动的二阶矩在预期收益的横截面中起着重要作用。本节将进一步研

究移动交易活跃度的波动对资产定价的影响。另一方面,我们分析移动端交易跃度的波动对预期收益的影响,也是基于移动端和 PC 端的交易具有较强的异质性,因而其二阶矩具有更强的经济含义。这两个考虑促使我们研究 MTP 的二阶矩与预期股票收益之间的横截面关系。

首先,我们通过资产组合的分组分析来简单刻画移动交易活跃度的波动与预期收益的关系。在 2010 年 1 月至 2017 年 12 月样本期间的每个月末,我们将样本中的所有股票根据 Size 分为五个五分位组,并对每个分位组,根据 CVMTP 再次分为五个五分位组。然后,我们计算下一个月这 25 个投资组合的等权和价值加权投资回报。表 2-5 中的结果表明了移动交易活跃度的波动与预期收益之间的正向关系,且这种关系在统计上和经济上都显著。

表 2-5 CVMTP-Size 双重分组

面板 A:等权重组合收益

分组	CVMTP 分组					
	低	2	3	4	高	高−低
低	1.33	1.73	1.64	1.81	2.2	0.87*** (3.15)
2	−0.04	0.52	0.71	1.14	1.15	1.19*** (4.76)
3	−0.35	0.20	0.27	0.68	0.90	1.25*** (5.30)
4	−0.47	0.03	0.06	0.58	0.67	1.14*** (3.73)
高	−0.77	−0.08	−0.09	0.23	0.29	1.06*** (2.95)

面板 B:市值加权组合收益

分组	CVMTP 分组					
	低	2	3	4	高	高−低
低	1.24	1.68	1.54	1.69	2.09	0.85*** (3.01)
2	−0.06	0.50	0.71	1.15	1.13	1.19*** (4.73)
3	−0.36	0.18	0.27	0.66	0.89	1.25*** (5.36)

续表

面板 B：市值加权组合收益

CVMTP 分组

分组	低	2	3	4	高	高−低
4	−0.45	0.05	0.06	0.57	0.66	1.11***
						(3.65)
高	−0.70	−0.14	−0.15	0.39	0.46	1.16***
						(3.00)

注：括号内的数值为 t 统计量

***表示在 1%的置信水平下显著

我们进一步通过估计进行 Fama-MacBeth 回归来更正式地描述移动交易的可变性对股票收益的影响。该回归的因变量是 2010 年 1 月至 2017 年 12 月样本期间每只股票在下个月的超额收益。这些回归的主要自变量是本月股票的移动交易活跃的变异系数，其他的控制变量包括各种股票特征和因子。回归的结果在表 2-6 中显示。与表 2-5 中的分组结果一致，我们发现当月移动交易活动波动较大的股票在下个月获得了显著性更高的平均回报。表 2-6 的（1）列显示了 CVMTP 变量的显著正系数（估计值 = 1.307，t 统计量 = 4.062）。我们还测试了正 CVMTP 回报关系是否是由投机交易驱动的，因为我们发现负 MTP 回报关系主要是由投机偏好驱动的。然而，在添加变量 IVOL、COSKEW 和 MAX 后，表 2-6 的（2）列到（4）列的证据表明，CVMTP 对股票收益的预测能力并非由移动交易者的投机交易驱动。

表 2-6　CVMTP 与预期收益

自变量	因变量：个股在 $t+1$ 月的收益率			
	（1）	（2）	（3）	（4）
截距项	1.570	3.293***	2.238**	2.505**
	(1.429)	(3.068)	(2.124)	(2.424)
CVMTP	1.307***	0.979***	1.094***	1.079***
	(4.062)	(3.482)	(3.707)	(3.760)
β^{MKT}	−0.248	−0.098	−0.190	−0.239
	(−0.702)	(−0.279)	(−0.558)	(−0.717)
Size	−0.253	−0.315*	−0.252	−0.281
	(−1.306)	(−1.658)	(−1.341)	(−1.495)
BM	−2.424***	−2.810***	−2.539***	−2.793***
	(−3.834)	(−4.302)	(−4.002)	(−4.326)

续表

自变量	因变量：个股在 $t+1$ 月的收益率			
	（1）	（2）	（3）	（4）
REV	−0.064***	−0.031***	−0.030**	−0.055***
	(−5.516)	(−2.598)	(−1.944)	(−3.630)
MOM	−0.004*	0.001	−0.002	0.0002
	(−1.744)	(0.237)	(−0.861)	(0.081)
IVOL		−88.639***		−131.790***
		(−10.328)		(−8.812)
COSKEW		−0.014		−0.013
		(−0.839)		(−0.791)
MAX			−0.303***	0.429***
			(−3.654)	(2.934)

注：括号内的数值为 t 统计量

***、**和*分别表示在 1%、5%和 10%的置信水平下显著

表 2-7 给出了对表 2-6 中结果的几个稳健性测试，为了简洁起见，我们仅提供超额收益回归的结果。为了确保记录的正 CVMTP 收益关联是稳健且不受投机交易驱动的，我们进行了多次回归以确保表 2-6 中的结果不受特殊样本选择的影响。在前两个测试中，我们将样本分成两个长度相同的子周期进行回归。第一个子时段为 2010 年 1 月至 2013 年 12 月，此时段的移动交易活动不太活跃，整个市场的月 MTP 不到 10%。另一个子时段是 2014 年 1 月至 2017 年 12 月，交易活动较为活跃，此外，移动交易的增长率在此期间也有所增加。我们发现估计的显著性与全样本估计的结果相似。在接下来的稳健性检验中，我们剔除了有退市风险的特殊处理（special treatment，ST）股票，涨跌停板幅度为±5%。在我们的回归中，CVMTP 的估计系数在排除极端股票后仍然具有显著性。表 2-7 的证据表明 CVMTP 与股票收益之间的正相关关系是稳健的。

表 2-7 CVMTP 与预期收益：子样本分析

自变量	因变量：个股在 $t+1$ 月的收益率					
	子周期：2010 年 1 月至 2013 年 12 月		子周期：2014 年 1 月至 2017 年 12 月		排除 ST 股票	
	（1）	（2）	（3）	（4）	（5）	（6）
截距项	2.142*	1.112	4.469**	3.385*	3.156***	2.126**
	(1.817)	(0.981)	(2.553)	(1.953)	(2.900)	(1.980)

续表

自变量	因变量：个股在 $t+1$ 月的收益率				排除 ST 股票	
	子周期：2010 年 1 月至 2013 年 12 月		子周期：2014 年 1 月至 2017 年 12 月			
	(1)	(2)	(3)	(4)	(5)	(6)
CVMTP	0.235**	0.321***	1.738***	1.883***	1.077***	1.173***
	(2.534)	(3.871)	(3.735)	(3.819)	(3.751)	(3.877)
β^{MKT}	−0.056	−0.278	−1.412	−0.101	−0.026	−0.159
	(−0.113)	(−0.681)	(−0.284)	(−0.184)	(−0.071)	(−0.452)
Size	−0.241	−0.148	−0.391	−0.357	−0.307	−0.243
	(−1.566)	(−0.928)	(−1.126)	(−1.058)	(−1.608)	(−1.289)
BM	−3.068***	−2.782***	−2.548**	−2.290**	−2.896***	−2.605***
	(−4.172)	(−3.766)	(−2.361)	(−2.225)	(−4.235)	(−3.955)
REV	−0.033**	−0.039**	−0.029	−0.021	−0.031**	−0.029*
	(−2.310)	(−2.236)	(−1.497)	(−0.822)	(−2.517)	(−1.900)
MOM	0.002	−0.0004	−0.0007	−0.0004	0.001	−0.002
	(0.524)	(−0.160)	(−0.168)	(−0.903)	(0.312)	(−0.769)
IVOL	−76.514***		−101.022***		−89.852***	
	(−7.354)		(−7.845)		(−10.086)	
COSKEW	−0.027		−0.004		−1.869	
	(−1.117)		(−0.154)		(−1.010)	
MAX		−0.206*		−0.403***		−0.311***
		(−1.765)		(−3.353)		(−3.838)

注：括号内的数值为 t 统计量
***、**和*分别表示在 1%、5%和 10%的置信水平下显著

移动交易活跃度的波动本质上衡量了移动端相较于 PC 端交易量的异常波动。我们从两个方面来解释交易量可能的异常变化。一方面，交易量直接衡量的是流动性的变化。由于移动交易者相较于 PC 交易者而言面临较低的代理成本和流动性限制，能够提供流动性以满足其他市场参与者对即时性的需求（Kaniel et al., 2012；Kelley and Tetlock, 2013）。同时，不太成熟的移动交易者往往充当 Shleifer 和 Summers (1990) 提出的意义上的噪声交易者。结合表 2-2 中 CVMTP 与 MTP 的负相关关系，

移动交易活跃度的波动较高可能反映了移动端投资者的流动性供给的异常退坡，因而个股的流动性风险越大，需要越高的风险溢价（Greene and Smart，1999）。

另一方面，交易的本质在于信息。大量的文献发现散户投资者订单流的二阶矩能够反映信息不对称风险。与机构投资者相比，散户投资者并不具有信息优势。由于我们已发现移动端的交易相较于 PC 端的交易而言更具有投机性，我们推断移动端的交易的知情交易更少。同时，移动设备和 PC 的不同，可能导致两个平台对信息的反应不同。移动设备较小的屏幕尺寸不利于信息的处理，分散了投资者的有限注意力。此外，应用程序使用推送通知来突出显示内容。如果没有持续在线，移动投资者会担心"错过"投资信息（Clor-Proell et al.，2020）。因此，我们推断移动交易更容易受到关注度驱动，其交易量对信息的反应更敏感。

在表 2-8 中，我们分析了股票的流动性是否有助于解释 CVMTP 与股票收益之间的正相关关系。为了探索这种可能性，我们引入了几个流动性代理变量：ILLIQ、Turnover 和 CVTURN。股票的非流动性给出了价格对订单流反应的绝对值，反映了个股噪声交易的程度。ILLIQ 越高意味着噪声交易越少，Easley 等（2002）表明知情交易的概率对股票收益有显著的正向影响。月换手率反映了股票的流动性，这意味着噪声交易的另一个方面，因为噪声交易可能导致交易量的增加（Greene and Smart，1999）。我们还添加了另一个由 Chordia 等（2001）构建的流动性代理变量。CVTURN 是月换手率的变异系数，我们将其添加到我们的回归中以测试移动交易活动的二阶矩的影响是否可以用流动性二阶矩来解释。表 2-8 的（1）列和（3）列的结果表明，CVMTP 的估计系数仍然显著。然而，Turnover 在（2）列和（4）列中表现显著。证据表明，流动性部分解释了 CVMTP 与股票收益之间的正相关关系。

表 2-8　CVMTP 的流动性解释

自变量	因变量：个股在 $t+1$ 月的收益率			
	（1）	（2）	（3）	（4）
截距项	1.202	5.693***	1.475	5.901***
	(1.087)	(4.420)	(1.355)	(4.980)
CVMTP	1.097***	0.517**	1.364***	0.516**
	(3.525)	(2.298)	(4.192)	(2.413)
β^{MKT}	−0.223	0.048	−0.238	0.086
	(−0.630)	(0.140)	(−0.632)	(0.233)
Size	−0.115	−0.539***	−0.248	−0.473**
	(−0.607)	(−2.635)	(−1.253)	(−2.371)

续表

自变量	因变量：个股在 $t+1$ 月的收益率			
	(1)	(2)	(3)	(4)
BM	−2.417***	−2.714***	−2.502***	−2.746***
	(−3.775)	(−4.204)	(−3.926)	(−4.177)
REV	−0.065***	−0.047***	−0.065***	−0.049***
	(−5.939)	(−4.139)	(−6.017)	(−4.457)
MOM	−0.004	−0.001	−0.005*	−0.002
	(−1.648)	(−0.568)	(−1.942)	(−0.636)
ILLIQ	9.956***			2.473
	(3.245)			(0.916)
Turnover		−0.882***		−0.896***
		(−6.992)		(−7.244)
CVTURN			0.177***	−0.535
			(0.555)	(−1.453)

注：括号内的数值为 t 统计量

***、**和*分别表示在1%、5%和10%的置信水平下显著

在表 2-9 中我们进一步探讨移动交易者和 PC 交易者对于信息反应的异质性。我们首先分析了 CVMTP 的相关影响因素。我们控制了移动交易活跃度和换手率来衡量个股的噪声交易量。同时，我们使用标题包含股票名称的个股新闻的数量来构建股票新闻报道的虚拟变量，遵循 Fang 和 Peress（2009）的研究，因为移动设备使投资者更加重视标题（Brown et al.，2020）。我们还使用 SVI 作为投资者关注的代理变量（Da et al.，2011）。实证结果表明，CVMTP 与 MTP、Turnover、SVI 和个股新闻的数量是负相关的。该结果说明，CVMTP 与噪声交易活跃度显著相关，且噪声交易越活跃，移动交易活跃度的波动越小。

表 2-9 CVMTP 的投资者注意力解释

面板 A：对关注度指标的横截面回归					
自变量	(1)	(2)	(3)	(4)	(5)
多新闻	−0.145***			−0.081***	−0.075***
	(−6.521)			(−5.414)	(−5.443)
无新闻		0.100***		0.040**	0.033***
		(6.603)		(5.415)	(5.867)

续表

面板 A：对关注度指标的横截面回归

自变量	(1)	(2)	(3)	(4)	(5)
搜索量			−0.000 03***	−0.000 03***	−0.000 3***
			(−6.859)	(−6.190)	(−6.867)
MTP	−0.018***	−0.018***	−0.020***	−0.019***	
	(−8.800)	(−8.801)	(−8.386)	(−8.404)	
Turnover	−0.105***	−0.104***	−0.132***	−0.130***	
	(−9.934)	(−9.887)	(−10.571)	(−10.750)	

面板 B：预期与非预期公告冲击的影响

事件前后的比较变量	财务报告	股权变动	收购兼并
MTP	0.001	0.03***	0.04***
	(0.37)	(2.62)	(3.63)
CVMTP	−0.01	−0.03***	−0.02***
	(−0.53)	(−4.59)	(−3.33)

注：括号内的数值为 t 统计量
***、**分别表示在 1%、5% 的置信水平下显著

我们随后检验移动交易者和 PC 交易者对于信息的反应。表 2-9 的面板 B 显示了预期和非预期公告对移动交易的影响。Chae（2005）指出，交易者对预期公告和非预期公告（如股权变动和收购）的反应不同，因为投资者的关注度主要集中在非预期公告而不是预期公告上。因此，我们比较了收益、股权变动和收购公告前后的移动交易变量。我们的证据表明，当一个非预期消息来临时，CVMTP（MTP）在接下来的十天比前十天显著降低（升高）。该结果表明，移动交易容易受到关注度驱动，由于投资者关注度能够显著降低信息不对称性，因此 CVMTP 会在非预期公告后显著降低，而在预期公告后的变化不显著。

总而言之，我们的研究结果表明移动交易活跃度的波动性反映了个股的信息不对称风险。

2.6 小　　结

在本章中，我们使用 MTP 来衡量移动交易的活跃度，发现股票的彩票属性是 MTP 的重要影响因素。这意味着与 PC 交易者相比，移动交易者存在显著的投机倾向。与前人的研究一致，即当投机交易活跃时，股票定价过高（Scheinkman and

Xiong，2003；Han and Kumar，2013），我们的横截面分析揭示了 MTP 与股票下个月平均收益之间的显著负相关关系。进一步，我们发现在控制了投机效应（如 IVOL、MAX）后，该效应显著减弱，这意味着投机性移动交易是负相关效应的主要原因。

我们还研究了移动交易活跃度的波动性对资产定价的影响。在实证工作中，我们使用 CVMTP 来衡量移动交易活跃度的离散程度。结果表明，CVMTP 与预期回报之间存在显著的正相关关系，并且这种正相关关系在控制投机性需求后在统计上和经济上仍然显著。我们发现这种关系可能反映了个股的信息不对称风险，因此能够获得正的风险收益。

总而言之，本章的研究结果表明，移动交易活动对横截面上股票的预期收益有显著的预测性，在市场定价中起到了重要作用。

第 3 章 移动交易对收益率分散性及从众行为的影响

3.1 概 述

金融市场中的投资者从众行为一直受到各国学者及监管部门的广泛关注。在市场波动较大或信息环境不确定的情况下，投资者可能选择模仿市场中其他投资者的决策并忽略个人判断，从而导致市场出现一致性趋同（宋军和吴冲锋，2001）。近年来，随着移动通信技术的发展，投资者通过智能手机进行股票交易的现象已非常普遍。相比传统的 PC 端交易，移动端交易者获取信息更加及时，并且可以快速对信息进行反应。此外，移动端交易受限于狭小的设备屏幕及简单基础的工具，并不适用于信息处理和专业决策分析。移动端交易的这些特点影响了投资者的信息搜索和信息处理行为，并且改变了其交易行为表现（Brown et al.，2015，2020；Clor-Proell et al.，2020；Shiva et al.，2020；Wu H B and Wu C F，2024；Li et al.，2024）。

虽然已有不少学者对投资者从众行为进行了深入研究（Froot et al.，1992；Hirshleifer et al.，1994；Tan et al.，2008；Chiang et al.，2010；Galariotis et al.，2015），但在移动通信技术快速发展的背景下，由于设备特点和移动社交平台及移动社交媒体的影响，移动交易可能对投资者从众行为的程度造成影响，然而相关文献的研究仍然非常有限。除此之外，检验投资者从众行为的有些经典实证模型存在一定的理论缺陷。针对上述问题，Li 等（2022b）结合行为金融理论和资产定价模型，修正了经典文献中用于检验投资者从众行为的实证模型，使其更加适用于市场压力之下的投资者非理性趋同行为检验，并且采用独特的数据样本，进一步实证检验了移动端交易对收益率分散及投资者市场压力下从众行为的影响。

Chang 等（2000）认为，当市场处于资本资产定价模型（capital asset pricing model，CAPM）的均衡状态时，市场横截面绝对偏离度的期望值（expected cross-sectional absolute deviation，ECSAD）与市场收益率应存在线性关系，并因此提出 CCK（Chang-Cheng-Khorana）模型来检验 ECSAD 与市场收益率的非线性关系，从而检验投资者从众行为是否存在。在该模型中，ECSAD 无法直接观测，因此，Chang 等（2000）采用一种市场横截面收益率绝对偏离度（cross-sectional absolute deviation，CSAD）作为其估计值。然而，由于绝对值的期望与期望的绝对值的不相等关系，CCK 模型中的 ECSAD 与 CSAD 存在偏差，因此该模型并不能准确检测市场中的从众行为。在本章中，我们采用市场横截面收益率方差（cross-sectional variation，CSV）作为市场分散化指标，并引入市场收益率高次项来检验收益率分散程度与市场收益率的非线性关系，不仅从方法上避免了CCK模型中不相等问题带来的检验偏差，还能更好地反映市场大幅变化的压力。此外，由于CAPM对股票收益率的解释能力较低，这里在修正模型中引入了Fama-French三因子模型，以更好地控制风险因子对市场收益率分散程度的影响，提高模型检验非理性从众行为的准确性。

在实证检验中，本章首先采用修正模型检验中国市场中投资者在市场压力下的从众行为，发现该现象的确存在。实证结果与宋军和吴冲锋（2001）、董志勇和韩旭（2008）、朱彤和叶静雅（2009）、袁军（2020）等的结论一致。此外，本章还发现引入市值因子和账面市值比因子能显著提高模型对收益率分散的解释能力，采用Fama-French三因子模型（以下简称FF3模型）比采用CAPM的R^2上升了60.5个百分点。

其次，本章分析移动端交易占比与股票收益率分散之间的关系。我们将样本分为两个子样本：2010年1月1日至2015年3月31日以及2015年8月1日至2018年12月31日，两个样本之间的时间区间为政策效应区间。我们发现在2015年政策变更前后，移动交易占比与股票收益率分散存在负相关关系。进一步，我们检验了移动交易占比与市场压力下的投资者从众行为的关系。结果显示，移动交易占比较高的股票组合检验出更强的从众行为，并且结果在控制了2015年市场泡沫和政策调整的影响后仍然稳健。

再次，通过回归分析，发现移动交易占比与股票换手率的相关性在2015年市场泡沫和政策调整前后不同，并分析这可能与移动交易者的主要组成发生变化有关。出于稳健性考虑，本章采用Fama-MacBeth方法进行检验，发现该结论依然成立。

最后，本章对结论进行了稳健性检验。移动交易对市场压力下的从众行为的影响可能来源于移动交易者对部分股票特征的偏好，而非手机设备的使用。控制了股票特征的影响后，实证结果显示投资者的股票特征偏好并不能解释移动交易行为。本章考虑了2015年的市场泡沫和崩盘对结论的影响。剔除了市场泡沫峰值前后3个月和6个月的数据后，结果仍然支持移动交易对收益率分散和市场压力下从众行为的影响。

作为一种特殊的金融现象，市场压力下的从众行为与金融市场的波动甚至崩盘具有相关性（Lux，1995；Brunnermeier，2001；Shiller，2002；Yuan et al.，2011；Nakagawa et al.，2012；Kaizoji et al.，2015；Jin et al.，2016）。投资行为的非理性趋同行为极有可能降低市场稳定性或扭曲股票价格的发现功能。因此，本章的研究将为政府部门稳定金融系统并降低市场崩盘风险提供参考信息。

3.2 文献回顾

学术界对金融市场的从众行为的关注由来已久(Scharfstein and Stein, 1990; Lakonishok et al., 1992; Christie and Huang, 1995; Chang et al., 2000),其指投资者以压制自身信念、趋同于市场共识进行交易的行为。投资者从众行为虽然早已成为金融学领域中的经典现象,但传统金融学范式无法针对该现象给出强有力的解释。

实证检验从众行为的模型主要基于 Christie 和 Huang(1995)(简称 CH 方法)以及 Chang 等(2000)(简称 CCK 方法)的研究。其中,根据 CAPM 及 Christie 和 Huang(1995)的研究,Chang 等(2000)提出采用 CSAD 来衡量市场收益率分散程度,并基于该指标来检验市场从众行为(即 CCK 方法)。根据他们的实证对比结果,CCK 方法比 Christie 和 Huang(1995)的方法更准确。在 CCK 方法中,如果市场参与者在市场价格变化较大时存在从众行为,则基于 CAPM 均衡状态时的收益率分散指标 CSAD 与市场收益率之间的正向线性关系将不再成立,CSAD 会随着市场收益率上升呈非线性增加甚至减少。Xie 等(2015)提出了基于套利定价理论(arbitrage pricing theory, APT)的加权横截面方差(weighted cross-sectional variance, WCSV)模型。Xie 等(2015)的模型采用 WCSV 来衡量市场收益率分散程度,在一定程度上修正了 CCK 方法的理论缺陷,并通过对比 WCSV 与历史基准指标来衡量某个时间点的投资者从众行为程度。

基于以上实证模型,许多学者检验了不同市场不同时期的投资者从众行为。例如,Hwang 和 Salmon(2004)发现在美国和韩国的股票市场中存在持续的投资者趋同效应,并且该结论不依赖于市场条件和基本宏观经济变量。Caparrelli 等(2004)使用来自意大利证券交易所的数据,发现在极端市场条件下存在投资者从众行为。Chiang 和 Zheng(2010)研究了 18 个国家的从众行为,发现发达股市(美国除外)和亚洲市场存在从众行为,而拉丁美洲市场没有投资者趋同效应。

许多学者也对中国资本市场的投资者从众行为进行了研究。宋军和吴冲锋(2001)对我国证券市场的从众行为进行了实证检验,发现我国证券市场投资跟风程度高于美国证券市场。Demirer 和 Kutan(2006)使用企业和行业层面的数据检验了中国市场中的投资者从众行为,研究结果表明中国市场中并不存在该现象。Tan 等(2008)发现在以国内个人投资者为主的 A 股市场以及以国外机构投资者为主要参与者的 B 股市场中都存在投资者从众效应,并且在 A 股市场中具有不对称性。Chiang 等(2010)通过实证分析发现,无论行情好坏,上海证券交易所和深圳证券交易所的 A 股均存在市场压力下的从众行为,但 B 股市场却无此特征。Chong 等(2017)探讨了中国股市从众行为的成因,发现分析师建议、短期投资者以及风险是主要原因。Chen 等（2017）发现监管的有效性、信息效率和市场一体化会影响投资者市场压力下的从众行为，并且美国股市对中国市场没有溢出效应。

基于 Chang 等（2000）和 Xie 等（2015）的文章，本章的研究立足于两个重要领域的交叉点：市场压力下的投资者从众行为和科技进步对市场的影响。此外，本章的研究对资产定价方面的文献也有一定补充。本章的贡献主要有以下三个方面。

首先，本章结合资产定价理论，修正并拓展了经典从众行为实证检验模型。现有实证研究中，较少学者关注对经典实证模型的修正和补充。虽然 CCK 模型被广泛使用，但仍然存在理论缺陷。Xie 等（2015）提出的 WCSV 模型在一定程度上弥补了 CCK 模型的理论不足，但他们的方法依赖所选的参照基准，并主要关注某个时间点的市场趋同情况。本章结合行为金融理论和资产定价模型，修正了以上模型。此外，本章引入市场收益率高次项，以更好地反映市场价格大幅变化的压力，并通过对样本期间内数据进行回归检验来判断市场压力下投资者从众行为导致的市场均衡失衡是否存在。

其次，本章丰富了金融科技对股票市场影响的相关研究。已有文献表明，随着科学技术的进步，尤其是通信技术的进步，投资者的信息获取和信息分享环节已经发生改变（Frankel et al., 1999）。互联网对市场的影响十分广泛（Antweiler and Frank, 2004；Gu et al., 2007；Saxton, 2012；Yu et al., 2013；Blankespoor et al., 2014；Sprenger et al., 2014；Takeda and Wakao, 2014；Zhang et al., 2014；Zhou and Zhao, 2016）。在研究移动互联网影响的文献中，研究者主要从信息环节进行分析（Brown et al., 2015, 2020；Grant, 2016；Clor-Proell et al., 2020）。例如，Clor-Proell 等（2020）认为移动信息推送服务对资产分配具有影响，因为投资者会担心错过投资信息，从而改变投资行为。Brown 等（2020）研究了移动通信技术对投资者信息搜集以及注意力分配的影响。目前，研究移动通信技术对投资者行为及市场表现影响的文献较少，仍有诸多议题尚待研究。本章从交易渠道的角度入手，探讨了移动交易对投资者行为和市场表现的影响，填补了该领域的研究空白。

最后，本章丰富了风险因子的相关文献。大量研究者比较了不同因子模型的表现（Hou et al., 2015；Singh and Yadav, 2015；Dhaoui and Bensalah, 2017；Guo et al., 2017；Lin, 2017；Racicot and Rentz, 2017；Zaremba and Czapkiewicz, 2017；Kubota and Takehara, 2018）。例如，Lin（2017）发现 Fama-French 五因子（简称 FF5）模型在中国股票市场上的表现始终优于 FF3 模型。其他研究者则表明 FF5 模型在解释资产定价异象时表现不太好（Hou et al., 2015；Kubota and Takehara, 2018）。目前的研究主要关注风险因子对股票收益率的影响，而本章将研究扩展到风险因子对收益率分散程度和投资者从众行为的影响，并且我们的结论支持了风险因子解释市场收益率分散程度的有效性。Jiao 和 Lilti（2017）发现在解释股票收益时，FF5 模型的解释能力并没有显著优于 FF3 模型。本章的结论与 Jiao 和 Lilti（2017）的结论类似，即在解释收益率分散程度时，引入 FF5 模型的解释能力并不会显著高于引入 FF3 模型。

3.3　数据与方法

3.3.1　数据

本章选取在中国 A 股市场上市的公司作为研究对象，样本覆盖 2000 年 1 月 1 日至 2018 年 12 月 31 日。数据来源于 CSMAR 数据库，包括股票价格、账面市值（book-to-market，B2M）、交易量、市盈率（price earnings ratio，PE）、市现率（price to cash flow ratio，PCF）及其他财务数据。移动交易数据来源于国内知名券商，该数据分别记录了每只股票通过移动设备或计算机终端的成交额。样本日均交易金额高达 53.86 亿元，相比之下，整个市场的成交额为 3793.29 亿元。为了衡量每只股票的移动交易参与情况，本章采用该样本来构建移动交易占比指标。由于移动交易的数据可得性，我们在研究移动交易的影响时选取 2010 年 1 月到 2018 年 12 月作为样本空间。

由表 3-1 可知，券商样本的日均成交额占整个市场的 1.420%，并且在每个分位数占比均高于 1.25%。最后一行显示了券商样本与市场的皮尔逊相关系数，超过 0.98。以上数据显示了该券商样本在研究交易者行为时的丰富性和代表性。根据表 3-2 的结果，移动端占比在 2010~2018 年整体上呈增长趋势，在 2010 年仅为 2.88%，而在 2018 年已达 42.68%。尤其在 2015 年，移动端占比增长显著（增长 13.82 个百分点）。同年，中国政府颁布新政策，允许投资者拥有多个交易账户。随着在 2015 年初股票市场的火爆表现，证券公司在该政策的鼓励下努力吸引更多投资者成为自己的客户。由于移动交易的便利性和易操作性，大多数非专业个人投资者更倾向于移动交易。

表 3-1　券商样本统计数据

统计数据	市场/亿元	券商样本/亿元	样本比例/%
均值	3793.29	53.86	1.420
标准差	3160.01	39.18	1.240
5%	1017.23	16.72	1.644
25%	1704.47	28.25	1.657

续表

统计数据	市场/亿元	券商样本/亿元	样本比例/%
50%	2806.40	44.13	1.572
75%	4760.32	66.36	1.394
95%	10763.29	136.14	1.265
公司数量	3603	3602	99.972

皮尔逊相关系数：0.986

表 3-2 移动交易增长变化

年度	移动端/亿元	移动端占比/%	PC 端/亿元	PC 端占比/%
2010	284.46	2.88	9 601.69	97.12
2011	210.58	2.66	7 705.86	97.34
2012	304.97	5.78	4 970.38	94.22
2013	629.08	8.71	6 594.04	91.29
2014	1 216.51	11.84	9 055.96	88.16
2015	8 285.29	25.66	24 008.55	74.34
2016	5 936.22	34.63	11 207.53	65.37
2017	5 706.52	36.14	10 084.08	63.86
2018	5 113.24	42.68	6 868.07	57.32

本章使用的变量中，$Ratio_{i,t}^{Mobile}$ 为移动端交易量占比，$CSV_{i,t}$ 为横截面股票收益率偏离市场收益率的方差，在后文会进一步讨论；$Turnover_{i,t}$ 为过去一个月的平均换手率；$IVOL_{i,t}$ 为使用 FF3 模型计算得到的 90 天异质波动率；$RET_{i,t}$ 为前一个月的平均收益率（百分比形式）；$Dividend_{i,t}$ 为公司支付的红利与股票价格的比率；$IO_{i,t}$ 为机构持股比例；$Size_{i,t}$ 为流通市值；$Price_{i,t}$ 为过去一个月的平均收盘价。此外，考虑到移动端成交额及其占比近十年来的持续增长，并且在 2015 年之后更加显著，我们将样本分为两个子区间：2010 年 1 月 1 日至 2015 年 3 月 31 日（政策前时期），以及 2015 年 8 月 1 日至 2018 年 12 月 31 日（政策后时期）。两个样本之间的时间区间为政策效应区间。表 3-3 给出了描述性统计量，所有数据为日度频率，最后两列为不同时期的均值。我们发现，在政策后时期（2015 年 8 月 1 日至 2018 年 12 月 31 日），移动交易占比超过 40%，远高于政策前时期（2010 年 1 月 1 日至 2015 年 3 月 31 日）。

表 3-3　描述性统计

统计数据	均值	10%	90%	方差	政策前时期均值	政策后时期均值
占比	0.251	0.017	0.657	0.271	0.078	0.446
规模/亿元	109.110	11.130	176.230	491.360	84.490	131.260
IO/%	6.042	0.290	14.708	7.063	6.000	6.158
收盘价/元	17.449	5.190	34.480	18.199	15.022	18.132
RET/%	0.037	−0.659	0.770	0.832	0.081	−0.040
B2M	0.731	0.163	1.572	0.690	0.762	0.710
PE	117.420	16.648	211.700	240.313	103.685	123.646
PCF	135.577	7.129	297.558	321.421	120.506	136.373
IVOL	0.020	0.010	0.031	0.011	0.019	0.020
收益率/%	0.028	0.005	0.061	0.032	0.024	0.029
分红	1.078	0.173	2.424	1.234	1.092	1.095
CSV	5.230×10^{-4}	2.223×10^{-4}	9.307×10^{-4}	5.484×10^{-4}	4.446×10^{-4}	5.070×10^{-4}
CSAD	1.599×10^{-2}	0.936×10^{-2}	2.474×10^{-2}	0.730×10^{-2}	1.566×10^{-2}	1.567×10^{-2}

3.3.2　羊群行为检验模型

羊群行为的实证检验方法主要分为两大类：①针对机构投资者羊群行为的检验（Grinblatt et al.，1995；Lakonishok et al.，1992；Patro and Kanagaraj，2012；Wermers，1999）；②针对市场整体的羊群行为检验（Chang et al.，2000；Christie and Huang，1995；Xie et al.，2015）。本章主要对市场羊群行为的检验模型进行修正。根据 CCK 方法，当市场价格发生较大波动时，CAPM 推出的收益率分散与市场收益率的线性均衡关系将不再成立。然而，CCK 方法存在一些理论缺陷。因此，本章主要基于 Chang 等（2000）提出的 CCK 模型，参考并改进了 Xie 等（2015）的方法，提出了羊群行为修正模型。

Christie 和 Huang（1995）提出了基于收益率分散度的羊群行为检测方法，并采用横截面收益标准差（cross-sectional standard deviation，CSSD）来衡量市场收益率分散程度，反映投资者决策的一致性。然而，由于 CH 方法对羊群行为的估计较为保守，容易低估市场羊群行为程度。Chang 等（2000）提出了 CCK 方法，并以 CSAD 作为收益率分散度指标。他们认为，根据 CAPM，市场收益率分散程度与市场收益率绝对值在均衡状态下存在线性正相关性。当市场波动较大时，投资者抑制个人判断,并跟随他人的决策进行投资。此时,虽然市场价格波动将增大市场收益率分散程度,但羊群行为将降低收益率分散的上升幅度,甚至导致市场收益率分散水平下降。因此,Chang 等(2000)引入了市场收益率的二次项 $r_{m,t}^2$ 来刻画市场收益率分散与市场收益率绝对值的非线性关系。当 $r_{m,t}^2$ 的系数显著为负时,意味着市场中存在羊群行为。

目前,CH 方法和 CCK 方法是实证检验市场层面羊群行为的主要模型(Alhaj-Yaseen and Yau,2018;Galariotis et al.,2015)。在 CCK 方法中,CSAD 的计算方式如下:

$$\text{CSAD}_t = \frac{\sum_{i=1}^{n}|r_{i,t} - r_{m,t}|}{n} \tag{3-1}$$

式中,$r_{i,t}$ 为股票 i 在交易日 t 的收益率;$r_{m,t}$ 为市场组合在交易日 t 的收益率;n 为市场组合中股票的数量。

Chang 等(2000)认为,根据 CAPM,股票横截面绝对偏差的期望(ECSAD$_t$)与市场收益率应该存在以下线性关系:

$$\text{ECSAD}_t = \frac{\sum_{i=1}^{n}|\beta_i - \beta_m|E_t(r_m - r_f)}{n} \tag{3-2}$$

式中,r_f 为无风险收益率;β_i 为股票 i 的系统性风险;β_m 为市场组合的系统性风险。由于 ECSAD$_t$ 无法被直接观测到,Chang 等(2000)使用 CSAD$_t$ 作为 ECSAD$_t$ 的估计值,因此 CSAD$_t$ 与市场收益率在 CAPM 均衡状态下应为线性关系。基于以上分析,Chang 等(2000)提出了 CCK 方法来检验 CSAD$_t$ 与市场收益率的非线性关系,并以此来衡量羊群行为。CCK 模型如下:

$$\text{CSAD}_t = \alpha + \beta_1|r_{m,t}| + \beta_2 r_{m,t}^2 + \varepsilon_t \tag{3-3}$$

式中,ε_t 为随机误差项。如果市场投资者在市场波动时期选择跟随大众决策进行投资,那么羊群行为会降低市场收益率分散程度(或收益率分散的上升小于应有幅度),因此 $r_{m,t}^2$ 的系数将显著为负。

CCK 方法以 CAPM 的均衡状态作为市场中不存在羊群行为的标准。Xie 等(2015)指出 CAPM 较低的解释能力会导致其羊群行为的检验结果的可信度不高。因此,本章选择 FF3 模型(Fama and French,1993)而非 CAPM 来构建修正模型。根据 Fama 和 French(1993)的研究,股票 i 在交易日 t 的收益率可以表示为

$$r_{i,t} - r_{f,t} = a_i + b_i\text{RMRF}_t + s_i\text{SMB}_t + h_i\text{HML}_t + \varepsilon_t \tag{3-4}$$

式中，$r_{i,t}$ 为股票 i 在交易日 t 的收益率；$r_{f,t}$ 为市场无风险收益率；$RMRF_t$ 为市场因子（市场组合收益率减去无风险收益率）；SMB_t 为市值因子；HML_t 为账面市值比因子；a_i 为截距项；b_i、s_i、h_i 为系数。

Xie 等（2015）的研究指出，CCK 方法存在理论缺陷：CCK 模型错误地将 $CSAD_t$ 和 $r_{m,t}$ 作为 $ECSAD_t$ 和 $E_t(r_{m,t})$ 的估计值。由于绝对值的期望与期望的绝对值并不相等，所以 $ECSAD_t$ 与 $CSAD_t$ 会存在较大偏差，从而导致对羊群行为程度的错误估计。

参考 Xie 等（2015）的文章，本章对 CCK 方法的理论不足进行了修正。本章对式（3-4）的两边进行平方，并以股票收益率偏离市场收益率的横截面方差（CSV_t）作为衡量收益率分散程度的指标。根据 FF3 模型，市场组合在 t 时刻的横截面方差的期望（$ECSV_t$）可以表示为

$$\begin{aligned} ECSV_t &= E\left(\frac{\sum_{i=1}^{n}(r_{i,t}-r_{m,t})^2}{n-1}\right) \\ &= \frac{\sum_{i=1}^{n}(\beta_{i,1}-1)^2}{n-1}E_t(RMRF)^2 + \frac{\sum_{i=1}^{n}\beta_{i,2}^2}{n-1}E_t(SMB)^2 + \frac{\sum_{i=1}^{n}\beta_{i,3}^2}{n-1}E_t(HML)^2 \\ &\quad + 2\frac{\sum_{i=1}^{n}(\beta_{i,1}-1)\beta_{i,2}}{n-1}E_t(RMRF \times SMB) + 2\frac{\sum_{i=1}^{n}(\beta_{i,1}-1)\beta_{i3}}{n-1}E_t(RMRF \times HML) \\ &\quad + 2\frac{\sum_{i=1}^{n}\beta_{i,2}\beta_{i,3}}{n-1}E_t(SMB \times HML) + \frac{\sum_{i=1}^{n}E_t(\varepsilon_i)^2}{n-1} \end{aligned}$$

(3-5)

由于无法直接观测到横截面方差期望（$ECSV_t$）和市场组合收益率期望 $E(r_{m,t})$，本章在修正模型中分别采用横截面方差（CSV_t）和市场指数收益率（$r_{m,t}$）作为其的估计值。由于等式左右是平方项，CSV_t 作为 $ECSV_t$ 的估计值不会导致 CCK 方法中不等关系带来的问题。由此可以推出，当市场处于 FF3 模型的均衡状态时，CSV_t 与 $r_{m,t}^2$ 之间存在线性关系。

CSV_t 衡量了市场收益率的分散程度，当市场参与者在市场波动期间表现出羊群行为时，CSV_t 的上升幅度将低于羊群行为不存在的情况，甚至出现下降。因此，为了检测羊群行为，我们引入了新的变量来检验 CSV_t 与 $r_{m,t}^2$ 是否存在非线性关系。为了简洁性，本章选取 $|r_{m,t}^3|$ 作为检测羊群行为的变量。出于稳健性考

虑，在实证检验中也选取$r_{m,t}^4$、$|r_{m,t}^5|$以及$r_{m,t}^6$来检测羊群行为，得到了与使用$|r_{m,t}^3|$一致的结论。由此，实证检验的羊群行为修正模型如下：

$$\text{CSV}_t = \alpha + \beta_1 \text{RMRF}_t^2 + \beta_2 \text{SMB}_t^2 + \beta_3 \text{HML}_t^2 + \gamma_1 \text{RMRF}_t \cdot \text{SMB}_t \\ + \gamma_2 \text{RMRF}_t \cdot \text{HML}_t + \gamma_3 \text{SMB}_t \cdot \text{HML}_t + \theta_{|r_{m,t}^3|} + \varepsilon_t \tag{3-6}$$

虽然都采用了横截面方差作为度量收益率分散程度的指标，但本章提出的修正模型与 Xie 等（2015）的方法在羊群行为检验上存在差异。Xie 等（2015）的方法主要通过比较某个时间点的WCSV_t与特定参照值的大小，从而判断该时间点是否存在羊群行为。然而，本章认为羊群行为的检验标准并非某个时间点参照历史水平的相对概念，而是一段时间内市场收益率与市场收益率分散程度的关系。因此，本章提出的修正模型直接检验CSV_t与市场收益率平方的非线性关系，如果θ为负数且在统计意义上显著，则意味着市场上存在羊群行为。

3.4 实证分析

3.4.1 我国股票市场上的羊群行为

本节首先通过时间序列回归检验了中国市场的羊群行为。使用 2000~2018 年的市场日度数据，我们计算了中国市场每个交易日的CSV_t，并根据修正模型进行回归检验。随后，我们将样本分为 2000 年 1 月 1 日至 2009 年 12 月 31 日和 2010 年 1 月 1 日至 2018 年 12 月 31 日两个时间区间，并且分别对两个时间区间进行回归检验。在 2000~2009 年期间，移动交易较少，在 2010 年左右中国证券公司才开始逐渐开发及推广移动应用程序来提供移动服务。表 3-4 给出了不同时期的羊群行为的检验结果。在 1%的显著性水平下，$|r_{m,t}^3|$的系数$\theta_{|r_{m,t}^3|}$均显著为负，支持了中国市场上羊群行为的存在，与之前的文献一致（Li et al., 2013；Tan et al., 2008；Yao et al., 2014；Zhang and Mao, 2007；宋军和吴冲锋，2001）。根据表 3-4 的（2）列和（3）列，在政策后时期，$\theta_{|r_{m,t}^3|}$为-3.3944，且在 1%的显著性水平下显著；在政策前时期，$\theta_{|r_{m,t}^3|}$仅为 -1.8205，并且在 5%的显著性水平下显著。该实证结果表明，2010 年之后，从统计意义上和经济意义上来说，中国市场都存在更强的羊群行为。由表 3-2 可知，移动交易在 2010~2018 年中经历了持续增长，并成为重要的交易渠道。因此，我们推测 2010~2018 年期间更显著的羊群行为可能与移动交易有关。接下来，本章将研究移动交易对收益率分散和羊群行为的影响。

表 3-4 中国市场羊群行为检验

回归结果	（1） 2000～2018 年	（2） 2000 年 1 月 1 日至 2009 年 12 月 31 日	（3） 2010 年 1 月 1 日至 2018 年 12 月 31 日
$\theta_{\|r_{m,t}^2\|}$	−2.0736*** (−2.801)	−1.8205** (−2.401)	−3.3944*** (−3.872)
β_{RMRF^2}	0.1873*** (3.628)	0.1756*** (3.279)	0.2622*** (5.162)
β_{SMB^2}	1.4875*** (14.675)	1.6272*** (13.374)	1.6272*** (10.872)
β_{HML^2}	1.6859*** (8.129)	1.9272*** (9.630)	1.8174*** (3.743)
$\gamma_{RMRF \times HML}$	−0.1383* (−1.675)	−0.2399** (−2.563)	−0.0221 (−0.162)
$\gamma_{RMRF \times SMB}$	0.0431 (0.818)	0.1033 (1.570)	0.0734 (0.771)
$\gamma_{HML \times SMB}$	0.9709*** (4.219)	0.2920 (1.090)	1.0944** (2.347)
常数项	0.0003*** (39.255)	0.0003*** (27.047)	0.0003*** (40.562)
样本数	4598	2415	2183
R^2 /%	68.2	54.7	80.0

注：括号内的数值为 t 统计量
***、**和*分别表示 1%、5%和 10%的显著性水平

此外，表 3-4 显示，大部分风险因子及其交乘项的系数在统计意义上显著，即风险因子可以有效解释收益率分散。此外，我们进一步采用 CAPM 和 FF5 模型扩展了羊群检验模型。类似式（3-6），我们计算了风险因子的二次项和交互项，并且引入 $|r_{m,t}^3|$ 来检验收益率分散与市场收益率的非线性关系。表 3-5 中的（1）～（3）列给出了不同资产定价模型下的 $|r_{m,t}^3|$ 系数以及 R^2 值。结果表明，在不同的模型中，$\theta_{|r_{m,t}^3|}$ 均显著为负，一致支持了羊群行为的存在。此外，我们还发现使用 FF3 模型比使用 CAPM 具有更高的解释能力（R^2 提升了 60.5 个百分点），而使用 FF5 模型的解释能力仅比使用 FF3 模型提高了 3 个百分点，说明与投资因子和盈利能力因子相关的变量对解释收益率分散的影响不大。（1）列中 R^2 较低，说明引入市

场因子的模型缺乏解释能力，因此后面的研究以基于 FF3 模型的均衡状态作为无羊群行为的标准状态更为合理。我们还注意到，（2）列的 $\theta_{|r_{m,t}^3|}$ 几乎是（1）列 $\theta_{|r_{m,t}^3|}$ 的一半甚至三分之一，而与（3）列的 $\theta_{|r_{m,t}^3|}$ 几乎没有差异，意味着当我们只考虑市场因子时，羊群行为可能被高估。

表 3-5 不同资产定价模型的羊群行为检验

回归结果	（1）	（2）	（3）
	面板 A：2000～2019 年		
	CAPM	FF3 模型	FF5 模型
$\theta_{|r_{m,t}^3|}$	−4.2996***	−2.0736***	−2.0775***
	(−2.975)	(−2.801)	(−3.101)
样本数	4598	4598	4598
R^2 /%	7.7	68.2	71.2
	面板 B：2000～2009 年		
$\theta_{|r_{m,t}^3|}$	−3.2763***	−1.8205**	−1.9996***
	(−2.602)	(−2.401)	(−3.177)
样本数	2415	2415	2415
R^2 /%	7.6	54.7	57.2
	面板 C：2010～2019 年		
$\theta_{|r_{m,t}^3|}$	−10.7315***	−3.3944***	−3.2763***
	(−3.962)	(−3.872)	(−3.930)
样本数	2183	2183	2183
R^2 /%	11.1	80.0	83.3

注：括号内的数值为 t 统计量
***、**分别表示 1%、5%的显著性水平

3.4.2 移动交易对收益率分散的影响

本节把衡量移动交易占比的变量加入修正模型中，研究移动交易这种金融技术对市场收益率分散和羊群行为的影响。图 3-1 展示了移动交易占比和 CSV 随时间的变化。由于 CSV 较小，我们在图 3-1 中使用 CSV 的 10^4 倍进行展示。移动交易占比为市场横截面平均值，衡量了整个市场当天的移动交易参与程度。CSV

在 2015 年账户政策颁布前后达到顶峰，此时移动交易占比也处于迅速上升期间。考虑到移动交易占比在经济规模上的显著性以及新政策的影响，我们进一步在两个子样本期间检验了收益率分散程度与移动交易占比之间的关系。

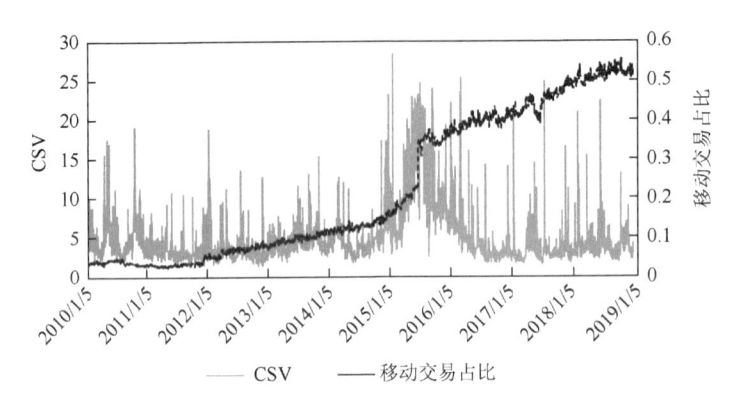

图 3-1　移动交易占比和 CSV 随时间的变化

我们使用 $\text{Ratio}_{i,t}^{\text{Mobile}}$ 来衡量移动交易在交易日 t 的参与程度，并将其加入式(3-6)的右侧：

$$\text{CSV}_t = \alpha + \beta_1 \text{RMRF}_t^2 + \beta_2 \text{SMB}_t^2 + \beta_3 \text{HML}_t^2 + \gamma_1 \text{RMRF}_t \cdot \text{SMB}_t \\ + \gamma_2 \text{RMRF}_t \cdot \text{HML}_t + \gamma_3 \text{SMB}_t \cdot \text{HML}_t + \theta_{|r_{m,t}^3|} + \lambda \text{Ratio}_{i,t}^{\text{Mobile}} + \varepsilon_t$$

（3-7）

类似地，在进行回归检验时，我们使用的 CSV_t 是其原始值的 10^4 倍。此外，我们使用 $r_{m,t}^3$ 的百分比值来避免回归系数过大，所以得到的 $\theta_{|r_{m,t}^3|}$ 是原始值的 1%。回归结果如表 3-6 所示。

表 3-6　移动交易对收益率分散的影响

面板 A：修正模型					
回归结果	政策前时期	政策后时期	政策前时期	政策后时期	政策前时期	政策后时期
$\lambda_{\text{Ratio}} \times 10^4$			8.7323***	−13.6040***	8.7726***	−14.1044***
			（7.775）	（−8.512）	（7.807）	（−9.711）
$\lambda_{\text{Ratio}} \times D_m \times 10^4$					−1.1377	−3.5780***
					（−1.082）	（−11.883）

续表

面板 A：修正模型

回归结果	政策前时期	政策后时期	政策前时期	政策后时期	政策前时期	政策后时期
$\theta_{|r_{m,t}|} \times 10^{-2}$	−0.0154*	−0.0533***	−0.0106	−0.0504***	−0.0102	−0.0324***
	(−1.758)	(−4.310)	(−1.316)	(−4.373)	(−1.271)	(−2.721)
样本数	1268	834	1268	834	1268	834
R^2/%	78.0	81.6	79.4	84.0	79.4	86.0

面板 B：CCK 模型

回归结果	政策前时期	政策后时期	政策前时期	政策后时期	政策前时期	政策后时期
λ_{Ratio}			0.0248***	−0.0302***	0.0249***	−0.0311***
			(6.558)	(−7.060)	(6.602)	(−7.492)
$\lambda_{\text{Ratio}} \times D_m$					−0.0097***	0.0249***
					(−2.938)	(−7.492)
$\theta_{|r_{m,t}^2|}$	3.8874***	−3.5734***	3.4685***	−3.9338***	3.4917***	−2.7924**
	(4.357)	(−3.248)	(4.180)	(−3.808)	(4.362)	(−2.510)
样本数	1268	834	1268	834	1268	834
R^2/%	9.5	21.0	14.0	27.2	14.5	31.6

注：政策前时期为 2010 年 1 月 1 日至 2015 年 3 月 31 日，政策后时期为 2015 年 8 月 1 日至 2018 年 12 月 31 日。括号中的数值为 t 统计量

***、**和*分别表示 1%、5%和 10%的显著性水平

根据表 3-6 的面板 A，加入移动交易的影响后，回归的 R^2 更大，$\theta_{|r_{m,t}^3|}$ 的显著性下降，说明移动交易对市场收益率分散和羊群行为具有影响。我们注意到，在 2010 年 1 月到 2015 年 3 月（政策实施前），$\text{Ratio}_{i,t}^{\text{Mobile}}$ 的系数为正，但在政策和市场泡沫后期的子样本中，$\text{Ratio}_{i,t}^{\text{Mobile}}$ 的系数为负。此外，$\text{Ratio}_{i,t}^{\text{Mobile}}$ 在政策后时期更为显著（−0.1360%，t 统计量 = −8.512），其绝对值几乎是政策前时期（0.0873%，t 统计量 = 7.775）的两倍。因此，两个时期的移动交易和收益率分散之间可能存在不同的关系。

考虑到结果的稳健性，我们进一步在两个时期分别检验了移动交易与收益率分散的非线性关系，因为这可能是导致 $\text{Ratio}_{i,t}^{\text{Mobile}}$ 符号相反的原因。根据 Franzoni 和 Schmalz（2017）的方法，我们引入了虚拟变量 D_m 来衡量当天的移动交易占比是否处于"非极端情况"（moderate days）。当市场移动交易占比在其样本分布的

25%～75%时，D_m 等于 1，而所有其他情况都定义为"极端情况"（extreme days），D_m 等于 0。特别地，在子样本回归中，我们分别计算两个子样本对应时期的虚拟变量 D_m。结果表明，虽然移动交易和收益率分散之间的关系是非线性的，但引入 D_m 后移动交易占比的整体系数（$\text{Ratio}_{i,t}^{\text{Mobile}}$ 系数加上 $D_m \times \text{Ratio}_{i,t}^{\text{Mobile}}$ 系数）符号不会改变。考虑到一致性和稳健性，我们进一步使用 CCK 模型研究了移动交易对收益率分散的影响。表 3-6 的面板 B 中的结果也支持了面板 A 中得出的结论。需要注意的是，面板 A 中的 R^2 比面板 B 高出很多，基本上达到 0.8 左右，意味着本章提出的修正模型具有更高的解释能力。

3.4.3 移动交易对羊群行为的影响

为了验证移动交易与羊群行为之间的关系，我们进行组合分析。根据个股在每个交易日的移动交易占比，我们将上市公司等分为五个股票组合，并计算每个股票组合当日的收益率分散程度 $CSV_{j,t}$。股票组合 1（使用 Q1 表示）为移动交易占比最低的股票，股票组合 5（使用 Q5 表示）为移动交易占比最高的股票。我们采用修正模型对不同移动交易占比的股票组合进行羊群行为的检验，并且在表 3-7 中列出实证结果。根据表 3-7 的面板 A，高移动交易占比的股票组合 Q5 的 $\theta_{|r_{m,t}^3|}$ 最低，为 –3.6154，并且在 1% 的显著性水平下显著（t 统计量 = –5.450）。表 3-7 的面板 B 和面板 C 给出了两个不同时期的子样本回归结果，一致支持了面板 A 的结论，即移动交易可能导致更为严重的羊群行为。

表 3-7　移动交易对羊群行为的影响

回归结果	Q1	Q2	Q3	Q4	Q5
面板 A：全样本					
$\theta_{|r_{m,t}^3|}$	–2.6682***	–2.7637***	–2.4532***	–2.7248***	–3.6154***
	(–4.397)	(–4.721)	(–3.881)	(–4.032)	(–5.450)
R^2/%	75.5	75.1	76.5	77.1	79.1
样本数	2102	2102	2102	2102	2102
面板 B：政策前时期					
$\theta_{|r_{m,t}^3|}$	1.0256	–0.1134	0.4790	–0.5499	–2.3190**
	(1.452)	(–0.116)	(0.564)	(–0.560)	(–2.395)
R^2/%	75.7	71.3	71.2	72.8	72.8
样本数	1268	1268	1268	1268	1268

续表

回归结果	Q1	Q2	Q3	Q4	Q5
面板 C：政策后时期					
$\theta_{|r_{m,t}^2|}$	−5.0119***	−5.0147***	−4.9998***	−5.4538***	−5.9080***
	(−5.020)	(−4.274)	(−4.268)	(−3.791)	(−3.925)
R^2 /%	80.2	78.9	80.7	80.3	80.7
样本数	834	834	834	834	834

注：括号内的数值为 t 统计量
***、**分别表示 1%、5%的显著性水平

移动设备的屏幕较小并且工具简单，难以满足专业的信息处理的需求。当市场处于波动中，在处理复杂和大量信息时，移动交易者比计算机交易者会面临更大的困难。此外，由于时间和空间的限制较少，使用移动设备的投资者可以更及时地应对市场冲击，尤其是在情绪激动或恐慌时。因此，在较大的价格变动期间，移动交易者更容易受到行为偏差的影响，例如，风险厌恶和价格错觉（Birru and Wang，2016；Dyl and Elliott，2006；Gompers and Metrick，2001；Kumar，2009；Kumar and Lee，2006；Schultz，2000）。因此，移动交易者更可能通过从众行为来应对市场波动，从而移动交易占比较高的股票组合中显示出更强的羊群行为。

3.4.4　移动交易者组成的变化

在 3.4.2 节中，我们注意到移动交易在前后两个时期对收益率分散的影响不同，这可能与移动交易者组成的变化有关。2010 年前后，信息科技的进步和金融科技的发展逐渐吸引了投资者的注意。在开始阶段，由于智能手机价格较高等，仅有部分比较专业且有经验的投资者会选择尝试移动交易这种新的交易方式。这些移动交易者并非市场新进入者，而是原本通过计算机进行交易的成熟交易者。2015 年，中国股票市场经历了市场泡沫，监管部门推出了新的交易账户政策，并且市场更加接受智能手机作为股票交易工具。在市场繁荣和政策放宽的激励下，大量证券公司为了吸引新的投资者成为客户，大力推广移动交易，并直接提供移动开户等移动业务的办理。股票市场繁荣以及移动交易的便利性吸引了一大批市场新进入者。

因此，在 2015 年之前，更高的移动交易占比意味着更多成熟且有经验的投资者；在 2015 年之后，移动交易者的组成可能已经发生改变，非专业的个人投资者的占比快速上升。因此，本章将进一步检验以上假设是否成立。

通过对个股换手率和移动交易占比进行横截面回归，我们比较了不同时期移

动交易者的交易行为差异。换手率常用于衡量市场活动和投资者行为，如市场流动性（Datar et al.，1998）、动量效应（Subrahmanyam，2005）以及投资者情绪（Baker and Stein，2004；Lee and Swaminathan，2000）。剔除了市场泡沫前后3个月的数据后，在横截面回归中引入哑变量 D_{after}（以及 $1-D_{\text{after}}$）来区分不同时间段，并且市场泡沫和政策变化前，D_{after} 等于0，在其后，D_{after} 等于1。考虑到稳健性，本节也分别对两个时间区间进行子样本回归，构造的回归模型如下。

哑变量回归模型：

$$\text{Turnover}_{i,t} = \alpha + \beta_{\text{before}} \text{Ratio}_{i,t}^{\text{Mobile}} (1-D_{\text{after}}) + \beta_{\text{after}} \text{Ratio}_{i,t}^{\text{Mobile}} D_{\text{after}} + \text{Fixed effect}_{i,t} + \varepsilon_{i,t} \quad (3\text{-}8)$$

子样本回归模型：

$$\text{Turnover}_{i,t} = \alpha + \beta_1 \text{Ratio}_{i,t}^{\text{Mobile}} D_{\text{after}} + \text{Fixed effect}_{i,t} + \varepsilon_{i,t} \quad (3\text{-}9)$$

式中，$\text{Turnover}_{i,t}$ 为个股过去22个交易日的换手率均值；$\text{Ratio}_{i,t}^{\text{Mobile}}$ 为个股过去22个交易日的移动交易占比均值；$\text{Fixed effect}_{i,t}$ 为固定效应。如果移动交易者的主要组成没有发生变化，则在控制了固定效应后，换手率与移动交易占比之间的关系在两个时期将不会有显著差异。

由表3-8的面板A可知，控制了时间和行业作为固定效应后，在2015年市场泡沫和政策变化前，移动交易占比并不会导致更高的换手率，但是在市场泡沫和政策变化后，股票的换手率随着移动交易占比升高而上升。由（2）列可知，在1%的显著性水平下，$\text{Ratio}_{i,t}^{\text{Mobile}}(1-D_{\text{after}})$ 的系数显著为负，为−0.0428，但是 $\text{Ratio}_{i,t}^{\text{Mobile}} D_{\text{after}}$ 的系数显著为正，为0.0135，二者具有显著差别。（4）列和（6）列给出了子样本回归的结果，类似地，在1%的显著性水平下，$\text{Ratio}_{i,t}^{\text{Mobile}}$ 的系数在2015年市场泡沫和政策变化前后均显著但符号相反。出于稳健性考虑，本章对股票换手率和移动交易占比进行 Fama-MacBeth 回归，并在横截面控制行业作为固定效应。表3-8的面板B列出了实证结果，所得结论与面板A一致。

表3-8 移动交易占比与股票换手率

回归结果	面板A：固定效应回归					
	（1）	（2）	（3）	（4）	（5）	（6）
	哑变量回归		政策前时期		政策后时期	
β_{before}	−0.043 4*** （−165.237）	−0.042 8*** （−167.491）				
β_{after}	0.013 7*** （87.260）	0.013 5*** （87.188）				

续表

回归结果	面板A：固定效应回归					
	（1）	（2）	（3）	（4）	（5）	（6）
	哑变量回归		政策前时期		政策后时期	
β_1			−0.024 7***	−0.023 3***	0.007 1***	0.006 4***
			(−92.717)	(−90.279)	(41.310)	(37.288)
固定效应	时间	时间和行业	时间	时间和行业	时间	时间和行业
样本数	5 111 850	5 111 850	2 696 857	2 696 857	2 414 993	2 414 993
R^2 /%	4.3	8.8	2.8	9.3	5.1	9.4

	面板B：Fama-MachBeth回归					
	（1）	（2）	（3）	（4）	（5）	（6）
β_{before}	−0.014 1***	−0.013 2***				
	(−39.020)	(−37.497)				
β_{after}	0.002 7***	0.002 8***				
	(14.782)	(15.957)				
β_1			−0.023 5***	−0.022 0***	0.006 9***	0.007 0**
			(−54.608)	(−50.649)	(16.095)	(17.649)
固定效应	无	行业	无	行业	无	行业
样本数	5 111 850	5 111 850	2 696 857	2 696 857	2 414 993	2 414 993
R^2 /%	0.2	0.2	0.2	11.3	0.2	8.1

注：括号内的数值为 t 统计量

***、**分别表示1%、5%的显著性水平

表3-8的回归结果支持了前文的猜想，即移动交易者的主要组成在2015年市场泡沫和政策变化前后并不完全相同，并导致了不同的市场表现。在市场泡沫和政策变化之前，大多数投资者对移动交易并不熟悉，仅部分具有一定投资经验且成熟的投资者有能力和意愿尝试这种新的交易方式。因此，更高的移动交易占比并不会导致市场交易更加活跃。在市场泡沫和政策变化后，由于证券公司对移动交易的大力推广以及市场繁荣的吸引力，许多没有经验的个人投资者进入市场。相比专业投资者，这些新手交易者并不需要复杂的分析工具，反而更需要简单基础且随时交易的交易软件，因此他们更愿意选择移动交易。

由于移动交易的便利性、及时性以及操作简单等特点，更多非专业个人投资者的主要交易方式逐渐从计算机转为移动设备。一方面，市场新进入者更愿意选

择移动交易，增加了市场的流动性；另一方面，更多的非专业个人投资者选择移动交易，市场交易活跃度上升。因此，在 2015 年市场泡沫和政策变化后，移动交易占比的上升意味着更多的市场新进入者或更多偏好投机交易的非专业个人投资者，所以换手率与移动交易显著正相关。

在移动交易发展早期，较高的移动交易占比意味着更多的经验丰富或专业的投资者。相比之下，在 2015 年的市场泡沫及政策后时期，由于非专业个人投资者占主要成分，较高的移动交易占比意味着更多的非专业交易行为。专业的移动交易者与非专业的个人移动交易者并不相似，这导致移动交易占比对两个时期的收益分散的影响存在差异。

3.5 其他可能解释

3.5.1 基于特征偏好的解释

大量文献发现股票特征与股票价格表现之间存在相关性。移动交易者可能更愿意交易具有某些特征的股票，导致移动交易占比不同的股票之间存在股票特征差异，最终呈现不同的价格表现。因此，不同移动交易占比股票之间的价格表现差异可能完全源于移动交易者对某些股票的特征偏好，而非移动设备的使用。为了检验这个猜想，我们在控制了股票特征后重新检验移动交易与羊群行为的关系。如果在控制股票特征后，移动交易的影响不再显著，则说明整个市场的羊群行为变化是股票特征而非移动设备的使用导致的。

首先，我们比较不同股票特征组合的移动交易占比。我们在每个交易日根据公司股票各个特征的数值大小进行排名，随后根据排名将股票分为 5 组并计算每个股票组合的移动交易占比。表 3-9 中面板 A 的最后三列显示了股票组合之间的移动交易占比的差异及其 t 统计量。我们发现，在大多数股票特征中，移动交易占比随着股票特征的改变几乎呈单调变化，并且在极端组之间差别显著。这个结果意味着与计算机交易者相比，移动交易者相对而言更有可能选择具有这些特征的股票。与前文类似，我们进一步检验了 2015～2018 年的情况，面板 B 中的结果进一步支持了全样本得出的结论。此外，我们发现这些移动交易占比高的股票特征大部分与个人投资者的特征偏好一致，如高 IVOL、低机构持股以及低收盘价。与计算机交易者相比，移动交易者更倾向于高信息不确定性的股票（较高的 Turnover 和较高的 IVOL）。此外，我们还发现移动交易者虽然偏好过去收益率较低的股票，但是并不喜欢跌幅最大的股票，这可能与他们希望抄底但是仍然厌恶风险有关。

表 3-9　不同股票特征的移动交易占比

面板 A：全样本时期

变量	分组 Q1	Q2	Q3	Q4	Q5	组间差异 Q5−Q1	Q3−Q1	Q5−Q3
市值	0.230	0.236	0.234	0.230	0.219	−0.011 (−2.024)	0.004 (0.649)	−0.015 (−2.720)
IO	0.238	0.232	0.228	0.226	0.227	−0.011 (−1.865)	−0.010 (−1.789)	0.000 (−0.055)
IVOL	0.216	0.225	0.230	0.232	0.235	0.019 (3.420)	0.014 (2.489)	0.005 (0.936)
Turnover	0.225	0.226	0.227	0.228	0.231	0.006 (1.089)	0.002 (0.386)	0.004 (0.705)
收盘价	0.227	0.226	0.223	0.224	0.219	−0.008 (−1.498)	−0.004 (−0.722)	−0.004 (−0.762)
RET	0.038	0.229	0.226	0.224	0.224	0.186 (45.122)	0.188 (44.372)	−0.002 (−0.340)
分红	0.228	0.224	0.223	0.218	0.210	−0.018 (−0.971)	−0.005 (−0.448)	−0.012 (−0.527)

面板 B：政策后时期

变量	分组 Q1	Q2	Q3	Q4	Q5	组间差异 Q5−Q1	Q3−Q1	Q5−Q3
市值	0.456	0.463	0.456	0.448	0.423	−0.033 (−11.173)	0.000 (−0.050)	−0.033 (−10.961)
IO	0.471	0.453	0.445	0.438	0.439	−0.032 (−10.507)	−0.026 (−7.943)	−0.006 (−2.134)
IVOL	0.440	0.457	0.465	0.467	0.474	0.034 (11.489)	0.025 (8.352)	0.009 (3.061)
Turnover	0.441	0.444	0.447	0.451	0.462	0.021 (6.847)	0.006 (1.942)	0.015 (4.956)
收盘价	0.450	0.452	0.449	0.451	0.437	−0.013 (−4.423)	−0.001 (−0.464)	−0.012 (−4.157)

续表

面板 B：政策后时期

变量	分组					组间差异		
	Q1	Q2	Q3	Q4	Q5	Q5–Q1	Q3–Q1	Q5–Q3
RET	0.039	0.453	0.445	0.440	0.436	0.397***	0.406***	−0.009***
						(89.576)	(88.230)	(−3.052)
分红	0.451	0.451	0.448	0.447	0.447	−0.004	−0.003	−0.001
						(−1.168)	(−0.992)	(−0.165)

注：括号内的数值为 t 统计量
***表示 1% 的显著性水平

其次，我们检验移动交易对羊群行为的影响是否与移动交易对不同股票特征的偏好有关。我们首先对股票特征和移动交易占比进行独立双变量分组，并根据修正模型分别在移动交易者相对偏好的极端特征中（代表移动投资者的交易习惯）检验移动交易对羊群行为的影响。根据表 3-10，$\theta_{|r_{m,t}^3|}$ 仍然在移动交易占比最高的股票组合中最显著，支持了表 3-7 的结论。特别地，对于低 IO、高 IVOL 以及低分红的股票，羊群行为仅存在于移动交易占比最高的股票组合中，$\theta_{|r_{m,t}^3|}$ 分别为 −3.1902（t 统计量 = −2.523）、−5.1612（t 统计量 = −2.818）和 −4.2859（t 统计量 = −4.484）。

表 3-10 控制股票特征的羊群行为检验

变量	全样本时期				
	Q1	Q2	Q3	Q4	Q5
低市值	−2.6682***	−2.7637***	−2.4532***	−2.7248***	−3.6154***
	(−4.397)	(−4.721)	(−3.881)	(−4.032)	(−5.450)
低 IO	−1.5975	−1.166	−0.3231	0.2291	−3.1902**
	(−1.416)	(−1.260)	(−0.908)	(0.102)	(−2.523)
低收盘价	−1.3741	−1.5885**	−1.4033*	−1.8157**	−2.1171**
	(−1.315)	(−2.006)	(−1.708)	(−2.110)	(−2.080)
低 RET	−2.6682***	−2.7637***	−2.4532***	−2.7248***	−3.6154***
	(−4.397)	(−4.721)	(−3.881)	(−4.032)	(−5.450)
高 IVOL	−1.2855	−1.6712	−0.4528	−2.1464	−5.1612***
	(−0.762)	(−1.068)	(−0.282)	(−1.405)	(−2.818)

续表

变量	全样本时期				
	Q1	Q2	Q3	Q4	Q5
高 Turnover	−3.7946***	−2.4771*	−2.5483**	−2.4801	−4.3873***
	(−2.976)	(−1.878)	(−2.076)	(−1.504)	(−3.671)
低分红	17.6238*	8.3919	1.1220	−1.1905	−4.2859***
	(1.911)	(1.566)	(0.610)	(−0.806)	(−4.484)

注：括号内的数值为 t 统计量

***、**和*分别表示 1%、5%和 10%的显著性水平

为了结论的稳健性，我们在两个子样本中进行检验。我们引入了 $\theta_{|r_{m,t}^3|}$ 和虚拟变量 D_{after} 的交互项。2015 年 8 月 1 日至 2018 年 12 月 31 日为政策后时期，D_{after} 等于 1，2015 年 4 月 1 日至 2015 年 7 月 31 日为政策和市场泡沫窗口，在实证检验中剔除。其他时间为政策前时期，D_{after} 等于 0。回归模型如下：

$$\begin{aligned} \text{CSV}_t = &\alpha + \beta_1 \text{RMRF}_t^2 + \beta_2 \text{SMB}_t^2 + \beta_3 \text{HML}_t^2 + \gamma_1 \text{RMRF}_t \cdot \text{SMB}_t \\ &+ \gamma_2 \text{RMRF}_t \cdot \text{HML}_t + \gamma_3 \text{SMB}_t \cdot \text{HML}_t + \theta_{1|r_{m,t}^3|} \times (1 - D_{\text{after}}) \\ &+ \theta_{2|r_{m,t}^3|} \times D_{\text{after}} + \varepsilon_t \end{aligned} \quad (3\text{-}10)$$

同样，表 3-11 表明，当我们将样本分成两个不同时期的样本时，在移动交易占比最高的股票中最为显著，并且该结论在所有股票特征中均稳健。我们的结论拒绝了基于特征偏好的解释，因为在控制了股票特征后，移动交易仍然与羊群行为正相关。

3.5.2 2015 年市场发生的泡沫与崩盘

在 2015 年的年中，中国股市泡沫达到峰值，上证指数最高点达到 5178.19 点，并在之后发生崩盘，股市经历巨大回落。在此期间，移动交易占总交易额的比例持续增长。因此，收益率分散和移动交易占比之间在前后两个时期的相反关系可能与市场 2015 年的泡沫和崩盘有关。考虑到 2015 年的账户政策改变和市场泡沫对移动交易者及股票表现的影响，本节剔除了 2015 年市场泡沫峰值前后 3 个月和 6 个月的数据，并检验结果的稳健性。

首先，我们对剔除市场泡沫和崩盘影响后的数据样本进行回归分析，检验移动交易与收益率分散的关系，回归结果如表 3-12 所示，当我们剔除市场泡沫顶峰前后 3 个月的样本后，$\text{Ratio}_{i,t}^{\text{Mobile}}$ 的系数在第一个子样本中显著为正（0.0648%，t 统计量 = 7.012），但在第二个子样本中为负（−0.0952%，t 统计量 = −6.686），结论与 3.4.2 节的结论一致。随后，我们进一步考虑了移动交易占比与收益率分散的

表 3-11 控制股票特征的羊群行为检验：不同时期

变量	政策前时期 移动交易占比分组					政策后时期 移动交易占比分组				
	Q1	Q2	Q3	Q4	Q5	Q1	Q2	Q3	Q4	Q5
低市值	−1.1345	−2.2947**	−1.8774**	−2.9426***	−4.4669***	−2.5314***	−2.7219***	−2.4018***	−2.7442***	−3.6914***
	(−1.522)	(−2.413)	(−2.067)	(−2.697)	(−3.825)	(−4.665)	(−4.523)	(−3.812)	(−3.987)	(−5.613)
低 IO	−1.2706	−0.3586	−0.7463	1.3452	−4.0971**	−1.5687	−1.0949	−0.3604	0.3273	−3.2701**
	(−1.042)	(−0.260)	(−0.946)	(0.492)	(−2.062)	(−1.400)	(−1.193)	(−0.917)	(0.146)	(−2.497)
低收盘价	−2.8132***	−3.8213***	−3.2491***	−4.4952***	−4.8910***	−1.5025*	−1.7878***	−1.5680**	−2.0548***	−2.3646***
	(−2.849)	(−3.754)	(−2.957)	(−4.017)	(−3.737)	(−1.706)	(−2.688)	(−2.048)	(−2.678)	(−3.311)
低 RET	−1.1345	−2.2947**	−1.8774**	−2.9426***	−4.4669***	−2.5314***	−2.7219***	−2.4018***	−2.7442***	−3.6914***
	(−1.522)	(−2.413)	(−2.067)	(−2.697)	(−3.825)	(−4.665)	(−4.523)	(−3.812)	(−3.987)	(−5.613)
高 IVOL	−2.9562	−1.7480	−2.6861	−4.7573**	−9.9325***	−1.4336	−1.6773	−0.6508	−2.3779	−5.5843***
	(−1.339)	(−0.607)	(−1.208)	(−2.074)	(−2.861)	(−0.894)	(−1.041)	(−0.398)	(−1.611)	(−3.410)
高 Turnover	−2.1805	−0.2446	−3.9034**	−4.0503**	−5.8247***	−3.6517***	−2.2793*	−2.6683**	−2.6191*	−4.5146***
	(−1.380)	(−0.138)	(−2.187)	(−2.026)	(−2.798)	(−2.877)	(−1.758)	(−2.232)	(−1.669)	(−3.693)
低分红	6.253	1.6283	5.4039***	−3.6102**	−6.4408***	16.6092**	7.7884*	1.5041	1.4064	−4.4782***
	(1.493)	(0.535)	(2.949)	(−2.132)	(−4.201)	(2.178)	(1.768)	(1.162)	(−0.929)	(−5.148)

注：括号内的数值为 t 统计量

***、**和*分别表示 1%、5%和 10%的显著性水平

表 3-12　市场泡沫及崩盘的影响：移动交易与收益率分散

面板 A：剔除泡沫值前后 3 个月

回归结果	(1)全样本时期	(2)泡沫峰值前	(3)泡沫峰值后	(4)泡沫峰值前	(5)泡沫峰值后	(6)泡沫峰值前	(7)泡沫峰值后
$\lambda_{Ratio} \times 10^4$	-0.6622***			6.4840***	-9.5178***	6.5015***	-10.4529***
	(-4.325)			(7.012)	(-6.686)	(7.094)	(-7.977)
$\lambda_{Ratio} \times D_m \times 10^4$	3.1122***					-0.2348	-3.1854***
	(8.204)					(-0.230)	(-10.897)
$\theta_{|z_{i,t}|} \times 10^{-2}$	-0.0259***	-0.0135	-0.0508***	-0.0108	-0.0482***	-0.0107	-0.0287***
	(-4.203)	(-1.564)	(-5.576)	(-1.334)	(-5.248)	(-1.327)	(-2.709)
样本数	2038	1246	792	1246	792	1246	792
$R^2/\%$	77.8	79.7	72.9	80.4	75.4	80.4	79.3

面板 B：剔除泡沫峰值前后 6 个月

回归结果	(1)全样本时期	(2)泡沫峰值前	(3)泡沫峰值后	(4)泡沫峰值前	(5)泡沫峰值后	(6)泡沫峰值前	(7)泡沫峰值后
$\lambda_{Ratio} \times 10^4$	-0.7554***			5.5821***	-1.9393	5.5557***	-3.8961***
	(-4.963)			(5.632)	(-1.587)	(5.692)	(-2.981)
$\lambda_{Ratio} \times D_m \times 10^4$	1.4707***					0.1546	-1.9516***
	(4.525)					(0.149)	(-6.724)
$\theta_{|z_{i,t}|} \times 10^{-2}$	-0.0233***	0.0123	-0.0432***	0.0087	-0.0436***	0.0087	-0.0319***
	(-2.937)	(0.982)	(-4.706)	(0.682)	(-4.759)	(0.679)	(-3.193)
样本数	1919	1188	731	1188	731	1188	731
$R^2/\%$	74.3	69.3	80.0	70.0	80.1	70.0	81.9

注：括号内的数值为 t 统计量

***表示 1% 的显著性水平

非线性关系，仍然得到一致结论。表3-12的面板B列出了剔除市场泡沫顶峰前后6个月样本后的回归结果，所得结论仍然支持我们前面得出的结论。此外，我们使用CCK模型来检验移动交易占比与收益率分散之间的关系，表3-13给出了其结果。我们注意到，无论剔除市场泡沫顶峰前后3个月还是前后6个月，移动交易占比与收益率分散之间的关系均在早期呈正相关，在后期呈负相关，与我们用修正模型得出的结论一致。

表3-13 市场泡沫及崩盘的影响：CCK模型下移动交易占比与收益率分散

回归结果	剔除前后3个月		剔除前后6个月	
	面板A：CCK模型稳健性检验			
λ_{Ratio}	0.0212***	−0.0164***	0.0077**	−0.0015
	(5.172)	(−4.746)	(2.264)	(−0.414)
样本数	1246	792	1188	731
$R^2/\%$	12.8	23.0	5.2	21.0
	面板B：交乘项稳健性检验			
λ_{Ratio}	0.0217***	−0.0181***	0.0079**	−0.0045
	(5.213)	(−5.425)	(2.255)	(−1.215)
$\lambda_{\text{Ratio}} \times D_m$	−0.0084**	−0.0057***	−0.0011	−0.0031***
	(−2.463)	(−6.503)	(−0.344)	(−3.269)
样本数	1246	792	1188	731
$R^2/\%$	13.3	27.4	5.2	22.5

注：括号内的数值为 t 统计量

***、**分别表示1%、5%的显著性水平

接下来，在剔除了市场泡沫和崩盘的相关数据后，本节检验了移动交易对羊群行为的影响。表3-14显示了不同移动交易占比的股票组合的羊群行为。随着 $|r_{m,t}^3|$ 的上升，移动交易占比较高的股票组合下降得更显著（或上升不显著）。表3-14的结果仍然支持本章的结论，即当市场价格波动相对较大时，移动交易占比较高的投资组合中的羊群行为更强。

表3-14 市场泡沫及崩盘的影响：羊群行为

回归结果	移动交易占比分组				
	Q1	Q2	Q3	Q4	Q5
	面板A：泡沫峰值3个月前				
$\theta_{|r_{m,t}^3|}$	1.1699	0.0525	0.7035	−0.4469	−2.2349**
	(1.618)	(0.054)	(0.837)	(−0.464)	(−2.342)

续表

回归结果	移动交易占比分组					
	Q1	Q2	Q3	Q4	Q5
面板 A：泡沫峰值 3 个月前					
样本数	1246	1246	1246	1246	1246
R^2 /%	76.6	72.6	71.9	74.1	79.5
面板 B：泡沫峰值 3 个月后					
$\theta_{|r_{m,t}^2|}$	−4.9427***	−4.7314***	−4.6156***	−5.2062***	−5.5361***
	(−6.196)	(−5.152)	(−4.447)	(−4.968)	(−5.459)
样本数	792	792	792	792	792
R^2 /%	68.4	68.7	70.7	73.1	73.5
面板 C：泡沫峰值 6 个月前					
$\theta_{|r_{m,t}^2|}$	1.3245	2.9380**	2.4825	2.7020**	1.1816
	(1.025)	(2.066)	(1.597)	(2.081)	(0.928)
样本数	1188	1188	1188	1188	1188
R^2 /%	65.4	61.9	61.0	64.6	68.9
面板 D：泡沫峰值 6 个月后					
$\theta_{|r_{m,t}^2|}$	−3.8020***	−3.7515***	−4.2326***	−4.8244***	−4.6006***
	(−5.170)	(−4.108)	(−4.158)	(−4.323)	(−4.366)
样本数	731	731	731	731	731
R^2 /%	76.8	73.8	76.5	78.7	80.7

注：括号内的数值为 t 统计量
***、**分别表示1%、5%的显著性水平

因此，本节的稳健性研究结果表明，移动交易对收益率分散和羊群行为的影响并非由 2015 年的泡沫和崩盘造成。在剔除了相关数据后，本章结论依然成立。

3.6 小　　结

结合资产定价模型与行为金融模型，本章提出了羊群行为修正模型，改进了 CCK 方法的理论缺陷。使用独特的数据样本，本章检验了移动交易对中国股票市场的影响，其实证结论主要有以下三个方面。

（1）根据修正模型的实证结果，本章发现中国市场存在一定程度的羊群行为，并且该结论在引入不同经典资产定价模型的情况下仍然稳健。

（2）基于中国市场羊群行为的存在，本章进一步检验了移动交易对收益率分散和羊群行为的影响。我们发现，移动交易占比与收益率分散程度在前后两个时期具有不同的关系。在 2015 年之前的时期，移动交易占比较低，收益率分散与移动交易占比之间呈正相关，而在 2015 年市场泡沫和政策改变后的时期，移动交易占比较高，其与收益率分散之间的关系为负相关。此外，我们还发现移动交易会加强投资者的羊群行为。

（3）我们发现随着移动交易的发展，移动交易者的主要组成发生了变化。2015 年市场繁荣和政策出台前的时期，移动交易占比越高，专业投资者参与度越高。相比之下，经历了市场泡沫和账户政策变化后，较高的移动交易占比意味着更多的非专业投资者、更多的非专业交易，这可能导致移动交易对收益率分散程度的影响发生变化。为了稳健性，我们检查了其他可替代解释，发现移动交易的影响不是移动交易者的股票特征偏好或 2015 年的市场泡沫和崩盘造成的。

移动交易影响了投资者的信息搜索和信息处理活动，使投资者能够快速及时地应对市场冲击，并且其优势和局限性使其受到不同类型投资者的偏好。尽管本章的结果在解释移动交易的影响方面具有新颖性和前瞻性，但这些结论仅能够为通信技术发展对金融市场的影响提供一些新的视角和看法，未来仍然需要更多学者进行进一步探索。

第4章 证券交易的移动化：眼球效应与乐观偏差

　　近年来，随着移动终端设备和各类证券交易应用程序的普及，通过移动终端进行交易的股票成交量大幅增长。来自我国A股市场交易数据的样本显示，截至2018年底，移动终端成交额占比已经超过40%。区别于普通商品交易的移动化，金融产品的高风险特征使移动交易为股票市场带来了更为复杂的冲击与变化。移动互联网时代下，股票开户便捷度的提升和交易费率的下降促使投资者进入股票市场的显性门槛进一步降低，投资者主体的广泛性和差异性进一步扩大。由于移动终端具有随时随地都能进行交易的高度便利性，大量个人投资者逐步采用移动终端进行投资。本章采用的数据显示，在2014~2018年内，我国A股市场内的个人投资者在每个交易周平均贡献了高达98.81%的移动终端成交额。同时，机构投资者与专业个人投资者则囿于风险控制、规模化下单、投资界面需求等因素而主要在固定终端进行交易。

　　金融科技的发展不仅改变了股票市场上投资者的结构与数量（Barber and Odean，2002；Miller and Skinner，2015），而且进一步影响了投资者的信息获取与交易的成本。从信息获取的角度出发，移动终端改善了投资者的信息环境；然而，移动终端的屏幕尺寸限制、定向推送、热点投放等信息分化方式可能使真正有效的决策信息淹没在信息的汪洋大海中，从而加剧了新一轮的信息不对称。从证券交易的角度出发，移动终端的便利性让投资者的交易行为能够突破时间和空间的限制，同时也可能导致交易行为的随意性。因此，证券交易工具的升级迭代究竟是提升了投资者的决策能力，还是放大了投资者的认知缺陷，采用移动终端进行股票投资是否真正改善了投资者的交易表现，都是监管层与广大投资者在移动交易迅速发展的背景下应予以特别关注的。李晨辰和吴冲锋（2022）探讨了移动终端交易的普及对投资者行为和投资损益的影响。

　　本章采用我国A股市场内某交易机构提供的2014~2018年个股级别的日度交易数据，区分了每只股票来自移动终端和固定终端的成交情况，得以从新的视角探讨金融科技背景下投资者的决策异质性。根据股票交易中投资者所使用的终端区别，本章将投资者划分为移动端投资者与固定端投资者，主要解决以下问题：第一，能够很好地吻合近年来金融科技发展推动证券交易移动化的趋势，即普通个人投资者倾向于采用移动终端以获取便利性，成熟的个人投资者和机构投资者倾向于采用固定终端以获取安全性和专业性；与此同时，不同交易终端本身的特性会影响投资行为，从而进一步强化两类投资者的异质性（Li et al.，2020）。第二，该划分方法能够较为干净地处理机构投资者拆单和牛散持股风格机构化的问题。机构投资者通过算法交易产生的小单一般于固定终端生成，而专业的个人投资者订单也大量通过固定终端生成。因此，本章将移动端产生的交易行为归属于投资经验相对较弱或专业知识储备较为不足的个人投资者的交易行为，而固定端产生的交易行为则更趋近于来自成熟或专业投资者的交易行为。

本章的研究以证券交易的移动化为切入点，通过独特数据构造了移动端投资者和固定端投资者这两类异质投资者，以此考察近年来证券交易移动化趋势对投资者交易行为以及其投资表现的影响机制。首先，与理性框架下投资者致力于风险最小化和收益最大化的决策行为（Grossman and Stiglitz，1980）大相径庭的是，投资者在实际交易过程中的信息获取和处理能力、交易动机等多方面均存在差异。本章区别于现有的注意力导向交易的相关文献（Barber and Odean，2008；Engelberg and Parsons，2011；Yuan，2015），主要侧重于研究在移动互联网背景下，个股和市场两个层面的信息冲击是否能够交互影响异质投资者的决策。其次，交易行为的异质性体现了不同投资者对于市场信息接受能力和处理能力的差异，这种决策分歧一般是难以直接刻画的。Barber 和 Odean（2013）指出，投资经验不足的个人投资者无法对所有股票进行系统分析，所以倾向于投资能够吸引他们注意力的股票，而专业投资者则会系统地进行分散化投资。因此，该视角下投资者的行为差异可以作为刻画投资者决策分歧的一种方式。以往的实证文献在研究投资者决策分歧对未来股价的影响时往往会得出不一致的结论，正面影响说明决策分歧代表风险，而负面影响则说明决策分歧代表信息不确定性，目前实证资产定价领域对此仍无法得到统一的结论。本章尝试通过两类终端的投资者行为构造新的决策分歧测度，提供来自中国市场的证据。最后，异质决策行为导致不同投资者的投资损益不同。目前的研究尚未涉及移动交易发展对于异质投资者交易表现的影响，本章尝试拓展金融科技背景下不同投资者在中短期投资表现方面的相关文献。结合以上研究动机，本章的主要研究内容如下。

（1）本章从横截面和时间序列两个维度检验了我国 A 股市场上移动端投资者表现出的眼球效应：①对于具有眼球吸引力的股票（包括出现正向极端的收益率、异常成交额以及异常搜索值的股票），移动端投资者表现出显著的净买入意愿，且移动端个人投资者主要驱动了这种交易行为，而固定端投资者则表现出显著的净卖出意愿；②在整体市场出现眼球吸引力的期间，上述的横截面眼球效应更为显著。

（2）基于移动端和固定端投资者的交易行为异质性，本章提出了一个新的投资者异质性测度：移动端投资者乐观偏差。通过进一步研究发现，该测度对未来股票价格具有负面影响，且这种负面影响在具有眼球吸引力的股票中尤其显著。

(3) 本章在 1~4 周的考察周期内，检验了不同终端投资者净卖出的头寸在过去的收益率差异，以及净买入的头寸在未来的收益率差异，发现移动端投资者获得的收益率显著低于固定端投资者。

本章对现有研究的边际贡献包括以下几个方面。

(1) 利用我国 A 股市场上真实的移动交易数据，研究证券交易的移动化趋势如何影响投资者的交易行为，这一角度显著区别于目前相关研究采用的自然实验方法（Grant，2020；Brown et al.，2020）。

(2) 从多重维度检验了我国 A 股市场上移动端投资者交易过程中表现出的注意力导向特征，发现了个股和市场两个层面的眼球信号均对移动端投资者注意力存在影响，且该眼球效应主要由占据移动交易主导地位的移动端个人投资者驱动，说明移动交易进一步放大了个人投资者注意力导向的认知缺陷。

(3) 基于交易工具的差异和眼球效应的实证证据，提出了移动端投资者乐观偏差作为衡量异质投资者决策分歧的新测度，并指出这种乐观偏差越大，股票价格越被高估，有力地支撑了过度自信理论。

(4) 研究结果发现，移动交易潜在降低了投资者的交易表现，为揭示异质投资者交易表现的相关文献提供了移动互联网技术影响下的新特征。本章的贡献不仅在于推动相关学术研究的创新和完善，同时对监管部门的政策制定与投资者的交易决策具有重要的现实意义。

4.1 文 献 回 顾

从逻辑链条来看，本章的研究主线贯穿了证券交易移动化背景下我国 A 股市场上投资者的交易行为及其投资损益特征。首先，移动互联网技术的快速发展显著影响了投资者的交易手段，这为研究异质决策行为开辟了新的场景。其次，理性投资者倾向于分散化投资，而非理性投资者则更容易对引起其关注的股票产生过度反应，这种投资者的决策分歧会影响股票资产的定价。最后，投资者的异质决策行为势必为其带来不同的投资表现。因此，本章将从这三个方面进行文献综述。

4.1.1 移动互联网技术对投资者行为的影响

相较于网络搜索引擎（Da et al.，2011；刘志峰和张婷婷，2020）、网络财经社区（孙书娜和孙谦，2018）对投资者信息渠道的拓宽，移动互联网技术的快速发展不仅影响了投资者的信息获取方式，而且重塑了投资者的交易手段。

Grant（2020）通过自然实验指出，相对于固定计算机设备而言，移动设备更小的屏幕尺寸导致投资者的信息处理成本增加，同时损害了其投资决策能力。Brown 等（2020）也采用类似的方法，证实了投资者在采用移动设备交易时注意力更容易被干扰，并发现移动设备上显示的焦点信息对投资者的影响显著超过固定计算机设备。目前的研究很少采用真实的交易数据分析移动交易对投资者决策的影响。

4.1.2 注意力导向的交易行为与决策分歧

注意力导向的交易行为能够直观地反映异质投资者的决策差异，现有文献分别从个股层面和市场层面进行了研究。从个股层面出发，Seasholes 和 Wu（2007）发现 2001~2003 年期间，中国 A 股市场的个人投资者偏好买入具有涨停板特征的股票；Barber 和 Odean（2008）也证实了美国市场的个人投资者对产生眼球吸引力的股票有显著的净买入行为。此外，宗计川等（2020）和姚加权等（2021）分别从其他维度出发，研究了关注度对投资者择股的影响。从市场层面出发，Yuan（2015）证实了市场事件对投资者行为存在影响，并指出在美国市场上，道琼斯工业指数创新高的事件能够负向显著预测下一交易日的代表个人投资者交易行为的小订单流。

除了注意力导向的交易行为之外，彩票偏好（Kumar，2009）、行业偏好（Døskeland and Hvide，2011）等各类交易特征均能够表明股票市场中不同投资者的决策存在差异，从而引出投资者决策分歧的重要概念。现有研究通常利用分析师预测的差异（Malkiel and Cragg，1970）、股票成交量（Boehme et al.，2006）、散户订单占比（Han and Kumar，2013）等代理变量来衡量投资者的决策分歧，并进一步研究决策分歧与未来股价收益率的关系。从理论文献来看，若假设市场是无摩擦的，Merton（1987）提出的风险折价理论说明投资者决策分歧与风险对应，买入具有决策分歧的股票在未来应该获得风险补偿；而 Miller（1977）认为在市场存在较大做空约束的时候，决策分歧往往代表不确定性，这种不确定性是股票价值被高估的体现。张维和张永杰（2006）结合我国 A 股市场的卖空约束，将其发展为基于异质信念的风险资产价格均衡模型，熊熊等（2017）则进一步分析了卖空交易与异质信念的联系。目前，关于投资者决策分歧对股价预测能力的实证证据也是不一致的，Friend 等（1978）和 Doukas 等（2006）发现分析师预测差异能够正向预测股票价格，所以当期股票价格被低估。而 Diether 等（2002）、Yu（2011）发现投资者决策分歧与未来股价的负向联系在实证上支持过度自信理论，所以当期股票价格被高估。目前，从证券交易终端的角度研究注意力导向的交易行为，并基于此提出异质投资者决策分歧的测度的文献较少。

4.1.3 异质投资者的交易表现

从长期来看，在全球各个市场上，个人投资者的表现均亚于机构投资者（Barber and Odean，2000；Grinblatt and Keloharju，2009；Barber et al.，2009）。从中短期来看，两者的投资表现证据是不一致的。个人投资者在成熟市场均能获得一定的超额收益，即为机构投资者提供流动性而取得显著的短期正向收益（Barber et al.，2009；Kaniel et al.，2008）；Andrade 等（2008）发现，在散户比例较高的我国台湾股票市场上，个人投资者净买入的股票在下一交易周难以取得正向收益；Barber 等（2009）同样利用我国台湾证券交易所的数据，发现个人投资者净买入的股票在日度、周度、月度均获得统计意义上的负向收益；余佩琨等（2009）通过我国 A 股市场的投资者持仓数据发现，在财务报表发布后的 1 个交易月内，机构投资者能够通过信息优势显著战胜个人投资者。目前，关于异质投资者交易表现的研究主要从个人投资者和机构投资者的对比出发，很少考虑移动交易带来的新变化。

4.2 研 究 设 计

在我国 A 股市场上，一方面存在数千只股票可供投资者买入持有；另一方面，仅有少量股票可供投资者直接卖出或融券卖空。在不考虑融券的情况下，投资者仅能卖出少数自持股票。此外，目前我国 A 股市场的融券余额仅占融资余额的 1% 左右，投资者在未持有特定股票头寸情况下实际进行的融券卖空交易非常少。在这种情况下，具有眼球吸引力的股票对于投资者的横截面资产配置具有重要影响。首先，根据 Merton（1987）的有限信息模型，本章假设面临更多信息约束的移动端投资者更加关注具有眼球吸引力的股票，而固定端投资者为其交易对手方，由此设定以下假设。

假设 H1a：对于在 t 个交易周内具有眼球吸引力的个股，移动端投资者在 $t+1$ 个交易周内净买入该类股票，固定端投资者在 $t+1$ 个交易周内净卖出该类股票。

与此同时，整体市场行情同样深刻影响着投资者行为。An 等（2022）发现，我国 A 股市场上 85% 的个人投资者的财富在市场泡沫崩盘期间大幅受损，进一步揭示了个人投资者"追涨杀跌"的交易特征。相应地，这里假设整体市场行情提升能够显著增加移动端投资者的净买入行为，由此设定以下假设。

假设 H1b：如果整体市场行情在 t 个交易周内显著提升，移动端投资者在 $t+1$ 个交易周内的整体净买入行为会增加。

其次，根据 Seasholes 和 Wu（2007）的发现，我国 A 股市场上出现涨停板的股票在未来数周内的价格会显著回调，俞庆进和张兵（2012）则以搜索量作为关注度指标获得了类似的结论。本章认为，若个股在当期表现出眼球吸引力，则该类股票在当期及过去多期内应该获得较大的涨幅，透支了未来的升值空间，由此设定以下假设。

假设 H2a：如果个股产生眼球吸引力，则其当期价格被高估。

若假设 H1a 和 H2a 同时成立，则说明移动端投资者对于产生眼球吸引力的股票表现出显著区别于固定端投资者的净买入行为，也意味着移动端投资者对于价格被高估的股票产生乐观偏差。根据 Miller（1977）的过度自信理论，这里设定以下假设。

假设 H2b：移动端投资者乐观偏差越高的股票在未来股价收益率越低，且这种负面影响在具有眼球吸引力的股票中更为显著。

根据 Kaniel 等（2008）的流动性供给效应，股票市场内的流动性供给者，即便是个人投资者，也应当在短期内取得正向收益；然而，Barber 等（2009）认为，非知情交易者在不掌握信息优势的情况下容易过度交易，在短期内同样无法取得正向收益。这种效应在个人投资者行为中占据支配地位，并且在换手率较高的股票市场内显著强于流动性供给效应。截至 2019 年底，我国 A 股市场上自然人投资者占比超过 99.76%；同时，股票平均换手率高达 214.29%，位居全球第一。本章通过交易终端的区分，识别出非理性程度相对更高的投资者主体，进一步拓展了 Barber 等（2009）的实证场景。若我国 A 股市场内的移动端投资者相较固定端投资者更倾向于买入具有眼球吸引力的股票（假设 H1a 成立），则该类股票的中短期回调效应（假设 H2a 成立）会降低移动端投资者在中短期的投资表现，由此设定以下假设。

假设 H3a：移动端投资者在 1～4 周内的投资表现均逊于固定端投资者。

同时，这里将个人投资者进一步划分为移动端个人投资者和固定端个人投资者。若我国 A 股市场内的移动端个人投资者相较固定端个人投资者更倾向于买入具有眼球吸引力的股票（假设 H1a 的延展检验成立），则可以进行类似的设定。

假设 H3b：移动端个人投资者在 1～4 周内的投资表现逊于固定端个人投资者。

4.3 数　　据

本章采用了我国 A 股市场的某交易机构提供的股票日度交易数据，该数据覆盖了在上海证券交易所和深圳证券交易所交易的 A 股股票，区分了每只股票在每个交易日来自该数据样本的移动交易终端和固定交易终端的买入和卖出交易量，以及来自个人投资者和机构投资者的买入和卖出交易量。由于移动交易在 2014 年前的交易份额较低（小于 10%），我们选取了 2014～2018 年 A 股市场 5 年共计 257 个交易周的样本数据进行研究，在该样本周期内，周度移动端交易额占比从 10.28%增长至 46.48%。移动端投资者已经逐步形成与固定端投资者规模相当的交易对手。

本章采用的数据样本具有代表性，根据该样本产生的交易数据能够较好地展现全市场投资者的交易行为。首先，采用市场上部分交易数据研究异质交易行为是目前文献中的通用做法，Barber 和 Odean（2008）进行不同投资者行为分析时，由于数据限制，并未选取全市场样本，其选用的美国市场上三个主要券商数据库分别仅包含 78 000 个、14 667 个和 665 533 个账户。本章选用的交易机构在样本区间内的合格证券资金账户数超过 147 万个，因此，本章的样本从账户数量角度上具有较强的代表性。其次，我国 A 股市场是全世界范围内流动性最好的股票市场之一，同等市场份额的数据样本在我国 A 股市场上比其他市场能够产生更好的数据代表性。在本章的研究期内，该数据样本的股票成交额占全市场的 1.30%左右。如表 4-1 所示，该市场占比从周度总成交额、25%分位值、中位值、75%分位值以及标准差等多种测度来看都是较为稳健的，且该交易机构样本和全市场样本的成交额离散系数之比为 102.34%，说明两个样本的个股成交额的离散程度也非常相近。最后，本章统计了该数据样本的周度平均股票覆盖率在时间序列的均值，发现该覆盖率达到 99.86%，也就意味着市场上每周交易的绝大多数股票，都在该交易机构进行交易。进一步地，表 4-1 最后一行的实证数据汇报了每只股票在该交易机构内每周成交额和在全市场每周成交额的斯皮尔曼（Spearman）相关度，其时间序列均值高达 0.840，说明来自该交易机构的个股成交额能够以较高的相关度拟合全市场上的个股成交额。

表 4-1 全市场与选定样本的交易数据统计

统计数据	周度成交额/10^6 元						周均股票观测值
	总成交额	25%分位值	中位值	75%分位值	标准差	离散系数	
市场	2 551 705.00	291.86	514.65	1 005.79	1 636.29	1.71	2 762
样本	34 059.37	3.68	7.00	14.02	21.34	1.75	2 758
样本与市场比率	1.33%	1.26%	1.36%	1.39%	1.30%	102.34%	99.86%
相关度	0.840						

此外，本章采用了来自 CSMAR 数据库的上海、深圳两市全样本股票交易信息和相关会计信息，以及来自牛津大学英仕曼量化金融研究所数据库的上证指数 5min 高频数据。本章还采用程序抓取了每只股票在百度搜索引擎上每日的搜索频次，主要关键字为该公司的全称、简称以及股票代码，据此构造个股的百度搜索指数。

4.3.1 变量构造

1. 特定数据库变量

本章参考 Barber 和 Odean（2008）的方法，通过特有数据库构造了个股和股票组合在交易周期内的订单非平衡度（buy-sell imbalance，BSI），其计算公式为式（4-1），$\sum_{i=1}^{n} B_{i,t}$ 为 t 交易周内对于股票组合内 n 只股票的买入成交额，$\sum_{i=1}^{n} S_{i,t}$ 为 t 个交易周内对于股票组合内 n 只股票的卖出成交额。相应地，$n=1$ 时为单只股票在 t 个交易周内的 BSI，$n>1$ 时则为该股票组合在 t 个交易周内的 BSI。由于本章采用的数据样本区分了来自移动端和固定端的成交情况，所以可以对每只股票或股票组合分别计算来自两种交易端口的 BSI。同时，本章还计算了每只股票或股票组合分别来自个人投资者、机构投资者、移动端个人投资者、移动端机构投资者、固定端个人投资者以及固定端机构投资者的 BSI。需要说明的是，本章的数据来自部分交易单元而非全市场，理论上存在成交量加总约束偏误（adding-up constraint bias），即无法对每只股票的买、卖两个方向的成交量完全出清。因此，本章采用周度采样频率，既缓解了日度交易频率下更为严重的加总约束偏误，又避免了月度交易频率下采样数量较低的问题。此外，本章的研究将更为侧重移动端和固定端投资者的交易行为异质性，这样可以降低来自单一终端的 BSI 产生的偏误：

$$\mathrm{BSI}_{\mathrm{group},t} = \frac{\sum_{i=1}^{n} B_{i,t} - \sum_{i=1}^{n} S_{i,t}}{\sum_{i=1}^{n} B_{i,t} + \sum_{i=1}^{n} S_{i,t}} \tag{4-1}$$

在每个交易周，我们计算个股 i 在移动端和固定端的周度订单非平衡度 $\mathrm{BSI}_{i,M,t}$ 和 $\mathrm{BSI}_{i,\mathrm{PC},t}$，在式（4-2）中通过 $\mathrm{BSI}_{i,M,t}$ 对 $\mathrm{BSI}_{i,\mathrm{PC},t}$ 进行回归，残差项 $\varepsilon_{i,t}$ 代表该交易周内移动端投资者相对固定端投资者对个股 i 产生的净买入程度（net purchasing residual item，RESI），α_t 为截距项，$\beta_{\mathrm{PC},t}$ 为估计系数：

$$\mathrm{BSI}_{i,M,t} = \alpha_t + \beta_{\mathrm{PC},t} \mathrm{BSI}_{i,\mathrm{PC},t} + \varepsilon_{i,t} \tag{4-2}$$

同时，本章在市场层面构造了 257 个交易周时间序列上移动端和固定端的订单总非平衡度 $\mathrm{BSI}_{\mathrm{aggr},M,t}$ 和 $\mathrm{BSI}_{\mathrm{aggr},\mathrm{PC},t}$，这里继续采用式（4-1）进行构造，其中 n 为市场内所有的股票数量。

2. 通用数据库变量

本章通过 CSMAR 以及其他数据库构造全市场样本的个股层面指标和市场层面指标。在个股层面，本章主要构造了三个关键变量来检验个股眼球效应：RET、ASVI（指异常成交额）以及 ASVI（指异常搜索值）。$\text{RET}_{i,t}$ 为个股 i 在 t 个交易周的收益率；根据 Barber 和 Odean（2008）的构造方法，本章通过式（4-3）计算个股 i 所在 t 个交易周的交易额 $\text{VOL}_{i,t}$ 与过去 52 个交易周平均交易额的比率作为异常成交额 $\text{AVOL}_{i,t}$；仿照 Da 等（2011）的构造方法，本章通过式（4-4）计算个股 i 所在 t 个交易周内的 $D_{i,t}$ 个交易日的日均百度搜索指数与过去 4 周的周内日均搜索指数的中位值的比率作为异常搜索值 $\text{ASVI}_{i,t}$：

$$\text{AVOL}_{i,t} = \frac{\text{VOL}_{i,t}}{\frac{1}{52}\sum_{w=t-1}^{t-52}\text{VOL}_{i,w}} \tag{4-3}$$

$$\text{ASVI}_{i,t} = \frac{1}{D_{i,t}}\sum_{d=1}^{D_{i,t}}\text{SVI}_{i,d} \bigg/ \text{Median}\left(\frac{1}{D_{i,t-k}}\sum_{d=1}^{D_{i,t-k}}\text{SVI}_{i,d}\bigg|k=1,2,3,4\right) \tag{4-4}$$

式中，$\text{SVI}_{i,d}$ 为个股 i 在 t 个交易周的百度搜索指数。

在个股层面，本章构造的其他变量如下：Size 和 BM 是经典风险因子的构造变量，分别为个股在上一交易周末的流通市值（单位：10^6 元）的自然对数，以及最新财报公布的账面市值比；EP 和 ROE 分别是 Liu 等（2019）采用的股息率和净资产收益率；ILLIQ 是根据 Amihud（2002）的方法构造的非流动性指标，通过式（4-5）计算该交易周内 $D_{i,t}$ 个交易日的个股日度收益率绝对值 $|\text{RET}_{i,d}|$ 与成交额 $\text{VOL}_{i,d}$（单位：10^6 元）的比率的均值；REV 为上一交易周的收益率；IVOL 是根据 Ang 等（2009）的方法构造的异质波动率，用来衡量投资者的决策差异，通过在每个交易周追溯过去一个月内的个股日度股票收益率对日度三因子（Fama and French，1993）序列回归后取残差计算其标准差后得到，且有效观测值必须超过 5 个交易日，回归公式为式（4-6）；VOL 和 MAX 分别是 Liu 等（2019）采用的过去一个月内的日度收益率的波动率和最大日度收益率；COV 和 INST 是 Menzly 和 Ozbas（2010）用来衡量投资者知情交易程度的经典变量；COV 为每只股票在过去 12 个月的卖方分析师有效跟踪报告数，有效报告至少覆盖净利润、每股收益以及市盈率其中一项，若无有效跟踪报告数则计为 0；INST 为每只股票最新一期的基金持股比例，若无基金持股则计为 0。AR 是经过市值因素调整的收益率，即每个交易周内个股收益率减去该股票流通市值所在十分位值区间的股票组合的市值加权收益率。

$$\text{ILLIQ}_{i,t} = 10^8 \frac{1}{D_{i,t}}\sum_{d=1}^{D_{i,t}}\frac{|\text{RET}_{i,d}|}{\text{VOL}_{i,d}} \tag{4-5}$$

$$R_{i,t} - \text{rf}_t = \alpha_i + \beta_{\text{MKT},i}(R_{m,t} - \text{rf}_t) + \beta_{\text{SMB},i}\text{SMB}_t + \beta_{\text{HML},i}\text{HML}_t + \varepsilon_{i,t} \quad (4\text{-}6)$$

式中，α_i、$\beta_{\text{MKT},i}$、$\beta_{\text{SMB},i}$、$\beta_{\text{HML},i}$ 为相应的系数；$R_{i,t}$ 为个股收益率；rf_t 为无风险收益。

在市场层面，本章构造了如下变量：根据 Yuan（2015）的方法，本章首先构造 Market_Event$_t$ 为该交易周上证指数是否刷新之前 52 个交易周的指数最高值的虚拟变量，存在刷新则计为 1，不存在刷新则计为 0；RET$_{\text{index},t}$ 为上证指数的周度收益率；RET$_{\text{index},t-52\sim t-1}$ 为上证指数在过去 52 周的累计收益率；RV$_{\text{index},t}$ 是通过牛津英仕曼量化金融研究所数据库提供的上证指数日内 5min 已实现波动率推导出的周内 5min 已实现波动率。

4.3.2 描述性统计

表 4-2 给出了本章主要变量的描述性统计结果。在个股层面，特定数据样本在 2014~2018 年共有 708 684 个有效观测数量，表 4-2 中移动端投资者 BSI$_M$ 和固定端投资者 BSI$_{PC}$ 的有效观测数量分别占比 99.32% 和 99.81%，说明本章选取的数据样本中移动端和固定端的成交都非常活跃。从个人投资者 BSI$_{\text{INDI}}$、机构投资者 BSI$_{\text{INST}}$、移动端个人投资者 BSI$_{\text{INDI},M}$、移动端机构投资者 BSI$_{\text{INST},M}$、固定端个人投资者 BSI$_{\text{INDI},PC}$ 以及固定端机构投资者 BSI$_{\text{INST},PC}$ 的统计数据来看，我们发现移动端机构投资者的有效观测数量较少，与移动端成交量主要由个人投资者贡献的结论是一致的。与固定端投资者相比，移动端投资者 RESI 的均值和中位值分别为 0.000 和 0.001，25% 分位值和 75% 分位值分别为 –0.206 和 0.206，标准差为 0.372，总体上 RESI 均匀分布在零值两侧，分布在靠近正向极值的 RESI 代表移动端投资者净买入程度大幅高于固定端投资者，反之亦然。

表 4-2　主要变量的描述性统计结果

变量	观测数量	均值	25%分位值	中位值	75%分位值	标准差
BSI$_M$	703 910	0.005	−0.204	0.004	0.212	0.377
BSI$_{PC}$	707 349	0.006	−0.178	0.007	0.194	0.345
BSI$_{\text{INDI}}$	708 159	0.003	−0.144	0.005	0.153	0.281
BSI$_{\text{INST}}$	404 551	−0.006	−0.653	−0.001	0.618	0.702
BSI$_{\text{INDI},M}$	703 906	0.005	−0.203	0.004	0.211	0.375
BSI$_{\text{INST},M}$	34 409	0.000	−1.000	−0.004	1.000	0.859
BSI$_{\text{INDI},PC}$	707 107	0.007	−0.171	0.007	0.188	0.335
BSI$_{\text{INST},PC}$	397 162	−0.007	−0.653	−0.001	0.612	0.702

续表

变量	观测数量	均值	25%分位值	中位值	75%分位值	标准差
RESI	703 050	0.000	−0.206	0.001	0.206	0.372
RET	708 684	0.003	−0.032	0.001	0.034	0.085
AVOL	708 647	1.959	0.406	0.701	1.308	30.980
ASVI	638 540	1.249	1.048	1.156	1.325	0.461
Size	702 531	8.538	7.831	8.448	9.122	1.084
BM	684 490	1.006	0.303	0.540	1.041	1.828
EP	659 983	0.023	0.008	0.020	0.038	0.077
ROE	651 747	0.055	0.029	0.071	0.120	1.005
ILLIQ	708 684	0.187	0.010	0.020	0.042	13.355
IVOL	705 622	0.019	0.011	0.017	0.025	0.018
VOL	707 988	0.029	0.018	0.025	0.036	0.026
MAX	708 684	0.058	0.032	0.049	0.086	0.071
COV	708 684	14.022	1.000	5.000	19.000	20.768
INST	708 684	0.029	0.001	0.012	0.039	0.044
AR	702 531	0.003	−0.017	0.004	0.026	0.048
$BSI_{aggr,M}$	257	−0.003	−0.020	−0.001	0.017	0.031
$BSI_{aggr,PC}$	257	−0.006	−0.021	−0.005	0.010	0.027
Market_Event	257	0.160	0.000	0.000	0.000	0.367
RET_{index}	257	0.001	−0.011	0.003	0.019	0.032
$RET_{index,t-52 \sim t-1}$	257	0.108	−0.113	0.027	0.132	0.356
RV_{index}	257	0.001	0.000	0.000	0.001	0.002

4.4 眼球效应

4.4.1 横截面眼球效应

本章主要采用 RET、AVOL 以及 ASVI 三个横截面变量作为个股的眼球信号进行检验，在分析样本周期内投资者行为的统计特征时，通过构造具有不同关注度特征的个股组合的 BSI 时间序列，根据该序列的均值和 Newey-West 异方差及自相关调整后的 t 统计值来推断不同终端投资者的买入行为特征以及统计显著性。在 t 个交易周，本章根据前一周的周度股票收益率 $RET_{i,t-1}$、异常成交额 $AVOL_{i,t-1}$ 以及异常搜索值 $ASVI_{i,t-1}$，对横截面上所有股票进行排序后分为 10 组，并进一步将第 10 组拆分为 10a 组（最高 90%~95%区间）和 10b 组（最高 95%~100%区间),计算每组股票的 BSI_M 和 BSI_{PC}。本章对总计 257 个交易周的 BSI_M 和 BSI_{PC} 取均值并计算 t 统计量,形成表 4-3 中的不同信号下各个投资组合的订单非平衡度分布。为了便于直观地展示来自移动端和固定端的订单非平衡度差异,本章将来自两个交易终端的各组股票的订单非平衡度在图 4-1 标注了 BSI 均值、误差棒以及显著性。考虑到成交量加总约束偏误,同一股票组合下来自两个终端的订单非平衡度时间序列均值可能存在方向一致的情况,而这里重点考察两者的差异性。

表 4-3 个股信号与移动端(固定端)投资者订单非平衡度分布

分位值	滞后一期收益率分组		滞后一期异常成交额分组		滞后一期异常搜索值分组	
	BSI_M /%	BSI_{PC} /%	BSI_M /%	BSI_{PC} /%	BSI_M /%	BSI_{PC} /%
1	0.90***	0.64*	−1.86***	−1.36***	−0.59**	0.19
	(3.40)	(1.82)	(−4.93)	(−4.11)	(−2.08)	(0.50)
2	0.23	−0.37	−1.48***	−0.36	−1.11***	−0.35
	(0.72)	(−0.86)	(−3.86)	(−0.83)	(−3.42)	(−0.79)
3	−0.72***	0.32	−1.13***	0.10	−0.33	−0.70**
	(−2.75)	(0.93)	(−2.75)	(0.24)	(−1.00)	(−2.05)
4	−0.88***	−0.30	−0.70**	0.41	−0.76**	0.02
	(−2.98)	(−0.86)	(−1.99)	(1.04)	(−2.56)	(0.04)
5	−1.00**	0.10	−0.75**	0.51	−0.78**	−0.65
	(−2.43)	(0.22)	(−2.27)	(1.27)	(−2.35)	(−1.56)
6	−0.61	−0.09	−1.04***	−0.23	−0.76**	−0.52
	(−1.59)	(−0.20)	(−3.34)	(−0.50)	(−2.12)	(−1.11)
7	−0.79**	−0.31	−1.19***	−0.88*	−0.72**	−1.26***
	(−2.40)	(−0.66)	(−3.50)	(−1.75)	(−2.08)	(−3.33)
8	−0.98***	−1.32***	−0.11	−0.07	−0.41	−0.38
	(−2.96)	(−3.60)	(−0.44)	(−0.19)	(−1.14)	(−1.11)
9	−0.38	−0.97***	0.38	−0.65**	0.27	0.53
	(−1.12)	(−3.60)	(1.17)	(−2.47)	(0.96)	(1.37)
10a	0.02	−0.43	1.10***	−1.14***	0.92***	−0.88*
	(0.05)	(−1.21)	(3.08)	(−2.73)	(2.99)	(−1.65)
10b	0.67**	−1.88***	1.37***	−0.83***	1.42***	−1.51***
	(2.23)	(−6.48)	(6.00)	(−2.70)	(5.10)	(−4.26)

注:括号内的数值为 t 统计量

***、**、*分别表示 1%、5%、10%的显著性水平

根据表 4-3 和图 4-1,对于 $RET_{i,t-1}$、$AVOL_{i,t-1}$ 以及 $ASVI_{i,t-1}$ 的最高分位 10b 股票组合,在 t 个交易周内,移动端的 BSI_M 正向显著,分别为 0.67%(2.23)、1.37%(6.00)和 1.42%(5.10),说明移动端投资者显著净买入存在高收益率、高异常成

交量以及高异常搜索值的股票，呈现出较强的横截面眼球效应。即在同等的市场行情下，移动端投资者倾向于净买入具有眼球吸引力的股票组合。与此同时，我们发现固定端投资者对于$RET_{i,t-1}$、$AVOL_{i,t-1}$以及$ASVI_{i,t-1}$的最高分位10b股票组合，均表现出显著的净卖出特征，即BSI_{PC}显著为负，分别为–1.88%（–6.48）、–0.83%（–2.70）和–1.51%（–4.26）。此外，除$AVOL_{i,t-1}$以及$ASVI_{i,t-1}$的次高分位10a股票组合中移动端和固定端投资者的交易特征保持上述差异特征外，其他所有对比组均不存在交易方向上的显著差异，即不存在一方显著净买入，而另一方显著净卖出的情况。因此，该结果提供了我国A股市场上移动端投资者追逐眼球信号股票的实证证据，很好地支持了本章的假设H1a，对于在t个交易周内产生眼球吸引力的个股，移动端投资者在$t+1$个交易周内显著净买入该类股票，固定端投资者在$t+1$个交易周内显著净卖出该类股票。

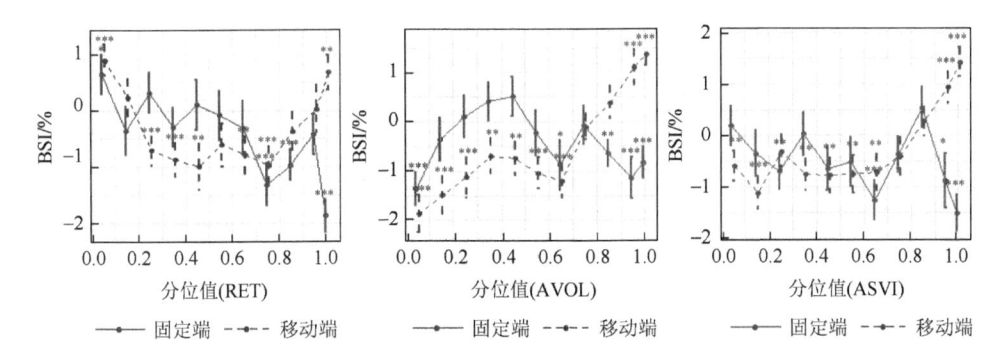

图 4-1 个股信号与投资者订单非平衡度分布

***、**、*分别表示1%、5%、10%的显著性水平

需要注意的是，通过滞后一期股票收益率分组的移动端投资者的BSI曲线在图4-1中呈现出显著的V形曲线，这里的实证结论与Barber和Odean（2008）的模型结论是吻合的，说明移动端投资者对于具有正向或负向极值收益率的股票均有投资倾向。

本章采用2014年初我国A股市场上移动交易占比10.28%作为分界点，进一步检验了2011~2013年和2014~2018年两个区间内个人投资者和机构投资者对于具有眼球信号股票的交易行为。表4-4的面板A和面板B给出了在两个交易区间内对具有眼球信号股票组合（10a和10b）的个人投资者BSI_{INDI}和机构投资者BSI_{INST}的均值以及相应的t统计量。我们发现，2011~2013年所有的BSI_{INDI}均显著为负或不显著，说明该区间个人投资者对于这三类具有眼球吸引力的股票均没有显著净买入行为。在2014~2018年，滞后一期异常成交额分组和滞后一期异常搜索值分组10b股票组合中，BSI_{INDI}均显著为正，BSI_{INST}均显著为负，说明移动设备推广后，个人投资者对具有极端异常成交额和异常搜索值的股票逐步产生了显著的净买入行为。

进一步地，表4-4的面板C和面板D给出了眼球信号股票组合（10a和10b）在2014～2018年期间的移动端个人投资者$BSI_{INDI,M}$、移动端机构投资者$BSI_{INST,M}$、固定端个人投资者$BSI_{INDI,PC}$和固定端机构投资者$BSI_{INST,PC}$的均值和相应的 t 统计量。我们发现，面板C中10b股票组合内所有的$BSI_{INDI,M}$均是正向显著的，分别为0.77（2.58）、1.45（6.37）和1.50（5.41），估计值略高于表4-3中给出的BSI_M。同时，面板D中10b股票组合内固定端个人投资者$BSI_{INDI,PC}$的估计结果显示，固定端个人投资者对具有眼球吸引力的股票没有显著的净买入行为。表4-4的结果表明，我国A股市场上个人投资者在移动端推广后逐步表现出的眼球效应主要由移动端个人投资者的交易行为驱动，说明个人投资者的认知缺陷在移动交易推广以后被进一步放大了。

表4-4 个股眼球信号与细分投资者的订单非平衡度分布

面板A：2011～2013年个人投资者与机构投资者					
分位值	滞后一期收益率分组		滞后一期异常成交额分组		滞后一期异常搜索值分组	
	BSI_{INDI} /%	BSI_{INST} /%	BSI_{INDI} /%	BSI_{INST} /%	BSI_{INDI} /%	BSI_{INST} /%
10a	−0.59*	−6.21***	−0.27	−4.73*	0.19	−1.03
	(−1.74)	(−2.94)	(−0.84)	(−1.65)	(0.83)	(−0.39)
10b	−0.58**	−5.72**	0.11	−3.74*	−0.02	−6.65**
	(−2.09)	(−2.49)	(0.42)	(−1.77)	(−0.09)	(−2.44)

面板B：2014～2018年个人投资者与机构投资者					
分位值	滞后一期收益率分组		滞后一期异常成交额分组		滞后一期异常搜索值分组	
	BSI_{INDI} /%	BSI_{INST} /%	BSI_{INDI} /%	BSI_{INST} /%	BSI_{INDI} /%	BSI_{INST} /%
10a	−0.04	−2.78*	0.25	−5.69***	0.51**	−4.77**
	(−0.14)	(−1.76)	(1.02)	(−3.33)	(2.16)	(−2.40)
10b	−0.53**	−5.62***	0.63***	−8.10***	0**	−8.15***
	(−2.51)	(−4.05)	(3.47)	(−5.30)	(2.59)	(−4.66)

面板C：2014～2018年移动端个人投资者与移动端机构投资者					
分位值	滞后一期收益率分组		滞后一期异常成交额分组		滞后一期异常搜索值分组	
	$BSI_{INDI,M}$ /%	$BSI_{INST,M}$ /%	$BSI_{INDI,M}$ /%	$BSI_{INST,M}$ /%	$BSI_{INDI,M}$ /%	$BSI_{INST,M}$ /%
10a	0.23	−6.82**	1.07***	0.46	0.98***	−0.59
	(0.59)	(−2.18)	(2.86)	(0.15)	(3.29)	(−0.18)

续表

面板C：2014~2018年移动端个人投资者与移动端机构投资者

分位值	滞后一期收益率分组		滞后一期异常成交额分组		滞后一期异常搜索值分组	
	$BSI_{INDI,M}$ /%	$BSI_{INST,M}$ /%	$BSI_{INDI,M}$ /%	$BSI_{INST,M}$ /%	$BSI_{INDI,M}$ /%	$BSI_{INST,M}$ /%
10b	0.77**	5.77**	1.45***	−3.45	1.50***	−1.43
	(2.58)	(2.03)	(6.37)	(−1.29)	(5.41)	(−0.5)

面板D：2014~2018年固定端个人投资者与固定端机构投资者

分位值	滞后一期收益率分组		滞后一期异常成交额分组		滞后一期异常搜索值分组	
	$BSI_{INDI,PC}$ /%	$BSI_{INST,PC}$ /%	$BSI_{INDI,PC}$ /%	$BSI_{INST,PC}$ /%	$BSI_{INDI,PC}$ /%	$BSI_{INST,PC}$ /%
10a	0.01	−2.46	0.06	−5.89***	0.29	−4.66**
	(0.05)	(−1.55)	(0.21)	(−3.40)	(0.92)	(−2.24)
10b	−1.14***	−5.70***	0.31	−8.03***	0.01	−8.19***
	(−4.12)	(−4.01)	(1.38)	(−5.16)	(0.05)	(−4.62)

注：括号内的数值为 t 统计量

***、**、*分别表示1%、5%、10%的显著性水平

4.4.2 市场眼球效应

本节利用时间层面的移动端和固定端的总体订单非平衡度、市场行情上扬事件、市场过往收益率以及波动率，对假设H1b进行检验。由于我国A股市场上最受关注的指数为上证指数，所以以下研究中我们将上证综指是否创52周新高作为市场行情上扬的关键变量。在式（4-7）中，第 t 个交易周移动端或固定端订单总非平衡度$BSI_{aggr,t}$为被解释变量，解释变量则采用滞后一期的市场层面变量：$Market\_Event_{t-1}$、$BSI_{aggr,t-1}$、$RET_{index,t-1}$、$RET_{index,t-52\sim t-1}$ 和 $RV_{index,t-1}$。

$$BSI_{aggr,t} = \alpha + \beta_1 Market\_Event_{t-1} + \beta_2 BSI_{aggr,t-1} + \beta_3 RET_{index,t-1} \\ + \beta_4 RET_{index,t-52\sim t-1} + \beta_5 RV_{index,t-1} + \varepsilon_t \quad (4-7)$$

表4-5分别给出了移动端和固定端的回归结果，当仅加入市场指数创新高的虚拟变量$Market\_Event_{t-1}$时，模型（1）的结果表明，$Market\_Event_{t-1}$的估计系数为0.017（4.05），调整后的R^2达到3.44%，说明市场指数刷新事件对于移动端投资者净买入行为起到显著的正向推动作用，在市场指数创新高后，移动端投资者选择继续入场，而固定端的订单非平衡度完全不能被$Market\_Event_{t-1}$解释，模型

（4）中 Market_Event$_{t-1}$ 的估计系数不显著，调整后的 R^2 为负。我们继续控制两个交易端订单总非平衡度的滞后项 BSI$_{aggr,t-1}$，移动端回归中的 Market_Event$_{t-1}$ 的估计系数并未发生明显变化。当控制另外的指数收益率和波动率的滞后项时，移动端回归中的 Market_Event$_{t-1}$ 的估计系数降为 0.008（1.53），但 RET$_{index,t-1}$ 的估计系数具有 1% 的显著性水平，这是由于 Market_Event$_{t-1}$ 和 RET$_{index,t-1}$ 具有一定的相关性，因此本章依然可以判定移动端投资者在市场行情较好的时候更为倾向于买入股票。与此同时，固定端回归中的 RET$_{index,t-1}$ 估计系数为 0.072（1.65），Market_Event$_{t-1}$ 的估计系数转为 −0.004（−1.15），说明上期的市场收益率对于固定端投资者的买入决策的影响显著低于移动端投资者。需要注意的是，RV$_{index,t-1}$ 较高的股票，固定端投资者较移动端投资者更倾向于显著卖出，说明固定端投资者对于大盘波动带来的不确定性更为敏感。表 4-5 的实证结果表明：市场行情上扬显著加强移动端投资者的净买入行为。

表 4-5 市场整体行情与移动端（固定端）总订单非平衡度

解释变量	移动端 BSI$_{aggr,M,t}$			固定端 BSI$_{aggr,PC,t}$		
	模型（1）	模型（2）	模型（3）	模型（4）	模型（5）	模型（6）
常数项	−0.006***	−0.006***	−0.004	−0.007**	−0.006**	−0.004*
	(−2.66)	(−2.69)	(−1.57)	(−2.26)	(−2.18)	(−1.77)
Market_Event$_{t-1}$	0.017***	0.017***	0.008	0.001	0.001	−0.004
	(4.05)	(4.04)	(1.53)	(0.35)	(0.30)	(−1.15)
BSI$_{aggr,t-1}$		−0.019	0.104		0.104	0.083
		(−0.35)	(1.54)		(1.42)	(1.33)
RET$_{index,t-1}$			0.197***			0.072*
			(3.04)			(1.65)
RET$_{index,t-52\sim t-1}$			0.009			0.013**
			(1.22)			(2.46)
RV$_{index,t-1}$			−1.217			−3.641***
			(−0.79)			(−3.34)
调整后的 R^2/%	3.44	3.10	5.53	−0.35	0.32	4.24
F 统计量	10.12	5.09	4.00	0.10	1.42	3.27

注：括号内为 t 统计量
***、**、*分别表示 1%、5%、10% 的显著性水平

第 4 章 证券交易的移动化：眼球效应与乐观偏差

本章进一步将2014~2018年期间257个交易周划分为存在市场事件与不存在市场事件两个子样本，并在图 4-2 中对移动端的横截面订单非平衡度分布按照不同子样本进行展示，发现存在 52 周以来上证指数创新高事件的样本中，移动端的各组净买入行为均显著增加，我们的结论很好地印证了假设 H1b：如果整体市场行情在 t 个交易周内显著提升，移动端投资者在 $t+1$ 个交易周内的整体净买入行为会增加。

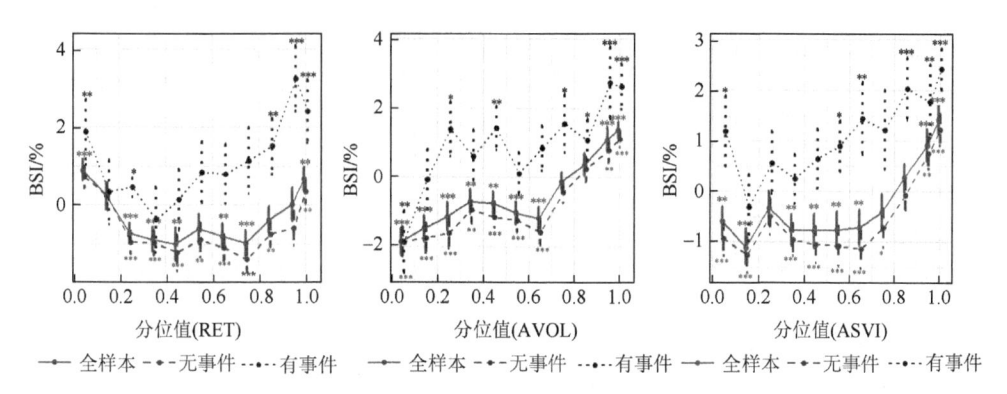

图 4-2 市场指数创新高事件，个股信号与移动端投资者订单非平衡度分布
***、**、*分别表示 1%、5%、10%的显著性水平

4.5 移动端投资者乐观偏差

4.5.1 眼球信号与股价高估

注意力导向的交易行为是移动端投资者区别于固定端投资者的一种直观体现，针对该过程中的投资者决策分歧，这里尝试检验吸引移动端投资者买入的股票是否存在价格高估现象，由此进一步推断移动端投资者相较于固定端投资者是否对该类股票产生乐观偏差。根据第 t 个交易周产生的股票收益率、异常成交额和异常搜索值，在每个交易周提取最高 10%分位值的股票作为高关注股票，计算其在滞后 4 期、当期以及未来 4 期的平均异常收益率。根据表 4-6 的结果，除了高 $ASVI_{i,t}$ 股票在 $t-4$ 个交易周产生-0.18%的负向异常收益率外，三类具有眼球吸引力的股票在过去 1~4 周以及当期均产生 1%显著水平的正向异常收益率，且异常收益率随着临近 t 个交易周逐步放大。此外，除在 $t+1$ 个交易周高 $RET_{i,t}$ 股票产生 0.24%的不显著异常收益率以及高 $ASVI_{i,t}$ 股票产生-0.27%的不显著异常收益率以外，其余未来 1~4 周的异常收益率均为负向显著，说明该类高关注股票在未来多期内价格持续走低，移动端投资者在当期对该类股票产生显著的乐观偏差。

本章继续检验该类股票在未来 5~15 周的异常收益率,发现负向收益现象依然存在,但其幅度减小。因此,本章的假设 H2a 是成立的,即产生眼球吸引力的股票的当期价格被显著高估。

表 4-6　眼球信号与异常股价回报

眼球信号	周度异常收益率/%								
	$t-4$ 周	$t-3$ 周	$t-2$ 周	$t-1$ 周	t 周	$t+1$ 周	$t+2$ 周	$t+3$ 周	$t+4$ 周
$RET_{i,t}$	0.34*** (4.28)	0.59*** (6.78)	0.83*** (5.42)	1.40*** (6.48)	11.94*** (18.34)	0.24 (1.29)	−0.26** (−2.25)	−0.29*** (−4.08)	−0.44*** (−5.34)
$AVOL_{i,t}$	1.94*** (16.03)	2.64*** (16.31)	3.56*** (15.65)	5.14*** (15.8)	4.65*** (15.18)	−0.24* (−1.82)	−0.40*** (−5.01)	−0.38*** (−5.66)	−0.42*** (−5.80)
$ASVI_{i,t}$	−0.18*** (−3.88)	0.31*** (3.42)	1.60*** (12.12)	4.49*** (14.43)	4.08*** (13.41)	−0.27 (−1.61)	−0.22*** (−2.85)	−0.23*** (−4.89)	−0.28*** (−5.73)

注：括号内的数值为 t 统计量
***、**、*分别表示 1%、5%、10%的显著性水平

4.5.2　回归检验

基于假设 H1a 和 H2a 同时成立,即移动端投资者与固定端投资者对于局部被高估的高关注度股票存在显著的决策异质性,本章提出一种新的决策分歧测度 RESI,用来衡量移动端投资者相比固定端投资者对股票产生的净买入程度。从该测度的统计分布来看,RESI 是存在正负方向的,即反映了移动端投资者相较于固定端投资者的"乐观"或"悲观"两种交易行为。若移动端投资者对于具有眼球吸引力,并且被显著高估的股票的净买入程度更高,则意味着正向的乐观偏差；相应地,移动端投资者对于不具有眼球吸引力,并且被相对低估的股票的净买入程度更低,则意味着负向的乐观偏差,即悲观偏差。为了突出移动端投资者相较于固定端投资者表现出的注意力导向的行为特征,并呼应 Miller(1977)的过度自信理论,本章将 RESI 定义为移动端投资者乐观偏差。鉴于目前文献中各类决策分歧指标对未来股价影响的解释不一致,本章尝试对该指标进行 Fama-MachBeth 回归以及投资组合分析,研究移动端投资者乐观偏差与未来股价之间是否存在联系：

$$R_{i,t} - rf_t = \alpha_t + \beta_{RESI,t} RESI_{i,t-1} + \beta_{control,t} Control_{i,t-1} + \varepsilon_{i,t} \qquad (4-8)$$

在每一交易周横截面上，本章采用式（4-8）中的个股无风险收益率 $R_{i,t} - rf_t$（即个股收益率减去无风险收益率）对 $RESI_{i,t-1}$ 以及其他控制变量 $Control_{i,t-1}$ 进行回归，对所有横截面回归后的估计系数取均值并计算 Newey-West t 统计值。回归方程中的其他收益率同样经过无风险化调整，即当期收益率减去当期无风险收益率，年度无风险收益率采用中国人民银行公布的一年期定期存款利率。表 4-7 给出了逐步控制其他变量后的 Fama-MachBeth 回归估计结果，以及调整后的 R^2 和周度平均股票观测值。在模型（1）的单变量 Fama-MachBeth 回归中，本章发现 $\beta_{RESI,t}$ 估计值的显著性水平为 1%，调整后的 R^2 为 0.28%，RESI 对于未来股票价格具有显著的负面影响。在模型（2）~模型（6）中逐步控制其他变量后，我们发现 RESI 的股价解释能力均不能被完全吸收。在模型（6）中，虽然 $\beta_{RESI,t}$ 估计值降低，但统计显著性水平依然维持在 1%。因此，本章通过 Fama-MachBeth 回归检验初步证实了假设 H2b 的主要内容：移动端投资者乐观偏差越高的股票在未来股价收益率越低。

表 4-7 回归检验：乐观偏差与股价回报

参数	模型（1）	模型（2）	模型（3）	模型（4）	模型（5）	模型（6）
常数项	0.260	1.796**	0.907**	−0.229	0.304	1.468*
	(0.74)	(1.99)	(2.57)	(−0.79)	(0.81)	(1.78)
RESI	−0.678***	−0.188***	−0.330***	−0.417***	−0.682***	−0.190***
	(−6.51)	(−4.42)	(−5.01)	(−6.73)	(−6.48)	(−4.56)
Size		−0.190**				−0.108
		(−2.58)				(−1.58)
BM		0.044*				0.034**
		(1.92)				(2.05)
EP		1.716***				1.242**
		(3.04)				(2.29)
ROE		0.012				−0.009
		(0.27)				(−0.20)
ILLIQ			1.738***			5.832***
			(3.60)			(4.56)
REV			0.150			−2.886***
			(0.23)			(−5.10)
AVOL			−0.034			−0.106**
			(−0.78)			(−2.16)

续表

参数	模型（1）	模型（2）	模型（3）	模型（4）	模型（5）	模型（6）
ASVI			−0.619***			−0.385***
			(−7.25)			(−5.64)
IVOL				−79.811***		−36.442***
				(−10.62)		(−6.12)
VOL				38.020***		25.203***
				(3.80)		(2.89)
MAX				13.129***		−2.946**
				(5.01)		(−2.14)
COV					−0.001	0.003*
					(−0.36)	(1.67)
INST					−0.899	0.009
					(−1.35)	(0.02)
调整后的 R^2/%	0.28	3.93	6.06	4.76	1.91	9.58
周度平均股票观测值	2707	2437	2439	2697	2707	2285

注：括号内的数值为 t 统计量

***、**、*分别表示 1%、5%、10%的显著性水平

本章需要进一步检验移动端投资者乐观偏差对未来股价的负面影响是否在具有眼球吸引力的股票中更加显著。因此，我们继续对每期横截面所有股票按照关注度进行划分，若该股票在滞后 k 期的收益率、异常成交额和异常搜索值存在一项指标位于最高 10%分位值区间，则将该股票在当期视为高关注度股票，关注度哑变量 $\text{Attention}_{i,t-k}$ 计为 1。为了保证结果的稳健性，本章分别采用滞后 1 期和 2 期的关注度哑变量与 $\text{RESI}_{i,t-1}$ 进行交乘，获得 $\text{RESI}_{i,t-1} \times \text{Attention}_{i,t-k}$，并添加独立项 $\text{RESI}_{i,t-1}$ 和 $\text{Attention}_{i,t-k}$，具体设定如式（4-9）所示：

$$R_{i,t} - \text{rf}_t = \alpha_t + \beta_{1,t}\text{RESI}_{i,t-1} \times \text{Attention}_{i,t-k} + \beta_{2,t}\text{RESI}_{i,t-1} + \beta_{3,t}\text{Attention}_{i,t-k} \\ + \beta_{\text{control},t}\text{Control}_{i,t-1} + \varepsilon_{i,t}, \quad k=1,2 \qquad (4\text{-}9)$$

表 4-8 的实证结果表明，无论采用滞后 1 期还是 2 期的关注度哑变量，$\text{RESI}_{i,t-1} \times \text{Attention}_{i,t-k}$ 和 $\text{RESI}_{i,t-1}$ 的估计系数均是负向显著的。由于 $\text{RESI}_{i,t-1}$ 对股价收益率的偏效应是通过 $\beta_{1,t} \times \text{Attention}_{i,t-k} + \beta_{2,t}$ 来衡量的，这意味着更高的关注度能够增强 $\text{RESI}_{i,t-1}$ 对未来股价收益率的解释能力，进一步支持假设 H2b，即移动端投资者乐观偏差对未来股价的负面影响在具有眼球吸引力的股票中更加显著。

表 4-8　回归检验：乐观偏差、眼球效应与股价回报

参数	模型（1）	模型（2）	模型（3）	模型（4）
常数项	0.359 （1.05）	0.320 （0.93）	1.375* （1.69）	1.405* （1.72）
$RESI_{i,t-1} \times Attention_{i,t-1}$	−3.274*** （−7.69）		−0.562*** （−5.23）	
$RESI_{i,t-1} \times Attention_{i,t-2}$		−1.134*** （−4.79）		−0.138*** （−2.81）
$RESI_{i,t-1}$	−0.159*** （−4.16）	−0.421*** （−6.58）	−0.123*** （−3.15）	−0.166*** （−4.09）
$Attention_{i,t-1}$	−0.617*** （−5.58）		−0.153*** （−3.66）	
$Attention_{i,t-2}$		−0.203*** （−3.27）		−0.049 （−1.35）
控制变量	不控制	不控制	控制	控制
调整后的 R^2/%	1.97	1.33	9.72	9.77
周度平均股票观测值	2707	2707	2285	2285

注：括号内的数值为 t 统计量
***、**、*分别表示 1%、5%、10%的显著性水平

4.5.3　投资组合分析

在回归检验的基础上，本章还进行了投资组合分析。我们在每个交易周采用上一期的 RESI 对横截面所有股票进行排序，划分为 5 组，同时构造了买入高 RESI 股票和卖出低 RESI 股票的多空组合（买入高 RESI 的 Q5 组合，卖出低 RESI 的 Q1 组合，即 Q5−Q1）。本章统计了每组股票的无风险收益调整后的流通市值加权收益率和等权收益率，计算 2014~2018 年共计 257 个交易周各个股票组合收益率的均值和显著性。同时，本章根据滞后一期的关注度指标对全样本进行了划分，还通过 FF5 模型（Fama and French，2015）和排除"壳价值"的卡哈特四（Carhart4，CH4）因子模型（Liu et al.，2019）对 Q5−Q1 多空组合的收益率进行风险调整取得市场超额收益（Alpha）。FF5 模型即在式（4-6）中增加盈利因子（参数表示为 RMW）和投资因子（参数表示为 CMA），而 CH4 因子模型是排除最低 30%市值的股票后构造的市场因子（参数表示为 MKT）和市值因子（参数表示为 SMB），通过 EP 构造的价值因子（参数表示为 VMG）以及通过换手率构造的情绪因子（参数表示为 PMO），具体结果见表 4-9。

表 4-9 投资组合分析：乐观偏差、眼球效应与股价回报

投资组合	市值加权组合收益率/%			市值等权组合收益率/%		
	全样本	高关注度	低关注度	全样本	高关注度	低关注度
Q1	0.38 (1.37)	0.77** (2.11)	0.33 (1.25)	0.66* (1.81)	1.33*** (3.00)	0.52 (1.51)
Q2	0.17 (0.71)	−0.04 (−0.14)	0.19 (0.90)	0.19 (0.54)	−0.35 (−0.99)	0.33 (0.98)
Q3	0.02 (0.08)	−0.41 (−1.45)	0.17 (0.67)	0.07 (0.20)	−0.55 (−1.52)	0.25 (0.73)
Q4	0.09 (0.35)	−0.39 (−1.34)	0.20 (0.86)	0.11 (0.32)	−0.57 (−1.61)	0.27 (0.79)
Q5	0.22 (0.88)	−0.36 (−1.12)	0.25 (1.01)	0.27 (0.75)	−0.55 (−1.48)	0.41 (1.16)
Q5−Q1	−0.16* (−1.83)	−1.13*** (−4.82)	−0.08 (−1.14)	−0.39*** (−8.63)	−1.88*** (−7.65)	−0.11*** (−3.96)
FF5-Alpha	−0.25*** (−2.75)	−1.28*** (−6.77)	−0.08 (−1.09)	−0.42*** (−9.28)	−1.89*** (−13.50)	−0.13*** (−3.90)
CH4-Alpha	−0.22** (−2.33)	−1.12*** (−5.46)	−0.10 (−1.22)	−0.42*** (−8.82)	−1.81*** (−12.32)	−0.13*** (−3.56)
周度平均股票观测值	2707	528	2179	2707	528	2179

注：括号内的数值为 t 统计量

***、**、*分别表示 1%、5%、10%的显著性水平

通过表 4-9 的结果，我们发现按照上一期 RESI 排序的 Q5−Q1 多空组合在全样本下取得了显著的负向收益率，尤其是等权组合中可以获得−0.39%（−8.63）的周度收益率，说明小市值股票的乐观偏差更加明显。与此同时，在高关注度股票样本内，按上一期 RESI 排序的 Q5−Q1 组合的加权和等权组合周度收益率，通过 FF5 模型以及 CH4 因子模型调整的 Alpha 的绝对值均远大于低关注度股票样本的对应值，说明具有眼球吸引力的股票在很大程度上驱动了移动端投资者乐观偏差对未来股价的负面影响，本节的投资组合分析进一步证实假设 H2b 是成立的。

4.6 投资者表现

基于前文的眼球效应以及移动端投资者乐观偏差的分析，由于移动端投资者相

较固定端投资者更倾向于买入具有眼球吸引力且价格被高估的股票,投资决策的非理性程度更高,因此,我们尝试检验假设 H3a:移动端投资者在 1~4 周的投资表现均逊于固定端投资者。根据 Jegadeesh 和 Titman(1993)的形成期与持有期收益矩阵检验方法,本章构造了过去与未来两个方向的投资表现分析。在表 4-10 的面板 A 中,根据移动端和固定端在未来 j 个交易周的净卖出量最高 20%($BSI_{t+1\sim t+j}$ 最低 20%)的股票构造投资组合,追溯两类投资组合在过去 k 个交易周收益率($Return_{t-k+1\sim t}$)的差值,以此研究两个交易端净卖出的头寸在过去收益情况的比较;在表 4-10 的面板 B 中,根据移动端和固定端在过去 j 个交易周的净买入量最高 20%($BSI_{t-j+1\sim t}$ 最高 20%)的股票构造投资组合,检验两类投资组合在未来 k 个交易周收益率($Return_{t+1\sim t+k}$)的差值,以此研究两个交易端净买入的头寸在未来收益情况的比较。表 4-10 的结果表明,加权和等权组合下共计 64 个汇报值中,仅在面板 B 中有 4 个值是负向不显著的,其余均为负向显著,说明移动端投资者净卖出的股票在过去 1~4 周的收益显著低于固定端投资者净卖出的股票,移动端投资者净买入的股票在未来 1~4 周的收益同样显著低于固定端投资者净买入的股票,支持本章的假设 H3a,即移动端投资者在 1~4 周内的投资表现均逊于固定端投资者。表 4-10 的结果为异质投资者在中短期投资表现的相关文献提供了新的证据,即在中短期内,来自固定终端的专业投资者的表现显著战胜了来自移动终端的散户投资者。

表 4-10 投资者在移动端和固定端的投资表现

面板 A:根据移动端投资者和固定端投资者在未来 j 个交易周净卖出量最高 20%($BSI_{t+1\sim t+j}$ 最低 20%)的投资组合在过去 k 个交易周的收益率($Return_{t-k+1\sim t}$)差值

交易周	市值加权组合/%				市值等权组合/%			
	$k=1$	$k=2$	$k=3$	$k=4$	$k=1$	$k=2$	$k=3$	$k=4$
$j=1$	−0.27***	−0.32***	−0.47***	−0.55***	−0.22***	−0.25***	−0.25***	−0.29***
	(−2.88)	(−2.66)	(−3.38)	(−3.64)	(−4.18)	(−3.69)	(−4.56)	(−4.49)
$j=2$	−0.23***	−0.41***	−0.57***	−0.69***	−0.16***	−0.21***	−0.24***	−0.30***
	(−2.85)	(−3.15)	(−3.37)	(−3.63)	(−3.28)	(−3.22)	(−3.8)	(−4.00)
$j=3$	−0.26***	−0.46***	−0.58***	−0.77***	−0.17***	−0.21***	−0.25***	−0.32***
	(−2.74)	(−3.3)	(−3.10)	(−3.48)	(−3.93)	(−3.81)	(−4.12)	(−3.81)
$j=4$	−0.26***	−0.44***	−0.62***	−0.82***	−0.17***	−0.22***	−0.29***	−0.35***
	(−3.41)	(−3.00)	(−2.95)	(−3.29)	(−4.68)	(−4.04)	(−4.04)	(−3.7)

续表

面板 B：根据移动端投资者和固定端投资者在过去 j 个交易周净买入量最高 20%（$\text{BSI}_{t-j+1\sim t}$ 最高 20%）的投资组合在未来 k 个交易周的收益率（$\text{Return}_{t+1\sim t+k}$）差值

交易周	市值加权组合/%				市值等权组合/%			
	$k=1$	$k=2$	$k=3$	$k=4$	$k=1$	$k=2$	$k=3$	$k=4$
$j=1$	−0.04 (−0.43)	−0.05 (−0.56)	−0.17* (−1.72)	−0.18 (−1.41)	−0.11*** (−4.31)	−0.13*** (−3.08)	−0.18*** (−3.69)	−0.20*** (−3.11)
$j=2$	−0.11* (−1.92)	−0.18** (−2.05)	−0.26** (−2.06)	−0.32* (−1.74)	−0.13*** (−3.85)	−0.19*** (−3.81)	−0.24*** (−3.84)	−0.26*** (−3.33)
$j=3$	−0.19*** (−2.76)	−0.29** (−2.39)	−0.41** (−2.32)	−0.45* (−1.81)	−0.14*** (−3.78)	−0.22*** (−3.32)	−0.25*** (−2.95)	−0.25** (−2.57)
$j=4$	−0.25*** (−2.63)	−0.38** (−2.02)	−0.47* (−1.77)	−0.50 (−1.51)	−0.16*** (−3.67)	−0.23*** (−3.48)	−0.25*** (−3.07)	−0.25*** (−2.72)

注：括号内的数值为 t 统计量

***、**、*分别表示 1%、5%、10% 的显著性水平

我们进一步分析了个人投资者分别在移动端和固定端的投资表现。表 4-11 采用了类似于表 4-10 的方法，汇报了个人投资者在移动端和固定端的投资表现对比。同样地，面板 A 和面板 B 中等权组合的 32 个汇报值全部为负向显著；面板 A 和面板 B 中加权组合中有 12 个汇报值为负向显著，19 个汇报值为负向不显著，仅 1 个汇报值为正向不显著。表 4-11 的结果证实了假设 H3b，移动端个人投资者在 1~4 周内的投资表现逊于固定端个人投资者。需要注意的是，表 4-11 中交易表现差异和显著性均弱于表 4-10 中的结果，说明更为专业的机构投资者提升了表 4-10 中固定端投资者的整体交易表现。通过个人投资者在移动端和固定端投资表现的直接对比，我们进一步发现，移动交易潜在降低了投资者的交易收益。

表 4-11 个人投资者在移动端和固定端的投资表现

面板 A：根据移动端个人投资者和固定端个人投资者在未来 j 个交易周净卖出量最高 20%（$\text{BSI}_{t+1\sim t+j}$ 最低 20%）的投资组合在过去 k 个交易周的收益率（$\text{Return}_{t-k+1\sim t}$）差值

交易周	市值加权组合/%				市值等权组合/%			
	$k=1$	$k=2$	$k=3$	$k=4$	$k=1$	$k=2$	$k=3$	$k=4$
$j=1$	−0.22** (−2.14)	−0.25* (−1.67)	−0.33* (−1.91)	−0.31* (−1.69)	−0.17*** (−3.00)	−0.16** (−2.47)	−0.14** (−2.12)	−0.16** (−2.16)
$j=2$	−0.15 (−1.45)	−0.24 (−1.50)	−0.32 (−1.55)	−0.35 (−1.57)	−0.11** (−2.37)	−0.10* (−1.78)	−0.10* (−1.71)	−0.13* (−1.92)

续表

面板A：根据移动端个人投资者和固定端个人投资者在未来j个交易周净卖出量最高20%（$BSI_{t+1\sim t+j}$最低20%）的投资组合在过去k个交易周的收益率（$Return_{t-k+1\sim t}$）差值

交易周	市值加权组合/%				市值等权组合/%			
	$k=1$	$k=2$	$k=3$	$k=4$	$k=1$	$k=2$	$k=3$	$k=4$
$j=3$	−0.18	−0.25*	−0.31	−0.41	−0.11***	−0.09*	−0.11*	−0.14*
	(−1.62)	(−1.68)	(−1.35)	(−1.55)	(−2.68)	(−1.74)	(−1.72)	(−1.85)
$j=4$	−0.12	−0.18	−0.26	−0.35*	−0.12***	−0.11**	−0.15**	−0.17**
	(−1.49)	(−1.39)	(−1.47)	(−1.75)	(−3.31)	(−2.29)	(−2.38)	(−2.09)

面板B：根据移动端个人投资者和固定端个人投资者在过去j个交易周净买入量最高20%（$BSI_{t-j+1\sim t}$最高20%）的投资组合在未来k个交易周的收益率（$Return_{t+1\sim t+k}$）差值

交易周	市值加权组合/%				市值等权组合/%			
	$k=1$	$k=2$	$k=3$	$k=4$	$k=1$	$k=2$	$k=3$	$k=4$
$j=1$	0.03	−0.07	−0.10	−0.03	−0.09***	−0.09**	−0.13**	−0.14**
	(0.34)	(−0.83)	(−0.90)	(−0.24)	(−3.44)	(−2.18)	(−2.58)	(−2.25)
$j=2$	−0.11**	−0.20**	−0.20*	−0.22	−0.10***	−0.16***	−0.18***	−0.19***
	(−2.04)	(−2.33)	(−1.67)	(−1.22)	(−3.16)	(−2.70)	(−2.65)	(−2.62)
$j=3$	−0.15**	−0.22*	−0.26	−0.26	−0.11***	−0.17**	−0.18**	−0.17*
	(−2.19)	(−1.72)	(−1.37)	(−0.99)	(−2.95)	(−2.30)	(−2.07)	(−1.84)
$j=4$	−0.18*	−0.21	−0.25	−0.25	−0.12***	−0.17**	−0.18**	−0.17*
	(−1.95)	(−1.3)	(−1.10)	(−0.88)	(−2.88)	(−2.4)	(−2.07)	(−1.84)

注：括号内的数值为t统计量

***、**、*分别表示1%、5%、10%的显著性水平

4.7 小　　结

本章基于独特的交易数据库，讨论了在金融科技迅猛发展的过程中，我国证券市场上的移动交易趋势是如何影响投资者交易行为及其投资表现的。本章的研究主线贯穿了三个部分：首先，确认了我国A股市场上的移动端投资者，尤其是占主导地位的移动端个人投资者，对具有眼球吸引力的股票存在显著净买入行为。其次，提出了一个新的决策分歧测度——移动端投资者乐观偏差，并证实了眼球效应在很大程度上驱动了该测度对未来股价的负面影响。最后，研究结果发现，移动端投资者在中短期内获得的收益率显著低于固定端投资者，且移动端个人投资者的表现也逊色于固定端个人投资者。

本章揭示了以证券移动交易为代表的金融科技发展对我国A股市场微观结构的深刻影响，为我国A股市场的监管部门与投资者提供了重要启示。证券交易的

移动化趋势显著降低了投资者的信息获取成本和交易成本，拓宽了交易渠道。同时，这种趋势在一定程度上加剧了投资者的非理性交易行为，潜在降低了投资者的交易表现。从监管层角度出发，对于包含交易工具升级在内的金融产品及服务创新，监管层要建立符合中国国情的风险预警体系和监管体系，既要顺应金融科技迅速发展的客观事实，鼓励创新，增强市场活力，又要全面审慎地加强监管，兼顾效率和公平，引导非专业投资者采用正确的市场参与方式。从投资者角度看，移动交易使其能够突破时间和空间的限制，更为便捷地参与资本市场，但投资者应当更为谨慎地应对股票市场热点，从而更好地分享上市公司的发展红利。

第 5 章　移动交易对信息扩散效应的影响

　　本章以我国 A 股市场内产业链信息扩散过程作为切入点，结合移动互联网背景，分析基于移动交易的异质信念测度对于产业链信息扩散的影响机制，并针对这种异质信念测度是否可以代表一种信息风险展开全面的实证检验。伴随着全球金融科技时代的到来，移动互联网技术的快速应用和特有的人口红利等特征对中国资本市场上股票信息的传导扩散和投资者交易行为产生了深远的影响。本章采用的券商数据显示，截至 2018 年底，我国 A 股的移动交易量占比已超过 40%。以移动证券交易为代表的金融工具创新不仅改变了 A 股市场上证券投资者的结构，也进一步影响了其信息获取和交易的成本。另外，近年的一些研究表明，通过订单大小来区分个人投资者和机构投资者的方法可能存在不少噪声，因为小订单交易可能不仅仅来自个人投资者，基于算法的机构拆单交易使采用订单区分投资者的方法存在一定缺陷。Campbell 等（2009）研究了美国市场上 1993~2000 年的交易数据，表明最小的交易订单更可能来自机构而非个人，O'Hara 等（2012）也发现来自机构投资者的小单比例增长迅速。通过订单账户来源确认的方法能够识别每笔订单对应的投资者类型（Seasholes and Wu，2007）。该类研究主要基于传统视角下个人投资者和机构投资者的区别来展开，很少引入金融科技发展对异质交易行为带来的影响。基于以上两种投资者异质性区分方法，本章侧重于基于交易工具的区别对投资者进行区分，这种方法能够较为干净地分离两种不同类型的投资者。

　　进一步地，投资者异质信念主要体现了市场中不同类型的投资者面对海量信息进行投资时的差异，这种决策差异一般是难以直接刻画的。本章讨论了经典的知情交易测度，如卖方机构分析覆盖程度以及买方机构持股等变量来分析异质性对信息扩散的影响。本章利用移动交易占比波动率衡量投资者的异质信念，尝试厘清我国 A 股市场内基于移动交易的异质信念测度是如何影响产业链信息扩散传导的。根据 Merton（1987）的有限信息模型理论，市场内移动端投资者和固定端（PC 端）投资者的信息集是不同的，这种信息集分布不均衡产生的成本，导致投资者意见分歧较大的股票的价格被低估。显然，按照 Merton（1987）的观点，在有限信息视角下，投资者之间信息分布不均衡会导致股票市场内信息的缓慢扩散。换言之，基于交易工具的区别衍生的投资者异质信念测度越大，产业链信息驱动的横截面异象应该越显著，且这种测度能够正向预测未来的股票价格。

　　从具体内容上来看，首先，本章基于移动交易和个人交易多阶矩变量（移动交易占比波动率），以及个人交易占比波动率构造投资者异质信念指标，并基于产业链上下游行业的滞后收益率、现金持有水平（cash-to-asset ratio）因子（Palazzo，2012）、总盈利溢价（gross profitability premium）因子（Novy-Marx，2012）、行业投资回报率（industry portfolio return）（Hong and Stein，2007）构造信息扩散变量，通过执行交乘项回归模型，分析不同交易指标划分的股票组合的信息扩散速度，特别是检验移动交易占比波动率（mobile ratio volatility，MRV）是否影响产业链信息扩散效应。其次，本章对移动交易占比波动率作为有限信息理论框架下的异质信念测度进行了全面分析，在 Fama-MacBeth 回归中控制股票基本面特征变量、彩票偏好特征变量、市场摩擦特征变量、信息风险特征变量以及移动交易占比均值后，本章依然发现移动交易占比波动率对未来股价预测能力是正向显著的。此外，本章利用异质波动率、机构持股比例、卖方分析师覆盖程度以及知情交易概率等信息风险指标对移动交易占比波动率与股价收益率的关系进行投资组合分析，并基于 Hou 和 Loh（2016）的方法进行预测能力分解，发现异质波动率可以解释移动交易占比对未来股价收益率的预测能力。该结论进一步证实了本章的主要观点：移动交易占比波动率可以作为新的衡量投资者异质信念的指标，而这种异质信念测度会显著影响包含产业链信息在内的股票基本面信息的扩散速度。

5.1 数 据 描 述

本章的股票低频数据主要来源于 CSMAR 数据库，包括股票交易信息、财务报表、机构持股和卖方分析师报告等数据。股票高频数据来自港澳资讯金融数据库，获取了上海、深圳两市每只股票每笔的交易数据。此外，本章还采用了来自我国 A 股市场的某券商提供的股票日度交易数据。该数据覆盖了在上海证券交易所和深圳证券交易所交易的 A 股股票，并区分了每只股票在每个交易日来自该数据样本的移动交易终端和固定交易终端的买入及卖出交易量。这里选取了 2010~2018 年 A 股市场内 9 年的样本数据进行研究，该样本包含 5 514 237 笔日度交易数据。在该样本周期内，通过该数据样本计算的月度移动端交易额占比大幅增长至 45%以上，移动端投资者已经逐步形成与固定端投资者具有相当规模的交易对手。

首先，采用市场内的采样数据研究异质交易行为是目前文献的通用做法，Barber 和 Odean（2008）进行不同投资者行为分析时，由于数据限制，仅覆盖了个别券商数据。本章选用的交易机构在样本区间内的合格证券资金账户数超过 147 万个，所以这些样本从账户数量角度上具有较强的代表性。其次，在 2010~2018 年，该数据样本在每月平均包含 2482 只股票。表 5-1 的面板 A 显示，该样本在每年末的全市场股票覆盖率始终超过 97%，说明市场内每月交易的绝大多数股票都在该交易机构进行交易，所以该样本能够很好地拟合市场上的股票交易数量。再次，该样本覆盖的成交额占全市场的 1.522% 左右。表 5-1 中的面板 B 显示，该市场占比无论从月度或日度总成交额、25%分位值、中位值、75%分位值还是标准差的多种测度来看都是较为稳健的。我国 A 股市场是全世界范围内流动性最好的市场之一，2010~2018 年，中国 A 股市场平均换手率约为 228%，居全球所有证券交易所之首。因此，同等市场份额的数据样本在我国股票市场上比其他市场上能够产生更好的数据代表性。最后，表 5-1 的面板 B 中的最后一行统计了该交易机构产生的成交额在月度和日度频率上与市场上总成交额之间的斯皮尔曼相关度，其时间序列均值为 0.875 和 0.791，说明来自该交易机构的个股成交额能够以较高的相关度拟合全市场上的个股成交额。因此，这里分别从数据样本的账户数量、股票覆盖度、成交额占比以及个股成交额相关性四个方面说明本章采用的数据样本是具有代表性的，根据该样本产生的交易数据能够较好地展现全市场投资者的交易行为。

表 5-1 券商交易数据概览

面板 A：股票覆盖程度

交易日期	全市场交易股票数	券商交易股票数	券商/市场/%
01/04/2010	1631	1629	99.88
12/31/2010	1953	1947	99.69
12/30/2011	2209	2153	97.46
12/31/2012	2399	2386	99.46
12/31/2013	2349	2339	99.57
12/31/2014	2342	2337	99.79
12/31/2015	2542	2530	99.53
12/30/2016	2831	2813	99.36
12/29/2017	3249	3213	98.89
12/28/2018	3549	3506	98.79

面板 B：成交量覆盖程度及相关度

指标	月度 市场交易量	月度 券商交易量	月度 券商/市场/%	日度 市场交易量	日度 券商交易量	日度 券商/市场/%
总成交额/(10^6元)	7.445×10^6	1.054×10^5	1.416	3.793×10^5	5385.573	1.420
均值	2992.945	42.857	1.432	153.964	2.221	1.443
标准差	4757.968	63.052	1.325	271.544	4.384	1.615

续表

面板 B：成交量覆盖程度及相关度

指标	月度			日度		
	市场交易量	券商交易量	券商/市场/%	市场交易量	券商交易量	券商/市场/%
1%分位值	277.7	2.749	0.990	9.954	0.042	0.422
25%分位值	947.348	13.446	1.419	42.146	0.476	1.129
中位值	1649.21	24.82	1.505	77.862	1.042	1.338
75%分位值	3153.922	48.05	1.524	158.904	2.308	1.452
99%分位值	22250.932	293.267	1.318	1247.911	18.843	1.510
相关度	0.875			0.791		

5.1.1 主要变量构造

本章的变量主要分为移动交易变量、控制变量以及滞后信息因子变量，由于移动交易相关数据库是 2010~2018 年的数据，这里将所有其他变量的构造统一在该样本区间内。

1. 移动（个人）交易变量

本章通过特有数据库构造了个股在每个交易日的移动零售交易占比（mobile retail trading ratio，MRTR），构造方法如式（5-1）所示。这里将在每个交易月内的 MRTR 均值计为移动交易占比（mobile ratio proportion，MRP），将每个交易月内的 MRTR 标准差计为 MRV。需要说明的是，本章的数据来自部分交易单元，而非全市场，理论上存在成交量加总约束偏误，即无法对每只股票的买、卖两个方向的成交量完全出清。类似地，本章还构造了个人交易占比（individual ratio proportion，GRP）以及个人交易占比波动率（individual ratio volatility，GRV）进行对照组实验。图 5-1 给出了基于移动交易和个人交易的相关指标的时间趋势。

$$\text{MRTR}_{i,t} = \frac{\text{Mobile trading volume}_{i,t}}{\text{Aggregate trading volume}_{i,t}}, \quad i=1,2,\cdots,N \quad (5\text{-}1)$$

式中，Mobile trading volume$_{i,t}$ 为 i 股票在交易日 t 的移动端成交量；Aggregate trading volume$_{i,t}$ 为 i 股票在交易日 t 的总成交量。

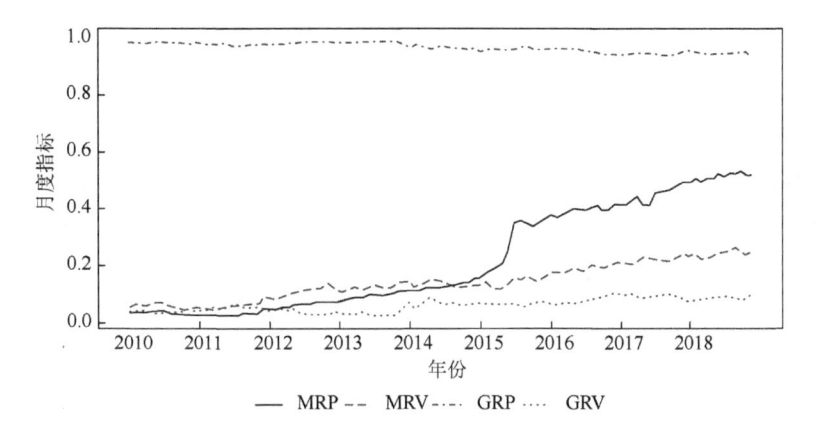

图 5-1 基于移动交易和个人交易相关指标的时间趋势

数据来源于某大型券商,由于数据限制,该数据区间为 2010~2018 年

2. 其他控制变量

本章通过 CSMAR 数据库及高频数据库构造全市场样本下个股层面的其他控制变量:RET 是指个股的月度收益率,本章使用每只股票的 β^{MKT}、Size 和 BM 来衡量风险因素。为了计算每只股票的 β^{MKT},本章遵循 Scholes 和 Williams(1977)、Dimson(1979)的方法,在每个月将股票 i 在月内第 d 交易日的超额收益率 $R_{i,d}$ 对第 $d-1$、d 和 $d+1$ 日的市场超额收益率进行回归,获得 $\beta_{i,1}$、$\beta_{i,2}$ 和 $\beta_{i,3}$ 估计值之和为 β^{MKT},回归模型如式(5-2)所示,公式中的个股和市场收益率指标都经过无风险收益率调整。公司的 Size 是以每个月底股票流动市值的自然对数计算的,BM 是每季度末账面价值与市值的比率。

$$R_{i,d} = \alpha_i + \beta_{i,1} R_{MKT,d-1} + \beta_{i,2} R_{MKT,d} + \beta_{i,3} R_{MKT,d+1} + \varepsilon_{i,d} \quad (5\text{-}2)$$

接下来,本章使用 MAX、SKEW 和 PRC 来衡量股票的博彩偏好特征。MAX 定义为每只股票在每个交易月内的日收益率最大值(Bali et al.,2011)。SKEW 定义为每只股票在每个交易月内日收益率的偏度(Amaya et al.,2015)。PRC 定义为每只股票在每个月底的收盘价(Han and Kumar,2013)。

本章使用 ILLIQ 和 REV 作为市场摩擦的代理变量。ILLIQ 为非流动性指标,根据 Amihud(2002)的方法,本章计算该交易月内 $D_{i,t}$ 个交易日的个股日度收益率绝对值 $|\text{RET}_{i,d}|$ 与成交额 $\text{VOL}_{i,d}$ 的比率的均值,计算方法如式(5-3)所示。REV 定义为每只股票的月度滞后收益率(Jegadeesh,1990)。

$$\text{ILLIQ}_{i,t} = 10^8 \frac{1}{D_{i,t}} \sum_{d=1}^{D_{i,t}} \frac{|\text{RET}_{i,d}|}{\text{VOL}_{i,d}} \quad (5\text{-}3)$$

本章根据 Zhang（2006）、Jiang 等（2005）及 Easley 等（2002）的研究，将 IVOL、COV、INST 以及 PIN 作为信息相关变量。IVOL 的构造参考 Ang 等（2006）的方法，通过过去一个月内的个股日度股票超额收益率 $R_{i,d}$ 对日度三因子（Fama and French，1993）序列回归后取残差计算其标准差后得到，且有效观测值必须超过 15 个交易日，回归模型为式（5-4）；COV 和 INST 的构造方法与前文保持一致，为每只股票在过去 12 个月的卖方分析师有效覆盖报告数，有效报告至少覆盖净利润、每股收益以及市盈率的其中一项，若无有效覆盖报告数则计为 0；PIN 为每只股票最新一季度报表公布的基金持股比例，若无基金持股则计为 0。

$$R_{i,d} = \alpha_i + \beta_{MKT,i}MKT_{i,d} + \beta_{SMB,i}SMB_{i,d} + \beta_{HML,i}HML_{i,d} + \varepsilon_{i,d} \quad (5\text{-}4)$$

对于 PIN 的构造，首先，本章通过港澳资讯金融数据库中每个订单进行买卖订单区分，根据 Lee 和 Ready（1991）的方法确定买卖订单的方向，若当前交易价格大于前一买卖报价的中位数，则认为此交易属于买方投资者发起的交易订单，否则即认为是卖方投资者发起的交易订单，以此计算买单和卖单数量。其次，本章按照 Easley 等（2002）的方法进行 PIN 变量的构造，这里采用 α 表示信息事件发生概率，用 1-α 表示没有信息发生的概率，α（1-δ）表示好消息发生的概率，αδ 表示坏消息发生的概率，μ 表示知情订单到达速率（知情交易者在获得好消息的时候执行该买入订单的速率，而在获得坏消息的时候执行该卖出订单的速率），ϵ_b 和 ϵ_s 分别代表非知情交易买单和卖单的到达速率，这里假设交易订单提交是服从泊松分布的。待估计变量的向量集合为 $\theta = \{\alpha, \delta, \mu, \epsilon_b, \epsilon_s\}$，B 和 S 分别代表每只股票在每个交易日内买单和卖单的数量，为高频数据库可获得的已知变量。单个交易日内的似然函数 L 可以由交易模型推导获知：

$$\begin{aligned} L(\theta \mid B, S) = & (1-\alpha)e^{-\epsilon_b}\frac{\epsilon_b^B}{B!}e^{-\epsilon_s}\frac{\epsilon_s^S}{S!} + \alpha\delta e^{-\epsilon_b}\frac{\epsilon_b^B}{B!}e^{-(\mu+\epsilon_s)}\frac{(\mu+\epsilon_s)^S}{S!} \\ & + \alpha(1-\delta)e^{-(\mu+\epsilon_b)}\frac{(\mu+\epsilon_b)^B}{B!}e^{-\epsilon_s}\frac{\epsilon_s^S}{S!} \end{aligned} \quad (5\text{-}5)$$

由于每个交易日均具有较为充分的独立性，所以可以很快给出一段时间区间（I 日内）的似然函数如下：

$$V = L(\theta \mid I) = \prod_{i=1}^{I} L(\theta \mid B_i, S_i) \quad (5\text{-}6)$$

通过对式（5-6）进行优化求解，得出未知参数向量 $\theta = \{\alpha, \delta, \mu, \epsilon_b, \epsilon_s\}$，并且可以根据估计参数计算每只股票在一段时间内的知情交易概率：

$$PIN = \frac{\alpha\mu}{\alpha\mu + \epsilon_b + \epsilon_s} \tag{5-7}$$

本章对于样本期内我国 A 股市场内的每只股票，首先通过该股票日内的交易订单计算出买卖订单数量，然后回溯该股票过去 12 个交易月份每只股票的日度交易记录，若交易日超过 120 天，则作为有效观测值，并按上述方法执行每只股票每月 PIN 值的计算。

3. 滞后信息因子构造

本章继续采用基于行业层面的下游行业投资组合收益率（customer industry return，CUS）和上游行业投资组合收益率（supplier industry return，SUP）作为产业链滞后信息。由于本章采用的移动交易数据到 2018 年，2015～2018 年的上下游投资组合收益率沿用世界投入产出数据库（world input-output database，WIOD）公布的 2014 年投入产出表进行构造。此外，本章还采用行业投资组合回报（industry return，IND）、现金持有水平（cash holdings，CASH）、总盈利溢价（gross profitability premium，GPP）这三个经典异象因子来衡量其他方面的滞后信息的扩散过程。进一步地，本章遵循 Novy-Marx（2012）的方法将 GPP 定义为每个季度的净收入，即收入减去商品销售成本的差额与总资产的比率。CASH 则是每个季度末的现金资产比（Palazzo，2012），即上一季度的现金和现金等价物除以上一年的平均资产。根据以往的研究发现，上述所有因子都对股票收益率具有正向预测作用。

5.1.2　统计相关描述

本节将对 2010～2018 年所有移动交易指标和个股控制变量进行描述性统计，表 5-2 给出了所有变量的均值、标准差以及各个分位值。除 RET 外，为了便于进行回归分析，其他变量的计算均滞后一个交易月。

表 5-2　变量描述性统计

变量	均值	标准差	1%分位值	25%分位值	中位值	75%分位值	99%分位值
RET	0.008	0.103	−0.189	−0.054	−0.005	0.055	0.335
MRP	0.217	0.075	0.070	0.167	0.211	0.260	0.427
MRV	0.142	0.065	0.040	0.095	0.130	0.179	0.329
GRP	0.966	0.057	0.734	0.960	0.989	0.998	1.000

续表

变量	均值	标准差	1%分位值	25%分位值	中位值	75%分位值	99%分位值
GRV	0.062	0.084	0.000	0.003	0.024	0.092	0.336
β^{MKT}	1.246	1.021	−1.395	0.702	1.225	1.774	4.064
Size	8.280	1.078	6.315	7.571	8.156	8.842	11.613
BM	1.000	1.595	0.092	0.353	0.584	1.063	6.700
MAX	0.054	0.024	0.018	0.035	0.048	0.068	0.101
SKEW	−0.034	0.674	−1.570	−0.478	−0.061	0.385	1.685
PRC	16.402	14.898	3.240	7.995	12.213	19.900	69.563
ILLIQ	0.131	2.764	0.002	0.020	0.040	0.070	0.563
REV	0.011	0.133	−0.201	−0.055	−0.005	0.056	0.392
IVOL	0.018	0.009	0.005	0.012	0.016	0.023	0.045
INST	0.037	0.055	0.000	0.002	0.013	0.050	0.250
COV	7.620	11.154	0.000	0.262	2.897	10.521	50.307
PIN	0.152	0.049	0.072	0.122	0.144	0.172	0.323

表 5-3 对所有移动交易变量以及控制变量进行了斯皮尔曼相关性描述。本章发现第 t 月的股票收益率与第 $t-1$ 月的 MRP 呈负相关，但与 $t-1$ 月的 MRV 呈正相关，这表明移动交易指标以不同的方式与股票收益率相关。MRP-RET 的负向关联与散户交易相关的研究结果是一致的。Han 和 Kumar（2013）发现美国市场上 5 万美元订单以下的交易额占比代表散户交易比率（retail trading proportion，RTP），能够负向预测未来的股票价格，而本章采用的 MRP 与 RTP 具有类似的作用。三个股票基本面特征（β^{MKT}、Size 和 BM）与未来股价的相关性与传统文献一致。三个博彩偏好特征（MAX、SKEW 和 PRC）与股票收益率之间存在负相关关系，这与之前的研究一致。Han 和 Kumar（2013）发现，投机性交易者偏好日收益率高、偏度高、股价低的股票，具有博彩偏好特征的股票定价过高也有相关文献论证（Scheinkman and Xiong，2003）。此外，由表 5-3 发现，IVOL 与股票收益率呈显著负相关，而 INST、COV 以及 PIN 与股票收益率并不显著相关。

5.2 移动交易异质信念如何影响产业链信息扩散速度

本节主要研究基于交易工具区别的投资者异质信念是否能够成为影响股票市

表 5-3 变量斯皮尔曼相关性描述

变量	RET	MRP	MRV	GRP	GRV	β^{MKT}	Size	BM	MAX	SKEW	PRC	ILLIQ	REV	IVOL	INST	COV	PIN
RET	1.00																
MRP	−0.15	1.00															
MRV	0.54	0.56	1.00														
GRP	0.11	0.86	0.32	1.00													
GRV	−0.90	−0.71	−0.20	−0.97	1.00												
β^{MKT}	0.26	0.17	−0.54	−0.70	0.60	1.00											
Size	−0.45	0.18	−0.16	−0.25	0.23	−0.59	1.00										
BM	0.18	−0.21	−0.36	−0.30	−0.30	−0.38	0.32	1.00									
MAX	−0.78	0.32	−0.12	−0.70	0.70	0.18	−0.72	−0.19	1.00								
SKEW	−0.47	0.16	−0.35	−0.66	0.64	−0.41	0.13	−0.27	0.60	1.00							
PRC	−0.34	−0.46	−0.60	−0.13	0.13	0.31	−0.13	−0.56	0.22	0.68	1.00						
ILLIQ	0.86	−0.20	0.35	0.26	−0.23	0.21	−0.69	−0.14	−0.62	−0.96	−0.59	1.00					
REV	−0.68	−0.41	−0.12	−0.61	0.61	−0.11	0.38	−0.90	0.44	0.32	0.93	−0.23	1.00				
IVOL	−0.97	0.50	−0.11	−0.70	0.72	0.78	−0.13	−0.29	0.76	0.33	0.29	−0.52	0.39	1.00			
INST	−0.10	−0.25	−0.24	−0.23	0.22	0.30	0.45	−0.25	0.21	0.67	0.29	−0.33	0.16	0.29	1.00		
COV	0.30	−0.45	−0.79	−0.24	0.22	−0.19	0.40	−0.15	−0.30	0.75	0.36	−0.39	0.21	−0.40	0.57	1.00	
PIN	0.40	0.52	0.82	0.12	−0.18	0.11	−0.27	−0.11	0.67	0.60	−0.11	0.27	0.90	0.17	−0.18	−0.19	1.00

场各类动量信息扩散传导的重要因素之一。本节的核心假设是移动交易占比波动率越高的股票,投资者异质信念越大,因此导致信息传导越缓慢。目前的相关文献中,股价收益波动率(Wang,1998)、股票基本面波动率(Doukas et al.,2006)、投资者情绪的波动率(Dumas et al.,2009)均可以用来表征投资者异质信念,这为本节采用 MRTR 的波动率作为投资者异质信念提供了借鉴。由于 MRTR 可以衡量每只股票在每个交易日的移动交易额的比例,对于特定的股票,MRTR 在短期内应该是相对稳定的。因此,本节将个股 MRTR 在均衡点的显著偏离视为移动端或 PC 端产生了未被解释的异常成交量,从而驱动 MRV 的提升。由于 Garfinkel(2009)认为未能被解释的成交量更能衡量投资者异质分歧,本节尝试利用 MRV 作为移动交易背景下新的异质信念测度。对于 MRV 更大的股票,移动端和 PC 端投资者具有显著的分歧,能够呈现出更显著的股价横截面可预测性。

本节首先通过移动交易一阶矩 MRP 和二阶矩 MRV 对产业链综合信息扩散速度进行考察,发现 MRV 更高的股票的产业链信息扩散速度降低,形成了显著的横截面动量;同时发现,基于个人交易的二阶矩指标 GRV 不具有类似的性质。其次,本节进一步控制移动交易一阶矩 MRP 和市值效应后,依然发现 MRV 越高的股票,各个维度的信息扩散传导越缓慢,整体结论是很稳健的,进一步验证了主假设。

5.2.1 基于二维交乘项回归的信息扩散速度检验

表 5-4 给出了通过 4 种股票特征变量(Size、BM 以及产业链集中度指标)和移动交易指标(MRP 和 MRV)进行分组后执行交乘项回归的结果。根据 Patatoukas(2012)的方法,这里定义上游端赫芬达尔-赫尔希曼指数(Herfindahl-Hirschman index,HHI)为股票所在行业对其他行业采购比例的平方和,下游端 HHI 为股票所在行业对其他行业的销售比例的平方和,这里采用上下游 HHI 的均值作为个股的产业链 HHI。同样地,根据 Mihov 和 Naranjo(2017)的方法,上游端的销售占比(percentage of sales,Psales)指数为股票所在行业对前三大行业采购总量与总采购量的比值,下游端 Psales 指数为股票所在行业对前三大行业销售总量与总销售量的比值,这里采用上下游 Psales 指数的均值作为个股的产业链 Psales 指数:

$$\text{RET}_{i,t} = \alpha_t + \sum_{j=1}^{n} \beta_t^j I_{i,t-1}^j \times R_{i,t-1}^{\text{proxy}} + \lambda_t \times V_{i,t-1} + \varepsilon_{i,t} \tag{5-8}$$

式中,$I_{i,t-1}^j \times R_{i,t-1}^{\text{proxy}}$ 为交乘项;$I_{i,t-1}^j$ 为哑变量,如果股票对应的特征变量 k 属于分组 j,则取值为 1,否则取值为 0;$R_{i,t-1}^{\text{proxy}}$ 为衡量信息扩散的代理变量;$V_{i,t-1}$ 为控制变量;α_t 为截距项;β_t^j 和 λ_t 为相应的估计系数;$\varepsilon_{i,t}$ 为残差项。

表 5-4　移动交易指标与产业链信息扩散速度

面板 A～面板 D：MRP

面板 A：MRP×Size	低 Size		中 Size		高 Size	
低 MRP	0.132*	(1.79)	0.120	(1.63)	0.156*	(1.68)
中 MRP	0.079	(1.11)	0.100	(1.36)	0.084	(0.94)
高 MRP	0.098	(1.31)	0.125*	(1.74)	0.133	(1.52)
面板 B：MRP×BM	低 BM		中 BM		高 BM	
低 MRP	0.086	(0.94)	0.110*	(1.79)	0.152	(1.63)
中 MRP	0.056	(0.71)	0.062	(1.08)	0.107	(1.13)
高 MRP	0.064	(0.79)	0.088	(1.47)	0.159*	(1.90)
面板 C：MRP×HHI	低 HHI		中 HHI		高 HHI	
低 MRP	0.066	(0.74)	0.137*	(1.98)	0.125	(1.61)
中 MRP	0.058	(0.76)	0.083	(1.15)	0.06	(0.80)
高 MRP	0.107	(1.31)	0.113	(1.56)	0.099	(1.28)
面板 D：MRP×Psales	低 Psales		中 Psales		高 Psales	
低 MRP	0.070	(0.82)	0.158**	(2.11)	0.118	(1.47)
中 MRP	0.046	(0.61)	0.113	(1.45)	0.041	(0.52)
高 MRP	0.111	(1.33)	0.136*	(1.82)	0.094	(1.18)

面板 E～面板 H：MRV

面板 E：MRV×Size	低 Size		中 Size		高 Size	
低 MRV	0.044	(0.53)	0.074	(0.93)	0.061	(0.68)
中 MRV	0.098	(1.26)	0.092	(1.24)	0.124	(1.39)
高 MRV	0.168**	(2.61)	0.201***	(2.79)	0.238**	(2.35)
面板 F：MRV×BM	低 BM		中 BM		高 BM	
低 MRV	0.005	(0.06)	0.045	(0.72)	0.135	(1.55)
中 MRV	0.059	(0.67)	0.086	(1.46)	0.121	(1.37)
高 MRV	0.170**	(2.50)	0.143**	(2.49)	0.183**	(2.01)
面板 G：MRV×HHI	低 HHI		中 HHI		高 HHI	
低 MRV	0.011	(0.13)	0.072	(0.90)	0.051	(0.64)
中 MRV	0.060	(0.76)	0.107	(1.52)	0.074	(0.99)
高 MRV	0.178**	(2.32)	0.157**	(2.24)	0.167**	(2.25)

续表

面板 E～面板 H：MRV

面板 H：MRV×Psales	低 Psales		中 Psales		高 Psales	
低 MRV	0.001	(0.01)	0.102	(1.13)	0.021	(0.25)
中 MRV	0.055	(0.66)	0.134*	(1.83)	0.079	(1.04)
高 MRV	0.190**	(2.54)	0.183**	(2.35)	0.162**	(2.21)

注：本表给出了按照式（5-8）通过两维特征变量分组后的交乘项回归结果；括号内的数值为 t 统计量
***、**、*分别表示 1%、5%、10%的显著性水平

按照式（5-8）中的交乘项回归模型，本节选择滞后一期的产业链上下游收益率平均值 $R_{i,t-1}^{composite}$ 作为产业链综合信息的代理变量。然后，通过股票特征变量和移动交易变量对每期股票进行 3×3 分组（低部 30%、中部 40%、高部 30%），一共形成 9 组，若股票相应变量位于目标组分位数内，则计为 1，反之则计为 0，并与 $R_{i,t-1}^{composite}$ 进行交乘。表 5-4 中的面板 A～面板 D 分别是基于 MRP 交乘项的估计系数结果，面板 E～面板 H 分别为基于 MRV 交乘项的估计系数结果。

在面板 A～面板 D 中，按照 Size、BM、HHI 和 Psales 分组后的股票组合继续通过 MRP 分组后，发现各组的交乘项估计系数并非总是具有统计性显著意义的。整体上，随着 MRP 的增加，估计系数 β 呈现 U 形特征，与位于中部的 MRP 股票组合相比，低部 30%和高部 30%的 MRP 股票组合表现出更强的产业链信息预测能力。这一结论与本章的假设是一致的，即当 MRP 偏离平衡点时，即代表捕捉到来自移动端投资者或者 PC 端投资者的异常成交量，投资者异质分歧较大。

在面板 E～面板 H 中，主要检验 MRV 更高的股票，其产业链信息横截面可预测性是否更为显著。所有结果均表明，高 MRV 组的股票比低 MRV 组的股票可获得更大以及更显著的 β 估计值，即产业链信息扩散最为缓慢，产业链信息对该类股票的未来股价预测能力最强，充分验证了本章的主假设。在面板 E 和面板 F 中，通过 Size 和 BM 对股票进行预先分组并不能影响 MRV 对产业链信息扩散的影响，MRV 高部 30%股票组合全部取得显著的 β 估计值。需要注意的是，在面板 G 和面板 H 中，HHI 和 Psales 两个行业集中度指标也无法影响 MRV 高部 30%股票组合的 β 估计值。较低的行业间产业链集中度（HHI 或 Psales）意味着该类企业所在行业的产业链信息分布较为分散，所以行业级别的产业链信息驱动的套利机会难以很快被消除。面板 G 和面板 H 的结果表明，最低 HHI（Psales）和最高 MRV 所在的股票组合取得相应最高的 β 估计值 0.178（0.190），这与上述假设是一致的。

表 5-4 的整体结果表明，在我国 A 股市场上，股票的 MRV 越高，产业链信息扩散速度越慢。进一步来看，无论移动端投资者的异常交易信号，还是 PC 端投资者的异常交易信号，都有可能是投资者对私人信息过度自信和对市场内信息（包含产业链信息在内的股票信息）反应不足的表现。换言之，MRV 衡量了股价信息的不均衡分布，这种信息分布的不均衡度越高，则股价的可预测性越高。

5.2.2 移动交易波动率与信息扩散速度

从表 5-3 的相关性描述中可知，MRV 和 MRP 两个指标是显著正向相关的。MRP 作为移动交易的一阶矩，若个股的 MRP 较低，说明该股票的移动交易较为稀薄，月内移动交易波动率即 MRV 较小。若个股的移动交易一阶变量 MRP 较高，说明整体上参与该股票的移动端投资者较多，MRV 随之上升说明两类投资者出现异质信念的概率随着移动交易总体占比的提升而增长。因此，考察 MRV 对信息传导作用的同时必须控制一阶矩 MRP。

本节在产业链上游和下游组合收益率（SUP 和 CUS）作为信息扩散变量的基础上，分别加入 CASH、GPP、IND 等经典的信息扩散的代理变量，将这些变量与 MRV 构造三组交乘项进行回归，并控制移动交易一阶矩 MRP 和市值的影响后，检验 MRV 是否影响多维信息的扩散速度。表 5-5 中面板 A 的结论依然支持本章的假设，第 2~6 列所有的 $R_{t-1}^{\text{proxy}} \times \text{MRV}_{t-1,\text{low}}$、$R_{t-1}^{\text{proxy}} \times \text{MRV}_{t-1,\text{med}}$ 和 $R_{t-1}^{\text{proxy}} \times \text{MRV}_{t-1,\text{high}}$ 的估计系数均呈现单调递增趋势，$R_{t-1}^{\text{proxy}} \times \text{MRV}_{t-1,\text{high}}$ 的估计系数均为 1% 置信水平显著。该结果与 Merton（1987）提出的有限信息模型保持一致，以 MRV 为表征的投资者异质信念较大的股票，其信息调整速度较慢，并表现出较高的横截面动量效应。

表 5-5　MRV 与多维信息扩散速度

面板 A：采用 MRV 进行交叉项回归						
指标	CASH	GPP	IND	CUS	SUP
常数项	4.491*	4.498*	5.165**	5.156**	5.749**
	(1.82)	(1.78)	(2.09)	(2.08)	(2.28)
$R_{t-1}^{\text{proxy}} \times \text{MRV}_{t-1,\text{low}}$	−1.756	6.051*	0.970	1.090	3.870
	(−0.64)	(1.91)	(0.34)	(0.19)	(0.55)
$R_{t-1}^{\text{proxy}} \times \text{MRV}_{t-1,\text{med}}$	2.824	8.405**	3.621	6.524	9.125
	(1.21)	(2.62)	(1.48)	(1.22)	(1.44)

续表

面板 A：采用 MRV 进行交叉项回归

指标	CASH	GPP	IND	CUS	SUP
$R_{t-1}^{\text{proxy}} \times \text{MRV}_{t-1,\text{high}}$	9.19***	11.68***	10.536***	15.93***	19.455***
	(4.15)	(3.71)	(4.39)	(2.86)	(2.78)
市值	−0.441*	−0.466**	−0.488**	−0.477**	−0.465**
	(−1.98)	(−2.10)	(−2.20)	(−2.15)	(−2.11)
MRP	−1.11**	−0.575	−0.914	−1.643***	−1.831***
	(−2.03)	(−0.74)	(−1.50)	(−2.67)	(−2.95)
调整后的 R^2/%	4.086	4.843	4.328	4.285	4.462
平均观测值数量	2286	2482	2390	2390	2390

面板 B：采用 MRV 残差进行交叉项回归

指标	CASH	GPP	IND	CUS	SUP
常数项	0.863	0.737	1.239	1.405	2.047**
	(1.03)	(0.77)	(1.43)	(1.57)	(2.29)
$R_{t-1}^{\text{proxy}} \times \text{Resi\_MRV}_{t-1,\text{low}}$	−1.698	5.233*	1.789	2.47	5.611
	(−0.58)	(1.76)	(0.62)	(0.41)	(0.78)
$R_{t-1}^{\text{proxy}} \times \text{Resi\_MRV}_{t-1,\text{med}}$	3.085	7.293**	4.004	6.507	9.268
	(1.18)	(2.33)	(1.51)	(1.18)	(1.33)
$R_{t-1}^{\text{proxy}} \times \text{Resi\_MRV}_{t-1,\text{high}}$	10.262***	10.847***	10.446***	15.014**	19.639***
	(4.18)	(3.40)	(4.04)	(2.51)	(2.66)
MRP	−1.339**	−0.679	−1.267	−2.073**	−2.24***
	(−2.11)	(−0.73)	(−1.51)	(−2.44)	(−2.81)
调整后的 R^2/%	1.379	1.635	1.439	1.32	1.572
平均观测值数量	2286	2482	2390	2390	2390

注：本表给出了按照式（5-8）通过 MRV 分组（低部 30%，中部 40%，高部 30%），并控制 MRP 和市值效应的交乘项回归结果；括号内的数值为 t 统计量
***、**、*分别表示 1%、5%、10%的显著性水平

本节遵循 Nagel（2005）的方法，在式（5-9）中用个股的当期 MRV 对当期市值以及市值的平方回归后取残差 $\varepsilon_{i,t}$，计为 Resi_MRV$_{i,t}$，这样能够较为干净地分离对于信息传导最为重要的规模因素。面板 B 中给出了相关系数的估计结果，各列中的 $R_{t-1}^{\text{proxy}} \times \text{Resi\_MRV}_{t-1,\text{high}}$ 依然是最为显著的，且系数估计值的单调性不变，

结论与面板 A 保持一致。

$$\mathrm{MRV}_{i,t} = \alpha_t + \beta_{1,t}\mathrm{Size}_{i,t} + \beta_{1,t}(\mathrm{Size}_{i,t})^2 + \varepsilon_{i,t} \quad (5\text{-}9)$$

通过本节的研究发现，多种维度的滞后信息扩散过程在高 MRV 的股票组合均表现出更为缓慢的特征，且统计意义非常显著。因此，基于移动交易的投资者异质信念减缓了股票市场中的信息扩散速度，进一步证实了 5.2.1 节中的假设。

5.2.3 个人交易波动率与信息扩散速度

个人投资者和机构投资者天然地构成了异质交易对手。进一步地，本节通过个人投资者交易占比构造的二阶矩 GRV，对 5.2.2 节得出的结论进行稳健性检验。如图 5-1 所示，基于现有的券商数据，2010~2018 年我国 A 股市场上的个人交易占比均值一直高达 90% 以上。由于个人投资者在我国股票交易中占有支配地位，所以个人交易占比波动率相较移动交易波动率来说，整体取值较小。

表 5-6 给出了 GRV 对多维信息扩散速度的影响。在面板 A 中，第 2~6 列中所有的 $R_{t-1}^{\mathrm{proxy}} \times \mathrm{GRV}_{t-1,\mathrm{low}}$、$R_{t-1}^{\mathrm{proxy}} \times \mathrm{GRV}_{t-1,\mathrm{med}}$ 和 $R_{t-1}^{\mathrm{proxy}} \times \mathrm{GRV}_{t-1,\mathrm{high}}$ 的估计系数均没有呈现出规律性分布。同时，在面板 B 中取残差处理的测度指标 $\mathrm{Resi\_GRV}_{t-1}$ 也表现出类似的结果。由表 5-6 的实证结论发现，以 GRV 为表征的变量并不能很好地反映投资者的异质性，这可能是我国 A 股市场内个人投资者占比过高导致的。平均来说，个人投资者的交易量对于机构投资者的交易量具有绝对优势，所以 GRV 指标在异质性捕捉上逊色于 MRV。本节的稳健性检验进一步证实了 MRV 作为我国市场上投资者的异质信念测度指标是合理的。

表 5-6　GRV 对多维信息扩散速度的影响

面板 A：采用 GRV 进行交叉项回归					
指标	CASH	GPP	IND	CUS	SUP
常数项	5.38*	4.864	6.539**	6.412**	6.833**
	(1.85)	(1.62)	(2.24)	(2.19)	(2.33)
$R_{t-1}^{\mathrm{proxy}} \times \mathrm{GRV}_{t-1,\mathrm{low}}$	4.831*	9.414***	6.688***	10.554*	13.810**
	(1.92)	(3.26)	(2.68)	(1.87)	(2.02)
$R_{t-1}^{\mathrm{proxy}} \times \mathrm{GRV}_{t-1,\mathrm{med}}$	1.503	8.330**	1.956	3.143	4.525
	(0.56)	(2.52)	(0.76)	(0.55)	(0.66)
$R_{t-1}^{\mathrm{proxy}} \times \mathrm{GRV}_{t-1,\mathrm{high}}$	4.218*	9.325***	3.740	5.265	9.119
	(1.72)	(2.69)	(1.48)	(1.04)	(1.38)

续表

面板 A：采用 GRV 进行交叉项回归

指标	CASH	GPP	IND	CUS	SUP
市值	−0.495**	−0.488**	−0.524**	−0.523**	−0.514**
	(−2.17)	(−2.09)	(−2.24)	(−2.24)	(−2.23)
GRP	−0.962	−0.722	−1.644*	−1.48*	−1.315
	(−1.11)	(−0.84)	(−1.82)	(−1.66)	(−1.46)
调整后的 R^2 /%	3.951	4.709	4.232	4.126	4.260
平均观测值数量	2286	2482	2390	2390	2390

面板 B：采用 GRV 残差进行交叉项回归

指标	CASH	GPP	IND	CUS	SUP
常数项	−0.646	−0.768	0.26	0.219	0.546
	(−0.60)	(−0.66)	(0.23)	(0.18)	(0.48)
$R_{t-1}^{proxy} \times \text{Resi\_GRV}_{t-1,\text{low}}$	0.052	5.256*	6.384**	9.244	13.285*
	(0.02)	(1.83)	(2.16)	(1.48)	(1.71)
$R_{t-1}^{proxy} \times \text{Resi\_GRV}_{t-1,\text{med}}$	5.736**	9.647***	4.474	6.682	9.876
	(2.03)	(2.91)	(1.63)	(1.07)	(1.36)
$R_{t-1}^{proxy} \times \text{Resi\_GRV}_{t-1,\text{high}}$	5.564**	8.376**	4.649*	6.577	11.225*
	(2.16)	(2.51)	(1.97)	(1.33)	(1.69)
GRP	1.092	1.104	0.505	0.668	0.976
	(1.18)	(1.10)	(0.51)	(0.62)	(0.93)
调整后的 R^2 /%	1.413	1.759	1.665	1.565	1.795
平均观测值数量	2286	2482	2390	2390	2390

注：本表给出了按照式（5-8）通过 GRV 分组（低部 30%，中部 40%，高部 30%），并控制 GRP 和市值效应的交乘项回归结果；括号内的数值为 t 统计量

***、**、*分别表示 1%、5%、10%的显著性水平

5.3 移动交易异质信念与未来股票回报

5.2 节主要研究了移动互联网背景下的移动交易指标，特别是二阶变量 MRV 是如何影响股票市场内的信息扩散的。根据 Merton（1987）的理论模型，信息风险对未来股票收益率具有正向的预测能力。本节将通过 Fama-MacBeth 回归检验，在控制其他风险来源的情况下，尝试证实这种 MRV-RET 的正向联系。

5.3.1 Fama-MacBeth 回归检验：MRV

本节采用 Fama-MacBeth 回归方程，控制 MRP 一阶效应；股票基本面变量为 β^{MKT}、Size、BM；博彩偏好变量为 MAX、SKEW、PRC；市场摩擦变量为 ILLIQ、REV，以及信息风险相关变量为 IVOL、INST、COV、PIN。回归结果汇总于表 5-7 中，并在模型（1）～（7）中逐步控制变量。表 5-7 中所有系数估计值均为每个横截面的回归系数进行时间序列平均后获得的，由于部分变量的估计系数较小，估计系数均乘以 100 进行汇报。括号内的 t 统计量基于 Newey-West 标准误调整，后文的 Fama-MacBeth 回归处理方法与表 5-7 保持一致。

表 5-7 回归检验：MRV 与未来股价回报

指标	模型（1）	模型（2）	模型（3）	模型（4）	模型（5）	模型（6）	模型（7）
常数项	−0.572	0.022	2.313	0.682	−0.329	0.888	2.259
	(−0.66)	(0.02)	(0.98)	(0.76)	(−0.37)	(0.96)	(1.18)
MRV	7.243***	11.532***	9.300***	10.178***	8.03***	9.282***	5.057***
	(5.47)	(6.10)	(7.79)	(5.27)	(3.68)	(4.67)	(4.23)
MRP		−8.237***	−6.032***	−7.473***	−3.929***	−5.792***	−2.267*
		(−3.81)	(−4.12)	(−4.3)	(−3.07)	(−2.95)	(−1.85)
β^{MKT}			0.523***				0.413***
			(3.09)				(3.32)
Size			−0.383*				−0.333*
			(−1.91)				(−1.77)
BM			0.132*				0.090*
			(1.74)				(1.74)
MAX				−11.150**			7.239**
				(−2.15)			(2.22)
SKEW				−0.214*			−0.305***
				(−1.93)			(−3.07)
PRC				−0.003			−0.002
				(−0.31)			(−0.22)
ILLIQ					5.663**		10.242***
					(2.31)		(4.67)
REV					−5.149***		−3.391***
					(−4.82)		(−3.64)

续表

指标	模型（1）	模型（2）	模型（3）	模型（4）	模型（5）	模型（6）	模型（7）
IVOL						−71.179***	−66.556***
						（−7.00）	（−6.80）
INST						0.577	0.618
						（0.35）	（0.51）
COV						0.000	0.028***
						（0.00）	（3.43）
PIN						2.211	−0.422
						（1.49）	（−0.44）
调整后的 R^2/%	0.7	1.1	6.2	5.7	3.8	5.4	11.7
平均观测值数量	2486	2486	2434	2460	2486	2301	2286

注：括号内的数值为 t 统计量

*、**和***分别表示10%、5%和1%的显著性水平

在表 5-7 中，我们发现在所有回归方程中，MRV 与未来股票收益率的正向关系始终得到验证，该变量的系数估计值在模型（1）～（7）中获得1%置信水平的显著性。将模型（2）和模型（1）进行对比，这里发现一阶变量 MRP 的负向预测能力与 Han 和 Kumar（2013）得出的 RTP 负向股价预测能力是一致的。控制 MRP 后，MRV 的系数估计值增加了，说明 MRP 并不能削弱 MRV 的股价预测能力。模型（3）中 β^{MKT}、Size 和 BM 的估计系数方向与传统文献保持一致。模型（4）～（7）逐步控制其他来源的特征变量，均无法吸收 MRV 的正向股价预测能力，同时发现 IVOL 与未来股价的负向关系是非常显著的，IVOL 作为一种信息风险因子表现出负向的股票预测能力，一直是学术界难以解决的"异质波动率之谜"（idiosyncratic volatility puzzle）。本节发现，MRV 高的股票面临更高的信息风险，在未来显著获得更高的股价回报，与理论文献的结论是一致的。

5.3.2 Fama-MacBeth 回归检验：考虑成交量加总约束的 MRV

由于本章采用的券商数据样本仅覆盖了一部分市场成交量，这里针对潜在的成交量加总约束偏误进行稳健性检验。本节构造了买入方向的 MRV+ 和 MRP+ 以及卖出方向的 MRV−和 MRP−，同样采用 Fama-MacBeth 回归模型，控制其他特征变量后进行验证。表 5-8 给出了相关回归结果，该稳健性检验依然支持本节的主假设，MRV+ 和 MRV−的系数估计值均为正向显著，进一步证明了 MRV 能够正向预测未来的股票价格。

表 5-8 回归检验：MRV 与未来股价回报（考虑成交量加总约束）

指标	模型（1）	模型（2）	模型（3）	模型（4）	模型（5）	模型（6）
常数项	−0.788	−0.199	1.867	−0.779	−0.233	1.977
	(−0.90)	(−0.23)	(0.98)	(−0.90)	(−0.27)	(1.04)
MRV+	7.199***	11.154***	5.789***			
	(5.42)	(5.94)	(4.85)			
MRP+		−8.466***	−2.867***			
		(−3.67)	(−3.75)			
MRV−				6.600***	11.103***	4.560***
				(4.73)	(6.35)	(4.52)
MRP−					−9.782***	−2.916**
					(−4.42)	(−2.51)
β^{MKT}			0.424***			0.411***
			(3.33)			(3.29)
Size			−0.313*			−0.314*
			(−1.68)			(−1.67)
BM			0.089*			0.091*
			(1.71)			(1.77)
MAX			7.201**			7.477**
			(2.23)			(2.26)
SKEW			−0.303***			−0.312***
			(−3.03)			(−3.13)
PRC			−0.002			−0.002
			(−0.27)			(−0.23)
ILLIQ			9.322***			10.916***
			(4.95)			(4.57)
REV			−3.620***			−3.212***
			(−3.89)			(−3.43)
IVOL			−63.145***			−66.227***
			(−6.40)			(−6.84)
INST			0.520			0.629
			(0.43)			(0.52)

续表

指标	模型（1）	模型（2）	模型（3）	模型（4）	模型（5）	模型（6）
COV			0.028***			0.028***
			(3.46)			(3.39)
PIN			11.751***			11.65***
			(16.89)			(16.56)
调整后的R^2/%	0.8	1.2	11.8	0.7	1.1	11.7
平均观测值数量	2485	2485	2286	2485	2485	2286

注：因数据样本受限，本表中针对六个模型进行检验；括号内的数值为 t 统计量

*、**和***分别表示 10%、5%和 1%的显著性水平

5.4 移动交易异质信念与信息风险

5.2 节和 5.3 节主要论述了 MRV 作为一种投资者异质信念指标，对于信息扩散速度的影响和对未来股价回报的预测能力。正如前文所研究的，MRV 代表一种信息风险。因此，本节从信息风险视角进一步审视这个测度对股价解释力是否与其他信息风险指标存在联系。首先，通过 IVOL、INST、COV，以及 PIN 进行股票分组，之后通过 MRV 进行股票多空组合的构造，进一步用多因子定价模型进行调整后，检验 MRV 的股价解释力的分布特征。其次，通过 Hou 和 Loh（2016）的股价预测能力分解方法，将这 4 个信息风险变量作为候选变量来解释 MRV-RET 的关系，发现 IVOL 能够显著解释超过 15%的 MRV 股价预测能力。

5.4.1 MRV-RET 组合分析：控制其他信息风险因子

表 5-9 给出了控制 IVOL 因素后进行 MRV 多空组合构造的结果。首先，市值等权的 MRV Q5–Q1 多空组合在三个 IVOL 子样本内均显著，且经过风险因子模型调整后的 Alpha 依然显著。同时，市值加权的 MRV Q5–Q1 组合仅在高部和中部 IVOL 子样本内显著，且结果风险因子模型调整后的 Alpha 显著性下降，说明 MRV 多空策略在小市值股票中更为显著。其次，无论从市值加权还是市值等权组合来看，MRV Q5–Q1 组合在低部 30% IVOL 股票样本获得的收益率均是最低的，且市值加权 Q5–Q1 组合经过风险因子模型调整后趋于负值，进一步说明在更低 IVOL 的股票样本内，MRV 测度构造的多空组合套利机会较少。

表 5-9　不同 IVOL 组合下 MRV 与未来股价回报

MRV 分类	市值加权组合收益率/% 高 IVOL	市值加权组合收益率/% 中 IVOL	市值加权组合收益率/% 低 IVOL	市值等权组合收益率/% 高 IVOL	市值等权组合收益率/% 中 IVOL	市值等权组合收益率/% 低 IVOL
Q1	−0.88 (−0.87)	−0.21 (−0.3)	0.36 (0.54)	−1.08 (−1.18)	0.29 (0.36)	0.74 (0.91)
Q2	−0.48 (−0.58)	0.10 (0.13)	0.54 (0.69)	−0.39 (−0.44)	0.57 (0.65)	0.96 (1.11)
Q3	−0.45 (−0.56)	0.19 (0.30)	0.35 (0.50)	−0.06 (−0.07)	0.81 (0.87)	0.99 (1.15)
Q4	−0.34 (−0.42)	0.53 (0.73)	0.63 (0.85)	0.11 (0.12)	1.15 (1.24)	1.22 (1.33)
Q5	0.06 (0.07)	0.86 (1.06)	0.66 (0.92)	0.37 (0.38)	1.40 (1.49)	1.60* (1.70)
Q5−Q1	0.94** (2.03)	1.07** (2.57)	0.30 (0.57)	1.45*** (4.40)	1.11*** (4.46)	0.86*** (3.72)
FF3-Alpha	0.68 (1.56)	0.61** (2.13)	−0.10 (−0.31)	1.26*** (4.03)	0.94*** (4.41)	0.67*** (4.29)
CH4-Alpha	0.67 (1.54)	0.62** (2.15)	−0.09 (−0.30)	1.26*** (4.01)	0.94*** (4.40)	0.67*** (4.28)
FF5-Alpha	0.39 (0.89)	0.50* (1.75)	−0.13 (−0.38)	0.96*** (3.12)	0.74*** (3.52)	0.49*** (3.25)

注：FF3-Alpha、CH4-Alpha 和 FF5-Alpha 分别为 FF3 模型、Carhart 四因子模型和 FF5 模型调整后的 Alpha，下同；括号内的数值为 t 统计量

*、**和***分别表示 10%、5% 和 1% 的显著性水平

正如 Badrinath 等（1995）所指出的，更高 INST 股票的股价能够预测更低 INST 股票的股价。Menzly 和 Ozbas（2010）认为，更高 INST 股票存在更多的知情交易者，所以信息调整速度加快。表 5-10 给出了控制 INST 后的 MRV 多空组合构造的结果。在市值等权设定下，Q5−Q1 组合的未调整收益率及调整后的 Alpha 均较为显著，结论与表 5-9 是一致的。另外，低部 30% INST 的股票样本内的 MRV 多空组合的收益率最高，其市值加权组合收益率和市值等权组合收益率分别为 1.52%（4.59）和 1.55%（5.29），而高部 30% INST 的股票相应的 Q5−Q1 组合收益率在市值等权组合情况下在经过风险因子模型调整后是最低的（市值加权组合情况下的估计结果不显著）。表 5-10 的结果进一步说明，拥有更多的知情交易投资者的股票 MRV 多空组合套利机会更少，但控制 INST 并不能完全解释 MRV-RET 的关系。

表 5-10　不同 INST 组合下 MRV 与未来股价回报

MRV 分类	市值加权组合收益率/% 高INST	市值加权组合收益率/% 中INST	市值加权组合收益率/% 低INST	市值等权组合收益率/% 高INST	市值等权组合收益率/% 中INST	市值等权组合收益率/% 低INST
Q1	−0.07 (−0.09)	−0.12 (−0.16)	−0.49 (−0.62)	0.04 (0.05)	−0.04 (−0.05)	−0.15 (−0.17)
Q2	0.03 (0.04)	0.34 (0.47)	0.36 (0.45)	0.34 (0.42)	0.28 (0.32)	0.34 (0.36)
Q3	0.32 (0.49)	0.10 (0.15)	0.18 (0.22)	0.6 (0.71)	0.61 (0.68)	0.77 (0.78)
Q4	0.55 (0.86)	0.47 (0.70)	0.4 (0.46)	0.85 (0.98)	0.82 (0.91)	1.01 (1.01)
Q5	0.53 (0.75)	0.43 (0.57)	1.03 (1.11)	1.03 (1.19)	1.23 (1.30)	1.4 (1.35)
Q5–Q1	0.60 (1.24)	0.55 (1.28)	1.52*** (4.59)	0.99*** (3.95)	1.27*** (4.86)	1.55*** (5.29)
FF3-Alpha	0.13 (0.41)	0.28 (0.85)	1.43*** (3.00)	0.83*** (3.44)	1.09*** (4.69)	1.46*** (4.82)
CH4-Alpha	0.12 (0.38)	0.28 (0.86)	1.41*** (3.01)	0.83*** (3.42)	1.09*** (4.66)	1.46*** (4.79)
FF5-Alpha	−0.02 (−0.06)	0.14 (0.42)	1.30** (2.59)	0.59** (2.51)	0.90*** (3.82)	1.32*** (4.28)

注：括号内的数值为 t 统计量
和*分别表示 5%和 1%的显著性水平

同样地，表 5-11 给出了控制 COV 后的 MRV 多空组合构造的结果。与 INST 一样，Menzly 和 Ozbas（2010）指出 COV 越高的股票，知情交易程度越高。类似地，Zhang（2006）认为 COV 越高的股票，股价的不确定性越低。表 5-11 的结果与前文的结果类似，低部 30% COV 的股票内 MRV 多空组合（Q5−Q1）的收益率最高。在市值加权组合设定下，控制 COV 无法完全消除 MRV 代表的风险溢价，这也与前文中的结论是一致的。

表 5-11　不同 COV 组合下 MRV 与未来股价回报

MRV 分类	市值加权组合收益率/% 高COV	市值加权组合收益率/% 中COV	市值加权组合收益率/% 低COV	市值等权组合收益率/% 高COV	市值等权组合收益率/% 中COV	市值等权组合收益率/% 低COV
Q1	0.03 (0.05)	−0.47 (−0.58)	−0.62 (−0.68)	0.01 (0.01)	−0.1 (−0.11)	−0.09 (−0.09)
Q2	0.32 (0.46)	−0.06 (−0.07)	0.02 (0.02)	0.41 (0.52)	0.29 (0.31)	0.35 (0.37)

续表

MRV 分类	市值加权组合收益率/%			市值等权组合收益率/%		
	高 COV	中 COV	低 COV	高 COV	中 COV	低 COV
Q3	0.09	0.29	0.21	0.59	0.64	0.61
	(0.14)	(0.36)	(0.23)	(0.77)	(0.67)	(0.61)
Q4	0.52	0.42	0.5	0.76	1.03	0.97
	(0.85)	(0.50)	(0.52)	(1.00)	(1.05)	(0.94)
Q5	0.42	0.67	0.84	1.07	1.2	1.28
	(0.67)	(0.73)	(0.85)	(1.36)	(1.21)	(1.19)
Q5–Q1	0.39	1.14***	1.46***	1.06***	1.30***	1.37***
	(0.95)	(4.08)	(5.26)	(3.43)	(6.16)	(4.90)
FF3-Alpha	0.04	0.99***	1.39***	0.91***	1.21***	1.32***
	(0.12)	(3.14)	(5.61)	(3.21)	(4.65)	(5.55)
CH4-Alpha	0.03	0.98***	1.39***	0.91***	1.20***	1.31***
	(0.10)	(3.13)	(5.58)	(3.18)	(4.63)	(5.52)
FF5-Alpha	−0.06	0.72**	1.17***	0.65**	1.02***	1.12***
	(−0.17)	(2.35)	(4.77)	(2.31)	(3.90)	(4.83)

注：括号内的数值为 t 统计量

和*分别表示 5%和 1%的显著性水平

根据 Easley 等（2002）的观点，在理性预期模型下，私有信息影响股票的均衡价格，并相应提出了知情交易概率的测度。Easley 等（2002）在利用私有信息概率的测度对纽约证券交易所上市股票进行证券组合分析后，发现更高的 PIN 能够导致未来更高的收益，10%的 PIN 差异能够产生年化 2.5%的收益差异。此外，Aslan 等（2011）还发现，知情交易测度在美国股票市场能够支配 Amuhid 非流动风险因子对未来股票收益率的正向预测能力。PIN 作为理论上的知情交易概率测度指标，更高的 PIN 代表更多的知情交易者交易该类股票，即更多的卖方分析师覆盖以及买方机构持股，理论上 PIN 对于 MRV-RET 关系具有一定的解释能力。然而，从表 5-3 的斯皮尔曼相关性分析来看，我国 A 股市场上 PIN 与 INST 或 COV 呈现负向相关性，与传统文献的结论存在区别。表 5-12 给出了控制 PIN 后的 MRV 多空组合构造的结果。结果表明，经过风险因子模型调整后的各个子样本中，MRV 多空组合的市值加权收益率逐步削弱，特别是经过 FF5 模型调整后的市值加权组合收益率全部变为不显著，说明 PIN 对于 MRV-RET 具有一定的解释能力。然而，由 PIN 划分的三个股票样本中 MRV 的多空组合收益率，均未呈现出符合理论模型的单调特征，即更高 PIN 的股票内，MRV 对股票价格的预测能力反而更强。另外，由于在 Fama-MacBeth 回归中 PIN 的股价预测显著性也没有一致性结论，PIN 在我国 A 股市场内作为信息风险因子的实证稳健性需要进一步研究。

表 5-12　不同 PIN 组合下 MRV 与未来股价回报

MRV 分类	市值加权组合收益率/% 高PIN	市值加权组合收益率/% 中PIN	市值加权组合收益率/% 低PIN	市值等权组合收益率/% 高PIN	市值等权组合收益率/% 中PIN	市值等权组合收益率/% 低PIN
Q1	−0.05 (−0.06)	−0.05 (−0.07)	−0.09 (−0.11)	−0.29 (−0.3)	0.24 (0.29)	−0.10 (−0.12)
Q2	0.12 (0.15)	0.37 (0.57)	0.07 (0.09)	0.27 (0.30)	0.58 (0.69)	0.18 (0.22)
Q3	0.41 (0.57)	0.28 (0.38)	0.16 (0.25)	0.6 (0.63)	0.84 (0.93)	0.30 (0.36)
Q4	0.55 (0.72)	0.64 (0.76)	0.28 (0.44)	0.96 (1.02)	1.03 (1.08)	0.53 (0.64)
Q5	0.98 (1.26)	0.51 (0.63)	0.29 (0.40)	1.43 (1.42)	1.14 (1.22)	0.94 (1.03)
Q5−Q1	1.03** (2.48)	0.56 (1.50)	0.38 (0.74)	1.72*** (5.99)	0.90*** (4.50)	1.04*** (3.88)
FF3-Alpha	0.81** (2.02)	0.33 (0.98)	−0.04 (−0.10)	1.65*** (5.39)	0.84*** (4.19)	0.79*** (3.79)
CH4-Alpha	0.82** (2.09)	0.33 (0.98)	−0.04 (−0.12)	1.65*** (5.36)	0.85*** (4.18)	0.79*** (3.76)
FF5-Alpha	0.45 (1.14)	0.14 (0.38)	0.10 (0.26)	1.38*** (4.55)	0.65*** (3.27)	0.66*** (3.10)

注：括号内的数值为 t 统计量
和*分别表示 5%和 1%的显著性水平

5.4.2　MRV-RET 预测能力分解

为了更为直观和干净地探讨 MRV 是否代表一种信息风险，本节采用 Hou 和 Loh（2016）对因子预测能力分解的方法，针对 2010~2018 年 MRV 对未来收益的正向预测能力进行分解。具体的办法如下：①首先根据式（5-9），用横截面单个股票的超额收益率对个股上一期 $MRV_{i,t-1}$ 进行回归；②根据式（5-10），用横截面每只股票上一期 $MRV_{i,t-1}$ 对上一期的候选变量（IVOL、INST、COV、PIN）进行回归，这里可以将 $MRV_{i,t-1}$ 分解为两个正交的部分 $\delta_{t-1}\text{Candidate}_{i,t-1}$ 和 $\lambda_{t-1}+\eta_{i,t-1}$；③根据式（5-11），根据协方差的线性关系将估计系数 γ_t^{MRV} 分解为 γ_t^C 和 γ_t^R，然后 $\gamma_t^C/\gamma_t^{MRV}$ 即为候选变量对于 MRV-RET 关系的解释能力，对所有月度 $\gamma_t^C/\gamma_t^{MRV}$ 取均值即可获得样本期内的平均解释能力，即

$$R_{i,t} - \text{rf}_t = \alpha_t + \gamma_t^{\text{MRV}} \text{MRV}_{i,t-1} + \varepsilon_{i,t} \qquad (5\text{-}10)$$

$$\text{MRV}_{i,t-1} = \lambda_{t-1} + \delta_{t-1} \text{Candidate}_{i,t-1} + \eta_{i,t-1} \qquad (5\text{-}11)$$

$$\begin{aligned}
\gamma_t^{\text{MRV}} &= \frac{\text{cov}[R_{i,t}, \text{MRV}_{i,t-1}]}{\text{var}[\text{MRV}_{i,t-1}]} \\
&= \frac{\text{cov}[R_{i,t}, \lambda_{t-1} + \delta_{t-1} \text{Candidate}_{i,t-1} + \eta_{i,t-1}]}{\text{var}[\text{MRV}_{i,t-1}]} \\
&= \frac{\text{cov}[R_{i,t}, (\delta_{t-1} \text{Candidate}_{i,t-1})]}{\text{var}[\text{MRV}_{i,t-1}]} + \frac{\text{cov}[R_{i,t}, (\lambda_{t-1} + \eta_{i,t-1})]}{\text{var}[\text{MRV}_{i,t-1}]} \\
&= \lambda_t^C + \lambda_t^R
\end{aligned} \qquad (5\text{-}12)$$

式中，cov(·) 和 var(·) 分别表示求协方差和方差。

从表 5-13 可知，IVOL 对于 MRV-RET 的解释比例（candidate proportion）达到 15.62%（2.75），PIN 的解释比例为 3.46%（2.08），其余两个候选变量 INST 和 COV 的解释比例不显著。从 Malkiel 和 Xu（2002）的观点来看，投资者面临市场摩擦无法持有完全分散的组合，该假设下异质波动率代表一种风险，应该正向预测未来的股票价格。然而，在我国 A 股市场内，异质波动率对未来股票价格的显著负向预测能力已经得到了较多文献的证实，而本章也发现 IVOL 的估计系数显著性难以被其他变量吸收。需要注意的是，虽然 IVOL-RET 与 MRV-RET 的关联方向不一致，但 IVOL 对 MRV 正向股价预测能力提供了超过 15% 的解释比例，进一步证实了移动交易者和 PC 交易者的异质信念测度 MRV 能够代表股票市场上的一种信息风险。

表 5-13 MRV-RET 预测能力分解

指标	IVOL	INST	COV	PIN
阶段 1: $R_{i,t} - \text{rf}_t = \alpha_t + \gamma_t^{\text{MRV}} \text{MRV}_{i,t-1} + \varepsilon_{i,t}$				
常数项	−0.521	−0.493	−0.493	−0.461
	(−0.60)	(−0.55)	(−0.55)	(−0.54)
MRV	7.188***	7.065***	7.065***	6.744***
	(5.08)	(5.35)	(5.35)	(5.01)
阶段 2: $\text{MRV}_{i,t-1} = \lambda_{t-1} + \delta_{t-1} \text{Candidate}_{i,t-1} + \eta_{i,t-1}$				
常数项	15.783	14.161	14.524	12.947
	(2.25)	(1.73)	(1.89)	(1.68)
候选变量	−94.637***	0.523	−0.043***	9.485**
	(−3.00)	(0.15)	(−3.96)	(2.41)
调整后的 R^2/%	0.030	0.003	0.009	0.010

续表

指标	IVOL	INST	COV	PIN
阶段3: $\gamma_t^{MRV} = \cdots = \lambda_t^C + \lambda_t^R$			
候选变量	1.123	0.009	0.016	0.233
候选变量解释比例/%	15.62***	0.13	0.23	3.46**
	(2.75)	(0.11)	(0.07)	(2.08)
残差项	6.065	7.055	7.049	6.511
残差项解释比例/%	84.38***	99.87***	99.77***	96.54***
	(4.01)	(5.18)	(5.41)	(4.99)
总计	7.188	7.065	7.065	6.744
总比例/%	100	100	100	100
	(5.08)	(5.35)	(5.35)	(5.01)
样本数	2460	2486	2486	2322

注：阶段1、2和3分别采用式（5-10）、式（5-11）和式（5-12）进行横截面回归处理，并取时间序列均值后给出，候选变量分别为4个信息风险因子，即IVOL、INST、COV和PIN；括号内的数值为 t 统计量

和*分别表示5%和1%的显著性水平

5.5 小　　结

本章主要研究了移动互联网背景下的投资者异质信念对产业链信息扩散效应的影响，并针对这种异质信念测度展开了全面的实证检验。首先，本章构造了基于移动端交易的衍生指标，特别是移动交易占比波动率对于产业链信息传导速度具有显著影响。研究发现，MRV越高的股票，包含产业链信息在内的多维度滞后信息的扩散速度越低。该类股票往往具有更强的横截面股价可预测性。

其次，本章提出MRV对信息扩散的影响是基于有限信息模型的，而在有限信息理论框架下，异质信念测度对于未来股票价格具有正向的预测能力。在控制了移动交易占比一阶矩、股票基本特征、博彩偏好特征、市场摩擦特征以及信息相关特征等多方面的变量后，发现MRV对未来股票价格具有显著的正向预测能力，且考虑成交加总约束后依然成立。

最后，本章利用经典的信息风险因子（如IVOL、INST、COV以及PIN等）对MRV-RET关系进行了投资组合检验以及预测能力分解。研究发现，IVOL作为经典文献中衡量投资者异质信念的经典信息风险变量，对MRV正向股价预测能力具有较强的解释力。

第6章 交易终端的风险与市场指数收益率的可预测性

为了探究移动端和 PC 端交易的股票及投资者之间的差异,本章对比了中国股市在两个不同交易终端普通交易、融资融券交易,以及不同类型交易者交易偏好下的金融风险差异。进一步地,构建了移动端和 PC 端交易偏好股票指数,并将移动端和 PC 端交易偏好股票指数的风险值作为外生变量加入沪深 300 指数收益率的预测模型中进行分析。研究结果显示,移动端交易风险值的加入对市场收益率预测模型的预测能力有一定提升,而 PC 端风险变量对市场收益率的影响较小,此外,外生变量的影响主要体现在收益率预测的均值方程模型中,对收益率预测的波动率方程几乎没有直接影响。

6.1 概　　述

随着中国移动互联网的高速发展,越来越多的用户开始选用智能手机作为投资的主要工具,移动互联网金融体系逐渐完善并加速渗透。移动互联网金融有着参与度高、操作便捷、透明度高等优点。但是,移动互联网金融交易也带来了种种风险与弊端,包括技术风险(杨晨,2014)、监管不严(谢平等,2014)、资金安全风险(廖愉平,2014)、信息泄露(孟爱科,2015)等诸多问题。

目前,移动端交易已成为股票交易的一种重要方式,一方面,移动端相对于 PC 端进行金融交易有额外的风险问题,即移动设备的屏幕往往较小,而信息选择越多,投资者的信息处理越困难(Grant,2017)。另一方面,采用移动端进行交易的投资者往往与冲动且自信的散户投资者有关,其多为追求高风险、高收益的投机者。移动端交易占比更高的股票,很有可能就是投机性更强的股票,风险也更高。例如,Barberis 和 Huang(2008)认为个人的博彩心理不仅存在于参与一般性的彩票和赌博活动中,同时也存在于个人的投资行为中。Kumar(2009)也指出,个人投资者更喜欢具有博彩型特征的股票。大量的研究也发现个人投资者确实具有对博彩型股票的偏好(Bali et al.,2011;Han and Kumar,2013;Wu et al.,2024)。在中国市场上,散户投资者的数量较为庞大,散户投资者的交易行为很有可能对整个市场产生较大的影响。专业的机构投资者往往采用 PC 端进行股票交易,且交易的数额较大,也可能会对整个市场造成一定的影响。因此,本章在探究不同交易终端偏好的股票风险特征的同时，也探究这些特性是否对市场收益预测有一定的影响能力。

本章首先采用历史模拟法计算不同交易终端股票的在险价值（value at risk，VaR）和预期损失（expected shortfall，ES），并分别对比移动端和 PC 端、融资融券在不同交易终端、机构投资者和个人投资者在不同交易终端的风险特征。研究结果发现，移动端交易占比更大以及个人投资者交易占比更多的股票风险更大。

其次，我们在 2016~2020 年的样本区间内，选取移动端交易偏好和 PC 端交易偏好的代表性股票，并分别构建指数。我们利用 3 个月（约 91 天）的窗宽滚动计算得到移动端交易偏好指数和 PC 端交易偏好指数的收益率序列的 VaR 和 ES，并分别将它们作为外生变量加入自回归移动平均-广义自回归条件异方差（autoregressive moving average-generalized autoregressive conditional heteroskedasticity，ARMA-GARCH）模型中，分析是否能够提升对沪深 300 指数收益预测的建模能力。我们发现，移动端交易偏好的股票风险对沪深 300 指数收益率预测具有影响力，而 PC 端交易偏好的股票风险的预测能力相对较弱。

6.2　文　献　回　顾

6.2.1　交易终端方面

随着移动互联网金融从萌芽到快速发展再到不断成熟，许多投资者倾向于在移动端交易，移动端交易用户数、交易量在高速增长，而随之日渐凸显的则是移动互联网金融带来的风险。张行（2014）总结了移动端互联网金融存在的常见模式和风险特征，并以风险的几个来源为切入点，提出了防范建议。杨晨（2014）对移动端金融交易的技术层面的风险进行探究，并深入探讨了技术风险管控方案。谢平等（2014）指出，混业是移动互联网金融的一大特征，国家和机构需要在传统金融风险的防范基础上，再加入监管协调，包括功能监管、明确审慎监管等方式。廖愉平（2014）通过第三方支付和点对点（peer to peer，P2P）网络借贷的经典例子引入移动互联网金融风险规避，提出风险准备金制度、与银行合作等防范措施。孟爱科（2015）认为为了避免重要信息外泄、防止不相关人员获取机密信息，需要健全金融法律制度、加强信息保密制度的周密性和提高员工认识风险并规避风险的意识。

6.2.2　风险测度度量方面

风险，是指用来刻画投资一定量的金融资产或资产组合，在未来的特定时间内预期受到损失的不确定性,或者说损失程度的一个可能性。为了可以及时并较为精准地了解风险,需要对风险进行度量,目前已有大量国内外学者进行了风险值度量的相关研究。Markowitz(1952)首先提出运用均值-方差法来研究资产组合中的风险问题,将风险看作一个波动程度并用方差来衡量。这种方法由于易理解和易计算,曾经十分流行。然而方差不能反映实际中投资者对上下偏差的不对称性,Bawa和Lindenberg(1977)提出了下偏矩理论。

随着研究的深入,经验数据显示资产收益曲线呈现出非对称性、非正态性。基于这样的情况,1993年,G30集团基于金融衍生品的研究创新性地提出了VaR风险度量方法。1994年,摩根大通公司建设性地提出了VaR的经典计算方法——RiskMetrics方法。VaR一直到现在还是度量金融风险的主流方法。VaR可以度量金融资产或资产组合在未来一个给定的期限内,在一定的置信水平下的最大可能损失。Jorion(2002)利用VaR方法对多个银行年报和季报的交易收入进行了风险测度,发现这种方法有助于银行管控风险。VaR可以具体化抽象的风险、定量化金融机构面临的风险,可以用于风险控制、业绩评估、估算价格和收益率波动等。但是VaR也有一些不足:第一,不能满足Artzner等(1999)提出的一致性风险度量中的次可加性;第二,VaR方法关注的是收益的分位数,忽略了极端情况下的尾部风险。

为了克服VaR的缺陷,Acerbi和Tasche(2002)提出了ES方法,即预期风险方法,又名条件风险值(conditional value at risk,CVaR)。ES的计算与VaR相关,ES是指在损失超出VaR时的条件期望值。ES有助于刻画损失超过VaR给定的置信水平时的风险,加深市场对尾部风险的认识。Qin和Zhou(2021)提出了非对称边缘ES(asymptotic marginal expected shortfall,AMES)来度量金融市场的系统性风险,并给出了基于多元极值理论的估计方法。

在金融风险度量方面,我国学者有不少相关研究。吴雯婷(2016)基于对移动互联网金融与VaR风险度量的详细研究,创新性地构建出了泛VaR分析框架;王大鹏和赵正堂(2016)计算保险中最优的资产组合配置时,使用了蒙特卡罗法计算VaR值,拓展了VaR方法的应用;吴玉宝和汪金菊(2016)研究了上证指数和深圳证券交易所成份股价指数(简称深证成指)收益率的组合,建立了自回归分数整合移动平均-广义自回归条件异方差-Copula(autoregressive fractional integrated moving average-generalized autoregressive conditional heteroskedasticity-Copula,ARFIMA-GARCH-Copula)模型,利用蒙特卡罗模拟法计算投资组合的风险值;谢合亮和黄卿(2017)则是对上证50指数展开研究,创新性地建立了广义自回归条件异方差(generalized autoregressive conditional heteroskedasticity,GARCH)模型、马尔可夫链蒙特卡罗(Markov chain & Monte Carlo,MCMC)模型,弥补了蒙特卡罗模拟法计算金融风险时的不足;杨万里(2018)采用广义自回归条件异方差模型计算互联网金融产品的 VaR 值,选择风险调整资本回报率(risk-adjusted return on capital,RAROC)指标评价互联网和传统金融产品的表现,发现在收益率比较方面,新型产品比传统产品绩效高;贾振方(2018)也将上证指数视作研究对象,选择了历史模拟法计算 VaR 值与 ES 值,从而对指数的金融风险进行度量,发现 ES 在准确度和精确性方面都优于 VaR。

6.2.3 收益率预测模型方面

金融资产与资产组合的收益率预测,尤其是股市收益率预测一直是金融学领域的核心研究问题之一。Sharpe(1964)提出的 CAPM 认为市场风险是影响收益率的唯一因素,这是早期比较成熟的针对收益率的预测模型。国内一些学者陆续对 CAPM 在中国市场的适应性做了研究。杨朝军和邢靖(1998)是国内最早一批研究该问题的学者,此外还有陈小悦和孙爱军(2000)、陈浪南和屈文洲(2000)等。综合这些文献,1999 年前 CAPM 对中国股市的适用性不强。

在具体投资实践中,CAPM 的前提假设有许多是不能实现的,且 β 系数比较难确定,后续学者在此基础上寻求了更多对收益率有影响的因素以改良模型。Stattman(1980)发现账面市值比对股票收益率的影响是显著的。Banz(1981)发现了股票市场中存在着显著的小盘股溢价现象。Basu(1983)发现了市盈率效应。Bhandari(1988)发现杠杆率会影响股票收益率的值。Fama 和 French(1992,1993)针对这些现象,建立了 FF3 模型,即市场风险、市值与账面市值比为影响收益率的三个因子。Carhart(1997)和 Novy-Marx(2012)构建了不同期限结构的动量因子,在 CAPM 中加入中期惯性效应。国内股市早期的资产定价主要就三因子模型和四因子模型展开研究,如施东晖(1996)、靳云汇和刘霖(2001)、吴世农和许年行(2004)、朱波和宋振平(2009)等的研究。潘莉和徐建国(2011)针对我国的股市特性,将原本三因子模型中的账面市值比替换成了市盈率,得到适用于我国股市的新三因子模型。姜富伟等(2011)通过对经济变量的整理与实证,发现其中一部分可以用来预测我国的股市收益。除了一些传统的经济变量,Bali 等(2009)发现股票收益中的尾部风险也有一部分预测能力。

针对金融时间序列的波动性,许多学者也进行了相关研究。为了捕捉时间序列的异方差,Engle(1982)首次提出了自回归条件异方差(autoregressive conditional heteroskedasticity,ARCH)模型。然而往往需要选择更高阶的 ARCH 模型才能刻画条件异方差性,这势必导致拟合计算的参数变多,参数估计的效率下降。后来 Bollerslev(1986)改良了 ARCH 模型,提出了 GARCH 模型。GARCH 模型的优点主要是可以用比较简单的模型来代替高阶 ARCH 模型,大大减少了需要估计的参数,使得对模型识别和估计的效率变高。当然,GARCH 模型不足以刻画上下尾部非对称的杠杆效应。针对这个缺陷，Ding 等（1993）提出了另一种改良版的 ARCH 模型，即不对称的 GARCH 模型，可以捕捉到股市中存在的杠杆效应。

在我国，这部分的研究也有了很多阶段性成果。孔华强（2006）建立了指数广义自回归条件异方差（exponential generalized autoregressive conditional heteroskedasticity，EGARCH）模型来拟合上证 100 指数以及深证 100 指数的波动性，发现预测效果比较好。李雄英等（2018）比较了 ARMA 模型、GARCH 模型、ARMA-GARCH 模型对四大银行股票收益率的预测，其中 ARMA-GARCH 模型的预测效果是最好的。黄轩和张青龙（2018）论证了 ARMA-GARCH 模型在预测上证指数的短期收益率时，有比较明显的优势。牛东晓等（2007）利用 GARCH 模型预测电价，并在该模型中加入一个使用电量的频率计算的外生变量，发现对电价的预测效果有所提升。彭潇熟等（2011）在对国际黄金价格进行预测时，也使用了加入外生变量的方法，构建了带外生输入的自回归移动平均（autoregressive moving average with exogenous inputs，ARMAX）和带协变量的广义自回归条件异方差（generalized autoregressive conditional heteroscedasticity with covariates，GARCHX）模型，发现加入外生变量后的模型预测效果有显著提升。

Merton（1980）发现固定时间内的方差能够用这段时间内收益的平方进行替代，基于 Merton（1980）的研究，Andersen 等（2001）提出了可以用 RV 来度量金融资产的波动率。Corsi（2009）根据异质市场假说，提出了 HAR-RV 模型，该模型能够较好地说明波动率具有长记忆性特点，其中的参数估计使用最小二乘法计算得到。Wang 等（2019）也使用了 HAR 模型预测波动率，这种预测模型较好地反映了分别以日、周、月等频度度量的波动率产生的影响。

6.2.4 文献评述

当前，移动端交易在中国非常流行。移动端交易的这种广泛性，让人们对金融风险越来越重视，也开始更多地研究相关的金融风险以及防范措施，然而在具体衡量对比不同交易终端的风险方面，还没有提出具体有效的方法。市场上相关风险的度量主要针对整个市场，也没有细分到不同交易终端偏好的风险。移动端交易和 PC 端交易不仅是交易方式上的差异，更暗示了背后投资者的特征差异。例如，移动端交易者通常是个人投资者，而机构投资者则多使用 PC 端进行交易。不同的交易终端也反映了投资者可搜寻到的信息差异。这些特征差异很有可能会对投资者交易的股票带来影响，但目前国内鲜有文献对此进行研究，本章则尝试弥补这一部分不足。

此外，有关时间序列的收益率预测模型研究很少直接把风险值作为外生变量，大多使用自身滞后阶数的内生变量，这样会丢失外在因素蕴含的一部分信息。因此，本章将考虑在时间序列模型中加入外生变量进行拟合估计。

6.3 风险测度与收益率预测模型

6.3.1 风险值度量方法

对风险的研究，能够帮助监管部门、机构以及个人投资者及时了解风险的大小，从而判断和规避市场风险。当前较为主流的风险测度方式是 VaR 和 ES，它们可以将抽象的市场风险定量化。

目前，VaR 和 ES 的计算方法有历史模拟法、方差协方差法、RiskMetrics 法、Delta-Normal 法、蒙特卡罗模拟法以及修正 VaR 和修正 ES 等。下面将对 VaR、ES 以及几种不同的风险计算方法进行分析。

(1) VaR 风险值：指的是在一定的概率水平（置信度）下，某金融资产或者证券组合在未来特定时期内最大的可能损失。定义一个持有期为 l、尾部概率为 p 的金融头寸的 VaR 为

$$p = P(L(l) \geqslant \text{VaR}) = 1 - P(L(l) < \text{VaR}) \tag{6-1}$$

将 $\Delta V(l)$ 记为金融头寸从时刻 t 到 $t+l$ 持有期间标的资产价值的改变，$L(l)$ 是对应的损失函数。$L(l)$ 是 $\Delta V(l)$ 的正函数或者负函数，这要由金融头寸是空头还是多头投资来决定。由式（6-1）可知，长度为 l 的持有期中，金融资产损失大于等于 VaR 损失的概率为 p。VaR 在这里的含义表明在整个持有期 l 中，金融资产损失小于 VaR 损失的概率为 $1-p$。因此，建立 VaR 模型的前提是需要知道下面三个参数：持有期的长度、置信区间的值以及从时刻 t 到 $t+l$ 这个观察期的长度。

VaR 的优点是可以结合预期未来损失和发生的可能性，比较直观、定量地算出风险。同时它还可以事前计算风险，这可以方便投资者和机构进行有效防范，及时规避市场风险。

当然，VaR 也有不足之处。例如，在市场出现异常的时候，无法准确度量可能带来的金融资产的巨大损失额；无法完全捕捉损失函数尾部的情况；不满足一致性风险度量中的次可加性。次可加性指的是对于两个投资组合来说，它们组合后的风险不大于组合前的风险之和。

为了弥补 VaR 度量风险中的一些不足，Acerbi 和 Tasche 在 2002 年提出了 ES 风险度量方法，又名 CVaR。

(2) ES 风险值：当损失超过 VaR 时，损失函数的期望值（即平均损失的大小）。从定义可知，VaR 计算的是在给定置信水平下（如 95%），金融头寸的最大潜在损失，因此不能衡量损失超过 VaR 估计值后的损失大小，但是 ES 计算的就是 VaR 估计失败的情况下，预期损失的条件期望值。计算公式为

$$\mathrm{ES} = E(L(l) \mid L(l) > \mathrm{VaR}) = \frac{\int_{\mathrm{VaR}}^{\infty} xf(x)\mathrm{d}x}{P(L(l) > \mathrm{VaR})} = \frac{\int_{\mathrm{VaR}}^{\infty} xf(x)\mathrm{d}x}{\int_{\mathrm{VaR}}^{\infty} f(x)\mathrm{d}x} \quad (6\text{-}2)$$

式中，$f(x)$ 为概率密度函数。

这里考虑损失函数 $L(l)$ 服从正态分布，在损失超过 VaR 的情况下，可以给定损失函数的条件分布为截尾正态分布，当考虑有条件分布为 $N(0,\sigma_t^2)$ 的对数收益率 r_t 的时候，ES 的计算公式可以写作：

$$\mathrm{ES}_q = \frac{f(\mathrm{VaR}_q)}{p}\sigma_t \quad (6\text{-}3)$$

$$\mathrm{ES}_{1-p} = \frac{f(\mathrm{VaR}_{1-p})}{p}\sigma_t \quad (6\text{-}4)$$

和 VaR 相比，ES 在极端情况出现时表现会比较好，也能体现出尾部风险。例如，卖出一个 VaR 为 0 的深度虚值期权，不能说明这个期权没有风险。刻画这里的风险时，VaR 不够有效，可以用 ES 方法进行度量。除此之外，ES 还满足风险度量的次可加性。

VaR 和 ES 的概念并不复杂，但要准确度量却并非一件容易的事，计算前必须先对收益率的概率分布及其波动性进行分析。了解了两者的定义和优缺点后，下面简要分析实证中度量市场风险的常见方法。

（3）市场风险度量方法：常见的度量市场风险的方法有历史模拟法、方差协方差法、RiskMetrics 法、Delta-Normal 法、蒙特卡罗模拟法、修正 VaR 和修正 ES 等。

①历史模拟法：假设前提是历史的情形在未来还会不断上演，因此可以利用历史数据来模拟风险在预期时间段的变化。在一组具有足够长历史的收益中，对于多头头寸而言，每个时期的风险值只是该时期负收益的分位数。

②方差协方差法：这个方法的假设前提是时间序列符合某些特定分布，一般假设为正态分布。具体实现方法是，首先利用历史数据分析计算该时间分布的参数值，如方差、均值等；其次算出在一定置信水平下，反映分布偏离均值程度的临界值；最后根据各个风险指标之间的关系推导出 VaR。

③RiskMetrics 法：它是摩根大通公司在 1994 年提出的方法，该方法假定收益率服从一个条件正态分布，新息遵循一个无飘移的单整自回归条件异方差（integrated generalized autoregressive conditional heteroscedasticity，IGARCH）模型。这种方法的优点是简单、易于理解和运用，已被广泛应用到 VaR 估计中。

④Delta-Normal 法：该方法的假设前提是收益率时间序列满足正态分布，并且金融资产组合的收益率是各个资产收益率的线性组合。VaR 计算问题可以转化为正态分布中分位数的计算。由于计算时需要知道序列的波动率，所以一般引入 GARCH 模型计算波动率，再通过公式推导得到风险值。

⑤蒙特卡罗模拟法：通过计算机模拟产生一个服从特定分布的收益序列，然后通过序列模拟金融资产风险的收益分布，最后求得其风险值。

⑥修正 VaR 和修正 ES：如果收益序列不是正态分布，有偏度或峰度过高的情况，Zangari（1996）、Favre 和 Galeano（2002）提出了一种改进的 VaR 计算方法，该方法通过使用科尼什-费希尔（Cornish-Fisher）展开式来处理非正态分布的情况。如果收益序列满足正态分布，则会回到标准均值 VaR 的计算。这种计算方式应用范围较广，通常被称为"修正 VaR"或"修正的 Cornish-Fisher VaR"。修正 ES 可以在修正 VaR 的基础上得到。

6.3.2 收益率预测模型

针对中国股市收益率的预测研究中，ARMA 模型和 GARCH 模型较为常见，因此，本章也主要采用 ARMA 模型和 GARCH 模型进行预测。此外，为了对比不同交易终端股票交易的风险测度对收益率的预测能力，本章将分别在均值方程和波动率方程中加入外生变量（exogenous variable，EV）构建 ARMA-EV 模型以及 GARCH-EV 模型。

1）ARMA 模型

一般的 ARMA（p，q）模型的形式为

$$r_t = \phi_0 + \sum_{i=1}^{p}\phi_i r_{t-i} + a_t - \sum_{i=1}^{q}\theta_i a_{t-i} \tag{6-5}$$

式中，p 为自回归阶数；q 为移动平均阶数。令 $\{r_t\}$ 为某一时间序列，$\{a_t\}$ 为新息序列，$\{\phi_i\}$ 和 $\{\theta_i\}$ 为系数序列，ϕ_0 为截距项。在使用 ARMA 模型拟合计算之前，需要注意计算的前提：分析对象时间序列需要是一个平稳序列。因此，在运用模型之前需要先检验序列的平稳性，若不平稳，需先进行平稳化处理。

2）GARCH 模型

Engle（1982）提出了 ARCH（m）模型，其形式为

$$r_t = \mu + a_t, \quad a_t = \sigma_t \varepsilon_t \tag{6-6}$$

$$\sigma_t^2 = \alpha_0 + \alpha_1 a_{t-1}^2 + \cdots + \alpha_m a_{t-m}^2 \tag{6-7}$$

式中，$\{\varepsilon_t\}$ 为零均值、单位方差的独立同分布白噪声；μ 和 σ_t 分别为均值和方差；$\alpha_0 > 0$，对 $i > 0$ 有 $\alpha_i \geq 0$。

ARCH 模型尽管简单，但往往需要很多参数才能够充分描述资产收益率的波动率。Bollerslev（1986）在 ARCH 模型的基础上提出了广义的 ARCH 模型，即 GARCH 模型。对于对数收益率序列 r_t，$a_t = r_t - \mu_t$ 为 t 时刻的新息。a_t 服从如下的 GARCH（m，s）模型，如果其满足：

$$r_t = \mu + a_t, \quad a_t = \sigma_t \varepsilon_t \tag{6-8}$$

$$\sigma_t^2 = \alpha_0 + \sum_{i=1}^{m}\alpha_i a_{t-i}^2 + \sum_{j=1}^{s}\beta_j \sigma_{t-j}^2 \qquad (6\text{-}9)$$

$\{\varepsilon_t\}$ 和 ARCH 模型中要求相同。对于其他的系数，需要保证 $\alpha_0 > 0$，$\alpha_i \geqslant 0$，$\beta_i \geqslant 0$（若 $i > m$，$\alpha_i = 0$，对 $j > s$，$\beta_j = 0$）。

3）ARMA-EV 模型和 GARCH-EV 模型

时间序列的变化一般不仅受到滞后的内生变量影响，有时还会受到外生变量的影响，我们考虑在时间序列建模过程中分别在均值方程和波动率方程中加入外生变量。

在均值方程 ARMA 模型中加入外生变量，记作 ARMA-EV 模型，具体表达式如下：

$$r_t = \phi_0 + \sum_{i=1}^{p}\phi_i r_{t-i} + a_t - \sum_{i=1}^{q}\theta_i a_{t-i} + \sum_{i=1}^{n}\gamma_i \mathrm{EV}(t,i) \qquad (6\text{-}10)$$

$$\sigma_t^2 = \alpha_0 + \sum_{i=1}^{m}\alpha_i a_{t-i}^2 + \sum_{j=1}^{s}\beta_j \sigma_{t-j}^2 \qquad (6\text{-}11)$$

在波动率方程中加入外生变量，记作 GARCH-EV 模型，具体表示如下：

$$r_t = \phi_0 + \sum_{i=1}^{p}\phi_i r_{t-i} + a_t - \sum_{i=1}^{q}\theta_i a_{t-i} \qquad (6\text{-}12)$$

$$\sigma_t^2 = \alpha_0 + \sum_{i=1}^{m}\alpha_i a_{t-i}^2 + \sum_{j=1}^{s}\beta_j \sigma_{t-j}^2 + \sum_{i=1}^{n}\gamma_i \mathrm{EV}(t,i) \qquad (6\text{-}13)$$

式中，γ_i 为外生变量的参数；$\mathrm{EV}(t,i)$ 为外生变量；n 为外生变量的个数。

6.4　不同交易终端的股票风险分析

6.4.1　数据与样本选择

为了构建不同交易终端偏好的股票指数以及分析交易终端偏好特征，我们获取了某大型券商在移动端和 PC 端上每只股票的买入卖出成交量、融资融券买入卖出成交量、机构和个人买入卖出成交量数据。此外，我们从 CSMAR 数据库中获取了沪深 300 指数收盘价，中国各股票市场个股的收盘价、回报率、交易股数等数据。

本章的样本区间为 2016 年 1 月 4 日至 2020 年 6 月 30 日，最终得到 1092 个交易日数据。选用的交易数据成交额约占全市场的 1.522%，且每年末的全市场股票覆盖率均超过 97%。市场内每月交易的绝大多数股票都在该交易机构产生交易。可见该样本能够很好地拟合市场上的股票交易数量，具有较强的代表性。

图 6-1 为 2016~2020 年该券商覆盖的成交量中机构与个人的移动端交易占比走势。从图中可以看到，机构投资者采用移动端交易的数量较少，更多还是采用 PC 端

来进行交易操作；而个人投资者则对移动端交易方式更为偏爱。截至 2020 年 6 月底，个人投资者的移动端交易占比已超过 60%。这与一般对机构投资者和个人投资者的交易模式的直觉判断是一致的。移动端交易的灵活与便捷受到个人投资者的更多青睐，而 PC 端可以更多地搜寻信息以及更为正式地办公，为更多的机构投资者所采用。

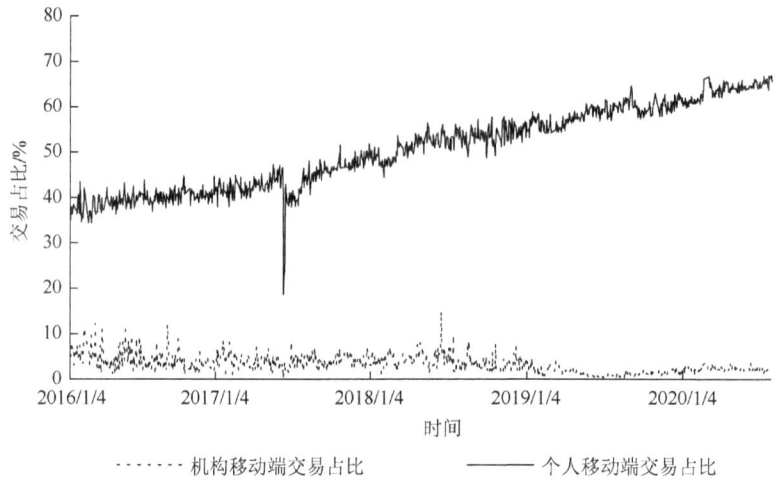

图 6-1　机构和个人移动端交易占比走势图

图 6-2 展示了 2016~2020 年该券商覆盖的成交量中移动端交易占比的走势。可以看到，整体上移动端交易占比呈现上涨走势。2019 年出现了一定程度的下跌，但随后又持续增长。移动端交易占比在 2020 年 6 月 30 日达到了 57.26%，这也反映出市场中的个人投资者在持续涌入。

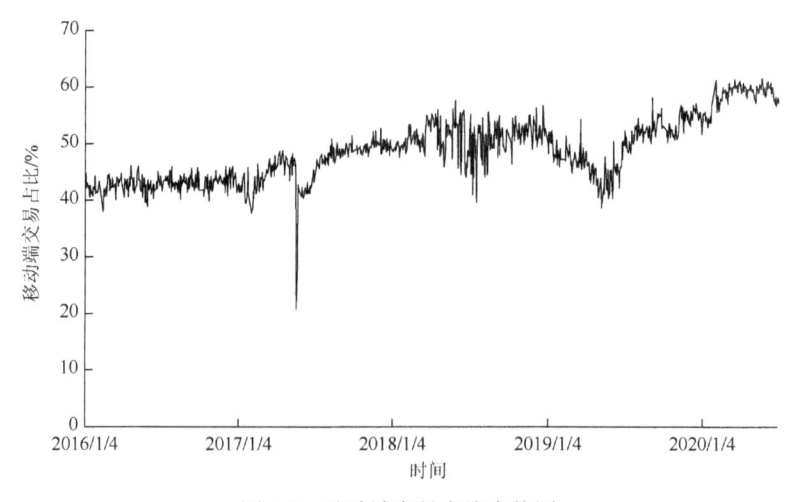

图 6-2　移动端交易占比走势图

6.4.2 不同交易终端偏好的股票指数构建

为了获取能代表不同交易终端的股票交易的特征数据，本节筛选出分别代表移动端和 PC 端交易偏好的 20 只股票，按等权重计算这 20 只股票在样本区间内每个交易日的收益率，并将其作为两种不同交易终端偏好股票的简易指数收益率。

具体的数据处理过程如下：

（1）在每个交易日，对每只股票的移动端交易量（mobile volume）和 PC 端交易量（pc volume）数据求比率 n：

$$n_{stock} = \text{mobile volume}_{stock} / \text{pc volume}_{stock} \tag{6-14}$$

（2）对比率 n 进行大小排序，选出排名前 20 名和后 20 名的股票，并保证交易量在所有股票中处于前 50% 的位置。n 值前 20 名的股票可以看作偏好使用移动端交易的代表性股票，n 值后 20 名的股票可以看作偏好使用 PC 端交易的代表性股票。每个交易日都会重新排序并筛选代表性股票。

（3）求得 20 只股票在每个交易日的等权收益率（Ret），计算公式为

$$\text{Ret}_{mobile} = \frac{\text{Ret}_{mobile1} + \text{Ret}_{mobile2} + \cdots + \text{Ret}_{mobile20}}{20} \tag{6-15}$$

$$\text{Ret}_{pc} = \frac{\text{Ret}_{pc1} + \text{Ret}_{pc2} + \cdots + \text{Ret}_{pc20}}{20} \tag{6-16}$$

（4）根据由 20 只股票构成的指数在样本区间内每个交易日的收益率值，得到两个不同交易终端代表性股票指数的时间序列。

表 6-1 给出了各指数收益率的描述性统计。移动端偏好指数与 PC 端偏好指数的收益率均值均小于 0，且移动端偏好指数的收益率更低。这与我们的认知是一致的，更多使用 PC 端交易的往往是机构投资者，而他们一般比个人投资者更专业，从而股票投资收益更高。有趣的是，两个指数的收益率均低于沪深 300 指数的收益率即 Ret_{HS300}，即被动投资的收益大于主动投资的收益。此外，三个指数的收益率均呈现左偏，且峰度都大于 3，呈现尖峰厚尾特征。

表 6-1 各指数收益率的描述性统计

统计数据	Ret_{mobile}/%	Ret_{pc}/%	Ret_{HS300}/%
均值	−0.0885	−0.0454	0.0167
中位数	0.0916	0.0723	0.0440
最大值	5.0067	6.6057	5.7775

续表

统计数据	Ret_{mobile}/%	Ret_{pc}/%	Ret_{HS300}/%
最小值	−9.8786	−10.0648	−8.2088
标准差	1.7804	1.5078	1.2266
偏度	−1.2822	−1.5433	−0.8533
峰度	8.1070	11.4269	8.9250

6.4.3 不同交易终端偏好的股票指数风险比较

本节将分别对比移动端和 PC 端、融资融券在不同交易终端、机构投资者和个人投资者在不同交易终端的风险测度，并分析交易终端风险的特征。

1）不同交易终端的风险对比

我们在每个交易日按照移动端成交量占比超过当天该股票总成交量的 50%，以及 PC 端成交量占比超过当天该股票总成交量的 50%两种情况分组，并分别求各组股票的等权收益率。进一步地，我们采用历史模拟法求得两组的风险测度。这里计算的股票的观察期为 2016 年 1 月 4 日至 2020 年 6 月 30 日，持有期为观察期后 1 天。

表 6-2 展示了移动端与 PC 端偏好股票在不同置信度下的风险测度值。可以看到，移动端偏好股票的风险值要大于 PC 端，例如，在 95%置信度下，移动端偏好股票收益的 VaR 为 0.0290，而 PC 端偏好股票收益的 VaR 为 0.0253。也就是说，移动端偏好股票有 95%的可能性在未来一天的损失在 2.9%以内，而 PC 端偏好股票有 95%的可能性在未来一天的损失在 2.53%以内。这也反映了个人投资者偏好的股票有相对更高的风险。

表 6-2 不同交易终端偏好股票的风险比较

交易终端	风险测度方法	99%置信度	95%置信度	90%置信度
移动端	VaR	0.0586	0.0290	0.0180
	ES	0.0844	0.0501	0.0362
PC 端	VaR	0.0566	0.0253	0.0161
	ES	0.0816	0.0465	0.0332

2）融资融券交易在不同交易终端的风险对比

本节将对比融资融券交易在移动端和 PC 端不同交易偏好下的风险测度特征。

和普通的股票交易相比，融资融券交易需要缴纳保证金，且存在杠杆效应，其风险与普通交易会有所不同。

同样地，我们按照融资融券在移动端成交量占比超过当天该股票总成交量的50%，以及融资融券在 PC 端成交量占比超过当天该股票总成交量的50%两种情况来分组，并根据每日股票分组求等权收益率，进而分别求风险值。

表 6-3 为融资融券交易在移动端与 PC 端交易偏好下的风险测度。可以看到，在各个置信度下，无论采用 VaR 还是 ES 度量风险，在移动端融资融券交易更多的股票，其风险值要大于在 PC 端融资融券交易更多的股票。然而，我们并没有发现融资融券交易比普通交易在不同交易终端偏好下的风险测度更大，可能的原因在于融资融券交易具有一定的交易门槛，且有保证金要求，较高的杠杆使投资者的交易更谨慎。

表 6-3　融资融券交易在不同交易终端的风险测度

交易终端	风险测度方法	99%置信度	95%置信度	90%置信度
移动端	VaR	0.0617	0.0285	0.0206
	ES	0.0840	0.0486	0.0365
PC 端	VaR	0.0560	0.0267	0.0181
	ES	0.0809	0.0472	0.0342

3）机构投资者与个人投资者在不同交易终端的风险对比

在 6.4.1 节中我们分析了机构投资者和个人投资者对不同交易终端的偏好。机构投资者一般在 PC 端交易，而个人投资者在移动端交易的数量不断增长。在本节，我们将比较分析机构投资者和个人投资者在不同交易终端交易偏好股票的风险值。

我们按机构成交量占比超过当天该股票总成交量的50%，以及个人成交量占比超过当天该股票总成交量的50%两种情况分组，在每个交易日求得每组股票的等权收益率，并分别求风险值。

表 6-4 展示了机构投资者与个人投资者在不同交易终端的风险测度。整体上，个人投资者成交量较高的股票其收益的风险测度要大于机构投资者成交量较高的股票。这也在一定程度上反映了个人投资者对于高风险、高回报股票的偏好。

表 6-4　机构投资者与个人投资者在不同交易终端的风险测度

投资者	风险测度方法	99%置信度	95%置信度	90%置信度
机构投资者	VaR	0.0552	0.0237	0.0151
	ES	0.0806	0.0445	0.0319
个人投资者	VaR	0.0581	0.0227	0.0174
	ES	0.0827	0.0483	0.0347

6.5 基于不同交易终端风险的预测能力分析

由于沪深 300 指数能够比较全面地包含中国股市的变动信息，本节选取沪深 300 指数的收益率作为研究对象，探究移动端和 PC 端交易的代表性股票风险对沪深 300 指数收益率预测模型的影响。

6.5.1 沪深 300 指数收益率的预测模型构建

1. 平稳性检验

在构建收益率预测模型之前，首先对时间序列进行平稳性检验。本节采用增广迪基-富勒（augmented Dickey-Fuller，ADF）检验法对移动端交易偏好指数收益率、PC 端交易偏好指数收益率以及沪深 300 指数收益率进行平稳性检验。

各指数的收益率走势如图 6-3 所示。从图中可知，各指数的收益率已呈现

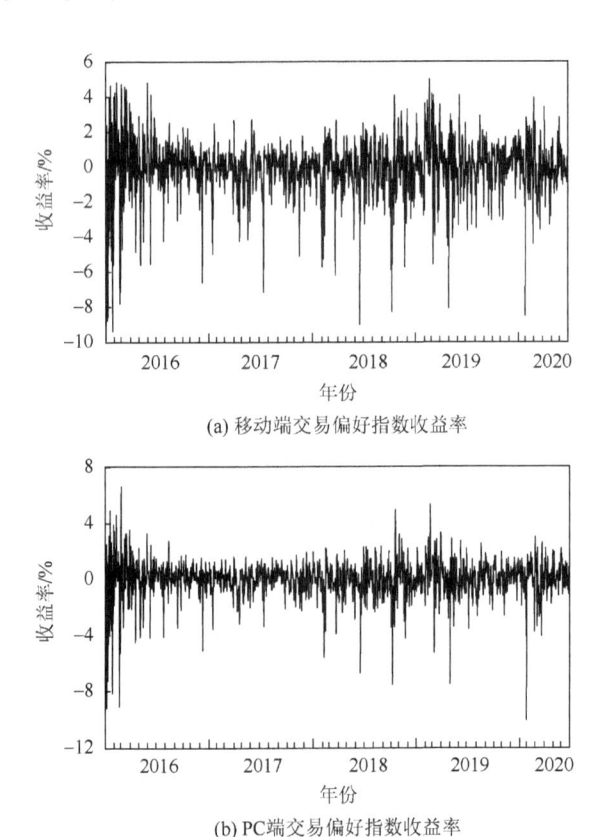

(a) 移动端交易偏好指数收益率

(b) PC端交易偏好指数收益率

(c) 沪深300指数收益率

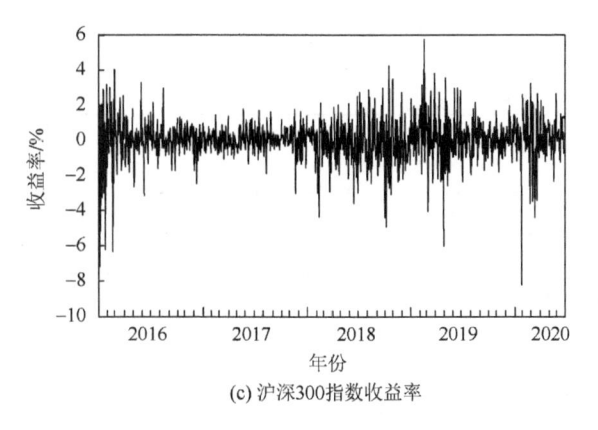

图 6-3　各指数收益率走势

出较为平稳的态势，其中移动端交易偏好指数收益率序列的波动率聚集现象较为明显，在 2016 年的上半年有较高的波动率。表 6-5 为各指数收益率序列的 ADF 检验结果。从表 6-5 可知，三个时间序列都拒绝了存在单位根的原假设，即收益率序列都是平稳的。这与我们在收益率走势图中观察到的现象是一致的。

表 6-5　ADF 检验结果

ADF 检验	t 统计量	p 值
Ret_{mobile}	−32.1115	0.0000
Ret_{pc}	−33.9910	0.0000
Ret_{HS300}	−35.1100	0.0000

2. 均值方程初步建立

根据赤池信息量准则（Akaike information criterion，AIC）的大小，本节最终选取 ARMA（1，1）来对沪深 300 指数收益率序列进行建模。表 6-6 展示了模型的估计结果。从表 6-6 中可以看到，AR（1）与 MA（1）的系数均显著不为 0。此外，该模型的特征根都在单位圆外，保证了模型的稳定性。

表 6-6　沪深 300 指数收益率序列 ARMA（1，1）检验结果

变量	系数
AR（1）	−0.8284*** （−15.97）
MA（1）	0.8796*** （18.80）

续表

变量	系数
常数项	0.0002
	（0.41）
调整后的 R^2/%	3.53
AIC	−5.9962

注：括号内的数值为 t 统计量

***表示 1%的显著性水平

我们也对模型进行了诊断，图 6-4 为 ARMA（1，1）的诊断图。从图 6-4 中可以看出，残差序列的自相关系数（autocorrelation function，ACF）除了滞后阶段为 11 时存在较小的序列相关外，不存在显著的序列相关。Ljung-Box 检验的结果进一步表明残差序列没有显著的序列相关性。这些诊断支持了 ARMA（1，1）模型。

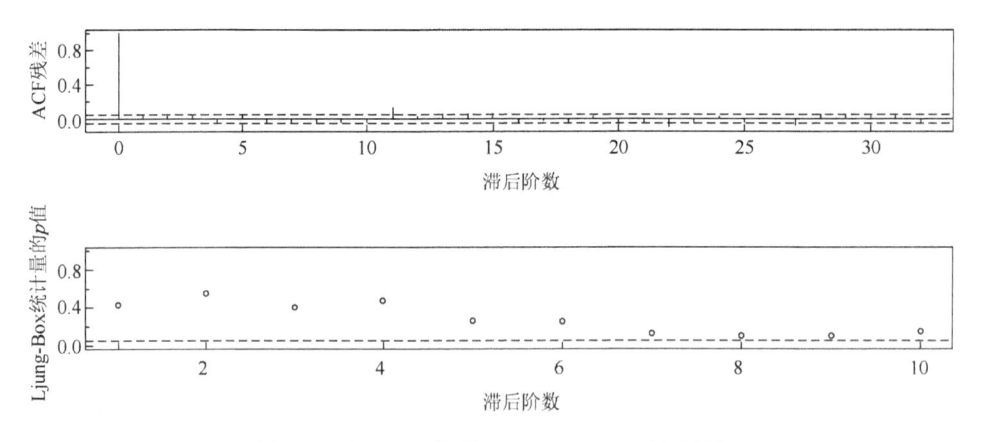

图 6-4　沪深 300 指数 ARMA（1，1）诊断图

3. ARCH 效应检验

图 6-5 展示了沪深 300 指数日收益率均值方程的残差项。可以看到沪深 300 指数日收益率均值方程的残差波动仍具有集聚性，且在 2016 年以及 2018~2020 年期间波动性明显增强。

为了进一步确定异方差的存在，我们对残差项进行了 ARCH 效应检验。表 6-7 展示了布罗斯-戈弗雷检验（Breusch-Godfrey test）的结果。可以看出，拉格朗日乘子（Lagrange multiplier，LM）统计量 Obs*R^2（Obs 为样本数量，R^2 为回归模型的 R^2，该统计量表示样本数量×R^2）显著不为 0。这说明该均值方程的残差项中存在 ARCH 效应。进一步地，我们考虑使用 ARMA-GARCH 进行建模。

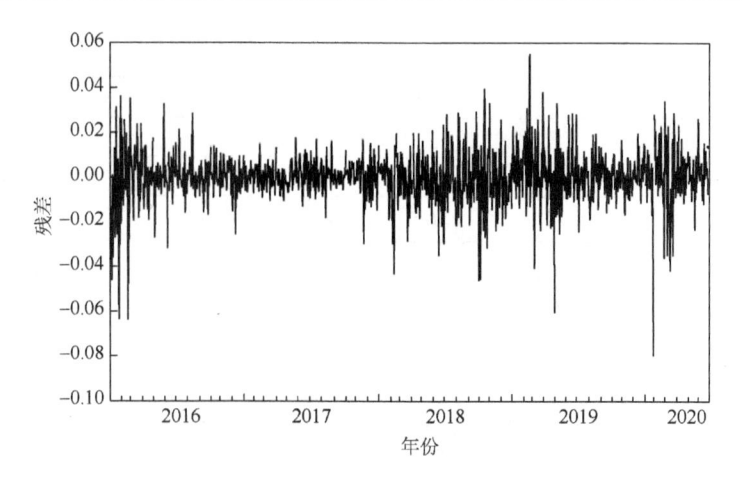

图 6-5 沪深 300 指数日收益率均值方程的残差项

表 6-7 沪深 300 指数日收益率均值方差残差异方差检验

统计量	数值
F-统计量	10.1675
Obs*R^2	20.0161
F-统计量的 p 值	0.0000
Obs*R^2 的 p 值	0.0000

4. ARMA-GARCH 模型建立

我们建立了 ARMA（1，1）-GARCH（1，1）模型，表 6-8 展示了模型的估计结果。此后，我们利用该模型对沪深 300 指数收益率进行样本内与样本外预测，预测结果的均方根误差（root mean squared error，RMSE）与平均绝对误差（mean absolute error，MAE）展示在表 6-9 中。从结果来看，样本外预测虽然预测精度会下降，但其下降幅度较小，预测效果较好。其中样本外预测的训练区间为 2016 年 1 月 4 日至 2018 年 6 月 30 日，预测区间为 2018 年 7 月 2 日至 2020 年 6 月 30 日。

表 6-8 沪深 300 指数日收益率 ARMA（1，1）-GARCH（1，1）估计结果

变量	系数	z-统计量	p 值
常数项	0.0006	2.1023	0.0355
ϕ_1	−0.7948	−9.6999	0.0000
θ_1	0.8437	11.2618	0.0000

续表

变量	系数	z-统计量	p 值
方差方程			
常数项	0.0000	3.4959	0.0005
α_1	0.0830	11.4376	0.0000
β_1	0.9092	130.6851	0.0000
调整后的 R^2/%	3.00		
AIC	−6.24		

表 6-9　沪深 300 指数日收益率 ARMA（1，1）-GARCH（1，1）估计误差

估计误差	样本内	样本外
RMSE	0.0121	0.0139
MAE	0.0083	0.0099

6.5.2　不同交易终端的基于 VaR 的风险影响分析

我们考虑将不同交易终端偏好股票指数的风险值加入沪深 300 指数收益率预测模型中，探究其是否能够提高模型的拟合效果。

首先，我们对移动端和 PC 端交易偏好股票基于 VaR 进行风险测算，构造 VaR 的时间序列。考虑到在前面理论分析部分谈到的修正 VaR 和修正 ES 应用的广泛性，我们主要构造修正 VaR（Cornish-Fisher VaR）和修正 ES（Cornish-Fisher ES）时间序列（修正 ES 见 6.5.3 节），即

$$z_{\mathrm{cf}} = z_c + \frac{(z_c^2-1)S}{6} + \frac{(z_c^3-1)K}{24} - \frac{(z_c^3-5z_c)S^2}{36} \tag{6-17}$$

$$\text{Cornish-Fisher VaR} = -\bar{R} - \sqrt{\sigma}z_{\mathrm{cf}} \tag{6-18}$$

式中，z_c 为标准正态分布；σ、S、K、$\bar{R}$ 分别为正态分布的标准差、偏度、峰度、均值。

我们以时间窗口滚动向前的方式，计算三个月（91 天）的 VaR，以此类推，最终得到 1002 个样本序列。图 6-6 和图 6-7 分别显示了移动端和 PC 端的 VaR 变化趋势，限于篇幅，我们仅显示了置信水平为 99% 和 90% 的情况。可以看到，移动端交易偏好股票指数的风险值要明显大于 PC 端交易偏好股票指数风险值，这也在一定程度上反映了移动端交易偏好的投资者对高风险、高收益股票的青睐。

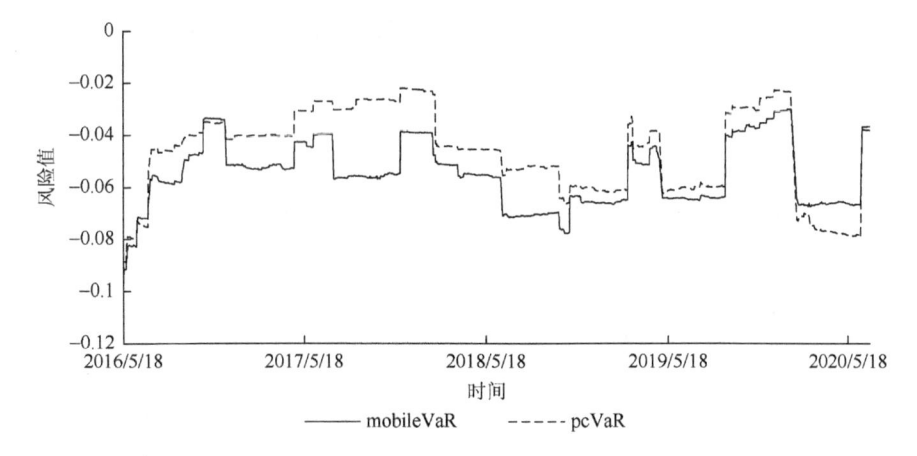

图 6-6 移动端和 PC 端交易偏好股票指数 99%VaR

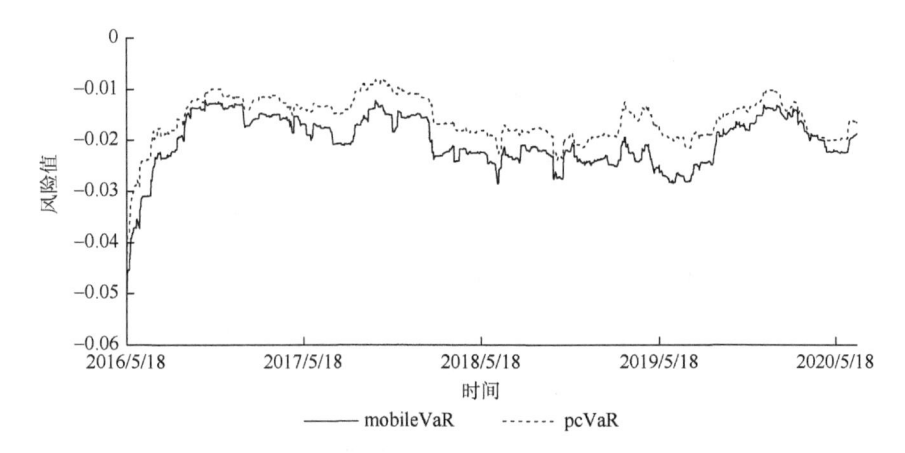

图 6-7 移动端和 PC 端交易偏好股票指数 90%VaR

其次，我们在沪深 300 指数收益率模型的均值方程和波动率方程中分别加入外生变量：移动端交易偏好指数的在险价值（mobileVaR）以及 PC 端交易偏好指数的在险价值（pcVaR），考虑到外生变量只有 1 个，ARMA-EV 和 GARCH-EV 可以简化为

$$r_t = \phi_0 + \sum_{i=1}^{p}\phi_i r_{t-i} + a_t - \sum_{i=1}^{q}\theta_i a_{t-i} + \gamma_1 \text{VaR}_{t-1} \tag{6-19}$$

$$\sigma_t^2 = \alpha_0 + \sum_{i=1}^{m}\alpha_i a_{t-i}^2 + \sum_{j=1}^{s}\beta_j \sigma_{t-j}^2 + \gamma_1 \text{VaR}_{t-1} \tag{6-20}$$

根据前文的建模分析，本节最终建立了 ARMA（1，1）-EV 和 GARCH（1，1）-EV 模型。模型拟合的结果分别展示在表 6-10、表 6-11 和表 6-12 中。

表 6-10　沪深 300 指数收益率 ARMA-EV（99%VaR）模型估计结果

变量	估计结果	标准误差	t 值	p 值
移动端				
ϕ_1	−0.7333	0.1077	−6.8091	0.0000
θ_1	0.7961	0.0955	8.3373	0.0000
mobileVaR	−0.0090	0.0055	−1.6472	0.0995
α_1	0.0701	0.0099	7.0980	0.0000
β_1	0.9289	0.0100	93.0078	0.0000
PC 端				
ϕ_1	−0.7320	0.1078	−6.7884	0.0000
θ_1	0.7952	0.0956	8.3153	0.0000
pcVaR	−0.0101	0.0069	−1.4717	0.1411
α_1	0.0696	0.0098	7.1037	0.0000
β_1	0.9294	0.0099	93.7888	0.0000

表 6-11　沪深 300 指数收益率 ARMA-EV（90%VaR）模型估计结果

变量	估计结果	标准误差	t 值	p 值
移动端				
ϕ_1	−0.7337	0.1074	−6.8340	0.0000
θ_1	0.7965	0.0952	8.3702	0.0000
mobileVaR	−0.0266	0.0154	−1.7274	0.0841
α_1	0.0700	0.0099	7.0844	0.0000
β_1	0.9290	0.0100	92.9498	0.0000
PC 端				
ϕ_1	−0.7335	0.1074	−6.8268	0.0000
θ_1	0.7964	0.0952	8.3626	0.0000
pcVaR	−0.0321	0.0198	−1.6212	0.1050
α_1	0.0697	0.0098	7.0922	0.0000
β_1	0.9293	0.0099	93.4219	0.0000

表 6-12 沪深 300 指数收益率 GARCH-EV（99%VaR）模型估计结果

变量	估计结果	标准误差	t 值	p 值
移动端			
ϕ_1	−0.7436	0.1095	−6.7931	0.0000
θ_1	0.8029	0.0972	8.2634	0.0000
α_1	0.0870	0.0010	84.1391	0.0000
β_1	0.9236	0.0033	283.8123	0.0000
mobileVaR	0.0000	0.0000	0.0000	1
PC 端			
ϕ_1	−0.7436	0.1080	−6.8850	0.0000
θ_1	0.8029	0.0959	8.3703	0.0000
α_1	0.0870	0.0020	42.9217	0.0000
β_1	0.9236	0.0053	173.0856	0.0000
pcVaR	0.0000	0.0000	0.0000	1

由表 6-10 和表 6-11 可知，mobileVaR 外生变量的系数分别为−0.0090 和−0.0266，均在 10%水平上显著。这表明，移动端交易偏好股票在险价值越大（即 VaR 越负），风险越高，沪深 300 指数收益就越高。而 pcVaR 外生变量的系数并不显著。可见，移动端交易偏好股票指数的风险值相对于 PC 端交易偏好股票指数的风险值，对沪深 300 指数收益率的影响更大。

表 6-12 则展示了在 99%的置信水平下，将外生变量加入波动率方程的回归结果。可以看到，无论移动端交易偏好股票的在险价值还是 PC 端交易偏好股票的在险价值系数均不显著。可见，交易终端偏好股票指数的风险对沪深 300 指数波动率并没有太大影响。

6.5.3 不同交易终端的基于 ES 的风险影响分析

除了 VaR 值，我们还对移动端和 PC 端交易偏好股票指数基于 ES 进行了风险测算。同样地，我们以 3 个月时间窗口滚动向前计算修正 ES，并在图 6-8 和图 6-9 中分别展示了置信度为 99%和 90%的移动端和 PC 端的 ES 变化趋势。可以看到，交易终端偏好股票指数的 ES 走势与 VaR 的走势整体非常一致，且移动端交易偏好股票指数的风险值同样明显大于 PC 端交易偏好股票指数风险值。

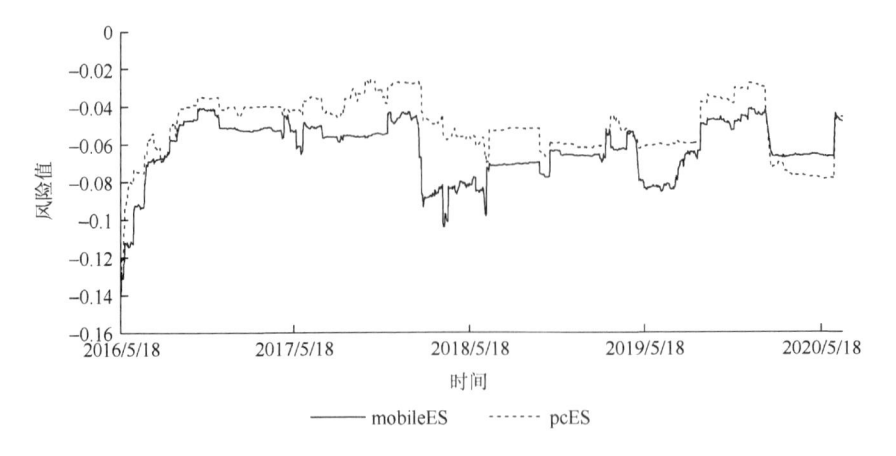

图 6-8 移动端和 PC 端交易偏好股票指数 99%ES

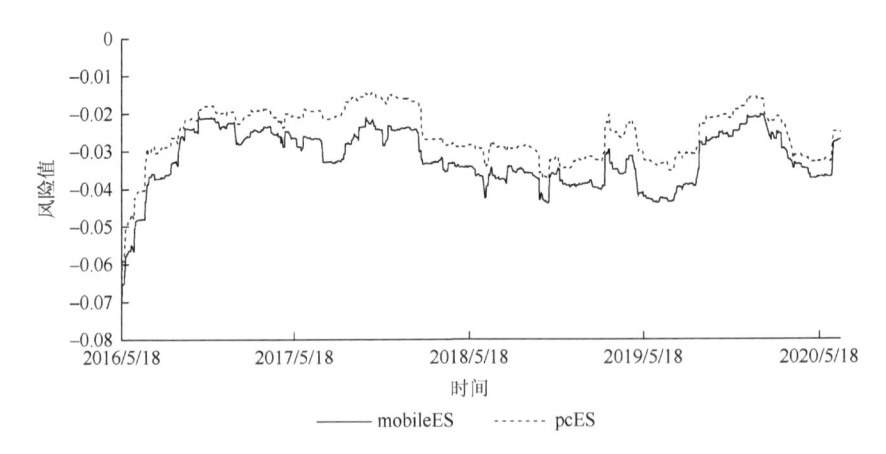

图 6-9 移动端和 PC 端交易偏好股票指数 90%ES

接下来，我们同样在沪深 300 指数收益率模型的均值方程和波动率方程中分别加入外生变量：移动端交易偏好指数的预期损失（mobileES）以及 PC 端交易偏好指数的预期损失（pcES），模型具体表示为

$$r_t = \phi_0 + \sum_{i=1}^{p}\phi_i r_{t-i} + a_t - \sum_{i=1}^{q}\theta_i a_{t-i} + \gamma_1 \mathrm{ES}_{t-1} \quad (6-21)$$

$$\sigma_t^2 = \alpha_0 + \sum_{i=1}^{m}\alpha_i a_{t-i}^2 + \sum_{j=1}^{s}\beta_j \sigma_{t-j}^2 + \gamma_1 \mathrm{ES}_{t-1} \quad (6-22)$$

最终，本节建立的 ARMA（1，1）-EV 和 GARCH（1，1）-EV 模型拟合结果分别展示在表 6-13、表 6-14 和表 6-15 中。

表 6-13　沪深 300 指数收益率 ARMA-EV（99%ES）模型估计结果

变量	估计结果	标准误差	t 值	p 值
移动端				
ϕ_1	−0.7329	0.1076	−6.8105	0.0000
θ_1	0.7958	0.0954	8.3410	0.0000
mobileES	−0.0078	0.0049	−1.5744	0.1154
α_1	0.0700	0.0099	7.0859	0.0000
β_1	0.9290	0.0100	92.9585	0.0000
PC 端				
ϕ_1	−0.7330	0.1076	−6.8136	0.0000
θ_1	0.7960	0.0954	8.3461	0.0000
pcES	−0.0103	0.0062	−1.6455	0.1000
α_1	0.0700	0.0099	7.0964	0.0000
β_1	0.9290	0.0100	93.1520	0.0000

表 6-14　沪深 300 指数收益率 ARMA-EV（90%ES）模型估计结果

变量	估计结果	标准误差	t 值	p 值
移动端				
ϕ_1	−0.7337	0.1074	−6.8293	0.0000
θ_1	0.7965	0.0952	8.3636	0.0000
mobileES	−0.0171	0.0097	−1.7642	0.0777
α_1	0.0701	0.0099	7.0897	0.0000
β_1	0.9289	0.0100	92.9259	0.0000
PC 端				
ϕ_1	−0.7334	0.1075	−6.8206	0.0000
θ_1	0.7963	0.0953	8.3537	0.0000
pcES	−0.0205	0.0123	−1.6584	0.0972
α_1	0.0698	0.0098	7.0933	0.0000
β_1	0.9292	0.0100	93.3168	0.0000

表 6-15 沪深 300 指数收益率 GARCH-EV（99%ES）模型估计结果

变量	估计结果	标准误差	t 值	p 值
移动端			
ϕ_1	−0.743 6	0.109 3	−6.801 2	0.000 0
θ_1	0.802 9	0.097 0	8.276 785	0.000 0
α_1	0.087 0	0.001 2	70.157 0	0.000 0
β_1	0.923 6	0.003 4	268.854 6	0.000 0
mobileES	0.000 0	0.000 0	0.000 0	1
PC 端			
ϕ_1	−0.743 6	0.061 4	−12.115 0	0.000 0
θ_1	0.802 9	0.051 1	15.707 2	0.000 0
α_1	0.087 0	0.011 5	7.564 8	0.000 0
β_1	0.923 6	0.008 0	116.139 0	0.000 0
pcES	0.000 0	0.000 0	0.000 0	1

从表 6-13 和表 6-14 中可以看到，mobileES 的和 pcES 的系数显著为负，即风险越大，收益就会越高，这与加入移动端 VaR 外生变量的结果是一致的。尽管在 90% 的置信水平下，mobileES 和 pcES 的系数都显著，但是明显移动端交易偏好的股票指数的风险对沪深 300 指数的收益率的影响更显著。表 6-15 则展示了在 99% 的置信水平下，将 ES 作为外生变量加入波动率方程的估计结果，可以看到，与 VaR 作为外生变量时的结果相似，ES 的系数并不显著。

从以上结果可知，移动端交易偏好股票指数的风险值对沪深 300 指数收益率具有一定的预测能力，但 PC 端交易偏好股票指数的风险值对沪深 300 指数收益率的预测效果一般。当移动端交易偏好股票指数风险值作为均值方程的外生变量时，沪深 300 指数收益率预测模型具有较好的拟合效果，但作为波动率方程的外生变量时，沪深 300 指数收益率预测模型的拟合效果并没有显著提升。

6.6 小　　结

为了探究移动端和 PC 端交易的股票及投资者之间的差异，本章通过 VaR 和 ES 方法对比分析了移动端和 PC 端、融资融券以及不同类型交易者的金融风险差异。研究结果发现：移动端交易比例较高的股票呈现出更高的风险，而 PC 端交易较多的股票风险值较低；个人交易为主的股票比机构交易为主的股票风险更高。

此外，本章分别选取了移动端和 PC 端交易代表性股票，并构建了代表交易终端偏好的指数。考虑到不同交易终端偏好指数包含了中国股市的交易特点与信息，本章将移动端和 PC 端交易代表性股票指数的风险值序列 mobileVaR、pcVaR 作为外生变量加入 ARMA-GARCH 的收益率预测模型中，构建了 ARMA-EV 以及 GARCH-EV 模型，并利用该模型预测沪深 300 指数收益率。通过模型定阶和数据拟合，我们发现模型中加入移动端交易风险值外生变量作为预测指标是有效的，而 PC 端风险变量则对沪深 300 指数收益率影响不大。可见，移动端交易的发展确实给市场带来了一定的影响。

本章的不足之处包括以下几点。

（1）在构建移动端和 PC 端偏好交易代表性股票时，本章仅选取了 20 只股票，且构建指数的方式是等权重的，会忽视规模效应，其后可考虑将更多股票纳入指数构建中，以更全面地反映不同交易终端交易股票的信息特点，另外还可以考虑选择交易量加权、交易金额加权的方式。

（2）本章只用了 2016~2020 年的数据作为研究对象，未来可以研究更长时间段的数据，研究的时间频度可以考虑周和月。在研究过程中，还可以充分考虑重大事件对不同交易终端交易风险的影响，以及在收益率预测时对比稳定期与振荡期的预测效果。

（3）考虑对比加入更多种类型的外生变量后，模型预测效果的变化，加入多期的样本外检测，再通过损失函数等方法对比不同模型的预测能力。

第二篇 互联网金融产品篇

第7章 互联网消费金融与消费者行为研究

7.1 概 述

随着传统金融业越来越多地登上互联网平台，以及以信息技术见长的互联网公司大量开展金融业务，"互联网+金融"的新模式蓬勃发展。传统消费金融与互联网技术结合，产生了互联网消费金融。消费金融作为服务实体经济的普惠金融，主要面向长尾用户，提供无抵押的特定用途贷款或者无特定用途的现金贷款。与普通的信贷相比，其最大的特点就是与个人的日常消费相联系，具有小额、分散的特点。由于覆盖及触及长尾人群，互联网消费金融可能有比传统消费金融更高的风险。

首先，互联网消费金融的快速发展，可从近年来我国移动互联网接入流量增长一窥端倪。根据工业和信息化部的数据，2019年，我国的移动互联网接入流量消费达1220亿GB，比上年增长71.6%，如图7-1所示。据中国互联网络信息中心发布的第45次《中国互联网络发展状况统计报告》，截至2020年3月，我国的网络用户数规模达到9.04亿人，互联网的普及率为64.5%；移动端的用户比例达99.3%；网络购物用户达7.10亿人，占网民比例为78.5%。移动互联网的使用流量正在爆发式增长。

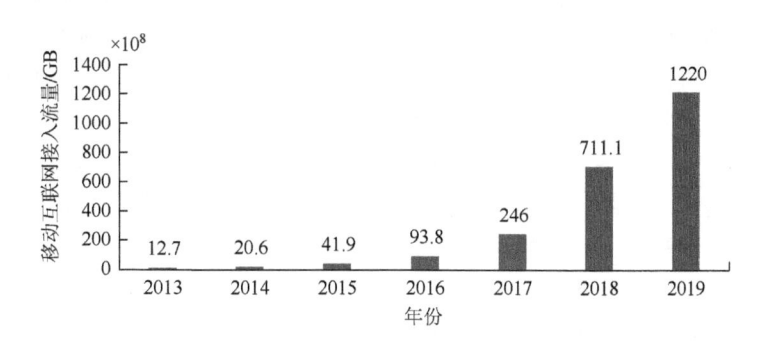

图7-1 移动互联网接入流量

其次，互联网消费金融的快速发展，也得益于我国出台的一系列政策。在过去较长的一段时间里，中国的宏观经济增长是依靠投资拉动的。长期的经济结构失衡为国内的经济发展带来了巨大的压力。在2008年全球金融危机发生后，投资和出口对经济的拉动减弱。因此，国家出台了一系列政策来促进消费，拉动内需。在国家政策的支持下，互联网消费金融产品得到了新的发展契机。根据 Wind 提供的数据，中国互联网消费信贷规模在 2019 年约为 3.4 万亿元，相比上一年增长了 74.91%，如图 7-2 所示。我国的消费贷款整体处在高速发展的阶段。

图 7-2　中国互联网消费金融放贷规模及增速

根据艾瑞咨询的《2018 年中国互联网消费金融行业报告》，2013～2014 年是互联网消费借贷的萌芽阶段，为消费者提供借贷服务进行消费分期付款的创业型公司如雨后春笋，产生了分期乐、趣分期、京东白条、天猫分期购等众多产品。在早期的行业政策环境下，互联网消费金融的发展得到极大的鼓舞。2015 年 6 月 10 日，国务院常务会议做出决定，放开消费金融市场准入，扩大全国消费金融主体。以个人贷款和分期付款为主的互联网消费金融，在改变了消费结构的同时，推动消费金融市场进一步深化。2015～2017 年是行业的成长期，蚂蚁花呗上线，行业规模增速奇快。基于广阔的市场空间和相对宽松的政策环境，互联网消费借贷产业表现出非常高的盈利能力，更多的平台接连推出互联网消费金融产品，产业规模进一步扩大。在互联网消费产品市场不断扩大的过程中，其弊端也开始显山露水。征信技术欠缺、征信系统不健全、为了吸引贷款而盲目授信、对违约用户欠款的收取涉及暴力等问题频频发生。2017 年下半年开始，行业进入整顿期，针对校园贷、现金贷业务规范管理的政策频出。

在经济金融的宏观层面，互联网消费金融作为一种信贷活动，会受到金融系统性波动的影响，同时也可能会对金融体系的稳定性带来冲击。在法律与监管层面，互联网消费金融发展速度过快，导致监管政策和相关法律的制定与颁布存在滞后性。监管不足会加大行业风险，同时也会制约互联网消费金融的创新发展。

7.2 文献回顾

7.2.1 互联网消费金融的界定

在广义上,消费金融就是指与消费者有关的金融活动。Yohe(1979)根据金融的基本功能,梳理了消费金融的定义,认为其可以分为信贷、储蓄、投资、支付与风险管理等。在狭义上,我国的消费金融通常仅指消费借贷,也就是金融机构和其他公司平台等向消费者提供借贷服务,使消费者能够使用借贷的资金进行消费(冯金辉,2010)。本章中的"互联网消费金融"是指狭义上的互联网消费金融,即针对互联网消费信贷产品进行研究。

我国对于"互联网消费金融"有界定的经营管理服务工作范围。中国人民银行等对互联网金融产品的分类进行了明确阐述,分为互联网基金、保险、信托、互联网支付、网络借贷、股权融资以及互联网消费金融等。这几个种类之间互相区分:首先,互联网消费金融与支付相区分,分别由国家金融监督管理总局和中国人民银行监管;其次,互联网消费金融与网络借贷相区分,尤其是网络借贷 P2P 平台归属于民间借贷范畴。此外,根据中国银行业监督管理委员会(简称银监会)2013 年发布的《消费金融公司试点管理办法》,消费金融不包含用于购买房屋和汽车的贷款。黄小强(2015)指出,在我国,互联网消费金融指特定的市场主体出资成立的非存款性借贷公司,以信息通信技术、互联网技术为工具,为了满足消费者对除了房屋和汽车以外的商品服务的消费需求,向用户借款并分期还款的信用借贷活动。

目前市场上既有传统的消费金融进行互联网化诞生的产品,也有凭借互联网技术打造创新的消费借贷产品,其中以互联网企业为主。邵腾伟和吕秀梅(2017)对目前国内的互联网消费金融进行了分类,包括银行体系的消费金融互联网化产品、持牌消费金融公司的互联网化产品、电商平台提供的消费金融产品、主打分期付款的分期购物平台消费金融产品等。

互联网消费金融产品与传统产品的区别就在于借助互联网工具为消费金融的产品设计、服务模式、征信授信、风险控制赋能。互联网技术手段提高了消费金融服务的效率,推动实现了低额度、无担保、无抵押的消费贷款(谢平等,2012)。基于大数据、云计算等互联网技术,互联网消费金融相对传统消费金融更具普惠性,大数据的征信系统和授信降低了平台运营的成本,能够覆盖更多的长尾人群,包括大学生和农民等。

7.2.2 消费者视角下的互联网消费金融

消费者参与互联网消费借贷的行为,往往与消费行为和借贷行为的决策有关。Friedman（1957）认为消费者在决定是否消费时,不仅会考虑自身当下的收入,还会以长远的眼光考虑未来的收入水平;进一步地,他认为个体未来预期的收入水平越高,越易于接受提前消费,也就是贷款消费。Neave（1975）发现风险厌恶程度影响消费者对消费、储蓄和借贷的选择,风险偏好的消费者更愿意采用消费金融,风险厌恶的消费者更愿意选择储蓄并且降低消费额度。Hall 和 Mishkin（1982）认为消费者的消费行为与流动性约束有关。流动性约束是指消费者为了满足消费需求向金融机构、非金融机构或个人贷款时受到的限制。刘金全和邵欣炜（2004）认为我国消费者在消费借贷方面受到了比较强的流动性约束影响。互联网消费金融作为服务实体经济的普惠金融,面向长尾用户,能够更好地覆盖广大中低收入人群,因而可以有效改善消费者个体的流动性约束。

当前,互联网消费金融发展速度非常迅猛,但从消费者角度出发开展的研究仍然比较少。有学者以大学生为对象,研究其使用互联网消费金融的影响因素和相关的信用风险。陈敏和艾柯青（2015）指出大学生群体中网络购物的渗透率高,网购额度通常较低,支付方式的选择受到其支付便捷性的影响。刘思雨（2018）通过问卷调查,发现大学生是否使用互联网消费金融,受到自身创新性等因素的影响。池茜等（2018）基于对大学生使用"花呗"等产品的调查,提出大学生群体需警惕借贷风险。陈思佳（2015）针对大学生发放问卷进行调查,发现他们对互联网消费金融产品的选择和使用往往受到当期资金的流动性、产品的利率优惠和购物场景的优惠活动、周围群体的态度等影响。在从消费者角度开展的研究中,大多都是对大学生群体的关注,群体对象为全年龄层消费者的研究很少。在互联网消费金融产品的信用风险方面,周永圣等（2019）基于蚂蚁花呗案例,研究分析互联网消费金融债权信用,通过对花呗用户的问卷调查发现,用户信用受到基础信息、消费行为和心理三个维度的影响。

7.2.3 互联网消费金融带来的影响

互联网消费金融能够有效拉动消费,从而拉动国民经济的发展。叶湘榕（2015）认为互联网消费金融的出现会改变原有的消费金融行业格局,同时消费金融的贷款规模会增大,消费借贷的效率会得到提升。刘玉（2015）梳理了我国互联网消费金融对国内经济的影响,认为在目前经济减速的情况下,互联网消费金融能够提高消费者的消费水平、优化金融市场结构等。消费信贷对消费者消费行为的促进、刺激作用已有较多学者研究。Zeldes（1989）认为消费信贷的增长会提高人们的消费额度和水平。臧旭恒和李燕桥（2012）发现当期的消费借贷促进了当期的消费行为。在此基础上，作为普惠金融的互联网消费信贷普及性更高，对刺激消费有显著的作用。邵腾伟和吕秀梅（2017）认为互联网消费金融较传统消费金融成本更低，能够更高效地覆盖长尾人群，也就是庞大的中低收入人群。

从对社会的影响角度来看，互联网消费金融推动了人们消费习惯的改变，对传统消费观念造成了影响。互联网消费金融与网购活动在社会各阶层的消费者群体中产生了显著的羊群效应，一些消费观比较传统的居民受到周围环境的影响，也逐渐认可网购与提前消费（田长海和刘锐，2013）。这种羊群效应驱动了社会各阶层群体的借贷消费，在推动国内实体经济增长的同时提高了社会整体经济的杠杆率（邵腾伟和吕秀梅，2017）。

此外，互联网消费金融为社会、经济、金融等领域也带来了负面的影响。方执向（2018）认为在参与了互联网消费金融后，大学生更加易于做出冲动消费行为。程雪军（2019）从宏观层面提出互联网消费借贷发展过快可能会给宏观经济带来风险，2008～2017年年底，短期消费贷款在住户部门债务中的占比从7.3%增至16.8%，加大了系统性金融风险。

综上，狭义上的互联网消费金融（即互联网消费信贷）发展时间较短，相关的研究刚刚起步。基于消费者的研究能够更好地反映市场需求，分析互联网消费借贷产品的使用现状，发现产品本身的缺陷及行业存在的风险。本章的研究将从消费者的角度，基于问卷调查收集一手数据，深入研究消费者参与互联网消费金融的动机、行为和结果。在消费动机方面，本章深入调研消费者选择使用互联网消费金融的驱动因素。在使用行为方面，针对用户使用过程中的违约行为进行信用风险影响因素分析。在影响方面，我们尝试对互联网消费金融是否提高了消费者的消费额度、促进了消费者的非理性消费行为进行调查研究。综合三个维度来看，我们分析消费者选择使用互联网消费金融的动机、个人信用风险的影响因素以及互联网消费金融的使用反过来对消费者消费行为的刺激影响。在此基础上，本章将为互联网消费金融的产品设计、信用风险管理、政策监管等方面带来启示意义。

7.3 理论基础和研究假设

7.3.1 消费者行为理论

理性行为理论（theory of reasoned action，TRA）：Ajzen和Fishbein（1980）

建立了 TRA，主要用于分析态度如何有意识地影响个体行为，关注基于认知信息的态度形成过程，其基本假设是认为人是理性的，在做出某一行为前会综合各种信息来考虑自身行为的意义和后果。不足之处在于当消费者的使用行为受到自身能力、认知、资源等因素限制时，TRA 就不能很好地解释消费者的行为。

计划行为理论（theory of planned behavior，TPB）：在 TRA 的基础上，Ajzen（1985）加入感知行为控制因素，建立了 TPB，以改善和提高模型的预测性和有效性。感知行为控制因素是指个人感知某种使用行为的难易程度。同时，使用行为还受到个人能力、知识的影响。消费者越认为某种使用行为容易控制、容易完成，就会有越高的使用意愿。后续学者在 TPB 的基础上再分解使用态度、感知行为控制等因素，建立了分解 TPB（Taylor and Todd，1995）。其中，加入了感知有用性和易用性两个变量，对使用意愿产生影响；感知行为控制的影响变量可以拆解为消费者对自身能力的判断、资源条件以及技术便利性。

技术接受模型（technology acceptance model，TAM）：Davis 等（1989）运用 TRA 研究用户对信息系统的接受度时提出了 TAM。TAM 包括两个决定性因素：感知的有用性和感知的易用性，它是 TPB 模型的优化。TAM 认为行为意愿受到感知有用性与感知易用性的影响。感知有用性和感知易用性都受到外界因素的影响，同时，感知易用性对感知有用性有促进作用。模型没有对外界变量设定具体规范，研究者可根据实际情况设计。围绕 TAM，学术界进行了大量关于互联网产品的采纳研究。例如，Venkatesh 和 Davis（2000）构建了 TAM2 模型，将感知有用性拆分、解释为主观规范、工作相关性、输出质量等因素。王莉等（2008）基于 TAM-VCE（virtual customer environments，虚拟客户参与平台）模型来研究客户网上参与产品开发意愿的影响因素。杨翾等（2016）基于 TAM/TPB 模型研究感知风险对用户信任及其行为的影响。

整合型技术接受模型（unified theory of acceptance and use of technology，UTAUT）：Venkatesh 等（2003）在 TAM 的基础上，加入了促成因素，构建了 UTAUT。促成因素是指消费者主观地认为目前可以获得的对使用此产品的支持程度，直接作用于使用行为。例如，互联网消费金融产品平台方为了吸引客户、降低贷款的利率、在关联购物场景中提供购物优惠等，对消费者的使用行为产生促进作用。对于其他几个新设因素，绩效期望是指这种产品能够改善某项活动或成果的幅度，类似于感知有用性；社群影响代表周围群体的表态带来的影响；努力期望代表使用此产品需要付出努力的程度，类似于感知易用性。

消费者感知风险理论：Bauer（1960）最早提出了消费者感知风险因素，从心理学的角度出发定义了感知风险。感知风险是指消费者对消费过程中存在的不确定性的感知程度。消费者感知到的风险主要来自财务、安全、社会等方面。在互联网化的环境下，人们的个人信息安全意识越来越高。Featherman（2001）

发现隐私安全风险因素对网络产品服务的使用意愿有显著影响。刘德文和姚山季（2016）在研究消费者对第三方支付的使用行为时，结合 TAM 与感知风险，证实了感知风险因素会降低使用意愿。杨翾等（2016）研究了消费者对互联网金融理财产品的使用，认为感知风险因素通过影响"消费者信任"，间接影响了使用行为。

消费者创新性（innovativeness）理论：消费者创新性是指消费者接受、使用新产品或新服务的难易程度。消费者的创新性因素越高，越容易接受并采用新产品或新服务。Rogers（2003）定义消费者创新性因素为个体比周围人群更早、更容易接受创新的程度。创新性强的个体更易于接受新观念，也会更早地尝试新产品和新服务。张红红等（2010）发现创新性因素对个人使用创新科技产品的意愿有正向作用。Liu 和 Forsythe（2011）发现，更早愿意接受、使用网络的个体，之后会更高频地使用网络，同时与其他人相比更愿意使用网络购物。

7.3.2 研究变量和研究假设

对于消费者选择使用互联网消费金融的动机研究，本章在 TAM 的基础上，结合 UTAUT 模型，加入社群影响、促成因素、创新性因素以及感知风险，同时改进使用行为变量，在过去度量"是否使用"的基础上，通过使用频率、额度的分级量化使用行为程度。本章采用的动机研究理论模型如图 7-3 所示。

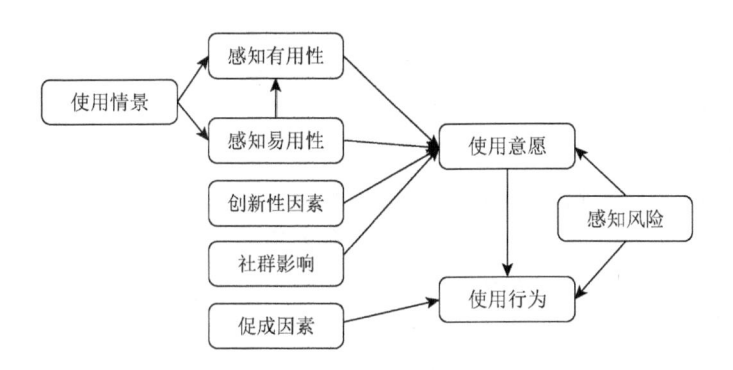

图 7-3 消费者使用互联网消费金融驱动因素研究模型

这里定义的"使用行为"不仅测量消费者是否做出使用产品的行为，还包含了对消费者使用此产品的额度及频率的度量，即设计为度量消费者从完全不使用、低额或低频使用到高额或高频使用等的不同行为程度。

使用情景因素为感知易用性、感知有用性的前置因素，可以理解为影响其使用互联网消费金融产品的个人条件和环境条件。如果使用情景适合，将会相应地提高我们的感知有用性和感知易用性。

社群影响被定义为周围人群的使用和传播、社会环境对互联网消费金融的接纳程度和态度，如媒体的报道、网民的评价、发行产品公司的声誉。通常，周围环境对某产品服务的态度越积极正面，个人使用的意愿越强烈。

互联网消费金融融合了金融和科技，属于创新性的新金融。消费者在做选择时，自身的创新性会影响消费者是否愿意主动了解这类产品，去主动认识互联网消费金融的功能、易用性等，从而促进其接受并使用互联网消费产品。

由于互联网消费金融产品涉及付款、交易、借贷，在互联网环境下具备较高的安全性风险。使用互联网消费贷款，使用者可能面临无法按时还款、还款压力过大的财务风险和违约风险。同时，在互联网金融产品的快速发展中也存在不少爆雷事件，消费者在面对互联网消费金融产品时很可能受到感知风险的影响。

促成因素是指环境上对于此产品的使用的支持程度。例如，互联网消费金融平台为用户降低贷款的利率或进行优惠，为用户在产品嵌入的购物场景中提供购物优惠等。这些会正面影响消费者对此类产品的使用行为。我们假设这些条件直接对消费者使用互联网消费借贷的行为和程度有促进作用。

根据 TAM 的原始结构，使用意愿直接作用于使用行为。

基于以上分析，我们提出以下 11 个假设。

假设 H1：使用情景对感知有用性有正向影响。

假设 H2：使用情景对感知易用性有正向影响。

假设 H3：感知易用性对感知有用性有正向影响。

假设 H4：感知有用性对使用意愿有正向影响。

假设 H5：感知易用性对使用意愿有正向影响。

假设 H6：社群影响对使用意愿有正向影响。

假设 H7：创新性因素对使用意愿有正向影响。

假设 H8：感知风险对使用意愿有负向影响。

假设 H9：感知风险对使用行为有负向影响。

假设 H10：促成因素对使用行为有正向影响。

假设 H11：使用意愿对使用行为有正向影响。

本章将要探究的影响使用意愿和使用行为的七个变量具体设定如表 7-1 所示。这部分变量使用利克特五等分量表，"非常同意"记 5 分，"比较同意"记 4 分，"中立"记 3 分，"比较不同意"记 2 分，"非常不同意"记 1 分。

表 7-1 动机研究变量设定

变量	题项	解释
使用情景	UC1	当资金紧张，不足够支付时，我会使用互联网消费金融产品
	UC2	当突然急需购买某件产品或服务，而未提前准备好充足资金时，我会使用互联网消费金融产品
促成因素	FC1	当平台有消费促销活动或利率优惠活动时，我会使用互联网消费金融产品
	FC2	当互联网消费金融产品的利率及分期费率低于其他贷款方式时，我会使用它
	FC3	当互联网消费金融产品提供的可贷款额度和期限优于其他贷款方式时，我会使用它
感知有用性	PE1	互联网消费金融可以满足我的消费需求，提高我当前的消费水平
	PE2	使用互联网消费金融能够缓解资金压力，对我来说是有用的
	PE3	我认为使用互联网消费金融能够提高我消费活动的绩效
感知易用性	PU1	互联网消费金融平台/APP 操作简单，易于使用
	PU2	互联网消费金融产品在网购、线下等消费场景中支付很方便
	PU3	互联网消费金融产品的还款渠道丰富、还款方式非常便捷
	PU4	总的来说，使用互联网消费金融产品不会花费我很多精力，很方便
社群影响	SI1	我周围的朋友、同事、同学、家人、亲戚等在使用互联网消费金融产品
	SI2	互联网消费金融产品在媒体和周围社交平台（微信、微博等）上得到普遍认可或正面评价
	SI3	我所在的群体认同互联网消费金融产品的使用
创新性因素	PIIT1	我乐于尝试新产品或新服务
	PIIT2	我是个乐于接受新观点和新事物的人
	PIIT3	与我圈子中其他人相比，我会较早使用新产品和新服务
感知风险	PR1	互联网消费金融产品平台上存在个人信息资料的泄露风险
	PR2	我担心互联网消费金融交易环境的安全性，带来财务损失
	PR3	我担心逾期还款对个人征信记录的影响
	PR4	欠债存在风险，会给我带来心理压力
	PR5	互联网消费金融平台监管不健全

表 7-2 列出了使用意愿及使用行为变量的各个测量题项。使用意愿变量同样使用利克特五等分量表；使用行为变量按照以下问题内容测量使用频率和额度，由低至高分别记 0~3 分。

表 7-2　使用意愿与使用行为变量设定

变量	题项	解释
使用意愿	UI1	我愿意使用互联网消费金融产品
	UI2	我对使用互联网消费金融产品持认可态度
	UI3	总的来说，我对互联网消费金融的评价是正面的
使用行为	UB1	每月消费金额中，借贷金额的占比约为：0%；20%以下；20%~50%；50%以上
	UB2	您使用互联网消费金融贷款进行消费的频率，约为每周：0/从不使用；1~2次/偶尔使用；3次以上/经常使用

7.4　实证分析

7.4.1　数据

我们进行了调查问卷的预调研，以发现问卷在表述和问题设计等方面的问题。预调研发放并收集了 50 份有效问卷。根据初步调研结果和后续的研究需求，我们对问题进行修改，使语义表达完善，以保证问卷的可行性。

我们将修改完善后的问卷进行发放，共进行了两次问卷的发放与调查。

（1）第一次问卷调查在 2019 年 12 月，采用问卷星电子问卷形式以及纸质问卷形式，在社交媒体、问卷平台、线下等渠道场景进行发放。其间共收回 387 份问卷，其中有效问卷 375 份。

在收集了第一次问卷调查的样本后，先对消费者动机调研部分的七个维度变量进行信度分析，采用克龙巴赫（Cronbach）α 系数来进行衡量。α 系数小于 0.6 表示内部信度较低，为 0.7~0.8 表示量表信度达标，达到 0.8~0.9 表示量表的各题项之间信度非常好。其中，若某题项的修正的项目总相关（corrected item-total correlation，CITC）系数小于 0.3，则该题项需考虑删除。我们通过对第一次问卷调查结果的信度分析，调整、删除了动机研究中的部分题项，随后根据第一次问卷调查的整体效果改良了问卷部分变量，删除了多余的无效问题，新增了部分研究问题。

（2）为了优化问卷调查结果、提高实证分析的准确性，我们后续进行了第二次问卷调查，扩大了样本，其间共收集了 1209 份问卷。通过在问卷中设置对被调查者是否认真审题填写的检测问题，筛除了 94 份未通过检测的问卷，共收集有效问卷 1015 份。第二次问卷调查结果的信度及效度都有所提高。

本次问卷调查对象涵盖多个年龄层、不同城市等级、多个省市。其中以 18~40 岁人群为主体，由于通过线上电子问卷调查方式，由图 7-4 中的地区分布可见，样本在全国省市间呈分散分布。为了图片展示方便，图中仅标注了主要的省市名称，其余未标出。

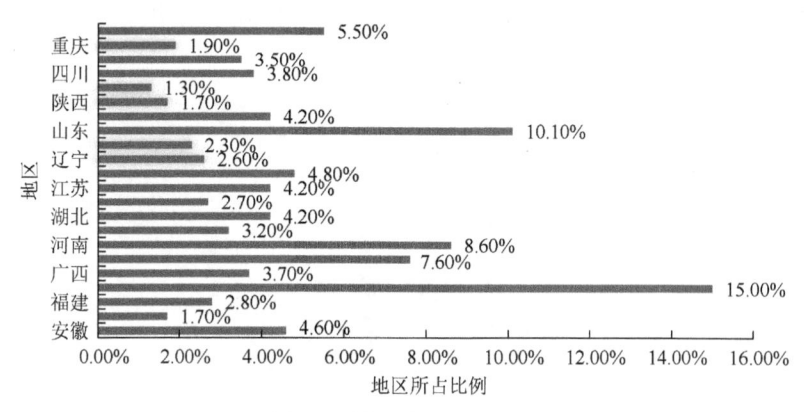

图 7-4 被调查者地区分布

在被调查者中，男性占比 60.5%，女性占比 39.5%。在年龄分布上，18～25 岁的被调查者占比 30.1%，26～30 岁的被调查者占比 43.6%，31～40 岁的被调查者占比 22.8%，低于 18 周岁以及高于 40 岁的被调查者较少（表 7-3）。总体而言，年龄分布涵盖了大学生、年轻上班族及中年人群。本问卷调查对象以大学生和白领为主，这与行业报告数据显示的"网购消费人群主体为大学生和工作白领"相一致。在教育水平方面，问卷被调查者最高学历为大学本科的占多数。

表 7-3 问卷样本基本信息统计分析

特征变量	分类	样本数	占比
性别	男	614	60.5%
	女	401	39.5%
年龄	18 岁以下	17	1.7%
	18～25 岁	306	30.1%
	26～30 岁	443	43.6%
	31～40 岁	231	22.8%
	41～50 岁	15	1.5%
	51 岁及以上	3	0.3%
教育水平	初中及以下	18	1.8%
	高中	115	11.3%
	大学本科	777	76.6%
	硕士研究生	92	9.1%
	博士研究生	13	1.2%

在经济情况分布上（图 7-5），被调查者月均可支配收入在 3000~9000 元的人群占比最高，共占总样本的 54.20%；而被调查者的月均消费水平更集中地分布于 3000 元以下以及 3000~6000 元的消费金额区间，占比达 75.70%。

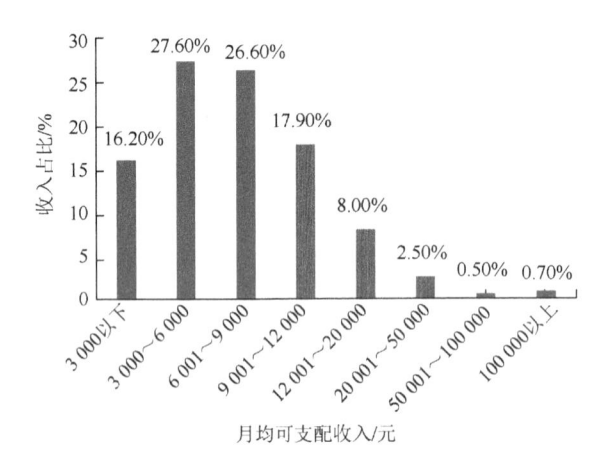

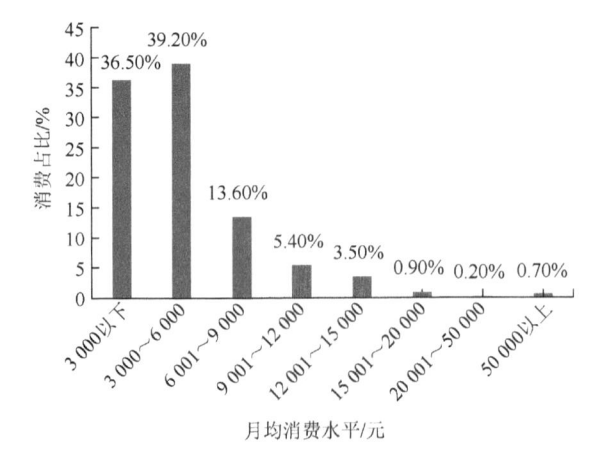

图 7-5　被调查者月均可支配收入和月均消费水平的分布

除了房产、车产的消费，被调查者消费借贷需求的分布如图 7-6 所示，可见超过 60%的人认为在合理范围内有借贷需求。

如果有消费借贷需求，被调查者愿意选择的借贷渠道分布如图 7-7 所示。此题项设置为多选题。比较各借贷方法，信用卡仍然为选择最多的借款渠道，72.10%的被调查者表示愿意选择信用卡，紧随其后的是互联网消费金融产品，64.60%的被调查者会选择使用互联网消费金融产品。其余渠道按照选择使用概率由高到低依次为线下银行贷款、向亲朋好友借款、民间贷款机构（包括 P2P）以及非银行正规金融机构。

第 7 章 互联网消费金融与消费者行为研究

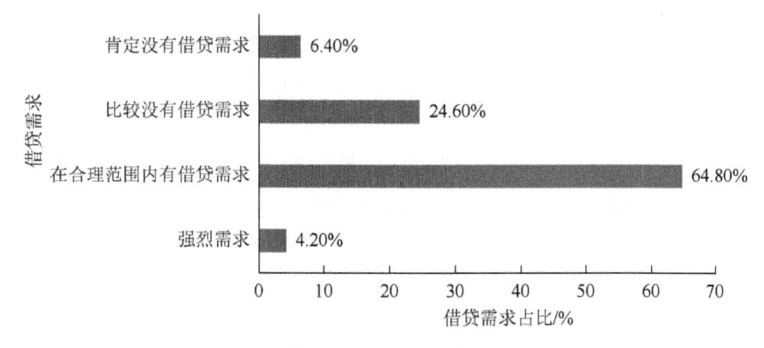

图 7-6 被调查者消费借贷需求分布

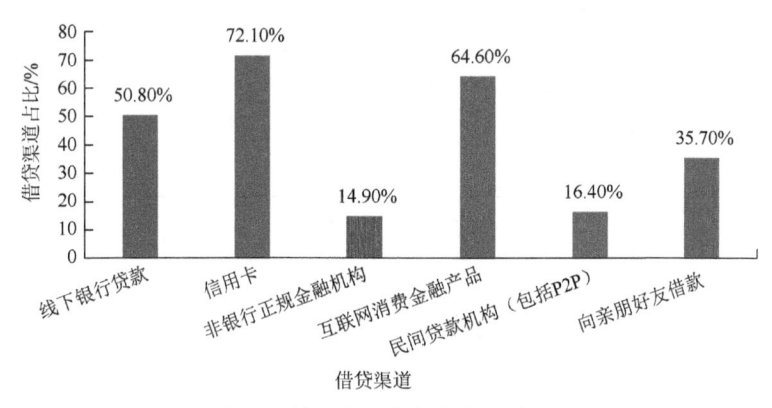

图 7-7 被调查者意向借贷渠道分布

被调查者对部分常见的互联网消费借贷产品的了解情况分布如图 7-8 所示。92.40%的被调查者认识或了解蚂蚁花呗、借呗产品；77.40%的被调查者了解京东白条。其次，融 e 购、微粒贷、招联金融、分期乐也依次有 25.30%、38.30%、24.90%、

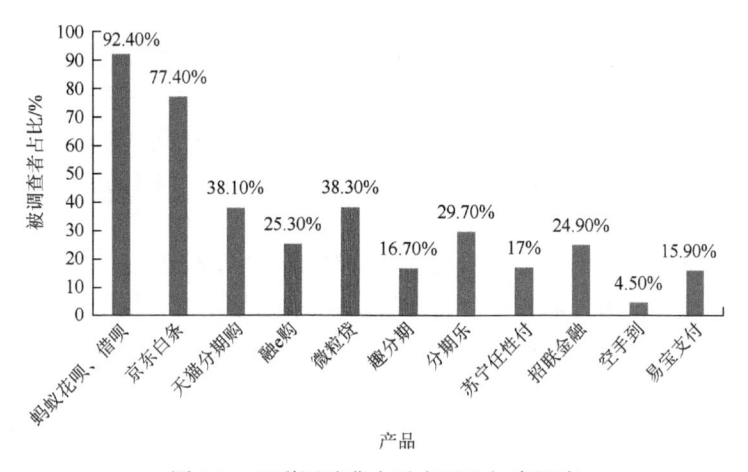

图 7-8 互联网消费金融产品认知度调查

29.70%的普及率,这些产品平台分别为银行、持牌消费金融公司、独立运营的分期购物平台。目前互联网消费金融快速发展,在短短几年内已达到相对较高的渗透率水平。

对于通过何种渠道认识互联网消费金融,被调查者的了解渠道分布如图7-9所示。其中有72.50%的被调查者表示通过电商平台优惠活动增加了对互联网消费金融的了解,与电商平台互联网消费金融产品普及率最高相对应。

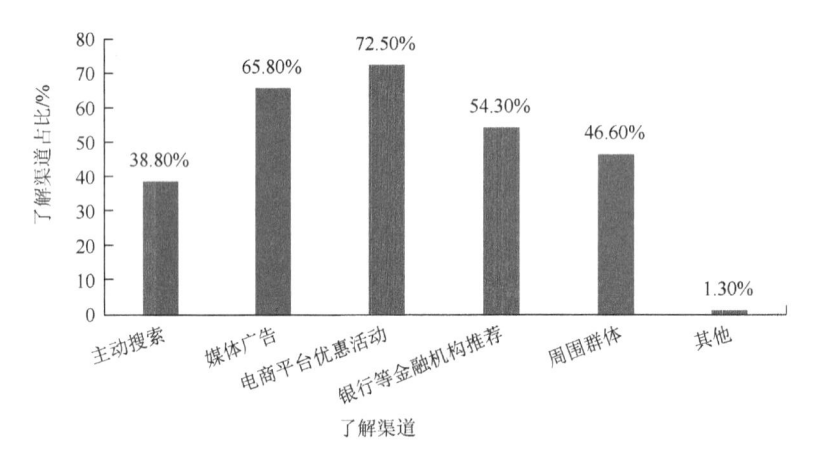

图7-9 互联网消费金融了解渠道调查

此外,对于使用互联网消费金融时,逾期还款行为对个人征信的影响,约有10%的消费者不太了解;对于互联网消费金融的利率,约有15%的消费者不了解。根据调查,被调查者中,58.4%的人认同互联网消费金融属于普通贷款服务,62.2%的人认为其属于一种理财规划,76%的人认为其属于创新性金融,而仅10.2%的人认为它是高利贷。

总体而言,互联网消费金融产品目前已渗透到我们的日常生活中,尤其是电商平台类互联网消费金融,普及率非常高。目前消费者对互联网消费金融的认知处在良好的水平,但仍有10%~15%的消费者不了解,对其认知度较低。

在是否使用过互联网消费金融方面,调查结果显示,94%的被调查者使用过,说明此类产品的渗透率已达到较高水平。

按产品类别分类,分别统计被调查者的使用行为及频率。在被调查者样本中,91.1%的被调查者使用过电商平台类产品,64.5%的被调查者使用过银行类消费金融互联网化产品,48.9%的被调查者使用过持牌消费金融公司类,48.1%的被调查者使用过独立运营平台的、以分期还款消费为主的互联网消费贷款。在使用频率上,电商平台类产品最高。

鉴于九成以上的被调查者均使用过电商平台类消费金融产品,我们也对被调

第 7 章 互联网消费金融与消费者行为研究

查者的使用行为数据进行了分品类的拆分,见表 7-4。其中,205 人仅使用过电商平台类互联网消费借贷产品;包括电商平台类在内,其他三种互联网消费金融产品也均使用过的共有 361 人。

表 7-4 被调查者使用行为统计分析

产品	从不使用/%	偶尔使用/1~2 次/%	经常使用/3~5 次/%	频繁使用/5 次以上/%
银行类消费金融互联网化产品(如融 e 购、微粒贷)	35.60	46.80	14.90	2.70
电商平台类产品(蚂蚁花呗、借呗、京东白条、苏宁任性付、天猫分期、苏宁零钱贷等)	8.90	33.50	36	21.60
持牌消费金融公司类平台产品(如易宝支付、空手到)	51.20	31.10	13.80	3.90
主打分期购物平台产品(趣分期、分期乐等)	51.90	34.40	11.50	2.2

对于使用过程中存在逾期还款行为的用户,我们针对其逾期还款的原因进行了调查,得到的结果如图 7-10 所示。在本问卷调查中,发生过逾期还款行为的用户样本共有 257 份,其中 60.7%的用户表示逾期还款原因包括忘记还款或记错还款期限,56.8%的用户表示存在资金短缺而无法按时还款的情况。

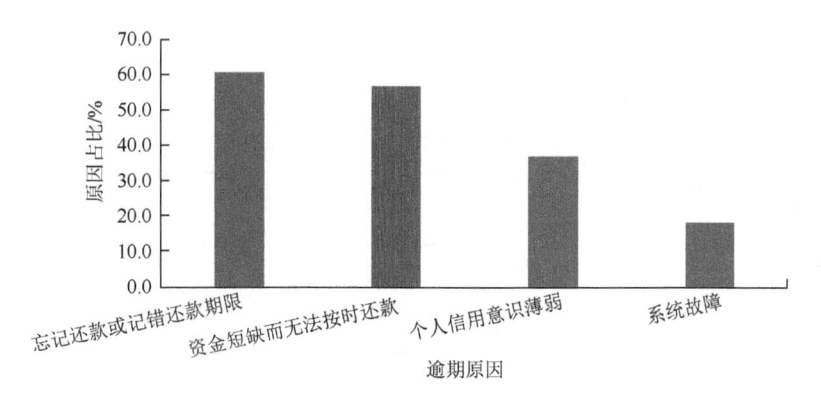

图 7-10 逾期还款用户的逾期原因调查

鉴于目前互联网移动端的普及以及互联网移动流量的高速增长,我们同时对消费者使用互联网消费金融的设备进行了调查。如图 7-11 所示,结果表明,有 94.97%的用户通过手机移动端使用互联网消费金融产品。目前移动端互联网的覆盖率达到了相当高的水平,手机的使用几乎覆盖所有用户。

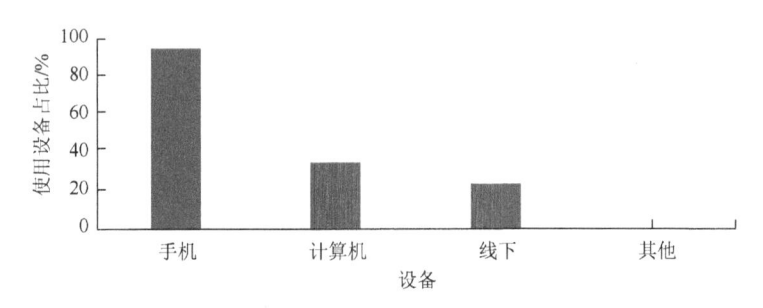

图 7-11 被调查者使用互联网消费金融的设备调查

7.4.2 消费者选择使用互联网消费金融的驱动因素

首先，进行信度分析。信度分析是用来考察问卷量表是否可行，度量一个因素变量的各题项之间的一致性。信度分析的方法主要有一致性系数、折半信度、重测信度等。本章主要使用一致性系数分析（克龙巴赫 α 系数）的方法，检测每个因素变量下的细分问题调查的内容或目标是否一致或相似。通过预调研剔除 CITC 系数过小的变量之后，结果如表 7-5 所示。

表 7-5 动机研究模型信度分析结果

因素	题项	CITC 系数	剔除 CITC 过小的变量后的 α 系数	克龙巴赫 α 系数
使用情景	UC1	0.696	—	0.821
	UC2	0.696	—	
促成因素	FC1	0.630	0.788	0.817
	FC2	0.686	0.731	
	FC3	0.693	0.725	
感知有用性	PE1	0.631	0.715	0.790
	PE2	0.629	0.717	
	PE3	0.632	0.713	
感知易用性	PU1	0.676	0.700	0.844
	PU2	0.703	0.783	
	PU3	0.692	0.694	
	PU4	0.650	0.816	
社群影响	SI1	0.592	0.764	0.792
	SI2	0.637	0.714	
	SI3	0.676	0.675	
创新性因素	PIIT1	0.627	0.661	0.769
	PIIT2	0.643	0.653	
	PIIT3	0.547	0.757	

续表

因素	题项	CITC 系数	剔除 CITC 过小的变量后的 α 系数	克龙巴赫 α 系数
感知风险	PR1	0.617	0.817	0.842
	PR2	0.671	0.806	
	PR3	0.519	0.835	
	PR4	0.518	0.836	
	PR5	0.692	0.802	
使用意愿	UI1	0.701	0.772	0.837
	UI2	0.717	0.756	
	UI3	0.679	0.792	
使用行为	UB1	0.577	—	0.727
	UB2	0.577	—	

根据信度分析结果，每个变量的 CITC 系数均在 0.5 以上，每个因素的克龙巴赫 α 系数均在 0.7 以上，说明信度较好。部分因素的克龙巴赫 α 系数超过 0.8，说明这部分因素的信度很好。问卷数据通过信度检验后，可用于进一步分析。

其次，进行效度分析。效度分析的目的是度量本次的问卷所设定的量表，能否对调查问题进行有效的测量。效度分析分为内容效度检验和结构效度检验。

（1）在内容效度检验方面，问卷设计参考了消费者接受和采用行为的基础理论，在以往学者构建的模型基础上，结合互联网消费金融产品的特性和实际情况进行了调整，因而本章研究的问卷具有较好的内容效度。

（2）在结构效度检验方面，选用因子分析方法来检测。离析七个维度因素的所有测量题项的公因子，对比其与问卷设定模型是否基本一致。在进行因子分析前，先对七种因素变量的所有数据进行 Bartlett 球形检验以及 KMO（Kaiser-Meyer-Olkin）测度。如表 7-6 所示，KMO 值达到 0.943，超过 0.9，表示数据具备很高的效度，并且 Bartlett 球形检验达到显著水平，表明可以进行因子分析。

表 7-6　动机研究模型效度分析结果

检验		取值
KMO 值		0.943
Bartlett 球形检验	近似卡方	11 222.882
	df	253
	p 值	0.000

下面对样本数据自变量进行探索性因子分析，采用主成分分析抽取因子和最

大方差旋转，得到因子结构旋转矩阵如表 7-7 所示。23 个测度指标被提取为 7 个大因子，大因子中每个研究项对应的共同度值均大于 0.5，说明数据效度较高，这 7 个因子能够解释大部分变量，有效提取绝大部分信息。因子 1 对应"促成因素 FC"，因子 2 对应"感知易用性 PU"，因子 3 对应"感知风险 PR"，因子 4 对应"创新性因素 PIIT"，因子 5 对应"社群影响 SI"，因子 6 和因子 7 分别对应"感知有用性 PE"和"使用情景 UC"。

表 7-7 动机研究变量因子结构旋转矩阵

题项	因子1	因子2	因子3	因子4	因子5	因子6	因子7	共同度
UC1	0.060	0.200	−0.050	0.301	0.230	0.133	**0.702**	0.700
UC2	0.032	0.193	−0.022	0.171	0.283	0.054	**0.743**	0.704
FC1	**0.696**	0.178	0.008	0.136	0.232	0.210	0.043	0.63
FC2	**0.759**	0.244	−0.005	0.127	0.091	0.238	0.026	0.717
FC3	**0.698**	0.261	0.025	0.166	0.130	0.248	0.035	0.664
PE1	0.193	0.225	0.039	0.271	0.172	**0.724**	−0.002	0.717
PE2	0.303	0.286	0.019	0.203	0.324	**0.574**	0.025	0.650
PE3	0.298	0.143	0.003	0.130	0.176	**0.773**	0.025	0.756
PU1	0.277	**0.675**	0.035	0.166	0.292	0.141	0.069	0.671
PU2	0.287	**0.752**	0.040	0.147	0.245	0.090	0.062	0.742
PU3	0.261	**0.733**	0.076	0.197	0.151	0.193	0.047	0.713
PU4	0.228	**0.622**	−0.021	0.264	0.172	0.327	0.076	0.652
SI1	0.263	0.314	0.061	0.134	**0.677**	0.099	0.039	0.659
SI2	0.264	0.191	−0.018	0.153	**0.710**	0.273	0.037	0.710
SI3	0.278	0.246	−0.025	0.158	**0.730**	0.216	0.042	0.745
PIIT1	0.307	0.188	−0.041	**0.707**	0.140	0.191	0.089	0.694
PIIT2	0.214	0.266	−0.026	**0.771**	0.085	0.116	0.156	0.757
PIIT3	0.167	0.139	0.089	**0.726**	0.190	0.211	−0.118	0.677
PR1	0.044	0.019	**0.836**	0.027	0.069	0.041	0.131	0.725
PR2	0.008	−0.004	**0.861**	0.026	−0.009	0.024	0.138	0.761
PR3	0.051	0.120	**0.760**	0.073	0.077	0.066	0.307	0.705
PR4	−0.033	0.030	**0.803**	0.015	0.012	−0.024	0.292	0.733
PR5	0.014	0.074	**0.731**	−0.035	−0.053	−0.035	0.307	0.640

注：表中加粗数值指该题项在 7 个因子上（每一行的角度看）对应系数（即载荷）最大

如表 7-8 所示，其中共有 7 个因子，旋转后累积方差解释率达到 70.109%，超过 50%，意味着问卷变量的问题研究项可以有效提取大部分的信息量。

表 7-8 动机研究变量旋转后累积方差解释率

指标	因子 1	因子 2	因子 3	因子 4	因子 5	因子 6	因子 7
特征根值（旋转前）	8.753	2.743	1.124	1.058	0.938	0.756	0.753
方差解释率（旋转前）/%	38.058	11.925	4.887	4.600	4.077	3.286	3.276
累积方差解释率（旋转前）/%	38.058	49.983	54.870	59.470	63.547	66.833	70.109
特征根值（旋转后）	3.479	2.678	2.185	2.166	2.146	2.042	1.429
方差解释率（旋转后）/%	15.127	11.643	9.498	9.419	9.333	8.878	6.211
累积方差解释率（旋转后）/%	15.127	26.770	36.268	45.687	55.020	63.898	70.109

最后，我们关注模型的假设检验。在变量和测量指标较多的假设检验中，运用结构方程模型（structural equation modeling，SEM）进行建模，假设检验效果较好。这是由于结构方程模型结合了因果分析和路径分析，可以多层次、比较立体地分析多个变量之间的影响关系，包括直接的和间接的路径影响。它包含观测变量和结构（潜）变量，观测变量是可以直接测量的，如问卷中的各个细分题项；而潜变量是指无法直接观察的变量，如感知易用性和感知有用性。因此，本节将使用结构方程模型对动机研究的假设进行检验。

根据表 7-9 所示的模型拟合优度结果，卡方统计量 χ^2 与自由度 df 之比小于 3；近似均方根误差（root mean square error of approximation，RMSEA）小于 0.10；规范拟合指数（normed fit index，NFI）为 0.934，大于 0.9；比较拟合指数（comparative fit index，CFI）为 0.957，大于 0.9，均方根残差（root mean residual，RMR）为 0.033，小于 0.05，基本达到所有指标的判断标准。总体来说，模型拟合优度较好 [拟合优度指数（goodness-of-fit index，GFI）、CFI、NFI、非赋范拟合指数（non-normed fit index，NNFI）的建议参考标准为大于 0.85 为达标，大于 0.9 更佳]。

表 7-9 动机研究模型拟合优度结果

常用指标	判断标准	指标值
χ^2	—	928.874
df	—	329
p	<0.05	0.000
χ^2/df	<3	2.823

续表

常用指标	判断标准	指标值
GFI	>0.9	0.936
RMSEA	<0.10	0.042
RMR	<0.05	0.033
CFI	>0.9	0.957
NFI	>0.9	0.934
NNFI	>0.9	0.950

根据表 7-10 的检验结果可知，使用情景与感知有用性、感知易用性存在显著正相关关系，同时感知易用性对感知有用性具有正向促进作用。感知有用性、感知易用性、社群因素、创新性因素与使用意愿存在显著正相关关系，其中，从结构方程的路径系数上看，按相关性大小排序依次是感知有用性、创新性因素、社群影响、感知易用性。此外，对于使用行为变量，感知风险因素有显著负向影响，促成因素有显著正向影响，同时使用意愿显著正向影响使用行为。

表 7-10 动机研究模型回归系数汇总

X	路径影响方向	Y	非标准化路径系数	z	标准误	p	标准化路径系数
使用情景	→	感知易用性	0.834	21.574	0.039	0.000	0.850
使用情景	→	感知有用性	0.646	9.931	0.065	0.000	0.694
感知易用性	→	感知有用性	0.173	2.729	0.063	0.006	0.182
感知易用性	→	使用意愿	0.137	2.293	0.060	0.022	0.128
感知有用性	→	使用意愿	0.383	5.604	0.068	0.000	0.340
社群影响	→	使用意愿	0.221	3.675	0.060	0.000	0.195
创新性因素	→	使用意愿	0.287	6.303	0.046	0.000	0.287
感知风险	→	使用意愿	−0.004	−0.172	0.024	0.864	−0.004
使用意愿	→	使用行为	0.198	4.613	0.043	0.000	0.263
感知风险	→	使用行为	−0.128	−5.126	0.025	0.000	−0.182
促成因素	→	使用行为	0.204	4.546	0.045	0.000	0.259

然而，感知风险对使用意愿的影响不显著，其相关性无法判断。因此删除它们之间的路径影响关系，再次对修正之后的模型进行检验，结果如表 7-11 所示。此时修正后的模型，各变量路径影响关系都达到了显著水平。

表 7-11 动机研究模型修正后回归系数汇总

X	路径影响方向	Y	非标准化路径系数	z	标准误	p	标准化路径系数
使用情景	→	感知有用性	0.834	21.574	0.039	0.000	0.850
使用情景	→	感知易用性	0.646	9.930	0.065	0.000	0.693
感知易用性	→	感知有用性	0.173	2.730	0.063	0.006	0.182
感知易用性	→	使用意愿	0.136	2.274	0.060	0.023	0.127
感知有用性	→	使用意愿	0.383	5.606	0.068	0.000	0.340
社群影响	→	使用意愿	0.222	3.686	0.060	0.000	0.196
创新性因素	→	使用意愿	0.287	6.305	0.046	0.000	0.287
使用意愿	→	使用行为	0.198	4.619	0.043	0.000	0.263
感知风险	→	使用行为	−0.128	−5.149	0.025	0.000	−0.182
促成因素	→	使用行为	0.204	4.545	0.045	0.000	0.259

模型的拟合指标如表 7-12 所示，拟合优度指标均显示良好，卡方统计量与自由度之比小于 3，说明模型拟合优度较好。

表 7-12 动机研究模型修正后拟合指标

常用指标	判断标准	指标值
χ^2	—	928.902
df	—	330
p	<0.05	0.000
χ^2/df	<3	2.815
GFI	>0.9	0.936
RMSEA	<0.10	0.042
RMR	<0.05	0.033
CFI	>0.9	0.957
NFI	>0.9	0.934
NNFI	>0.9	0.950

最终，模型的总体评价见表 7-13。

表 7-13 动机研究的假设检验结果

假设	检验结果
假设 H1：使用情景对感知有用性有正向影响	成立
假设 H2：使用情景对感知易用性有正向影响	成立
假设 H3：感知易用性对感知有用性有正向影响	成立

续表

假设	检验结果
假设 H4：感知有用性对使用意愿有正向影响	成立
假设 H5：感知易用性对使用意愿有正向影响	成立
假设 H6：社群影响对使用意愿有正向影响	成立
假设 H7：创新性因素对使用意愿有正向影响	成立
假设 H8：感知风险对使用意愿有负向影响	不成立
假设 H9：感知风险对使用行为有负向影响	成立
假设 H10：促成因素对使用行为有正向影响	成立
假设 H11：使用意愿对使用行为有正向影响	成立

去除无显著相关性的变量，修正后的最终模型结果如图 7-12 所示，图中虚线为影响关系不成立。

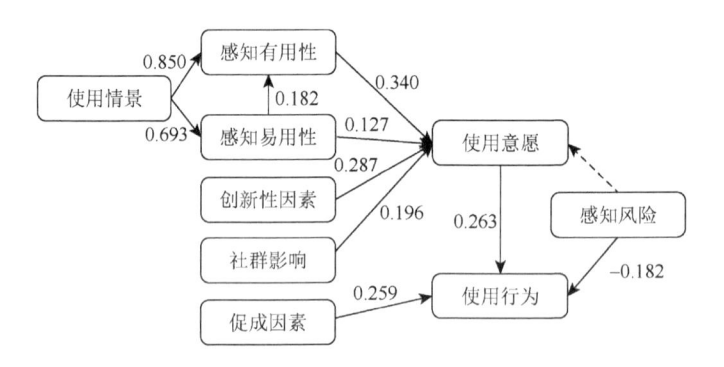

图 7-12 修正后的动机影响路径模型

假设 H8 不成立的原因：如今互联网应用软件发展迅速，随着极速的移动端互联网化，人们倾向于信任应用软件的安全和智能。同时，伴随网络支付的快速普及，消费者对互联网消费金融产品使用的安全性风险感知薄弱。近年来，我国居民消费水平不断提升，超前消费和借贷消费的观念也逐渐被人们所接受，对于使用互联网消费金融的财务性风险感知变得薄弱。因而感知风险并不会显著减弱使用意愿。这与感知风险因素显著减少使用行为并不矛盾。使用行为度量了消费者使用互联网消费金融的额度和频率，在涉及更高额度和更高频率的借贷行为时，感知风险就表现出显著的负向影响，即消费者感知风险越强烈，使用互联网消费金融的额度与频率越低。

假设 H8 不成立，意味着感知风险对使用意愿不造成影响，反映出了目前人们使用互联网消费金融产品时，风险意识有一定程度上的缺失。

综上所述，按正向影响作用强弱由高到低排列，感知有用性影响幅度最大，之后依次是创新性因素、社群影响以及感知易用性。它们都正向增加消费者的使用意愿。互联网消费金融作为以消费借贷为目的的产品，对消费借贷功能的"感知有用"是最主要的驱动因素。同时，本章发现在选择使用互联网消费金融产品的过程中，人们的风险意识在一定程度上有所缺失。

图 7-13 为整个动机研究结构方程模型的路径影响关系。

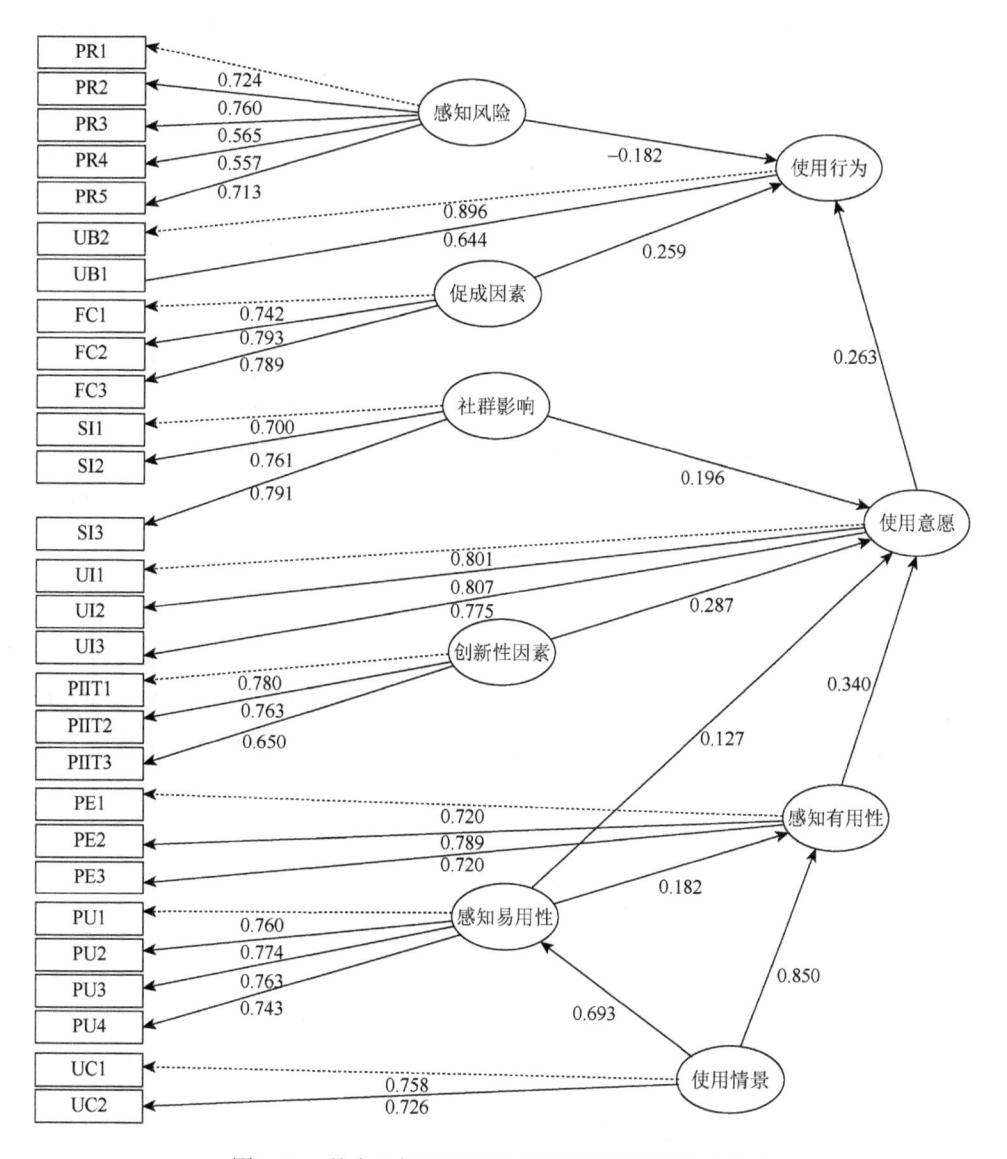

图 7-13 整个动机研究结构方程模型的路径影响关系

7.4.3 针对仅试用过电商平台类产品用户的动机分析

为了研究消费者对不同类别互联网消费金融产品的使用动机是否存在差异，本节对样本进行区分，进一步研究仅使用过电商平台类互联网消费金融产品的用户的动机因素。由上文可知，91.1%的被调查者使用过电商平台类产品。同时，由上文所分析的 APP 使用流量数据可知，电商平台类互联网消费金融产品的流量是其他类别的百倍水平。因而我们从样本中拆分出仅使用过电商平台类互联网消费金融产品的被调查者，通过研究这部分用户使用此类产品的驱动因素，探讨使用电商平台类消费金融产品的动机是否有特殊性。由于电商平台类背靠电商，消费金融产品深入渗透网络购物场景，提供便捷使用互联网消费金融支付的方式，电商平台类的产品依托电商 APP，尤其是其中的蚂蚁花呗、借呗依托支付宝 APP 平台，能够低成本触达大量用户，为使用支付宝的用户提供了便捷的消费借贷渠道。在此情况下，消费者采纳此类产品时可能感知易用性更强。

消费者选择使用的驱动因素模型与前述相同，在上述已有假设的基础上，本节依据电商平台类消费金融产品的发展现状与实际，假设相比全种类的互联网消费金融，使用电商平台类产品受到感知易用性因素的影响更强烈。

假设 H12：相比总体样本，仅使用过电商平台类产品的这部分样本受到感知易用性因素的影响更大。

（1）样本：仅使用过电商平台类互联网消费金融产品的被调查者一共 205 人，样本数为 205。

（2）信度分析：对这部分样本动机研究的七个维度影响因素变量进行信度分析，结果如表 7-14 所示。根据表 7-14 展示的信度分析结果，大多数变量的 CITC 系数均在 0.5 以上，每个因素的标准化克龙巴赫 α 系数均在 0.7 以上，说明信度较好。

表 7-14 电商平台类产品使用动机变量信度分析结果

因素	题项	CITC 系数	剔除 CITC 过小的变量后的 α 系数	克龙巴赫 α 系数
使用情景	UC1	0.661	—	0.796
	UC2	0.661	—	
促成因素	FC1	0.582	0.787	0.798
	FC2	0.636	0.732	
	FC3	0.714	0.652	

续表

因素	题项	CITC 系数	剔除 CITC 过小的变量后的 α 系数	克龙巴赫 α 系数
感知有用性	PE1	0.635	0.705	0.787
	PE2	0.599	0.742	
	PE3	0.654	0.680	
感知易用性	PU1	0.637	0.849	0.860
	PU2	0.759	0.800	
	PU3	0.762	0.801	
	PU4	0.680	0.836	
社群影响	SI1	0.517	0.752	0.753
	SI2	0.583	0.668	
	SI3	0.655	0.591	
创新性因素	PIIT1	0.681	0.681	0.796
	PIIT2	0.682	0.704	
	PIIT3	0.604	0.709	
感知风险	PR1	0.624	0.740	0.795
	PR2	0.660	0.727	
	PR3	0.466	0.788	
	PR4	0.452	0.794	
	PR5	0.682	0.720	
使用意愿	UI1	0.770	0.851	0.888
	UI2	0.811	0.817	
	UI3	0.766	0.854	
使用行为	UB1	0.667	—	0.726
	UB2	0.667	—	

（3）效度分析：在进行因子分析前，先对七种因素变量的所有数据进行 KMO 测度以及 Bartlett 球形检验，如表 7-15 所示，KMO 值达到 0.860，高于 0.8，说明数据效度较好，Bartlett 球形检验指标达到显著水平，可以进行因子分析。

表 7-15 电商平台类产品使用动机变量效度分析结果

KMO 值		0.860
Bartlett 球形检验	近似卡方	2282.780
	df	253
	p 值	0.000

对样本数据自变量进行探索性因子分析，采用主成分分析抽取因子和最大方差旋转，得到因子结构旋转矩阵，如表 7-16 所示。

表 7-16　电商平台类产品使用动机因子结构旋转矩阵

题项	因子 1	因子 2	因子 3	因子 4	因子 5	因子 6	因子 7	共同度
UC1	0.235	−0.125	0.174	0.486	0.169	0.064	**0.636**	0.774
UC2	0.219	−0.010	0.105	0.223	0.073	0.152	**0.862**	0.881
FC1	0.216	−0.032	0.031	**0.668**	0.227	0.185	0.219	0.628
FC2	0.114	−0.010	0.284	**0.794**	0.119	0.065	0.107	0.755
FC3	0.100	0.049	0.296	**0.751**	0.221	0.196	0.151	0.774
PE1	0.187	−0.023	**0.745**	0.115	0.345	0.004	0.086	0.730
PE2	0.276	−0.060	**0.626**	0.231	0.140	0.184	0.090	0.586
PE3	0.150	−0.110	**0.752**	0.264	0.120	0.143	0.070	0.709
PU1	**0.634**	−0.029	0.159	0.131	0.099	0.341	0.200	0.612
PU2	**0.760**	0.023	0.156	0.131	0.199	0.214	0.171	0.734
PU3	**0.772**	0.132	0.220	0.115	0.118	0.209	0.170	0.762
PU4	**0.583**	−0.067	0.452	0.257	0.167	0.208	0.069	0.690
SI1	0.078	0.131	0.125	0.062	0.090	**0.803**	0.226	0.746
SI2	0.373	−0.102	0.073	0.156	0.137	**0.668**	−0.016	0.644
SI3	0.363	−0.069	0.164	0.247	0.115	**0.696**	−0.012	0.722
PIIT1	0.056	−0.038	0.306	0.249	**0.766**	0.137	0.043	0.767
PIIT2	0.197	−0.014	0.063	0.171	**0.806**	0.181	0.155	0.779
PIIT3	0.100	−0.033	0.177	0.102	**0.801**	0.018	0.006	0.694
PR1	−0.180	**0.841**	−0.046	−0.056	0.037	0.157	−0.013	0.771
PR2	−0.051	**0.866**	0.033	−0.104	−0.029	−0.002	0.070	0.771
PR3	0.423	**0.538**	−0.167	0.145	−0.018	−0.031	−0.102	0.528
PR4	0.375	**0.567**	−0.446	−0.024	−0.084	−0.138	−0.076	0.590
PR5	0.129	**0.814**	−0.066	0.058	−0.058	−0.097	−0.063	0.704

注：表中加粗数值指该题项在 7 个因子上（每一行的角度看）对应系数（即载荷）最大

因子结构旋转矩阵如表 7-16 的数据所示，23 个测度指标被提取为 7 个大因子，大因子中每个研究项对应的共同度值均大于 0.5，说明数据效度较好，这 7 个因子能够解释大部分变量，有效提取绝大部分信息。7 个因子旋转后的累积方差解释率如表 7-17 所示，达到近 71.1%，大于 50%，研究项能够有效提取样本数据的大部分信息。

表 7-17　电商平台类产品使用动机因子旋转后累积方差解释率

指标	因子1	因子2	因子3	因子4	因子5	因子6	因子7
特征根值（旋转前）	7.501	2.961	1.669	1.304	1.084	1.057	0.777
方差解释率（旋转前）/%	32.615	12.872	7.255	5.668	4.712	4.597	3.378
累积方差解释率（旋转前）/%	32.615	45.487	52.742	58.410	63.122	67.719	71.097
特征根值（旋转后）	2.921	2.722	2.436	2.406	2.323	2.088	1.456
方差解释率（旋转后）/%	12.702	11.835	10.592	10.461	10.098	9.078	6.330
累积方差解释率（旋转后）/%	12.702	24.537	35.129	45.590	55.688	64.766	71.096

（4）假设检验：使用结构方程模型对仅使用电商平台类互联网消费金融产品的消费者动机因素进行检验。电商平台类产品使用动机研究模型的拟合指标和回归系数分别见表 7-18、表 7-19。总体来说模型拟合优度达标（GFI、CFI、NFI、NNFI 的建议参考标准为大于 0.85 为达标，大于 0.9 更佳）。根据检验结果发现，假设 H3、H8、H9 均不成立。

表 7-18　电商平台类产品使用动机研究模型拟合指标

常用指标	判断标准	指标值
χ^2	—	707.644
df	—	356
p	<0.05	0.000
χ^2/df	<3	1.988
GFI	>0.9	0.907
RMSEA	<0.10	0.070
RMR	<0.05	0.044
CFI	>0.9	0.881
NFI	>0.9	0.890
NNFI	>0.9	0.865

表 7-19　电商平台类产品使用动机研究模型回归系数汇总

X	路径影响方向	Y	非标准化路径系数	z	标准误	p	标准化路径系数
使用情景	→	感知易用性	0.603	7.809	0.077	0.000	0.749
使用情景	→	感知有用性	0.737	4.950	0.149	0.000	0.680
感知易用性	→	感知有用性	0.162	0.993	0.163	0.321	0.120
感知易用性	→	使用意愿	0.294	2.632	0.112	0.008	0.241

续表

X	路径影响方向	Y	非标准化路径系数	z	标准误	p	标准化路径系数
感知有用性	→	使用意愿	0.339	3.634	0.093	0.000	0.336
社群影响	→	使用意愿	0.289	2.915	0.106	0.004	0.238
创新性因素	→	使用意愿	0.214	3.061	0.070	0.002	0.218
感知风险	→	使用意愿	−0.053	−1.076	0.049	0.282	−0.059
使用意愿	→	使用行为	0.158	2.297	0.069	0.022	0.249
感知风险	→	使用行为	−0.092	−1.999	0.046	0.112	−0.159
促成因素	→	使用行为	0.266	4.459	0.060	0.000	0.370

与总体样本的模型检验相比，原本存在的假设 H3、假设 H8、假设 H9 均不成立。我们去除这三个影响关系，重新对模型进行检验，得到结果如表 7-20 和表 7-21 所示。可以看出，拟合优度指标达标，并且假设检验均成立。

表 7-20　修正后电商平台类产品使用动机研究模型拟合指标

常用指标	判断标准	指标值
χ^2	—	707.710
df	—	356
p	<0.05	0.000
χ^2/df	<3	1.971
GFI	>0.9	0.908
RMSEA	<0.10	0.069
RMR	<0.05	0.044
CFI	>0.9	0.882
NFI	>0.9	0.890
NNFI	>0.9	0.867

表 7-21　电商平台类产品使用动机研究模型修正后回归系数汇总

X	路径影响方向	Y	非标准化路径系数	z	标准误	p	标准化路径系数
使用情景	→	感知易用性	0.623	7.925	0.079	0.000	0.762
使用情景	→	感知有用性	0.860	7.963	0.108	0.000	0.785
感知易用性	→	使用意愿	0.291	2.685	0.108	0.007	0.240
感知有用性	→	使用意愿	0.359	3.884	0.092	0.000	0.354
社群影响	→	使用意愿	0.287	2.768	0.108	0.006	0.229

续表

X	路径影响方向	Y	非标准化路径系数	z	标准误	p	标准化路径系数
创新性因素	→	使用意愿	0.219	3.111	0.071	0.002	0.223
使用意愿	→	使用行为	0.175	2.561	0.068	0.010	0.280
促成因素	→	使用行为	0.223	4.257	0.079	0.002	0.174

（5）模型评价：由表 7-21 可以看出，剔除了不显著的影响关系后，模型的各变量路径影响关系都达到了显著水平。不同于全样本的情况下，仅使用电商平台类互联网消费金融产品的这部分样本的假设检验结果如表 7-22 所示。我们发现，动机模型中感知风险因素彻底不再影响被调查者的使用意愿或使用行为，假设 H3 的影响路径也不存在。

表 7-22　电商平台类产品使用动机研究的假设检验结果

假设	检验结果
假设 H3：感知易用性对感知有用性有正向影响	不成立
假设 H8：感知风险对使用意愿有负向影响	不成立
假设 H9：感知风险对使用行为有负向影响	不成立

修正后的仅使用电商平台类消费金融产品的消费者动机影响路径模型如图 7-14 所示，图中虚线表示影响关系不成立。

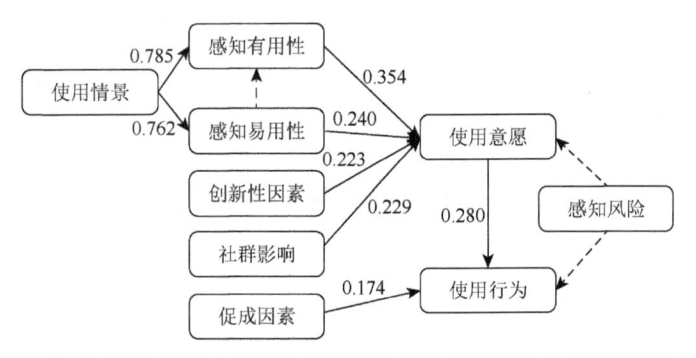

图 7-14　修正后的仅使用电商平台类消费金融产品的消费者动机影响路径模型

对比总体样本的动机研究模型，在路径影响关系的标准化路径系数上，感知易用性的路径系数有所提高。影响使用意愿的因素按系数大小由高到低排列依次为感知有用性、感知易用性、社群影响及创新性因素。

（1）对于假设 H3 不成立：从模型中可以看出，感知易用性不再存在通过影响感知有用性间接影响使用意愿的影响路径，而以更高的路径系数直接影响使用意愿。因而，假设 H12 成立：相比总体样本，仅使用过电商平台类产品的这部分样本受到感知易用性因素的影响更大。这表明互联网电商企业提供的互联网消费金融产品，基于其网络购物及支付平台基础，达到了更高的普及率，其使用相较其他类型的平台更加方便，深度嵌入网络购物场景，用户选择使用时受到的感知易用性影响更加强烈。

（2）对于假设 H8 和假设 H9 不成立：特别要指出的是，在使用电商平台类互联网消费金融产品时，感知风险因素对消费者的态度和行为没有显著影响。这意味着消费者风险感知意识的缺失。随着电商平台类消费借贷产品深入消费者的生活，消费者往往会忽视潜在的网络信息安全风险、逾期还款带来的财务风险。

7.4.4 消费者使用互联网消费金融的信用风险影响因素

问卷调查中 954 个调查对象使用过互联网消费金融，本节对这部分样本研究消费者使用过程中的信用风险影响因素。本节采取逐步回归法判断多个自变量对因变量是否存在因果关系，再利用逻辑斯谛（Logistic）回归法建立模型，进行实证分析。选用逐步回归法，是考虑到用多个自变量 X 对因变量 Y 进行回归时，并非所有自变量均会对因变量产生影响。此方法能够从多个变量中逐步选出对已解释方差的贡献最大的变量，并将其代入回归方程。Logistic 回归方法适用于因变量为分类变量的回归。特别对于问卷而言，因变量和自变量数据是非连续性的，使用 Logistic 回归分析可以根据影响因素预测事件发生的概率，再进行分类。

参考过往文献和征信系统信用判定的部分指标，我们选取如下自变量：基本信息、还款能力、消费水平、财产状况、借贷欲望、消费者信用基础以及对互联网消费金融的认知度。具体问题设计如表 7-23 所示。

表 7-23 信用风险影响因素变量

自变量	指标名称	指标分类或赋值
基本信息	性别	男、女
	年龄	18 岁以下、18～25 岁、26～30 岁、31～40 岁、41～50 岁、51 岁及以上
	教育水平	初中及以下、高中、大学本科、硕士研究生、博士研究生
	所在地	一线城市、二线城市、其他城市、乡镇
	职业	国有企业、民营企业、事业单位、公务员、外资企业、私营、个体经营从业、自由职业、学生
还款能力	月均可支配收入	3 000 元以下、3 001～6 000 元、6 001～9 000 元、9 001～12 000 元、12 001～20 000 元、20 001～50 000 元、50 001～100 000 元、100 000 元以上

续表

自变量	指标名称	指标分类或赋值
消费水平	月均消费水平	3 000元以下、3 000~6 000元、6 001~9 000元、9 001~12 000元、12 001~15 000元、15 001~20 000元、20 001~50 000元、50 000元以上
财产状况	房产	1. 有，自置无按揭；2. 有，自置有按揭；3. 没有
	车产	1. 有，自置无贷款；2. 有，车贷未清偿；3. 没有
借贷欲望	借贷金额占每月消费金额的百分比	0；20%以下；20%~50%；50%以上
	平均每月使用频率	一次及以下；2~5次；5次以上/经常使用
	选择使用互联网消费金融支付的起始金额	0元；500元；1000元；2000元；3000元；5000元及以上
消费者信用基础	信用卡逾期还款情况	从未发生；偶有一次；2次及以上
	其他贷款逾期偿还情况	从未发生；偶有一次；2次及以上
	共享单车等共享服务未付费情况	从未发生；偶有一次；2次及以上
对互联网消费金融的认知度	对互联网消费金融产品的了解程度	完全不了解、比较不了解、一般、比较了解、非常了解
	是否了解逾期还款对个人征信的影响	完全不了解、比较不了解、一般、比较了解、非常了解
	您对互联网消费金融利率及服务费的了解程度	完全不了解、比较不了解、一般、比较了解、非常了解

通过逐步回归，识别出有显著性的自变量，结果如表7-24所示。不具有显著性的自变量会被移除。对使用互联网消费金融是否存在逾期还款行为有显著影响的是以下七个变量：性别、消费水平、消费者信用基础中的信用卡、消费者信用基础中的贷款、消费者信用基础中的共享单车的履约情况、借贷欲望（借贷金额占比）、对互联网消费金融的认知度（逾期与个人征信）。R^2值为34.5%，意味着这七个变量可以解释因变量34.5%的变化原因。回归通过F检验，说明模型有效。另外，回归中方差膨胀系数（variance inflation factor，VIF）均小于5，说明变量间不存在多重共线性问题。杜宾-沃森（Durbin-Watson，D-W）检验值在数字2附近，说明模型不存在自相关性。

表7-24 逐步回归分析结果（$n=954$）

指标变量	非标准化系数 B	非标准化系数 标准误	标准化系数 β	t	p	VIF	R^2/%	调整后的R^2/%	F
常数	−0.454	0.084	—	−5.385	0.000	—	34.5	34.0	$F(7, 946) = 71.165$, $p = 0.000$
性别为女	−0.055	0.024	−0.061	−2.297	0.022	1.019			
月均消费水平	0.032	0.010	0.084	3.028	0.003	1.101			

续表

指标变量	非标准化系数 B	标准误	标准化系数 β	t	p	VIF	R²/%	调整后的 R²/%	F
信用卡逾期还款	0.142	0.022	0.189	6.369	0.000	1.265			$F(7, 946) = 71.165$, $p = 0.000$
其他贷款逾期偿还	0.339	0.029	0.369	11.609	0.000	1.458			
共享单车未付费	0.091	0.028	0.097	3.241	0.001	1.281			
借贷金额占每月消费金额比例	0.042	0.020	0.056	2.084	0.037	1.045	34.5	34.0	$F(7, 946) = 71.165$, $p = 0.000$
是否了解逾期还款对个人征信的影响	−0.038	0.013	−0.077	−2.814	0.005	1.068			

D-W 检验值：2.009

对逾期还款行为有显著影响的七个变量，具体题项如表 7-25 所示。除了性别变量（男性记为 1，女性记为 2）、认知度变量（利克特五分量表），其他变量的选项均根据程度大小或次数多少，由低到高记为 0、1、2、3 等。

表 7-25 影响违约行为的变量

变量	指标名称	指标赋值
消费水平	月均消费水平	3 000 元以下（=0）、3 000～6 000 元（=1）、6 001～9 000 元（=2）、9 001～12 000 元（=3）、12 001～15 000 元（=4）、15 001～20 000 元（=5）、20 001～50 000 元（=6）、50 000 元以上（=7）
基本信息	性别	男（记为1）、女（记为2）
借贷欲望	借贷金额占每月消费金额的百分比	0（=0）；20%以下（=1）；20%～50%（=2）；50%以上（=3）
消费者信用基础	信用卡逾期还款情况	从未发生（=0）；偶有一次（=1）；2 次及以上（=2）
	其他贷款逾期偿还情况	从未发生（=0）；偶有一次（=1）；2 次及以上（=2）
	共享单车等共享服务未付费情况	从未发生（=0）；偶有一次（=1）；2 次及以上（=2）
对互联网消费金融的认知度	是否了解逾期还款对个人征信的影响	完全不了解（=−2）、比较不了解（=−1）、一般（=0）、比较了解（=1）、非常了解（=2）

排除了影响关系不显著的指标后，接下来以这七个自变量与因变量建立 Logistic 回归模型。构建 Logistic 模型为

$$\ln \frac{y}{(1-y)} = \alpha_0 + \beta_1 \cdot \text{Gender} + \beta_2 \cdot \text{Consumption} + \beta_3 \cdot \text{CreditCard} + \beta_4 \cdot \text{Loan} + \beta_5 \cdot \text{BicycleSharing} + \beta_6 \cdot \text{Degreeofborrowing} + \beta_7 \cdot \text{Awareness} \quad (7\text{-}1)$$

式中，自变量 Gender 表示性别；Consumption 代表月均消费水平；CreditCard 代表信用卡逾期还款情况；Loan 代表其他贷款逾期偿还情况；BicycleSharing 代表共享单车等共享服务未付费情况；Degreeofborrowing 代表借贷金额占每月消费金额的百分比；Awareness 代表是否了解逾期还款对个人征信的影响；因变量中 y 代表使用互联网消费金融产品过程中存在逾期还款行为的概率；$1-y$ 为不存在逾期还款的概率；β_1、β_2、…、β_7 为对应自变量影响因变量的回归系数；α_0 为 Logistic 回归的截距。

首先进行模型拟合度检验，得到的结果如表 7-26 所示。

表 7-26　二元 Logistic 回归模型拟合度检验

似然比卡方值	df	p 值	AIC 值	BIC 值
332.184	7	0.000	795.518	834.403

注：BIC 为贝叶斯信息准则（Bayesian information criterion）

如表 7-26 的结果所示，p 值为 0.000，小于显著性水平 0.05，似然比卡方值为 332.184，自变量与因变量之间的关系显著。

从表 7-27 可以看出，借贷欲望、信用基础、消费水平对逾期还款有显著正向影响；对逾期还款与个人征信的认知度以及性别为女性，对逾期还款行为有显著负向影响。得出 Logistic 回归模型为

表 7-27　二元 Logistic 回归分析结果

研究项	回归系数	标准误	z 值	p 值	OR 值	OR 值 95% CI（LL）	OR 值 95% CI（UL）
性别为女	−0.420	0.191	−2.196	0.028	0.657	0.451	0.956
月均消费水平	0.223	0.076	2.939	0.003	1.250	1.077	1.450
信用卡逾期还款	1.005	0.178	5.636	0.000	2.732	1.926	3.875
其他贷款逾期偿还	1.809	0.208	8.717	0.000	6.104	4.064	9.168
共享单车未付费	0.546	0.207	2.643	0.008	1.727	1.152	2.590
借贷金额占每月消费金额比例	0.313	0.155	2.028	0.043	1.368	1.011	1.852
是否了解逾期还款对个人征信的影响	−0.276	0.101	−2.739	0.006	0.759	0.622	0.924
截距	−5.470	0.671	−8.157	0.000	0.004	0.001	0.016

注：CI（LL）表示置信区间下限（confidence interval（lower limit）），CI（UL）表示置信区间上限（confidence interval（upper limit）），OR 表示优势比（odds ratio）

$$\ln\frac{y}{(1-y)} = -5.47 - 0.42 \times Gender + 0.223 \times Consumption$$
$$+ 1.005 \times CreditCard + 1.809 \times Loan + 0.546 \times BicycleSharing$$
$$+ 0.313 \times Degreeofborrowing - 0.276 \times Awareness$$

(7-2)

根据优势比与回归系数来判断自变量对因变量的影响幅度。首先，消费者信用基础的三项变量对逾期还款行为影响幅度最大，说明消费者在其他信用活动中的履约行为（如信用卡还款情况、贷款还款情况、共享单车付费履约情况）是影响消费者信用的重要因素。其次，借贷欲望（借贷金额占每月消费金额的百分比）与消费水平对逾期还款行为的影响幅度较大，说明消费欲望较高、风险偏好较高的人群逾期还款的可能性更大，而在消费行为和借贷行为方面越保守的人群，违约概率越小。研究还发现，认知度中，对于逾期还款对个人征信影响的了解程度，对因变量有显著的负向影响。这说明越了解违约行为与个人征信的人群，违约风险越低。其他两项，包括对互联网消费金融的了解程度和对其利率、服务费的了解程度不显著影响逾期还款行为。此外，本章研究还发现性别因素对逾期还款行为产生了显著影响，女性的违约概率相较于男性可能要低一些。

如表 7-28 所示，从回归模型的拟合结果来看，总的准确率达到 83.96%，表明模型可以接受。由于互联网消费金融平台对借款人的信息与信用数据保密不外泄，本节通过查阅文献、设计问卷调查、收集样本数据的方式为个人信用风险影响因素分析提供了参考。

表 7-28 二元 Logistic 回归拟合优度

		模型分类值 0	模型分类值 1	准确率/%	错误率/%
真实值	0	658	39	94.40	5.60
	1	114	134	55.64	44.36
汇总				83.96	16.04

同时，本节对消费者参与互联网消费金融的过程中发生逾期还款的主要原因进行了调查，得到的统计分布如表 7-29 所示。其中违约者逾期还款的原因多数归于忘记还款或记错还款期限、还款能力不足/资金短缺无法按时还款以及个人信用意识薄弱。对于"忘记还款或记错还款期限"影响借款人还款的问题，产品平台方需加强对履约还款的提醒通知，借款人需加强自身的信用意识。而还款能力不足/资金短缺无法按时还款，则反映了借款人风险意识薄弱或消费盲目。

表 7-29 逾期还款原因分析

原因	存在此原因	不存在	原因占比
忘记还款或记错还款期限	156	110	58.65%
还款能力不足/资金短缺无法按时还款	146	111	56.81%
个人信用意识薄弱	95	162	36.97%
系统故障	47	210	18.29%

7.4.5 使用互联网消费金融对消费行为的影响

考虑到有关互联网消费金融对消费行为的影响方面的研究不多，本章根据现实情况结合消费者感知价值理论，设置了如表 7-30 所示的五个问题。表 7-30 中的前四个问题项为对借款人的消费额度、消费价值感知、过度消费行为以及盲目消费影响还款能力这几个方面的调查。利用利克特五等分量表来测量，"非常同意"记 5 分，"比较同意"记 4 分，"中立"记 3 分，"比较不同意"记 2 分，"非常不同意"记 1 分。

问题项 5 参考感知价值理论，调查消费者对于使用互联网消费金融带来的这部分超前消费的感知价值。感知价值理论是感知利益与感知付出之间的权衡，包含功能性价值、社会性价值、情感性价值等，具体涉及消费者行为是否存在情绪化、随机化以及是否受到社交刺激的影响。其中以感知价值的高低排序，"先享受再还款，物超所值"记 2 分，"具备我所期望的价值"记 1 分，"存在一定的情绪化或受到社交刺激影响"记 –1 分，"得到的消费体验与我所期望的有落差，属于冲动消费"记 –2 分。

表 7-30 互联网消费金融影响调查问卷

问题序号	题项	指标分类
题项 1	使用互联网消费金融，与未使用时相比，我每月的平均消费额度提高了	非常不同意、比较不同意、中立、比较同意、非常同意
题项 2	使用互联网消费金融进行消费对我而言具有价值，满足了我的消费需求	非常不同意、比较不同意、中立、比较同意、非常同意
题项 3	我感到使用互联网消费金融促使我进行了许多不必要的消费	非常不同意、比较不同意、中立、比较同意、非常同意
题项 4	使用互联网消费金融会促进过度消费，给我带来了较大的还款压力	非常不同意、比较不同意、中立、比较同意、非常同意
题项 5	对于互联网消费金融带来的这部分超前消费，您认为：	先享受再还款，物超所值； 具备我所期望的价值； 存在一定的情绪化或受到社交刺激影响； 得到的消费体验与我所期望的有落差，属于冲动消费

使用互联网消费金融产品的用户中，对于互联网消费金融产品带来的影响感知如图 7-15、图 7-16 所示（注：因数据计算时进行了四舍五入，所以可能存在占比之和不等于 100%的情况）。

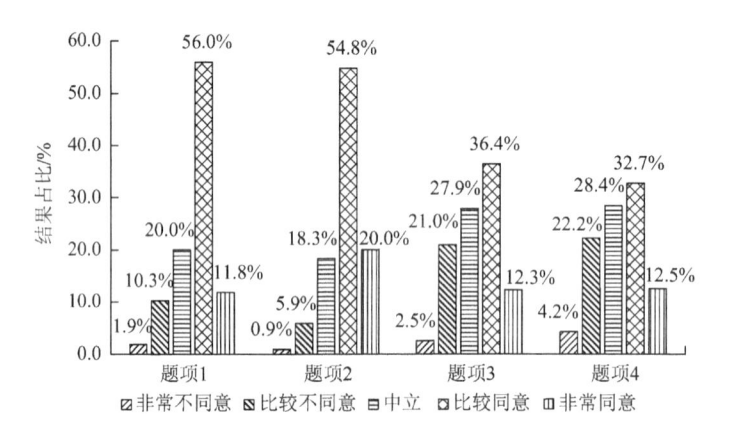

图 7-15　互联网消费金融影响调查结果

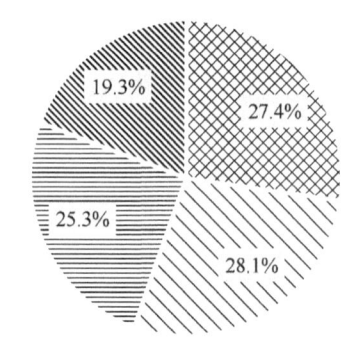

图 7-16　消费者对超前消费的感知价值统计

如图 7-15 中的数据所示，56.0%的借款人对消费额度的提高持比较同意态度，54.8%的借款人对满足消费需求持比较同意态度。大部分消费者都明显感到平均消费额度的提升，以及消费需求得到满足。有 48.7%的被调查者感到互联网消费金融带来了不必要的消费，45.2%的被调查者认为互联网消费金融会促进过度消费，带来较大的还款压力。这说明根据被调查者的主观感受，使用互联网消费金融贷款再进行消费,对借款人的过度消费行为存在一定的正向影响。采用利克特五等分量表记分的四个题项,平均分依次为 3.66、3.87、3.35、3.27,3 分代表"中立"。这表明互联网消费借贷的使用对消费额度的提升、过度消费行为的发生存在正向影响,同时间接导致还款压力的加大。

在消费者感知价值角度,题项 5 的均分为 0.19,以感知超前消费"具备我所期望的价值"(分值为 1)为比较标准,平均值低于 1,说明感知到超前消费的价值与期望水平仍有一定差距。同时,25.3%的借款人认为"存在一定的情绪化或受到社交刺激影响",19.3%的借款人认为"得到的消费体验与我所期望的有落差,属于冲动消费",也表明被调查者中发生非理性消费行为的样本较多。这进一步说明互联网消费金融的使用,对冲动消费、过度消费有一定的刺激作用。

本章根据上述问题调查,进一步筛选出使用互联网消费金融过程中,主观感知存在非理性消费的人群样本。筛选标准为对"互联网消费金融带来过度消费、加大还款压力"持同意态度,并且感知到使用互联网消费贷款进行超前消费过程中存在非理性行为。对这部分样本的基本信息、经济情况、借贷欲望、履约行为进行刻画,再与本调研样本总体特征进行对比。从结果来看,在基本信息、经济情况、借贷欲望方面,非理性消费人群样本与样本总体的分布差距不大,但在履约行为上,非理性消费人群的违约率高于样本总体的违约率,分布比例如图 7-17 所示。

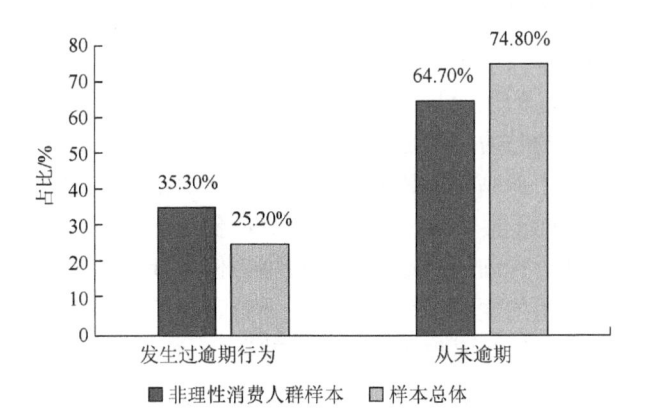

图 7-17 非理性消费人群样本逾期率

由图 7-17 的数据可知,容易发生非理性消费的人群样本的 35.30%有过逾期还款记录,高于样本总体 25.20%的违约率水平。这说明易受互联网消费借贷刺激而进行非理性消费行为的人群,更容易发生逾期还款行为。

综上所述,互联网消费金融的使用会提高借款人的消费额度,对借款人的非理性消费行为有刺激作用,进而加大这部分非理性消费用户的还款压力,间接增加了用户的信用违约风险。

7.5 小　　结

互联网消费金融在我国快速发展，规模不断扩大，在提高了居民的消费能力的同时，也伴随着信息安全风险、监管漏洞、平台爆雷、信用违约引发金融风险等诸多问题。本章梳理总结过往学者的研究文献及研究理论，设计了针对消费者参与互联网消费金融的动机、行为和结果的研究问卷，建立了模型并进行实证分析。

动机方面，影响消费者使用互联网消费金融的驱动因素具体可以排序为：感知有用性＞创新性因素＞社群影响＞感知易用性。消费者的使用意愿直接正向影响其使用行为（包含使用的额度和频率）。感知风险负向影响使用行为，促成因素正向影响使用行为。

（1）感知有用性会提高使用意愿，间接促进使用行为、提高使用程度。感知有用性是指消费者感到通过使用互联网消费金融，自己的活动绩效得到提升，具体体现为消费需求得到满足，消费能力得到提升。这个因素对使用意愿的影响作用最大，表明消费者使用互联网消费金融产品，很大程度上是由于存在对消费借贷的需求，或感受到互联网消费借贷对自己而言是有用的，能够解决短期资金流动性问题。说明消费者对此产品的使用与产品的实际功能关联很大。

（2）社群影响会提高使用意愿，间接增加使用行为。社群影响是指周围群体对互联网消费金融产品的接受与使用、态度与评价，社会环境对其的认可度。周围群体对互联网消费金融的印象越正面，消费者的使用意愿越高。

（3）创新性因素会提高使用意愿，间接增加使用行为。消费者越乐于接受、尝试新事物，就越倾向于接受、使用互联网消费金融产品。

（4）感知易用性会提高使用意愿，间接增加使用行为。感知易用性是指消费者主观认为的产品使用的便捷程度。使用的场景、渠道越丰富，以及产品使用方法越方便，消费者的使用意愿与使用程度就越高。

（5）促成因素会正向影响使用行为。促成因素包括产品的折扣、优惠活动，相较其他消费借贷产品具备更低的利率或更便捷的使用场景和还款渠道，这些促成因素会正面影响消费者使用的频率和额度。

（6）感知风险对使用意愿影响不显著。尤其是在对仅使用过电商平台类互联网消费金融产品样本的研究中，感知风险对使用意愿和使用行为均无影响作用。这反映了如今消费者在选择使用互联网消费金融的过程中，风险意识薄弱，甚至缺失。这里的感知风险因素囊括了有关个人隐私信息泄露的网络安全风险、财务损失风险、无法按时还款带来的信用风险等。

履约行为方面，本章发现信用历史存在不良行为记录的人群更容易逾期还款。

消费欲望较高、风险偏好较高的人群逾期还款的可能性更大。同时，如果个体对互联网消费金融及其征信的认知度越高，越不易违约。

对消费者消费行为的影响方面，互联网消费金融的使用会提高消费者的消费额度，通过消费信贷可以拉动国内实体经济的增长，但同时其会刺激过度消费等非理性行为的发生。这进一步加大了部分用户的还款压力，间接导致用户违约风险加剧。

近年来，互联网消费金融发展迅猛，我国已形成以互联网公司平台、银行、持牌消费金融公司以及独立互联网消费金融平台为主体的多层次的服务平台体系。过去传统的消费金融中，由于传统信贷下征信、授信成本高，传统消费金融不能很好地服务长尾人群。互联网消费借贷通过大数据等技术实现了对长尾人群的广泛覆盖。与此同时，更广泛地覆盖国内的长尾人群也提高了互联网消费贷款的风险。

基于以上研究，我们对我国未来互联网消费金融的发展提出以下建议。

首先，从动机研究的层面对互联网消费金融产品提出改善建议。相比电商平台类互联网消费金融，其他类别的产品，包括银行系、持牌消费金融公司以及主打分期的独立运营平台，消费者的感知易用性因素影响较弱。其他平台可从关联购物场景，拓宽、丰富使用渠道，优化 APP 设计等方面来增强平台产品的易用性。由于消费者对互联网消费金融风险感知较为薄弱，互联网消费金融平台也应担负社会责任，提醒消费者进行网络消费借贷的潜在风险，同时警惕信用风险问题的发生。特别是互联网消费金融作为一种面向长尾人群的普惠金融，更应加强对金融知识的普及与宣传，强化公众风险意识。在监管层面，应尽快完善对平台风险和征信方面的监管，降低消费者信息泄露风险以及财务风险。

其次，从信用风险影响因素研究的角度，互联网消费金融平台应注重征信系统的建设，完善信用评估指标体系。从平台的角度来看，互联网消费金融面向长尾人群，个人信用风险更高，不能一味为了吸引客户而降低门槛和加大杠杆。由于对互联网消费金融的认知度越高，违约的概率越低，因此，平台应进行这方面的宣传和普及。特别地，互联网消费借贷的逾期还款会影响个人征信，应当提高公众对互联网消费金融以及个人征信的认知度。此外，通过调查逾期还款人群的逾期还款原因，发现众多被调查者违约的原因中，包含"忘记还款或记错还款期限"。互联网消费金融平台可以完善消费贷款还款提醒机制。

最后，鉴于互联网消费金融对消费者非理性消费行为有刺激作用，这种刺激作用又间接影响着互联网消费金融的违约率。因而，互联网消费金融从业者、公众媒体、教育机构应加强对正确消费观的宣传指导，倡导理性消费，提醒消费者尽量避免非理性消费行为。根据国家金融与发展实验室的数据，以蚂蚁花呗为例，蚂蚁花呗缓解了三、四、五线城市消费贷款获得率较低的问题。三线以下城市消费者的消费能力通过蚂蚁花呗得到提升，2018年同比增长16%～20%。虽然消费借贷能够刺激消费，拉动需求，提高了当期居民的消费额度，但仍必须谨慎，严防信用风险的扩大及其带来的金融风险，防止互联网信贷消费的过度膨胀。

特别地，全球范围内频发的极端事件将严重影响部分长尾人群的短期资金流动性，为互联网消费借贷的偿还带来巨大的压力。这类突发性的不可抗力事件是一种潜在的系统性风险，会使整个金融市场产生巨大波动，也会冲击互联网消费金融的稳定性。因而互联网消费金融行业应加强风控与监管，时刻警惕金融系统性风险的影响。

我国的互联网消费金融仍有广阔的发展空间，处在一个高速发展的阶段。在互联网消费金融不断普及的趋势下，平台需要不断完善优化产品的易用性，拓宽使用场景及渠道，提高征信及风控技术水平，构建更有效的风控系统，同时引导正确的消费观和提高消费者的信用意识。在此基础上，互联网消费金融才能为人们提供更好的服务，从而提振实体经济。

第8章 互联网投资金融与投资者行为研究

8.1 我国互联网投资金融概述

8.1.1 我国互联网投资金融类型

投资金融产品主要指投资者通过合理安排资金，运用储蓄、债券、基金、股票、保险等投资理财工具对个人、家庭及企业资产进行管理和分配，以达到保值、增值目的的行为。

互联网投资金融产品主要指运用互联网重新优化投资理财。一方面，互联网投资金融产品能够降低投资理财门槛，实现"一元即可理财"，将传统的、富人专属的投资理财工具平民化；另一方面，互联网投资金融产品使投资理财行为便捷化，将从前只能通过银行柜台办理的投资理财服务转移到互联网平台上，突破了时间与空间的限制。

据中国互联网络信息中心第41次《中国互联网络发展状况统计报告》，截至2017年12月，全国购买互联网理财产品的网民规模达到1.29亿人，较2016年增长了30.2%。互联网理财产品的用户规模占到全国网民数量的16.7%，较2016年同期增长了3.2个百分点。

如图8-1所示，当前使用较多的理财工具包括：余额宝等随存随取的理财平台、银行存款、股票、银行理财产品和基金等。其中，互联网投资金融产品中，余额宝占据了非常重要的地位，甚至超过了银行储蓄。

8.1.2 我国互联网投资金融产品的优势与痛点

我国互联网投资金融产品的优势为：随着智能手机的普及，互联网投资金融产品业务更易于用户参与。相较互联网普及前，银行存款和股票投资需要前往线下银行和证券公司等网点柜台办理，如今用户可以通过相关的APP软件轻松实现大部分金融产品投资业务，提高了便捷性、节省了时间。此外，在日常使用中，用户更容易对投资产品进行监测，因此也有利于提高投资的灵活性。

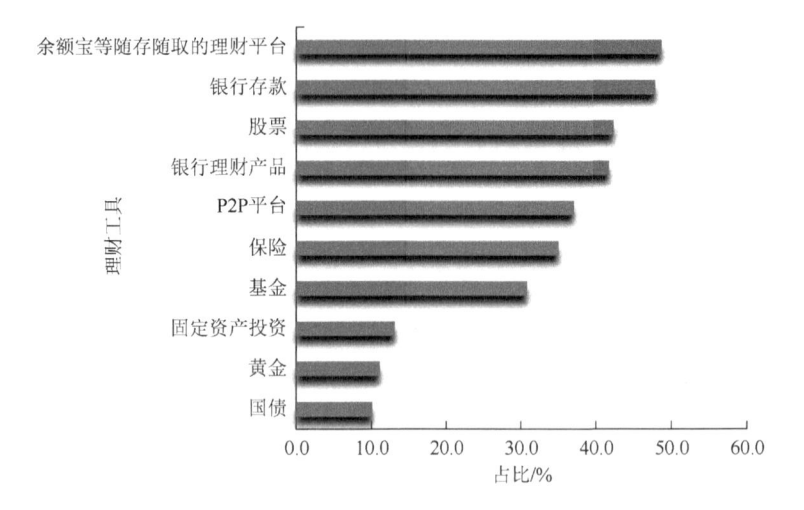

图 8-1　主要理财工具的使用情况

然而，便捷的掌上操作可能使投资决策不谨慎，更容易受到短期的投资心态波动的影响。

同时，互联网投资金融存在个人信息泄露风险。互联网投资金融产品可能导致消费者各种金融和非金融信息的集中采集和暴露。大型互联网企业不仅掌握了消费者的社交、购物、网页浏览信息，也掌握了其账户、支付、存取款、金融资产持有和交易信息，甚至还可通过面部识别、健康监测等将其行为信息与生物信息紧密关联。一旦保管不当或遭受网络攻击造成数据泄露，稍加分析便可获得客户的精准画像，导致大量客户的隐私泄露，进而造成重大财产损失和人身安全隐患。

此外，我国互联网投资金融产品交易环境存在安全性问题。由于 P2P 等平台的不良历史，互联网投资金融的安全性广受诟病。操作繁杂且数量庞大的投资平台进一步增加了用户的辨别障碍。而病毒、插件等对计算机自身的攻击同样可能导致互联网投资金融的安全性问题。

8.2　相关理论基础与模型构建

8.2.1　理性行为理论模型

Ajzen 和 Fishbein（1980）提出了 TRA 模型，使用对消费者信念、态度和意愿的测量结果预测行为。TRA 模型的架构如图 8-2 所示，个人的实际行动受到行为意愿的影响，行为态度和主观规范又影响行为意愿。就本章的研究对象而言，经典经济学理论表明投资者会根据投资标的的期望价值或者期望收益做出决策，而期望价值是收益率的概率加权平均。人们对投资与否的判断取决于对收益的预期。

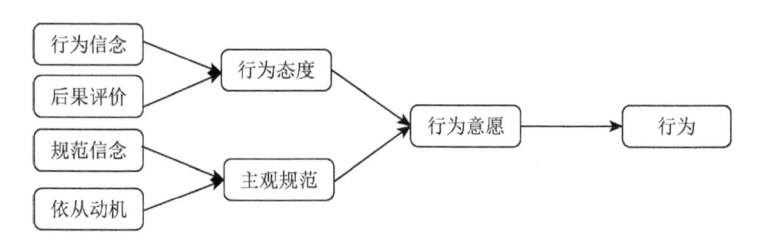

图 8-2　TRA 模型的架构

8.2.2　技术接受模型

在 Ajzen 和 Fishbein（1980）所提出的 TRA 模型的基础上，Ajzen（1985）认为个体行为还会受到感知因素的影响，并提出了 TPB。TPB 强调行为规范、主观规范以及感知行为控制对行为意愿的促成影响。

Davis 等（1989）借鉴了 TPB 模型中的"感知"理念，提出了 TAM，并定义了"感知有用性"和"感知易用性"两个因素。以研究对象为例，感知有用性表示用户感知到使用此投资产品是否具有价值，感知易用性表示用户使用此投资产品的便捷程度。TAM 的示意图如图 8-3 所示。

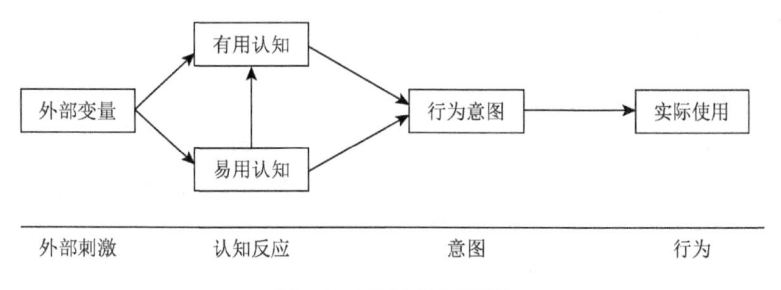

图 8-3　TAM 的示意图

Venkatesh 等（2003）在 TAM 的基础上加入了促成因素，即主观规范、映像、经验、产出质量等会影响感知有用性，形成扩展技术接受模型，如图 8-4 所示。以研究对象为例，互联网金融产品平台方为吸引客户而展示高利率投资产品在用户社交平台、社交圈中的评价等。

在本章中，我们主要基于用户社群影响等环境、情景因素，结合感知易用性，合成用户的"使用感知"。

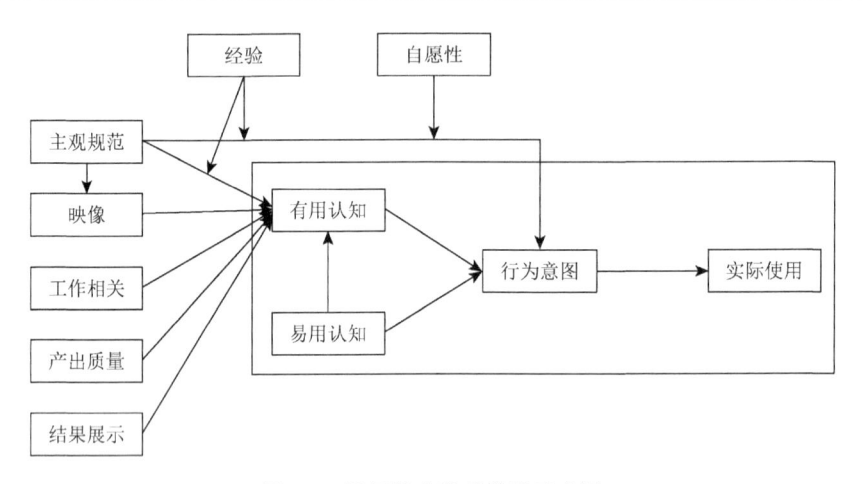

图 8-4　扩展技术接受模型示意图

8.2.3　感知-情感-行为理论模型

感知-情感-行为理论模型主要探讨了感知、情感和行为意愿之间的交互关系，解释了人类的感知是如何最终影响人类的行为的。这一理论的本质是一种信息处理过程，也就是信息加工—偏好形成—行为倾向过程。模型自提出以来，常常被用来研究特定用户行为预测，其有效性已经在多个领域得到了证实，但目前在金融产品投资行为的应用较少。

8.2.4　前景理论

前景理论表明：在确定的收益和"赌一把"之间，多数人会选择确定的收益（确定效应）；而在确定的损失和"赌一把"之间，多数人会选择"赌一把"（反射效应）。也就是说，大多数人在面临获利的时候厌恶风险，在面临损失的时候偏好风险。此外，大多数人对损失比对收益更敏感。

用户希望通过投资互联网金融产品获利。根据前景理论所述，他们会选择确定的好处。人们在互联网投资金融产品中倾向于规避风险，当他们感知到较高的风险时，会顾虑收益的有限性。

8.2.5　创新性因素与态度

消费者创新性是指消费者接受、使用新产品或新服务的难易程度。此概念由罗杰斯于 1960 年最早提出，他研究得出消费者的创新性因素越高，越容易接受并采用新产品或新服务的结论。创新性高的个体更易于接受新观念，也会更早尝试新产品和新服务。

用户是否具有创新性因素，对使用态度和使用行为的影响非常明显。Liu 和 Forsythe（2011）研究发现，更早愿意接受和使用网络的个体会更频繁地使用网络，同时与其他人相比更愿意使用网络购物。谢慧等（2020）对于校园消费金融分期产品选择影响因素的研究发现，消费者创新性因素对于行为态度和行为意向具有显著的正向影响。然而，这些研究大多针对消费者，对于金融产品投资者的研究则较少。

以研究对象为例，互联网投资金融产品属于创新性产品，投资者自身是否具备创新性会影响其对此类产品的接受和使用。更早愿意接受创新性互联网投资金融产品的个体，可能更愿意使用类似的产品。因此，创新性作为全新的因素被加入本章基于 TAM 的扩展因素中，且认为它直接与投资意愿相关。

8.2.6　创新扩散理论

在上述模型的基础上，本章还考察了创新性与其他因素之间的联系。一些学者将创新扩散理论应用于消费者网络购物行为的研究中，并通过实证研究证明了消费者创新性水平与其网购行为的某些因素（如感知易用性、兼容性等）显著相关。

创新扩散理论认为，影响创新扩散的 4 个主要因素为创新本身的特征、传播渠道、时间和社会系统。罗杰斯的研究指出，影响产品创新的因素涉及三个方面的内容：创新特性、采用创新的组织特性和组织所在的环境。其中，创新特性包含了组织的产品的感知易用性。

创新扩散理论和 TAM 具有一定的相关性。Tornatzky 和 Fleischer（1990）研究了 75 个创新特性后发现，只有 3 个因素（相对优势、复杂性、兼容性）对创新选择的行为产生了显著的正向影响。相对优势和复杂性分别等同于 TAM 中的感知有用性和感知易用性。因此，创新性能通过感知易用性对行为意愿产生影响（创新性也可以直接作用于行为意愿）。同样地，这些研究也主要针对消费者的行为，对于金融产品投资者的研究不足。

本章假设创新性行为通过使用感知，即感知易用性和促成因素来影响投资行为意愿。此外，创新性因素并不会影响本章所研究的收益预期，即投资者考虑的无风险收益预期。

8.3　问卷调查与描述性统计分析

8.3.1　问卷调查

问卷调查在 2020 年 10 月至 11 月开展，以电子问卷的形式在社交媒体、问卷平台等渠道发放。问卷调查共回收1469份问卷，通过剔除无效问卷，最终共收集有效问卷1103份。问卷样本统计如表8-1所示。

表8-1 问卷样本统计

统计数据	有效样本	无效样本	回收总量
样本数	1103	366	1469
占比	75.09%	24.91%	100%

8.3.2 基本信息统计分析

如表8-2所示，在被调查者中，男性占比为54.03%，女性占比为45.97%。在年龄分布上，调查对象涵盖了多个不同的年龄层。其中，18岁以下的占1.99%，18～25岁的占29.28%，26～40岁的占54.76%，41～60岁的占13.51%，60岁以上的占0.45%。本次调查者以大学生和年轻白领为主，18岁以下和60岁以上的占比比较小。在教育水平分布上，大部分被调查者已经获得或正在攻读的最高学历为大专或大学本科，比例高达78.97%。

表8-2 基本信息统计分析

特征变量	分类	样本数	占比
性别	男	596	54.03%
	女	507	45.97%
年龄	18岁以下	22	1.99%
	18～25岁	323	29.28%
	26～40岁	604	54.76%
	41～60岁	149	13.51%
	60岁以上	5	0.45%
教育水平	初中及以下	25	2.27%
	中专或高中	69	6.26%
	大专或大学本科	871	78.97%
	硕士研究生	127	11.51%
	博士研究生	11	1%

注：因数据计算时进行了四舍五入，所以可能出现占比之和不等于100%的情况

在经济情况分布上，如图8-5所示，被调查者月均可支配收入主要分布在1501～5000元，占总样本数的34%，以及5001～10 000元，占总样本数的32%。

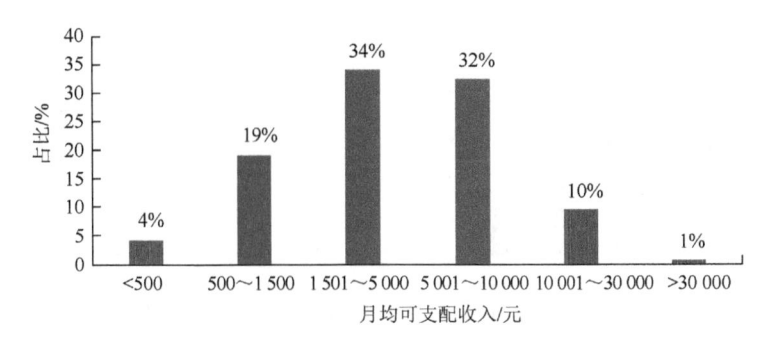

图 8-5　被调查者月均可支配收入分布

8.3.3　投资者投资需求及互联网金融产品投资使用情况

如图 8-6 和图 8-7 所示，当有自由可支配收入时，82.05%的被调查者都表示有投资需求，74.80%的被调查者都曾有过互联网投资的行为。

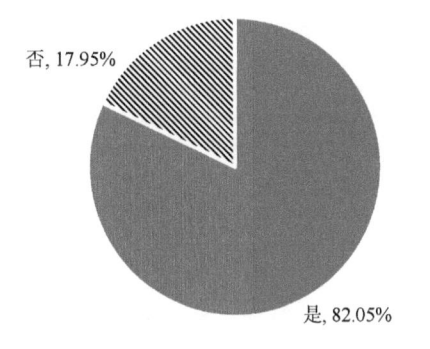

图 8-6　被调查者投资需求分布 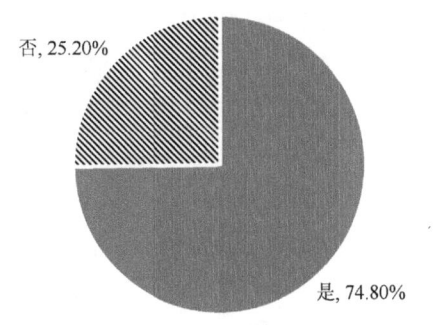　　　图 8-7　被调查者投资行为分布

在曾有过互联网投资行为的被调查者中，被调查者曾使用过的互联网投资平台分布如图 8-8 所示。在 1103 份调查问卷中，有 792 位受访者（占比为 71.80%）使用过阿里巴巴旗下的余额宝；有 580 位受访者使用过腾讯旗下的零钱通（占比为 52.58%）。支付宝和微信正是现在手机支付时最常使用的两个平台，同时阿里巴巴和腾讯作为国内顶尖的互联网企业也拥有较好的知名度和信誉。其余平台中按照使用过的概率排序最高的是同为腾讯旗下的理财通，其他的投资平台，如度小满理财、平安盈、活期通等的使用率接近。

如图 8-9 所示，大部分被调查者通过互联网进行的投资金额占总投资金额的百分比都在 50%以下：20%以下占被调查者的 44.48%，20%~50%占被调查者的 39.88%。投资金额额度主要集中在 0~10 000 元，1001~5000 元占比最大，为 36.48%；0~1000 元占比为 19.03%；5001~10 000 元占比为 24.61%。

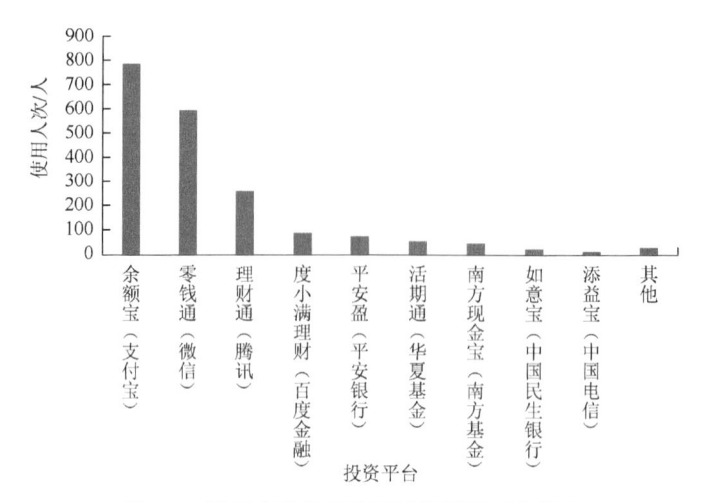

图 8-8 被调查者曾经使用过的投资平台分布

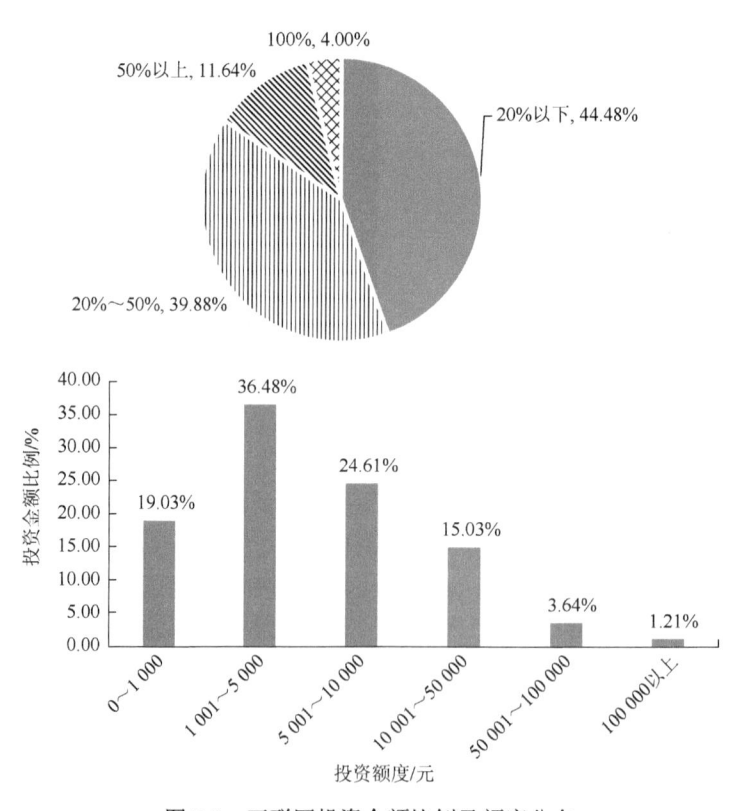

图 8-9 互联网投资金额比例及额度分布

总体而言，互联网投资这一概念目前在生活中的普及度已经达到了较高的水平，而在进行互联网投资时，阿里巴巴旗下的余额宝和腾讯的零钱通比较受到投资者的青睐。但是大多数投资者不会把自己大部分投资金额放在互联网投资中。用于互联网金融产品投资的总金额额度不会非常高。

8.3.4 投资者进行互联网金融产品投资后的影响

我们对消费者使用互联网投资产品后投资行为的改变进行了调查。如图 8-10 所示，61.58%的被调查者表示使用互联网投资产品后投资金额增加了。可见，互联网金融产品投资行业是一个有发展潜力的行业，值得进行更多的研究。

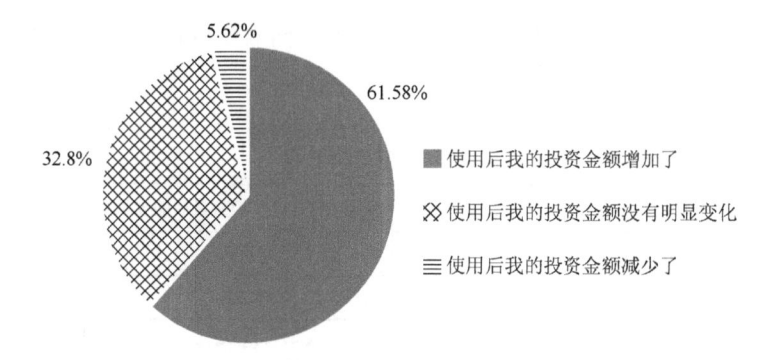

图 8-10 互联网投资对于投资者投资行为的改变

8.3.5 投资者进行互联网投资的设备和方式

我们对投资者进行互联网投资的设备进行了调查。如图 8-11 所示，大部分被调查者都有通过手机等移动端进行互联网金融产品投资的经历。可见在这个信息科技高度发达的时代，互联网移动端的普及率非常高，几乎涵盖了所有用户。

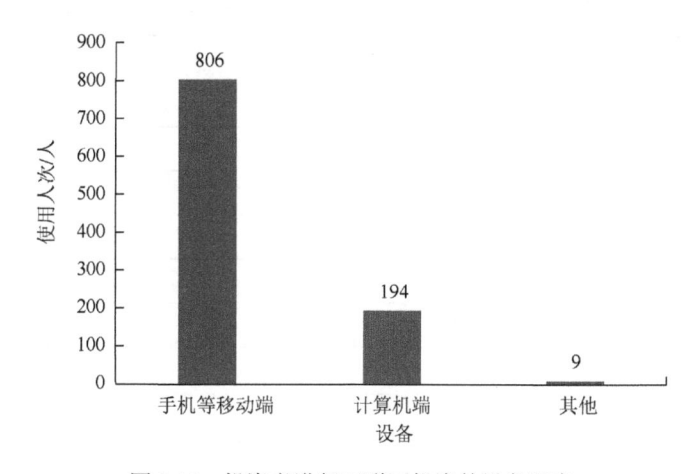

图 8-11 投资者进行互联网投资的设备调查

8.4 实证分析

8.4.1 信度分析

信度是衡量问卷是否精准的指标，信度分析主要用于考察问卷中各题目结果的稳定性和一致性。本节通过 SPSS 软件使用克龙巴赫 α 系数进行分析。

由表 8-3 可知，CITC 系数（除了 FX6）均大于 0.5，各项因素的克龙巴赫 α 系数均超过 0.7，部分因素系数超过 0.8。可见，问卷信度达到预期，各项目的内部一致性较高，适宜进行下一步检验。

表 8-3 信度分析结果

因素	题项	CITC 系数	剔除 CITC 过小的变量后的 α 系数	克龙巴赫 α 系数
使用感知	SY1	0.607	0.806	0.833
	SY2	0.578	0.812	
	SY3	0.666	0.794	
	SY4	0.665	0.795	0.705
	SY5	0.552	0.817	
	SY6	0.569	0.814	
预期收益	ER1	0.557	0.614	0.721
	ER2	0.537	0.639	
	ER3	0.531	0.645	
创新性因素	CX1	0.558	—	0.715
	CX2	0.558	—	
风险感知	FX1	0.658	0.762	0.811
	FX2	0.669	0.759	
	FX3	0.560	0.784	
	FX4	0.640	0.766	
	FX5	0.546	0.787	
	FX6	0.357	0.823	
使用态度	YY1	0.627	—	0.767
	TD1	0.627	—	

8.4.2 效度分析

效度是衡量问卷反映待探究问题的准确程度的，常用指标包括内容效度和结构效度。内容效度指问卷内容能否较好地代表所要测量问题的特质，是问卷设计逻辑的合理性判断。本章借鉴了已被证实的计划行为理论、投资决策期望理论等，并在其基础上针对互联网特性进行修改设计，内容效度处于可接受范围内。

结构效度指测量结果体现的结构与模型预分类结构的契合程度。因子分析是从问卷结果中提取一定量的公因子代表测得的问卷结构，各公因子分别与一定变量高度相关，通过比较公因子和预期分类的一致性来评价问卷的结构效度。

下面首先进行 KMO 和 Bartlett 球形检验来考察原变量是否适宜进行因子分析。

由表 8-4 可知，KMO 值为 0.889，Kaiser 给出的测量标准表明变量适合进行因子分析；Bartlett 的球形度近似卡方值为 6178.977，$p<0.01$，检验达到显著水平，表明各题项间的关系良好，可以进行因子分析。

表 8-4 效度分析检验结果

KMO		0.889
Bartlett 球形检验	近似卡方	6178.977
	自由度	120
	显著性	0.000

选用主成分分析法作为提取方法，凯撒正态化最大方差法为旋转方法进行分析，提取四个因子。结果中 FX6 的共同度值为 0.331，小于参考标准量 0.4。对删除 FX6 后的余项进行重新分析，得到如表 8-5 和表 8-6 所示的旋转后的成分矩阵和方差解释度。

表 8-5 因子旋转结构矩阵

题项	因子 1	因子 2	因子 3	因子 4	共同度
SY1	**0.773**	0.035	0.170	0.082	0.634
SY2	**0.711**	0.009	0.167	0.150	0.555
SY3	**0.720**	0.081	0.109	0.084	0.544
SY4	**0.800**	0.057	0.160	0.017	0.670
SY5	**0.469**	−0.041	0.567	0.080	0.550
SY6	**0.594**	−0.022	0.349	0.072	0.480
ER1	0.636	−0.046	**0.445**	0.148	0.627

续表

题项	因子1	因子2	因子3	因子4	共同度
ER2	0.322	−0.037	**0.692**	0.163	0.611
ER3	0.257	−0.038	**0.767**	0.105	0.666
CX1	0.092	−0.046	0.203	**0.854**	0.782
CX2	0.208	0.014	0.076	**0.858**	0.785
FX1	0.116	**0.794**	−0.130	0.012	0.661
FX2	−0.011	**0.820**	−0.036	−0.046	0.675
FX3	0.038	**0.708**	−0.023	0.046	0.505
FX4	0.080	**0.780**	−0.049	−0.043	0.620
FX5	−0.108	**0.719**	0.113	−0.015	0.542

注：加粗数字表明该成分对应的各细分项共同度在可接受范围内，证实实证提取的结构与理论搭建的结构一致

表 8-6 旋转后方差率解释

指标	因子1	因子2	因子3	因子4
初始特征值	4.803	2.984	1.309	0.810
旋转方差解释率/%	21.830	18.440	11.767	9.877
累积旋转方差解释率/%	21.830	40.270	52.037	61.914

由表 8-5 可知，提取四个因子中各项的共同度均大于 0.4，提取结构与预设分类吻合。因子 1 对应使用感知，因子 2 对应风险感知，因子 3 对应预期收益，因子 4 对应创新性因素，旋转后的累积方差解释率大于 50%，问卷通过效度检验。

8.4.3　模型构建与假设检验

本章使用结构方程模型建模，初步模型如图 8-12 所示。模型拟合指标如表 8-7 所示。模型需要检验的假设如下：

H1：用户对互联网投资的风险感知与其创新偏好正向相关。

H2：用户对互联网投资的风险感知负向影响其预期收益。

H3：用户对互联网投资的风险感知负向影响其使用态度。

H4：用户的创新偏好正向影响其对互联网投资的使用感知。

H5：用户的创新偏好正向影响其对互联网投资的使用态度。

H6：用户的使用感知正向影响其预期收益。

H7：用户对互联网投资的预期收益正向促进其使用态度。

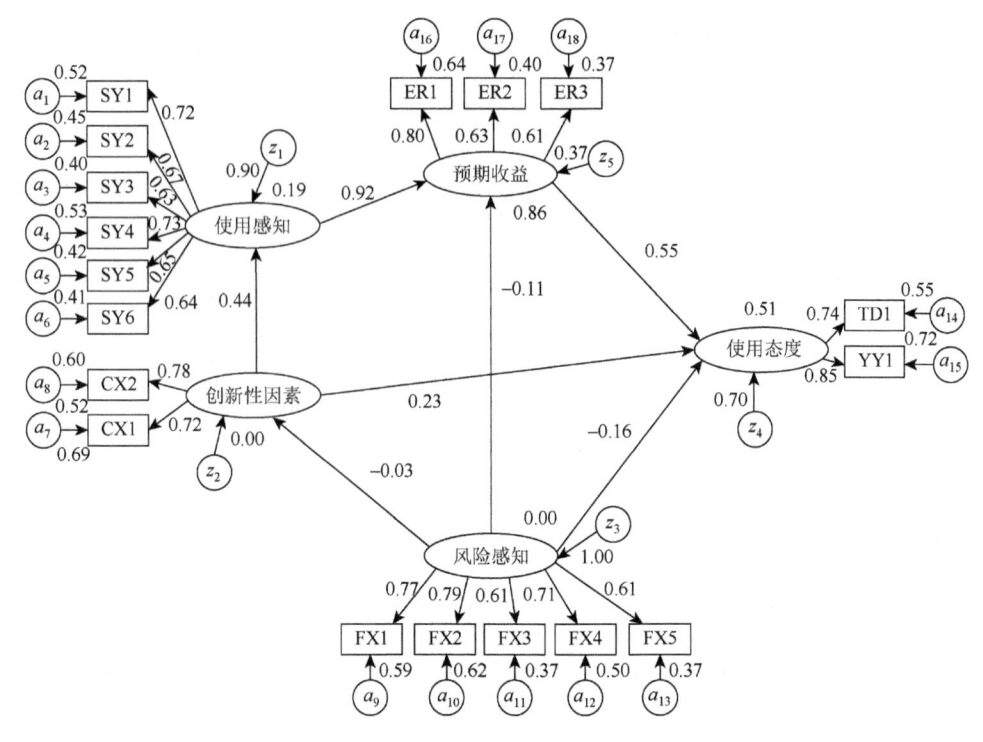

图 8-12 结构方程模型结果

表 8-7 模型拟合指标

指标	判断标准	模型指标值
χ^2	—	358.711
df	—	128
p	<0.05	0.000
χ^2/df	<3	2.80
GFI	>0.9	0.964
调整拟合优度指标	>0.9	0.951
NFI	>0.9	0.951
模型比较适合度	>0.9	0.968
残差均方和平方根	<0.05	0.042
RMSEA	<0.10	0.040

从模型指标来看，表 8-7 中所列的拟合优度指标值均大于 0.9，落在建议标准

中"高"的范围内（通常认为＞0.8为可以接受，＞0.9为高）。其余指标也均达到参考要求，可见该模型的拟合程度较高。

模型中各变量关系如表8-8所示。

表8-8 模型路径系数

X	路径影响方向	Y	标准误	p	显著性	标准化路径系数
风险感知	→	创新性因素	0.034	0.397	不显著	−0.03
风险感知	→	预期收益	0.025	0.000	显著	−0.11
风险感知	→	使用态度	0.025	0.000	显著	−0.16
创新性因素	→	使用感知	0.041	0.000	显著	0.44
创新性因素	→	使用态度	0.034	0.000	显著	0.23
使用感知	→	预期收益	0.046	0.000	显著	0.92
预期收益	→	使用态度	0.033	0.000	显著	0.55

由表8-8可知，预期收益、创新性因素和风险感知对使用态度的相关性均在显著水平（排序先后为相关性大小）。风险感知负向作用于预期收益和使用态度，创新性因素正向促进使用感知，使用感知显著影响预期收益。

然而，模型结果显示风险感知对创新性因素影响作用不显著，删除该路径后对修正模型进行检验。

8.4.4 模型修正与假设检验

修正后的模型拟合指标如表8-9所示。

表8-9 修正后的模型拟合指标

指标	判断标准	模型指标值
χ^2	—	359.411
df	—	129
p	＜0.05	0.000
χ^2/df	＜3	2.79
GFI	＞0.9	0.964
调整拟合优度指标	＞0.9	0.952

续表

指标	判断标准	模型指标值
NFI	>0.9	0.951
模型比较适合度	>0.9	0.968
残差均方和平方根	<0.05	0.041
RMSEA	<0.10	0.040

修正后的模型拟合指标优于修正前，可见修正后的模型能更好地解释研究对象。再次对修正之后的模型进行检验，如表 8-10 所示。

表 8-10　修正后的模型路径系数

X	路径影响方向	Y	标准误	p	显著性	标准化路径系数
风险感知	→	预期收益	0.025	0.000	显著	−0.12
风险感知	→	使用态度	0.025	0.000	显著	−0.17
创新性因素	→	使用感知	0.041	0.000	显著	0.44
创新性因素	→	使用态度	0.035	0.000	显著	0.23
使用感知	→	预期收益	0.046	0.000	显著	0.92
预期收益	→	使用态度	0.033	0.000	显著	0.55

修正后的模型各变量路径关系均达到显著水平。

根据结构模型方程的数据结果可知假设检验结果如表 8-11 所示。

表 8-11　假设检验结果

序号	假设	验证结果
H1	用户对互联网投资的风险感知与其创新偏好正向相关	不成立
H2	用户对互联网投资的风险感知负向影响其预期收益	成立
H3	用户对互联网投资的风险感知负向影响其使用态度	成立
H4	用户的创新偏好正向影响其对互联网投资的使用感知	成立
H5	用户的创新偏好正向影响其对互联网投资的使用态度	成立
H6	用户的使用感知正向影响其预期收益	成立
H7	用户对互联网投资的预期收益正向促进其使用态度	成立

修正后的路径模型如图 8-13 所示，其中虚线代表路径关系不显著。

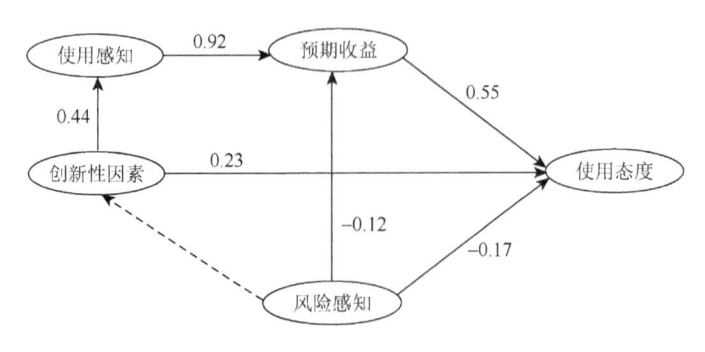

图 8-13 修正后的路径模型

H1 不成立的原因：本章的实证结果表明，风险感知对于创新性因素的影响并不显著，表明风险感知的人群并不一定具备创新型人格。其内在原因可能是风险感知来源于对客观事物的认知，认知结果受到各种信息的影响，会有所改变。创新型人格代表的是个人特质，这类人更愿意接受新事物、创造新事物。它倾向于是一种思维习惯，这种思维习惯一旦固定，就比较难以改变。因此，风险感知与创新型人格在统计意义上并不显著相关。

8.5 影响投资行为的其他因素

8.5.1 互联网平台投资与传统投资工具对比

传统理财投资包括银行储蓄、债券、信托、保险、黄金、股票、基金、房地产等。银行储蓄是最普遍、最保守的投资形式，投资者将现金储存在银行内，收取银行给定的利息作为投资收益。这种方式安全度最高，风险极小，同时拥有最大的流动性，可以随取随用。但劣势也同样明显，收益率较低，在通货膨胀严重时期甚至无法对其资产进行保值。近年来，随着国家推行利率市场化，银行储蓄收益也开始随市场波动。

银行理财是较安全的投资渠道，信誉好、安全性高，同时收益又高于银行储蓄。数据显示，截至 2019 年 6 月，全国商业银行非保本理财产品为 4.7 万个，存续余额为 22.18 万亿元。但银行理财也存在投资起点较高、流动性较差的缺陷。2019 年新发行的非保本理财产品加权平均期限为 185 天，同比增加 47 天左右。

基金是将社会分散的个人资金集中起来，由专业团队分析、操作的投资方式，其创新性在于引入专业管理与多元化投资，帮助"散户"做决策分散风险。我国目前的主要基金包括信托投资基金、公积金、保险基金等。常说的基金投资则指证券投资基金。基金投资的缺点主要是较难达到高收益，收益周期长，同时有较高的亏损概率。

债券可以分为国家债券和企业债券两种主要形式，是国家或企业以其信用为基础，按照债务的一般原则，通过向社会筹集资金所形成的债权债务关系。一般来说，国债被视为一种无风险收益，安全度较高，被投资者视为投资收益的"基准"。企业债券的风险相对较高，但其在二级市场中存在较多的盈利机会，同样也吸引了大量的投资。

股票是股份公司资本的构成部分，可以转让、买卖或作价抵押，是资本市场上主要的长期信用工具。股票与债权相似，其在二级市场上的波动与风险一方面给它赋予了相当大的获利空间，另一方面也使其面临巨大的投资挑战。总的来说，股票投资带有很大的赌博成分，风险与收益并存。

现代互联网投资是指利用互联网技术与信息通信技术融通开展投资的新型金融投资模式，包括网络基金平台、支付平台投资等。

互联网投资的优势主要表现在：高效便利，利用信息技术将金融平台与投资产品信息化，减少了复杂的流程与操作；操作灵活，互联网投资重视产品端的多样性，通过网络技术与指引研发出周期灵活、项目多元的金融产品；门槛较低，相较于银行、基金等门槛较高的传统方式，互联网投资开放性较好，大大降低了进入门槛；收益稳定，互联网理财行业的年化收益率一般较为稳定，相对风险较低。

互联网金融产品投资也存在劣势。例如，互联网投资模式的创新所带来的问题、P2P 平台等投资平台的安全隐患，都可能会给投资者带来损失。我国在监管方面存在改善空间，相关法律的颁布与执行都有所缺失，增加了投资者维护自身权利的难度。

8.5.2　消费与投资平台选取的相关性

互联网金融作为一种新兴的金融模式，近年来在中国市场得到了蓬勃发展。除了互联网投资产品，互联网消费产品也是其中关键的一环。随着电子商务的快速发展，频繁的零散消费总和已经远远超越传统商业体量。互联网消费金融逐渐成为主流，并形成了多种创新的运营模式，对促进居民消费行为起到正向作用。如图 8-14 所示，在使用互联网投资产品的用户中，73.84%的用户首先接触的是消费金融产品。

对此我们提出，特定互联网平台的消费金融模块构建可能影响其用户对投资金融的使用。

本节对消费者使用互联网消费和投资的行为关联进行了调查。如图 8-15 所示，87.40%的用户使用的互联网金融产品属于同一平台旗下。

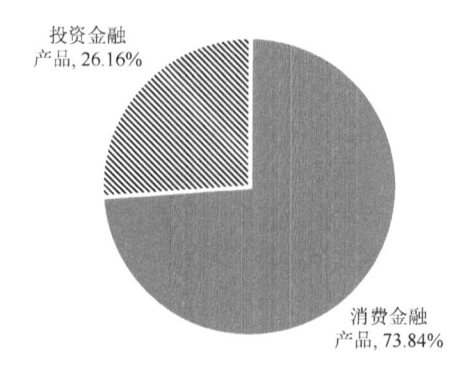

图 8-14 用户首次接触的互联网金融产品类型

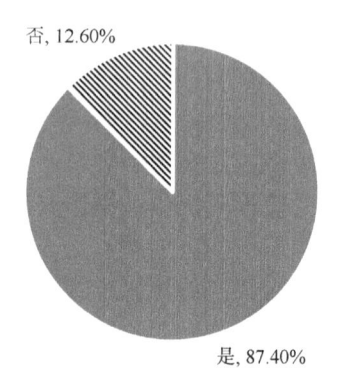

图 8-15 用户使用的金融产品是否属于同一平台旗下

同时，在问及用户先接触的金融产品是否对另一产品类型有促进作用时，如图 8-16 所示，其中大部分用户做出了肯定回答。

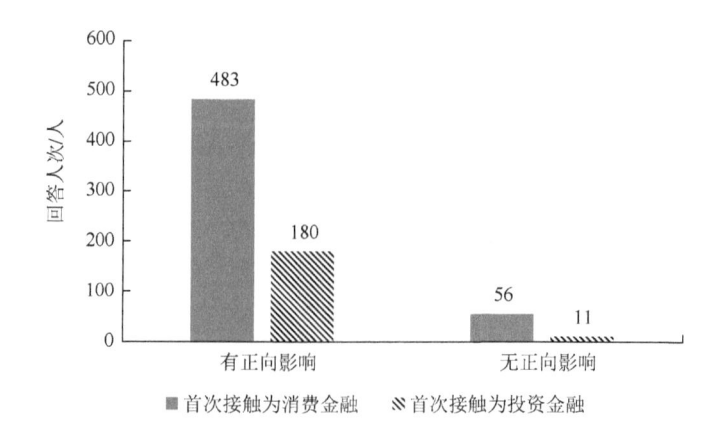

图 8-16 用户就先使用的产品类型对后使用的类型促进作用的评价

可见相较于投资,消费与居民的生活更加休戚相关,而这一相关性优先推动了居民对消费金融产品的尝试,进而带动投资金融产品的逐步发展壮大。

8.6 小　　结

随着移动支付技术的不断发展,互联网金融逐渐进化出足以与传统金融方式相抗衡的竞争优势。与此同时,日益提高的收入水平与生活水平正在唤醒居民的投资需求。尽管互联网投资金融在市场曾因监管漏洞频发爆雷现象,但与之对应的政策规章也在不断出台,互联网投资市场总体呈现出欣欣向荣的态势。本章基于过往学者对投资理论、创新理论等的研究,对影响投资者使用互联网投资平台的因素进行了实证分析,并得到以下结论。

(1)预期收益、创新性因素直接且正向地影响使用态度。使用感知通过影响预期收益间接影响使用态度。此外,对平台、对产品的风险感知越强,投资者的投资行为会相应减少。其影响的相对大小为使用感知+预期收益>创新性因素>风险感知。

(2)相较于传统平台,互联网投资金融具有便捷高效、准入门槛低、产品灵活的特点,能更随时且充分地满足投资者的投资需求。

(3)互联网金融相关的消费产品与本章所研究的投资产品之间有较强的正相关关系。一种类型的满意使用会推动用户接受另一类型的产品。

本章对互联网投资金融平台提出以下几点建议。

(1)提高用户使用体验。结合实际分析,若投资者认为使用互联网平台投资一事是便利的、符合社会规范的,即使用感知,就更有可能进一步思考这一行为能带来的效用和好处,即预期收益。因此,针对投资者心理,互联网投资平台可以多加宣传使用互联网进行投资带来的便利性,简化操作流程,以吸引更多的投资者使用平台进行投资。此外,互联网投资平台可以通过社群影响,如用优惠活动让已有用户在社群中进行分享,以挖掘潜在的创新性投资者。

(2)纠偏误解,培养正确的风险认知。"投资有风险,购买需谨慎",诚然,风险是投资过程中永远绕不开的话题。金融理论不断发展的过程也是规避风险技术不断发展的过程,但风险认知与风险本身是两个不同的概念。风险认知是人们对于风险各种知识的总和,它会受到人们知识水平、人生阅历、信息渠道等多种因素的影响,所以用户难免会产生错误或者偏差的风险认知。若要拉动投资市场发展,鼓励投资者使用互联网投资,可以考虑扩大宣传力度,客观分析投资风险,对应解释投资者误解,从认知端帮助投资者形成正确、合理的风险认知,以最大化投资者的投资意愿,让愿意投资的投资者都能选择风险匹配的产品。

（3）与政府部门协同创立诚信生态。本章基于对模型的分析发现，社会评价会对投资者行为产生影响。政府部门应当加大监管力度，减少不正规互联网投资平台的虚假宣传和其他不诚信行为。另外，互联网投资平台也应积极管控系统风险，进行健康投资、诚信投资。

（4）打造互联网金融全模块平台。通过对用户互联网消费和投资情况的描述性统计来看，目前消费金融产品的市场影响力大于投资金融产品，且用户在互联网消费和投资产品使用方面有显见的协同效应。倘若企业能搭建起以移动支付为技术支持的消费-投资一体化平台，完善互联网消费产品的覆盖，则可能增加其投资产品的潜在需求。

第 9 章 互联网金融的风险事件及其影响

近年来，随着互联网金融在中国如火如荼地快速发展，互联网理财产品成为对银行存款业务产生较大威胁的互联网金融业务之一。在传统金融业务中，大量中低端客户的理财需求长期被忽略。随着互联网的普及率不断提升，互联网理财产品的优势得以体现。其通过互联网技术汇集中小投资者的小额零散资金，使投资者能够实现低门槛、高流动性、高收益的理财需求。但是在互联网金融行业井喷式发展的同时，由于监管和法律法规的缺失，金融风险事件频发，行业乱象不仅严重损害了投资者的利益，也造成了极其恶劣的社会影响。因此，围绕互联网金融市场中风险事件的研究具有十分迫切的现实意义。

本章首先梳理互联网理财产品收益率的影响因素，回顾互联网理财产品和 P2P 网络借贷行业的发展现状，并且开展互联网金融事件对投资动机、偏好影响的问卷调查，基于问卷调查结果，借助 Logistic 回归分析和户田-山本（Toda-Yamamoto）因果检验等工具分析了风险事件对理财产品收益率的影响路径。其次，在实证部分，本章研究了以 P2P 类理财产品为代表的互联网理财产品，回顾了 P2P 违约等风险事件，运用主成分分析法和偏最小二乘法构建了互联网金融事件指数。最后，在宏观经济环境变化的基础之上，通过建立 ARCH 模型和 OLS 模型，研究了互联网金融事件对互联网理财产品收益率的影响关系。

9.1 互联网风险事件对投资行为的影响

互联网理财为人们提供了多样化的投资渠道，同时也引发了大量的互联网金融风险事件，使投资者面临较大的风险。以 P2P 网络借贷行业为例，受到宏观经济下行的影响，2018 年 7~8 月的行业"爆雷潮"严重打击了投资者的信心，使行业景气度大幅下降，为投资者敲响了警钟。为了了解投资者对互联网金融市场中风险事件的关注度以及风险事件对投资动机和偏好的影响，本章以 P2P 网贷行业中的风险事件为例进行问卷调查。问卷调查分为两个阶段，第一阶段是针对投资动机的影响进行调查，第二阶段针对投资者偏好进行调查。

9.1.1 互联网风险事件对投资动机的影响

本次调查共发放问卷 681 份，其中有效问卷 600 份。男女比例约为 1.1∶1，男性占 52.33%，女性占 47.67%。被调查者的年龄分布主要集中在 19～38 岁，占被调查者的 95.33%。在学历方面，被调查者中 84.17%为本科，8.17%为硕士，被调查者的受教育程度整体较高。在职业方面，被调查者中民营企业职员占比最高，为 38.67%；其次是国有企业和事业单位员工，占比大体相当，分别为 23.17%和 22.17%。在月均可支配收入方面，被调查者主要集中在 3001～9000 元，占比为 65.67%。在互联网金融市场投资经验方面，92%的被调查者具有 P2P 投资经验。此外，65%的被调查者曾经经历过 P2P 市场的风险事件。

关于投资者的动机，主要从投资者的参与度、投资者对参考收益率的心理预期以及投资期限三个方面进行刻画。

在投资者参与度方面（图 9-1），当市场出现风险事件后，88.83%的被调查者会减少投资金额，仅有 11.17%的被调查者表示投资金额不受影响。会减少投资金额的被调查者分为五类，37.50%的被调查者会减少原先投资金额的 10%～30%，28.50%的被调查者选择减少原先投资金额的 30%～50%，71.67%的被调查者选择减少 50%以内的投资金额。

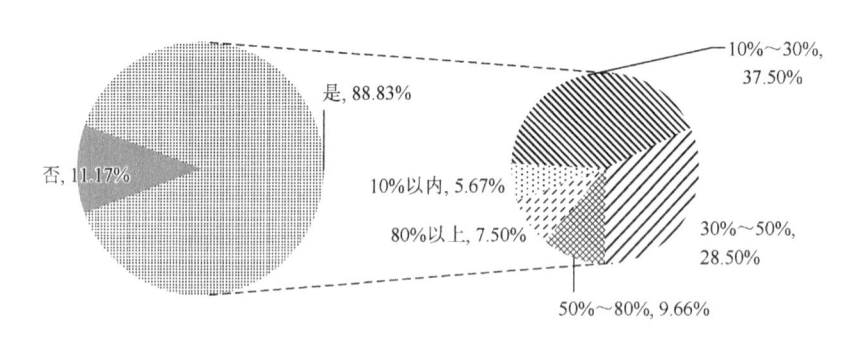

图 9-1 风险事件发生后投资者是否减少投资金额

在投资者对互联网理财产品参考收益率的心理预期方面（图 9-2），75.00%的被调查者表示风险事件发生后希望预期收益率上升。对于预期收益率的上升幅度，31.67%的被调查者希望参考收益率增加 1%～2%，有 25.83%的被调查者希望参考收益率增加 2%～3%。总体而言，当互联网金融市场出现风险事件后，大多数投资者对预期收益率的增幅有较高的期待。

在投资期限方面（图 9-3），当互联网金融市场出现风险事件后，85.50%的被调查者选择缩短投资期限。其中，38.67%的被调查者选择投资 1～3 个月的互联网理财产品，23.50%的被调查者选择投资 3～6 个月，共计有 77.67%的被调查者选择投资半年以内的理财产品。

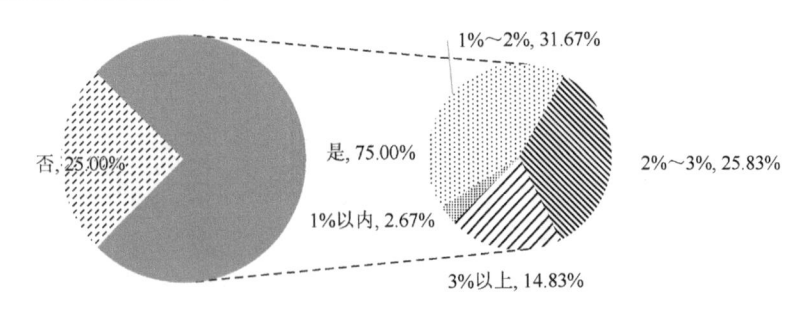

图 9-2　风险事件发生后投资者是否希望预期收益率上升

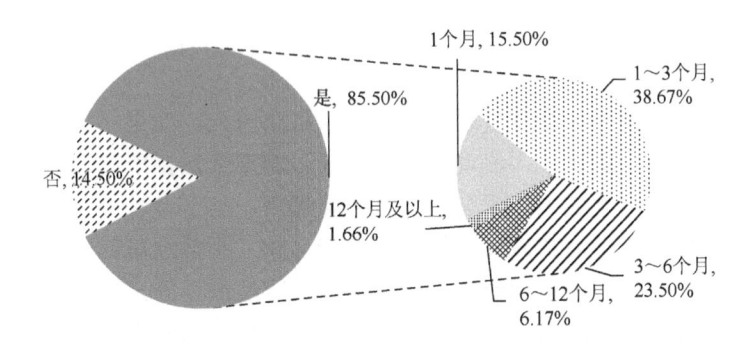

图 9-3　风险事件发生后投资者是否缩短投资期限

9.1.2　风险事件对投资偏好的影响

在探究互联网金融风险事件对投资者动机影响的基础之上，我们进一步研究了投资者对风险事件的关注情况以及投资偏好的变化情况。本次调查发放问卷共计 1152 份，其中有效问卷 864 份。

被调查人群中，男性占 47.11%，女性占 52.89%。被调查者的年龄分布主要集中在 26～35 岁和 18～25 岁，分别占 49.82% 和 24.85%，无未成年人。在学历方面，被调查者中 76.59% 为本科，10.08% 为高中，9.50% 为硕士。在职业方面，被调查者中占比最高的为企业职员（46.18%），其次是事业单位员工（20.83%），私营、个体经营从业者占比为 13.89%。

关于投资者对风险事件的关注情况，调查结果显示，81.44% 的被调查者会关注 P2P 网贷行业中的风险事件，而 18.56% 的被调查者没有关注风险事件的习惯。可见，绝大多数的投资者对风险的关注度较高，具有较强的风险意识。

对于停业及有问题的 P2P 网贷平台，被调查者最关心的是平台的累计交易总额，其次关注度较高的是逾期金额和借贷余额（图 9-4）。

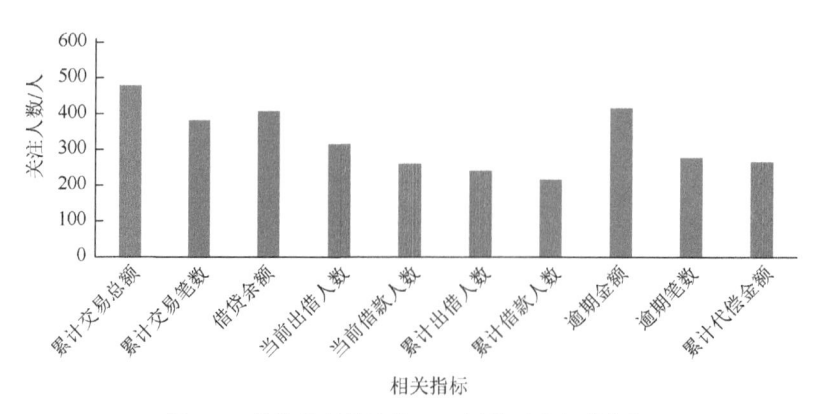

图 9-4 投资者所关注的 P2P 网贷平台相关指标

累计交易总额能够判断平台是否持续有新资金流入。如果平台获得资金的能力强，则累计交易总额较大，流动性风险较低。逾期金额指所有逾期且尚未偿还的本金总和。逾期金额越大，平台的投资风险越高，与平台相关的风险事件的危害性越大。借贷余额指借款人尚未偿还的本金总和，不含利息部分。借贷余额可以衡量一个平台的经营规模和安全程度。一般借贷余额越高，网贷平台的经营规模越大，但同时流动性风险也随之增大。一旦平台无法收回借款，则无法按期兑付投资人资金，甚至存在崩盘的可能性。

关于风险事件对投资偏好的影响，如图 9-5 所示，当 P2P 网贷行业出现风险事件后，倾向于选择参考收益率在 6%～8%的被调查者占比最多，为 38.62%。其次是选择参考收益率在 6%以下，占比为 31.59%。有 70.21%的被调查者倾向于选择预期收益率在 8%以下的互联网理财产品。本次调查时间为 2019 年 12 月和 2020 年 3 月，为了剔除 2020 年春节和新冠疫情对 P2P 市场交易的影响，以 2019 年 12 月 P2P 网贷综合利率 9.46%作为衡量标准，可以发现大部分投资者偏好的参考

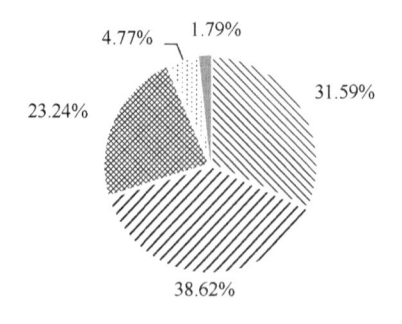

图 9-5 风险事件发生后投资者对预期收益率的偏好

因数据计算时进行了四舍五入，所以存在占比之和不等于 100%的情况

收益率低于实际的市场收益率,投资者在追求高收益的同时也考虑了安全性,而不是盲目选择收益率高的理财产品。

在投资期限方面,根据图 9-6,当 P2P 网贷行业出现风险事件后,选择 3 个月及以内投资期限的被调查者占比最多,为 53.41%;有 32.38%的被调查者倾向于 3~6 个月的投资期限。这表明当互联网金融市场中出现大量风险事件后,绝大多数投资者倾向于半年及以内的投资期限,以降低投资风险。

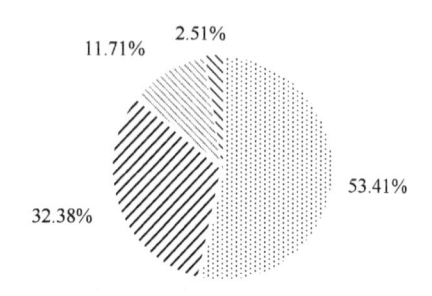

图 9-6　风险事件发生后投资者对投资期限的偏好

因数据计算时进行了四舍五入,所以存在占比之和不等于 100%的情况

9.2　互联网风险事件对互联网理财产品的影响路径

当互联网金融市场出现风险事件后,88.83%的被调查者会减少原先的投资金额。为了探究风险事件对投资参与度的影响是否具有统计意义,采用 χ^2 检验和二分类 Logistic 回归模型进行分析。

9.2.1　变量设计

因变量为投资金额,自变量包括风险事件、性别、年龄、教育水平、职业、可支配收入、互联网理财产品投资经验、风险事件的亲身经历,共 8 个自变量。模型的变量设计见表 9-1。

表 9-1　模型的变量设计

变量	因素	变量名	赋值	变量类型
因变量	投资金额	Amount	0 = 不减少,1 = 减少	二分类变量
自变量	风险事件	Event	0 = 未发生,1 = 发生	二分类变量
	性别	Sex	0 = 男,1 = 女	二分类变量

续表

变量	因素	变量名	赋值	变量类型
自变量	年龄	Age	—	连续变量
	教育水平	Education	0＝初中，1＝高中，2＝本科，3＝硕士，4＝博士	有序多分类变量
	职业	Job	0＝学生，1＝国有企业，2＝事业单位，3＝公务员，4＝民营企业，5＝外资企业	有序多分类变量
	可支配收入	Income	0＝3 000元及以下，1＝3 001~6 000元，2＝6 001~9 000元，3＝9 001~12 000元，4＝12 001~15 000元，5＝15 001~20 000元，6＝20 000元以上	有序多分类变量
	互联网理财产品投资经验	Invexp	0＝没有，1＝有	二分类变量
	风险事件的亲身经历	Riskexp	0＝未经历过，1＝经历过	二分类变量

9.2.2 单因素分析

在进行 Logistic 回归前，先通过 χ^2 检验进行单因素分析，以判断哪些自变量可以放入回归模型。为了避免遗漏可能的重要变量，将显著性水平适当放宽，取 $\alpha=0.15$，即 χ^2 检验的 p 值小于 0.15 就可以保留自变量。

根据表 9-2，风险事件是否发生、职业与投资金额是否减少具有相关性（p 值＜0.15）。因此，保留这两个变量进行下一步的 Logistic 回归分析。

表 9-2 单因素分析结果

相关因素		调查人数/人	减少投资金额人数/人	比例/%	χ^2 值	p 值
风险事件	未发生	600	218	36.33	353.1	0.000
	发生	600	533	88.83		
性别	男	628	395	62.90	0.056	813
	女	572	356	62.24		
年龄	—	—	—	—	17.425	967
教育水平	初中	8	5	62.50	6.043	0.196
	高中	74	51	68.92		
	本科	1010	633	62.67		

续表

相关因素		调查人数/人	减少投资金额人数/人	比例/%	χ^2 值	p 值
教育水平	硕士	98	59	60.20	6.043	0.196
	博士	10	3	30.00		
职业	学生	80	50	62.50	8.209	0.145
	国有企业	278	173	62.23		
	事业单位	266	169	63.53		
	公务员	46	22	47.83		
	民营企业	464	302	65.09		
	外资企业	66	35	53.03		
可支配收入	3 000 元及以下	100	61	61.00	2.286	0.892
	3 001～6 000 元	418	265	63.40		
	6 001～9 000 元	370	228	61.62		
	9 001～12 000 元	212	138	65.09		
	12 001～15 000 元	64	36	56.25		
	15 001～20 000 元	26	16	61.54		
	20 000 元以上	10	7	70.00		
互联网理财产品投资经验	没有	90	55	61.11	0.090	0.764
	有	1110	696	62.70		
风险事件的亲身经历	未经历过	424	254	59.91	2.008	0.157
	经历过	776	497	64.05		

9.2.3 多因素分析

以因变量为投资金额、自变量为风险事件和职业进行 Logistic 回归分析，变量的筛选方法采用基于似然比（likelihood ratio，LR）的向前逐步回归法。"职业"变量设置为哑变量，参照类为最后一类，即"外资企业"。

根据表 9-3，风险事件对应的 OR 值（即 Exp（B））为 14.435，表明单位风险事件发生后投资者减少投资金额的可能性是未发生风险事件时的 14.435 倍（$p<0.01$，95%置信区间为 10.608～19.643）。职业对应的 p 值为 0.043<0.05，表明将该变量的全部分组纳入模型是有统计意义的。相对于"外资企业"员工，"民营企业"员工减少投资金额的可能性是前者的 2.081 倍（$p<0.05$，95%置信区间为 1.100～3.938）。

表 9-3　Logistic 回归结果

变量名	B	标准误差	Wald 值	自由度	显著性 p 值	Exp（B）	Exp（B）的95%置信区间 下限	Exp（B）的95%置信区间 上限
Event	2.670	0.157	288.509	1	0.000	14.435	10.608	19.643
Job	—	—	11.464	5	0.043	—	—	—
Job（1）	0.575	0.411	1.959	1	0.162	1.777	0.794	3.973
Job（2）	0.558	0.338	2.727	1	0.099	1.748	0.901	3.390
Job（3）	0.638	0.340	3.523	1	0.061	1.892	0.972	3.683
Job（4）	−0.315	0.473	0.445	1	0.505	0.729	0.289	1.844
Job（5）	0.733	0.325	5.072	1	0.024	2.081	1.100	3.938
常量	−1.151	0.311	13.693	1	0.000	0.316	—	—

综上，风险事件是否发生对于投资金额变动的影响差异具有统计意义。单位风险事件发生后，投资者减少投资金额的可能性显著上升，可能导致互联网金融市场中流动性出现下降。市场流动性下降，导致互联网理财产品的风险溢价上升。

9.3　互联网风险事件对互联网理财产品收益的影响

9.3.1　变量选择与数据处理

借鉴陈荣达等（2019）构建具有互联网金融特征的投资者情绪指数的方法并结合问卷调查结果，我们采用具有互联网金融特征以及反映舆情的代理指标来刻画互联网金融风险事件。具体而言，基于互联网金融特征的代理指标有P2P网络借贷的行业数据和网贷平台自身的运营数据，反映舆情的代理指标采用互联网搜索数据。具体选取的代理变量及其表示的含义如下。

（1）NSDP：P2P新增停业及转型平台数量。随着P2P行业的监管不断趋严，P2P平台不断出现整合和出清，每月会新增停业及转型平台。平台选择停业或者转型的主要原因有以下三个方面：一是平台较难满足合规条件，于是主动选择良性退出；二是平台经营状况不佳，盈利水平较低甚至出现亏损，从而选择停业或者转型助贷等方向；三是平台为了尽快完成备案，选择暂停发标，但是一旦暂停发标超过3个月，或将不具有备案资格。每月新增停业及转型平台的数量越多，表明互联网金融风险事件的发生频率越高。

（2）NPP：P2P新增问题平台数量。互联网金融市场不断出现"爆雷"事件，每月不断涌现新的问题平台。问题平台的出现，一方面受到宏观经济因素的影响，如整体经济下行、金融去杠杆、市场资金流动趋紧；另一方面受到行业及自身因素的影响，如部分借款人利用平台"爆雷"的混乱企图恶意逃废债，从而导致 P2P 行业经营环境的进一步恶化。随着每月新增问题平台数量的上升，互联网金融风险事件的数量不断增加。

（3）OT：停业及问题平台的平均累计上线天数，即 P2P 平台自上线至停业或出现经营问题的平均累计天数。该指标主要用于刻画 P2P 平台的运营状况。上线天数越短，说明平台经营越差，从而更有可能出现停业、清盘、跑路、失联等一系列风险事件。

（4）TURN：停业及问题平台的累计交易总额，即自网贷平台运营起，所有经网贷平台撮合成功的融资项目的资金（本金）总额。交易总额能够反映平台获得新资金流入的能力。长期呈现增长趋势表明平台的运营能力较强，短期内发生流动性风险的可能性较低，反之更容易出现流动性风险，导致平台逾期兑付或者停业。由问卷调查结果可知，投资者对停业及问题平台的"累计交易总额"的关注度最高，因此选择该指标作为刻画互联网金融风险事件的代理变量之一。

（5）SI：搜索指数，反映互联网用户对关键词搜索的关注程度及持续变化情况。我们以"P2P 跑路"为关键词，摘取互联网用户在百度网页对该词汇的搜索量数据。一般而言，当互联网金融风险事件频发时，投资者对 P2P "爆雷"事件的关注度就越高，利用网络搜索相关关键词的可能性就越高。

（6）II：资讯指数：以百度智能分发和推荐内容数据为基础，以"P2P 跑路"为关键词，将网民的阅读、评论、转发等行为的数量加权求和得出资讯指数。该指标与互联网金融风险事件的数量和危害程度呈正相关关系。

结合问卷调查结果，绝大多数投资者对互联网金融风险事件具有较高的关注度，因此选用"搜索指数""资讯指数"来反映投资者关注度存在一定的合理性。

数据来源是 Wind、网贷之家官网和百度指数官网，均选取月度数据。其中，百度指数官网只提供搜索指数和资讯指数的周数据，所以我们将周数据加总后推算出每月的日均值。

模型采用的 6 个互联网金融事件的代理变量存在两个样本期：在样本期 2015 年 1 月至 2019 年 11 月内，选取 NSDP、NPP 和 SI 这 3 个指标为代理变量，构建反映互联网理财产品行业状况和社会舆情的指数。在样本期 2017 年 7 月至 2019 年 11 月内，选取 NSDP、NPP、OT、TURN、SI 和 II 这 6 个指标为代理变量，构建反映互联网金融行业状况、平台自身运营情况和社会舆情的指数。

为了消除数据之间不同量纲的影响，对所有代理变量进行标准化处理，标准化后 6 个变量的统计描述见表 9-4。

表 9-4 互联网金融事件代理变量的描述性统计量

变量	样本数	最小值	最大值	平均值	标准差	偏度	峰度
NSDP	59	4	165	53.07	31.73	1.17	2.09
NPP	59	5	200	43.17	34.57	1.98	6.17
OT	29	639.91	1 713.80	1 128.19	316.02	0.21	−0.98
TURN	29	0.10	242.19	44.31	61.20	2.21	4.70
SI	59	20.31	303.77	47.09	42.46	4.49	24.21
II	29	77.91	18 327.51	2 708.79	3 423.26	3.62	16.01

资料来源：Wind，网贷之家官网，百度指数官网

9.3.2 偏最小二乘法原理

Huang 等（2015）首次运用偏最小二乘法构建了一个全新的投资者情绪指数，用于预测股票市场收益率。运用偏最小二乘法构建投资者情绪指数能够消除情绪代理变量中公共的噪声成分，并且在样本内和样本外都具有更强的预测能力。

假设股票的预期超额收益 $E_t(R_{t+1})$ 与投资者情绪指数满足以下关系：

$$E_t(R_{t+1}) = \alpha + \beta S_t \tag{9-1}$$

式中，S_t 为真实的但是无法观察到的投资者情绪，S_t 能够预测资产收益率；α 和 β 为模型参数。

那么，实现的股票收益率等于其条件期望与无法预测的冲击之和：

$$R_{t+1} = E_t(R_{t+1}) + \varepsilon_{t+1} = \alpha + \beta S_t + \varepsilon_{t+1} \tag{9-2}$$

式中，ε_{t+1} 为随机因素，并且与 S_t 无关。

设 $\boldsymbol{x}_t = (x_{1,t}, \cdots, x_{N,t})^\mathrm{T}$ 表示在 $t\,(t=1,2,\cdots,T)$ 时期的 $N \times 1$ 的投资者情绪代理变量向量。假设 $x_{i,t}\,(i=1,2,\cdots,N)$ 满足以下等式：

$$x_{i,t} = \varphi_{i,0} + \varphi_{i,1} S_t + \varphi_{i,2} E_t + e_{i,t}, \quad i=1,2,\cdots,N \tag{9-3}$$

式中，S_t 为能够预测资产收益率的投资者情绪；$\varphi_{i,1}$ 反映了 $x_{i,t}$ 对 S_t 变动的敏感度；E_t 为与收益率无关的所有代理变量公共的近似误差项；$e_{i,t}$ 为只与 i 相关的特质噪声。基于式（9-3）的分解，情绪代理变量 $x_{i,t}$ 能够更加有效地预测 S_t，并消除近似误差 E_t 和特质噪声 $e_{i,t}$ 的影响。

具体而言，用偏最小二乘法构建指数包含两步 OLS 回归。

（1）对每个投资者情绪代理变量分别进行时间序列回归：

$$x_{i,t-1} = \pi_{i,0} + \pi_i R_t + u_{i,t-1} \tag{9-4}$$

式中，π_i 为情绪代理变量 $x_{i,t-1}$ 对投资者情绪 S_{t-1} 的敏感度，而这里 S_{t-1} 用 R_t 来反映，因为 R_t 中的预期部分被 S_{t-1} 决定，情绪代理变量与股票的预期收益相关，但与无

法预测的收益率冲击无关,所以回归系数 π_i 刻画了情绪代理变量取决于真正的投资者情绪的程度;$\pi_{i,0}$ 为常数项;$u_{i,t-1}$ 为随机项。

(2) 对 T 个时期分别进行横截面回归:

$$x_{i,t} = c_t + S_t^{\text{PLS}} \hat{\pi}_i + \tau_{i,t}, \quad i = 1, 2, \cdots, N \tag{9-5}$$

第一步回归所得的 π_i 的估计量 $\hat{\pi}_i$ 在第二步中为自变量,回归系数 S_t^{PLS} 就是估计的投资者情绪指数;c_t 为常数项;$\tau_{i,t}$ 为随机项。

偏最小二乘法利用 $t+1$ 期的股票收益率来提取与预测相关的投资者情绪 S_t,并剔除与预测无关的公共误差 E_t 和特质噪声 $e_{i,t}$ 的影响,从而既达到降维的目的,又提高了投资者情绪指数对股票收益率的预测能力。

9.3.3 指数构建

本节基于上述偏最小二乘法来构建互联网金融事件指数。在两个样本期内分别把原始代理变量对广义货币(M2)余额同比增长率和居民价格指数(consumer price index,CPI)同比增长率(易志高和茅宁,2009;陈荣达等,2019)这两个宏观经济的代理变量进行回归,保留各个变量回归后的残差序列(NSDPr、NPPr、OTr、TURNr、SIr、IIr)。

(1) 在样本期 2015 年 1 月至 2019 年 11 月和样本期 2017 年 7 月至 2019 年 11 月内,首先对代理变量分别进行式(9-4)的时间序列回归,求出每个代理变量对应的 π_i 值(表 9-5),其中 R_t 取 P2P 网贷利率风险溢价,即 P2P 网贷综合收益率与无风险利率的差值。

表 9-5 代理变量对应的 π_i 值

2015 年 1 月至 2019 年 11 月		2017 年 7 月至 2019 年 11 月	
代理变量 x_i	π_i	代理变量 x_i	π_i
NSDPr	−0.3605	NSDPr	0.2090
NPPr	0.2748	NPPr	0.2044
SIr	0.0524	OTr	0.3230
		TURNr	0.1198
		SIr	0.1753
		IIr	0.1582

其次,对第一个样本期,在每个时期 $t(t=1,2,\cdots,59)$ 内进行式(9-5)所示的横截面回归得到 $\text{IFEI}_1^{\text{PLS}}$ 序列。经过固定效应的显著性检验,我们建立了时期固定效

应的变系数模型。由于模型存在时期异方差，所以使用广义最小二乘（generalized least square，GLS）法对模型进行估计。

假设模型形式为

$$x_{i,t} = m + y_t^* + \text{IFEI}_{1,t}^{\text{PLS}} \widehat{\pi_i} + \tau_{i,t}, \quad i=1,2,3, \quad t=1,2,\cdots,59 \quad (9\text{-}6)$$

式中，m 为总体均值截距项；y_t^* 为时间截面对总体均值偏离的截面截距项。

运用 GLS 法进行参数估计的模型结果为

$$x_{i,t} = 6.68 \times 10^{-12} + \widehat{y_t^*} + \widehat{\text{IFEI}_{1,t}^{\text{PLS}}} \widehat{\pi_i} \quad (9\text{-}7)$$

式中，$\widehat{\text{IFEI}_{1,t}^{\text{PLS}}}$ 为用偏最小二乘（partial least square，PLS）法构建的互联网金融事件指数；$\widehat{y_t^*}$ 为 y_t^* 的估计值。将 $\widehat{\text{IFEI}_{1,t}^{\text{PLS}}}$ 对 NSDPr、NPPr、SIr 进行回归，得到互联网金融事件指数的表达式为

$$\text{IFEI}_1^{\text{PLS}} = -1.6811 \times \text{NSDPr} + 1.3754 \times \text{NPPr} + 0.3056 \times \text{SIr} \quad (9\text{-}8)$$

（2）同理，对第二个样本期，在每个时期 $t(t=1,2,\cdots,29)$ 内进行式（9-5）所示的横截面回归，得到 $\text{IFEI}_2^{\text{PLS}}$ 序列。经过固定效应检验，构建时期固定影响的变系数模型。由于随机误差项存在时期异方差，所以使用 GLS 法对模型进行估计。

假设模型形式为

$$x_{i,t} = m + y_t^* + \text{IFEI}_{2,t}^{\text{PLS}} \widehat{\pi_i} + \tau_{i,t}, \quad i=1,2,\cdots,6, \quad t=1,2,\cdots,29 \quad (9\text{-}9)$$

式中，m 为总体均值截距项；y_t^* 为时间截面对总体均值偏离的截面截距项。

使用 GLS 法对模型进行估计，估计结果如下：

$$x_{i,t} = 1.58 \times 10^{-11} + \widehat{y_t^*} + \widehat{\text{IFEI}_{2,t}^{\text{PLS}}} \widehat{\pi_i} \quad (9\text{-}10)$$

将 $\widehat{\text{IFEI}_{2,t}^{\text{PLS}}}$ 对 NSDPr、NPPr、OTr、TURNr、SIr、IIr 进行回归，得到互联网金融事件指数的表达式为

$$\begin{aligned}\text{IFEI}_2^{\text{PLS}} = &\ 0.4468 \times \text{NSDPr} + 0.2542 \times \text{NPPr} + 5.1979 \times \text{OTr} \\ &- 3.2698 \times \text{TURNr} - 0.9584 \times \text{SIr} - 1.6708 \times \text{IIr}\end{aligned} \quad (9\text{-}11)$$

互联网金融事件指数的描述性统计量见表 9-6。可知，$\text{IFEI}_2^{\text{PLS}}$ 呈现左偏态，具有较大的波动性。

表 9-6 互联网金融事件指数的描述性统计量

指数	样本数	最小值	最大值	平均值	标准差	偏度	峰度
$\text{IFEI}_1^{\text{PLS}}$	59	−5.27	5.91	-1.70×10^{-8}	1.97	0.38	0.99
$\text{IFEI}_2^{\text{PLS}}$	29	−12.66	6.35	1.72×10^{-7}	4.17	−0.84	1.67

由皮尔逊相关性检验可得，P2P 网贷综合利率风险溢价（risk premium，RP）与 $\text{IFEI}_1^{\text{PLS}}$、$\text{IFEI}_2^{\text{PLS}}$ 的相关系数分别为 0.435（1%显著性水平，双尾）和 0.357（10%显著性水平，双尾），说明用 PLS 法构建的互联网金融事件指数与 P2P 网贷综合利率风险溢价的相关程度高，能较好地刻画互联网理财产品收益率的变化趋势。

从图 9-7 和图 9-8 可以看出，$\text{IFEI}_1^{\text{PLS}}$ 与 P2P 网贷综合利率风险溢价的走势更加吻合，尤其是在 2015 年 1 月至 2016 年 8 月，$\text{IFEI}_1^{\text{PLS}}$ 与 RP 整体上都呈现下降趋势，而 $\text{IFEI}_2^{\text{PLS}}$ 整体上却呈现温和上涨态势。值得注意的是，在 2017 年 7 月至 2019 年 7 月，$\text{IFEI}_2^{\text{PLS}}$ 与 $\text{IFEI}_1^{\text{PLS}}$ 的变化基本一致，二者均在 2018 年 7 月达到最大值。经皮尔逊相关性检验发现二者的相关系数为 0.69（1%显著性水平，双尾），说明二者具有较强的正相关关系，用 PLS 法构建指数具有一定的合理性。

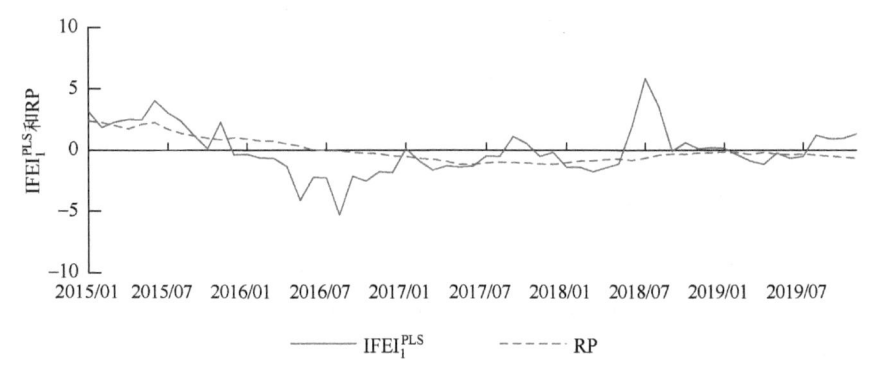

图 9-7　$\text{IFEI}_1^{\text{PLS}}$ 与 P2P 网贷综合利率风险溢价的走势

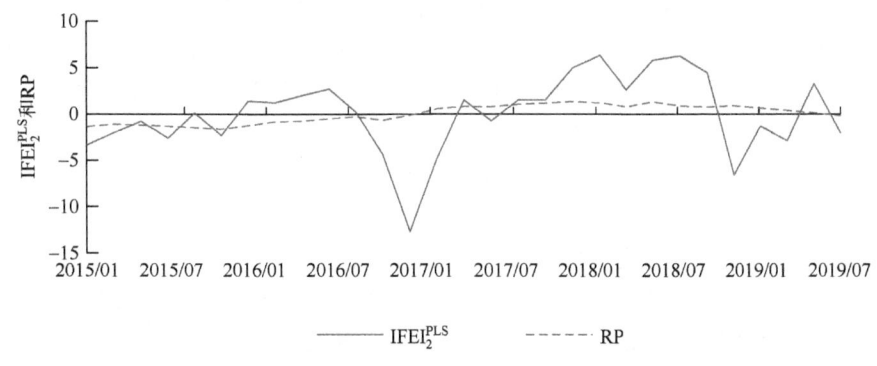

图 9-8　$\text{IFEI}_2^{\text{PLS}}$ 与 P2P 网贷综合利率风险溢价的走势

所构建的互联网金融事件指数能够用于反映互联网金融市场中风险事件的数量和影响程度。该指数的数值越大，说明风险越高，投资者越容易出现恐惧、不安的投资情绪。

9.3.4 实证分析

本节变量的选取见表 9-7，变量说明如下。

表 9-7 变量设计

变量	变量名称	测度指标	备注
自变量	互联网金融事件指数	$IFEI_1^{PLS}$	样本期为 2015 年 1 月至 2019 年 11 月
		$IFEI_2^{PLS}$	样本期为 2017 年 7 月至 2019 年 11 月
控制变量	宏观经济波动	M2 同比增长率的变化量（DM2）	—
	市场流动性	P2P 换手率（TR）	换手率 = 成交额/待还余额
	市场波动性	P2P 综合收益率的月波动率（VOL）	—
因变量	互联网理财产品收益率的风险溢价	P2P 网贷综合利率的风险溢价（RP）	—

（1）自变量：9.3.3 节所构建的互联网风险指数 $IFEI_1^{PLS}$ 和 $IFEI_2^{PLS}$。

（2）控制变量：互联网金融市场作为传统金融市场的一种延伸和补充，同样会受到宏观经济环境变化的影响。为了反映宏观经济周期的影响，引入 M2 同比增长率的变化量（陈荣达等，2019）作为控制变量。

M2 作为很多国家货币调控的目标，能够衡量金融市场的流动性。当货币政策宽松时，M2 增加，从而导致利率下降。投资者持有更多的货币会增加对互联网理财产品的需求。在供给不变的前提下，互联网理财产品的价格上升，收益率下降。

为了反映互联网金融事件对互联网理财产品收益率的影响路径，我们加入能够衡量市场流动性和波动性的指标作为控制变量。具体而言，市场流动性采用陈荣达等（2019）定义的互联网理财产品换手率，即换手率 = 成交额/待还余额。市场波动性采用 P2P 综合收益率的月波动率，计算方法为根据网贷综合收益率的日收益率数据计算日收益率的标准差，得到每个月内的日波动率，再转换成月波动率。

（3）因变量：P2P 网贷综合收益率与无风险利率的差值，即 P2P 网贷综合利率的风险溢价。其中，无风险利率的衡量指标为 1 年期国债到期收益率（冷奥琳等，2019）。

控制变量和因变量均进行标准化处理。

1. 全样本区间的实证研究

首先,进行平稳性检验。本节基于样本期为 2015 年 1 月至 2019 年 11 月的数据,先对数据进行平稳性检验,结果见表 9-8。除 TR 序列外,各变量均在 5% 的显著性水平下通过了平稳性检验。TR 未能通过平稳性检验。对 TR 序列进行一阶差分后在 1%的显著性水平下通过了平稳性检验,说明 TR 为一阶单整序列,如表 9-9 所示。

表 9-8　ADF 检验结果

变量	变量名称	ADF 检验统计量	1%显著性水平	5%显著性水平	10%显著性水平	伴随概率 p 值
$\text{IFEI}_2^{\text{PLS}}$	互联网金融事件指数	−3.3931	−3.5482	−2.9126	−2.5940	0.0152
$\text{IFEI}_1^{\text{PLS}}$	互联网金融事件指数	−3.1247	−2.6054	−1.9465	−1.6132	0.0023
DM2	M2 同比增长率的变化量	−9.6775	−3.5482	−2.9126	−2.5940	0.0000
TR	市场流动性	−3.1122	−4.1243	−3.4892	−3.1731	0.1132
VOL	市场波动性	−5.4227	−3.5482	−2.9126	−2.5940	0.0000
RP	互联网理财产品收益率的风险溢价	−3.0576	−3.5482	−2.9126	−2.5940	0.0355

表 9-9　对 TR 序列进行一阶差分后的 ADF 检验结果

检验结果		t 值	伴随概率 p 值
ΔTR　ADF 检验统计量		−8.9841	0.0000
检验关键值	1%显著性水平	−3.5504	—
	5%显著性水平	−2.9135	—
	10%显著性水平	−2.5945	—

其次,检验因果关系。本节对互联网金融事件与互联网理财产品收益率进行格兰杰因果关系检验。

根据表 9-10 可得,$\text{IFEI}_1^{\text{PLS}}$ 是 RP 的格兰杰原因,而 RP 在格兰杰意义下对 $\text{IFEI}_1^{\text{PLS}}$ 均不产生显著影响。根据格兰杰因果关系检验结果,当使用 PLS 法构建互联网事件指数时,互联网金融事件对互联网理财产品收益率具有显著的影响,即使用 PLS 法构建的互联网事件指数对互联网理财产品收益率具有预测作用。

表 9-10　$\text{IFEI}_2^{\text{PLS}}$、$\text{IFEI}_1^{\text{PLS}}$ 与 RP 的格兰杰因果关系检验结果（全样本区间）

原假设	Obs	F-统计量	p 值
$\text{IFEI}_2^{\text{PLS}}$ 不是 RP 的格兰杰原因	58	1.6498	0.2044
RP 不是 $\text{IFEI}_2^{\text{PLS}}$ 的格兰杰原因	58	0.1976	0.6584
$\text{IFEI}_1^{\text{PLS}}$ 不是 RP 的格兰杰原因	58	6.0448**	0.0171
RP 不是 $\text{IFEI}_1^{\text{PLS}}$ 的格兰杰原因	58	0.2086	0.6497

**表示 5%的显著性水平

另外，为了探究互联网金融事件对互联网理财产品收益率的影响路径以及引入的宏观控制变量是否合理，对自变量、控制变量、因变量两两之间进行格兰杰因果关系检验，检验结果见表 9-11。因为 TR 序列为非平稳序列，所以这里暂不讨论它。

表 9-11　互联网金融事件对互联网理财产品收益率影响路径的格兰杰因果关系检验结果

原假设	Obs	F-统计量	p 值
$\text{IFEI}_1^{\text{PLS}}$ 不是 VOL 的格兰杰原因	55	2.8329**	0.0350
VOL 不是 $\text{IFEI}_1^{\text{PLS}}$ 的格兰杰原因	55	0.4706	0.7570
VOL 不是 RP 的格兰杰原因	58	0.1905	0.6642
RP 不是 VOL 的格兰杰原因	58	3.8633*	0.0544
DM2 不是 RP 的格兰杰原因	57	3.21973**	0.0481
RP 不是 DM2 的格兰杰原因	57	6.2441***	0.0037

***、**、*分别表示 1%、5%、10%的显著性水平

根据表 9-11，在 5%的显著性水平下，$\text{IFEI}_1^{\text{PLS}}$ 是 VOL 的格兰杰原因。在 10%的显著性水平下，RP 是 VOL 的格兰杰原因，VOL 不是 RP 的格兰杰原因，说明互联网理财产品收益率单向影响市场波动性。此外，DM2 与 RP 互为格兰杰因果关系，可见在模型中引入 DM2 作为反映宏观经济变化的控制变量是合理的。

基于上述分析，互联网金融事件对市场波动性产生显著的影响，但是市场波动性无法直接传导至互联网理财产品收益率。

考虑到格兰杰因果关系检验要求时间序列为平稳序列或协整序列，并且对滞后阶数的选取较为敏感。Toda 和 Yamamoto（1995）提出了利用扩展的向量自回归（vector autoregression，VAR）模型对任意阶数的单整或协整序列进行因果检验的方法。只要满足序列的最大单整阶数不超过 VAR 模型的最优滞后阶数，就可以进行 Toda-Yamamoto 因果检验。检验步骤主要如下。

（1）确定 VAR 模型的最优滞后阶数 (k)，可以利用赤池信息量准则（Akaike

information criterion，AIC）、施瓦茨准则（Schwarz criterion，SC）值等选择最优滞后阶数。

（2）确定各个变量的最大可能单整阶数 (d_{max})。

（3）在满足 $k \geq d_{max}$ 的前提下，建立滞后阶数为 $k+d_{max}$ 阶的 VAR 模型，并利用 OLS 法进行估计。

（4）通过比较 Wald 统计量和其临界值的大小，判断原假设是否成立。

因为 TR 序列为一阶单整序列，而 $\text{IFEI}_1^{\text{PLS}}$ 为平稳序列，所以对 TR 和 $\text{IFEI}_1^{\text{PLS}}$ 进行 Toda-Yamamoto 因果检验，最大单整阶数 $d_{max}=1$。

利用 AIC、SC、LR、汉南-奎恩（Hannan-Quinn，HQ）准则、最终预测误差（final prediction error，FPE）值来选择 VAR 模型的滞后阶数。根据表 9-12（LogL 表示对数似然值），AIC、SC、LR、FPE、HQ 值均支持滞后期为 1 阶，所以选择 VAR 模型的最优滞后阶数为 $k=1$。因为 $k=d_{max}$，所以可以构建 VAR(1+1) 模型，表达式如下：

$$\text{TR}_t = C_1 + \sum_{i=1}^{2}\alpha_i \text{TR}_{t-i} + \sum_{i=1}^{2}\beta_i \text{IFEI}_{1,t-i}^{\text{PLS}} + \varepsilon_t \qquad (9-12)$$

式中，C_1 为截距项。

表 9-12　TR 和 $\text{IFEI}_1^{\text{PLS}}$ 的 VAR 模型滞后阶数的选择

阶数	LogL	LR	FPE	AIC	SC	HQ
0	−187.0829	—	3.7709	7.0031	7.0767	7.0315
1	−90.0152	183.3500*	0.1201*	3.5561*	3.7771*	3.6414*
2	−88.0280	3.6064	0.1295	3.6307	3.9990	3.7727
3	−87.5583	0.8176	0.1479	3.7614	4.2771	3.9603
4	−83.5831	6.6253	0.1485	3.7623	4.4253	4.0180
5	−81.1384	3.8935	0.1581	3.8199	4.6303	4.1325

*表示 10% 的显著性水平

利用 Wald 统计量检验原假设 H0：$\beta_1=0$，如果拒绝原假设，则说明 $\text{IFEI}_1^{\text{PLS}}$ 是 TR 的格兰杰原因。检验结果见表 9-13。由 Wald 统计量的伴随概率 p 值为 0.3142，可以得出 $\text{IFEI}_1^{\text{PLS}}$ 不是 TR 的格兰杰原因。

表 9-13　TR 和 $\text{IFEI}_1^{\text{PLS}}$ 的 Toda-Yamamoto 因果检验结果

模型	原假设	约束条件	Wald 统计量	自由度	伴随概率 p 值
VAR(1+1)	$\text{IFEI}_1^{\text{PLS}}$ 不是 TR 的格兰杰原因	$\beta_1=0$	1.0130	1	0.3142

由 Toda-Yamamoto 因果检验结果可知，互联网金融风险事件没有对市场流动性产生显著影响。

将市场流动性的衡量指标"换手率"拆解为"成交额"和"待还余额"两个方面。$\text{IFEI}_1^{\text{PLS}}$ 和成交额的皮尔逊相关系数为 -0.527（1%的显著性水平，双尾），表现为中等程度的负相关性，但是 $\text{IFEI}_1^{\text{PLS}}$ 和待还余额的皮尔逊相关系数仅为 -0.287（5%的显著性水平，双尾），表现为弱负相关性。由图 9-9 可以发现，2015 年 1 月至 2016 年 8 月 $\text{IFEI}_1^{\text{PLS}}$ 和成交额的"剪刀差"收窄，之后呈逐步扩大趋势。由图 9-10 可以看出，换手率从 2017 年 1 月至 2018 年 10 月整体上呈现明显的下降趋势，主要是因为待还余额的增速明显超过成交额的增速。

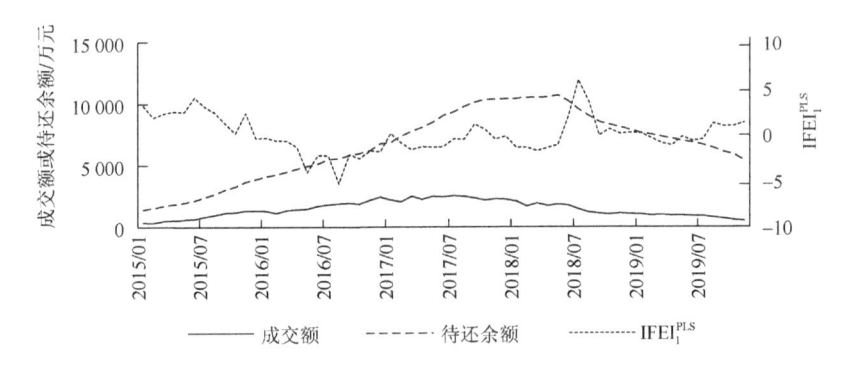

图 9-9　$\text{IFEI}_1^{\text{PLS}}$ 与成交额、待还余额走势图

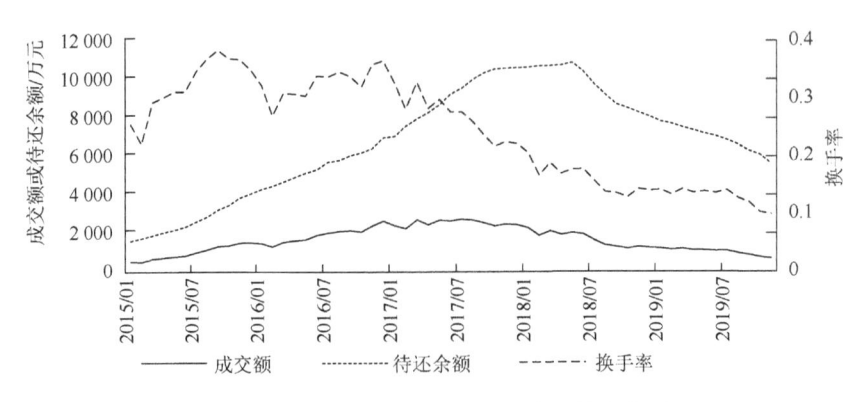

图 9-10　换手率与成交额、待还余额的走势图

对 $\text{IFEI}_1^{\text{PLS}}$ 和 TOV 进行 Toda-Yamamoto 因果检验。根据表 9-14，TOV_t 为非平稳序列，一阶差分后为平稳序列，因此 $\text{TOV}_t \sim I(1)$，最大单整阶数为 $d_{\max}=1$。

表 9-14　TOV 的 ADF 单位根检验结果

变量	变量名称	ADF 检验统计量	1%显著性水平	5%显著性水平	10%显著性水平	伴随概率 p 值
TOV	P2P 成交额	−1.1427	−3.5482	−2.9126	−2.5940	0.6930
ΔTOV	P2P 成交额的一阶差分	−7.6562	−3.5504	−2.9135	−2.5945	0.0000

根据表 9-15，AIC、SC、LR、FPE、HQ 值均支持 VAR 模型的滞后期为 1 阶，所以选择 VAR 模型的最优滞后阶数 $k=1$。因为 $k=d_{\max}$，所以可以构建 VAR(1+1) 模型，表达式如下：

$$\text{TOV}_t = C_1 + \sum_{i=1}^{2} \alpha_i \text{TOV}_{t-i} + \sum_{i=1}^{2} \beta_i \text{IFEI}_{1,t-i}^{\text{PLS}} + \tau_t \tag{9-13}$$

表 9-15　和 TOV 的 VAR 模型滞后阶数的选择

阶数	LogL	LR	FPE	AIC	SC	HQ
0	−527.111 8	—	1 111 242	19.596 73	19.670 40	19.625 14
1	−439.785 7	164.949 4*	50 769.71*	16.510 58*	16.731 58*	16.595 81*
2	−439.246 5	0.978 509	57 760.98	16.638 76	17.007 09	16.780 81
3	−438.438 7	1.406 214	65 131.75	16.756 99	17.272 65	16.955 86
4	−436.680 3	2.930 682	71 006.96	16.840 01	17.503 00	17.095 70
5	−434.107 2	4.097 905	75 256.90	16.892 86	17.703 18	17.205 37

*表示 10%的显著性水平

利用 Wald 统计量检验原假设 $H_0: \beta_1 = 0$。如果拒绝原假设，则说明 $\text{IFEI}_1^{\text{PLS}}$ 是 TOV 的格兰杰原因。由表 9-16 可得，在 5%的显著性水平下，$\text{IFEI}_1^{\text{PLS}}$ 是 TOV 的格兰杰原因。

表 9-16　$\text{IFEI}_1^{\text{PLS}}$ 和 TOV 的 Toda-Yamamoto 因果检验结果

模型	原假设	约束条件	Wald 统计量	自由度	伴随概率 p 值
VAR(1+1)	$\text{IFEI}_1^{\text{PLS}}$ 不是 TOV 的格兰杰原因	$\beta_1 = 0$	4.2544	1	0.0391

综上，虽然互联网金融风险事件不能对市场流动性产生显著影响，但是风险事件对市场成交额产生了显著的负向影响。Toda-Yamamoto 因果检验结果与 Logistic 回归分析结果相一致，单位风险事件发生后投资者减少投资金额的可能性大幅增加，当市场中大量的风险事件产生累积效应后，市场成交金额下降。

接下来，再次进行回归分析。因为只有基于 PLS 法构建的互联网金融事件指数对互联网理财产品收益率产生显著的影响，所以在全样本区间内使用

$\text{IFEI}_1^{\text{PLS}}$ 进行实证研究。

为了判断 RP 和 $\text{IFEI}_1^{\text{PLS}}$ 是否为内生变量以及滞后期的长度,对 RP 和 $\text{IFEI}_1^{\text{PLS}}$ 建立 VAR 模型,由 AIC 和 SC 值确定滞后阶数为 2 阶,结果见表 9-17。

表 9-17　VAR 模型的回归结果

指标	RP	$\text{IFEI}_1^{\text{PLS}}$
RP（−1）	1.094 636	0.959 304
	(0.137 01)	(1.313 76)
	[7.989 50]	[0.730 20]
RP（−2）	−0.163 990	−0.798 385
	(0.127 25)	(1.220 22)
	[−1.288 68]	[−0.654 30]
$\text{IFEI}_1^{\text{PLS}}$（−1）	0.029 978	0.708 531
	(0.014 43)	(0.138 38)
	[2.077 33]	[5.120 37]
$\text{IFEI}_1^{\text{PLS}}$（−2）	−0.010 810	−0.016 801
	(0.015 03)	(0.144 12)
	[−0.719 27]	[−0.116 58]
常数项 C	−0.042 881	0.013 352
	(0.019 91)	(0.190 90)
	[−2.153 89]	[0.069 94]
R^2/%	97.778 100	54.767 200
调整后的 R^2/%	97.607 200	51.287 700
残差平方和	1.039 189	95.549 51
回归的标准误差	0.141 366	1.355 541
F-统计量	572.081 5	15.740 18
对数似然值	33.251 91	−95.602 40
AIC	−0.991 295	3.529 909
SC	−0.812 080	3.709 124
被解释变量的均值	−0.081 693	−0.087 979
被解释变量的标准差	0.913 881	1.942 197
残差协方差行列式（自由度调整）		0.036 712
残差协方差行列式		0.030 554
对数似然值		−62.343 33
AIC		2.538 362
SC		2.896 792

注：（）中是标准差，[ ]中是 t 统计量的值

对建立的 VAR 模型进行适当性检验，结果见图 9-11。被估计的 VAR 模型的所有根模的倒数都小于 1，即位于单位圆内，所以 VAR 模型是稳定的。

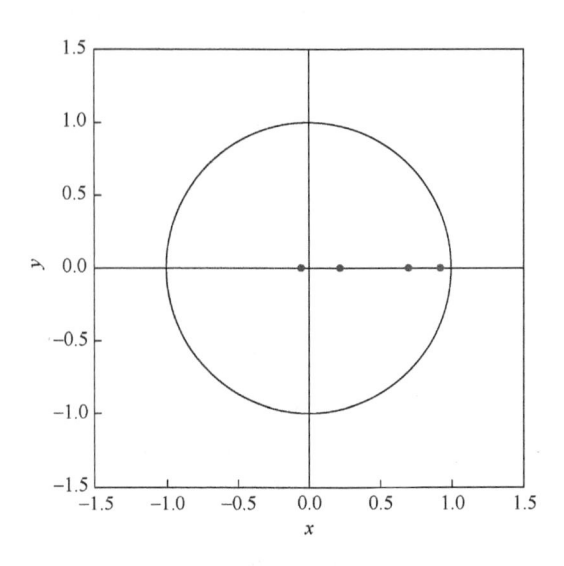

图 9-11　VAR 所有根模的倒数

从表 9-17 中 VAR 模型的回归结果可以看出，只有 RP 的滞后 1 期值、$\text{IFEI}_1^{\text{PLS}}$ 的滞后 1 期值的参数通过了 t 检验，并且参数为正数，说明 RP 和 $\text{IFEI}_1^{\text{PLS}}$ 的滞后 1 期值对当期的 RP 产生显著的正向影响。因为 RP 的滞后 2 期值、$\text{IFEI}_1^{\text{PLS}}$ 的滞后 2 期值都没有通过变量的显著性检验，所以将它们剔除后建立 OLS 回归模型。假设 OLS 模型形式如下：

$$\text{RP}_t = \alpha_0 + \alpha_1 \text{RP}_{t-1} + \alpha_2 \text{IFEI}_{1,t-1}^{\text{PLS}} + \mu_t \qquad (9\text{-}14)$$

用 OLS 法进行参数估计的回归结果为

$$\text{RP}_t = -0.0510 + 0.9185 \text{RP}_{t-1} + 0.0257 \text{IFEI}_{1,t-1}^{\text{PLS}} \qquad (9\text{-}15)$$

根据表 9-18 的回归结果，各变量的 t 值都通过了显著性检验，说明 RP 和 $\text{IFEI}_1^{\text{PLS}}$ 的滞后 1 期值与当期的 RP 呈显著的正相关关系。此外，模型调整后的 R^2 为 97.856 800%，初步判断模型的拟合优度较高。

表 9-18　OLS 模型的回归结果

变量	系数	标准差	t 统计量	p 值
RP（−1）	0.918 454	0.020 625	44.530 89	0.000 0
$\text{IFEI}_1^{\text{PLS}}$（−1）	0.025 748	0.010 473	2.458 611	0.017 1
C	−0.051 001	0.018 396	−2.772 327	0.007 6

续表

变量	系数	标准差	t 统计量	p 值
R^2/%	97.932 000	被解释变量的均值		−0.041 247
调整后的 R^2/%	97.856 800	被解释变量的标准差		0.956 768
回归的标准误差	0.140 069	AIC		−1.043 021
残差平方和	1.079 067	SC		−0.936 446
对数似然值	33.247 60	汉南-奎因准则		−1.001 508
F-统计量	1 302.258	D-W 统计量		1.636 583
p 值（F-统计量）	0.000 000			

对回归方程进行条件异方差的自回归条件异方差-拉格朗日乘子（autoregressive conditional heteroscedasticity-Lagrange multiplier，ARCH-LM）检验，检验结果见表 9-19，滞后阶数为 2 阶。统计量的 p 值说明残差序列在 99% 的置信水平下存在 ARCH 效应，模型需要对条件异方差性进行修正。

表 9-19　条件异方差 ARCH-LM 检验结果（一）

统计量	数值
F-统计量	5.653 330
Obs*R^2	9.846 149
F-统计量的 p 值	0.006 0
Obs*R^2 的 p 值	0.007 3

如表 9-20 所示，从 LM 统计量来看，回归方程的残差序列存在序列相关，因此模型还需要修正序列相关性问题。

表 9-20　条件异方差 ARCH-LM 检验结果（二）

统计量	数值
F-统计量	3.399 583
Obs*R^2	6.594 602
F-统计量的 p 值	0.040 8
Obs*R^2 的 p 值	0.037 0

为了修正模型存在的条件异方差性，建立了 ARCH 模型。ARCH（p）模型中 p 阶数的确定以 AIC 和 SC 值尽可能小、对数似然值尽可能大以及 ARCH 项的系数是统计显著的为准。最终，建立扰动项服从广义误差分布（generalized error distribution，GED）的 ARCH（2）模型，并且在回归模型中加入反映宏观经济影响因素的控制变量 DM2 的 3 次方项（OLS 回归模型中加入 DM2 不显著）。

假设 ARCH(2) 模型的形式为

$$\mathrm{RP}_t = \gamma_0 + \gamma_1 \mathrm{RP}_{t-1} + \gamma_2 \mathrm{IFEI}_{1,t-1}^{\mathrm{PLS}} + \gamma_3 \mathrm{DM2}_t^3 + u_t \\ \sigma_t^2 = \alpha_0 + \alpha_1 u_{t-1}^2 + \alpha_2 u_{t-2}^2 \tag{9-16}$$

模型的估计结果如下。

均值方程：

$$\mathrm{RP}_t = -0.0272 + 0.9493 \mathrm{RP}_{t-1} + 0.0278 \mathrm{IFEI}_{1,t-1}^{\mathrm{PLS}} - 0.0069 \mathrm{DM2}_t^3 \tag{9-17}$$

方差方程：

$$\sigma_t^2 = 0.0072 + 0.7161 u_{t-1}^2 + 0.0501 u_{t-2}^2 \tag{9-18}$$

根据表 9-21，均值方程中 RP_{t-1} 和 $\mathrm{IFEI}_{1,t-1}^{\mathrm{PLS}}$ 的参数均在 1%显著性水平下通过了 t 检验，控制变量 $\mathrm{DM2}_t^3$ 在 10%显著性水平下对 RP_t 产生显著的影响。方差方程中，滞后 1 期的 ARCH 项是统计显著的，而滞后 2 期的 ARCH 项没有通过显著性检验。与原来的 OLS 回归模型相比，ARCH（2）模型的 AIC 和 SC 值都变小了，并且对数似然值有所增加，所以 ARCH（2）模型能够更好地拟合数据。

表 9-21 扰动项服从 GED 的 ARCH（2）模型的估计结果

变量	系数	标准差	z 统计量	p 值
均值方程			
RP（−1）	0.949 345	0.011 404	83.246 92	0.000 0
$\mathrm{IFEI}_1^{\mathrm{PLS}}$（−1）	0.027 811	0.009 682	2.872 601	0.004 1
DM2^3	−0.006 898	0.003 561	−1.936 797	0.052 8
C	−0.027 245	0.009 458	−2.880 553	0.004 0
方差方程			
C	0.007 201	0.002 367	3.042 054	0.002 3
RESID（−1）^{2}	0.716 075	0.305 687	2.342 512	0.019 2
RESID（−2）^{2}	0.050 140	0.192 123	0.260 976	0.794 1
GED 参数	148.084 4	1 259.203	0.117 602	0.906 4
R^2/%	97.756 700	被解释变量的均值		−0.041 247
调整后的 R^2/%	97.632 000	被解释变量的标准差		0.956 768
回归的标准误差	0.147 230	AIC		−1.303 200
残差平方和	1.170 535	SC		−1.019 001
对数似然值	45.792 79	汉南-奎因准则		−1.192 498
D-W 统计量	1.596 806			

对方程进行条件异方差 ARCH-LM 检验，检验结果见表 9-22，滞后阶数为 2 阶。统计量的 p 值大于 0.1，接受原假设，残差序列不存在 ARCH 效应。

表 9-22　条件异方差 ARCH-LM 检验结果（三）

统计量	数值
F-统计量	1.062 495
Obs*R^2	2.158 721
F-统计量的 p 值	0.352 8
Obs*R^2 的 p 值	0.339 8

根据残差序列的自相关和偏相关系数的图形，自相关系数和偏相关系数都接近 0（图 9-12），Q 统计量的伴随概率大于 0.1，所以 Q 统计量不显著，说明 ARCH(2)-GED 模型消除了原先存在的序列相关性。

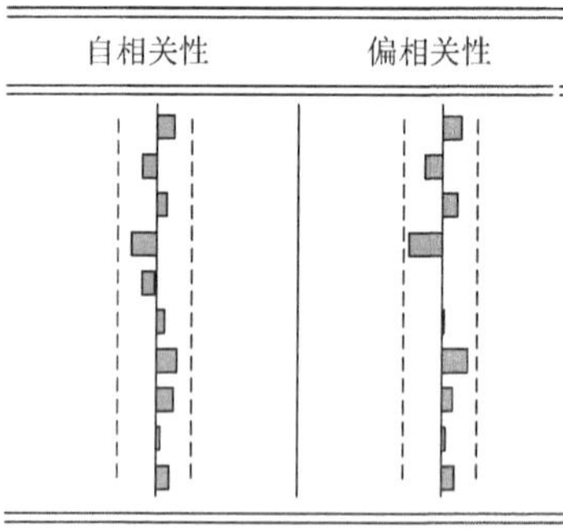

自相关性	偏相关性		AC	PAC	Q-统计量	p 值
		1	0.137	0.137	1.1430	0.285
		2	−0.105	−0.126	1.8300	0.401
		3	0.076	0.113	2.1917	0.534
		4	−0.178	−0.232	4.2234	0.377
		5	−0.099	−0.004	4.8666	0.432
		6	0.058	0.011	5.0892	0.532
		7	0.161	0.193	6.8532	0.444
		8	0.142	0.073	8.2571	0.409
		9	0.137	0.019	8.3524	0.499
		10	0.091	0.095	8.9587	0.536

图 9-12　ARCH(2)-GED 模型残差序列的自相关系数和偏相关系数

2. 互联网金融平台开展清理整顿阶段的实证研究

2017 年 6 月，中国人民银行等十七部门出台了《关于进一步做好互联网金融风险专项整治清理整顿工作的通知》（以下简称《通知》），明确了领导小组从 2017 年 7 月起对各地进行清理整顿的督查和中期评估，最迟应在 2018 年 6 月底前完成整改验收。在清理整顿期间，互联网金融从业机构的数量和规模应实现双降。

基于上述《通知》，互联网金融行业开始从"合规"和"整治"迈向"清理整顿"，行业进入"化解存量，严控增量"的阶段。本节基于样本期为 2017 年 7 月至 2019 年 11 月的数据进行实证检验。

根据问卷调查结果，当风险事件发生后，投资者倾向于缩短投资期限，选择半年以内的互联网理财产品。因此，本节试图探究互联网金融风险事件对不同期限的互联网理财产品收益率的影响，即分别研究互联网金融风险事件对 1 个月、

1~3个月、3~6个月、6~12个月、1年以上的P2P网贷利率风险溢价的影响效果。在计算不同期限的P2P网贷利率风险溢价时,使用的无风险利率是与P2P网贷利率期限相匹配的上海银行间同业拆放利率(Shanghai interbank offered rate,SHIBOR)(李浩然,2018)。数据来源自Wind,由于Wind中不同期限的P2P网贷利率和SHIBOR均为日频数据,月度利率均采用一个月内日度利率的算术平均值。此外,反映市场波动性的控制变量为对应不同期限的P2P网贷利率的月波动率。

首先,进行平稳性检验。根据表9-23的ADF单位根检验结果,只有RP_6没有通过平稳性检验,其余变量均在10%的显著性水平下通过了平稳性检验。

表9-23 ADF单位根检验结果

变量	变量名称	ADF检验统计量	1%显著性水平	5%显著性水平	10%显著性水平	伴随概率p值
$IFEI_1^{PLS}$	互联网金融事件指数	−3.6844	−3.6892	−2.9719	−2.6251	0.0101
$IFEI_2^{PLS}$	互联网金融事件指数	−3.0863	−3.6892	−2.9719	−2.6251	0.0392
DM2	M2同比增长率的变化量	−6.5650	−3.6999	−2.9763	−2.6274	0.0000
TR	互联网理财产品换手率	−2.2249	−2.6501	−1.9534	−1.6098	0.0275
VOL_1	1个月P2P网贷利率的月波动率	−4.0984	−3.6999	−2.9763	−2.6274	0.0039
VOL_3	1~3个月P2P网贷利率的月波动率	−5.4916	−3.6892	−2.9719	−2.6251	0.0001
VOL_6	3~6个月P2P网贷利率的月波动率	−1.8408	−2.6501	−1.9534	−1.6098	0.0633
VOL_{12}	6~12个月P2P网贷利率的月波动率	−3.7475	−3.6892	−2.9719	−2.6251	0.0087
VOL_{1*}	1年以上P2P网贷利率的月波动率	−3.9584	−3.6892	−2.9719	−2.6251	0.0052
RP_1	1个月P2P网贷利率风险溢价	−2.7931	−2.6694	−1.9564	−1.6085	0.0074
RP_3	1~3个月P2P网贷利率风险溢价	−2.2306	−2.6501	−1.9534	−1.6098	0.0272
RP_6	3~6个月P2P网贷利率风险溢价	−1.4029	−3.7379	−2.9919	2.6355	0.5638
RP_{12}	6~12个月P2P网贷利率风险溢价	−2.2962	−2.6501	−1.9534	−1.6098	0.0234
RP_{1*}	1年以上P2P网贷利率风险溢价	−2.3080	−2.6534	−1.9539	−1.6096	0.0228

因为RP_6序列为非平稳序列,所以对其进行一阶差分。一阶差分后在1%显著性水平下通过了平稳性检验,说明RP_6序列是一阶单整序列,即$RP_{6,t} \sim I(1)$,如表9-24所示。

表 9-24　ΔRP_6（DRP_6）的 ADF 检验结果

检验结果		t 值	伴随概率 p 值
ADF 检验统计量		−2.435 862	0.017 2
检验关键值	1%显著性水平	−2.664 853	
	5%显著性水平	−1.955 681	
	10%显著性水平	−1.608 793	

其次，进行因果关系检验。

格兰杰因果关系检验：通过格兰杰因果关系检验，可以判断在格兰杰意义下互联网金融事件对哪些期限的互联网理财产品收益率具有显著影响。因为 RP_6 序列为非平稳序列，所以不能对该序列进行格兰杰因果关系检验。

根据表 9-25，$IFEI_1^{PLS}$、$IFEI_2^{PLS}$ 在 5%的显著性水平下是 RP_1 和 RP_3 的格兰杰原因，但不是 RP_{12} 和 RP_{1*} 的格兰杰原因。这表明，互联网金融风险事件在格兰杰意义下仅对 1 个月和 1～3 个月的互联网理财产品收益率产生显著影响。

表 9-25　互联网金融事件与互联网理财产品收益率的格兰杰因果关系检验结果

原假设	Obs	F-统计量	p 值
$IFEI_2^{PLS}$ 不是 RP_1 的格兰杰原因	27	10.741 60	0.000 6***
RP_1 不是 $IFEI_2^{PLS}$ 的格兰杰原因	27	1.373 49	0.274 1
$IFEI_1^{PLS}$ 不是 RP_1 的格兰杰原因	28	6.418 60	0.017 9**
RP_1 不是 $IFEI_1^{PLS}$ 的格兰杰原因	28	0.635 83	0.432 7
$IFEI_2^{PLS}$ 不是 RP_3 的格兰杰原因	28	15.894 40	0.000 5***
RP_3 不是 $IFEI_2^{PLS}$ 的格兰杰原因	28	0.142 83	0.708 7
$IFEI_1^{PLS}$ 不是 RP_3 的格兰杰原因	27	4.251 17	0.027 5**
RP_3 不是 $IFEI_1^{PLS}$ 的格兰杰原因	27	0.335 15	0.718 8
$IFEI_2^{PLS}$ 不是 RP_{12} 的格兰杰原因	27	0.493 61	0.617 0
RP_{12} 不是 $IFEI_2^{PLS}$ 的格兰杰原因	27	0.266 02	0.768 9
$IFEI_1^{PLS}$ 不是 RP_{12} 的格兰杰原因	27	1.177 80	0.326 6
RP_{12} 不是 $IFEI_1^{PLS}$ 的格兰杰原因	27	0.201 15	0.819 3
$IFEI_2^{PLS}$ 不是 RP_{1*} 的格兰杰原因	28	0.670 71	0.420 5
RP_{1*} 不是 $IFEI_2^{PLS}$ 的格兰杰原因	28	0.537 51	0.470 3
$IFEI_1^{PLS}$ 不是 RP_{1*} 的格兰杰原因	28	0.404 92	0.530 3
RP_{1*} 不是 $IFEI_1^{PLS}$ 的格兰杰原因	28	0.033 04	0.857 2

***、**分别表示 1%、5%的显著性水平

分别将 $\text{IFEI}_1^{\text{PLS}}$、$\text{IFEI}_2^{\text{PLS}}$ 与 RP_1、RP_3 进行皮尔逊相关性分析，结果表明 $\text{IFEI}_2^{\text{PLS}}$ 与 RP_1、RP_3 的相关系数分别为 0.59（双尾，1%显著性水平）和 0.504（双尾，1%显著性水平），而 $\text{IFEI}_1^{\text{PLS}}$ 与 RP_1、RP_3 的相关系数仅为 −0.26 和 −0.109。由于基于主成分分析法（principal component analysis，PCA）构建的互联网金融事件指数与 1 个月、1~3 个月的 P2P 网贷利率风险溢价的相关性较高，所以本节只使用基于 PCA 法构建的互联网金融事件指数进行实证分析。

为了探究互联网金融事件对 3 个月以内的互联网理财产品收益率的影响路径，对自变量、控制变量、因变量两两之间进行格兰杰因果关系检验，检验结果见表 9-26。根据表 9-26 可知，$\text{IFEI}_2^{\text{PLS}}$ 在 1%显著性水平下是 VOL_1 的格兰杰原因，VOL_1 在 5%显著性水平下是 RP_1 的格兰杰原因；$\text{IFEI}_2^{\text{PLS}}$ 在 1%显著性水平下是 VOL_3 的格兰杰原因。所以，假设 2 对 1 个月的 P2P 网贷利率风险溢价成立，对 1~3 个月的 P2P 网贷利率风险溢价部分成立，假设 1 不成立。

表 9-26 互联网金融事件对互联网理财产品收益率影响路径的格兰杰因果关系检验结果

原假设	Obs	F-统计量	p 值
$\text{IFEI}_2^{\text{PLS}}$ 不是 TR 的格兰杰原因	28	1.796 74	0.192 2
TR 不是 $\text{IFEI}_2^{\text{PLS}}$ 的格兰杰原因	28	0.019 30	0.890 6
TR 不是 RP_1 的格兰杰原因	28	0.362 66	0.552 5
RP_1 不是 TR 的格兰杰原因	28	0.054 95	0.816 6
$\text{IFEI}_2^{\text{PLS}}$ 不是 VOL_1 的格兰杰原因	28	9.289 06	0.005 4***
VOL_1 不是 $\text{IFEI}_2^{\text{PLS}}$ 的格兰杰原因	28	0.925 14	0.345 3
VOL_1 不是 RP_1 的格兰杰原因	27	3.650 90	0.042 7**
RP_1 不是 VOL_1 的格兰杰原因	27	0.289 82	0.751 2
TR 不是 RP_3 的格兰杰原因	28	0.010 14	0.920 6
RP_3 不是 TR 的格兰杰原因	28	0.065 11	0.800 7
$\text{IFEI}_2^{\text{PLS}}$ 不是 VOL_3 的格兰杰原因	28	19.660 20	0.000 2***
VOL_3 不是 $\text{IFEI}_2^{\text{PLS}}$ 的格兰杰原因	28	0.110 92	0.741 9
VOL_3 不是 RP_3 的格兰杰原因	28	0.971 61	0.333 7
RP_3 不是 VOL_3 的格兰杰原因	28	0.051 49	0.822 3

***、**分别表示 1%、5%的显著性水平

Toda-Yamamoto 因果检验：因为 RP_6 序列为一阶单整序列，而 $IFEI_1^{PLS}$、$IFEI_2^{PLS}$ 为平稳序列，所以对 RP_6 和 $IFEI_1^{PLS}$、$IFEI_2^{PLS}$ 进行 Toda-Yamamoto 因果检验，最大单整阶数 $d_{max}=1$。

首先，对 RP_6 和 $IFEI_2^{PLS}$ 进行因果检验。利用 AIC、SC、LR、FPE、HQ 值来选择 VAR 模型的滞后阶数。根据表 9-27，AIC、LR、FPE、HQ 值均支持滞后期为 5 阶，所以选择 VAR 模型的最优滞后阶数 $k=5$。因为 $k>d_{max}$，所以可以构建 VAR(5+1) 模型，表达式如下：

$$RP_{6,t} = C_1 + \sum_{i=1}^{6}\alpha_i RP_{6,t-i} + \sum_{i=1}^{6}\beta_i IFEI_{2,t-i}^{PLS} + \mu_{1,t} \tag{9-19}$$

表 9-27　RP_6 和 $IFEI_2^{PLS}$ 的 VAR 模型滞后阶数的选择

阶数	LogL	LR	FPE	AIC	SC	HQ
0	−69.535 03	—	1.724 252	6.220 437	6.319 176	6.245 270
1	−55.170 56	24.981 69	0.702 166	5.319 179	5.615 395*	5.393 676
2	−54.291 82	1.375 415	0.931 405	5.590 593	6.084 286	5.714 756
3	−53.129 95	1.616 517	1.223 186	5.837 387	6.528 557	6.011 214
4	−45.094 02	9.782 875	0.903 772	5.486 436	6.375 084	5.709 929
5	−33.953 50	11.624 89*	0.527 098*	4.865 521*	5.951 646	5.138 679*
6	−31.661 86	1.992 729	0.697 201	5.014 075	6.297 677	5.336 897

*表示 10%的显著性水平

利用 Wald 统计量检验原假设 $H_0:\beta_i=0(i=1,2,\cdots,5)$，如果拒绝原假设，则说明 $IFEI_2^{PLS}$ 是 RP_6 的格兰杰原因。检验结果见表 9-28，由 Wald 统计量的伴随概率可以得出 $IFEI_2^{PLS}$ 不是 RP_6 的格兰杰原因。

表 9-28　Toda-Yamamoto 因果检验结果

模型	原假设	约束条件	Wald 统计量	自由度	伴随概率 p 值
VAR (5+1)	$IFEI_2^{PLS}$ 不是 RP_6 的格兰杰原因	$\beta_1=\beta_2=\cdots=\beta_5=0$	4.9851	5	0.4177
VAR (2+1)	$IFEI_1^{PLS}$ 不是 RP_6 的格兰杰原因	$\delta_1=\delta_2=0$	1.2647	2	0.5313

同理，对 RP_6 和 $IFEI_1^{PLS}$ 进行因果检验。根据表 9-29，AIC、SC、LR、FPE、HQ 值均支持 VAR 模型滞后期为 2 阶，所以选择 VAR 模型的最优滞后阶数 $k=2$。

因为 $k > d_{\max}$，所以可以构建 VAR(2+1) 模型，表达式如下：

$$\mathrm{RP}_{6,t} = C_2 + \sum_{i=1}^{3} \gamma_i \mathrm{RP}_{6,t-i} + \sum_{i=1}^{3} \delta_i \mathrm{IFEI}_{1,t-i}^{\mathrm{PLS}} + \mu_{2,t} \qquad (9\text{-}20)$$

表 9-29 RP_6 和 $\mathrm{IFEI}_1^{\mathrm{PLS}}$ 的 VAR 模型滞后阶数的选择

阶数	LogL	LR	FPE	AIC	SC	HQ
0	−94.747 39	—	22.637 070	8.795 217	8.894 403	8.818 583
1	−80.697 09	24.268 700	9.108 596	7.881 554	8.179 111	7.951 649
2	−74.144 91	10.126 090*	7.315 091*	7.649 538*	8.145 466*	7.766 363*
3	−73.289 92	1.165 892	10.028 770	7.935 448	8.629 747	8.099 004
4	−67.658 86	6.654 894	9.144 267	7.787 169	8.679 840	7.997 456
5	−63.926 24	3.732 617	10.308 280	7.811 477	8.902 519	8.068 494
6	−59.566 07	3.567 417	11.653 310	7.778 733	9.068 147	8.082 481
7	−56.547 46	1.920 934	16.361 640	7.867 951	9.355 736	8.218 428

*表示 10%的显著性水平

利用 Wald 统计量检验原假设 $H0: \delta_1 = \delta_2 = 0$。如果拒绝原假设，则说明 $\mathrm{IFEI}_1^{\mathrm{PLS}}$ 是 RP_6 的格兰杰原因。根据表 9-28，由 Wald 统计量的伴随概率可以得出 $\mathrm{IFEI}_1^{\mathrm{PLS}}$ 不是 RP_6 的格兰杰原因。

综上，$\mathrm{IFEI}_1^{\mathrm{PLS}}$、$\mathrm{IFEI}_2^{\mathrm{PLS}}$ 只是 RP_1 和 RP_3 的格兰杰原因，因此后面只对 1 个月和 1~3 个月的互联网理财产品收益率进行实证研究。

下面分析互联网金融事件对 1 个月期互联网理财产品收益率的影响。对 RP_1 和 $\mathrm{IFEI}_2^{\mathrm{PLS}}$ 建立 VAR 模型，根据 AIC 和 SC 值确定滞后阶数为 2 阶。VAR 模型的回归结果见表 9-30。

表 9-30 VAR 模型回归结果

指标	RP_1	$\mathrm{IFEI}_2^{\mathrm{PLS}}$
RP_1（−1）	0.219 455	−1.004 271
	(0.301 33)	(0.627 60)
	[0.728 28]	[−1.600 17]
RP_1（−2）	0.094 178	0.227 826
	(0.164 27)	(0.342 14)
	[0.573 30]	[0.665 89]

续表

指标	RP₁	IFEI$_2^{PLS}$
IFEI$_2^{PLS}$（-1）	0.580 640 (0.137 22) [4.231 51]	0.593 531 (0.285 79) [2.076 80]
IFEI$_2^{PLS}$（-2）	-0.001 219 (0.175 45) [-0.006 95]	0.606 584 (0.365 42) [1.659 98]
常数项 C	0.036 187 (0.105 10) [0.344 32]	0.048 508 (0.218 89) [0.221 61]
R^2/%	75.139 900	020.389 0
调整后的 R^2/%	70.619 900	05.914 3
残差平方和	6.546 482	28.397 63
回归的标准误差	0.545 497	1.136 134
F-统计量	16.623 79	1.408 595
对数似然值	-19.183 07	-38.992 67
AIC	1.791 338	3.258 716
SC	2.031 308	3.498 686
被解释变量的均值	0.065 221	0.053 329
被解释变量的标准差	1.006 389	1.171 299
残差协方差行列式（自由度调整）		0.167 256
残差协方差行列式		0.111 045
对数似然值		-46.952 15
AIC		4.218 678
SC		4.698 617

注：( ) 中是标准差，[ ] 中是 t 统计量的值

对建立的 VAR 模型进行适当性检验，根据图 9-13，被估计的 VAR 模型的所有根模的倒数都小于 1，即位于单位圆内，所以 VAR 模型是稳定的。根据表 9-30，只有 IFEI$_2^{PLS}$ 的滞后 1 期值通过了参数的 t 检验，表明 IFEI$_2^{PLS}$ 的滞后 1 期值对 RP₁ 产生显著影响。因为 VAR 模型不能较好地解释互联网金融事件与互联网理财产品收

益率的变化量之间的关系,所以建立 OLS 回归模型进一步探究 $\text{IFEI}_2^{\text{PLS}}$ 和 RP_1 的关联关系。在 OLS 回归模型中,解释变量包含 $\text{IFEI}_2^{\text{PLS}}$ 的当期值和滞后 1 期值、RP_1 的滞后 1 期值,同时加入能够反映宏观经济波动和市场流动性的控制变量。

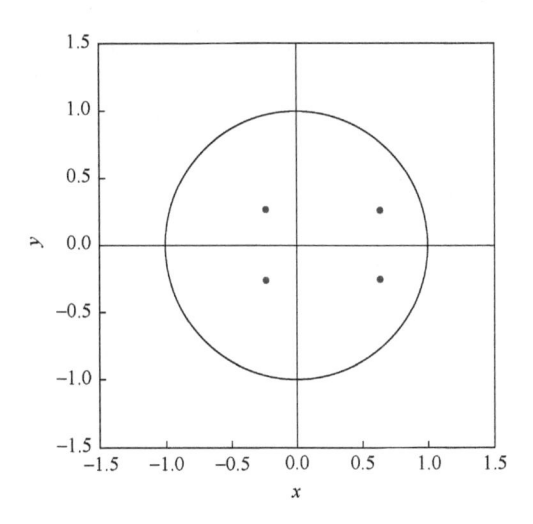

图 9-13 AR 所有根模的倒数分布

假设回归模型如下:

$$\text{RP}_{1,t} = \beta_0 + \beta_1 \text{RP}_{1,t-1} + \beta_2 \text{IFEI}_{2,t}^{\text{PLS}^2} + \beta_3 \text{IFEI}_{2,t-1}^{\text{PLS}} \\ + \beta_4 \text{DM2}_t + \beta_5 \text{TR}_t + \mu_t \tag{9-21}$$

运用 OLS 估计的参数估计结果如下:

$$\text{RP}_{6,t} = C_2 + \sum_{i=1}^{3} \gamma_i \text{RP}_{6,t-i} + \sum_{i=1}^{3} \delta_i \text{IFEI}_{1,t-i}^{\text{PLS}} + \mu_{2,t} \tag{9-22}$$

根据表 9-31 的 OLS 回归结果,除了常数项外,所有变量都在 1%显著性水平下通过了参数的 t 检验,表明选取 $\text{IFEI}_{2,t}^{\text{PLS}}$、$\text{IFEI}_{2,t-1}^{\text{PLS}}$ 以及控制变量均对 RP_1 产生了显著影响。模型调整后的 R^2 为 91.603 400%,说明模型的拟合优度高。此外,模型不存在异方差性和序列相关性。

表 9-31 OLS 回归模型的回归结果

变量	系数	标准差	t 统计量	p 值
RP_1(−1)	0.230 259	0.080 276	2.868 350	0.008 9
$\text{IFEI}_2^{\text{PLS}^2}$	0.051 928	0.010 920	4.755 316	0.000 1
$\text{IFEI}_2^{\text{PLS}}$(−1)	0.561 559	0.061 471	9.135 329	0.000 0

续表

变量	系数	标准差	t 统计量	p 值
DM2	0.181 455	0.059 750	3.036 933	0.006 1
TR	−0.236 833	0.076 743	−3.086 046	0.005 4
C	−0.071 401	0.057 097	−1.250 532	0.224 2
R^2/%	93.158 300	被解释变量均值		0.030 536
调整后的 R^2/%	91.603 400	被解释变量标准差		1.004 485
回归标准误差	0.291 069	AIC		0.556 895
残差平方和	1.863 863	SC		0.842 367
对数似然值	−1.796 531	汉南-奎因准则		0.644 167
F-统计量	59.911 67	D-W 统计量		1.851 859
p 值（F-统计量）	0.000 000			

为了分析互联网金融事件对 1~3 个月的互联网理财产品收益率的影响，假设 OLS 回归模型形式如下：

$$\mathrm{RP}_{3,t} = \beta_0 + \beta_1 \mathrm{RP}_{3,t-1} + \beta_2 \mathrm{IFEI}_{2,t}^{\mathrm{PLS}} + \beta_3 \mathrm{DM2}_t^2 + \beta_4 \mathrm{VOL}_{3,t}^2 + \mu_t \quad (9\text{-}23)$$

OLS 回归模型的参数估计结果为

$$\begin{aligned}\mathrm{RP}_{3,t} = &-0.0014 + 0.4855 \mathrm{RP}_{3,t-1} + 0.2495 \mathrm{IFEI}_{2,t}^{\mathrm{PLS}} \\ &- 0.0984 \mathrm{DM2}_t^2 + 0.1377 \mathrm{VOL}_{3,t}^2\end{aligned} \quad (9\text{-}24)$$

根据表 9-32，方程中 $\mathrm{RP}_{3,t-1}$、$\mathrm{IFEI}_{2,t}^{\mathrm{PLS}}$、$\mathrm{VOL}_{3,t}^2$ 在 1%显著性水平下通过了 t 检验，$\mathrm{DM2}_t^2$ 在 10%的显著性水平下通过了 t 检验，说明选取的变量均对 $\mathrm{RP}_{3,t}$ 产生显著影响。此外，模型调整后的 R^2 为 79.667 800%，拟合效果较好，并且不存在异方差性和序列相关性。

表 9-32 OLS 回归模型的估计结果

变量	系数	标准差	t 统计量	p 值
RP_3（−1）	0.485 490	0.094 268	5.150 127	0.000 0
$\mathrm{IFEI}_2^{\mathrm{PLS}}$	0.249 485	0.076 702	3.252 667	0.003 5
$\mathrm{DM2}^2$	−0.098 387	0.055 046	−1.787 360	0.087 1
VOL_3^2	0.137 721	0.030 196	4.560 900	0.000 1

续表

变量	系数	标准差	t 统计量	p 值
C	−0.001 438	0.104 322	−0.013 783	0.989 1
R^2/%	82.680 000	被解释变量均值		0.048 882
调整后的 R^2/%	79.667 800	被解释变量标准差		0.982 434
回归标准误差	0.442 992	AIC		1.369 902
残差平方和	4.513 562	SC		1.607 796
对数似然值	−14.178 63	汉南-奎因准则		1.442 629
F-统计量	27.448 55	D-W 统计量		1.297 246
p 值（F-统计量）	0.000 000			

3. 实证结果分析

在全样本阶段（2015年1月至2019年11月），基于PLS法构建的互联网金融事件指数对互联网理财产品综合收益率产生显著的正向影响，并且存在滞后效应，即滞后1期的互联网金融风险事件与当期的互联网理财产品综合收益率呈正相关关系。互联网事件指数的滞后1期值每增加1%，当期的P2P网贷综合利率风险溢价增加0.0278%。此外，由方差方程可以发现，互联网理财产品市场的波动具有聚集性和持续性。作为控制变量的货币供应量仅在10%的显著性水平下对P2P网贷综合利率风险溢价产生显著影响，并且影响的方向为负向。

在互联网金融开展清理整顿的阶段（2017年7月至2019年11月），互联网金融事件对1个月、1~3个月的互联网理财产品收益率均产生显著的正向影响。这一结果与全样本区间的实证结果一致，说明互联网金融市场中风险事件越多、危害越大，则互联网理财产品收益率越高。同时，该结果也在一定程度上符合此前的问卷调查结果：当市场中出现较多的风险事件时，投资者更愿意缩短投资期限，选择3个月以内的互联网理财产品，而以P2P网贷平台为例的互联网理财平台出现严重同质化，平台之间竞争激烈，所以采取加息的方式来吸引新投资者并留住老用户，从而使短期的互联网理财产品收益率上升。

根据对式（9-22）的估计结果，互联网金融事件指数的滞后1期值、货币供应量与当期的1个月互联网理财产品收益率呈正相关关系，而换手率则与1个月的收益率呈负相关关系。结合格兰杰因果关系检验结果，互联网金融事件通过影响市场波动率进而影响1个月期互联网理财产品的收益率。但是，在实证模型中加入市场波动率却不显著。这可能是因为 $\text{IFEI}_2^{\text{PLS}}$ 与 VOL_1 的相关性较高，皮尔逊相关系数为 0.675（1%显著性水平，双尾），同时模型可能存在多重共线性，所以 VOL_1 的解释力被削弱了。

综上，互联网金融风险事件是独立于宏观经济因素之外对互联网理财产品收益率产生显著正向影响的一个因子。互联网金融风险事件对互联网理财产品收益率的影响存在滞后效应，并且对短期的互联网理财产品收益率的影响更显著。

第 10 章　互联网消费金融证券化产品研究

10.1　市场现状与典型案例

10.1.1　市场现状

互联网的便捷性、基于大数据的技术优势和消费者已养成的线上消费习惯，使互联网消费金融得以迅速发展，为传统消费金融注入了新的活力，进一步推动了消费金融的普惠化。由其衍生的资产证券化（asset-backed securities，ABS）产品也在近年兴起，并在一定程度上改变了消费金融 ABS 市场的格局。近两年，涌现出一批以电商平台和小贷公司为发起人的互联网消费金融类 ABS 产品，带动了消费金融 ABS 市场的扩张。2015 年互联网消费金融证券化产品仅有两个项目发行，均为京东的京东白条应收账款债权资产支持专项计划，发行总额为 20 亿元。此后，国内互联网消费金融证券化产品井喷，2016 年发行的互联网消费金融证券化产品为 42 个，发行总额为 75 亿元。到 2017 年，发行的产品数量就已经达到了 125 个，发行总额达到 2864 亿元，如图 10-1 所示。

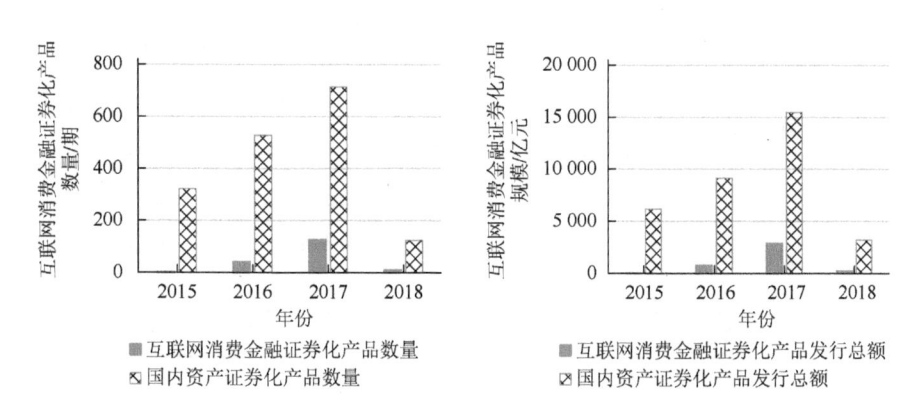

图 10-1　互联网消费金融证券化产品发行数量及规模

资料来源：同花顺数据库

目前，消费贷款证券化项目发行主体主要包括商业银行、消费金融公司、电商平台、小贷公司等。消费金融类 ABS 可以有不同的产品结构和监管机构。

我国的消费金融ABS主要可以分为三类：由中国人民银行和国家金融监督管理总局监管的信贷资产证券化、由中国银行间市场交易商协会监管的资产支持票据和由中国证券监督管理委员会监管的资产支持专项计划。商业银行、持牌消费金融公司作为发起人的ABS产品（信贷资产证券化）受国家金融监督管理总局监管，在银行间债券市场发行，委托机构为信托公司。以电商平台、小贷公司及非持牌消费金融公司等作为发起人的ABS产品，在交易所市场或者场外市场发行时（为资产支持专项计划），受中国证券监督管理委员会监管，委托机构为券商或基金子公司；也可以在银行间债券市场发行（为资产支持票据），主管机构为中国银行间市场交易商协会。具体分类情况及区分见表10-1。互联网消费金融ABS产品目前主要采用资产支持专项计划的形式，由中国证券监督管理委员会主管，大多在交易所市场流通。

表10-1 消费金融证券化产品分类

产品要素	信贷资产证券化	资产支持专项计划		资产支持票据
发起人/原始权益人	商业银行、持牌消费金融公司等	电商平台、小贷公司、非持牌消费金融公司等		
发行场所	银行间债券市场	上海证券交易所、深圳证券交易所	机构间报价系统、其他场外市场	银行间债券市场
流通场所	银行间债券市场	交易所市场、证券公司柜台市场	机构间报价系统、其他场外市场	银行间债券市场
登记机构	中央国债登记结算有限责任公司	中国证券登记结算有限责任公司	机构间报价系统、券商	中央国债登记结算有限责任公司
监管机构	中国人民银行和国家金融监督管理总局	中国证券监督管理委员会		中国银行间市场交易商协会
委托机构	信托公司	券商或基金子公司		未明确规定
审核方式	央行注册+国家金融监督管理总局备案	交易所审核+基金业协会备案	基金业协会备案	注册制
资信评级	公开发行需要双评级；定向发行可免于评级	初始评级加跟踪评级	视情况而定	公开发行需要双评级；定向发行由发行人和定向投资人协商决定

目前，互联网消费金融证券化产品市场呈现以阿里系产品为首的寡头垄断局面，如图10-2所示。在统计的180个互联网消费金融ABS产品中，仅与阿里巴巴旗下的花呗、借呗项目相关的证券化产品有142个，占据了互联网消费金融ABS产品的3/4以上，与京东白条相关的ABS产品有23个。本章重点研究了阿里系和京东系的互联网消费金融ABS产品。

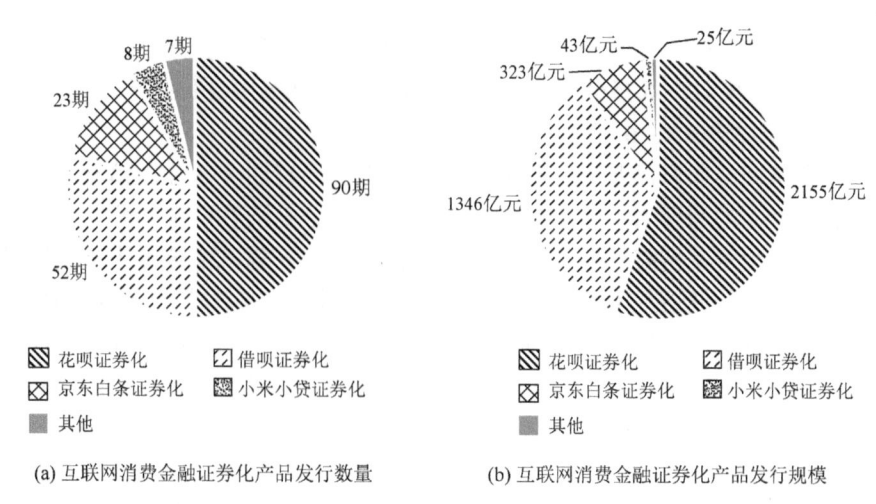

图 10-2 互联网消费金融 ABS 产品市场结构

资料来源：同花顺数据库

10.1.2 京东系证券化产品

当前，京东系 ABS 产品主要是京东白条 ABS。京东白条是指京东公司为符合一定标准的会员在互联网京东商城购买商品时提供的延期或分期付款服务，是业内第一款互联网消费金融产品，可以对标阿里系的蚂蚁花呗。虽然京东白条和蚂蚁花呗的本质相似，但京东和阿里巴巴对它们各自产品的定义并不相同。阿里巴巴设计的蚂蚁花呗是一种作为消费支付手段的小额贷款，但是京东白条是一种为消费者提供商品赊销服务而产生的债权，其定义的法律形式应该是应收账款，而并非贷款。

京东白条应收账款债权资产支持专项计划是国内发行的第一款互联网消费金融 ABS 产品。此后截至 2018 年第一季度末，京东陆续以京东白条为基础资产发行证券化产品共 23 期，发行规模累计 323 亿元。其中，底层基础资产均为应收账款债权形式，流通场所主要是深圳证券交易所。相比于阿里系证券化产品，京东的证券化产品期限往往更长，一般为 2 年，少部分产品期限为 1 年左右。京东还发行了一期形式为资产支持票据的互联网消费金融 ABS 产品。

下面以京东系的第一单 ABS 产品"京东白条应收账款债权资产支持专项计划"为例介绍京东系 ABS 产品的设计。

1）盈利模式

京东白条可以说是"互联网上的信用卡"，它的功能、收益来源与信用卡非常类似。只不过作为一款互联网金融产品，京东白条的应用场景是在线上，即京东网上购物商城。这款产品更多地利用了互联网技术，如大数据征信等。与信用卡相同,在使用白条时,用户可以选择是否分期付款。如果不分期,白条存在一定的免息期限。如果用户选择分期,那么在每期还款时都需要支付一笔分期手续费,白条用户可以选择分 3、6、12 或者 24 期。

京东白条证券化产品基础资产的现金流来源主要有四个部分。第一部分是使用京东白条产品的消费者原本应付的账款。第二部分是消费者选择分期付款时每一期应付的手续费,当前每期(月)手续费率为 0.6%。第三部分是账单到期时消费者还款超过了最低还款额但又未全额还款,京东也会收取每日 0.05%的服务费。第四部分是还款人逾期还款时应付的违约金,为每日 0.07%,换算成年可以达到 25%以上。这些现金流会被用于支付证券化产品优先级和次优先级持有人的本息,剩余部分仍分配给京东所有。

2)交易结构

京东白条应收账款债权资产支持专项计划的交易结构见图 10-3。该图根据《京东白条应收账款债权资产支持专项计划说明书》整理得到。计划管理人负责设立、管理和销售 ABS 产品。投资者购买 ABS 产品后,计划管理人负责使用投资者提供的资金购买原始权益人京东的应收账款,即京东白条。这一步原始权益人在法律关系上将基础资产出售给了专项计划,将其从资产负债表中剥离出来。京东继续负责对这些应收账款进行管理。债务人还款后,还款的资金将划拨到资产支持专项计划的账户中,计划管理人按照产品的设计,按照优先级别依次向计划的购买者支付 ABS 产品的本息。

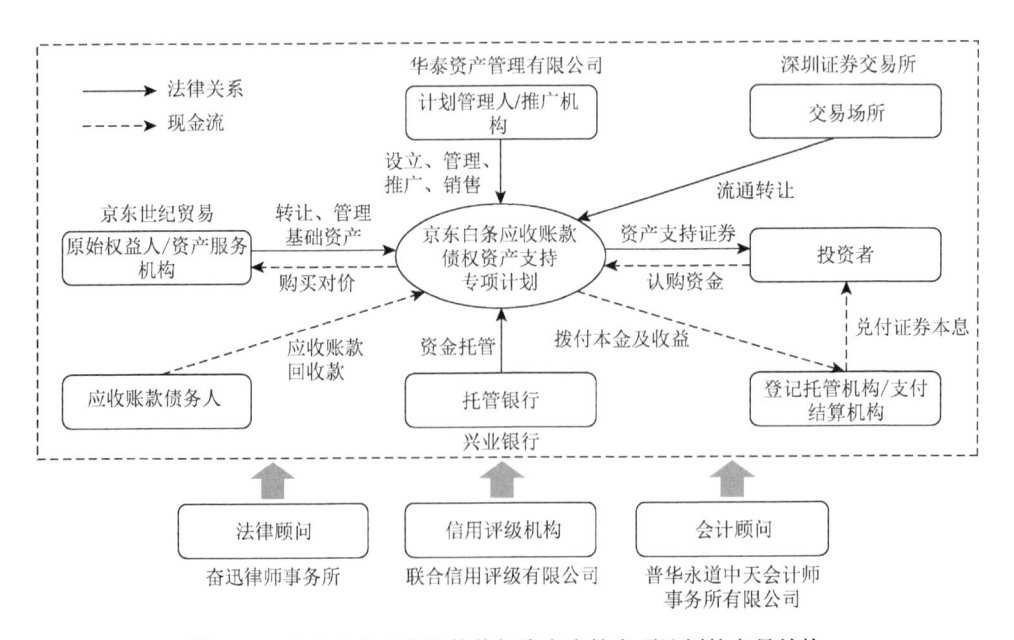

图 10-3 京东白条应收账款债权资产支持专项计划的交易结构

3）循环购买

资产支持专项计划的基础资产池是在不断变化的。自首次购买京东的应收账款债权后，在前 12 个月循环购买期，计划管理人可以在支付完优先级和次优先级产品持有人约定的利息后，使用债务人归还的资金继续购买京东的其他合格的应收账款资产，且购买的资产最后还款日要在专项计划成立的两年内，即专项计划到期之前。后 12 个月为分配期，这个阶段计划管理人不能再继续购买资产，而是按照计划规定的优先顺序和利息陆续将计划的本金和收益支付给专项计划的持有人。

4）增信措施

京东白条应收账款债权资产支持专项计划采用了内部增信措施，包括优先/次级结构和信用触发机制。

优先/次级结构是目前证券化市场上采用较为普遍的增信方式。该计划设定了三层分层结构，即优先级、次优先级和次级，占发行总额的比例分别为 75%、13% 和 12%。购买应收账款资产包带来的现金流将会按照约定的顺序依次支付给不同层级的持有人。优先级别低的产品占比越多，当专项计划发生损失时影响到优先级别高的产品的可能性越低。该专项计划的次级资产支持证券全部由江苏京东信息技术有限公司认购，该公司为京东世纪贸易的子公司，即当基础资产发生违约等情形时，损失首先由京东自身承担。

信用触发机制是在加速清偿事件发生后，计划管理人不再使用专项计划的资金购买应收账款，而是用作对投资者进行支付。加速清偿事件主要是指京东丧失清偿能力，或者更换计划管理人、托管人或者资产服务机构而无法在规定时间内找到继任机构负责相关事项的情形。

10.1.3　阿里系证券化产品

阿里系 ABS 产品可以分为两类：一类是蚂蚁花呗 ABS 产品；一类是蚂蚁借呗 ABS 产品。两者有所不同，前者的基础资产主要是替代消费者进行消费支付产生的，后者的基础资产是小额的现金贷款。两者最初的原始权益人也有所不同。蚂蚁花呗 ABS 产品的原始权益人为"重庆蚂蚁小微小额贷款有限公司"（简称"蚂蚁小贷"）或者"商融（上海）商业保理有限公司"（简称"商融保理"）。蚂蚁借呗 ABS 产品的原始权益人为"重庆蚂蚁商诚小额贷款有限公司"（简称"蚂蚁商诚小贷"）。根据原始权益人的不同，蚂蚁花呗相关的证券化产品又可以进一步分为两类。阿里系 ABS 产品总共可以划分为以下三类。

1）未采用保理的花呗 ABS

未采用保理的花呗 ABS 原始权益人为重庆蚂蚁小微小额贷款有限公司。2016 年

6月，第一款花呗证券化产品——德邦花呗消费贷款资产支持专项计划，在上海证券交易所以储架模式发行产品，一次性取得了 300 亿元的发行额度。这是上海证券交易所首单储架模式发行产品。截至 2018 年第一季度末，以蚂蚁花呗为基础资产的非保理 ABS 产品一共发行了 80 期，发行规模累计 2022 亿元。其中，大部分产品的计划管理人为德邦证券。产品主要采用储架模式（一次核准，多次发行的再融资制度）发行并在上海证券交易所流通，有少部分在深圳证券交易所和机构间私募产品报价系统流通。未采用保理的花呗证券化产品的底层基础资产为小额消费信贷形式。与京东白条证券化产品不同的是，蚂蚁花呗证券化产品的债券期限较短，一般为 1 年左右。作为与京东白条对标的产品，蚂蚁花呗的功能与京东白条类似。蚂蚁花呗提供三种服务：未分期业务、交易分期业务和账单分期业务。未分期业务就是消费者使用花呗支付后未选择交易分期或账单分期的业务，在每月 10 日前用户需归还上个月使用的金额，同样不收取费用和利息。交易分期业务是买家在购物时选择花呗分期支付，花呗可以分 3 期、6 期和 12 期，费率目前分别为 2.3%、4.5%和 7.5%。此外，花呗在月底出账单后，用户也可以选择是否将账单分期进行还款。当前花呗的逾期费率为每日 0.05%。

下面以德邦花呗第 49 期消费授信融资资产支持专项计划为例，详解花呗 ABS 产品的交易结构和产品设计。该产品发行期限为 1 年，到期一次性还本付息。该计划的交易结构见图 10-4。该图根据《德邦花呗第四十九期消费授信融资资产支持专项计划说明书》整理得到。

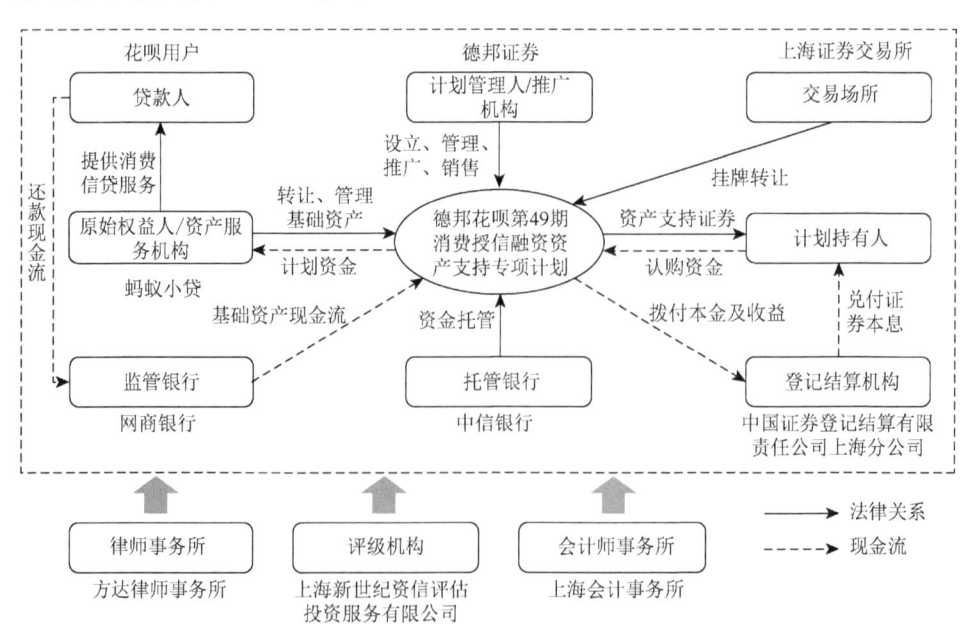

图 10-4 德邦花呗第 49 期消费授信融资资产支持专项计划交易结构框架

花呗 ABS 产品的基础资产为阿里巴巴推出的互联网消费金融产品蚂蚁花呗服务发放的人民币贷款或垫款。此产品也采用了循环购买的方式购买基础资产。基础资产分为三类：第一类是花呗交易分期资产，即用户在购买商品或服务时直接选择分期付款产生的资产；第二类是花呗账单分期资产，即用户在出账单后，选择分期还款产生的资产；第三类是花呗未分期资产，贷款人较为分散，每人平均贷款余额一般不会超过千元。在增信措施上，该产品采用了优先与次级结构，将产品划分为优先级、次优先级和次级三个档次，均为到期一次性还本付息。优先级和次优先级为固定利率，而次级为分配剩余收益。此外，该产品还采用了现金流超额覆盖，即预期基础资产产生的现金流超过优先级和次优先级档次产品的本息，超出的部分可以降低优先级和次优先级产品投资者的风险。该产品对非次级产品的现金流覆盖率超过113.4%。

2）采用保理的花呗 ABS

采用保理的花呗 ABS 原始权益人为商融（上海）商业保理有限公司。商融保理曾提供花呗交易分期业务。在 2017 年 4 月后，其业务由蚂蚁小贷承接。截至 2017 年 4 月，采用保理的花呗 ABS 共发行 10 期，发行规模累计 132.8 亿元，均在上海证券交易所挂牌转让。此类花呗 ABS 可以划分为保理 ABS。保理 ABS 指的是保理机构以保理债权作为基础资产的资产证券化过程。采用保理的花呗 ABS 与未采用保理的花呗 ABS 的区别在于两者的原始权益人不同，基础资产的性质不同，产品的交易结构也有所区别。以德邦花呗分期第 D 期应收账款资产支持专项计划为例，采用保理的花呗 ABS 产品具体的交易结构见图 10-5。

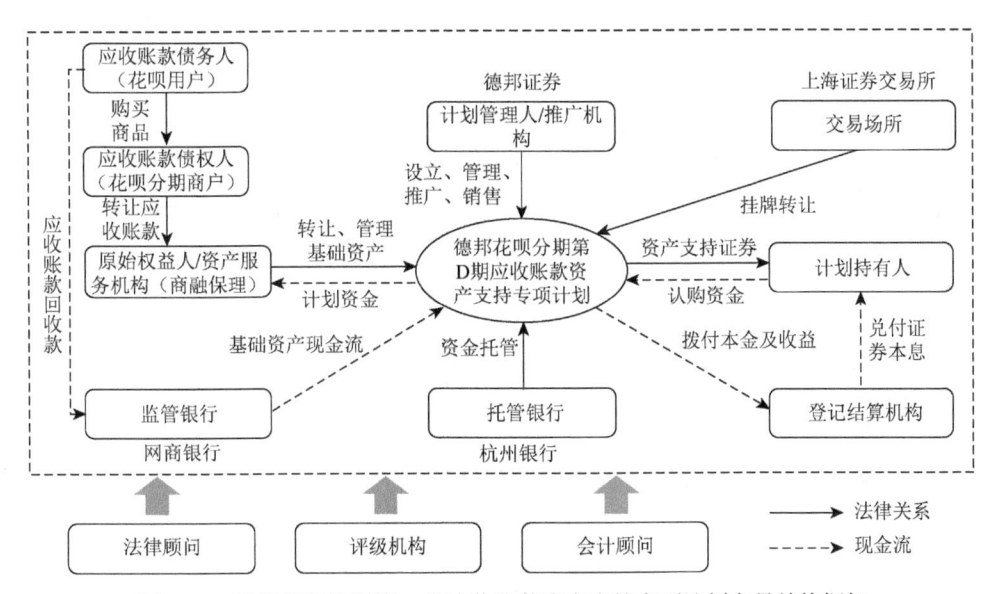

图 10-5 德邦花呗分期第 D 期应收账款资产支持专项计划交易结构框架

未经过保理的花呗 ABS，如德邦花呗第 15 期消费贷款资产支持专项计划，其基础资产的最初原始权益人即为重庆蚂蚁小微小额贷款有限公司。该公司为花呗的用户提供了小额的消费信贷，从而拥有了消费贷款债权，基础资产的性质为小额贷款。采用保理的花呗 ABS，其最初始的权益人为开通了花呗分期功能的商户。花呗用户在使用花呗交易分期业务时，商融保理代替用户将资金支付给商户，从而取得了商户对花呗用户的应收账款债权，继而将这批应收账款债权转化成证券化产品。所以，采用保理的花呗 ABS 实质上的原始权益人为商融（上海）商业保理有限公司，法律性质定义为应收账款债权。

3）借呗 ABS

借呗 ABS 的原始权益人为重庆蚂蚁商诚小额贷款有限公司，曾用名为重庆市阿里巴巴小额贷款有限公司。蚂蚁借呗为个人提供小额现金信贷服务。截至 2018 年第一季度末，以蚂蚁借呗为基础资产的证券产品发行了 52 期，发行规模累计 1346 亿元，计划管理人均为德邦证券，底层基础资产为消费信贷形式，流通场所为上海证券交易所。蚂蚁借呗证券化产品的债券期限一般在 1 年左右。

德邦借呗消费贷款资产支持专项计划的交易结构与花呗 ABS 非常相似，见图 10-6。该图根据《德邦借呗第四十五期消费贷款资产支持专项计划说明书》整理得到。该产品同样是到期一次性还本付息和折价购买基础资产。在增信方式上，该产品同样采用了优先/次级结构和超额现金流覆盖。

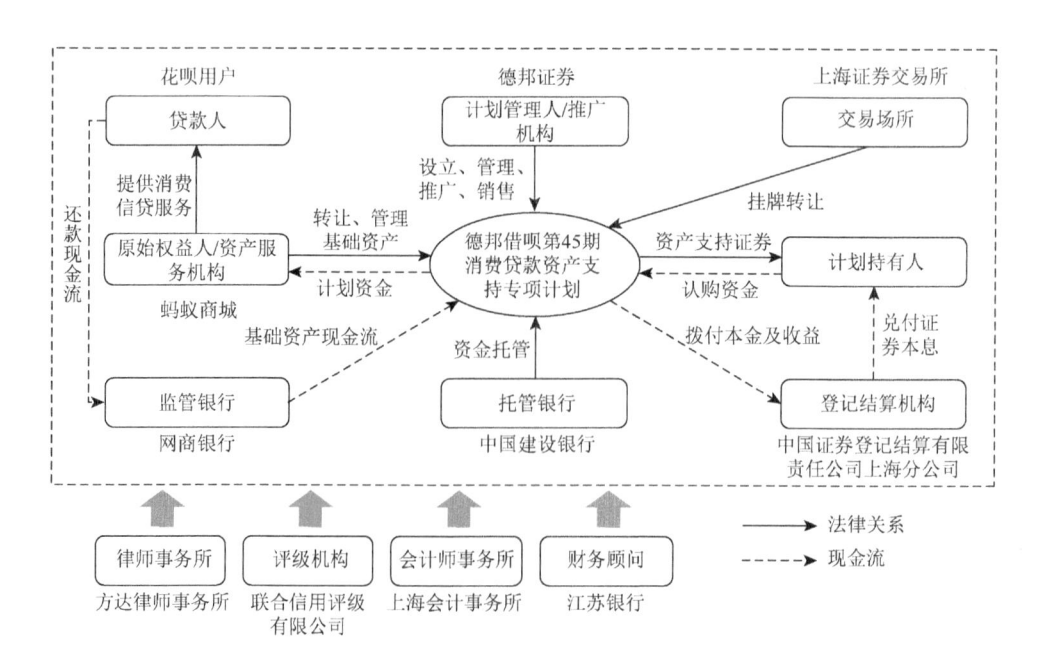

图 10-6 德邦借呗第 45 期消费贷款资产支持专项计划交易结构框架

10.1.4 本节小结

互联网消费金融证券化产品市场规模迅速扩张，截至2018年第一季度末已经发行182期产品，发行规模达到3891亿元。目前市场结构呈现出阿里系和京东系证券化产品为首的寡头局面，两者相加在发行数量和发行金额上分别占互联网消费金融ABS产品市场的92%和98%。

在产品的交易结构方面，阿里系和京东系的主流证券化产品采用了非常相似的交易结构，但阿里系的花呗分期证券化产品使用了保理结构。此外，两者在产品的期限选择上不太一致，京东系的主流证券化产品选取了两年的产品期限，而阿里系的证券化产品的产品期限基本上不多于1年，少部分甚至只有30天。这应该与两者的基础资产的期限有关。京东的消费金融产品贷款期限更长，其对应的证券化产品在设计时也选用了更长的产品期限。在增信措施方面，蚂蚁金服系和京东系的证券化产品基本上都采用了优先与次级结构等方式为优先级或次优先级档次产品增信，只是各档次产品的发行比例不同。从评级来看，对于互联网消费金融证券化产品的优先级证券，评级机构的评级普遍为AAA级。阿里系和京东系证券化产品的对比详见表10-2。

表10-2 京东系和阿里系证券化产品的对比

产品要素	京东系ABS	花呗非保理ABS	花呗保理ABS	借呗ABS
原始权益人	京东世纪	蚂蚁小贷	商融保理	蚂蚁商诚小贷
基础资产	京东白条	花呗未分期业务、花呗交易分期业务、花呗账单分期业务	花呗交易分期业务	蚂蚁借呗
基础资产法律形式	以应收账款为主	小额贷款	应收账款	小额贷款
贷款期限	最长24期	最长12期		
发行单数	23单	80单	10单	52单
发行总规模	323亿元	2022亿元	133亿元	1346亿元
发行平均规模	14.04亿元	25.28亿元	13.28亿元	25.89亿元
流通场所	以深圳证券交易所为主	以上海证券交易所为主	上海证券交易所	上海证券交易所
产品期限	1～2年	以1年为主	0.5年或1年	1年
非优先级厚度	10%～30%	11%～50%	18.2%～18.3%	10%～18%
次级厚度	8.5%～25%	6.8%～23.4%	11.9%～12%	7.5%～10%
增信措施	优先/次级结构	优先/次级结构		
	信用触发机制	超额现金流覆盖		
资产购买价格	平价购买	折价购买		

10.2 发行利率的影响因素

本节将进一步探讨互联网消费金融证券化产品发行利率的影响因素，主要以产品发行时的信用利差为研究对象。信用利差为贷款或证券收益与相应的无风险证券收益的差额。本章的发行利差定义为发行利率减去市场无风险收益率。

10.2.1 理论假设

互联网消费金融证券化产品作为一种债券型产品，其定价可以参照债券的定价方式，根据评级机构对 ABS 产品的信用评级来对其发行利差进行定价。不过，我们发现目前市场上所有的优先级互联网消费金融 ABS 产品在发行时评级均为 AAA 级，难以通过信用评级的方式对其进行定价。我们考虑结合互联网消费金融 ABS 产品市场的特点进行定价。

根据此前相关文献的研究结果，假设无风险利率、产品期限、优先/次级结构中各档次占比、原始权益人、产品规模、基础资产法律形式等因素会影响产品的发行利差。本节将构建一个以发行利差为被解释变量的线性回归模型来检验这些因素对于互联网消费金融证券化产品发行利差的影响。此外，利息覆盖率、消费贷款平均贷款期限、平均贷款额度等也可能会影响到产品的发行利率。由于互联网消费金融证券化产品的这些数据难以取得，本节实证模型中对此不做讨论。

首先，无风险利率可能会影响到互联网消费金融证券化产品的发行利差，两者具有正相关关系。当无风险利率较低时，因为消费者（消费贷款的债务人）需要还款的金额不变，所以可能会更加倾向于将资金用于还款而非投资。使用互联网进行消费贷款的债务人一般是年轻人。他们可能背负着房贷等其他债务。当利率降低时，他们的还款压力会有所降低，消费贷款的预期违约率也会降低。基础资产违约风险降低，会使 ABS 产品的信用利差降低。此外，由于原始权益人一般会负责赎回资产池中的不合格资产，原始权益人的财务状况也会在一定程度上影响基础资产的质量，从而影响到 ABS 产品的风险。当无风险利率降低时，原始权益人的融资成本较低，资金会相对宽松。相反，当市场上无风险利率升高时，债务人的违约风险升高，原始权益人的资金压力加大，消费金融证券化产品的购买者会相应地要求更高的信用利差。由于大部分互联网消费金融证券化产品的发行期限为半年至一年半，本模型将采用一年期的无风险利率数据。

其次，证券化产品的发行期限可能会影响到其发行利差，两者有正相关关系。从流动性风险来看，目前国内的证券化产品市场交易并不活跃，在产品的期限较长时，产品的流动性风险会较大，需要给予投资者流动性补偿。当产品持续期限较长时，遇到各种风险的可能性也大大提升，产品投资者会要求更高的收益。所以，产品期限较长的互联网消费金融证券化产品的发行利差也需要相应地提升才会吸引投资者购买。

非优先级档次厚度（不是优先级别的产品在该期产品发行总额中所占的比例）的提升可能会降低优先级档次产品的发行利差。目前市场上互联网消费金融证券化产品采用的增信方式一般都是优先/次级结构，各档次占比是影响产品定价的重要因素。在一款产品中，如果优先级低于某个档次的产品占比较多，那么基础资产发生损失时影响到该档次的可能性较低，当基础资产没有出现非常多的违约情况时，不会影响到对该档次投资者的本金偿还，从而降低了该档次的信用利差。原始权益人或者基础资产本身对发行利差也会有影响。尽管互联网消费金融 ABS 产品的基础资产在法律上的所有权已经被转移，但是原始权益人负责管理基础资产，也负责赎回资产池中的不合格资产。原始权益人如果更加负责任、风控能力更强、财务状况良好，那么消费贷款的违约风险就会大大降低。原始权益人对消费贷款产品的设计是影响后续还款情况的重要因素。所以，原始权益人和基础资产本身的设计也会影响到证券化产品的发行利差。阿里系和京东系的消费金融产品起步较早，两者都是电商巨头，这为它们对消费贷款客户进行大数据分析提供了基础，使它们具备更强的风控能力和管理能力。所以，阿里系和京东系的证券化产品发生风险的可能性较低、发行利差较小。

除了以上因素以外，证券化产品的产品规模与发行利差应该呈负相关关系。发行规模较大的产品会受到更多的关注和监管，发生风险的可能性较低。更大的发行规模也意味着这一期的产品会购买更多的基础资产，在基础资产——消费贷款的人均贷款金额较为稳定的情况下，购买更多的基础资产意味着消费贷款的违约风险更为分散，降低了投资者所要求的对违约风险的补偿。

另外，基础资产的法律形式也可能会影响到发行利差。互联网消费金融证券化产品的基础资产虽然实质上都是消费者贷款，但在法律形式上主要分为两种，一种是提供给消费者的小额贷款，另一种是赊销产生的应收账款。存在以下两种情况：一是基础资产的其中一种法律形式会使 ABS 产品结构更为复杂，使风险提升；二是投资人对某种形式的基础资产更为排斥或认可。目前假设基础资产法律形式为小额贷款的产品发行利差更高。

在交易所挂牌转让的产品发行利率相较于在非交易所挂牌转让的互联网消费金融证券化产品发行利差更低。一方面是考虑到交易所挂牌的证券化产品更容易交易、流动性更好；另一方面是考虑到交易所对产品有着隐性的背书，例如，有更严格的审核监管和更透明的信息。目前大部分互联网消费金融产品均在交易所挂牌转让，180 期中仅有 7 期不在交易所流通。所以，在构建实证模型时难以验证此假设，将不在交易所流通的产品从样本数据中剔除。

综上所述，对互联网消费金融证券化产品发行利差影响因素的理论假设如表 10-3 所示。

表 10-3　对互联网消费金融证券化产品发行利差影响因素的理论假设

影响因素	理论上对互联网消费金融证券化产品发行利差的影响
无风险利率	正相关
发行期限	正相关
非优先级档次厚度	负相关
原始权益人	阿里系和京东系的 ABS 产品发行利差更低
发行规模	负相关
基础资产法律形式	基础资产为小额贷款的 ABS 产品发行利差更低

10.2.2　基本思路

互联网消费金融证券化产品一般以优先级产品为主，如图 10-7 所示，非优先级档次占比一般不超过 30%。部分产品设计了三个优先级别——优先级、中间级、次级。另外一些产品仅设计了两个或者一个优先级别。为了进行统一和方便构建实证模型，本节仅探讨互联网消费金融证券化产品优先级档次的发行定价。

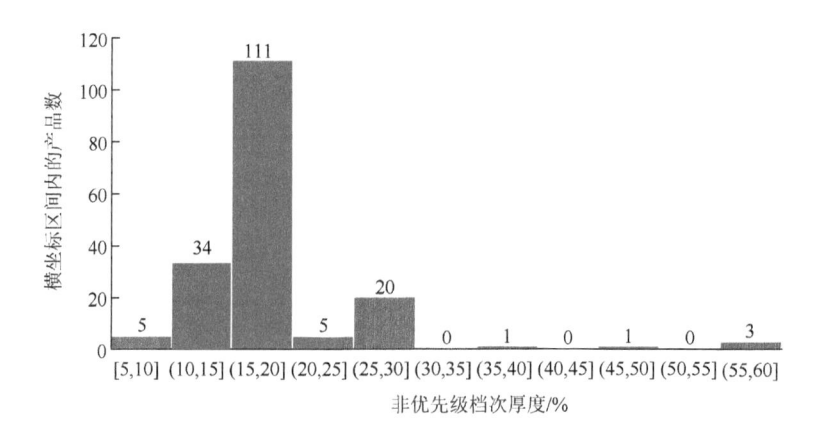

图 10-7　互联网消费金融证券化产品非优先级档次厚度分布

资料来源：同花顺数据库

为了验证前文的理论假设，本节构建多元线性回归模型，被解释变量为发行利差，即互联网消费金融证券化产品的发行利率减去发行时一年期无风险利率，解释变量包括无风险利率、发行期限、非优先级档次厚度、原始权益人、发行规模和基础资产法律形式共六个。

多元线性回归模型的被解释变量为互联网消费金融证券化产品的发行利差，即发行利率减去发行时的一年期无风险利率。在无风险利率的选取上，考虑了一年期 SHIBOR、一年期国债到期收益率和一年期央票到期收益率。互联网消费金融证券化产品基本都属于债券型证券化，所以选取了一年期国债到期收益率作为无风险利率。

在根据原始权益人和基础资产本身因素构建虚拟变量时，考虑到阿里系消费金融证券化产品可以根据原始权益人划分为三个类别——借呗 ABS、采用保理的花呗 ABS 和未采用保理的 ABS，共构建四个虚拟变量，分别代表京东系证券化产品、借呗 ABS、未采用保理的 ABS 和采用保理的 ABS，用以区分五个类别，即以上四种证券化产品和非阿里京东系产品。

发行规模则取发行金额的对数。基础资产法律形式分为小额贷款和应收账款，构建一个代表小额贷款的虚拟变量即可，发行期限以年为单位。非优先级档次厚度为非优先级产品占发行总额的比例，即 1 减去优先级档次占比。

另外，注意到不同的原始权益人和基础资产本身对发行期限、发行规模、非优先级档次厚度、基础资产法律形式等因素也可能具有较为显著的影响作用。如果直接构建多元线性回归模型，可能会出现共线性问题，影响最终的回归结果。所以在构建线性回归模型时要考虑到这一点，排除原始权益人对这些因素的影响。对直接构建的线性回归模型进行共线性检验，如果确实有共线性，可以采用以下两种方式处理。

（1）使用同一原始权益人的 ABS 产品数据构建回归模型，在构建线性回归模型时无须加入代表原始权益人的虚拟变量，也可以达到控制原始权益人等变量的目的，回归结果更加有说服力。

（2）先检验共线性问题是否存在。分别以发行期限、发行规模、非优先级档次厚度、基础资产法律形式作为因变量，以代表不同原始权益人和基础资产的虚拟变量为自变量，构建线性回归模型。如果拟合优度均较低，则说明相应的变量与原始权益人变量不会出现共线性问题。如果出现拟合优度较高的情况，则说明共线性问题确实存在。那么，通过此次回归结果从这个因变量中剔除掉原始权益人变量带来的影响，构建新的变量（即此次回归得到的残差）来替代原来的变量成为自变量，并构建新的多元线性回归模型。

10.2.3 数据选取与描述性统计

本章的样本范围选取了 2018 年 3 月 31 日前国内发行的互联网消费金融证券化的优先级产品，一共 180 条数据，数据主要来源于同花顺数据库。删除了其中的部分数据，包括 7 条不在交易所市场流通的产品数据、无法取得发行利率数据的产品 1 条以及非优先级档次占比超过 30%的产品数据 4 条。有效样本数量为 168 条。其中，一年期国债到期收益率指标选取了同花顺数据库中提供的数据"中债国债到期收益率：1 年"，基础资产法律形式的数据来源于 Wind 资讯。

实证模型中涉及的所有变量及其意义如表 10-4 所示。

表 10-4 各变量定义

变量	意义
SPREAD	发行利差，即发行利率减 1 年期国债到期收益率（单位：%）
RF	无风险利率，选取 1 年期国债到期收益率（单位：%）
MATURITY	发行期限，以年为单位
MATURITY_NEW	代表产品期限的新变量，剔除了原始权益人的影响
SUB	非优先级档次厚度，为 1 减去优先级档次占发行总额的比例（单位：%）
SUB_NEW	代表非优先级档次厚度的新变量，剔除了原始权益人的影响
LNSIZE	发行规模，以亿元为单位的发行金额（包括所有档次）的对数
LNSIZE_NEW	代表发行规模的新变量，剔除了原始权益人的影响
LOAN	基础资产法律形式，小额贷款为 1，应收账款为 0
JD	京东系证券化产品为 1，其他为 0
JIEBEI	阿里系借呗证券化产品为 1，其他为 0
HUABEI1	阿里系采用保理的花呗证券化产品为 1，其他为 0
HUABEI2	阿里系采用保理的花呗证券化产品为 1，其他为 0
C	常数项，即式中的 β_0

表 10-5 展示了除原始权益人外样本的描述性统计。在有效的 168 条样本数据中，基础资产法律形式为小额贷款的证券化产品数据有 135 条，为应收账款的有 33 条，京东系证券化产品数据有 21 条，借呗证券化产品数据有 52 条，未采用保理的花呗证券化产品有 75 条，采用保理的花呗证券化产品有 10 条，以及非阿里京东系的产品数据有 10 条。

第 10 章 互联网消费金融证券化产品研究

表 10-5 描述性统计

统计数据	SPREAD	RF	MATURITY	SUB	LNSIZE	LOAN
平均值	1.979	3.112	1.140	17.542	2.941	0.804
中值	2.013	3.407	1.030	17.000	2.996	1.000
最大值	3.914	3.700	2.036	30.000	3.912	1.000
最小值	0.962	2.090	0.499	8.500	0.693	0.000
标准差	0.456	0.542	0.355	4.993	0.635	0.398

不同的原始权益人和基础资产本身对产品发行期限、发行规模、非优先级档次厚度、基础资产法律形式等因素可能具有较为显著的影响作用。从上文的分析中可以发现，京东系产品基础资产法律形式是应收账款，而阿里系产品基础资产法律形式以小额贷款为主；京东系证券化产品的发行期限一般为 2 年，而阿里系产品发行期限以 1 年为主。图 10-8 和图 10-9 分别展示了京东系和阿里系每期证券

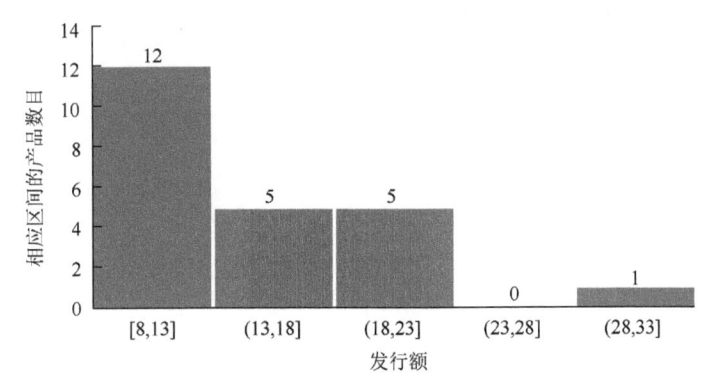

图 10-8 京东系产品发行额分布

资料来源：同花顺数据库

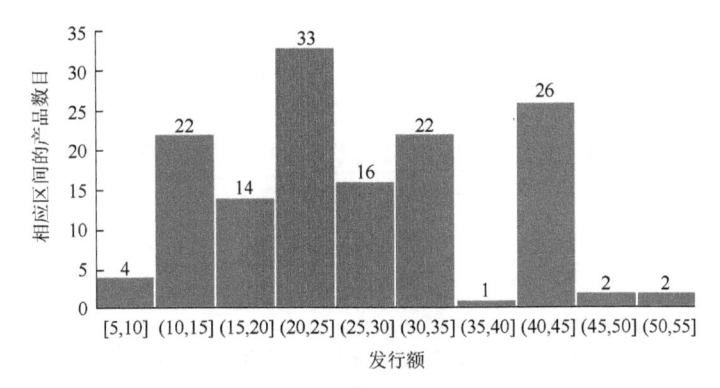

图 10-9 阿里系产品发行额分布

资料来源：同花顺数据库

化产品的发行额分布。平均而言,阿里系证券化产品每期的发行总额更大。图 10-10 和图 10-11 分别展示了阿里系和京东系每期证券化产品的非优先级档次厚度分布,可以发现阿里系的非优先级占比明显比京东系产品要低。直观来看,原始权益人不同的互联网消费金融证券化产品在产品期限、发行规模、非优先级档次厚度、基础资产法律形式等方面有较大的不同。

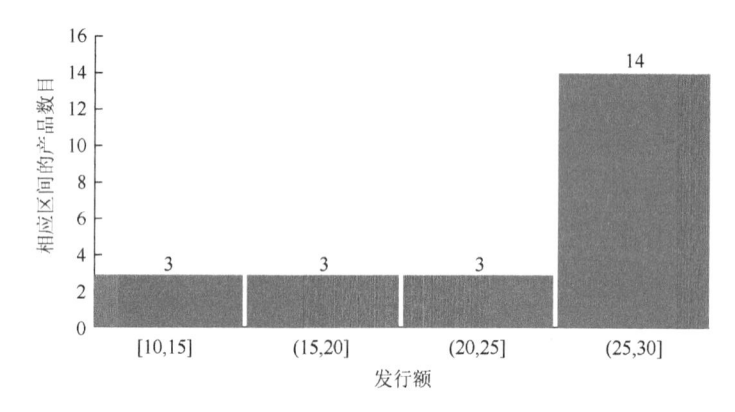

图 10-10 京东系产品非优先级档次厚度分布

资料来源:同花顺数据库

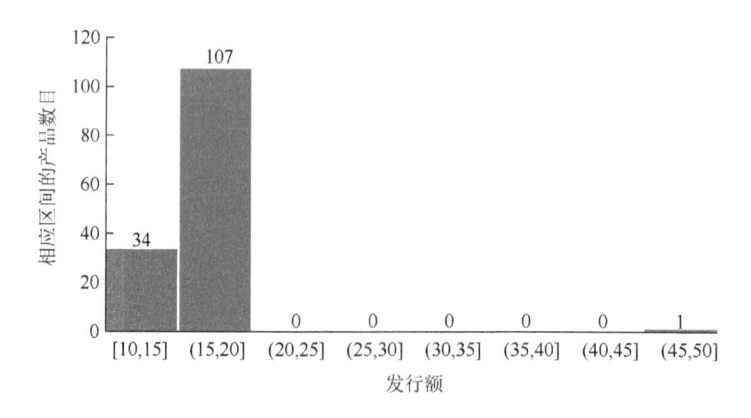

图 10-11 阿里系产品非优先级档次厚度分布

资料来源:同花顺数据库

10.2.4 相关性分析和共线性检验

表 10-6 展示了除代表原始权益人的虚拟变量外的所有变量的相关系数矩阵。从矩阵中可以发现,无风险利率、发行期限与发行利差的相关性较高且均为正,说明这两个变量对发行利差有显著的正向影响。这与前文的理论假设相符。非优

先级档次厚度与发行利差的相关性为-0.294，说明非优先级档次占比越高，发行利差可能会相对降低，与前文的理论假设相符。发行利差变量 SPREAD 与代表基础资产法律形式的变量 LOAN 的相关系数非常小，说明发行利差的大小与基础资产法律形式的关系不大。发行规模与发行利差的相关性也较低，但仍需要依靠后文构建的实证模型进行验证。

表 10-6 相关系数矩阵

变量	SPREAD	RF	MATURITY	SUB	LNSIZE	LOAN
SPREAD	1.000					
RF	0.538	1.000				
MATURITY	0.272	−0.054	1.000			
SUB	−0.294	−0.262	0.521	1.000		
LNSIZE	−0.117	0.187	−0.340	−0.387	1.000	
LOAN	0.029	0.345	−0.505	−0.491	0.371	1.000

接下来验证如果直接以发行利差为因变量，以其他变量为自变量直接构建多元线性回归模型，是否存在多重共线性问题。构建的线性回归模型如式（10-1）所示：

$$\text{SPREAD} = \beta_0 + \beta_1 \times \text{RF} + \beta_2 \times \text{MATURITY} + \beta_3 \times \text{SUB} + \beta_4 \times \text{LNSIZE}$$
$$+ \beta_5 \times \text{LOAN} + \beta_6 \times \text{JD} + \beta_7 \times \text{JIEBEI} + \beta_8 \times \text{HUABEI1} + \beta_9 \times \text{HUABEI2}$$

（10-1）

式中，$\beta_0, \cdots, \beta_9$ 为模型参数。对回归进行共线性检验，如表 10-7 所示，发现多个 VIF 值大于 10，说明直接构建多元线性回归模型确实有共线性问题。

表 10-7 式（10-1）的共线性检验结果

自变量	因变量	
	VIF	1/VIF
RF	1.336	0.749
MATURITY	7.593	0.132
SUB	2.072	0.483
LNSIZE	1.968	0.508
LOAN	17.517	0.057
JD	14.213	0.070
JIEBEI	12.230	0.082
HUABEI1	14.475	0.069
HUABEI2	7.640	0.131

10.2.5 实证模型

接下来按照前文提出的基本思路验证所提出的理论假设，通过实证模型探讨互联网消费金融证券化产品发行利差的影响因素。

1. 发行规模对发行利差的影响

首先验证互联网消费金融 ABS 产品规模对发行利差的影响。选取德邦花呗第 1~21 期（除第 16 期外）消费贷款资产支持专项计划产品的共 20 条数据，由于每期产品的设计基本相同，基础资产均为花呗，发行期限均为 1 年，非优先级档次厚度均为 19.3%，从而实现了对变量的控制。在列出的变量中，仅无风险利率和发行规模不同，可以构建以发行利差为因变量，仅以无风险利率和发行规模为自变量的模型，如式（10-2）所示：

$$\text{SPREAD} = \beta_0 + \beta_1 \times \text{RF} + \beta_2 \times \text{LNSIZE} \tag{10-2}$$

得到的回归结果如表 10-8 所示。从回归结果来看，发行规模对发行利差的影响并不显著，但由于样本量仅有 20，所以此结论将在后文中进一步的验证。

表 10-8 式（10-2）的回归结果

自变量	因变量 SPREAD	
	回归系数	p 值
RF	1.350	0.0000
LNSIZE	0.066	0.5438
C	−1.930	0.0002
拟合优度	调整前	调整后
	0.824	0.803

2. 除原始权益人外的其他因素对发行利差的影响

如前文所述，为了避免加入原始权益人变量使实证模型出现共线性问题，本节将先讨论除原始权益人外的其他变量对发行利差的影响是否显著，后续再进一步讨论原始权益人的影响。

构建如式（10-3）所示的回归模型，数据选取为此前已经处理好的样本数据，共 168 条。

$$\begin{aligned}\text{SPREAD} =\ & \beta_0 + \beta_1 \times \text{RF} + \beta_2 \times \text{MATURITY} + \beta_3 \times \text{SUB} \\ & + \beta_4 \times \text{LNSIZE} + \beta_5 \times \text{LOAN}\end{aligned} \quad (10\text{-}3)$$

式（10-3）的回归结果如表 10-9 所示。从回归结果来看，在不考虑原始权益人变量影响的情况下无风险利率、发行期限、非优先级档次厚度、发行规模对发行利差的影响较为显著；而基础资产法律形式对发行利差的影响不显著，与前文相关性分析中得到的结论相符。

表 10-9　式（10-3）的回归结果

自变量	因变量 SPREAD	
	回归系数	p 值
RF	0.417	0.000
MATURITY	0.582	0.000
SUB	−0.049	0.000
LNSIZE	−0.164	0.000
LOAN	−0.103	0.177
C	1.438	0.000
拟合优度	调整前	调整后
	0.571	0.558

对式（10-3）进行共线性检验，检验结果如表 10-10 所示，VIF 值均小于 10，说明该模型确没有共线性问题。

表 10-10　式（10-3）的共线性检验结果

自变量	因变量 SPREAD	
	VIF	1/VIF
RF	1.205	0.830
MATURITY	1.639	0.610
SUB	1.628	0.614
LNSIZE	1.260	0.794
LOAN	1.682	0.594

经过描述性统计中的相关性分析和在式（10-3）中的讨论，已经基本可以确定基础资产法律形式对互联网消费金融证券化产品的发行利差并没有显著影响。

从式（10-3）的回归结果来看，无风险利率、发行期限、非优先级档次厚度和发行规模对互联网消费金融证券化产品造成的影响非常显著。但是考虑到式（10-3）中缺乏对原始权益人变量的控制，这个结论需要进一步确认。例如，可能存在这样的情形：阿里系证券化产品的发行规模相较于其他互联网消费金融产品来说更大，而这些产品的发行利差显著低于其他产品的发行利差，在使用式（10-3）进行回归时，似乎可以得到发行规模与发行利差成反比的结论；但实际上，可能发行规模并不会对互联网消费金融证券化产品的发行利差造成显著影响，对发行利差造成显著影响的变量为原始权益人。作为互联网巨头，阿里系公司可能有着更为良好的风控、口碑、资源或者宣传，使阿里系 ABS 产品的发行利差要普遍低于其他产品。在接下来的讨论中会将原始权益人对互联网消费金融证券化产品发行利差的影响考虑进来。

3. 原始权益人对发行利差的影响

下面考察互联网消费金融证券化产品的原始权益人与发行利差的大小是否有关系。建立以发行利差为因变量、以代表原始权益人的四个虚拟变量为自变量的多元线性回归模型，如式（10-4）所示。选用的样本数据为此前处理的全部 168 条数据。

$$SPREAD = \beta_0 + \beta_1 \times JD + \beta_2 \times JIEBEI + \beta_3 \times HUABEI1 + \beta_4 \times HUABEI2$$

（10-4）

式（10-4）的回归结果如表 10-11 所示。

表 10-11 式（10-4）的回归结果

自变量	因变量 SPREAD	
	回归系数	p 值
JD	−0.178	0.298
JIEBEI	−0.327	0.034
HUABEI1	−0.320	0.033
HUABEI2	−0.690	0.001
C	2.287	0.000
拟合优度	调整前	调整后
	0.081	0.058

同样，对式（10-4）进行共线性检验，检验结果如表 10-12 所示，VIF 均小于 10，认为式（10-4）不存在共线性问题。

表 10-12 式（10-4）的共线性检验结果

自变量	因变量 SPREAD	
	VIF	1/VIF
JD	2.713	0.369
JIEBEI	4.281	0.234
HUABEI1	4.705	0.213
HUABEI2	1.881	0.532

从表 10-11 展示的式（10-4）的回归结果来看，代表京东系产品的虚拟变量 JD 对应的回归系数并不显著。对于京东系证券化产品，原始权益人对发行利差的影响较小。代表阿里系三类证券化产品的虚拟变量 JIEBEI、HUABEI1、HUABEI2 对应的 p 值均小于显著性水平 0.05，对应的回归系数均为负数，说明阿里系证券化产品的发行利差相较于其他产品更低，且较为明显。

但是，式（10-4）并未考虑除原始权益人外的其他变量对互联网消费金融证券化产品发行利差的影响。阿里系证券化产品在发行利差上的优势可能并非原始权益人和基础资产本身的不同带来的，有可能是因为相较于京东系产品，阿里系产品的发行期限较短，使投资者要求的流动性补偿降低，才缩小了产品的发行利差。

4. 发行利差的影响因素

按照前文所述，无风险利率、发行期限、非优先级档次厚度、发行规模和原始权益人都可能会对互联网消费金融证券化产品的发行利差造成显著影响。不过，由于式（10-1）存在的共线性问题，无法直接构建多元线性回归模型对假设进行验证。为了解决此问题，将构建剔除掉原始权益人影响的新变量代替式（10-1）中部分原有的变量进行线性回归。

如式（10-5）~式（10-8）所示，分别以发行期限、非优先级档次厚度、发行规模、基础资产法律形式作为被解释变量，以代表原始权益人的四个虚拟变量为解释变量进行线性回归，利用回归得到的残差分别替代对应的变量，新的变量中已经剔除了原始权益人的影响。

$$\text{MATURITY} = \beta_0 + \beta_1 \times \text{JD} + \beta_2 \times \text{JIEBEI} + \beta_3 \times \text{HUABEI1} + \beta_4 \times \text{HUABEI2}$$
（10-5）

$$\text{SUB} = \beta_0 + \beta_1 \times \text{JD} + \beta_2 \times \text{JIEBEI} + \beta_3 \times \text{HUABEI1} + \beta_4 \times \text{HUABEI2}$$
（10-6）

$$\text{LNSIZE} = \beta_0 + \beta_1 \times \text{JD} + \beta_2 \times \text{JIEBEI} + \beta_3 \times \text{HUABEI1} + \beta_4 \times \text{HUABEI2}$$
（10-7）

$$\text{LOAN} = \beta_0 + \beta_1 \times \text{JD} + \beta_2 \times \text{JIEBEI} + \beta_3 \times \text{HUABEI1} + \beta_4 \times \text{HUABEI2}$$

（10-8）

式（10-5）~式（10-8）的回归结果如表10-13所示。可以看出，构建的这四个线性回归拟合优度都较高，原始权益人对发行期限、非优先级档次厚度、发行规模、基础资产法律形式这四个变量的影响确实都非常显著。四个线性回归模型的拟合优度都非常高。

表10-13 式（10-5）~式（10-8）的回归结果

自变量	因变量							
	MATURITY		SUB		LNSIZE		LOAN	
	回归系数	p值	回归系数	p值	回归系数	p值	回归系数	p值
JD	0.458	0.000	0.388	0.785	1.092	0.000	−0.800	0.000
JIEBEI	−0.438	0.000	−8.126	0.000	1.645	0.000	0.200	0.000
HUABEI1	−0.445	0.000	−8.792	0.000	1.672	0.000	0.200	0.000
HUABEI2	−0.807	0.000	−6.065	0.000	0.949	0.000	−0.800	0.000
C	1.465	0.000	24.295	0.000	1.493	0.000	0.800	0.000
拟合优度	调整前	调整后	调整前	调整后	调整前	调整后	调整前	调整后
	0.857	0.853	0.466	0.453	0.473	0.460	0.940	0.938

从表10-13中可以发现，阿里系和京东系产品有各自不同的特点。在发行期限上，阿里系产品的发行期限显著较短，京东系产品的发行期限显著较长，与前文的描述性统计相符合。在非优先级档次厚度上，京东系产品与非阿里京东系产品没有显著差别，而阿里系产品的非优先级档次厚度较小。产品发行规模方面，阿里和京东作为电商巨头，消费金融产品规模非常大，相应地，其证券化产品发行规模显著高于非阿里京东系产品。从基础资产法律形式上来看，京东的消费金融产品和阿里采用保理的花呗证券化产品相应的基础资产，法律形式为应收账款，而其他互联网消费金融证券化产品对应的基础资产法律形式基本上为小额贷款。

因为用以区分是否京东系产品的虚拟变量JD对非优先级档次厚度的变量SUB没有显著影响，下面重新构建以非优先级档次厚度为因变量的线性回归模型，将变量JD从模型中剔除，以获得更为精确的结果。模型如式（10-9）所示：

$$\text{SUB} = \beta_0 + \beta_1 \times \text{JIEBEI} + \beta_2 \times \text{HUABEI1} + \beta_3 \times \text{HUABEI2}$$

（10-9）

式（10-9）的回归结果如表10-14所示。

表 10-14　式（10-9）的回归结果

自变量	因变量 SUB	
	回归系数	p 值
JIEBEI	−8.388	0.000
HUABEI1	−9.055	0.000
HUABEI2	−6.328	0.000
C	24.558	0.000
拟合优度	调整前	调整后
	0.466	0.456

利用式（10-5）、式（10-7）、式（10-8）、式（10-9）四个线性回归模型产生的残差，构建新的变量替代原来的变量，新的变量已经剔除掉了原始权益人对原来的四个变量的影响。新变量的构建公式如式（10-10）~式（10-13）所示：

$$\text{MATURITY\_NEW} = \text{MATURITY} - (1.465 + 0.458 \times \text{JD} - 0.438 \times \text{JEIBEI} \\ - 0.445 \times \text{HUABEI1} - 0.807 \times \text{HUABEI2})$$

（10-10）

$$\text{SUB\_NEW} = \text{SUB} - (24.295 + 0.388 \times \text{JD} - 8.126 \times \text{JEIBEI} \\ - 8.792 \times \text{HUABEI1} - 6.065 \times \text{HUABEI2})$$

（10-11）

$$\text{LNSIZE\_NEW} = \text{LNSIZE} - (1.493 + 1.092 \times \text{JD} + 1.645 \times \text{JEIBEI} \\ + 1.672 \times \text{HUABEI1} + 0.949 \times \text{HUABEI2})$$

（10-12）

$$\text{LOAN\_NEW} = \text{LOAN} - (0.800 - 0.800 \times \text{JD} + 0.200 \times \text{JEIBEI} \\ + 0.200 \times \text{HUABEI1} - 0.800 \times \text{HUABEI2})$$

（10-13）

参照前文提到的式（10-1），利用新的变量构建新的回归模型，见式（10-14）：

$$\text{SPREAD} = \beta_0 + \beta_1 \times \text{RF} + \beta_2 \times \text{MATURITY\_NEW} + \beta_3 \times \text{SUB\_NEW} \\ + \beta_4 \times \text{LNSIZE\_NEW} + \beta_5 \times \text{LOAN\_NEW} + \beta_6 \times \text{JD} \\ + \beta_7 \times \text{JIEBEI} + \beta_8 \times \text{HUABEI1} + \beta_9 \times \text{HUABEI2}$$

（10-14）

经过回归，式（10-14）的回归结果见表 10-15。

表 10-15 式（10-14）的回归结果

自变量	因变量 SPREAD	
	回归系数	p 值
RF	0.413	0.000
MATURITY_NEW	0.665	0.000
SUB_NEW	−0.054	0.000
LNSIZE_NEW	−0.081	0.110
LOAN_NEW	0.280	0.247
JD	−0.019	0.870
JIEBEI	−0.307	0.003
HUABEI1	−0.284	0.005
HUABEI2	−0.293	0.038
C	0.935	0.000
拟合优度	调整前	调整后
	0.599	0.576

下面进行共线性检验，如表 10-16 所示，式（10-14）不再有共线性问题。

表 10-16 式（10-14）的共线性检验

自变量	因变量 SPREAD	
	VIF	1/VIF
RF	1.336	0.749
MATURITY_NEW	1.088	0.919
SUB_NEW	1.106	0.904
LNSIZE_NEW	1.037	0.964
LOAN_NEW	1.057	0.946
JD	2.765	0.362
JIEBEI	4.282	0.234
HUABEI1	4.709	0.212
HUABEI2	2.096	0.477

在式（10-14）中，拟合优度约为 0.6，说明模型的拟合较好，模型的结论对于理论假设有着较强的解释力度。根据式（10-14）的回归结果可知，发行规模、基础资产法律形式、是否京东系产品对互联网消费金融证券化产品发行利差的影响不显著，其他变量对发行利差的影响均较为显著。无风险利率 RF、新的产品期

限变量 MATURITY_NEW 与发行利差 SPREAD 存在正向关系。代表阿里系不同证券化产品的虚拟变量 JIEBEI、HUABEI1、HUABEI2 与发行利差 SPREAD 负相关，与前文的理论假设相符合。新的代表小额贷款的虚拟变量 LOAN_NEW 对发行利差 SPREAD 的影响不显著，相关性分析和前文的其他回归模型也可以佐证。新的发行规模变量 LNSIZE_NEW 和代表京东系证券化产品的虚拟变量 JD 对发行利差 SPREAD 的影响同样不显著。

10.2.6 结果分析

经过以上的讨论和进一步分析，根据描述性统计、相关性分析和实证结果，我们得到了以下的几个结论。

（1）无风险利率对互联网消费金融证券化产品发行利差的影响非常显著，无风险利率较高时，发行利差也较高；反之，发行利差变低。这与理论假设相符。无风险利率变量 RF 与发行利差 SPREAD 的相关系数为 0.538，相关性较高。式（10-3）中无风险利率 RF 对应的 p 值远小于 0.05，对应的回归系数为 0.417。式（10-14）中 RF 对应的 p 值同样小于 0.05，相应的回归系数为 0.413。这两个回归模型都验证了无风险利率对互联网消费金融证券化产品发行利差的影响。再考虑到发行利差为发行利率与无风险利率之差，不考虑其他因素，目前来看，市场上互联网消费金融证券化产品的发行利率约为一年期国债到期收益率的 1.4 倍。

（2）发行期限对互联网消费金融证券化产品发行利差的影响也较为显著。当产品的发行期限较长时，发行利差较高；反之，发行利差变低。这与理论假设相符。发行期限变量 MATURITY 与发行利差 SPREAD 的相关系数为 0.272，二者存在一定的正相关关系。式（10-3）中发行期限 MATURITY 对应的 p 值远小于 0.05，相应的回归系数为 0.582。式（10-14）中 MATURITY_NEW 对应的 p 值同样小于 0.05，相应的回归系数为 0.665。目前互联网消费金融 ABS 产品的发行期限集中于 1 年或 2 年，最长不超过 3 年，在这个范围内，出于对流动性风险和利率风险等风险的补偿，发行期限每多一年，发行利差会增加 0.6%~0.7%。

（3）当非优先级档次厚度不超过 30%时，非优先级档次厚度越高，互联网消费金融 ABS 的发行利差越低。非优先级档次厚度变量 SUB 与发行利差 SPREAD 的相关系数为-0.294，二者存在一定的负相关性。式（10-3）中 SUB 对应的 p 值小于 0.05，对应的回归系数为-0.049。式（10-14）中变量 SUB_NEW 对应的 p 值同样小于 0.05，对应的回归系数为-0.054。以上结果说明非优先级档次厚度对互联网消费金融证券化产品发行利差的影响显著。当非优先级档次厚度不超过 30%时，其厚度每提升 1%，大约可以降低发行利差 0.05%。

（4）发行规模与发行利差没有明显关系，与理论假设不同。发行规模变量 LNSIZE 与发行利差 SPREAD 的相关系数为–0.117，相关性不高。式（10-2）中变量 LNSIZE 对应的回归系数并不显著。在式（10-14）中，LNSIZE_NEW 对应的系数同样不显著；但在式（10-3）中，其对应的回归系数显著。这可能是因为在式（10-3）中没有考虑原始权益人的影响。发行规模大的产品更有可能是阿里系产品，而阿里系产品发行利差较低，此时影响发行利差的并非发行规模，而是原始权益人。发行规模与发行利差没有明显关系，原因可能是互联网消费贷款的人均贷款金额较低，当前发行的产品规模已经可以使购买的基础资产充分分散。

（5）基础资产法律形式与发行利差没有明显关系，与理论假设不同。发行期限变量 LOAN 与发行利差 SPREAD 的相关系数为 0.029，相关性非常低。从相关性分析和回归结果来看，基础资产法律形式并不会影响到互联网消费金融证券化，说明法律形式不会影响到资产支持计划协议的履行，也不会影响到投资者的判断，更注重实质而非形式。

（6）原始权益人对发行利差有显著影响。式（10-4）中，可以发现变量 JD 对应的回归系数并不显著，而代表阿里系三类产品的变量 JIEBEI、HUEBEI1、HUEBEI2 对应的回归系数均显著为负。式（10-14）同样体现出这个情况，京东系产品在发行利差上与非阿里京东系产品没有显著区别，而阿里系三类产品的发行利差都明显更低。根据式（10-14）的回归结果，阿里系证券化产品的发行利差在互联网消费金融证券化产品市场中较低，而京东系产品并无此优势。

10.3　与相似产品对比分析

10.3.1　与传统消费金融证券化产品对比

目前传统消费金融证券化产品可以根据基础资产的不同进行分类。一类基础资产为信用卡贷款，另一类基础资产为个人消费贷款。虽然二者都是为个人消费者提供用于消费的贷款，但二者有所不同。消费贷款一般只能用于特定类型的消费，信用卡则可以根据需要随时刷卡购物，更为便利。消费贷款自发放起就开始计算利息，信用卡只要在还款日前全额还款就可以免息。从还款方式来看，信用卡的还款方式更为灵活，可以更改，消费贷款的还款方式则比较固定。截至 2018 年第一季度末，基础资产为信用卡贷款的证券化产品有 11 单，基础资产为个人消费贷款的证券化产品有 29 单。

互联网消费金融证券化产品与传统消费金融证券化产品在产品特征上有所不同，见表 10-17。传统消费金融证券化产品的原始权益人为银行或者消费金融公司，而互联网消费金融证券化产品的原始权益人一般是互联网巨头。在基础资产方面，与传统消费贷款相比,互联网消费贷款更为分散,平均每笔贷款金额均不超过千元,风险也相应分散。

表 10-17 互联网消费金融与传统消费金融证券化产品对比

对比项目	传统消费金融证券化产品	互联网消费金融证券化产品
类别	信贷资产证券化	主要是资产支持专项计划,偶尔发行资产支持票据
原始权益人/发起人	商业银行、持牌消费金融公司	电商平台、小贷公司、其他互联网企业或保理公司等
基础资产	信用卡贷款和个人消费贷款	互联网消费金融产品
发行单数	40 单	180 单
发行规模	5 亿~150 亿元	2 亿~50 亿元
发行总规模	1980 亿元	3892 亿元
发行平均规模	49.50 亿元/单	21.62 亿元/单
监管机构	中国人民银行和国家金融监督管理总局	主要是中国证券监督管理委员会
流通场所	银行间债券市场	主要是交易所市场
产品期限	5 个月~5 年	半年~3 年

从产品规模上看,传统消费金融证券化产品每期的发行规模较大。互联网消费金融证券化产品最大一期的发行规模为 50 亿元,而传统消费金融的 40 单证券化产品,有 16 单的发行规模不少于 50 亿元,最大一单的发行规模达到了 150 亿元。在发行期限方面,传统消费金融证券化产品发行期限总体来说更长,最长的期限将近 5 年。在监管机构和流通地点上,传统消费金融证券化产品在银行间债券市场流通,受国家金融监督管理总局监管;而互联网消费金融证券化产品主要在交易所市场流通,受中国证券监督管理委员会监管。

从发行定价上来看,互联网消费金融证券化产品刚开始出现后,2015~2016 年其发行利率高出传统消费金融证券化产品很多。但是,在 2016 年下半年这种差距渐渐缩小。图 10-12 展示了每季度发行的互联网与传统消费金融证券化产品的发行利率平均值。在 2018 年第一季度,互联网消费金融证券化产品发行利率的平均值已经低于传统消费金融证券化产品。这种情况说明市场上对于互联网消费贷款产品越来越认可。

10.3.2 与债券产品对比

互联网消费金融证券化产品与债券产品相比,两者为企业不同的融资方式。最大的区别在于,证券化产品购买的基础资产会从原始权益人的资产负债表中剥离,

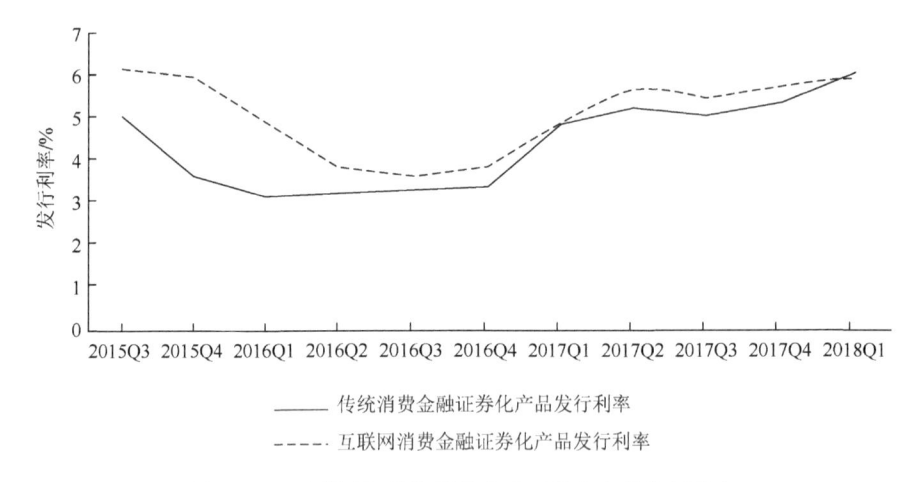

图 10-12 互联网与传统消费金融证券化产品发行利率

资料来源：同花顺数据库
2015Q3 表示 2015 年第 3 季度，其余可以此类推

实现风险隔离。当证券化产品的基础资产状况恶化时，企业仅承担自留部分的风险。当企业状况恶化时，也不会影响到基础资产的情况。不过，债券的违约风险大小与企业的状况息息相关。在对产品进行风险评估时，证券化产品主要看基础资产质量，而企业债券则主要看企业的财务状况。

两者采用的增信措施也并不相同。证券化产品一般采用优先/次级安排，而债券产品一般采用第三方担保、抵押或者质押的方式进行信用增级。实质上，对于企业来说，互联网消费金融证券化产品和债券产品都是一种融资工具，对于投资者来说，两者又都是一种投资工具，两者都是固定收益证券，存在一定程度上的可替代性。相近期限的债券产品对互联网消费金融证券化产品的替代性较大。从发行定价上来看，互联网消费金融证券化产品也符合普通债券的定价机制。可以参考期限相同的债券产品或到期期限相近的企业债，对互联网消费金融证券化产品发行定价。

10.4 小　　结

在互联网消费金融蓬勃发展和证券化监管逐渐放开的背景下，互联网消费金融证券化产品发展迅速。从 2015 年仅发行 2 期到 2017 年发行 125 期，市场规模迅速扩张。目前互联网消费金融证券化产品市场呈现出以阿里巴巴为首的寡头局面，产品大多数为阿里巴巴和京东旗下的消费金融产品衍生，其他产品的背后也多有互联网巨头的身影。

在产品设计上，针对不同的基础资产和融资需求，互联网消费金融证券化产品的设计特点有所不同。在产品的交易结构方面,阿里系和京东系的主流证券化产品采用了非常相似的交易结构。阿里系的部分花呗分期证券化产品使用了保理结构,通过产品结构的设计,可以实现一定程度上的风险隔离。在增信措施方面,蚂蚁金服系和京东系的证券化产品基本上都采用了优先与次级结构等方式为优先级或次优先级档次产品增信。从评级来看,对于互联网消费金融证券化产品,评级机构的评级普遍为 AAA 级。消费信贷的金额普遍较小,期限也难以一致,这个特点决定了其衍生的证券化产品需要采用循环购买的方式构建动态的基础资产池,通过不断地使用回款购买符合条件的基础资产,使小额消费信贷的证券化得以实现。

通过实证分析和理论分析可知,互联网消费金融证券化产品的发行定价在遵循普通债券发行定价方式的基础上,需要考虑此类产品独有的一些特征。从实证结果来看,无风险利率水平、发行期限、非优先级档次厚度、原始权益人等因素都会对产品的发行利率造成显著影响,而发行规模和基础资产法律形式对产品发行利率没有明显影响。

互联网消费金融证券化产品与传统消费金融证券化产品的发行利率差距正在缩小,说明市场对互联网消费金融更加认可。通过与相近期限的短期融资券的发行利率进行对比,发现同一时期发行的互联网消费金融证券化产品的发行利率与之非常相近。在判断互联网消费金融证券化产品的发行利率时,可以参考相近期限的债券产品。

目前,国内消费金融证券化产品市场还存在一些问题。证券化产品市场流动性不足。当前证券化产品仅能在深圳证券交易所综合协议交易平台和上海证券交易所固定收益平台转让,并且仅仅面向合格的机构投资者,投资门槛较高。互联网消费金融证券化产品的二级市场非常不活跃,投资者往往只能够一直持有证券至到期。流通性不足的问题使资产无法得到更加有效的配置,加大了对互联网消费金融证券化产品进行合理定价的难度。提高二级市场的活跃度,吸引更多的投资者参与进来,将会有利于市场的发展。

证券化产品无法脱离基础资产单独存在。在发展互联网消费金融的同时,也要加强监管,防范风险事件的发生。一方面,可以鼓励具有大数据技术优势、风控能力强、消费贷款设计合理的企业通过证券化进行融资;另一方面,应当严厉打击非法的网络贷款平台,健全相关的法律法规和监管制度。

此外,目前互联网消费金融证券化产品市场以阿里巴巴一家独大,需要更加多元化的产品体系。在控制风险的同时,应当采取措施丰富市场中的证券化产品。大力发展和规范互联网消费金融市场,鼓励传统消费金融进行互联网转型,促进互联网消费金融市场的多元化发展。

第 11 章 互联网金融法律与监管的变化

11.1 互联网金融监管的必要性

自从 2010 年以来，在互联网与大数据等信息技术的驱动下，互联网金融产品以及提供这些产品的公司呈爆炸式增长，各种以互联网为技术基础的金融产品与服务层出不穷，为国人所瞩目。但是，因互联网融资平台倒闭跑路事件频频发生，为人们普遍关注，最终导致 P2P 产品基本退出市场。我国在长期金融抑制政策下形成的金融法律制度已与普惠型互联网金融多有不适应。原有的"一行两会"式的分业监管体制及缺乏科技支撑的传统监管方式，难以遏制互联网金融的野蛮生长和防范金融风险积累。互联网金融有关的法律制度和监管架构存在不足，金融监管变革势在必行。互联网金融市场具有分散风险和积累放大风险的两面性，并且存在"太多连接而不能倒""太快速而不能倒"的系统性风险。为了更好地应对互联网金融风险，互联网金融监管应当做好以下四个方面。

11.1.1 先进的监管理念

传统的金融监管是以金融排斥为思想基础的。金融排斥是用来描述特定社会群体在获取金融资源的机会与能力上存在障碍与困难，不能以合适的方式使用主流金融系统提供的金融服务的状态。我国的金融排斥十分明显。学者辜胜阻对温州市的金融调查表明，中小企业能够从银行等主流的金融机构获得贷款的比例只有 10%左右，80%以上依靠民间借贷生存。以金融排斥为思想基础的金融监管采取了几乎完全针对正规金融机构的自上而下的监管路径。商业银行、政策性银行、保险公司、证券公司等属于正规金融机构，在实践中被界定为"金融机构"，由金融监管机构（原"一行两会"）批准设立，并受其监管。监管部门在资本金、审慎监管、利率限制、审计和透明度等方面对这些金融机构有着严格的监管要求。其他有限合伙制私募股权投资基金、融资性担保公司、小额贷款公司、典当行、标会（合会）等都是非正规金融机构，在实践中被界定为"非金融机构"。2008 年 11 月，由中国人民银行起草的《放贷人条例（草案）》提交国务院法制办，一些民间借贷行为有望通过国家立法形式获得正当性与合法性。2010 年 5 月，国务院颁布了《关于鼓励和引导民间投资健康发展的若干意见》，为民间资本进入农村金融服务领域打通了制度障碍。2015年8月12日，国务院法制办公布的《非存款类放贷组织条例（征求意见稿）》中规定"在中华人民共和国境内发生的、不吸收公众存款的放贷业务，适用本条例"。2018年3月，国务院办公厅印发了关于国务院该年度立法工作计划的通知，对各项计划做出安排。其中，《非存款类放贷组织条例》（中国人民银行起草）被提请全国人大常委会审议，这可能意味着自2015年8月就征求意见的《放贷人条例》取得进展，在修正后下发指日可待。但是非金融机构都不受金融监管机构的监管，而是有的由地方政府监管，有的由行业协会自律监管，有的则连自律监管也没有。互联网金融的七种新业态虽经《关于促进互联网金融健康发展的指导意见》确认取得合法地位，但无法纳入金融监管的传统体系。这一固有监管格局不仅阻碍了金融体系通过技术进步实现效率提升，而且造成了监管缺失与监管失灵，带来金融稳定隐患。因此，有必要增加新的监管路径，支持金融创新企业和非正规金融的发展，更好地发挥市场和技术的创新动力，实现激励金融创新与保持金融稳定的双赢监管目标。

金融包容是与金融排斥相对的概念。它是指个体可以接近适当的金融产品和服务，包括可以获得能更好地使用这些产品和服务的技能、知识和理解力。其目的在于将"无银行服务"的人群纳入正规的金融系统，从而使他们有机会得到储蓄、支付、信贷和保险等金融服务。金融包容旨在修正和调整金融排斥所产生的金融资源供求错配和制度偏差，确保社会弱势群体金融服务的可获得性，促进公平有序的金融生态环境的建立。这与具有普惠金融特征的互联网金融所内含的公平、平等观念和人文情怀契合一致。因此，金融包容作为后危机时代金融发展的新理念，应该成为互联网金融监管理念的思想基础。以金融包容为思想基础的互联网金融监管理念主要包括以下内容。

（1）适度监管的理念。金融监管机构既不能因监管过度而扼杀金融的创新动力，重蹈金融抑制的覆辙；也不能因监管不足而导致金融秩序的紊乱，诱发系统性金融风险。例如，对于P2P这种个人通过网络平台相互借贷的互联网金融新业态，不能不监管，因为其运行中存在诸多法律风险（其运营模式若不当，可能构成非法集资；平台若缺乏对资金来源合法性的审查手段，有被用作洗钱工具或者从事高利贷的风险；征信体系若不健全，可能发生"一人多贷"的问题，导致借款人"过度借贷"等），又不能因为存在上述风险就对其进行任意打压，但是实际上P2P由于早期缺乏有效监管，导致太多的金融问题发生而最终基本关闭。这就要求我国法律和金融监管部门必须厘清企业的合法集资与非法吸收公众存款之间的界限，不能使"集资诈骗罪""非法吸收公众存款罪"等罪名成为悬在互联网金融和民间金融活动参与者头上的利剑，形成对企业融资的过度管制。

（2）柔性监管的理念。用建立在信任、互信和合作基础上的监管关系代替直接命令和控制式的监管关系，促进监管关系的重构；用协商代替对抗，用民主取代擅权,弘扬现代法治精神。经济合作与发展组织成员国在其金融监管过程中普遍采取了非正式咨询、散发监管提案以供评论以及公开的公告与评论、听证制度、顾问机构等公开咨询工具。这些柔性监管的做法在我国互联网金融监管中可以借鉴。

(3)规则监管与原则监管相机适用的理念。原则监管与规则监管各有利弊,原则监管具有足够的灵活性,为受监管对象提供了生存和成长的空间,有利于监管对象的发展壮大。同时,它又具有内容上的不确定性,可能会使监管对象无所适从。对于规则监管而言,监管对象的行为模式明确而清晰,哪些行为该为、哪些行为不该为均是确定无疑的,但它缺乏激励机制,反而限制了监管对象的创新行为。两个原则的相机适用,就是要破除非此即彼的思维定式,扬长避短,实现优势互补。例如,监管机构对互联网金融"先发展后规范"的监管思路,先原则后规则的监管顺序,从政策层面支持金融创新,从业务层面明确边界底线,以保障和促进互联网金融合规有序地发展,是值得总结和坚持的监管经验。

11.1.2 信息共享、合作联动的金融监管主体

金融监管主体指一国金融监管机关的设置及监管权力的配置。金融监管体制是指由金融监管主体(金融监管机关的设置及监管权力的配置)、监管客体(监管的对象)和监管手段(监管者进行监管实践的总称)的相互作用而形成的对金融活动施加影响的一整套机制。以监管主体为标准,世界各国的金融监管体制可分为多元的分业监管体制、一元的统一监管体制和不完全统一监管体制。

分业监管体制的主要特点是,监管主体的设置以金融行业为标准,多个金融监管者在法律授权的范围内,依法定程序对各自的监管对象进行监管。分业监管者和分业监管职能由法律规定,在不同的监管者及其监管职权之间划出了楚河汉界。不少欧洲国家,包括法国、意大利、西班牙、葡萄牙和希腊都采纳这一模式,我国也采取这一模式。

统一监管体制是指对不同的金融行业、金融机构和金融业务均由一个统一的监管机构(可以是中央银行或其他机构)负责监管。目前在二十国集团(Group of 20,G20)中,只有爱尔兰采用一体化的监管模式,即通过爱尔兰中央银行监管所有金融活动。非 G20 国家中,新加坡也采用这一模式。英国于 2012 年前也采用这一模式,英国金融服务管理局(Financial Service Authority,FSA)监管整个金融市场、证券市场以及负责整个银行、投资公司和保险公司的审慎监管。2012 年金融服务法案采取双峰监管结构,由行为监管局(Financial Conduct Authority,FCA)代替了一体化的 FSA。

不完全统一监管体制是对以上两种监管体制的改进,主要有两种模式:一种是美国以综合监管为主、分业监管为辅,两种监管体制相兼容的制度模式。对应

金融控股公司通过设立子公司的形式经营多种金融业务的伞状结构，美国联邦储备系统被赋予伞形监管者职能，成为金融控股公司的基本监管者。在伞形监管模式下，金融控股公司的银行类分支机构和非银行类分支机构仍分别保持原有的监管体制，即前者仍接受原来银行监管者的监管，而其中的证券部分仍由证券交易委员会监管，保险部分仍由州保险监管署监管。另一种是澳大利亚的双峰式监管体制。1997年4月澳大利亚的沃利斯调查提出了构建双峰式监管框架的建议，主张成立一个专门针对金融机构行为的监管者和一个专门对所有金融机构进行审慎监管的机构。这一建议在澳大利亚1998年的金融体系变革中得到体现。改革后的金融监管格局由四大部分组成：澳大利亚储备银行，其职能是保持包括支付系统在内的整个金融体系的稳健；竞争与消费委员会，旨在维护金融体系内的公平竞争；证券与投资委员会，其职能在于向公司以及金融机构提供消费者保护与信息披露准则方面的市场行业行为标准；审慎监管委员会，专门负责审慎性监管，以抑制系统性风险，保护存款人等的利益。这实际上也是一种兼容性的监管制度。

综上所述，上述几种监管体制各有优势和不足，并不存在绝对有效或者绝对无效之分。分业监管体制的优势是，在金融机构业务交叉较少的情况下，能够阻止金融风险在不同金融机构之间传递。但是，该体制对互联网金融监管不够有效。从社会网络的观点来看，互联网金融与传统金融最本质的区别就在于其无处不在的连接点，其产品和服务常常表现为多主体、多层次、多环节的资产叠加和技术叠加。分业监管模式依据监管对象来确定监管主体，监管行动由监管主体围绕监管职责展开。这种监管方式导致的结果是监管真空和监管漏洞并存，监管冲突和监管错位难免。统一监管体制有管理简洁化和成本最小化优点之外，还有消除监管空隙、保证监管一致性和减少监管套利机会等优势。不过，一体化的监管者也会在不同监管目标之间形成冲突，而这些目标对于一国金融体系的功能而言可能至关重要。例如，证券监管以投资者保护作为其主要目标，而审慎监管却强调金融机构的稳定性。两个目标在政策选择上不可能总是保持一致性，透明性要求往往是前者的必备条件，对于后者却只是妥协性方案。美国的不完全统一监管体制其实是机构监管和功能监管模式的融合，且加上联邦和州权力的复杂性，造成大量监管管辖权的重叠和交叉。例如，吸收存款的金融机构由4个联邦机构同时监管，而州银行受到联邦和州的双重监管。美国的功能监管不仅加大了监管成本，而且与机构监管存在同样的问题，即缺乏信息沟通与合作能力。双峰式监管体制的优点在于，它既能获得一体化监管模式的低成本和合作优势，又能基于不同的目标区分不同的监管策略。应该说，双峰模式是当前看来较好的一种体制。然而，该体制也有很多问题亟待解决，例如，宏观审慎政策统一颁布，但在微观审慎层面却是分散的，存在宏观审慎政策如何执行、由谁执行，两个独立的监管机构在行为上又如何协调等问题。

一国选择金融监管体制时，必须综合考虑金融机构经营方式、金融业乃至经济发展水平、政治文化等因素。我国的分业监管体制和"一行两会"的金融监管主体架构不适应互联网金融等金融创新业态的发展，这已是不争的事实，必须打破。但打破后金融监管主体如何构建？本章认为，对具有多节点并连接成社会网络的互联网金融的监管，要求其监管主体之间信息充分共享，彼此合作联动形成一个网络，从而杜绝监管缺位与监管漏洞。我国通过当前的金融监管变革形成的监管主体模式具有双峰模式的因素，又有中国特色，特别是在克服监管信息从上至下的单方向流动与实现监管的"淡中心化"（加强地方金融监管责任和利用新技术改进金融监管）方面开辟了制度化的路径。今后我国可以沿着这一金融监管方向努力，建设在推动金融创新、维护金融稳定和保护消费者权利诸方面协作联动的金融监管主体。

11.1.3 与基础风险源相匹配的监管原则

2008 年金融危机爆发之前，微观审慎监管是维护金融稳定的主要监管原则。微观审慎监管强调，只要确保单个金融机构的稳健运营，便能保证整个金融系统不发生系统性风险。然而，美国次贷危机引发的全球金融风暴表明，微观审慎监管已经难以独立承担维护金融稳定的任务。其根本原因在于，现代金融体系是一个复杂系统，它的总体运行状态不能简单地归结于其子系统运行状态的加总，要求单个金融机构保持传统意义上的"良好"经营状态并不足以保证整个金融体系的稳定。宏观审慎监管是金融危机以后 G20 下金融稳定理事会和巴塞尔委员会确定的原则，其着眼于整个金融体系而非具体的金融机构，目标是维持整个金融体系的稳健性而非具体金融机构的稳健性。2010 年 11 月，G20 首尔峰会形成了"宏观审慎政策"的基础性框架。该框架体现了逆周期性的政策体系，主要包括对银行的资本要求、流动性要求、杠杆率要求和拨备规则，对系统重要性机构的特别要求，会计标准，衍生产品交易的集中清算等。但是，这些旨在保持金融机构清偿能力的政策对于互联网金融并不完全适用，因为它们是对资本不足风险的防范，而互联网金融的基础风险不是资本不足风险。

互联网金融是一种基于"脱媒"的新金融业态。金融脱媒的结果是风险绕开资本，或者表现为资本不足。这时的金融产品表现的是一种信用集合，交易者或投资者的行为基于对信息的判断而进行，信息是否充分而透明，决定了风险的存在及大小。这就是与资本不足风险并存而生的另一种基础风险：透明度风险。互联网金融中的网上贷款和网上投资所表现的信用风险，其生成源就是透明度风险。与这种基础风险相匹配并能有效管控或对冲风险的监管原则就是透明度原则。第二金融业态（资本市场）的"基石"监管原则也是透明度，但它所要求的透明度主要是强调上市公司的信息披露。与此不同，互联网金融所要求的透明度原则更多地指向借款人的信息透明度，目的主要是保证互联网金融体系内资金的安全、信息的真实和运行的有序。这正是所有互联网平台的核心职责所在,也是互联网金融有序运行最重要的基础。

11.1.4　科技化的监管方式

互联网金融在提供跨市场、跨机构、跨地域的金融服务时,不同业务之间相互关联、渗透,风险的传染性更强,波及面更广。插上互联网及现代科技翅膀的金融具有更强、更广和更快的破坏性,其对金融体系的冲击后果难以预测。互联网金融这一金融创新对于传统金融的监管理念、法律制度和监管模式提出了巨大的挑战,审慎监管、机构监管、行为监管等传统监管方式对于互联网金融风险的识别、追踪、防范与化解均乏力。

审慎监管是对资本不足风险的防范,着眼于金融机构的资本充足率、资产质量、流动性水平和盈利水平等指标(微观审慎监管),关注逆周期管理和系统重要性金融机构监管(宏观审慎监管),但这些指标对于主要基础风险属于透明度风险的互联网金融很难适用。机构监管是按照金融机构的类型设立监管机构,不同的监管机构分别对自己所管理金融机构的市场准入、持续的稳健经营、风险管控和风险处置、市场退出进行监管。但互联网金融平台和组织,无论是第三方支付机构,还是P2P平台、众筹平台、助贷机构等,都很难获得金融机构的身份而被纳入机构监管。即使勉强纳入,建立在分业经营基础上的机构监管,对于提供跨市场、跨机构、跨地域金融服务的互联网金融的风险防范也是力不从心。行为监管是监管部门对金融机构经营行为提出的规范性要求和监督管理,旨在降低金融市场交易中的信息不对称性,推动金融消费者保护及市场有序竞争目标的实现。然而,在互联网金融的市场活动中,无论是金融机构的经营活动还是其交易行为都异常复杂:一方面,互联网金融平台和组织作为信息中介并不直接参与金融服务,因而规制平台或组织的行为未必能阻止欺诈等违法行为,因为此类行为往往由服务提供方而非平台或组织所为;另一方面,互联网金融平台和组织给予消费者提供和接受金融服务双重身份的机会,不同的主体之间互相提供金融服务,很容易在服务的提供者和接受者两方之间切换,对于如此复杂的消费行为,传统的行为监管措施无法较好地发挥作用。

综上,要能对以"太多连接而不能倒"及"太快速而不能倒"为表现形式的互联网金融风险实施有效监管,必须突破传统监管维度,加入科技的力量,实现监管科技化。金融监管部门除继续运用互联网技术外,还要运用大数据、云计算、人工智能和区块链等现代科技,以更好地感知金融风险态势,提升监管数据收集、整合、共享的实时性,及时发现违规操作、高风险交易等潜在问题,提升风险识别的准确性和风险防范的有效性。

11.2 互联网金融监管原则与监管体制

11.2.1 互联网金融监管原则

互联网金融作为新兴金融业态,具有开放性、普惠性和跨业性等特征,对我国传统的金融分业监管体制提出了挑战。互联网金融的可持续规范发展,既需要互联网金融技术的进步与行业自律,也需要法律法规和监管机构的规范引导。

对于互联网金融行业的监管,金融监管总体上应体现开放性、包容性和创新性,坚持防范金融风险和鼓励金融创新并举的基本思路,兼顾金融创新与金融安全、金融效率与金融公平,切实保护金融消费者利益,维护金融体系稳健运行。结合 2015 年《关于促进互联网金融健康发展的指导意见》的精神,互联网金融监管应遵循以下基本原则。

1)依法监管

依法监管要求金融监管机关的监管行为必须依据法律的规定并遵守相应的程序,监管行为受法律监督,违法监管行为应承担法律责任。立法机关应加强立法工作,尽快制定覆盖互联网金融各领域的监管规则,为金融监管机关的依法监管创造有法可依的前提条件。金融监管机关应树立依法监管的理念,提高依法行政能力,以服务互联网金融的发展与创新作为依法监管的重要目标。

2)适度监管

适度监管要求监管机关应尊重市场的自身调节作用,尊重互联网金融行业发展的客观规律,监管行为不干涉市场主体的自主权和企业的微观经营活动。针对目前我国互联网金融行业处于发展初期的法制不健全阶段的现状,适度监管原则要求行政监管与市场约束相结合,行政监管侧重于强化互联网金融的市场准入制度,市场约束应发挥市场机制对互联网金融企业的优胜劣汰功能。

3)分类监管

对于互联网金融产业而言,互联网金融属于综合业态,包括许多种不同金融模式,如果使用单一的监管方式,势必会影响其创新能力和发展潜力。分类监管是指监管机关在对监管对象进行评价分类的基础上,针对不同类型的监管对象,采取差异化的监管措施。其中,分类监管是手段,差异化监管是目的。

分类监管的首要前提是对互联网金融产品设置科学化、标准化、可操作化、动态化的监管评价指标。评价指标既要符合互联网金融产品的实际情况,又要有利于监管工作的开展。分类监管应以风险监管为导向,突出监管措施的差异性,对于风险较低的互联网金融产品应立足于市场自治,强化监管的正向激励;对于风险较高的互联网金融产品应坚持防控结合,综合治理。

4)协同监管

从互联网金融产品的性质上看,不同互联网金融业态之间的边界流动性空前增强,互联网金融业务呈现交叉发展的趋势。例如,蚂蚁集团握有几乎所有的金融牌照,余额宝、招财宝等产品具备链接传统存、贷、结算等多种功能。在这种情况下,传统的金融分业监管模式对存在交叉现象的互联网金融创新产品的监管机构划分缺乏科学的标准,从而会导致因重复监管而增加监管成本,或者因存在监管真空而导致监管失败。

当前我国在互联网金融领域实行的是分业监管体制。互联网金融监管机关应构建国内统一的互联网金融监管信息交换平台,强化在部级层面的监管协作,完善协同监管机制的顶层设计,从而提高在分业监管体制下的互联网金融监管的全面性和有效性。有学者还进一步提出,对于互联网金融产业而言,除了传统政府监管模式以外,还需要充分利用社会监管资源,建立一个包含政府部门、行业协会、企业平台、社会监督"四位一体化"的社会共治体系。

5)创新监管

互联网金融的创新监管包括监管手段创新和监管思维创新。监管手段创新要求监管机关针对不同性质的互联网金融产品实施差异化的创新监管手段,并建立与互联网金融企业之间的沟通机制,推动企业内部风险控制与监管规则要求的匹配性与适应性,降低企业合规成本。

监管思维创新要求监管机关改变过去"被动式监管"的传统思维,树立行政监管与市场自律相结合的新理念,提升行业协会与互联网企业在互联网金融行业规范治理中的主动性与积极性,注重市场约束与信息披露的力量。

11.2.2 互联网金融监管体制

1. 当前我国互联网金融的监管体制

当前我国互联网金融行业根据互联网金融业务的风险特征,确定相应的对口监管机关。根据《关于促进互联网金融健康发展的指导意见》(以下简称《互联网金融发展指导意见》)及其他规定:互联网支付业务由中国人民银行负责监管,网络借贷业务由银监会(银监会和保监会现已合并为国家金融监督管理总局)负责监管,股权众筹融资业务由中国证券监督管理委员会负责监管,互联网基金销售业务由中国证券监督管理委员会负责监管,互联网保险业务、互联网信托业务、互联网消费金融业务由银监会负责监管,数字货币由中国人民银行负责监管。此外,公安部、地方人民政府金融管理部门和工商行政管理部门也是互联网金融监管体制的重要组成部分。

针对互联网金融混合营业的特征与趋势，协同监管成为互联网金融监管的必然发展方向。《互联网金融发展指导意见》规定各监管部门要相互协作、形成合力，充分发挥金融监管协调部际联席会议制度的作用。中国人民银行、银监会、保监会、中国证券监督管理委员会应当密切关注互联网金融业务发展及相关风险，对监管政策进行跟踪评估，适时提出调整建议，不断总结监管经验。财政部负责互联网金融从业机构财务监管政策。中国人民银行会同有关部门，负责建立和完善互联网金融数据统计监测体系，相关部门按照监管职责分工负责相关互联网金融数据统计与监测工作，并实现统计数据和信息共享。此外，工业和信息化部积极推动互联网基础设施的普及应用和保障互联网金融信息安全，公安部门与其他部门密切配合，集中开展互联网金融风险专项整治工作，牵头负责打击互联网金融犯罪。"按业务分机构监管＋机构间协同监管"这一模式将成为今后我国互联网金融监管的基本模式。

然而，随着政府组织机构的调整与改革，由《互联网金融发展指导意见》确定的互联网金融分业监管与协同监管体制又发生了相应的调整与变革。2017年11月，国务院金融稳定发展委员会正式成立并召开第一次会议。2018年3月13日，《国务院机构改革方案》将银监会和保监会的职责整合，组建中国银行保险监督管理委员会（以下简称"银保监会"），作为国务院直属事业单位。原银监会和保监会具有的制定金融监管重要法律法规草案和审慎监管基本制度的职责划归中央银行。中国人民银行肩负起实施货币政策和履行宏观审慎管理职责的双支柱调控使命，从而形成"一行两会"的金融监管格局。我国金融监管组织体系和监管方式开始按照"十三五"规划提出的"符合现代金融特点，统筹协调监管，有力有效"的要求进行方向性调整。这给互联网金融监管带来了诸多变化。

（1）随着国务院金融稳定发展委员会的成立和银监会与保监会的合并，在我国运行15年之久（2003~2017年）的"一行三会"的分业监管体制就此落下帷幕。

（2）金融监管组织建设有了实质性的突破。改革后我国金融监管组织体系具有双峰模式的特征：中国人民银行负责宏观审慎监管，是一峰；银保监会和证监会进行微观审慎监管、行为监管和消费者权益保护，构成另一峰。这一双峰模式具有中国特色，具体表现在：一是"淡中心化"。"淡中心"并不是"去中心"，而是在中央政府部门主导下，更多地发挥金融市场其他监管主体的能动作用，加强监管框架内各主体之间的交流互动。国务院金融稳定发展委员会第一次会议公告将自身定位为"国务院统筹协调金融稳定和改革发展重大问题的议事协调机构"。就其维护金融稳定的职责来说，它不是对其他监管主体发号施令的机关。这就是"淡中心"。国务院金融稳定发展委员会的设立，不仅有助于加强宏观审慎监管和微观审慎监管的相互协调，而且促进了中央和地方监管部门之间的相互配合。再加上政府监管与行业自律并行，共同形成一个"淡中心"、具有网状结构的金融监管主体架构，与对"去中心化"、具有社会网络结构的互联网金融的监管是相适应的；二是监管组织之间的协调由"部际水平协调"升级为"上下级垂直协调"。自 2013 年 10 月以来，由中国人民银行牵头的金融监管部际联席会议在推进金融监管政策、措施、行动的统筹协调方面做了不少工作，但在"平级部门水平协调"的框架下，该制度对各成员机构并无实质性约束力，导致实践中对金融监管协调作用有限。国务院金融稳定发展委员会的成立及其肩负的"统筹协调金融监管重大事项"的职责，宣告监管协调转变为"垂直协调"，加之严格的问责机制，协调效力将会有实质性提升，互联网金融监管主体之间信息共享、合作联动的应然要求也有了制度保证。

（3）中国人民银行在《中国区域金融运行报告（2017）》中提出，将规模较大、具有系统重要性特征的互联网金融业务纳入宏观审慎监管框架。这一举措对于隔离互联网金融各业态跨市场风险的传递、衰减和缓解其系统性风险的扩张和恶化，防范系统性金融风险的爆发，具有重要意义。但问题是，宏观审慎监管框架，无论是 G20 首尔峰会形成的"宏观审慎政策"基础性框架，还是中国人民银行 2016 年提出的宏观审慎评估体系，都是针对银行等金融机构的资本监管，对以透明度风险为主要风险源的互联网金融业务很难直接适用。因此，中国人民银行应进一步制定具有系统重要性特征的互联网金融业务的透明度要求。

（4）2017 年 5 月 15 日，中国人民银行成立金融科技委员会，以加强金融科技工作的研究规划和统筹协调。中国人民银行通过金融科技委员会强化监管科技应用的实践表明，管理层已充分认识到，在发展强大的金融科技平台的同时，技术驱动的监管科技同样重要。监管科技应匹配金融科技的发展。

2023 年 3 月 7 日，国家金融监督管理总局组建。国家金融监督管理总局在中国银行保险监督管理委员会基础上组建，统一负责除证券业之外的金融业监管，将中国人民银行对金融控股公司等金融集团的日常监管职责、有关金融消费者保护职责，中国证券监督管理委员会的投资者保护职责划入国家金融监督管理总局。与此同时，中国银行保险监督管理委员会不再保留，"一行两会"的监管格局成为过去式。

国家金融监督管理总局的成立有助于应对我国分业监管体系与金融业发展趋势不相适应的问题，能够更好地协调金融监管部门，有效防范化解重大金融风险。金融监管体系改革之后，中国特色的"双峰"监管模式更加清晰。这是我国新一轮金融监管领域机构改革中迈出的重要一步。

2. 互联网金融"多位一体"的监管体制重构

由于我国互联网金融发展时间较短、发展程度较浅，并没有采取类似于发达国家的功能性监管体系，而是根据不同金融业务特征采取以机构（分业）监管为主的监管体制。这种监管体制在较长时间内可能依然难以改变。从发达国家监管体制的演进历程来看，功能监管将会逐步得到重视，从而实现对"机构监管 + 功能监管"的综合监管格局。完善的金融监管体制是互联网金融发展的重要前提。目前互联网金融的监管体制并不健全，监管主体需要转变职能，创新监管，着力构建政府监管、行业自律、企业自治、社会监督"多位一体"的综合监管体制，如图11-1所示。

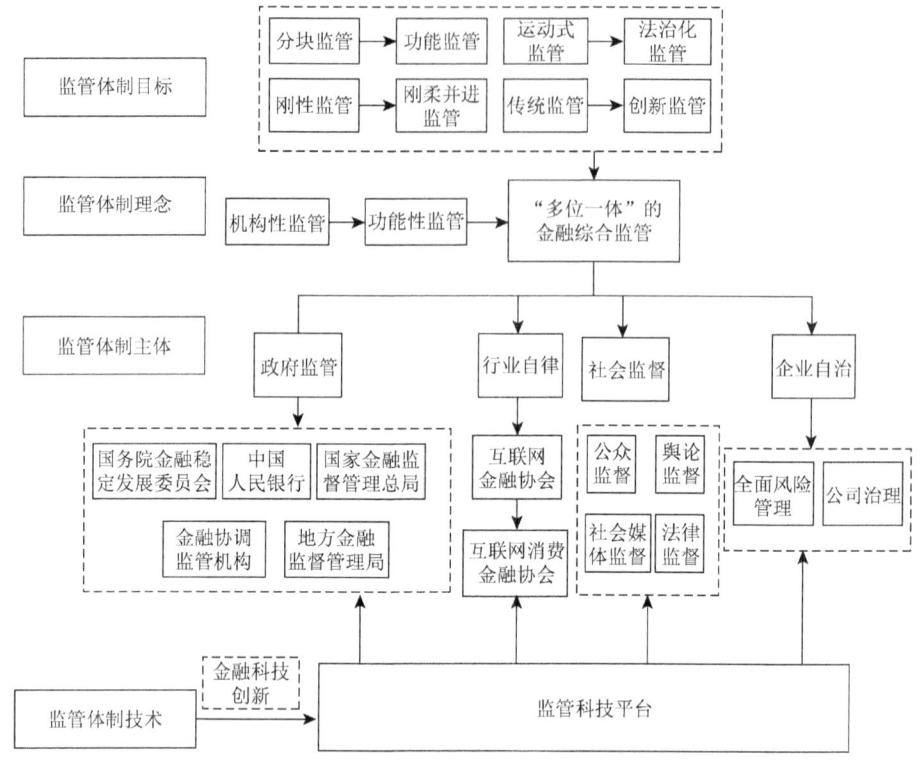

图 11-1　互联网金融"多位一体"的监管体制重构

资料来源：作者根据公开资料绘制

首先，在监管体制目标上，随着互联网金融的创新发展以及金融监管的演进，传统的分业（分块）监管将会向功能监管迈进，从传统的"运动式"与"一刀切"监管向法治化与制度化监管发展，从刚性监管向刚柔并进监管演进，从传统监管向创新监管发展。

其次，在监管体制理念上，我国现行互联网金融监管体制依然属于转型过程中的过渡期金融监管体制。在我国互联网金融行业快速发展的进程中，不仅需要考虑本国的互联网金融发展实践，还应当积极吸取域外互联网金融发展与风险防范经验，坚持审慎规制与监管，从机构性监管向功能性监管迈进，逐步确定与完善互联网金融功能性监管的理念与模式。

再次，在监管体制主体上，需要进一步明确各法律规制主体的权力、利益、义务与职责，构建起涵盖"政府监管、行业自律、社会监督、企业自治"的监管机制主体框架。其一，在政府监管层面，需要完善国务院金融稳定发展委员会、中国人民银行、国家金融监督管理总局的监管职能，丰富地方金融监督管理局的监管权力与职责，并在各政府监管之间考虑设置专门的金融协调监管机构，加强各互联网金融监管机构的协调能力，以解决现阶段互联网金融机构的跨界经营问题与监管层面的协调监管问题。建议由国务院金融稳定发展委员会负责顶层设计，并由中国人民银行负责宏观审慎监管，建设涵盖互联网金融风险在内的全国性系统性风险预警系统；由国家金融监督管理总局负责微观审慎监管，具体负责互联网金融监管科技平台建设。其二，在行业自律层面，需要增强互联网金融协会的行业自律规范，加强自律能力建设，在全国与地方范围内加快建设互联网消费金融协会。待互联网消费金融协会发展经验成熟，可以逐步成为法律参考依据。其三，在社会监督层面，需要加强"公众监督、舆论监督、社会媒体监督、法律监督"等"多方治水"，以提高社会共治能力。其四，在企业自治层面，企业需要在法律规范指引下，不断增强公司治理与全面风险管理，通过构建"三道防线"提升风险防范能力，以达到互联网金融的自身监管目标。

最后，在监管体制技术上，互联网与大数据等金融科技（financial technology，FinTech）迅速崛起，并与传统金融高度融合而成互联网金融。金融科技深度应用于众多金融领域，并全面贯穿于互联网金融领域，促使互联网金融科技（internet FinTech）也成为金融科技的重要分支，并成为以科技驱动的中国互联网金融发展的重要特色。但是，金融科技具有发展时间短、连接速度快、传播渠道广、科技程度高等特征。这种科技形态对于互联网金融而言，既是一种发展助推的"催化剂"，也是一种风险爆发的"燃烧剂"。对此，为了防范这种金融科技的"不可测"风险，我国可以在国务院金融稳定发展委员会统筹下建设监管科技（regulatory technology，RegTech）平台。

11.3 互联网金融监管政策演进

自从互联网金融诞生以来，其发展模式常以较为隐蔽的方式出现。它们有着科技公司的表现形式，却从事着金融服务的实质。在互联网金融行业发展初期，我国监管部门秉持"边等边看"的包容性监管态度，对互联网金融产品和服务创新给予了较大空间。随着互联网金融的不断深入发展，我国互联网金融监管政策也不断演进，不断进行着调整，大体共分为三个阶段。

第一阶段：1999~2012年的包容性监管阶段。由于互联网金融在缓解信息不对称、提高交易效率、优化资源配置、丰富投融资方式等方面展现出有别于传统金融的不俗表现，它们有效克服了金融领域中的信息不对称和融资歧视，改变了传统金融业对中高端市场的过度偏好，打破了金融垄断，转向聚合碎片化的大众需求并形成长尾效应，给金融市场带来了巨大的活力。监管机构对其发展采取了相当程度的默许态度，主要体现为宽松的市场准入政策，在传统金融抑制监管框架下罕见地对互联网金融采取相对宽松的发展环境，促使我国互联网金融快速发展。面对互联网金融风险不断积聚的严峻现实，监管部门认识到，有必要采取有针对性的措施，加强和改善监管，以实现互联网金融的健康、可持续发展，保护互联网金融消费者的权益。

第二阶段：2013~2015年的原则性监管阶段。从2013年起，我国陆续出台了一些针对互联网金融的监管文件。这些文件分为两大类型：一类是"一行三会"按照分业监管模式，对互联网金融业态中属于自己管辖的部分下发的文件，主要有中国证券监督管理委员会的《证券投资基金销售机构通过第三方电子商务平台开展业务管理暂行规定》、原保监会（现为国家金融监督管理总局）的《互联网保险业务监管暂行办法》、中国人民银行的《非银行支付机构网络支付业务管理办法》以及原银监会（现为国家金融监督管理总局）等的《网络借贷信息中介机构业务活动管理暂行办法》等。这些监管文件对互联网金融领域中一些具体业务的行为规范做出了规定。另一类则是《互联网金融发展指导意见》，它是原则性监管阶段互联网金融领域框架性、纲领性的文件，确立了互联网支付、网络借贷、股权众筹融资、互联网基金销售、互联网保险、互联网信托和互联网消费金融等互联网金融主要业态的监管职责分工，落实了监管责任，明确了业务边界，明确了互联网金融要遵守"依法监管、适度监管、分类监管、协同监管、创新监管"的原则。此外，2015年7月12日，中国证券监督管理委员会发布《关于清理整顿违法从事证券业务活动的意见》，意在整治场外配资业务，包括互联网配资。7月22日，原保监会（现为国家金融监督管理总局）印发《互联网保险业务监管暂行办法》，12月28日，中国人民银行发布《非银行支付机构网络支付业务管理办法》，对账户进行分类监管，在原有基础上新增了Ⅰ类账户。同时，原银监会联合工业和信息化部、公安部、国家互联网信息办公室等部门研究起草了《网络借贷信息中介机构业务活动管理暂行办法（征求意见稿）》。一系列政策的出现昭示着互联网强监管即将开始。

第三阶段：2016年至今的运动式监管阶段。随着互联网金融行业进一步发展，以及相关互联网金融平台"爆雷""跑路"等事件层出不穷，这些事件成为社会关注的焦点。从2016年起，监管层加快了对互联网金融行业的清理整顿步伐。2016年4月14日，国务院组织十四部委召开电视会议，决定在全国范围内启动互联网金融领域为期一年的专项整治行动。同年10月13日，国务院办公厅正式发布《互联网金融风险专项整治工作实施方案》。随后，中国人民银行、原银监会、证监会、原保监会、原国家工商总局等相继跟进发布各自主管领域的专项整治工作实施方案。原银监会等十五部委联合发布了《P2P网络借贷风险专项整治工作实施方案》，提出专项整治工作于2017年1月底前完成。至此，全国范围内的互联网金融"整治风暴"拉开序幕，互联网金融领域的运动式监管由此开启。

2016年4月，教育部办公厅和中国银监会办公厅发布《关于加强校园不良网络借贷风险防范和教育引导工作的通知》，意在加强对校园不良网络借贷平台的监管和整治，教育和引导学生树立正确的消费观念；2016年7月，国家工商行政管理总局审议通过的《互联网广告管理暂行办法》是首部全面规范互联网广告行为的部门规章；2016年8月《网络借贷信息中介机构业务活动管理暂行办法》出台，旨在"规范网络借贷信息中介机构业务活动，保护出借人、借款人、网络借贷信息中介机构及相关当事人合法权益，促进网络借贷行业健康发展，更好满足中小微企业和个人投融资需求"；2016年11月，中国银监会等相关部门又相继印发《关于进一步加强校园网贷整治工作的通知》《网络借贷信息中介机构备案登记管理指引》，监管政策全面落地推进。随着互联网金融监管政策的进一步收紧，互联网金融专项整治工作持续推进。2017年初，中国银监会发布《网络借贷资金存管业务指引》；2017年4月，监管层先后发文要求持续推进网络借贷平台（P2P）风险专项整治，专项清理整顿"校园贷""现金贷"等业务及相关金融机构；2017年9月，七部门联合发布公告，叫停各类代币发行融资活动，完全拒绝比特币在国内交易的可能；2017年11月《关于规范金融机构资产管理业务的指导意见（征求意见稿）》向全社会公开征求意见；同时《互联网金融风险专项整治工作实施方案》中的互联网金融风险专项整治工作，延期一年至2018年6月，届时若平台还没整改完就将被取缔，更是明确严格监管的趋势不放松。

随着清理整顿工作的深入，2018年有关部门陆续发布多项政策文件，引导互联网金融业务规范健康发展。互联网金融风险专项整治工作领导小组办公室发布《关于加大通过互联网开展资产管理业务整治力度及开展验收工作的通知》（整治办函〔2018〕29号），进一步明确通过互联网开展资产管理业务领域清理整顿及验收工作的相关要求。各部门则采取三三两两自由组合的方式联合发文，强力推进专项整治工作。2018年4月27日，中国人民银行、中国银保监会、中国证监会、国家外汇管理局联合发布《关于规范金融机构资产管理业务的指导意见》（简称《资管新规》），旨在规范部分资产管理业务发展不规范、多层嵌套、刚性兑付、规避金融监管和宏观调控等问题，互联网金融监管进一步增强。中国银行保险监督管理委员会、公安部、国家市场监督管理总局、中国人民银行四部委联合发布《关于规范民间借贷行为维护经济金融秩序有关事项的通知》（银保监发〔2018〕10号），进一步规范民间借贷行为，明确信贷规则，严禁非法活动。至2019年，打击套路贷、校园贷等网贷诈骗行为仍然是执法重点。最高人民法院、最高人民检察院、公安部、司法部印发了《关于办理"套路贷"刑事案件若干问题的意见》的通知。专项整治工作提出2019年第三季度计划"加大良性退出力度"的严监管要求。P2P平台陆续向消费金融、小贷、助贷转型。标志性事件为国内最大P2P平台陆金所2019年7月宣布退出网贷行业。2019年7月,中国人民银行《金融控股公司监督管理试行办法(征求意见稿)》出台,明确了金融控股集团控股股东禁止行为,并对关键的交叉持股、关联交易、并表管理、穿透交易等方面做了说明。在中国人民银行"金融控股"管理试点一年并发布新监管文件征求意见稿五天之后,全球最大的互联网金融独角兽——蚂蚁集团,迅速做出了主动"分拆"回应。一个持有小贷、银行、保险等金融牌照的公司被划入新成立的"金融控股"旗下;另一个开展金融云、风险管理等数据与科技业务的公司被保留在蚂蚁集团体内。在互联网金融领域的典型代表——网贷行业中,金融监管进一步收紧。为了深化P2P网贷风险专项整治工作,分类指导、精准施策,引导和督促P2P网贷机构坚守信息中介定位、依法合规经营,加强风险管控,2018年8月13日,P2P网络借贷风险专项整治工作领导小组办公室印发了《关于开展 P2P 网络借贷机构合规检查工作的通知》(网贷整治办函〔2018〕63号),正式启动了P2P网贷机构合规检查工作。该通知要求各地对纳入P2P网贷风险专项整治名单的机构进行全覆盖式检查,同时明确了检查的统一标准,列出了108条问题清单,并要求重点检查机构是否严格定位为信息中介、是否有资金池、是否为自身或变相为自身融资、是否为客户垫付资金等十个方面。严格的合规检查直接导致了多地金融监管局开始全面清退P2P业务,湖南、宁夏、天津和山东等多地先后重拳出击整治P2P网贷业务,网贷平台持续出清。同时随着金融科技的进一步发展,监管政策逐渐开始偏向于金融科技。

11.4 互联网金融的监管政策梳理

互联网金融发展路径常以较为隐蔽的方式出现,在外观形式上表现为科技公司和科技业务,但实质上却从事着金融服务与金融交易。在互联网金融行业发展初期,我国金融监管部门采取"边等边看"的包容性监管模式,给予互联网金融较大的发展空间,但也导致各种金融欺诈行为大量涌现,行业野蛮生长,杂乱无章。随着互联网金融的不断深入发展,我国互联网金融监管政策也不断演进,不断进行着调整。我们梳理了互联网金融的相关政策法规,见表11-1。

表11-1 关于互联网金融的重点法规梳理

文件名称	发布日期	效力层级	发布机关	主要内容
《国务院关于印发进一步深化中国(广东)自由贸易试验区改革开放方案的通知》	2018.5.24	行政法规	国务院	大力发展金融科技,在依法合规前提下,加快区块链、大数据技术的研究和运用
《关于首都金融科技创新发展的指导意见》	2018.10.22	地方规范性文件	北京市金融工作局、中关村科技园区管理委员会、西城区人民政府、海淀区人民政府	整体规划北京市金融科技发展的重点方向与具体措施

续表

文件名称	发布日期	效力层级	发布机关	主要内容
《北京市促进金融科技发展规划（2018年—2022年）》	2018.10.22	地方工作文件	中关村科技园区管理委员会、北京市金融工作局、科学技术委员会	整体规划北京市金融科技发展的重点方向与具体措施
《关于促进海淀区金融科技产业创新发展的若干措施》（海行规发〔2018〕12号）	2018.12.14	地方工作文件	北京市海淀区人民政府、中关村科技园区管理委员会	详细规划海淀区金融科技发展的重点方向与具体措施
《中共中央 国务院关于支持河北雄安新区全面深化改革和扩大开放的指导意见》	2019.1.24	党内法规	中国共产党中央委员会、国务院	有序推进金融科技领域前沿性研究成果在雄安新区率先落地，建设高标准、高技术含量的雄安金融科技中心
《国务院关于全面推进北京市服务业扩大开放综合试点工作方案的批复》（国函〔2019〕16号）	2019.2.22	行政法规	国务院	支持设立金融科技、绿色金融领域交流合作平台，在依法合规的前提下加强金融科技创新；建设国家级金融科技示范区
《粤港澳大湾区发展规划纲要》	2019.2.18	党内法规	中国共产党中央委员会、国务院	推进深港金融市场互联互通和深澳特色金融合作，开展科技金融试点，加强金融科技载体建设
《上海国际金融中心建设行动计划（2018—2020年）》（银发〔2019〕17号）	2019.1.17	部门规章	中国人民银行、财政部、工业和信息化部、国家发展和改革委员会、国家外汇管理局、科学技术部、中国银行保险监督管理委员会、中国证券监督管理委员会	坚持以科技创新中心建设和金融科技为新动力。依法合规推动科技与金融紧密结合，有序形成金融科技支撑有力的创新体系，加强上海国际金融中心和科技创新中心的联动
《金融科技（FinTech）发展规划（2019—2021年）》（银发〔2019〕209号）	2019.8.22	部门规章	中国人民银行	整体规划金融科技的发展方向
《中国银保监会、商务部、国家外汇管理局关于完善外贸金融服务的指导意见》（银保监发〔2019〕49号）	2019.12.10	部门规章	中国银保监会、商务部、国家外汇管理局	在推动完善法律法规、规范展业标准、运用金融科技建设贸易金融信息平台等方面发挥积极作用
《中国银保监会关于推动银行业和保险业高质量发展的指导意见》（银保监发〔2019〕52号）	2019.12.30	部门规章	中国银保监会	增强金融产品创新的科技支撑。银行保险机构要夯实信息科技基础，建立适应金融科技发展的组织架构、激励机制、运营模式，做好相关技术、数据和人才储备
《关于进一步加快推进上海国际金融中心建设和金融支持长三角一体化发展的意见》（银发〔2020〕46号）	2020.2.14	部门规章	中国人民银行、中国银行保险监督管理委员会、中国证券监督管理委员会、国家外汇管理局、上海市人民政府	支持上海建设金融科技中心，加快金融科技建设

资料来源：作者根据公开资料整理

互联网金融监管政策已经迈入金融科技时代，除去P2P网络借贷平台问题还未得以解决仍需监管政策外，互联网与地方性交易场所、股权众筹融资、互联网支付、互联网资产管理、互联网证券、互联网基金、互联网信托、互联网金融广告等领域监管政策在 2018~2020 年间逐渐减少。以股权众筹行业为代表，在 2018~2020 年期间，只有衡水市、海南省、甘肃省、汉中市、四川省出台促进地方发展的地方规范性文件时有提及股权众筹融资作为支持企业发展的手段，以及《互联网金融从业机构反洗钱和反恐怖融资管理办法（试行）》提及股权众筹融资外，再无其他法律法规及规范性文件提及股权众筹融资这一话题。这可以预示互联网股权众筹融资在中国基本落下了帷幕。互联网支付基本归于第三方支付范畴中，也可以说在万物互联的时代，互联网支付已经成为第三方支付的基本形式。互联网资产管理与互联网信托、互联网基金逐渐被智能投顾所代替，并成为金融科技的重要组成部分。互联网保险被保险科技所替换。《中国银保监会关于推动银行业和保险业高质量发展的指导意见》中也表明了这一点。保险业的高质量发展离不开科技助力，互联网保险机构自身也更愿意标榜成为保险科技的领导者与首倡者。个人信息保护成为互联网金融发展未来的重点问题。我国于 2021 年分别通过《中华人民共和国个人信息保护法》和《中华人民共和国数据安全法》，随着世界各国对于个人信息保护的法规逐渐完善，在万物互联的时代，个人信息保护成为重要议题。信息作为金融科技的基础，大数据、云计算、人工智能加持下的金融科技必然涉及对大量数据的采集和利用。如何保护隐私、平衡商业利益与个人权利则成为金融科技时代的基础性命题。

11.4.1 禁止类与限制类监管政策

根据对 2013~2018 年互联网金融领域的相关法律规定进行分析总结，可以发现，有关禁止类的规定主要集中于非法集资、网络借贷、互联网小额贷款、互联网与地方性交易场所、股权众筹融资、互联网支付、互联网资产管理、互联网证券、互联网基金、互联网保险、互联网信托和消费金融、互联网金融广告、金融大数据、虚拟货币、消费者保护等领域。有关该类政策法规的汇总见表 11-2。

表 11-2 禁止类与限制类法规重点汇总

效力层级	名称	规定内容
法律及司法解释	《中华人民共和国刑法》	严禁非法吸收公众存款；非法发行股票、债券；非法集资；虚假宣传；非法经营；侵犯个人信息等行为
	《中华人民共和国证券法》	未经依法核准，任何单位和个人不得公开发行证券
	《中华人民共和国保险法》	不得转让、出租、出借经营保险业务许可证；不得不正当竞争；不得侵犯商业秘密；不得欺骗投保人、保险人或受益人；不得虚构业务套取费用等

续表

效力层级	名称	规定内容
法律及司法解释	《中华人民共和国信托法》	禁止受托人利用信托财产为自己谋取利益；禁止受托人将信托财产转为其固有财产；禁止受托人将其固有财产与信托财产进行交易或者将不同委托人的信托财产进行相互交易
	《中华人民共和国反洗钱法》	境内成立的金融机构和非金融机构应该履行反洗钱义务
	《全国人民代表大会常务委员会关于加强网络信息保护的决定》	禁止非法获取、出售、提供公民个人电子信息
	最高人民法院《关于审理非法集资刑事案件具体应用法律若干问题的解释》（法释〔2010〕18号）	依法惩治非法吸收公众存款、集资诈骗等非法集资犯罪活动
行政法规	《非法金融机构和非法金融业务活动取缔办法》（国务院令〔1998〕247号）	未经中国人民银行批准，不得擅自设立从事或者主要从事吸收存款、发放贷款、办理结算、票据贴现、资金拆借、信托投资、金融租赁、融资担保、外汇买卖等金融业务活动的机构
	《征信业管理条例》（国务院令〔2013〕631号）	禁止采集个人基因、指纹等信息；禁止未经个人信息主体同意向第三方提供。限制采集信息的范围
	《处置非法集资条例（征求意见稿）》	禁止非法集资
部门规章	中国人民银行《关于取缔地下钱庄及打击高利贷行为的通知》（银发〔2002〕30号）	禁止吸收他人资金转手放款
	《关于规范网络游戏经营秩序查禁利用网络游戏赌博的通知》（公通字〔2007〕3号）	禁止网络赌博活动
	《文化部、商务部关于加强网络游戏虚拟货币管理工作的通知》（文市发〔2009〕20号）	网络游戏虚拟货币不得用以支付、购买实物产品或兑换其他企业的任何产品和服务。严厉打击利用网络游戏虚拟货币从事赌博等违法犯罪行为
	《非金融机构支付服务管理办法》（中国人民银行令〔2010〕第2号）	未经中国人民银行批准，任何非金融机构和个人不得从事或变相从事支付业务
	国务院办公厅《关于严厉打击非法发行股票和非法经营证券业务有关问题的通知》（国办发〔2006〕99号）	严禁擅自公开或发行股票；严禁非法经营证券业务
	中国人民银行《关于银行业金融机构做好个人金融信息保护工作的通知》（银发〔2011〕17号）	防止个人信息泄露和滥用；禁止用不正当方式收集信息
	国务院办公厅转发人民银行监察部等部门《关于规范商业预付卡管理意见的通知》（国办发〔2011〕25号）	未经人民银行批准，任何非金融机构不得发行多用途预付卡
	《规范互联网信息服务市场秩序若干规定》（工信部令〔2011〕20号）	禁止互联网信息服务提供者危害用户信息安全
	证监会《关于加强对利用"荐股软件"从事证券投资咨询业务监管的暂行规定》（证监会公告〔2012〕40号）	证券投资咨询机构利用"荐股软件"从事证券投资咨询业务，应当遵循客观公正、诚实信用原则，不得误导、欺诈客户，不得损害客户利益

续表

效力层级	名称	规定内容
部门规章	国务院办公厅《关于加强影子银行监管有关问题的通知》（国办发〔2013〕107号）	禁止开展理财资金池业务；小额贷款公司禁止吸收存款、放高利贷、非法手段收贷；禁止典当行融资放大杠杆；禁止金融机构超范围经营；严禁私募股权投资基金开展债权类融资业务
	《消费金融公司试点管理办法》（银监会令〔2013〕2号）	禁止非法吸收公众存款；未经批准，禁止在名称中使用"消费金融"字样
	中国人民银行、工业和信息化部、中国银行业监督管理委员会、中国证券监督管理委员会、中国保险监督管理委员会《关于防范比特币风险的通知》（银发〔2013〕289号）	各金融机构和支付机构不得开展与比特币相关的业务
	最高人民法院、最高人民检察院、公安部《关于办理非法集资刑事案件适用法律若干问题的意见》（公通字〔2014〕16号）	禁止非法集资
	《非银行支付机构网络支付业务管理办法》（中国人民银行公告〔2015〕第43号）	禁止为非法交易、虚假交易提供支付服务；禁止篡改或隐匿交易信息等
	《关于促进互联网金融健康发展的指导意见》（银发〔2015〕221号）	1. 互联网支付，不得夸大支付服务中介的性质和职能 2. 网络借贷，个体网络借贷机构不得提供增信服务，不得非法集资 3. 股权众筹投资，不得误导或欺诈消费者 4. 互联网基金销售，不得通过违规承诺收益方式吸引客户；基金销售机构及其合作机构通过其他活动为投资人提供收益的，不得与基金产品收益混同；第三方支付机构的客户备付金不得用于垫付基金和其他理财产品的资金赎回 5. 互联网保险，保险公司通过互联网销售保险，不得进行不实陈述、片面或夸大宣传过往业绩、违规承诺收益或者承担损失等误导性描述 6. 互联网信托和互联网消费金融，不能将产品销售给与风险承受能力不相匹配的客户
	《国家网信办：全面清理"配资炒股"等违法网络广告信息》	禁止任何机构和个人通过网络渠道发布配资炒股违法宣传广告信息
	《融资担保公司管理条例（征求意见稿）》	1. 未经监督管理部门批准，任何单位和个人不得经营融资担保业务，不得在名称中使用融资担保字样 2. 不得非法吸收公众存款等
	国务院办公厅《关于加强金融消费者权益保护工作的指导意见》（国办发〔2015〕81号）	禁止挪用客户资金；禁止做虚假宣传；禁止强买强卖；禁止歧视性差别对待
	《货币市场基金监督管理办法》（中国证券监督管理委员会 中国人民银行令（第120号））	禁止泄露客户信息；禁止欺诈误导投资人；禁止侵占或挪用资金等
	中国保监会《关于加强互联网平台保证保险业务管理的通知》（保监产险〔2016〕6号）	保险公司不得与存在提供增信服务、设立资金池、非法集资等损害国家利益和社会公众利益行为的互联网平台开展合作

续表

效力层级	名称	规定内容
部门规章	国务院办公厅《互联网金融风险专项整治工作实施方案》	对P2P网络借贷平台、股权众筹平台、非银行支付机构等主体都做了相关禁止类规定
	《中国银监会关于印发〈P2P网络借贷风险专项整治工作实施方案〉的通知》（银监发〔2016〕11号）	不得触及业务"红线"，即设立资金池、自融、向出借人提供担保或者承诺保本保息、大规模线下营销、误导性宣传、虚构借款人及标的、发放贷款、期限拆分、发售银行理财和券商资管等产品、违规债权转让、参与高风险证券市场融资或利用类HOMS等系统从事股票市场场外配资行为、从事股权众筹或实物众筹等
	《开展互联网金融广告及以投资理财名义从事金融活动风险专项整治工作实施方案》（工商办字〔2016〕61号）	对互联网金融广告做了相关禁止性规定
	关于印发《通过互联网开展资产管理及跨界从事金融业务风险专项整治工作实施方案》的通知（银发〔2016〕113号）	禁止公开发行股票、虚假宣传、侵占投资者资金、非法经营证券等
	教育部办公厅、中国银监会办公厅《关于加强校园不良网络借贷风险防范和教育引导工作的通知》	禁止校园贷
	《2016网络市场监管专项行动方案》	禁止虚假违法互联网广告
	《网络借贷信息中介机构业务活动管理暂行办法》（银监会令〔2016〕1号）	不得提供增信服务、不得非法集资、不得从事股权众筹业务等
	《中国保监会关于开展以网络互助计划形式非法从事保险业务专项整治工作的通知》（保监发改〔2016〕241号）	不得以保险费名义向社会公众收取资金或非法建立资金池；不得以任何形式承诺风险保障责任或诱导消费者产生保障赔付预期
	《中国人民银行金融消费者权益保护实施办法》（人民银行〔2020〕5号令）	不得挪用、非法占用金融消费者资金及其他金融资产
	《中国人民银行支付结算司关于开展违规"聚合支付"服务清理整治工作的通知》（银支付〔2017〕14号）	聚合技术服务商严格定位为收单外包机构，不得从事商户资质审核、受理协议签订、资金结算、收单业务交易处理等
	中国人民银行、中央网信办、工业和信息化部、工商总局、银监会、证监会、保监会《关于防范代币发行融资风险的公告》	各类代币发行融资活动应当立即停止
	住房城乡建设部、人民银行及银监会《关于规范购房融资和加强反洗钱工作的通知》（建房〔2017〕215号）	严禁互联网金融从业机构、小额贷款公司违规提供"首付贷"等购房融资产品或服务，严禁房地产中介机构、互联网金融从业机构、小额贷款公司违规提供房地产场外配资，严禁个人综合消费贷款等资金挪用于购房

续表

效力层级	名称	规定内容
部门规章	《中国人民银行关于规范支付创新业务的通知》（银发〔2017〕281号）	对银行业金融机构、非银支付机构的业务创新、竞争秩序、收单管理等业务进行规范管理。其中，对小微商户收单业务管理进行了规定："以同一个身份证件在同一家收单机构办理的全部小微商户受理信用卡的收款金额上限为日累计1000元、月累计1万元。"
	《互联网金融风险专项整治工作领导小组办公室、P2P网络借贷风险专项整治工作领导小组办公室关于规范整顿"现金贷"业务的通知》	规范现金贷
	互联网金融风险专项整治工作领导小组办公室《关于立即暂停批设网络小额贷款公司的通知》	自即日起，各级小额贷款公司监管部门一律不得新批设网络（互联网）小贷公司，禁止新增批小额贷款公司跨省（区、市）开展小额贷款业务
	《中国银保监会办公厅关于预防银行业保险业从业人员金融违法犯罪的指导意见》	严禁从业人员违规销售非保险金融产品，防范违规销售行为向非法集资转化
地方规范性文件（典型）	《浙江省经济和信息化委员会关于加强融资性担保公司参与P2P网贷平台相关业务监管的通知》（浙经信企资便函〔2013〕190号）	禁止融资性担保机构控股或参股P2P网贷平台，或从事P2P业务，或为P2P平台担保
	《深圳市人民政府关于支持互联网金融创新发展的指导意见》（深府〔2014〕23号）	依法严厉打击利用互联网平台进行的非法集资、非法支付结算和非法证券
	《关于促进上海市互联网金融产业健康发展的若干意见》（沪府发〔2014〕47号）	严厉打击互联网金融领域的非法集资、洗钱犯罪、恶意欺诈、虚假广告、违规交易、买卖客户信息等违法犯罪行为
	《浙江省促进互联网金融持续健康发展暂行办法》（浙金融办〔2015〕8号）	禁止互联网金融企业非法吸收公众存款、集资诈骗、洗钱、非法经营；对第三方支付机构、P2P平台、股权众筹、金融产品网络销售平台等都做了禁止性规定
	《广州市人民政府办公厅关于推进互联网金融产业发展的实施意见》（穗府办〔2015〕3号）	严厉打击利用互联网技术或以互联网金融名义开展的非法集资、非法证券、内幕交易、非法外汇、非法支付结算等各类违法犯罪活动
	《南宁市人民政府办公厅关于印发南宁市促进互联网金融产业健康发展若干意见的通知》（南府办〔2015〕44号）	禁止非法吸收公众存款、非法集资、诈骗、洗钱、非法经营等
	《广东省开展互联网股权众筹试点工作方案》（粤金〔2015〕46号）	不得从事非法集资、非法发行证券
	武汉市人民政府《关于促进互联网金融产业创新发展的实施意见》	不得以直接或间接的方式承诺收益误导消费者；互联网金融企业不得变相从事担保业务，不得归集资金设立资金池，不得吸收公众存款，不得从事非法金融活动；禁止非法集资和非法证券
	宁波市人民政府《关于促进互联网金融发展的实施意见》（甬政发〔2015〕147号）	1. 严厉打击以互联网金融名义从事的非法集资、洗钱等各类金融违法犯罪行为 2. 不得非法买卖、泄露客户个人信息，切实保障网络与信息安全

续表

效力层级	名称	规定内容
地方规范性文件（典型）	《重庆市小额贷款公司开展网络贷款业务监管指引（试行）》（渝金发〔2015〕13号）	禁止非法吸收公众存款、非法集资等
	深圳市市场监督管理局《关于规范投资理财类产品广告发布的通知》	不得损害国家利益、社会公共利益和投资者合法权益；不得以任何形式欺骗和误导消费者
	《陕西省人民政府办公厅关于促进互联网金融产业健康发展的意见》（陕政办发〔2015〕108号）	严禁网络销售金融产品过程中不实宣传、强制捆绑销售
	《安徽省人民政府关于进一步做好防范和处置非法集资工作的实施意见》（皖政〔2016〕4号）	不准直接或间接归集资金和发放贷款，不准代替客户承诺保本保息，不准销售理财、资产管理、基金、保险或信托产品，不准从事股权众筹业务和股票配资业务，不准从事非法集资和吸收公众存款等违法违规活动
	《北京市人民政府办公厅关于印发〈北京市进一步做好防范和处置非法集资工作的管理办法〉的通知》（京政办发〔2016〕2号）	禁止非法集资
	北京市工商行政管理局等十一部门《关于在防范和处置非法集资活动中加强金融投资理财类广告监管有关工作的实施意见》（京工商发〔2016〕28号）	加大对金融投资理财类违法广告的打击力度
	中国证券监督管理委员会上海监管局《关于做好互联网金融风险专项整治工作的通知》（沪证监机构字〔2016〕148号）	1. 开展相关证券、基金、期货业务的主体，应当持有相应业务牌照，并应当在持牌机构内部完成，任何外部机构不得介入证券、基金、期货业务 2. 证券期货经营机构，不得为非法证券期货业务活动提供便利，不得通过互联网企业跨界开展金融活动，进行监管套利
	《广州民间金融街互联网小额贷款公司管理办法（试行）》（粤府办〔2016〕58号）	禁止非法集资、吸收公众存款、暴力催收等
	《上海市网络借贷信息中介机构业务管理实施办法（征求意见稿）》	不得提供增信服务，不得直接或间接归集客户资金，不得非法集资，不得损害国家利益和社会公共利益
	《关于促进小额贷款公司持续健康发展的指导意见》（苏金融办发〔2017〕90号）	重点查处：虚构合同、误导借款人、借用客户身份信息、冒名贷款或恶意拆分贷款等侵犯借款人合法权益的违规行为；虚假录入信贷数据、不及时报告重大事项、账外经营或设立账外账等违规行为；违规吸存、非法集资、暴力收贷等违法行为
	《广州市金融局关于转发省互金整治办P2P网络借贷风险专项整治整改验收和参与"现金贷"业务相关通知的函》（穗金融函〔2017〕1287号）	从事"现金贷"业务的，要求自2017年12月15日起停止新增业务，对存量业务制定退出计划，明确退出时间；业务违反"四个不得"要求的，要制定相关整改计划
	《天津市地方金融监督管理条例》	涉及禁止非法集资内容
	《广东省小额贷款公司法人股东借款操作指引（试行）》	规范小额贷款，防范非法集资

续表

效力层级	名称	规定内容
"两高"及地方司法文件	北京市高级人民法院《关于审理民间借贷案件若干问题的会议纪要》	禁止民间借贷行为涉嫌非法集资、非法吸收公众存款、贩毒、洗钱、传销等犯罪
	最高人民检察院《关于办理涉互联网金融犯罪案件有关问题座谈会纪要》（高检诉〔2017〕14号）	禁止非法吸收公众存款；禁止集资诈骗；禁止非法经营
行业规定	《中国互联网行业自律公约》	不利用用户提供的信息从事任何与向用户作出的承诺无关的活动，不利用技术或其他优势侵犯消费者或用户的合法权益
	《私募股权众筹融资管理办法（试行）（征求意见稿）》（中证协发〔2014〕236号）	规范股权众筹平台，禁止为自身融资等行为
	中国证券投资基金业协会《私募投资基金募集行为管理办法》及起草说明	针对私募机构和从业人员规定了禁止性事项
	广州市融资担保行业协会《关于禁止我市融资担保公司参与P2P网络平台相关业务的通知》	禁止市内融资担保公司参与P2P网络借贷活动
	广州互联网金融协会《关于小额现金贷款业务的风险提示》	对小额贷做了相关禁止性规范
	深圳市互联网金融协会《关于督促网贷机构开展业务自查工作的通知》	不得撮合或变相撮合不符合法律有关利率规定的借贷业务等
	《互联网金融 个体网络借贷 借贷合同要素》	规范个人网络借贷
	中国互联网金融协会《关于防范境外ICO与"虚拟货币"交易风险的提示》	不参与或组织参与任何涉及ICO和"虚拟货币"交易的活动

资料来源：作者根据公开资料整理

信息安全是保障互联网金融创新发展的基础。依托于互联网技术，相对于传统金融业务而言，互联网金融在最大程度上保证金融发展的创新性的同时，也受网络虚拟性因素的影响，带来了很多特有的风险。除了具有传统金融业经营过程中存在的流动性风险、市场风险和利率风险外，还存在信息技术导致的平台风险、技术风险、系统安全风险和基于虚拟金融服务的业务风险，且风险诱因更加复杂、风险扩散传播速度快。除传统互联网风险之外，互联网金融还面临着新形势、新技术、新业态的安全风险挑战。支撑互联网金融的大数据、云计算等新技术发展还不成熟，安全机制尚不完善。同时，第三方支付、P2P网贷等互联网金融新业态还处于起步阶段，安全管理水平较低。因此互联网金融是一种伴有多种复杂风险的新型金融业态。

从相关法律法规不难看出，针对不同类型的风险，监管部门有不同的应对态度和手段。禁止性规定往往针对最严重的涉及金融秩序根本安全的风险。例如，

《中华人民共和国刑法》《中华人民共和国证券法》都规定了关于非法集资问题的禁止性规定；《非金融机构支付服务管理办法》（中国人民银行令〔2010〕第2号）明确禁止与限制非金融机构开展支付业务。限制类法规所针对的往往是可以进行，但必须严格限制的行为。该种规定往往紧紧跟随于禁止类法规后，以表明在严格限制某类行为的同时，对于其他行为的严格控制。例如，《征信业管理条例》（国务院令〔2013〕631号）中禁止采集个人基因、指纹等信息，禁止未经个人信息主体同意向第三方提供，但紧接着对于采集信息的行为进行严格限制。禁止类法规与限制类法规是相伴相生的，对于直接导致风险的行为予以严格禁止，而对于可能造成风险的行为予以严格限制。这样既是为了严格控制风险，维护金融稳定，又为金融创新留下空间。

非法集资已经成为禁止类与限制类法规涉及的重点领域。尤其是2018~2020年，各地省市累计出台逾百部地方规范性文件。各地方金融发展条例均涉及禁止非法集资，打击网络套路贷。表11-2选出了2018~2020年较为典型的涉及禁止非法集资的法规文件。养老服务领域成为非法集资的新领域。民政部、中国银行保险监督管理委员会、国家市场监督管理总局《关于以养老服务名义非法集资、欺诈销售"保健品"的风险提示》，民政部、国家卫生健康委、应急管理部、市场监管总局《关于做好2019年养老院服务质量建设专项行动工作的通知》，《南京市养老服务条例》成为典型文件。

11.4.2 披露类与备案类监管政策

在互联网金融市场中，信息不对称是代理问题、机会主义和道德风险共同的起因。由于存在信息不对称性，互联网金融交易中的信息优势方往往较信息劣势方享有优先行动的主动权。这也被视为一种实质上的代理关系。信息不对称实际上是委托人不能观测到代理人的行动和自然状态。此时，在任何激励合同之下，代理人采取机会主义行为的概率都非常大，进而引发道德风险。这也是互联网金融犯罪问题主要集中在网贷市场、众筹平台的重要原因。投资人面临的现实问题是难以识别真假互联网金融以及难以辨别真假产品。实践中出现了"e租宝""中晋系"涉嫌非法集资诈骗犯罪，互联网金融企业"跑路"，个别平台打着互联网金融旗号实施诈骗等现象。究其原因在于互联网金融平台难以披露有效信息，大量虚假、无用的信息充斥于市场中，缺乏投资者适当性约束的投资者与平台难以辨别信息导致选择误判。当互联网金融产品的风险较高时，如果平台让消费者获知金融产品的准确风险信息，不仅会降低投资者的购买预期，减少投资需要，同时会引起监管者的注意，提高监管成本。此时，平台利益与投资者的利益产生冲突，平台更倾向于隐匿信息而非公开信息。因而，信息不对称是导致互联网环境下融资者资产风险与投资者收益不确定性的重要因素。

互联网金融市场与传统金融市场相比，交易者之间在身份确认、资金往来、信用评价方面依赖于互联网，缺乏传统金融的认证与中心担保机制，会加大信息不对称程度。因而，化解互联网金融领域的信息不对称风险就需要提供可供验证信息真伪的机制，以及真实准确的信息披露机制。提供有效信息与信息验证机制是解决互联网金融信息不对称的重要方式。由于信息激励障碍，平台难以自主披露相关信息，需要强制信息披露与备案机制来确保市场的信息充足程度与信息真实性。充足、真实的信息披露有助于行业监管。监管部门通过信息披露能更容易发现问题平台，并及时采取措施。信息披露同时能够帮助投资人和借款人选择适合自己的平台。"买者自负，卖者有责"的投资逻辑必须深入贯彻至互联网金融行业。强制信息披露与备案机制正是实现该逻辑的基础性条件。我们梳理了披露与备案类的相关政策法规，见表11-3。

表11-3 披露与备案类的相关政策法规

名称	效力级别
《关于调整证券交易佣金收取标准的通知》（证监发〔2002〕21号）	部门规章
《证券投资基金销售机构内部控制指导意见》（证监基金字〔2007〕277号）	部门规章
《非金融机构支付服务管理办法》（中国人民银行令〔2010〕第2号）	部门规章及规范性文件
《非金融机构支付服务业务系统检测认证管理规定》（中国人民银行公告〔2011〕第14号）	部门规章及规范性文件
《互联网文化管理暂行规定》（文化部令〔2011〕第51号）	部门规章
《支付机构反洗钱和反恐怖融资管理办法》（银发〔2012〕54号）	部门规章及规范性文件
《关于加强对利用"荐股软件"从事证券投资咨询业务监管的暂行规定》（证监会公告〔2012〕40号）	部门规章
《关于实施〈证券投资基金销售管理办法〉的规定》（证监会公告〔2013〕19号）	部门规章
《证券投资基金销售机构通过第三方电子商务平台开展业务管理暂行规定》（证监会公告〔2013〕18号）	部门规章
《证券投资基金销售结算资金管理暂行规定》（证监会公告〔2011〕26号）	部门规章
《规范互联网信息服务市场秩序若干规定》（工信部令〔2012〕20号）	部门规章
《征信机构管理办法》（中国人民银行令〔2013〕第1号）	部门规章
中国人民银行、工业和信息化部、中国银行业监督管理委员会、中国证券监督管理委员会、中国保险监督管理委员会《关于防范比特币风险的通知》（银发〔2013〕289号）	部门规章
中国证监会新闻发布会（2013年8月16日）	监管态度

续表

名称	效力级别
全国人大财政经济委员会副主任吴晓灵发言（2013年11月）	监管态度
中国人民银行就比特币相关事宜答记者问（2013年12月5日）	监管态度
《私募股权众筹融资管理办法（试行）（征求意见稿）》（中证协发〔2014〕236号）	监管态度
中国证监会新闻发布会（2014年3月7日）	监管态度
中国保监会《关于规范人身保险公司经营互联网保险有关问题的通知（征求意见稿）》（2014年4月15日）	行政法规
《陕西省人民政府办公厅关于促进互联网金融产业健康发展的意见》（陕政办发〔2015〕108号）	地方性法规政策
中国证监会新闻发布会（2014年5月30日）	监管态度
《关于促进上海市互联网金融产业健康发展的若干意见》	地方性法规政策
《中华人民共和国证券法》	法律
《成都高新区推进"三次创业"加快金融业发展的若干政策》（成高管发〔2014〕21号）	地方性法规政策
《安徽省人民政府关于进一步做好防范和处置非法集资工作的实施意见》（皖政〔2016〕4号）	地方性法规政策
《关于调整〈场外证券业务备案管理办法〉个别条款的通知》（中证协发〔2015〕170号）	部门规章及规范性文件
《广东省开展互联网股权众筹试点工作方案》（粤金〔2015〕46号）	地方性法规政策
《中国证券监督管理委员会公告》（证监会公告〔2015〕8号）	部门规章
《互联网保险业务监管暂行办法》（保监发〔2015〕69号）	行政法规
《促进大数据发展行动纲要》（国发〔2015〕50号）	国务院规范性文件
《国务院办公厅关于运用大数据加强对市场主体服务和监管的若干意见》（国办发〔2015〕51号）	国务院规范性文件
中国人民银行发布《征信机构监管指引》	规范性文件
《福建省人民政府关于印发积极推进"互联网+"行动实施方案的通知》	地方性法规政策
中国证券业协会《证券公司网上证券信息系统技术指引》	监管态度
《中华人民共和国电子签名法》	法律
《关于促进互联网金融健康发展的指导意见》	部门规范性文件
《关于促进互联网金融健康发展的指导意见》答记者问	监管态度
武汉市人民政府《关于促进互联网金融产业创新发展的实施意见》	地方性法规政策
《场外证券业务备案管理办法》（中国证券业协会2015年7月29日发布，2015年9月1日起正式实施）	部门规章及规范性文件
《非存款类放贷组织条例（征求意见稿）》	国务院规范性文件
《融资担保公司管理条例（征求意见稿）》	国务院规范性文件
《江苏省互联网金融协会网络借贷平台信息披露指引（征求意见稿）》	地方性法规政策

续表

名称	效力级别
《关于请加强对区域性股权市场与互联网平台合作销售企业私募债行为监管的函》	监管态度
中国人民银行杭州中心支行关于印发《浙江省非金融机构支付业务许可申请管理指引（试行）》的通知（杭银发〔2011〕112号）	地方性法规政策
《黄浦区关于进一步促进互联网金融发展的若干意见》	地方性法规政策
《货币市场基金监督管理办法》（证监会令〔第120号〕）	部门规章
《重庆市小额贷款公司开展网络贷款业务监管指引（试行）》（渝金发〔2015〕13号）	地方性法规政策
《广东互联网金融行业准则（征求意见稿）》	地方性法规政策
中国银监会办公厅、工业和信息化部办公厅、工商总局办公厅关于印发《网络借贷信息中介机构备案登记管理指引的通知》（银监办发〔2016〕160号）	部门规章及一般性规范性文件
《贵州省大数据发展应用促进条例》（2016年1月15日）	地方性法规政策
《防范"MMM金融互助社区"风险 谨防利益受损》	部门规章及一般性规范性文件
《互联网金融风险专项整治工作实施方案》	国务院规范性文件
《开展互联网金融广告及以投资理财名义从事金融活动风险专项整治工作实施方案》（工商办字〔2016〕61号）	部门规范性文件
《私募投资基金募集行为管理办法》起草说明	部门规章
《西湖区非法集资风险排查专项行动方案的通知》	地方性法规政策
《北京市工商局等十一部门关于在防范和处置非法集资活动中加强金融投资理财类广告监管有关工作的实施意见》（京工商发〔2016〕28号）	地方性法规政策
中国互联网金融协会对《互联网金融信息披露规范》和《中国互联网金融协会信息披露自律管理规范》进行官方说明	监管态度
《网络借贷信息中介机构业务活动管理暂行办法》（银监会令〔2016〕1号）	部门规章及一般性规范性文件
《网络借贷信息中介机构业务活动管理暂行办法（征求意见稿）》	部门规章及一般性规范性文件
《网络借贷信息中介机构业务活动管理暂行办法》答记者问	监管态度
中国银监会关于《网络借贷信息中介机构业务活动管理暂行办法》的新闻发布会实录	监管态度
《规范互联网金融业态 维护消费者切身利益——互联网金融风险专项整治工作领导小组相关负责同志答记者问》（2016年10月13日）	监管态度
《P2P网络借贷风险专项整治工作实施方案》答记者问	监管态度
《网络借贷信息中介机构备案登记管理指引》	部门规范性文件
《中国人民银行金融消费者权益保护实施办法》（中国人民银行令〔2020〕5号）	部门规章
《中国银监会办公厅关于印发〈网络借贷信息中介机构业务活动信息披露指引〉的通知》（银监办发〔2017〕113号）	部门规章及一般性规范性文件
厦门市金融工作办公室《关于厦门市网络借贷信息中介机构备案登记管理暂行办法的补充通知》	地方性法规政策

续表

名称	效力级别
《广东省网络借贷信息中介机构备案登记管理实施细则》公开征求意见	地方性法规政策
《中国银监会办公厅关于印发网络借贷资金存管业务指引的通知》（银监办发〔2017〕21号）	部门规章及一般性规范性文件
《关于做好清理整顿各类交易场所"回头看"前期阶段有关工作的通知》	一般规范性文件
《厦门市网络借贷信息中介机构备案登记法律意见书指引》	地方性法规政策
《中国银监会关于银行业风险防控的指导意见》（银监发〔2017〕6号）以及答记者问（节选）	部门规章及一般性规范性文件
《上海市网络借贷信息中介机构业务管理实施办法（征求意见稿）》	地方性法规政策
关于公开征求《深圳市网络借贷信息中介机构备案登记管理办法（征求意见稿）》意见的公告	地方规范性文件
北京市金融工作局关于《北京市网络借贷信息中介机构备案登记管理办法（试行）（征求意见稿）》公开征求意见的通知	地方规范性文件
上海市《网络借贷信息中介机构备案登记管理指引》	地方性法规政策
《关于厦门市网络借贷信息中介机构备案登记管理暂行办法的补充通知》	地方规范性文件
《互联网金融风险专项整治工作领导小组办公室、P2P网络借贷风险专项整治工作领导小组办公室关于规范整顿"现金贷"业务的通知》（整治办函〔2017〕141号）	部门规范性文件
《浙江省网络借贷信息中介机构备案登记管理实施细则（试行）》	地方性法规政策
《关于做好P2P网络借贷风险专项整治整改验收工作的通知》	部门规范性文件
《关于公开征求〈江苏省网络借贷信息中介机构备案登记管理暂行办法〉意见的公告》	地方性法规政策
《上海市网络借贷信息中介机构合规审核与整改验收工作指引表》（沪金融办〔2017〕226号）	地方性法规政策
《福建省网络借贷信息中介机构备案登记管理实施细则（试行）（公开征求意见稿）》	地方性法规政策
《江西省网络借贷信息中介机构备案登记管理实施细则（二次征求意见稿）》	地方性法规政策
广东省金融办下发《关于进一步做好全省网络借贷信息中介机构整改验收有关事项的通知》	地方性法规政策
《天津市网络借贷信息中介机构备案登记管理实施细则（征求意见稿）》	地方性法规政策
《黑龙江省人民政府办公厅关于印发黑龙江省小额贷款公司管理办法的通知》（黑政办规〔2018〕56号）	地方性法规政策
《贵州省人民政府办公厅关于印发贵州省小额贷款公司管理暂行办法的通知》（黔府办函〔2018〕184号）	地方性法规政策
《山东省地方金融监督管理局关于促进全省小额贷款公司持续健康发展的通知》（鲁金监发〔2019〕11号）	地方性法规政策

资料来源：作者根据公开资料整理

11.4.3 告知类监管政策

互联网金融告知类的法规政策从总体来看数量较少。一方面是因为针对互联网金融尚未能形成一套完整的法规体系，监管政策在不断完善之中；另一方面是因为告知类的法规政策一般在禁止、备案等专门的政策中有所体现，体现在各类法规之中，缺乏单独的法规体系。从效力层级来看，监管部门的规范性文件以及地方性的法规政策数量较多。由于互联网金融仍在不断向金融科技演化，规范性文件主导的法规体系更易于适应灵活调控的局面，禁止类法规在基础性法律上限制风险，告知类法规则是对风险防护措施的有益补充，也是为金融创新留下相应的制度空间。告知类法规更倾向于平台与投资者之间的额外约束。这种对于双方不对称市场地位的强制改善，实际上起到促进市场流通、防止市场失灵的作用。相对于禁止类法规从根源上强制性地杜绝某类风险的发生，告知类法规起到的是在有限约束的情况下，尽可能促进市场交易发生，在保护消费者的前提下为市场创新留下空间。在未来高速发展的金融科技时代，保留有限的禁止类法规的根源性约束，加强告知类、备案类、披露类法规的建设，在保护消费者的前提下留足创新空间是未来金融科技发展的必然趋势。我们梳理了互联网金融相关的部分告知类政策法规，见表 11-4。

表 11-4　互联网金融（告知类）重点法规和监管政策

类别	行政法规	规范性文件	地方性法规政策
综合	《国务院办公厅关于加强金融消费者权益保护工作的指导意见》（国办发〔2015〕81号）	国务院办公厅《互联网金融风险专项整治工作实施方案》	（1）《关于促进上海市互联网金融产业健康发展的若干意见》（沪府发〔2014〕47号） （2）浙江省《促进互联网金融持续健康发展暂行办法》（浙金融办〔2015〕8号） （3）湖北省武汉市人民政府《关于促进互联网金融产业创新发展的实施意见》 （4）《江苏省政府关于促进互联网金融健康发展的意见》（苏政发〔2015〕142号） （5）《四川省地方金融监督管理条例》 （6）《天津市地方金融监督管理条例》 （7）《广东省小额贷款公司法人股东借款操作指引（试行）》
网络借贷	《关于促进互联网金融健康发展的指导意见》（银发〔2015〕221号）	《中国银监会办公厅关于印发〈网络借贷信息中介机构业务活动信息披露指引〉的通知》（银监办发〔2017〕113号）；《中国银监会关于银行业风险防控工作的指导意见》（银监发〔2017〕6号）以及答记者问（节选）	《上海市网络借贷信息中介机构业务管理实施办法（征求意见稿）》；《厦门市网络借贷信息中介机构备案登记法律意见书指引》

续表

类别	行政法规	规范性文件	地方性法规政策
互联网支付	《关于促进互联网金融健康发展的指导意见》（2015）	《支付结算违法违规行为举报奖励办法》（中国人民银行公告〔2016〕第 7 号）	
互联网资产管理		《通过互联网开展资产管理及跨界从事金融业务风险专项整治工作答记者问》	
征信	《征信业管理条例》（国务院令〔2013〕631 号）	《中国人民银行关于发布〈金融信用信息基础数据库用户管理规范〉行业标准的通知》（银发〔2014〕323 号）；《征信机构管理办法》（中国人民银行令〔2013〕第 1 号）；《征信机构监管指引》	
金融消费者保护		《中国人民银行金融消费者权益保护实施办法》	

资料来源：作者根据公开资料整理

第三篇 综合篇

第 12 章　时变风险偏好和动态投资组合配置研究

12.1　概　　述

自从 Samuelson（1969）、Merton（1969）和 Merton（1971）将马科维茨的单期静态投资组合理论扩展到多期动态投资组合理论，在过去的几十年中，大量文献对动态投资组合问题进行了广泛的研究。以往的动态投资组合理论通常假设投资者具有恒定的相对风险厌恶系数，而最近的文献研究表明投资者的风险厌恶程度是时变的。Li 等（2022a）放宽了恒定风险厌恶系数的假设，在求解动态投资组合最优化问题时考虑了时变风险厌恶系数对投资组合权重和投资绩效的影响。本章将对基于时变风险厌恶的动态投资组合模型做更深入的探讨。

以往文献往往假设时变风险厌恶系数依赖于某一市场状态变量。Campbell 和 Cochrane（1999）的习惯形成模型设定投资者的风险厌恶系数依赖于他的消费盈余，当盈余小（大）时，投资者的风险厌恶程度就高（低）。Barberis 等（2001）设定投资者的风险厌恶系数依赖于其历史投资表现，高（低）风险厌恶程度与过去的损失（收益）相关。Harris 和 Laibson（2001）、Grenadier 和 Wang（2007）的双曲线贴现函数通过允许贴现率在短期内较高而在长期内较低，从而引入了时变风险厌恶。Basak 和 Chabakauri（2010）求解了动态均值方差资产配置问题，其中投资者的风险厌恶依赖于他的财富。Steffensen（2011）设定投资者的风险厌恶依赖于年龄，并求解了投资者的最优消费和投资问题。

我们基于状态转换模型的框架考察时变风险厌恶对动态投资组合配置的影响。自 Hamilton（1989）的开创性工作以来，大量实证研究表明股票市场呈现出不同的状态：在牛市，股票收益率高而波动率低；在熊市，股票收益率低而波动率高。同时，投资者在不同市场状态下具有不同的风险厌恶系数。《华尔街日报》和《金融时报》等金融媒体充斥着有关投资者风险厌恶情绪在动荡（平静）市场期间升高（减弱）的新闻报道。Guiso 等（2018）的实证研究表明，2008 年危机后投资者的风险厌恶情绪大幅上升。Gordon 和 St-Amour（2000）及 Berrada 等（2018）的研究也表明，与市场状态相关的风险厌恶程度（即投资者在牛市具有较低的风险厌恶系数，而在熊市具有较高的风险厌恶系数），能够解释 Mehra 和 Prescott（1985）所发现的股票溢价之谜。因此，我们基于状态转换模型求解最优动态投资组合问题，并设定投资者在牛市具有较低的风险厌恶系数，而在熊市具有较高的风险厌恶系数。

我们首先构建状态转换模型来对 1990 年 1 月至 2015 年 12 月标准普尔 500 指数和美国国库券利率的月回报率进行建模。类似于以往的文献，我们发现市场有两种状态：高平均回报和低波动率的牛市以及低平均回报和高波动率的熊市。我们允许市场状态转移概率随时间变化，并取决于波动率指数（volatility index，VIX）(Connolly et al., 2005)。VIX 也被称为恐惧指数，已被广泛用来刻画市场总体的不确定性。我们发现 VIX 对状态转变具有很强的预测能力，VIX 越高意味着熊市状态的可能性越大。

我们在动态投资组合配置分析中采用 Gordon 和 St-Amour（2000）、Berrada 等（2018）的方法设定投资者的风险偏好。我们假设投资者的效用函数为

$$u(W) = \sum_{k=1}^{K} \frac{W^{1-\gamma_k}}{1-\gamma_k} p_k$$

式中，W 代表投资者的财富水平；K 为市场状态的数量；γ_k 为状态 k 下投资者的相对风险厌恶系数；p_k 为市场处于状态 k 中的概率。Berrada 等（2018）指出上述效用函数是 Savage 型状态依赖效用函数，满足特定的公理体系（Savage, 1954; Luce and Krantz, 1971）。根据 Gordon 和 St-Amour（2000）及 Berrada 等（2018）的研究，我们假设投资者在熊市期间的风险厌恶系数高于牛市期间的风险厌恶系数。

在相对风险厌恶系数恒定的假设下，动态投资组合问题的值函数仅取决于投资组合收益率，因而值函数可以通过对状态变量进行线性插值来近似求解，见 Barberis（2000）、Lynch（2001）及 Guidolin 和 Timmermann（2007）的研究。然而在状态依赖的风险偏好假设下，财富成为影响投资者投资决策的状态变量，并且值函数以高度非线性的方式依赖于财富。

为了克服这个问题，我们设计了一种有效的动态规划算法。具体而言，我们将值函数分解为两部分：第一部分是财富的幂函数，它是高度非线性的，但是有显式表达式；第二部分是收益率的函数，虽然没有显式表达式，但是可以通过线性插值求解。数值实验验证了我们提出的算法的有效性。在我们的实证分析中，基于估计的状态转换模型，我们为不同类型的投资者求解最优投资组合。具体来说，在不同投资期限内，我们设定投资者的风险厌恶系数或者恒定，或者依赖于市场状态（在牛市具有较小的风险厌恶系数，在熊市具有较大的风险厌恶系数）。我们发现相比于恒定的风险偏好，依赖于市场状态的风险偏好使投资者能够根据市场条件灵活地调整风险资产的最佳权重。例如，即使未来市场可能处于熊市状态，具有较低恒定风险厌恶系数的投资者也总是对风险资产给予较高的权重。同样，即使未来市场可能处于牛市状态，具有较高恒定风险厌恶系数的投资者也总

是表现得保守。相比之下，具有时变风险偏好的投资者能够根据市场状态的预测概率调整自己的风险态度。如果未来市场牛市的概率较高，则投资者表现得激进；如果未来市场熊市的概率较高，则投资者表现得保守。

我们使用全部样本的第一部分（1990年1月至2001年12月）进行模型估计，使用第二部分（2002年1月至2021年12月）进行样本外投资绩效评估。我们发现，与恒定风险偏好的投资者相比，具有状态依赖风险偏好的投资者在投资期间能够根据市场情况灵活地调整自己的风险偏好，从而获得更高的收益风险比和投资绩效。当未来的市场可能是牛市时，具有状态依赖风险厌恶情绪的投资者能够降低风险厌恶情绪，从而增加风险资产的权重，反之亦然。

12.2 模 型

在本节中，我们首先构建一个具有时变转换概率的状态转换模型，其次我们设定投资者的效用函数，他的风险偏好依赖于市场状态，最后，我们讨论了如何求解时变风险偏好投资者的动态投资组合配置问题。

12.2.1 具有时变转移概率的状态转换模型

与 Connolly 等（2005）和 Bansal 等（2010）的研究类似，我们以 VIX 作为状态转换概率的预测变量，构建一个具有时变转换概率的状态转换模型。令 $R_{f,t}$ 表示从 t 到 $t+1$ 短期利率加 1 后的对数值，即对数利率，$r_{f,t} = R_{f,t} - R_{f,t-1}$ 表示其一阶差分。令 $R_{s,t}$ 表示标准普尔 500 全收益指数从 $t-1$ 到 t 的对数收益率，并令 $r_{s,t} = R_{s,t} - R_{f,t-1}$ 表示其超额对数收益率。令 V_t 表示在时间 t 的 VIX 值，并令 $r_{v,t} = V_t - V_{t-1}$。

我们假设 $\boldsymbol{r}_t = (r_{s,t}, r_{f,t}, r_{v,t})$ 服从如下的状态转换模型：

$$r_{s,t} = \mu_{s,S_t} + \sigma_{s,S_t}\varepsilon_{s,t} \tag{12-1}$$

$$r_{f,t} = \mu_{f,S_t} + \sigma_{f,S_t}\varepsilon_{f,t} \tag{12-2}$$

$$r_{v,t} = \mu_{v,S_t} + \kappa_{S_t}V_{t-1} + \sigma_{v,S_t}\varepsilon_{v,t} \tag{12-3}$$

式中，μ_{i,S_t} 和 σ_{i,S_t} $(i=s,f)$ 分别为资产的均值和波动率；S_t 等于 1 时表示市场处于牛市，等于 2 时表示市场处于熊市；κ_{S_t} 为模型参数，代表 V_{t-1} 值对 $r_{v,t}$ 的影响。标准化残差 $\boldsymbol{\varepsilon}_t = (\varepsilon_{s,t}, \varepsilon_{f,t}, \varepsilon_{v,t})$ 服从多元正态分布，由下式给出：

$$\boldsymbol{\varepsilon}_t | S_t = j \sim N(0, \boldsymbol{\Omega}_j), \quad j=1,2 \tag{12-4}$$

式中，$\boldsymbol{\Omega}_1$（$\boldsymbol{\Omega}_2$）为牛市（熊市）状态下标准化残差的相关矩阵。状态变量 S_t 遵循一阶马尔可夫过程，其时变转移概率由下式给出：

$$p_{11}(V_{t-1}) = \Pr(S_t = 1 \mid S_{t-1} = 1, \mathcal{F}_{t-1}) = \frac{\exp(\alpha_1 + \beta_1 V_{t-1})}{1 + \exp(\alpha_1 + \beta_1 V_{t-1})} \quad (12\text{-}5)$$

$$p_{22}(V_{t-1}) = \Pr(S_t = 2 \mid S_{t-1} = 2, \mathcal{F}_{t-1}) = \frac{\exp(\alpha_2 + \beta_2 V_{t-1})}{1 + \exp(\alpha_2 + \beta_2 V_{t-1})} \quad (12\text{-}6)$$

式中，α_1、β_1、α_2、β_2 为需要估计的模型参数。

我们最大化以下对数似然函数来估计上述模型：

$$L(\Theta) = \sum_{t=1}^{N} \ln[q(r_{s,t}, r_{f,t}, r_{v,t} \mid \mathcal{F}_{t-1}; \Theta)] \quad (12\text{-}7)$$

式中，Θ 为未知参数的集合；给定信息集 $\mathcal{F}_{t-1}$，t 时刻的密度函数 $q(r_{s,t}, r_{f,t}, r_{v,t} \mid \mathcal{F}_{t-1}; \Theta)$ 由下式给出：

$$q(r_{s,t}, r_{f,t}, r_{v,t} \mid \mathcal{F}_{t-1}; \Theta) = \sum_{j=1}^{2} f_N(r_{s,t}, r_{f,t}, r_{v,t} \mid S_t = j, \mathcal{F}_{t-1}; \Theta) \Pr(S_t = j \mid \mathcal{F}_{t-1}; \Theta)$$

$$(12\text{-}8)$$

式中，$f_N(.)$ 为多元正态密度函数；预测概率 $\Pr(S_t = j \mid \mathcal{F}_{t-1}; \Theta)$ 可以使用哈密顿滤波器迭代得到。

具体来说，令 $\boldsymbol{\pi}_{t|t-1} = (\pi_{1,t|t-1}, 1 - \pi_{1,t|t-1})^\mathrm{T}$ 和 $\boldsymbol{\pi}_{t|t} = (\pi_{1,t|t}, 1 - \pi_{1,t|t})^\mathrm{T}$，其中：

$$\pi_{1,t|t-1} = \Pr(S_t = 1 \mid \mathcal{F}_{t-1}; \Theta)$$

$$\pi_{1,t|t} = \Pr(S_t = 1 \mid \mathcal{F}_t; \Theta)$$

Hamilton（1989）指出 $\boldsymbol{\pi}_{t|t-1}$ 可以通过如下两个方程迭代计算：

$$\boldsymbol{\pi}_{t-1|t-1} = \frac{\boldsymbol{\pi}_{t-1|t-2} \otimes \boldsymbol{\xi}_{t-1}}{\mathbf{1}^\mathrm{T}(\boldsymbol{\pi}_{t-1|t-2} \otimes \boldsymbol{\xi}_{t-1})} \quad (12\text{-}9)$$

$$\boldsymbol{\pi}_{t|t-1} = \boldsymbol{P}_{t-1} \boldsymbol{\pi}_{t-1|t-1} \quad (12\text{-}10)$$

式中，$\mathbf{1}$ 为一个 2×1 的单位向量；$\otimes$ 表示逐个元素的乘法。转移矩阵 $\boldsymbol{P}_{t-1}$ 由下式给出：

$$\boldsymbol{P}_{t-1} = \begin{bmatrix} p_{11}(V_{t-1}) & 1 - p_{22}(V_{t-1}) \\ 1 - p_{11}(V_{t-1}) & p_{22}(V_{t-1}) \end{bmatrix} \quad (12\text{-}11)$$

同时，$\boldsymbol{\xi}_{t-1}$ 是概率密度的向量：

$$\boldsymbol{\xi}_{t-1} = \begin{bmatrix} f_N(r_{s,t-1}, r_{f,t-1}, r_{v,t-1} \mid S_{t-1} = 1, \mathcal{F}_{t-2}; \Theta) \\ f_N(r_{s,t-1}, r_{f,t-1}, r_{v,t-1} \mid S_{t-1} = 2, \mathcal{F}_{t-2}; \Theta) \end{bmatrix} \quad (12\text{-}12)$$

12.2.2 风险偏好状态依赖的效用函数

在本节中，我们用依赖于状态的效用函数来刻画投资者的风险偏好。该效用函数显示投资者具有递减的相对风险厌恶(decreasing relative risk aversion, DRRA)。具体而言，如果有两种不同的市场状态，状态依赖的效用函数由式（12-13）给出：

$$U(W) = p\frac{W^{1-\gamma_1}}{1-\gamma_1} + (1-p)\frac{W^{1-\gamma_2}}{1-\gamma_2} \tag{12-13}$$

式中，$\gamma_1 < \gamma_2$，分别代表牛市和熊市时投资者的风险厌恶系数；p 为牛市的概率。上述效用函数的相对风险厌恶系数等于：

$$\gamma(W,p) = -\frac{WU''(W)}{U'(W)} = f(W,p)\gamma_1 + (1-f(W,p))\gamma_2$$

式中

$$f(W,p) = \frac{pW^{\gamma_2}}{(1-p)W^{\gamma_1} + pW^{\gamma_2}}$$

因此，式（12-13）蕴含的风险厌恶系数是 γ_1 和 γ_2 的加权平均值，其权重取决于财富水平和牛市状态的概率。我们总是有 $\gamma(W,0) = \gamma_2$ 和 $\gamma(W,1) = \gamma_1$。也就是说，投资者在牛市期间的风险厌恶程度较低，而在熊市期间的风险厌恶程度较高。

因为 $\gamma_2 > \gamma_1$，可以证明 $\gamma(W,p)$ 是 W 和 p 的减函数，即随着财富水平的增加，投资者的相对风险厌恶程度降低，表明风险资产的权重随着财富水平的增加而增加。同时，给定 W，$\gamma(W,p)$ 随着牛市状态的概率减小而减小。这表明当市场更有可能处于牛市状态时，投资者将更加激进并更多地投资于风险资产。

图 12-1 绘制了当财富在 0.5~1.5 变化时，投资者的相对风险厌恶系数，其中牛市和熊市的风险厌恶程度分别为 $\gamma_1 = 2$ 和 $\gamma_2 = 10$。当 $W = 1$ 时，权重函数为 $f(1,p) = p$，即此时投资者的相对风险厌恶系数是牛市概率的线性函数：

$$\gamma(1,p) = p\gamma_1 + (1-p)\gamma_2$$

当 $W > 1$ 时，我们有 $f(W,p) \geqslant p$，且投资者的相对风险厌恶系数 $\gamma(W,p)$ 是牛市状态概率 p 的凹函数，而当 $W < 1$ 时，投资者的相对风险厌恶系数是牛市状态概率的凸函数。

如果 W 远大于 1，对所有的 $p \in (0,1]$，$\gamma(W,p)$ 将接近于 γ_1。另外，当 W

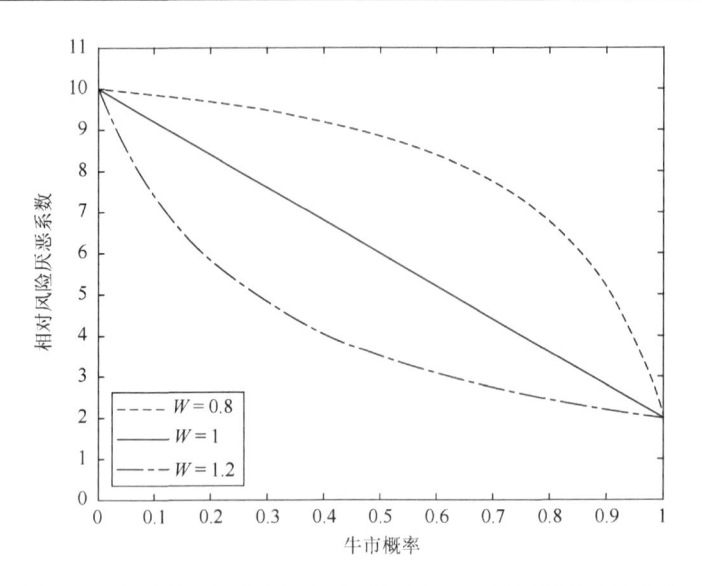

图 12-1　初始财富和牛市概率对投资者相对风险厌恶系数的影响

接近于零时，对所有的 $p \in (0,1]$，$\gamma(W,p)$ 会收敛到 γ_2。换句话说，当初始财富远离 1 时，即使投资者具有状态依赖的效用函数，当牛市概率 $p \in (0,1)$ 时，他的风险厌恶系数对市场概率的变化也不敏感。因而，在实证分析中，为了考察状态依赖风险偏好对投资者动态投资组合配置的影响，我们将初始财富设置为接近 1。

12.2.3　动态投资组合分配问题

在投资期限内的每个投资期开始时，投资者在风险资产和无风险资产之间配置权重，以最大化他在期末 T 时财富的期望效用。在借贷和卖空约束下，投资者的资产配置问题可以写为

$$\begin{aligned}
& \max E_0(U(W_T)) \\
& \text{s.t.} \ W_{t+1} = W_t R_{t+1}(\omega_t), \quad t = 0,1,\cdots,T-1 \\
& \omega_t \in [0,1]
\end{aligned} \quad (12\text{-}14)$$

式中，W_t 为财富；ω_t 为风险资产的投资组合权重。投资组合从 t 到 $t+1$ 的总收益等于

$$\begin{aligned}
R_{t+1}(\omega_t) &= \omega_t \exp(r_{s,t+1} + R_{f,t}) + (1-\omega_t)\exp(R_{f,t}) \\
&= \exp(R_{f,t})[\omega_t(\exp(r_{s,t+1})-1)+1]
\end{aligned}$$

以往文献在求解动态投资组合问题时，通常假设投资者具有幂效用函数，即投资者具有恒定的相对风险厌恶（constant relative risk aversion，CRRA）：

$$U(W_T) = \frac{W_T^{1-\gamma}}{1-\gamma} \quad (12\text{-}15)$$

式中，γ 为恒定的风险厌恶系数。

本章我们假设投资者具有状态依赖的效用函数，其风险厌恶系数随市场状态而变化，在牛市状态下风险厌恶程度低，在熊市状态下风险厌恶程度高：

$$U(W_T) = \pi_{1,T|T} \frac{W_T^{1-\gamma_1}}{1-\gamma_1} + (1-\pi_{1,T|T}) \frac{W_T^{1-\gamma_2}}{1-\gamma_2} \quad (12\text{-}16)$$

式中，$\gamma_1 < \gamma_2$；$\pi_{1,T|T}$ 为牛市状态的后验概率 T。因此，我们的目标是最大化以下期望效用函数：

$$E_0(U(W_T)) = E_0\left(\frac{W_T^{1-\gamma_1}}{1-\gamma_1} \Big| S_T = 1\right) \Pr(S_T = 1 | \mathcal{F}_0) + E_0\left(\frac{W_T^{1-\gamma_2}}{1-\gamma_2} \Big| S_T = 2\right) \Pr(S_T = 2 | \mathcal{F}_0)$$

$$(12\text{-}17)$$

式中，$\Pr(S_T = 1 | \mathcal{F}_0)$ 为在信息集 $\mathcal{F}_0$ 条件下 T 时刻市场处于牛市状态的概率。

我们通过动态规划来求解上述资产配置问题，该问题的值函数可以写作

$$J(W_t, \pi_{1,t|t}, R_{f,t}, V_t, t) \equiv \max_{\{\omega_\tau \in [0,1]\}_{\tau=t}^{T-1}} E_t(U(W_T)) \quad (12\text{-}18)$$

式中，状态变量包括财富水平 W_t、后验概率 $\pi_{1,t|t} = \Pr(S_t = 1 | \mathcal{F}_t)$、无风险利率 $R_{f,t}$、VIX 值 V_t 和时间 t。

令 $A_t = W_t \exp((T-t)R_{f,t})$，可以证明：

$$A_{t+1} = W_{t+1} \exp((T-t-1)R_{f,t+1}) = A_t \tilde{R}_{t+1}(\omega_t)$$

式中

$$\tilde{R}_{t+1}(\omega_t) = \exp((T-t-1)r_{f,t+1})[\omega_t(\exp(r_{s,t+1})-1)+1] \quad (12\text{-}19)$$

$r_{f,t+1} = R_{f,t+1} - R_{f,t}$。由于 $r_{f,t+1}$ 只依赖于市场状态，$\tilde{R}_{t+1}(\omega_t)$ 不是 $R_{f,t}$ 的函数。因为 $A_T = W_T$，式（12-18）中的值函数可以重写为

$$J(A_t, \pi_{1,t|t}, V_t, t) \equiv \max_{\{\omega_\tau \in [0,1]\}_{\tau=t}^{T-1}} E_t(U(A_T)) \quad (12\text{-}20)$$

对于式（12-15）中的幂效用函数，值函数 $J(A_t, \pi_{1,t|t}, V_t, t)$ 可以写为

$$J(A_t, \pi_{1,t|t}, V_t, t) = A_t^{1-\gamma} Q(\pi_{1,t|t}, V_t, t) \quad (12\text{-}21)$$

式中

$$Q(\pi_{1,t|t}, V_t, t) = \max_{\{\omega_\tau \in [0,1]\}_{\tau=t}^{T-1}} \frac{1}{1-\gamma} E_t \left[(\tilde{R}_{t+1}(\omega_t) \tilde{R}_{t+2}(\omega_{t+1}) \cdots \tilde{R}_T(\omega_{T-1}))^{1-\gamma} \right]$$

由于 A_t 不是状态变量，我们可以通过递归求解得到最优的投资组合权重：

$$Q(\pi_{1,t|t}, V_t, t) = \max_{\omega_t \in [0,1]} E_t[(\tilde{R}_{t+1}(\omega_t))^{1-\gamma} Q(\pi_{1,t+1|t+1}, V_{t+1}, t+1)] \quad (12\text{-}22)$$

其终端条件为

$$Q(\pi_{1,T|T}, V_T, T) = \frac{1}{1-\gamma}$$

通过使用反向归纳数值算法，我们可以求解 $t=0$ 时的最优投资组合。

如果投资者效用函数是状态依赖的，那么 A_t 是一个状态变量，由贝尔曼方程有

$$J(A_t, \pi_{1,t|t}, V_t, t) = \max_{\omega_t \in [0,1]} E_t \left[J(A_t \tilde{R}_{t+1}(\omega_t), \pi_{1,t+1|t+1}, V_{t+1}, t+1) \right] \quad (12\text{-}23)$$

其终端条件为

$$J(A_T, \pi_{1,T|T}, V_T, T) = \pi_{1,T|T} \frac{A_T^{1-\gamma_1}}{1-\gamma_1} + (1-\pi_{1,T|T}) \frac{A_T^{1-\gamma_2}}{1-\gamma_2} \quad (12\text{-}24)$$

在数值求解式（12-23）和式（12-24）时会出现一个潜在的计算问题。令 $\omega_t^*(A_t, \pi_{1,t|t}, V_t, t)$ 是 t 时刻的最优风险资产权重，我们将其表示为 ω_t^*，则值函数可以写成

$$J(A_t, \pi_{1,t|t}, V_t, t) = \sum_{j=1}^{2} E_t \left(\frac{A_T^{1-\gamma_j}}{1-\gamma_j} \Big| S_T = j \right) \Pr(S_T = j | \mathcal{F}_t)$$

$$= \sum_{j=1}^{2} \frac{A_t^{1-\gamma_j}}{1-\gamma_j} E_t \left[(\tilde{R}_{t+1}(\omega_t^*) \tilde{R}_{t+2}(\omega_{t+1}^*) \cdots \tilde{R}_T(\omega_{T-1}^*))^{1-\gamma_j} \Big| S_T = j \right]$$

$$\cdot \Pr(S_T = j | \mathcal{F}_t)$$

由包络定理，值函数对 A_t 的偏导数由下式给出：

$$\frac{\partial J(A_t, \pi_{1,t|t}, V_t, t)}{\partial A_t} = \sum_{j=1}^{2} A_t^{-\gamma_j} E_t \left[\left(\tilde{R}_{t+1}(\omega_t^*) \tilde{R}_{t+2}(\omega_{t+1}^*) \cdots \tilde{R}_T(\omega_{T-1}^*) \right)^{1-\gamma_j} \Big| S_T = j \right]$$

$$\cdot \Pr(S_T = j | \mathcal{F}_t)$$

即值函数 $J(A_t, \pi_{1,t|t}, V_t, t)$ 是 A_t 的非线性函数。因此，为了在状态变量的离散网格上计算值函数，我们需要非线性插值算法，而这非常耗时。

本节提出一种替代方法来克服这一问题。令 $\varphi_{T,j} = 1_{\{S_T = j\}}$ 代表市场状态的示性函数。如果市场状态在 T 时刻为牛市，则 $\varphi_{T,1}$ 等于 1。如果市场状态在 T 时刻为熊市，则 $\varphi_{T,2}$ 等于 1。因而我们可以将值函数 $J(A_t, \pi_{1,t|t}, V_t, t)$ 重写为

$$J(A_t, \pi_{1,t|t}, V_t, t) = \sum_{j=1}^{2} \frac{A_t^{1-\gamma_j}}{1-\gamma_j} Q_j(A_t, \pi_{1,t|t}, V_t, t) \tag{12-25}$$

式中

$$Q_j(A_t, \pi_{1,t|t}, V_t, t) = E_t\left[\left(\tilde{R}_{t+1}(\omega_t^*)\tilde{R}_{t+2}(\omega_{t+1}^*)\cdots\tilde{R}_T(\omega_{T-1}^*)\right)^{1-\gamma_j} \varphi_{T,j}\right]$$

因而我们在每个状态将值函数 J 分解为两部分。第一部分 $A_t^{1-\gamma_j}/(1-\gamma_j)$ 是高度非线性的，但其表达式是已知的，第二部分 Q_j 是收益率的函数，可以通过线性插值来近似。

容易证明 $Q_j(A_t, \pi_{1,t|t}, V_t, t)$ 满足以下递归方程：

$$\begin{aligned} Q_j(A_t, \pi_{1,t|t}, V_t, t) &= E_t\left[\left(\tilde{R}_{t+1}(\omega_t^*)\tilde{R}_{t+2}(\omega_{t+1}^*)\cdots\tilde{R}_T(\omega_{T-1}^*)\right)^{1-\gamma_j} \varphi_{T,j}\right] \\ &= E_t\left[\left(\tilde{R}_{t+1}(\omega_t^*)\right)^{1-\gamma_j} Q_j(A_{t+1}, \pi_{1,t+1|t+1}, V_{t+1}, t+1)\right] \end{aligned}$$

(12-26)

其终端条件为

$$Q_1(A_T, \pi_{1,T|T}, V_T, T) = \pi_{1,T|T}$$

$$Q_2(A_T, \pi_{1,T|T}, V_T, T) = 1 - \pi_{1,T|T}$$

因此，基于式（12-26）和式（12-25），我们可以从时间 $T-1$ 开始并向前到时刻 0 求解最优投资组合。在时刻 t，我们采取以下两个步骤。

（1）通过求解下式计算 t 时刻的最优风险资产权重：

$$\omega_t^*(A_t, \pi_{1,t|t}, V_t, t) = \arg\max_{\omega_t \in [0,1]} E_t[J(A_{t+1}, \pi_{1,t+1|t+1}, V_{t+1}, t+1)]$$

（2）使用式（12-26）更新 $Q_j(A_t, \pi_{1,t|t}, V_t, t)$。

在算法的数值实现中，我们将每个状态变量离散为 11 个网格点。对于初始概率，网格点为 $0, 0.1, \cdots, 1$。对于 VIX，网格点在 $V_{\min,t}$ 和 $V_{\max,t}$ 之间呈线性间隔，其中 $V_{\min,t}$ 和 $V_{\max,t}$ 表示截至当前日期的 VIX 值的最小值和最大值。对于 A_t，网格点在 0.5 和 1.5 之间等距分布。

12.3 模型校准

12.3.1 数据

本章采用的数据包括标准普尔 500 指数月度收益率、VIX 月度观测值和美国国库券月度利率，数据来源分别为美国芝加哥大学证券价格研究中心数据库、芝加哥期权交易所网站。样本期为 1990 年 1 月至 2021 年 12 月，共 384 个观测值。标准普尔 500 指数收益率的计算方法为当前值与先前值之间的对数差乘以 100。表 12-1 给出了标准普尔 500 指数对数收益率、国库券对数利率和 VIX 的一阶差分的统计信息。

表 12-1 样本统计信息

统计数据	标准普尔 500 指数对数收益率	国库券对数利率一阶差分	VIX 一阶差分
描述性统计			
均值	0.5281	−0.0018	−0.0230
标准差	4.2122	0.0360	4.2675
偏度	−0.7706	−0.3589	0.8460
峰度	4.6690	5.2543	7.8348
Jarque-Bera 正态分布的 p 值	0.0010	0.0010	0.0010
线性相关系数			
国库券收益率	0.0039		
波动率指数差异	−0.7187	0.0875	

与国库券对数利率的一阶差分相比，标准普尔 500 指数对数收益率的均值和标准差较高，而两个序列均呈现左偏且重尾。VIX 的一阶差分平均接近于零，但也显示出显著的波动性，它是右偏斜的并且具有高水平的峰度。此外，Jarque-Bera 检验拒绝所有三个时间序列在 1%显著性水平上的正态性。标准普尔 500 指数对数收益率与 VIX 的一阶差分之间的无条件线性相关性为−0.7187，这表明方差资产可以成为标准普尔 500 指数的有效对冲工具，参见 Dash 和 Moran（2005）、Daigler 和 Rossi（2006）、Hilal 等（2011）的研究。最后，国库券与其他两种资产的无条件相关性接近于零。图 12-2 给出了标准普尔 500 指数（实线）和

VIX（虚线）的时间序列，可以看到当标准普尔 500 指数出现较高跌幅时，VIX 会出现较大的上涨。

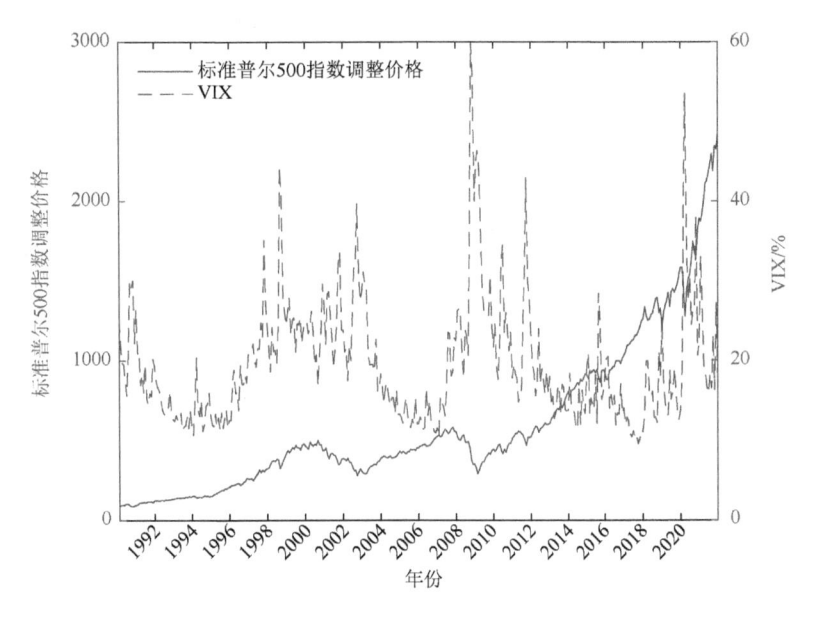

图 12-2　标准普尔 500 指数和 VIX 的时间序列

12.3.2　参数估计

式（12-1）～式（12-6）给出的状态转换模型具有 24 个未知参数。Diebold 等（1994）提出将期望最大化（expectation maximum，EM）算法与线性近似相结合，以估计具有时变转移概率的状态转换模型。他们发现 EM 算法很快接近似然最大值，但随后需要更多的迭代才能达到收敛。Diebold 等（1994）指出 EM 算法相关的渐近分布理论仍然不可用，这使参数估计的标准误差难以计算。在我们的研究中，我们将 EM 算法的参数估计值作为起始值，并通过极大似然估计法获得最终的参数估计值和标准误差。

表 12-2 给出了状态转换模型的参数估计，其中 VIX 作为状态转换的预测因子。与 Ang 和 Bekaert（2002）的研究类似，我们的估计结果揭示了两种不同的市场状态：市场处于牛市时，标准普尔 500 指数具有高平均回报和低波动性；市场处于熊市时，标准普尔 500 指数具有低平均回报和高波动性。对于 $\mu_{s,1} = \mu_{s,2}$ 的原假设，Wald 检验统计量为 0.0690，相关的 p 值为 0.7928，表明 $\mu_{s,1}$ 和 $\mu_{s,2}$ 之间没有显著差异。标准普尔 500 指数回报率在状态 2 中的波动率是状态 1 的两倍多，Wald 检验表明两者的差异在 1%的水平上具有统计显著性。

表 12-2　具有时变转移概率的状态转换模型的估计

参数	参数估计	标准差	参数估计	标准差
	牛市初始状态（$S_t=1$）		熊市初始状态（$S_t=2$）	
标准普尔 500 指数				
μ_s	0.7163***	0.2686	0.4803	0.7554
σ_s	2.8447***	0.3063	6.3488***	0.5589
短期国库券				
μ_f	0.0028	0.0018	−0.0114**	0.0055
σ_f	0.0276***	0.0030	0.0425***	0.0053
VIX				
μ_v	4.0737***	0.4555	8.5350***	1.8198
κ_v	−0.2599***	0.0253	−0.3026***	0.0576
σ_v	2.5185***	0.2437	6.6120***	0.8276
相关系数				
ρ_{sf}	−0.0516	0.0627	0.0333	0.1427
ρ_{sv}	−0.7404***	0.0495	−0.7832***	0.0452
ρ_{fv}	0.0564	0.0636	0.0934	0.1213
转移概率系数				
α	8.0415***	1.7020	−1.3822	1.2532
β	−0.3261***	0.0833	0.0915**	0.0402
π_0	1.0000	0.0000		
对数似然值		−1151.5		

和*分别表示 5%和 1%的统计显著性水平

国库券利率的一阶差分在牛市期间具有正均值和较低的波动性，在熊市期间具有负均值和较高的波动性。VIX 的平均值（$-\mu_v/\kappa_v$）在牛市中约为 15.67，远低于熊市中的平均值 28.20。κ_v 大于 −1 表明在两个市场状态下波动率均存在集聚效应。VIX 在牛市状态下的波动率为 2.5185，远低于其在熊市状态下的 6.6120，Wald 检验表明它们之间的差异在 1%的水平上显著。标准普尔 500 指数与 VIX 一阶差分之间的条件相关性在牛市状态下为 −0.7404，低于熊市状态下的 −0.7832。Dash 和 Moran（2005）也发现了这种不对称的相关性，这表明基于 VIX 的资产可以成为标准普尔 500 指数的良好对冲工具，尤其是在熊市中 VIX 资产的对冲效果更好（Hilal et al., 2011）。最后，国库券利率在两种状态下与其他两种资产的相关性均较低。

市场在 $t-1$ 时为牛市，在 t 时转变为熊市的概率等于

$$\Pr(S_t = 2 \mid S_{t-1} = 1) = \frac{1}{1 + \exp(\alpha_1 + \beta_1 V_{t-1})} \quad (12\text{-}27)$$

表 12-2 显示 β_1 的估计值为 -0.3261，在 1% 的水平上显著为负。β_1 为负值表明从牛市转变到熊市的概率随着 VIX 的增加而增加。同时，市场在 $t-1$ 时为熊市，在 t 时转变为牛市的概率等于

$$\Pr(S_t = 1 \mid S_{t-1} = 2) = \frac{1}{1 + \exp(\alpha_2 + \beta_2 V_{t-1})} \quad (12\text{-}28)$$

表 12-2 显示 β_2 的估计值为 0.0915，在 5% 的水平上显著。β_2 为正值表明，随着 VIX 增加，市场从熊市转变到牛市的概率降低。因而，无论当前市场状况如何，β_1 的负号和 β_2 的正号都表明较高的 VIX 会导致下一时期出现熊市的可能性更高。

图 12-3 给出了 VIX 对市场状态转移概率的影响。我们可以看到，当初始市场状态为牛市的时候，市场状态的转移对 VIX 变动更加敏感。当 VIX 从 20% 增加到 30% 时，市场状态从牛市转移为熊市的概率会从 17.94% 急剧增加到 85.07%。相反，当市场初始状态为熊市时，VIX 变动对市场状态变化的影响较小。当 VIX 从 20% 增加到 30% 时，市场状态从熊市转移到牛市的概率会从 38.98% 小幅减少到 20.37%。

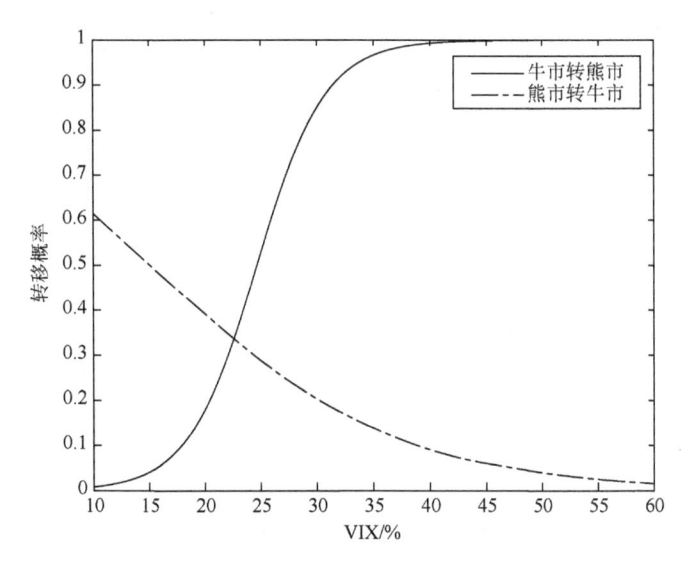

图 12-3 VIX 对市场状态转移概率的影响

12.4 最优投资组合配置

基于状态转换模型的估计参数,我们数值求解式(12-23)和式(12-24)中的动态投资组合问题,并求解风险厌恶系数恒定或依赖于状态时投资者的最优投资组合权重。具体来说,我们考虑两个具有恒定风险厌恶系数的投资者:一个是风险厌恶程度较高的投资者$\gamma = 10$,另一个是风险厌恶程度较低的投资者$\gamma = 2$。风险厌恶系数是状态依赖的投资者,其在牛市和熊市的风险厌恶系数分别为$\gamma_1 = 2$和$\gamma_2 = 10$。我们研究不同类型的投资者在不同情况下(不同投资期限和不同初始市场状态)对风险资产的投资权重,并研究不同投资者最优投资组合策略的样本外投资绩效。

12.4.1 最优投资组合权重

基于表12-2中的参数估计,我们对动态投资组合问题进行数值求解以获得最优投资组合权重。我们设定初始财富$W_0 = 1$,考虑投资期限T为1个月、6个月和12个月,以及两个初始市场状态:熊市状态($\pi_0 = 0$)和牛市状态($\pi_0 = 1$)。

图12-4绘制了当投资者风险厌恶系数为2时,在不同投资期限内标准普尔

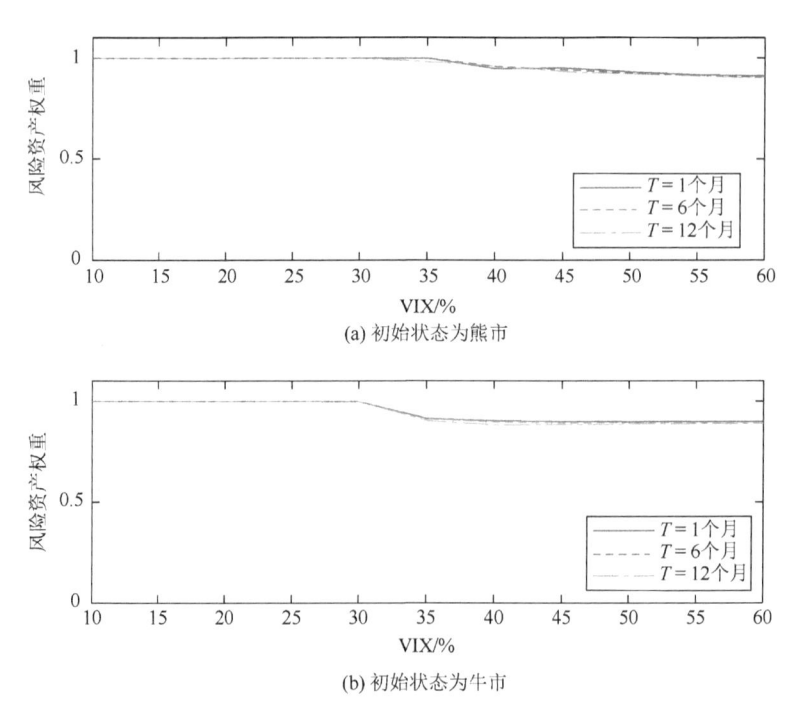

(a) 初始状态为熊市

(b) 初始状态为牛市

图12-4 风险厌恶系数恒定为2的投资者的风险资产权重

500 指数的最优权重。我们发现投资者投资于风险资产的权重会随着 VIX 水平的提高而降低。较高的 VIX 导致下一期出现熊市的可能性更高。由表 12-2 可以看到，风险资产在两种情况下都具有正的超额收益。因此，即使当前的 VIX 水平很高，风险厌恶系数 $\gamma = 2$ 的投资者也会将大约 90% 的财富投资于风险资产。

图 12-5 绘制了风险厌恶系数为 10 的投资者的最优风险资产权重。如果市场处于熊市状态且当前 VIX 较低，投资者仍然会表现得比较保守，分配于风险资产的权重约为 40%。另外，如果市场处于牛市状态且当前的 VIX 水平较低，投资者会将较高比例的财富投资于风险资产。而当 VIX 高于 25% 时，风险资产的持有量下降到 20% 左右。

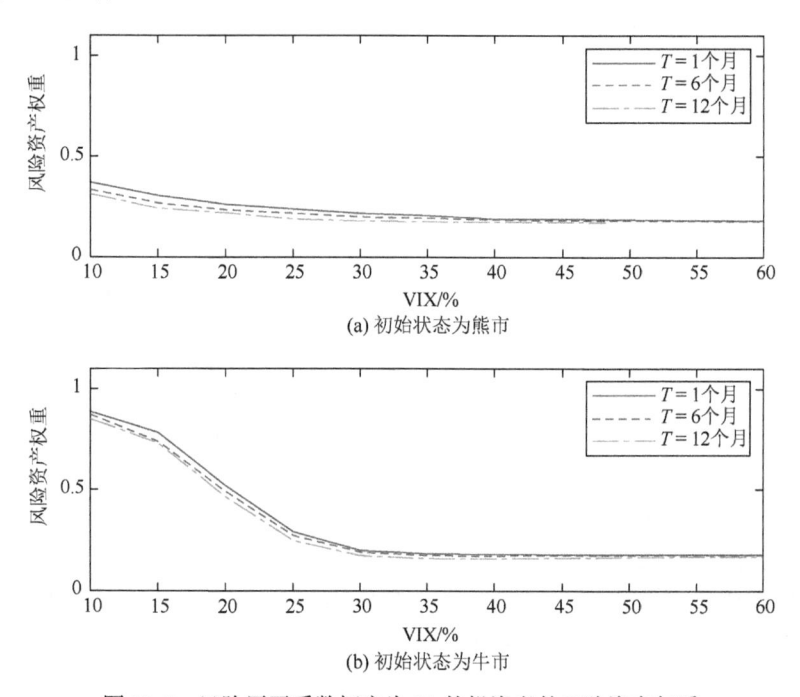

图 12-5　风险厌恶系数恒定为 10 的投资者的风险资产权重

图 12-4 和图 12-5 还表明，对于具有恒定风险厌恶系数的投资者，风险资产的权重随着投资期限的增加而下降。这是因为这些投资者有跨期对冲需求，以平滑未来市场状态变动的影响。此外，风险厌恶程度较高的投资者（$\gamma = 10$）更关心未来投资机会的变动，因此对冲需求更大，尤其是在 VIX 处于较低水平时。

图 12-6 显示了当投资者的风险厌恶程度依赖于市场状态时的最优投资组合权重。当 VIX 低于 15% 时，如果当前状态是牛市，则投资者将所有财富投资于风险资产，如果当前状态是熊市，则超过 45% 的权重会投资到风险资产。随着 VIX 的增加，投资者变得保守，如果 VIX 超过 25%，风险资产的权重会下降到 20% 左右的较低水平。

(a) 初始状态为熊市

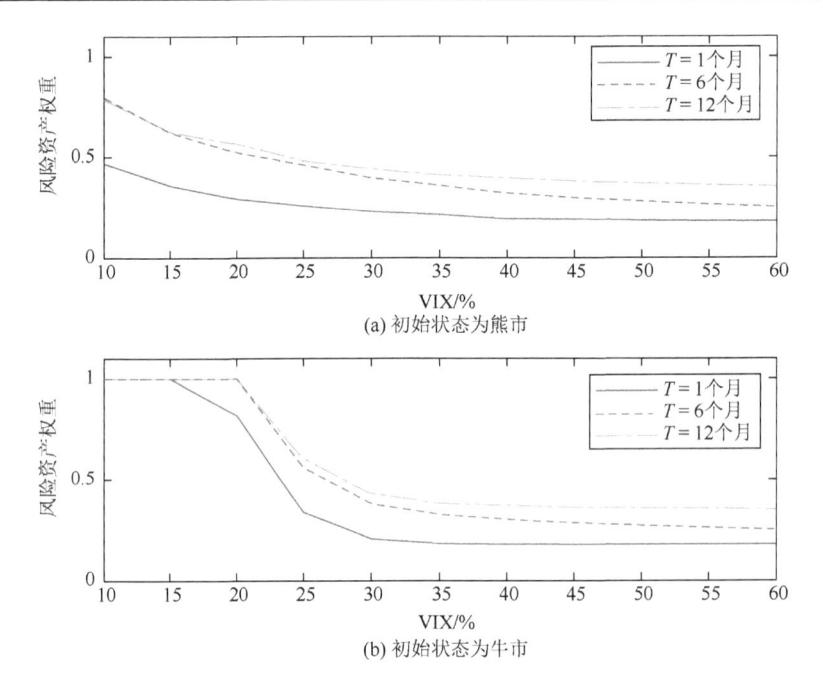

(b) 初始状态为牛市

图 12-6 风险厌恶系数在牛市为 2，在熊市为 10 的投资者的风险资产权重

由图 12-6 我们还可以发现，随着投资期限的增加，具有状态依赖风险厌恶系数的投资者会更多地投资于风险资产。如表 12-2 所示，风险资产在两种状态下均表现出正的平均超额收益，即通过投资风险资产，人们期望在未来实现更高的财富水平。由于具有 DRRA 风险偏好的投资者随着财富增加会提高对风险资产权重，因此当投资期限增加时，投资者也会对风险资产进行更多投资（这导致平均财富水平更高）。因此，对于风险偏好依赖于市场状态的投资者，跨期套期保值需求被财富效应所抵消，从而导致投资期限对风险资产权重产生相反的影响。

为了考察初始财富如何影响投资者的投资组合权重，我们假设投资者的初始财富为 0.9、1 和 1.1。投资者的风险偏好是状态依赖的，在牛市时的风险厌恶系数为 2，在熊市的时候为 10。图 12-7 给出了投资期限 T 为 1 个月的风险资产权重。与我们的理论一致，初始财富较低的投资者将比初始财富较高的投资者表现得更为保守，将较少部分的财富分配给风险资产。这一结果适用于不同的初始市场条件和不同的 VIX 值。

图 12-8 进一步显示了投资期限为 12 个月时的风险资产权重。与具有 $W_0=1$（$W_0=0.9$）的投资者相比，具有 $W_0=1.1$（$W_0=1$）的投资者会表现得更加激进，随着投资期限的延长，其风险资产的增加量也更大。

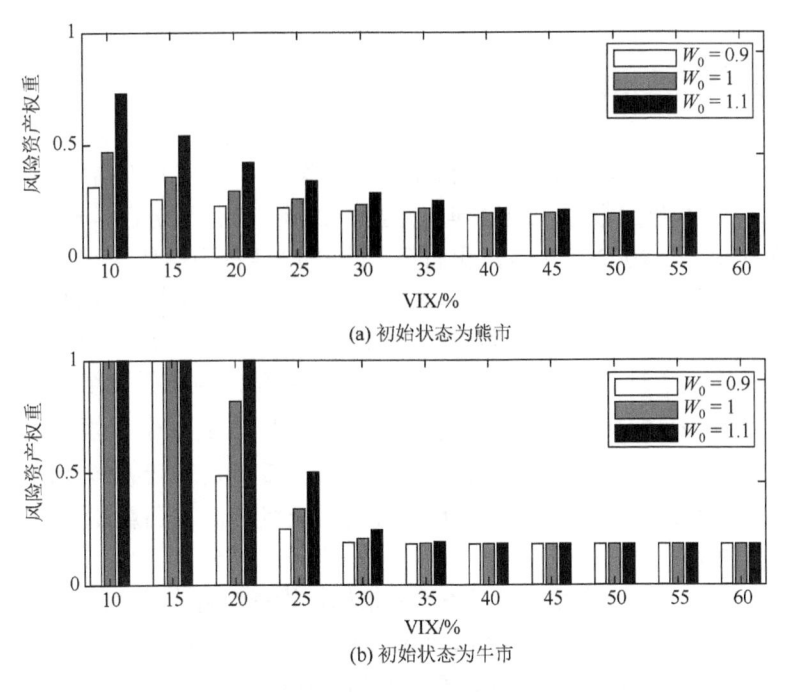

第 12 章 时变风险偏好和动态投资组合配置研究

(a) 初始状态为熊市

(b) 初始状态为牛市

图 12-7 投资期限为 1 个月时的风险资产权重

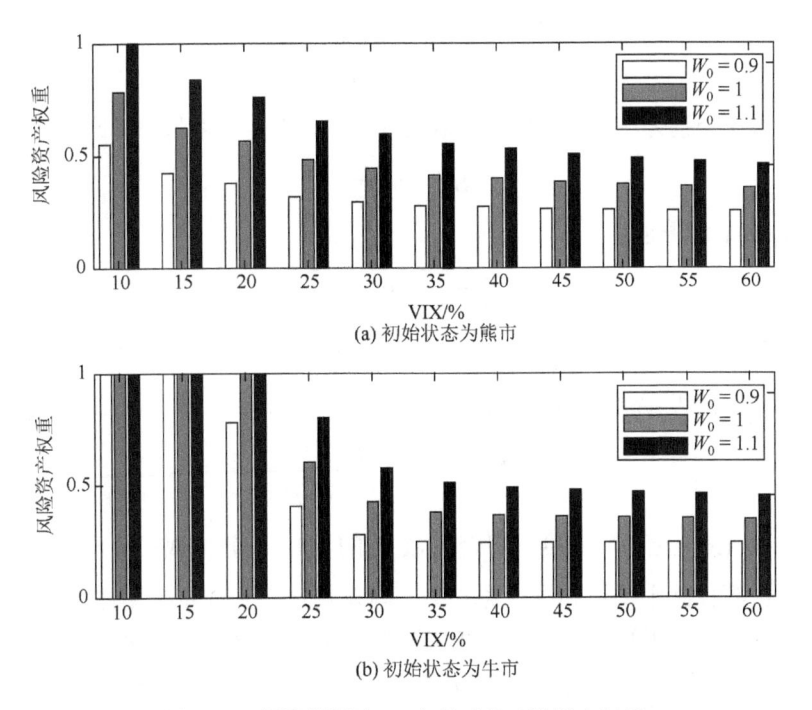

(a) 初始状态为熊市

(b) 初始状态为牛市

图 12-8 投资期限为 12 个月时的风险资产权重

12.4.2 投资绩效指标

本节使用前 12 年的月度数据（1990 年 1 月至 2001 年 12 月）估计模型参数，并使用接下来 20 年的数据（2002 年 1 月至 2021 年 12 月）进行样本外评估。

具体而言，在 2002 年 1 月，我们基于过去 12 年的数据估计状态转换模型的参数，推断出市场状态的后验概率（$\pi_{t|t}$），求解最优投资组合权重 ω_t，通过投资 ω_t 于风险资产和 $1-\omega_t$ 于无风险资产来构建投资组合。接着在 2002 年 2 月，我们基于新的一个月的数据更新后验概率 $\pi_{t+1|t+1}$ 和新的最优投资组合权重 ω_{t+1}，投资组合将从 $(\omega_t, 1-\omega_t)$ 更新为 $(\omega_{t+1}, 1-\omega_{t+1})$。我们重复这个过程直到 2002 年 12 月。在 2003 年 1 月，我们使用前 13 年的数据重新估计状态转换模型，并根据新估计的参数求解 2003 年每个月的最优投资组合。我们重复这个过程，直到 2021 年 12 月。

我们考虑以下基于收益率的投资绩效指标：投资组合收益率的最小值、最大值、年化均值、标准差（standard deviation，SD）、夏普比率（Sharpe ratio，SR）、索尔蒂诺比率（Sortino ratio，ST）和回报 VaR 比率（reward-VaR ratio，RVR）。鉴于标准普尔 500 交易所交易基金的低交易成本和较低的月度调仓频率，我们在计算绩效指标时不考虑交易成本。夏普比率由下式给出：

$$SR = \mu/\sigma$$

式中，μ 和 σ 分别为超额投资组合收益的均值和标准差。索尔蒂诺比率可以写为

$$ST = \mu/\sigma_d$$

式中，σ_d 为下边偏差：

$$\sigma_d = \sqrt{E(R_e^2 1_{R_e<0})}$$

式中，R_e 为实现的超额收益；$1_{R_e<0}$ 为示性函数，如果 $R_e < 0$ 取值为 1，否则为 0。置信水平 α 下的回报 VaR 比率定义为

$$RVR_\alpha = \frac{\mu}{VaR_\alpha(R_p) + \mu_f}$$

式中，$VaR_\alpha(R_p)$ 为已实现投资组合收益 R_p 的负 $1-\alpha$ 分位数；μ 和 μ_f 分别为投资组合的超额收益率均值和国库券利率。与夏普比率和索尔蒂诺比率相比，回报 VaR 比率更侧重于极端下行风险。在实证分析中我们设定 $\alpha = 99\%$。

为了便于比较不同风险偏好投资者的投资策略，我们考虑投资者具有幂效用函数，其风险厌恶系数为 γ_0：

$$u(W_T) = \frac{W_T^{1-\gamma_0}}{1-\gamma_0}$$

假设初始财富归一化为 1，令 $R_{p,t}(T)$ 表示策略 p 所产生的从 t 至 $t+T$ 的总收益率，则投资者的平均已实现效用可以计算为

$$\bar{u}(W_{T,p}) = \frac{1}{N-T} \sum_{t=1}^{N-T} \frac{R_{p,t}(T)^{1-\gamma_0}}{1-\gamma_0}$$

式中，N 为样本外观测值的数量。设 $R_{f,t}(T)$ 为从 t 至 $t+T$ 的总的无风险收益率，则策略 p 的 T 期确定性等价超额回报率，即 CEER(T,p) 是以下等式的解：

$$\bar{u}(W_{T,p}) = \frac{1}{N-T} \sum_{t=1}^{N-T} \frac{\left[R_{f,t}(T) + \text{CEER}(T,p)\right]^{1-\gamma_0}}{1-\gamma_0} \quad (12\text{-}29)$$

与文献中常用的确定性等价收益率相比（Guidolin and Timmermann，2008），对于任何风险厌恶系数，无风险投资策略的确定性等价超额回报率（certainty equivalent rate of excess return，CEER）始终为零。根据 Fleming 等（2001）的研究，CEER 也可以解释为从无风险投资策略转向风险投资策略，投资者愿意支付的管理费。越高的 CEER 值表明资产配置策略给投资者带来的效用越高。我们给出了 γ_0 等于 2 和 10 时不同策略的年化 CEER 值。

我们以状态依赖投资者的最优投资组合策略为基准策略，使用 DeMiguel 等（2013）的 Bootstrap 方法检验其他投资组合策略是否具有比基准策略更好的投资绩效。具体来说，对于 1 个月的投资期限，我们有放回地随机抽取基准策略和其他策略的已实现投资组合收益率，抽样样本大小为 $N-1$，其中 N 是样本外数据的大小。当投资期限 T 长于 1 个月时，按照 Politis 和 Romano（1994）的平稳抽样方法，我们有放回地随机逐块抽取 T 期已实现投资组合收益率，抽样样本大小为 $N-T$。假设第 i 次随机抽样时两种策略之间的绩效指标的差异是 D_i。重复上述过程 $B = 10\,000$ 次，我们可以得到一系列的 D_i，$i = 1,2,\cdots,B$。在基准策略绩效低于其他策略绩效的零假设下，D_i 低于零的频率为该原假设的 p 值。

12.4.3 样本外投资表现

1. 不同风险偏好投资者的绩效比较

表 12-3 给出了具有不同风险偏好的投资者在样本外的投资绩效。投资者的风险厌恶系数或者是恒定的（$\gamma = 2$ 或 $\gamma = 10$），或者依赖于市场状态（牛市状态下风险厌恶系数为 2，熊市状态下风险厌恶系数为 10）。我们给出了最优投资组合样本外阶段收益率的最小值、最大值、均值、标准差、夏普比率、索尔蒂诺比率和 99%水平下的回报 VaR 比率，收益率以百分点表示。同时，我们还给出了风险

厌恶系数为2和10的投资者的年化确定性等值超额回报率,即 Δ_2 和 Δ_{10},同样以百分点表示。我们还加入60%投资于风险资产和40%投资于无风险资产的60/40策略并进行比较。为了考察状态依赖风险偏好能否获得更好的投资绩效,我们将该策略作为比较的基准,表中括号中的数值是基准策略绩效指标小于其他策略绩效指标的零假设所对应的单边 p 值,小的 p 值表示可以拒绝原假设。

表 12-3 具有恒定风险偏好和状态依赖风险偏好投资者的最优投资组合绩效

组合策略	最小值/%	最大值/%	均值/%	标准差	夏普比率	索尔蒂诺比率	回报 VaR 比率	Δ_2/%	Δ_{10}/%
\multicolumn{10}{c}{$T=1$ 个月}
γ_S	−5.83	11.55	5.75	6.88	0.84	1.53	0.13	5.29	3.50
$\gamma=2$	−11.57*** (0.000)	13.57 (1.000)	7.54 (0.665)	12.58 (1.000)	0.60** (0.028)	0.91** (0.022)	0.07* (0.052)	5.95 (0.445)	−0.75** (0.015)
$\gamma=10$	−4.25 (0.999)	8.97*** (0.000)	4.53*** (0.002)	5.61*** (0.000)	0.81 (0.127)	1.47 (0.147)	0.12 (0.471)	4.21*** (0.004)	3.02 (0.107)
60/40	−9.32** (0.029)	8.18 (0.916)	6.31 (0.706)	8.78 (1.000)	0.72 (0.270)	1.10 (0.216)	0.08 (0.272)	5.54 (0.620)	2.32 (0.257)
\multicolumn{10}{c}{$T=6$ 个月}
γ_S	−8.81	30.21	7.03	8.28	0.85	2.70	0.48	6.43	4.24
$\gamma=2$	−30.99*** (0.001)	31.48 (1.000)	9.15 (0.877)	13.10 (1.000)	0.70 (0.124)	1.21** (0.020)	0.17** (0.017)	7.39 (0.633)	−4.23* (0.051)
$\gamma=10$	−6.67 (1.000)	20.63*** (0.000)	4.99*** (0.000)	6.10*** (0.000)	0.82 (0.214)	2.41* (0.091)	0.42 (0.139)	4.65*** (0.001)	3.42* (0.058)
60/40	−25.67** (0.020)	23.59 (0.921)	6.56 (0.522)	9.34 (0.939)	0.70 (0.206)	1.19* (0.059)	0.16** (0.041)	5.69 (0.425)	0.36 (0.118)
\multicolumn{10}{c}{$T=12$ 个月}
γ_S	−9.99	45.25	7.84	10.38	0.76	3.40	0.96	6.97	4.11
$\gamma=2$	−37.88** (0.015)	57.82 (1.000)	10.23 (0.915)	14.51 (0.981)	0.71 (0.332)	1.41** (0.044)	0.29** (0.037)	8.14 (0.677)	−7.31 (0.135)
$\gamma=10$	−8.99 (1.000)	29.97*** (0.000)	5.16*** (0.000)	7.14*** (0.000)	0.72 (0.295)	2.82* (0.095)	0.75* (0.097)	4.72*** (0.000)	3.24** (0.039)
60/40	−27.04** (0.027)	33.36 (0.248)	6.88 (0.379)	9.48 (0.581)	0.73 (0.387)	1.39* (0.067)	0.31** (0.046)	6.03 (0.345)	0.52 (0.190)

注:括号内为对应的 p 值

*、**和***分别表示10%、5%和1%的统计显著性水平

对于 $\gamma=2$ 的投资者，由图 12-4 可以看到他对风险资产的权重在不同的市场状态下都比较高。因此，所构建的投资组合具有较高的平均收益和波动率，以及最低的最低收益率和最高的最高收益率。相比之下，$\gamma=10$ 的投资者最厌恶风险，策略也最保守。由图 12-5 可以看到，当 VIX 高于 25% 时，风险资产的权重会降低到 0.2~0.3。因而所构建的投资组合，其收益率在较窄的范围内波动。60/40 策略介于上述两种策略之间，收益率和波动率高于 $\gamma=10$ 的策略，但低于 $\gamma=2$ 的策略。有趣的是，与其他两种组合相比，$\gamma=10$ 对应的组合具有更高的夏普比率、索尔蒂诺比率和回报 VaR 比率，这似乎表明投资者承担了不必要的风险而没有获得更高的收益补偿。

基准组合 γ_S 相比 $\gamma=10$ 的组合更激进，但相比 $\gamma=2$ 更保守。由图 12-6 可以看到，具有状态依赖风险盘活的投资者在牛市的时候会和 $\gamma=2$ 的投资者一样投资较多的风险资产，而在熊市的时候会像 $\gamma=10$ 的投资者那样降低风险资产的权重。γ_S 组合的平均收益率和波动率低于 $\gamma=2$ 组合但高于 $\gamma=10$ 组合。更重要的是，策略 γ_S 可以实现比其他三种策略更高的夏普比率和索尔蒂诺比率，因而在投资组合配置中考虑时变风险偏好有助于提高组合绩效。

具体而言，与 $\gamma=2$ 的组合相比，基准组合 γ_S 产生了更高的夏普比率、索尔蒂诺比率和回报 VaR 比率。夏普比率的差异在 5% 的水平上对于 $T=1$ 个月的投资期限是显著的，索尔蒂诺比率的差异在 $T=1$ 个月、6 个月和 12 个月时具有 5% 的显著性水平。回报 VaR 比率在 $T=1$ 个月时具有 10% 的显著性差异，在 $T=6$ 个月和 12 个月时具有 5% 的显著性差异。此外，在所有投资期限内，基准组合的最低回报在 1% 的水平上显著高于 $\gamma=2$ 的组合。这些结果表明，考虑时变风险偏好的一个主要优势来自对下行风险敞口的保护：投资者 γ_S 在预期市场出现熊市时可以降低风险资产的权重，但投资者 $\gamma=2$ 却没有这种灵活性。相比 $\gamma=2$ 组合，基准组合 γ_S 产生了更高的基于效用的绩效指标 $\varDelta_0$，其差异在 $T=1$ 个月和 6 个月时是显著的。这表明，对于保守的投资者（$\gamma=10$），从适合激进的投资者（$\gamma=2$）的组合转换为基准组合能提高其效用。

基准组合 γ_S 也比 $\gamma=10$ 组合具有更好的绩效。索尔蒂诺比率的差异在 $T=6$ 个月和 12 个月时具有 10% 的显著性水平，回报 VaR 比率的差异在 $T=12$ 个月时具有 10% 的显著性水平。同时，基准组合相比 $\gamma=10$ 组合具有更高的基于效用的绩效指标（$\varDelta_2$ 和 $\varDelta_0$）。其中 $\varDelta_2$ 的差异在所有投资期限内都在 1% 的水平上显著，$\varDelta_0$ 的差异在 $T=6$ 个月和 12 个月时分别在 10% 和 5% 的水平上显著。这表明，对于恒定风险偏好的投资者，从适合保守的投资者（$\gamma=10$）的组合转换为基准组合能显著提高其效用。

基准组合与 60/40 组合相比也具有更高的夏普比率、索尔蒂诺比率和回报 VaR 比率。索尔蒂诺比率的差异在 $T=6$ 个月和 12 个月时具有 10% 的显著性水平，而回报 VaR 比率的差异在 $T=6$ 个月和 12 个月时具有 5%的显著性水平。更重要的是，在所有投资期限内，基准组合的最低回报在 5%的水平上显著高于 60/40 组合，再次表明基准组合能够较好地规避下行风险。

2. 改变初始财富时的策略表现

在表 12-4 中，我们研究了初始财富如何影响状态依赖风险偏好投资者的绩效表现。我们设定投资者在牛市时的风险厌恶系数为 2，在熊市时的风险厌恶系数为 10，投资者的初始财富分别为 0.9、1 和 1.1。初始财富为 1 的策略被用作比较基准。

表 12-4　具有不同初始财富投资者的最优投资组合策略表现

组合策略	最小值/%	最大值/%	均值/%	标准差	夏普比率	索尔蒂诺比率	回报 VaR 比率	Δ_2/%	Δ_{10}/%
\multicolumn{10}{c}{$T=1$ 个月}
$W_0=1$	−5.83	11.55	5.75	6.88	0.84	1.53	0.11	5.29	3.50
$W_0=0.9$	−5.38 (1.000)	9.65*** (0.000)	4.65*** (0.002)	5.87*** (0.000)	0.79 (0.133)	1.45 (0.168)	0.12 (0.452)	4.31*** (0.006)	3.01 (0.109)
$W_0=1.1$	−5.83 (0.641)	11.55 (1.000)	6.88 (1.000)	7.58 (1.000)	0.91 (0.950)	1.71 (0.955)	0.12 (0.740)	6.32 (0.999)	4.14 (0.956)
\multicolumn{10}{c}{$T=6$ 个月}
$W_0=1$	−8.81	30.21	7.03	8.28	0.85	2.70	0.48	6.43	4.24
$W_0=0.9$	−7.88 (0.989)	28.38*** (0.001)	5.13*** (0.000)	6.91*** (0.000)	0.74** (0.036)	2.44 (0.172)	0.47 (0.286)	4.70*** (0.001)	3.23** (0.035)
$W_0=1.1$	−12.64** (0.033)	30.21 (0.982)	8.60 (0.998)	9.59 (1.000)	0.90 (0.708)	2.44 (0.325)	0.41 (0.228)	7.78 (0.988)	4.56 (0.622)
\multicolumn{10}{c}{$T=12$ 个月}
$W_0=1$	−9.99	45.25	7.84	10.38	0.76	3.40	0.96	6.97	4.11
$W_0=0.9$	−8.61 (0.992)	42.69*** (0.000)	6.21*** (0.000)	9.46*** (0.001)	0.66** (0.013)	3.13 (0.151)	0.93* (0.091)	5.47*** (0.000)	3.19** (0.033)
$W_0=1.1$	−13.48** (0.035)	45.25 (1.000)	9.15 (0.997)	11.15 (0.983)	0.82 (0.887)	3.01 (0.284)	0.86 (0.162)	8.13 (0.989)	4.35 (0.634)

注：括号内为对应的 p 值
*、**和***分别表示 10%、5%和 1%的统计显著性水平

由于风险偏好状态依赖的效用函数意味着投资者具有递减的相对风险厌恶系数，因而具有较高初始财富的投资者比具有较低初始财富的投资者更愿意承担风险，会将更多的财富投资于风险资产。与我们的预期一致，与初始财富 $W_0=1$ 的基准策略相比，初始财富 $W_0=0.9$ 的样本外收益率具有较低的均值和标准差，而初始财富 $W_0=1.1$ 的样本外收益率具有较高的均值和较高的标准差。

在综合绩效指标方面，相比于初始财富 $W_0=1$（$W_0=0.9$），初始财富 $W_0=1.1$（$W_0=1$）时，投资者的投资绩效更优。然而，随着投资期限的增加，更高的初始财富可能会使投资者的投资绩效变差。例如，当投资期限为6个月或12个月时，相比于初始财富 $W_0=1$，初始财富 $W_0=1.1$ 的投资者所得到的索尔蒂诺比率和回报 VaR 比率更低。

投资者具有状态依赖的风险厌恶系数，此时较高的初始财富会导致投资者具有较低的风险厌恶系数和更高的风险资产权重。在进行多期投资时，较高的初始财富使投资者的风险资产权重比单期的多。当 $W>1$ 时，即使熊市的可能性较高，投资者降低风险敞口的速度也会相对较慢。因此，虽然 $W=1.1$ 的投资者可以获得相对较高的平均回报，但他面临较大的下行风险并因而获得较低的索尔蒂诺比率和回报 VaR 比率。

3. 改变 γ_1 和 γ_2 的策略表现

在前面的分析中，投资者当具有状态依赖的风险厌恶系数时，我们设定他在牛市的风险厌恶系数为 $\gamma_1=2$，在熊市的风险厌恶系数为 $\gamma_2=10$。在本节，我们改变 γ_1 和 γ_2 的值，并考察 γ_1 和 γ_2 的改变对策略绩效的影响。在表 12-5 中，我们考虑以下四种情况：固定 $\gamma_1=2$，并分别设定 γ_2 为 8、10、12，以及 $\gamma_1=4$，$\gamma_2=10$。我们计算不同风险偏好投资者投资策略的样本外表现，并以 $\gamma_1=2$ 和 $\gamma_2=10$ 作为比较基准。

表 12-5　具有状态风险厌恶系数的投资者的动态投资组合绩效

(γ_1,γ_2)	最小值/%	最大值/%	均值/%	标准差	夏普比率	索尔蒂诺比率	回报 VaR 比率	Δ_2/%	Δ_{10}/%
	$T=1$ 个月
(2, 10)	−5.83	11.55	5.75	6.88	0.84	1.53	0.11	5.29	3.50
(2, 8)	−5.83***	11.55	6.12	7.31	0.84	1.51	0.11	5.60	3.56
	(0.001)	(0.918)	(0.991)	(1.000)	(0.526)	(0.323)	(0.527)	(0.973)	(0.652)
(4, 10)	−5.80	11.55	5.59***	6.71***	0.83	1.53	0.12	5.14**	3.45
	(1.000)	(0.646)	(0.009)	(0.000)	(0.336)	(0.521)	(0.810)	(0.021)	(0.261)

续表

(γ_1,γ_2)	最小值/%	最大值/%	均值/%	标准差	夏普比率	索尔蒂诺比率	回报VaR比率	Δ_2/%	Δ_{10}/%
T=1个月
(2, 12)	−5.83 (1.000)	11.55 (0.646)	5.50** (0.018)	6.55*** (0.000)	0.84 (0.601)	1.57 (0.829)	0.12 (0.696)	5.08** (0.045)	3.47 (0.418)
T=6个月
(2, 10)	−8.81	30.21	7.03	8.28	0.85	2.70	0.48	6.43	4.24
(2, 8)	−10.15*** (0.000)	30.21 (0.352)	7.48 (1.000)	8.66 (1.000)	0.87 (0.926)	2.57** (0.043)	0.42* (0.098)	6.81 (1.000)	4.35 (0.820)
(4, 10)	−8.64 (1.000)	30.20*** (0.004)	6.60*** (0.000)	7.87*** (0.000)	0.84** (0.032)	2.66 (0.169)	0.47 (0.456)	6.05*** (0.000)	4.08*** (0.004)
(2, 12)	−8.46 (0.998)	30.21*** (0.004)	6.67*** (0.000)	7.98*** (0.000)	0.84** (0.030)	2.78 (0.911)	0.54 (0.775)	6.11*** (0.000)	4.12** (0.047)
T=12个月
(2, 10)	−9.99	45.25	7.84	10.38	0.76	3.40	0.96	6.97	4.11
(2, 8)	−12.18*** (0.000)	45.25 (0.976)	8.26 (1.000)	10.69 (1.000)	0.77 (0.996)	3.13*** (0.004)	0.82** (0.015)	7.33 (1.000)	4.16 (0.675)
(4, 10)	−9.64 (1.000)	44.01 (0.220)	7.24*** (0.000)	9.87*** (0.000)	0.73*** (0.000)	3.32* (0.077)	0.94 (0.162)	6.45*** (0.000)	3.89*** (0.000)
(2, 12)	−8.49 (1.000)	45.17* (0.078)	7.49*** (0.000)	10.13*** (0.000)	0.74*** (0.000)	3.58 (0.985)	1.10 (0.914)	6.66*** (0.000)	4.00* (0.059)

注：括号内为对应的 p 值

*、**和***分别表示 10%、5%和 1%的统计显著性水平

表 12-5 中的结果表明，如果增加 γ_1 或 γ_2，策略将产生更低的平均回报和更低的波动性。如果使用夏普比率、索提诺比率和回报 VaR 比作为绩效衡量标准，$\gamma_2 - \gamma_1 = 8$（$\gamma_2 - \gamma_1 = 10$）的策略通常可以产生比 $\gamma_2 - \gamma_1 = 6$（$\gamma_2 - \gamma_1 = 8$）的策略更好的绩效，并且在某些情况下，绩效的差异具有统计学显著性。最后，基于确定性等值超额回报率（Δ_2 和 Δ_{10}）的结果表明，增加 γ_1 或 γ_2 使策略对具有较高风险厌恶系数的投资者更具吸引力，而降低 γ_1 或 γ_2 使策略对具有较低风险厌恶系数的投资者更具吸引力。

12.5 小　　结

本章在状态转换模型下求解了具有时变风险偏好投资者的最优动态投资组合问题。我们假设股市表现出两种状态：以高平均收益、低波动率和低风险厌恶为特征的牛市状态，以及以低平均收益、高波动率和高风险规避为特征的熊市状态。我们发现，VIX 对市场状态转变具有显著的预测能力，并且具有状态依赖风险偏好的投资者能够获得比具有恒定风险偏好的投资者更好的投资绩效。我们的研究结果对快速发展的互联网金融领域具有启示意义。例如，Betterment 和 Wealthfront 等智能投顾平台可以结合本章的模型，为客户提供有价值的投资建议。

第 13 章 信息传播快、衰减快对市场预测和定价的影响

13.1 概　　述

13.1.1 互联网的发展和移动交易的兴起

1997~2000 年初，中国诞生了许多互联网公司，如阿里巴巴、百度、腾讯、京东、搜狐、新浪等耳熟能详的公司，虽然 2000 年全球互联网泡沫破裂，互联网科技被迫进入寒冬，但互联网快速发展的浪潮是势不可挡的。从 20 世纪 90 年代开始的金桥工程到 2007 年的《电子商务发展"十一五"规划》再到 2015 年的"互联网＋"行动计划，互联网普及率不断攀升（图 13-1），并且互联网与传统行业的深度融合为人们的工作、生活提供了极大的便利。

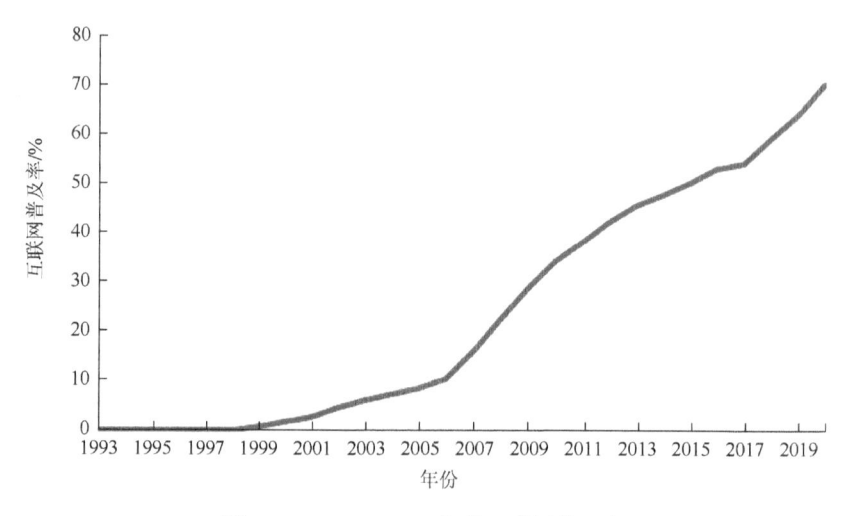

图 13-1　1993~2019 年的互联网普及率

从终端来看，截至 2021 年 6 月，我国网民规模达 10.11 亿人，互联网普及率达 71.6%，手机网民规模为 10.07 亿人，网民使用手机上网的比例为 99.6%。

图 13-2 展示了手机网民规模及其占整体网民的比例，手机网民的规模在快速、稳步地增长。

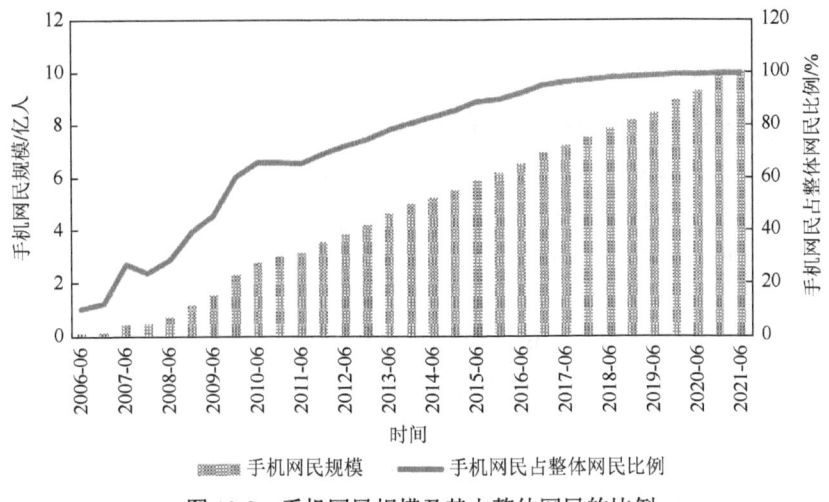

图 13-2　手机网民规模及其占整体网民的比例

资料来源：CSMAR 数据库

互联网和移动通信技术的发展以及移动交易和移动支付的快速兴起，使股市的交易方式也产生了诸多变化，从排队填单到电话交易到计算机交易，到如今，股民可以用智能手机接收股票资讯，随时随地进行交易。交易终端的多样性，会给股票市场带来什么呢？对股价预期又会带来什么变化呢？

13.1.2　移动端与有限注意力假说

随着信息技术的发展和智能手机的普及，一方面，投资者拥有更多交易工具的选择（如计算机和手机），尤其是对于职业群体的股民来说，能更为便捷地参与股市交易。另一方面，信息来源和传播途径被极大地丰富，信息爆炸的新纪元，投资者从纷繁的信息中提取有用的信息也变得较为困难。以上两方面均给投资者的注意力带来了新的考验。

中国股市的参与者主要是散户，以手机为终端进行交易是非常普遍的。一方面，交易工具的物理特征和显示的信息内容可能带来投资者关注的差异。从物理特征来看，手机的屏幕更小、触摸屏技术以及其他程序的干扰可能会缩短投资者注意力的持续性，并将其注意力集中于较少的显著信息上。从显示的信息内容来看，PC 端更容易看出股票的历史整体走势，而手机端更强调近期信息等。另一方面，已有文献指出使用移动端交易的投资者往往是比较乐观的散户，而使用 PC

端交易的投资者主要为机构投资者和谨慎保守的散户投资者,他们可能会在交易前搜寻很多信息辅助决策。此外,两者对风险的态度可能不同,如用 PC 端交易的投资者更为谨慎,面对同样的风险,和手机端的投资者相比,他们会要求更高的风险补偿,而手机端交易量占比高的股票可能更具有彩票特征。因此,交易终端对中国股市投资者的注意力衰减速度可能产生不同的影响,考虑该特征对金融市场资产定价和投资者风险管理方面具有重要的参考价值,值得进一步探索。

同时,有文献表明,由于心理和生理能力的限制,投资者的注意力是有限的(Hirshleifer,2001;Hirshleifer et al.,2008;DellaVigna and Pollet,2009;Barber and Odean,2013)。这一发现对传统的资产定价模型提出了挑战,传统的资产定价模型通常基于市场以闪电般的速度提取新信息并提供资产价值的最佳估计的假设(Peng and Xiong,2006)。该假设要求投资者密切关注并消化处理信息,并将其纳入交易决策。在现实中,由于注意力有限,投资者对近期信息的反应一般大于对过去信息的反应。

行为金融学的研究已经证明有限注意力会对投资者的交易行为产生影响,进而造成金融市场的错误定价现象。例如,由于存在有限注意力,投资者对上市公司盈余公告等信息披露不能完全关注,因此会出现反应不足的情况。这会使公司股价不能对相关信息产生即时反应。与以往的研究不同,本章从投资者关注程度(注意力衰减速度)角度进行建模,尝试改进股价预测的精度。

13.1.3 收益率预测

一直以来,学术界和业界对股票收益率的预测始终抱有浓厚的兴趣。对于金融从业者而言,其资产配置需要实时预测股票收益,对收益率预测的改进有助于提高其投资业绩。对于金融界的学者而言,收益率的预测能力可以用来检验市场的有效性,了解股票收益率的可预测性有助于研究者构建更符合现实情况的资产定价模型,从而更好地解释数据。

Rapach 和 Zhou(2013)对股票收益率预测的最新进展进行了全面的文献综述。Rapach 和 Zhou(2013)指出有许多文献证明了使用一系列经济变量,样本内的美国股市收益率是可预测的,然而,这些被广泛使用的经济变量的预测能力在样本外的预测表现并不佳。其中,在 Welch 和 Goyal(2008)的开创性论文中,作者指出,找到一个能成功预测样本外股票收益率的经济变量是十分困难的。Pesaran 和 Timmermann(1995)强调了样本外检验对分析收益可预测性的重要性,表明股票收益率预测与模型不确定性和参数不稳定性息息相关。模型不确定性指预测者既不知道"最佳"模型设定,也不知道其相应的参数值。此外,由于参数的不稳定性,最佳模型可能随时间发生变化。考虑到经济周期的波动和股票收益率可预测性之间存在关系，由于模型不确定性和参数不稳定性与宏观经济预测密切相关，因此也与股票收益率预测高度相关。此后，许多研究致力于利用先进的计量经济学方法解决以上问题，改进股票样本外收益率的预测表现。Wang 等（2021）提出了一种新的方法——时变加权最小二乘（time weighted least squares，TWLS）来改进单变量和组合模型对股票收益率的预测效果。本章主要采用该方法来进行建模分析。

13.2 方 法 论

TWLS 方法的动机来源于对参数不稳定性的考虑，这是宏观经济和金融预测效果不佳的一个重要来源（Pesaran and Timmermann，2002；Pesaran et al.，2006；Giacomini and Rossi，2009；Inoue and Rossi，2011）。参数不稳定是由于极端事件、总统选举、商业环境变化和移动支付的引入等因素引起的结构性突变。特别是，Rapach 和 Wohar（2006）在五个经济变量和股票收益率之间的预测关系中发现了结构性突变的明显证据。在存在结构性突变的情况下，对突变日期进行估计，模型在预测时通常使用突变之后的观测值。Pesaran 和 Timmermann（2007）认为，这可能不会最小化均方预测误差，因为突变后的观测数据有限，可能带来较高的估计不确定性。因此，突变前的数据也可能提供信息，并产生准确的预测。因此，在参数不稳定性建模中有两种流行的方法。第一种预测模型允许参数随时间变化，如 Dangl 和 Halling（2012）、Zhu X N 和 Zhu J（2013）的研究中应用的时变参数模型。然而，这种模型的问题在于难以选择最佳的时间估计窗口。处理参数不稳定性的另一种方法是应用滚动估计窗口，而非递归估计窗口，并使用固定数量的最新观测数据来估计参数。滚动预测的一个问题是选择最佳窗口长度（Pesaran and Timmermann，2007；Inoue et al.，2017）。与上述方法不同，本章的 TWLS 方法通过为更近期的观测值赋予更大的权重来解决参数不稳定性问题。

TWLS 的加权方案与行为金融学中的投资者注意力理论相一致。Huberman 和 Regev（2001）发现股票价格只有在投资者关注时才会波动。许多研究构建了不同的投资者注意力的代理变量来预测股票收益（Da et al.，2011；Li and Yu，2012）。然而，文献表明，由于心理和生理能力的限制，投资者的注意力是有限的（Hirshleifer，2001；Hirshleifer et al.，2008；DellaVigna and Pollet，2009；Barber and Odean，2013）。这一发现挑战了传统的资产定价模型，传统模型通常基于市场以闪电般的速度提取新信息并提供资产价值的最佳估计的假设（Peng and Xiong，2006）。该假设要求投资者密切关注并消化处理信息，并将其纳入交易决策。在现实中，由于注意力有限，投资者对近期信息的反应大于对过去信息的反应。本章的 TWLS 方法通过使用一个时间加权函数（随时间单调递增的函数）捕捉以上特征。

13.3 基于时间加权的最小二乘预测回归

13.3.1 模型设定

根据收益率可预测性的文献，本章使用简单的线性回归对股票指数的收益率进行预测。模型的设定如下：

$$r_{t+1} = \boldsymbol{X}_t \cdot \boldsymbol{\beta} + \varepsilon_{t+1}, \quad t=1,2,\cdots,T-1, \quad \varepsilon_{t+1} \sim N(0,\sigma_\varepsilon^2) \quad (13\text{-}1)$$

式中，r_{t+1} 表示 $t+1$ 时刻股票的连续复利收益率超过无风险利率的部分（超额收益率）；$\boldsymbol{X}_t$ 表示包含截距项在内的收益率预测变量组成的向量。本章主要研究单变量模型，即 $\boldsymbol{X}_t$ 只包含其中一个预测变量和截距项。

估计式（13-1）中参数最常用的方法是 OLS 方法。以最小化均方误差为目标，得到 OLS 参数如下：

$$\hat{\boldsymbol{\beta}}_{\text{OLS}} = \underset{\boldsymbol{\beta}}{\operatorname{argmin}} \sum_{t=1}^{T-1}(r_{t+1} - \boldsymbol{X}_t \cdot \boldsymbol{\beta})^2 \quad (13\text{-}2)$$

考虑到结构突变，通过对以上目标函数进行时间相关的加权。参数的估计方法如下：

$$\hat{\boldsymbol{\beta}}_{\text{TWLS}} = \underset{\boldsymbol{\beta}}{\operatorname{argmin}} \sum_{t=1}^{T-1} w_t (r_{t+1} - \boldsymbol{X}_t \cdot \boldsymbol{\beta})^2 \quad (13\text{-}3)$$

式中，w_t 为对应各观测时点的非负权重，设 w_t 为 t 的单调递增函数。该设置与预测者在出现结构突变时会更多地关注最近的观测结果这一事实相一致。Pesaran 等（2013）从理论上证明在连续突变的情况下，最优权重应该是指数。本章考虑四个不同的常用加权函数对超参数进行估计。超参数的估计参考 Fan 等（2017）的方法，从数据中自适应地优化得到相应的超参数。

13.3.2 时间衰减权重

（1）指数权重：

$$w_t = t^\lambda, \quad t=1,2,\cdots,T-1 \quad (13\text{-}4)$$

首先考虑这一基本的加权函数。给定非负超参数 λ，λ 越大，早期的数据权重越低，表明衰减速度越快，意味着结构突变发生也越频繁。当超参数 $\lambda=0$ 时，TWLS 方法与 OLS 方法等价。

(2) 幂函数权重:

$$w_t = \lambda^t, \quad t = 1, 2, \cdots, T-1 \quad (13\text{-}5)$$

通过对调时间和超参数在指数权重中的位置，可以得到另一个权重函数。略大于 1 的 λ 表示越近的数据的权重越大。在超参数 $\lambda=1$ 时，基于该加权函数的 TWLS 方法等价于 OLS 方法。需要注意的是，λ 不能太大，否则权重差距会变得太大。

(3) 高斯权重:

$$w_t = \exp\left(-\lambda(T-1-t)^2\right), \quad t = 1, 2, \cdots, T-1 \quad (13\text{-}6)$$

高斯分布作为最常见的分布形式，高斯加权函数在预测文献中被广泛使用（Widrow and Stearns，1985）。非负超参数 λ 的函数设定类似于指数加权函数，超参数越大，表明投资者对最新信息的关注程度越高。当 $\lambda=0$ 时，基于高斯加权函数的 TWLS 方法等价于 OLS。

(4) 拉普拉斯权重:

$$w_t = \exp\left(-\lambda|T-1-t|\right), \quad t = 1, 2, \cdots, T-1 \quad (13\text{-}7)$$

拉普拉斯权重和高斯权重是密切相关的。唯一的区别是将平方项 $(T-1-t)^2$ 替换为绝对值 $|T-1-t|$。需要注意的是，高斯加权的超参数 λ 的设定也适用于拉普拉斯权重。与高斯加权函数相比，拉普拉斯加权对超参数的变化不那么敏感。

13.3.3 预测过程

使用递归估计窗口对收益率进行预测。$k+1$ 时刻的收益率预测值的计算如下:

$$\hat{r}_{k+1} = X_t \cdot \hat{\boldsymbol{\beta}}_k \quad (13\text{-}8)$$

式中，$\hat{\boldsymbol{\beta}}_k$ 为参数 $\boldsymbol{\beta}$ 的估计值，基于 $\{r_t\}_{t=2}^{k}$ 对 $\{X_t\}_{t=1}^{k-1}$ 回归得到。

基于 TWLS 方法的样本外预测主要分为三步。

(1) 将 k 个月的样本分为两个子样本: 前 $k(1-p)$ 个月的训练样本和后 kp 个月的验证样本，其中 p 为验证样本在整个样本中所占的比例 $(0<p<1)$。给定 λ 的初始设定值 $\lambda^{(1)}$，在训练样本中根据式（13-3）估计出参数 $\boldsymbol{\beta}^{(1)}$。

(2) 使用上一步得到的参数估计值结合验证样本的预测变量对其收益率进行预测。为了选择 TWLS 的最优超参数，我们使用以下方法计算加权平方预测误差（weighted squared prediction error，WSPE）:

$$\mathcal{L}(\hat{\boldsymbol{\beta}}^{(1)};\cdot) = \frac{\sum_{t=k(1-p)+1}^{k-1} w_{t-k(1-p)}^{k-1-k(1-p)} (r_{t+1} - X_t \cdot \hat{\boldsymbol{\beta}}^{(1)})^2}{\sum_{t=k(1-p)+1}^{k-1} w_{t-k(1-p)}^{k-1-k(1-p)}} \quad (13\text{-}9)$$

对于不同的超参数 $\lambda^{(1)}$、$\lambda^{(2)}$、$\lambda^{(3)}$、…，可得到相应的预测误差 $\mathrm{WSPE}^{(1)}$、$\mathrm{WSPE}^{(2)}$、$\mathrm{WSPE}^{(3)}$、…。最小的 WSPE 对应的超参数为最优参数 $\lambda^{(*)}$。

（3）给定 $\lambda^{(*)}$ 使用式（13-3）基于 k 个月的全样本得到回归系数的估计值 $\hat{\boldsymbol{\beta}}_k$，然后将 $\hat{\boldsymbol{\beta}}_k$ 代入式（13-8）计算第 $k+1$ 个月的超额收益率预测值。

本章主要报告基于 $p = 0.5$ 的指数加权函数结果。同时，使用不同的加权函数和不同的验证样本比例进行验证，证明了方法的稳健性。

单变量模型的预测能力随时间的推移会发生很大变化（Welch and Goyal，2008）。对这种变化的一个合理解释是，与股票超额收益率相关的预测指标并不是恒定的。为了解决模型不确定性的问题，参考 Rapach 等（2010）使用组合预测方法，即对各模型的预测结果进行加权平均：

$$\hat{r}_{t,\mathrm{comb}} = \sum_{i=1}^{N} \hat{\pi}_{t,i} \hat{r}_{t,i} \tag{13-10}$$

式中，$\hat{r}_{t,i}$ 为模型 i 的预测值；$\hat{\pi}_{t,i}$ 为模型 i 预测结果对应的权重；N 为预测模型的数量（本章中 $N = 12$）。直观地，在获得单个模型的预测值后，需要确认对应的权重。一种简单的方法是等权重，使用固定权重 $\hat{\pi}_{t,i} = 1/N$。该加权方案虽然很简单，但最近的经验和模拟表明，更复杂的组合不一定比它表现得更好（Smith and Wallis，2009；Claeskens et al.，2016；Chan and Pauwels，2018）。

13.4　样本和预测表现评价方法

13.4.1　预测变量

预测回归的因变量为超额收益率，通过计算股票收益和当前无风险利率之间的差值得到。股票收益率为标准普尔 500 指数考虑股息再投资的收益率，无风险利率使用 3 个月期的国库券利率。两者均使用连续复合收益率计算。预测变量使用 Welch 和 Goyal（2008）确定的 12 个预测变量。这些预测变量被广泛用于检测股票收益可预测性（Rapach et al.，2010；Dangl and Halling，2012；Neely et al.，2014）和波动性（Christiansen et al.，2012）的文献中。预测变量的月度数据来源于阿米特-戈亚尔（Amit Goyal）的主页。预测变量及其代表的含义如下。

DP：股息价格比，指标准普尔 500 指数中股息的对数减去股票价格的对数。
DY：股息率，指标准普尔 500 指数中股息的对数减去滞后股票价格的对数。
EP：盈余价格比，指标准普尔 500 指数中收益的对数减去股票价格的对数。
SVAR：股票方差，指标准普尔 500 指数日收益率的平方和。
BM:账面市值比,指道琼斯工业平均指数上年末账面价值与月末市场价值之比。

NTIS：净权益增加，指纽约证券交易所上市股票净股本的十二个月移动之和与纽约证券交易所股票年末总市值之比。

TBL：短期国库券利率，指三个月期美国短期国库券的次级市场利率。

LTY：长期收益率，指长期政府债券的到期收益率。

LTR：长期回报率，指长期政府债券的当期收益率。

DFY：信用到期收益率价差，指穆迪 BAA- 和 AAA- 评级的公司债券到期收益率之差。

DFR：信用当期收益率价差，指长期公司债券和长期政府债券当期收益率之差。

INFL：通货膨胀率，指所有城市消费者的消费物价指数。本章使用滞后一个月的消费物价指数，因为通胀信息在下一个月发布。

与 Welch 和 Goyal（2008）的月度数据集相比，本章排除了派息率（dividend-payout ratio），因为它是 DP 和 EP 之间的差值。期限价差也被排除在外，因为它是 LTY 和 TBL 之间的差值。美国市场的全样本数据的时间范围为 1927 年 1 月至 2021 年 12 月。

13.4.2 预测能力评价

1. 样本外 R^2

本章主要使用两个指标对样本外预测表现进行评价，包括预测误差情况及其经济意义评价。本节介绍 TWLS 方法样本外预测能力的实证结果。如前所述，主要结果是基于式（13-4）中的指数权重函数得到的，递归地预测 1947 年 1 月至 2021 年 12 月的超额收益率。

计算样本外的 R^2 来评估回归模型的预测精度。该指标度量了模型的均方预测误差（$\text{MSPE}_{\text{model}}$）相对基准模型均方预测误差（$\text{MSPE}_{\text{bench}}$）减少的百分比：

$$R_{\text{OoS}}^2 = 100 \times \left(1 - \frac{\text{MSPE}_{\text{model}}}{\text{MSPE}_{\text{bench}}}\right) \tag{13-11}$$

式中，$\text{MSPE}_{\text{model}} = \frac{1}{T-1}\sum_{\tau=1}^{T-1}(r_t - \hat{r}_{t|t-1}^{\text{model}})^2$；$\text{MSPE}_{\text{bench}} = \frac{1}{T-1}\sum_{\tau=1}^{T-1}(r_t - \hat{r}_{t|t-1}^{\text{bench}})^2$，此处 $\hat{r}_{t|t-1}^{\text{model}}$ 和 $\hat{r}_{t|t-1}^{\text{bench}}$ 分别表示关注模型和基准模型基于时间 $t-1$ 之前的历史信息对 t 时刻超额收益率的预测值。r_t 表示 t 时刻超额收益率的真实值。显然，正的 R_{OoS}^2 表明，用 MSPE 衡量预测误差，主要模型的平均预测误差比基准模型（历史平均）的平均预测误差更小，预测更准确。

本章使用 Clark 和 West（2007）（后面用 CW 表示）研究模型预测能力变化的

显著性。该统计量是 Diebold 和 Mariano（1995）统计量的改进版本，更适用于嵌套模型。用于检验 MSPE 是否相等（原假设：预测能力相同）的 CW 统计量如下所示：

$$f_t = (\hat{r}_{t|t-1}^{bench} - r_t)^2 - (\hat{r}_{t|t-1}^{model} - r_t)^2 + (\hat{r}_{t|t-1}^{bench} - \hat{r}_{t|t-1}^{model})^2 \quad (13\text{-}12)$$

通过 f_t 对截距项回归，该截距项的 t 值即为 CW 统计量，它用于直接检验 $\text{MSPE}_{bench} \leq \text{MSPE}_{model}$ 的原假设，单边备择假设为 $\text{MSPE}_{bench} > \text{MSPE}_{model}$。

2. 预测结果的投资效用收益差值

为此，设定一个具有均值-方差偏好的投资者在股票指数和无风险国库券之间分配其投资组合。股票指数在投资组合中的最优权重是事先由收益率预测结果确定的。投资组合的效用如下：

$$E_t(U_{t+1}) = E_t(\omega_t r_{t+1} + r_{t,f}) - \frac{\gamma}{2}\text{var}_t(\omega_t r_{t+1} + r_{t,f}) \quad (13\text{-}13)$$

式中，ω_t 为股票指数在投资组合中的权重；r_{t+1} 为超额收益。这里的无风险利率 $r_{t,f}$ 为 3 个月期国库券利率。系数 γ 衡量了投资者对风险资产（此处指股票指数）的厌恶程度，从而通过最大化 $E_t(U_{t+1})$ 得到 t 时刻的最优股票指数权重：

$$\omega_t^* = \frac{1}{\gamma}\left(\frac{\hat{r}_{t+1}}{\hat{\sigma}_{t+1}^2}\right) \quad (13\text{-}14)$$

式中，$\hat{r}_{t+1}$ 和 $\hat{\sigma}_{t+1}^2$ 分别为股票指数收益率的均值及波动率的预测值。参考 Rapach 等（2010）的研究，使用五年滚动窗口对波动率进行预测，并设定 $\gamma = 3$。

此外，通过约束最优风险资产的权重范围为 $\omega_t^* \in [0, 1.5]$，来排除卖空和财务杠杆大于 50% 的情况。因此，动态投资组合策略的收益率如下：

$$R_{t+1,p} = \omega_t^* r_{t+1} + r_{t,f} \quad (13\text{-}15)$$

最后，计算得到 CER 如下：

$$\text{CER}_p = \text{mean}(R_{t+1,p}) - \frac{\gamma}{2}\text{var}(R_{t+1,p}) \quad (13\text{-}16)$$

预测实证论文中主要使用 CER 增益衡量预测结果运用到投资中的表现，CER 增益为使用模型预测结果指导资产配置和使用历史均值（基准模型）预测结果的 CER 差值，CER 增益大于 0 表明该模型在投资应用方面优于基准模型；或者，也可以描述为投资者愿意支付的投资组合管理费，以获得基于 OLS 或 TWLS 方法而不是历史平均法生成的对收益率的预测。

13.5 预测结果

13.5.1 美国市场结果

1. 基于 R_{OoS}^2 的预测表现

本章主要使用指数加权函数进行分析，该函数的时间 t 及其幂次（即其中的超参数）是实时数据驱动的。由于存在选择最优滚动窗口长度等问题，很难获得精确的最优超参数，本章使用机器学习方法"让数据说话"，使用递归估计窗口对 1947 年 1 月至 2021 年 12 月的收益率进行预测。由 Welch 和 Goyal（2008）提出的、被广泛使用的 12 个变量用作股票收益率的预测变量。表 13-1 的面板 A 给出了基于 OLS 和 TWLS 估计的单变量模型及其等权重平均组合预测的 R_{OoS}^2 值。样本外预测结果表明，12 个预测变量中有 9 个在单变量 TWLS 模型的表现上优于 OLS 模型。TWLS 方法还提高了组合预测（forecast combination，FC）的精度：单变量 OLS 模型的等权重（即 EW-OLS）组合的样本外 R^2（R_{OoS}^2）为 0.418%，而单变量 TWLS 模型等权重（即 EW-TWLS）组合的 R_{OoS}^2 高达 1.072%，并且显著优于历史均值法。子样本结果与全样本结果基本一致。在第一个子样本中，从 1947 年 1 月到 1984 年 12 月，TWLS 提高了 12 个变量中的 10 个的预测性能，将组合预测的 R_{OoS}^2 从 1.097%提高至 1.992%。在第二个子样本中，当 OLS 估计被 TWLS 估计取代时，12 个单变量模型中有 8 个的预测结果更为准确。EW-TWLS 的 R_{OoS}^2 为 0.308%，而 EW-OLS 方法的 R_{OoS}^2 仅为 –0.146%。

表 13-1 由 R_{OoS}^2 衡量的样本外预测表现 （单位：%）

变量	面板 A：全样本 (1947～2021 年) OLS	面板 A：全样本 (1947～2021 年) TWLS	面板 B：子样本一 (1947～1984 年) OLS	面板 B：子样本一 (1947～1984 年) TWLS	面板 C：子样本二 (1985～2021 年) OLS	面板 C：子样本二 (1985～2021 年) TWLS
DP	−0.221	**0.081****	1.106***	**1.393*****	−1.324	**−1.009**
DY	−0.563	**0.102****	1.080***	**1.546*****	−1.929	**−1.099**
EP	−1.570	**−1.104**	−1.659	−2.050	−1.495	**−0.317**
BM	−1.566	**−0.473**	−0.802	**−0.611**	−2.201	**−0.358**
NTIS	−0.459	**1.139*****	0.657*	**1.700*****	−1.386	**0.672***
TBL	0.157*	**0.625*****	0.446*	**0.948****	−0.083	**0.356**
LTY	−0.543	**0.113****	−1.182	**−0.332**	−0.012	**0.483***
LTR	−0.680	**0.372*****	−1.272	**1.477*****	−0.187	−0.546

续表

变量	面板A：全样本 （1947~2021年）		面板B：子样本一 （1947~1984年）		面板C：子样本二 （1985~2021年）	
	OLS	TWLS	OLS	TWLS	OLS	TWLS
DFY	−0.144	−0.298	−0.138	−0.293	−0.150	**−0.302**
DFR	−0.314	**−0.002**	−0.672	**0.482****	−0.016	−0.404
INFL	−0.045	−0.119	0.256	**0.590****	−0.296	−0.708
SVAR	−0.322	−1.556	−0.074	**0.445***	−0.528	−3.218
FC	0.418**	**1.072****	1.097***	**1.992***	−0.146	**0.308**

注：FC为组合预测的结果。加粗数字表明TWLS方法的样本外R^2优于对应的OLS方法，正的R^2_{OoS}表明目标模型的平均预测误差比基准模型（历史平均）的平均预测误差更小，预测更准确。此处使用Clark和West（2007）检验目标模型相对于基准模型的统计更具显著性

*、**、***分别表示目标模型在10%、5%、1%的显著性水平上显著优于基准模型

具体来看，单变量OLS的12个模型中只有TBL预测结果的R^2_{OoS}为正，预测效果较差。且TBL基于OLS模型的R^2_{OoS}值为0.157%，接近于零。而对于TWLS模型，半数的单变量预测显著优于基准模型，且其R^2_{OoS}均为正，介于0.081%和1.139%之间。在12个预测变量中，除了DFY、INFL和SVAR外，其余所有预测变量的TWLS方法都比OLS方法表现更好。也就是说，对观测值进行时间加权可以大大提高这些预测变量的预测精度。其中，NTIS的预测改善最大，R^2_{OoS}从−0.459%增加到1.139%。

尽管基于OLS方法的各单变量模型的样本外表现较差，但EW-OLS组合的R^2_{OoS}为0.418%，在5%水平下显著。这一结果与相关文献（Avramov，2002；Rapach et al.，2010）一致。需要注意的是，TWLS方法的EW-TWLS组合的R^2_{OoS}为1.072%，几乎是EW-OLS组合的R^2_{OoS}的2~3倍。结果表明EW-TWLS在1%水平上具有显著的收益率可预测性。

为了研究预测性能随时间变化的稳定性，本节将评估样本分为两个子样本。第一个子样本为1947~1984年，第二个子样本为1985~2021年。表13-1的面板B和面板C展示了OLS方法和TWLS方法在两个子样本期间的预测性能。与前文一致，两个子样本在大多情况下，TWLS方法比OLS方法表现出更好的样本外预测性能。具体来说，在第一个子样本中，使用TWLS方法的12个单变量模型中有10个R^2_{OoS}值高于OLS方法的结果；EW-OLS组合预测的R^2_{OoS}值为1.097%，而EW-TWLS组合的R^2_{OoS}更高，为1.992%，在1%的水平上显著优于基准模型。在第二个子样本中，OLS模型的样本外表现很差，没有一个单变量模型的R^2_{OoS}显

著为正。EW-OLS 组合预测的 R^2_{OoS} 为 –0.146%，小于零，在统计上不显著。相比之下，EW-TWLS 组合预测的 R^2_{OoS} 为 0.308%，远高于 OLS 组合预测结果，虽然没有显著好于历史平均方法的预测表现。

当数据的真实生成过程存在大的结构突变时，TWLS 方法更优于 OLS 方法，因为在 TWLS 方法的思路中，它通过为更近期的观测值赋予更大的权重来捕获结构突变的影响，其中早期数据的权重接近于零。然而，当真实的数据生成过程不包含结构突变时，TWLS 方法很可能会过拟合，表现不如 OLS 方法，因为 TWLS 方法对早期有用信息给予的权重太小。表 13-1 中的结果为此提供了证据，例如，在第一个子样本中，TWLS 方法在 DFY 和 EP 单变量预测的表现不如 OLS 方法，这两个变量在 Rapach 和 Wohar（2006）的研究中通过一系列的统计检验，没有发现与股票收益之间的预测关系存在结构性突变。此外，Pesaran 和 Timmermann（2007）认为，如果一个时间序列具有结构突变特征，那么使用完整历史数据预测模型的 OLS 估计将导致预测误差不再是无偏的，尽管它们可能有较低的方差。如果突变不是太大，即便在发生突变之后，突变前的数据也会为预测提供信息。因此，整体来看，要同时考虑结构突变带来的偏差和预测误差方差之间的权衡。

2. 投资组合的相关应用

本节主要研究收益可预测性的经济意义，使用样本外预测值构造的投资组合效用收益差值（CER 增益，下同）来进行衡量，具体的计算过程见 13.4.2 节。

为了检验经济上的可预测性，考虑一个具有均值-方差偏好的投资者，他在股票指数和无风险的国库券之间分配财富。股票指数在投资组合中的权重是事先由下一时期的收益率预测决定的。计算由给定模型预测形成的投资组合与由历史平均法预测形成的投资组合的确定性等价回报之间的差值（即 CER 增益）。在全样本中，使用 TWLS 方法提高了 12 个单变量模型中的 10 个的 CER 增益。投资组合的组合预测表现也从 83.2 个基点提高到 202.1 个基点。在两个子样本中，TWLS 相对于 OLS 在投资组合配置中的优越表现是一致的。在第一个子样本中，预测组合的 CER 增益从 162.6 个基点增加到 267.1 个基点，在第二个子样本中从 2.4 个基点增加到 135.8 个基点。

表 13-2 给出了单变量模型及其组合预测模型的 CER 增益，定义为由主要模型（即 TWLS 和 OLS）的收益率预测形成的动态投资组合的 CER 与由历史平均法收益率预测形成的投资组合的 CER 之间的差值。将该差值乘以 1200，表示年化百分比。CER 增益可以解释为投资者愿意支付的投资组合管理费，以获得基于 OLS 方法或 TWLS 方法而不是历史平均法生成的对收益率的预测。

表 13-2　由投资组合的效用收益差值（CER 增益）衡量的样本外预测表现

变量	面板 A：全样本 (1947~2021 年)		面板 B：子样本一 (1947~1984 年)		面板 C：子样本二 (1985~2021 年)	
	OLS	TWLS	OLS	TWLS	OLS	TWLS
DP	−0.401	−0.467	1.088	1.047	−1.904	−2.002
DY	−0.497	**0.071**	0.784	**1.859**	−1.790	**−1.739**
EP	0.111	**0.639**	−0.622	−1.372	0.876	**2.707**
BM	−1.165	**−0.576**	−0.631	−1.049	−1.683	**−0.084**
NTIS	0.391	**1.494**	0.465	**1.828**	0.311	**1.148**
TBL	1.036	**1.700**	1.825	**1.940**	0.225	**1.455**
LTY	0.968	**2.170**	1.726	**2.235**	0.191	**2.106**
LTR	−0.271	**1.614**	−0.949	**2.731**	0.425	**0.469**
DFY	−0.276	−0.434	−0.234	**−0.168**	−0.319	−0.708
DFR	0.521	**1.315**	−0.957	**1.239**	2.045	1.394
INFL	0.093	**0.321**	0.582	**1.466**	−0.408	−0.854
SVAR	0.391	**0.917**	−0.090	**0.884**	0.886	**0.953**
FC	0.832	**2.021**	1.626	**2.671**	0.024	**1.358**

注：FC 为组合预测的结果。表中给出的 CER 增益为使用目标模型（OLS/TWLS）预测结果指导资产配置和使用历史均值（基准模型）预测结果的 CER 差值（正文中的 CER 增益为表中数据乘以 100 的结果，为月度数据），表中数据乘以 1200 表示年化数据。CER 增益大于 0 表明该模型在投资应用方面优于基准模型。加粗数字表示基于 TWLS 的 CER 增益高于基于 OLS 的结果。其中，在计算 CER 时，股票指数的最优权重限制在 0~1.5，风险规避系数 γ 设为 3。

表 13-2 的面板 A 给出了 1947~2021 年整个预测区间的年化 CER 增益。结果表明，使用 OLS 方法的 12 个单变量模型中，只有 7 个具有正的 CER 增益。这些 OLS 方法的 CER 增益在 9.3~103.6 个基点范围内变化。与之相比，使用 TWLS 方法的 12 个单变量预测模型中有 9 个具有正的年化 CER 增益，位于 7.1~217 个基点。有趣的是，使用 TWLS 方法提高了 12 个预测变量中 10 个的 CER 收益，证实其具有更强的经济上的可预测性。LTY 和 LTR 的投资组合表现改善最大，CER 增益分别从 96.8 个基点上升至 217 个基点和−27.1 个基点上升至 161.4 个基点。与此一致，TWLS 方法也提高了组合预测的样本外投资收益。EW-TWLS 方法的 CER 增益高达 202.1 个基点，而 EW-OLS 方法的 CER 增益仅为 83.2 个基点。

表 13-2 的面板 B 给出了第一个子样本（1947~1984 年）的年化 CER 增益，面板 C 展示了第二个子样本（1985~2021 年）的结果。在第一个子样本中，使用 TWLS 方法的 12 个单变量预测模型中有 9 个的 CER 增益增加了。第一个子样本组合预测的结果显示，TWLS 的投资组合的收益也有明显改善，CER 从 162.6 个

基点增加到 267.1 个基点。在第二个子样本中，使用 OLS 方法的单变量预测模型中，除了 EP、DFR 和 SVAR 外，其余预测变量的 CER 增益小于 0 或者仅略大于 0。需要注意的是，当使用 TWLS 方法对单变量预测模型进行估计时，发现 12 个模型中有 7 个具有正 CER 增益，为 46.9~270.7 个基点。TWLS 估计方法使 8 个预测变量有更高的 CER 增益。尽管 EW-OLS 方法在该时间段的经济可预测性比较微弱，CER 收益仅为 2.4 个基点，但 EW-TWLS 方法的 CER 增益要高得多，为 135.8 个基点。因此，结合子样本的投资表现来看，TWLS 模型的样本外性能对评估期变化的敏感性低于 OLS 模型。

3. TWLS 起作用的原因

本节基于实证结果研究了 TWLS 方法对股票收益率显著可预测性的原因。为了了解 TWLS 方法是如何起作用的，图 13-3 绘制了基于 TWLS 方法和 OLS 方法的股票超额收益率的预测随时间的变化，以及 1947~2021 年整个预测评估期 12 个月真实收益率的移动平均值。阴影区域表示指数权重函数的超参数（λ）大于零的时期，表示投资者在这些时期更加关注最近的数据。当 $\lambda=0$ 时，TWLS 等价于 OLS。λ 越高意味着近期的观察值被分配的权重越大。我们基于机器学习的方法，由实际数据确定最优的 λ。当 λ 大于 0 时，TWLS 预测总是优于 OLS 预测，并且更接近于大多数变量的实际收益率。换句话说，当投资者更关注近期收益率时，TWLS 方法的预测比 OLS 方法的预测更接近真实收益率，因此，TWLS 模型可以确定经济变量何时影响股票收益。例如，在 20 世纪 70 年代的石油危机之前，在其中大部分时间段的 $\lambda>0$，TWLS 预测可以发挥重要作用。而在 20 世纪 80 年代中期至 2007~2009 年金融危机前的非常平缓的时间段里（除了 20 世纪 90 年代经济衰退期间的 λ 为正值），大多数变量的超参数 λ 均为零。这些发现与 Welch 和 Goyal（2008）的研究结果一致，他们认为经济变量在早期决定了股票的收益率。

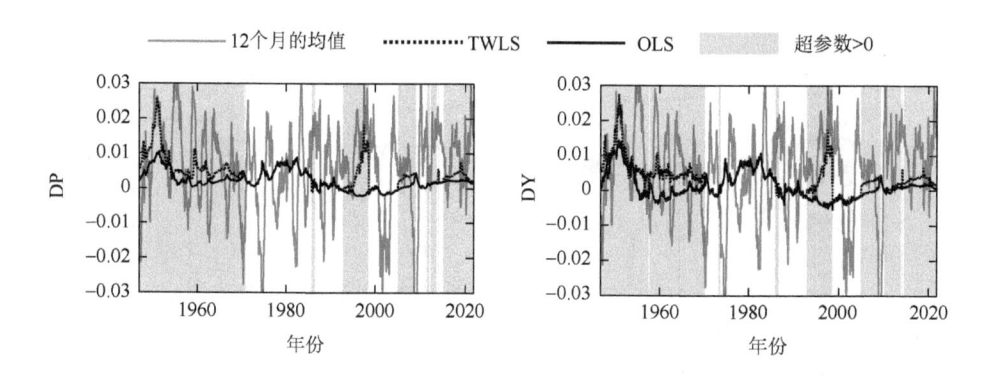

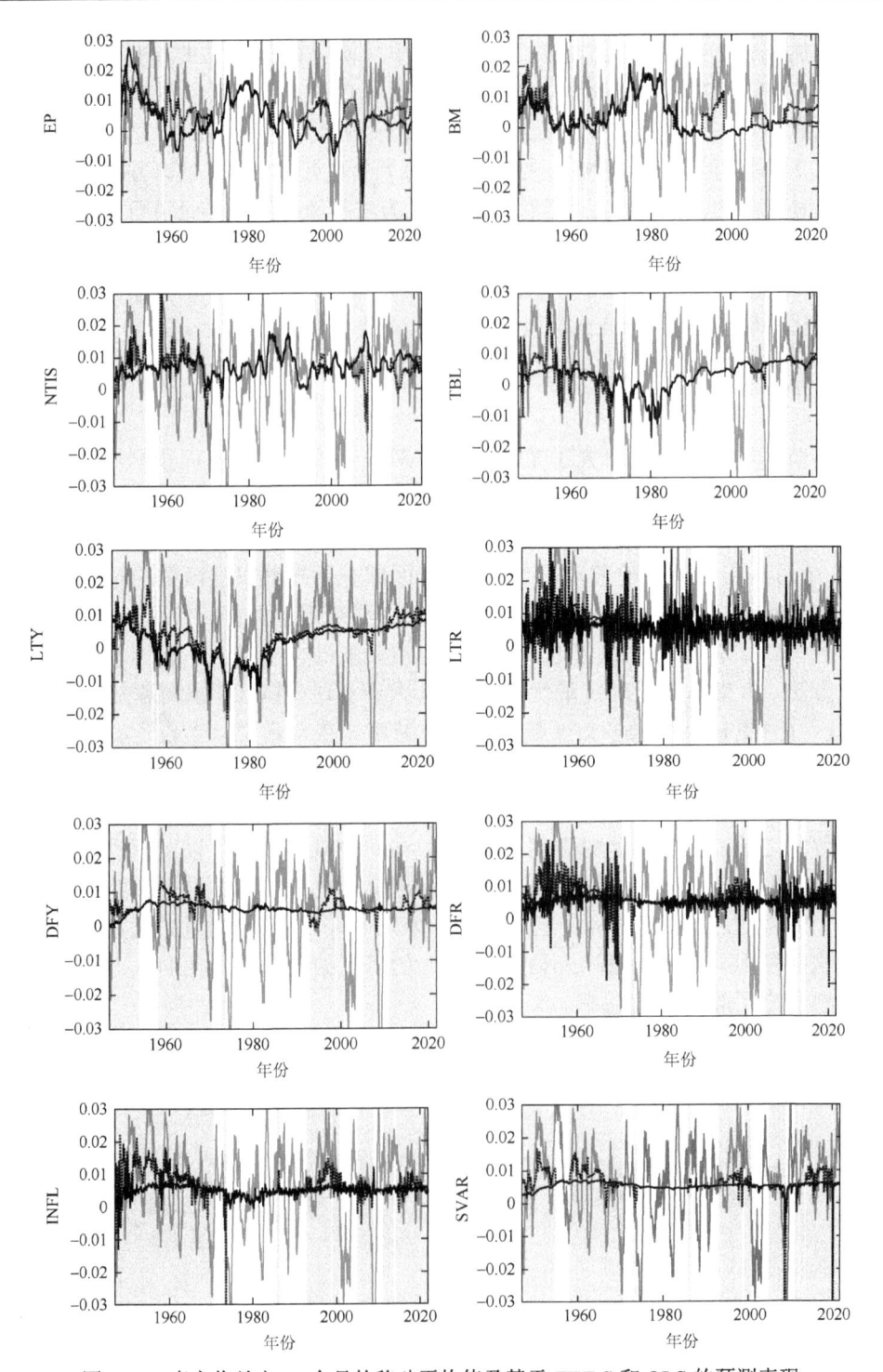

图 13-3　真实收益率 12 个月的移动平均值及基于 TWLS 和 OLS 的预测表现

图 13-4 展示了在整个预测区间（1947～2021 年），使用 TWLS 方法（$\lambda>0$）的单变量预测模型的数目，即在每个时间点上受到 TWLS 约束的单变量模型的数量。结果与前文一致：受 TWLS 约束模型的数量在 20 世纪 70 年代中期之后变得很少，并在 2007～2009 年金融危机时期再次上升。因此，TWLS 方法可以识别一个经济变量何时影响未来的股票收益。

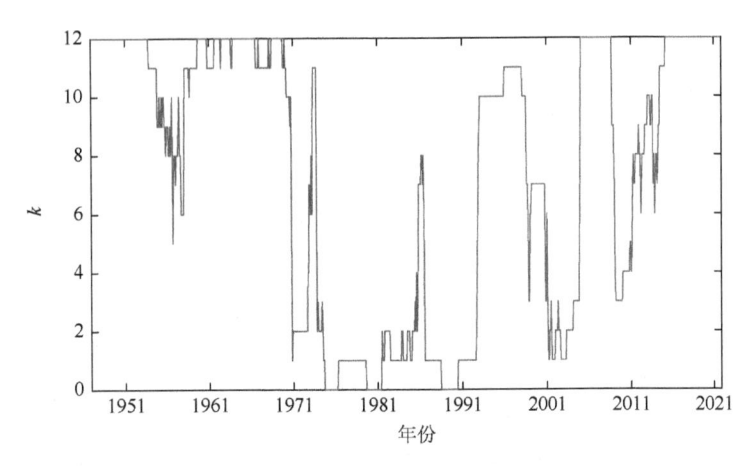

图 13-4　使用 TWLS 方法的单变量预测模型数量（$\lambda>0$）

为了定量评估时间相关加权方法对预测性能的影响，我们计算了等权重加权投资组合的状态相关 R_{OoS}^2 如下：

$$R_k^2 = 1 - \frac{\sum_{t=k+1}^{T}(r_t - \hat{r}_{t,\text{model}})^2 I_t^k}{\sum_{t=k+1}^{T}(r_t - \hat{r}_{t,\text{bench}})^2 I_t^k}, \quad k=2,3,\cdots,11 \qquad (13\text{-}17)$$

式中，I_t^k 为指示变量，当至少有 k 个预测变量的超参数大于 0 时（强约束时期），其值为 1。图 13-4 也展示了具有非零时间加权指数权重超参数的单变量模型的数量。直觉地，$I_t^k = 0$ 对应于单变量模型受 TWLS 约束的个数小于或等于 $k-1$ 的时期（即弱约束时期）。

考虑 k 逐步增加的等权重组合，排除极端情形，取 $k=2,3,\cdots,11$，结果表明 TWLS 组合预测模型的 R_{OoS}^2 和 CER 增益在强约束时期高于弱约束时期，图 13-5 展示了 k 取不同值衡量强弱约束时期下 TWLS 方法和 OLS 方法的样本外表现（用组合预测的 R_{OoS}^2 衡量），其中横坐标为 k 的取值，纵坐标为 R_{OoS}^2 的取值；实线和虚线分别表示 TWLS 方法和 OLS 方法的预测表现；深色线条表示强约束时期，浅色方块标记线条为弱约束时期。

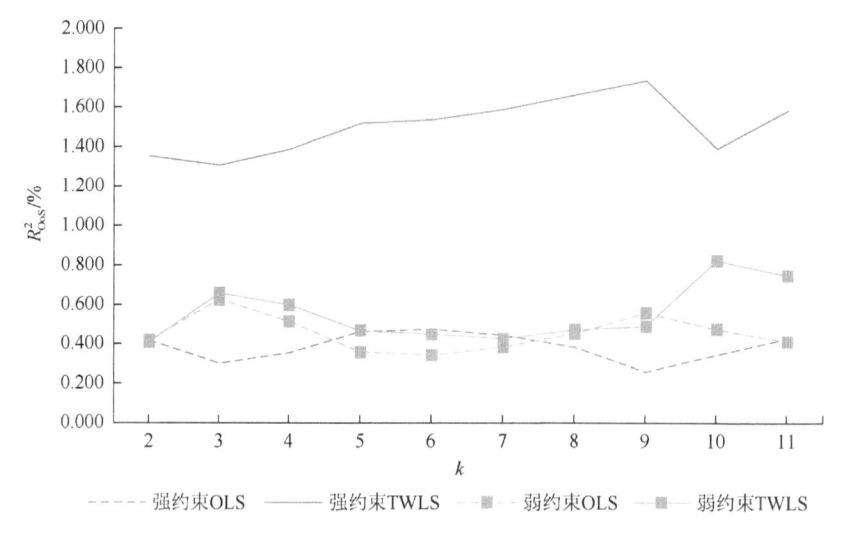

图 13-5 强弱约束时期样本外预测表现（R_{OoS}^2）

根据图 13-5，与 OLS 组合预测模型相比，TWLS 组合预测模型以 R_{OoS}^2 度量的预测性能在强约束时期更为明显。总的来说，TWLS 方法只有在市场投资者更关注近期数据时才能提高预测效果，通过对最新数据施加更大的权重识别有效的预测因子并有效地提取有用信息。这在本质上与相关文献中的论点一致，即使用更近期的数据来处理参数不稳定性问题，并相应地改善预测性能（Pesaran and Timmermann，2007；Giraitis et al.，2013；Pesaran et al.，2013）。

此外，我们将 TWLS 方法与考虑参数不稳定性的最新方法（包括时变参数模型和马尔可夫机制转换模型）的预测性能进行了比较。结果表明 TWLS 模型组合预测的表现优于其他方法。

4. 不同经济周期下的预测表现

下面主要评估在经济周期中的预测表现。根据 Cochrane（1999，2007）、Campbell 和 Cochrane（1999）的研究，投资者在经济衰退期间更倾向于规避风险，因此会要求更高的风险溢价，这导致了股票收益率的可预测性。大多数实证文献都支持了这一观点。例如，大量研究表明，经济指标在衰退时期比在扩张时期表现出更强的预测能力（Rapach et al.，2010；Henkel et al.，2011）。

此外，经济环境变化会导致发生结构突变（Stock and Watson，1999；Kim and Nelson，1999；Chauvet and Potter，2002；Sensier and van Dijk，2004）。因此，在经济周期内对预测表现进行评价，可以检验结构性突变下 TWLS 的预测能力。在 TWLS 框架中，对这些经济变量的最新观察值赋予更大的权重，因此，可以预计，

TWLS 方法预测准确性的改善在衰退期间比在扩张期间更为显著。实证中，状态相关的 R_{OoS}^2 计算如下：

$$R_c^2 = 1 - \frac{\sum_{t=k+1}^{T}(r_t - \hat{r}_{t,\text{model}})^2 I_t^c}{\sum_{t=k+1}^{T}(r_t - \hat{r}_{t,\text{bench}})^2 I_t^c}, \quad c = \text{EXP, REC} \quad (13\text{-}18)$$

式中，I_t^{EXP}（I_t^{REC}）是一个指示变量，如果在 t 月经济属于美国国家经济研究局（National Bureau of Economic Research，NBER）确定的扩张（衰退）时期，其值取 1。CER 增益也分经济周期单独计算，结果见表 13-3。

表 13-3　不同经济周期下的预测表现

变量	面板 A：衰退期				面板 B：扩张期			
	R_{OoS}^2 /%		效用：CER 增益		R_{OoS}^2 /%		效用：CER 增益	
	OLS	TWLS	OLS	TWLS	OLS	TWLS	OLS	TWLS
DP	1.710**	**1.054****	8.179	2.533	−0.908	**−0.265**	−1.802	**−0.968**
DY	2.559***	**1.893****	12.703	6.183	−1.675	**−0.536**	−2.638	**−0.933**
EP	−1.910	**−1.352**	8.159	5.849	−1.449	**−1.016**	−1.206	**−0.220**
BM	−0.200	**−1.203**	8.238	−0.354	−2.052	**−0.213**	−2.700	**−0.625**
NTIS	−3.376	**1.617**	−1.963	**5.510**	0.580***	**0.969****	0.761	**0.829**
TBL	1.144	**3.109****	5.911	**10.348**	−0.194	−0.259	0.240	**0.295**
LTY	0.438	**1.820***	6.214	**13.320**	−0.893	**−0.495**	0.115	**0.363**
LTR	0.856	**3.846****	3.189	**13.405**	−1.226	**−0.864**	−0.845	**−0.306**
DFY	−0.128	**−0.064**	−0.666	**−0.434**	−0.150	−0.381	−0.215	−0.435
DFR	−1.337	**−0.852**	2.391	**4.401**	0.051	**0.301****	0.223	**0.818**
INFL	−0.373	**−0.302**	1.082	**1.869**	0.071	−0.053	−0.064	**0.071**
SVAR	−1.045	−5.395	3.116	**5.853**	−0.064	−0.189	−0.050	**0.116**
FC	0.834*	**1.926****	4.665	**9.264**	0.270*	**0.768****	0.208	**0.843**

注：FC 为组合预测的结果。加粗数字表明基于 TWLS 的样本外 R^2 或 CER 增益优于对应的 OLS 方法，正的 R_{OoS}^2 表明目标模型的平均预测误差比基准模型（历史平均）的平均预测误差小，预测更准确；使用 CW 检验目标模型相对于基准模型的统计显著性，CER 增益为使用目标模型（OLS/TWLS）预测结果指导资产配置和使用历史均值（基准模型）预测结果的 CER 差值（正文中的 CER 增益为表中数据乘以 100 的结果，为月度数据），差值乘以 1200 表示年化数据。CER 增益大于 0 表明该模型在投资应用方面优于基准模型

*、**、***分别表示目标模型在 10%、5%、1%显著性水平上显著优于基准模型

实证结果发现单变量 OLS 模型及其等权重组合预测的 R_{OoS}^2 在经济衰退时比经济扩张时更高，表明收益率的可预测性更强。与预期的一致，TWLS 模型在衰退期间也表现得更好，且其预测准确性显著提高。在经济衰退期间，12 个预

测变量中的 8 个使用 TWLS 方法会产生更高的 R_{OoS}^2。其中，对 NTIS、LTR 和 TBL 的预测精度提高最为显著，R_{OoS}^2 提高范围分别为–3.376%提高至 1.617%、0.856%提高至 3.846%和 1.144%提高至 3.109%。此外，在经济扩张时期，使用 TWLS 方法的 8 个单变量模型的预测精度均有所提高。对于组合预测模型，EW-TWLS 与 EW-OLS 相比具有更高的 R_{OoS}^2，且 R_{OoS}^2 在经济衰退期间（R_{OoS}^2 从 0.834%增加到 1.926%）比在经济扩张期间（R_{OoS}^2 从 0.270%增加到 0.768%）的改善更大。同样，结果表明 CER 增益也存在反周期模式，这与 R_{OoS}^2 的结果一致。总体而言，经济周期的预测结果支持了前面的假设，即 TWLS 通过考虑结构突变的作用来提高预测表现。

图 13-4 和图 13-5 表明，TWLS 预测性能的改善是因为它解决了结构突变的问题。在以上的实证中，首先，将评估期分为两个子时期：强约束时期（至少 k 个模型受到 TWLS 约束）和弱约束时期（最多 $k-1$ 个模型受到 TWLS 约束）。结果表明，在强约束时期，R_{OoS}^2 随着 k 值的增加而增加，TWLS 约束的预测性能改善在强约束时期比在弱约束时期更加显著。其次，评估在经济周期中的预测表现。许多经济变量是波动的，因此，当经济进入衰退期时，更有可能发生结构性突变（Stock and Watson，1999；Kim and Nelson，1999；Chauvet and Potter，2002；Sensier and van Dijk，2004）。因此，预计在经济衰退时期 TWLS 对 OLS 的预测改善要大于经济扩张时期。表 13-3 的结果证实了这一预期。在经济衰退时，使用 TWLS 可以将 R_{OoS}^2 从 0.834%增加至 1.926%，在经济扩张时，R_{OoS}^2 从 0.270%仅增至 0.768%。

5. 扩展分析

本节从两个维度扩展 TWLS 的应用：①预测特征投资组合收益率；②使用 TWLS 方法来确定新发现的变量对股票收益率的预测能力。

1）特征投资组合收益率的预测

研究不同特征投资组合的预测表现，有助于证明 TWLS 方法的稳健性。即预测基于行业、规模、账面市值比和动量构造的投资组合的收益。这些特征投资组合收益率数据可从肯尼思·弗伦奇（Kenneth French）数据库获得。

表 13-4 给出了特征投资组合收益率的预测结果。结果表明，无论使用 OLS 方法还是 TWLS 方法，大多数特征投资组合的收益率都具有显著的可预测性。此外，在 10 个行业、所有动量、账面市值比和规模的投资组合中使用 TWLS 方法的组合预测的 R_{OoS}^2 均高于 OLS 方法。规模投资组合的最小和最大组的 TWLS 预测的改善比其他组更显著。同样，在高账面市值比的组合也发现预测结果有明显改善。对于动量组合，高动量投资组合的 TWLS 对收益率预测的提升幅度

高达 40%～59%，是低动量投资组合提升幅度（1.8%～26%）的 2～3 倍。综上所述，对于特征投资组合收益率的预测，TWLS 方法相较于 OLS 方法仍具有更优越的预测表现。

表 13-4 特征投资组合收益率的预测结果

面板 A：行业投资组合			面板 B：动量投资组合			面板 C：账面市值比投资组合			面板 D：规模投资组合		
行业	OLS	TWLS	动量	OLS	TWLS	BM	OLS	TWLS	规模	OLS	TWLS
NoDur	2.641***	**4.113***	低	2.655***	**2.704***	低	1.651***	**2.177***	小	3.578***	**5.503***
Durbl	2.748***	**3.440***	2	3.075***	**3.624***	2	2.033***	**2.628***	2	3.017***	**3.962***
Manuf	2.687***	**3.765***	3	3.001***	**3.323***	3	2.215***	**2.806***	3	2.793***	**3.481***
Enrgy	1.706***	**1.928***	4	3.140***	**3.694***	4	2.386***	**3.228***	4	2.593***	**3.479***
HiTech	1.559***	**1.648***	5	2.785***	**3.512***	5	2.670***	**3.509***	5	2.596***	**3.215***
Telcm	1.433***	**1.951***	6	2.739***	**3.915***	6	2.651***	**3.369***	6	2.610***	**3.262***
Shops	2.396***	**3.589***	7	2.664***	**3.724***	7	2.667***	**3.438***	7	2.586***	**2.976***
Hlth	1.333***	**2.354***	8	2.414***	**3.467***	8	2.808***	**3.763***	8	2.524***	**3.785***
Utils	3.312***	**3.721***	9	2.116***	**3.356***	9	2.945***	**4.232***	9	2.599***	**3.813***
Other	2.733***	**3.392***	高	1.744***	**2.503***	高	3.144***	**4.278***	大	2.290***	**3.633***

注：面板 A 中的十个行业投资组合分别为非耐用消费品（NoDur）、耐用消费品（Durbl）、制造业（Manuf）、能源（Enrgy）、高科技商业设备（HiTech）、电信（Telcm）、商店（Shops）、卫生（Hlth）、公用事业（Utils）和其他行业（Other）。加粗数字表明基于 TWLS 的样本外 R^2 优于对应的 OLS 方法，使用 CW 检验目标模型相对于基准模型的统计显著性

***表示目标模型在 1%显著性水平上显著优于基准模型

2）结合新预测变量的预测能力

在本节中，将 TWLS 方法应用于一些对股票收益具有较强预测能力的新变量。基于以下两个原因：首先，展示 TWLS 方法能改善一系列变量的预测性能，增加所提出方法的贡献；其次，宏观经济变量的预测效果不是很好，改进宏观经济指标的预测能力可能比改进其他指标更容易，如果 TWLS 方法对其他变量仍有较大的预测改进效果，则证明该方法具有一般性和可推广性。

这些变量包括基于偏最小二乘综合注意力指数和基于改进的主成分分析的综合注意力指数（Chen et al.，2022）、融券余额（Rapach et al.，2016）、黄金与铂金价格之比（Huang and Kilic，2019）、经济政策不确定性（Brogaard and Detzel，2015）和原油价格变化（Driesprong et al.，2008）。两个综合注意力指数和融券余额数据来源于周国富的主页。黄金和铂金的价格数据来源于世界银行。Baker 等（2016）的经济政策不确定性指数和美国西得克萨斯轻质原油的价格数据分别来自经济政

策不确定性（economic policy uncertainty，EPU）官网和美国能源信息署网站。

根据数据的可获得性，除了综合注意力指数之外，大多数变量的样本期截至 2021 年 12 月，用它们递归地预测标准普尔 500 指数的超额回报率。评价样本的起始日期根据原论文选取，例如，对于 Welch 和 Goyal（2008）的季度和年度预测变量，与前文的月度数据分析一致，预测 1947 年后的收益率。详细的估计样本和预测评估样本区间见表 13-5 的面板 A。由于样本区间、预测收益率的选取和数据转换方法的不同，本节基于 OLS 的结果可能与相关文献得出的结果略有不同。例如，Chen 等（2022）、Huang 和 Kilic（2019）使用来自证券价格研究中心的收益率数据，而本节使用标准普尔 500 指数收益率。Rapach 等（2016）使用融券余额取对数后的去趋势数据来预测收益。为了简单起见，我们使用融券余额的对数差，因为去趋势方法可能会影响预测性能。本节主要研究 TWLS 方法对预测性能的提高。

表 13-5 新预测变量的预测结果

	AI1	AI2	SI	GP	EPU	OP
面板 A：数据样本期						
样本期	1980 年 1 月～2017 年 12 月	1980 年 1 月～2017 年 12 月	1973 年 1 月～2021 年 11 月	1962 年 1 月～2021 年 11 月	1985 年 1 月～2021 年 11 月	1986 年 2 月～2021 年 11 月
评估期	1995 年 1 月～2017 年 12 月	1995 年 1 月～2017 年 12 月	1990 年 1 月～2021 年 12 月	1972 年 1 月～2021 年 12 月	1995 年 1 月～2021 年 12 月	1996 年 1 月～2021 年 12 月
面板 B：预测结果						
OLS	1.494	0.107	0.004	−0.304	−0.497	−1.648
TWLS	2.828***	0.558*	0.035**	0.059*	0.707**	−0.706

注：AI1 和 AI2 分别为 Chen 等（2022）提出的基于改进的主成分分析综合注意力指数和基于偏最小二乘的综合注意力指数；SI 为 Rapach 等（2016）构造的融券余额；GP 为黄金和铂金的价格之比（Huang and Kilic，2019）；EPU 为经济政策不确定性指数（Baker et al.，2016）；OP 为美国西得克萨斯轻质原油价格变化

*、**、***分别表示目标模型在 10%、5%、1%显著性水平上显著优于基准模型

预测结果报告在表 13-5 的面板 B 中。结果表明，两个综合注意力指数和融券余额表现出显著的收益可预测性，证实了相关研究的结果（Rapach et al.，2016；Chen et al.，2022）。因为此处使用的样本区间比 Huang 和 Kilic（2019）的研究中更长，黄金与铂金价格之比的 R_{OoS}^2 值为负。Brogaard 和 Detzel（2015）利用经济政策不确定性数据进行了横截面投资组合分析，Driesprong 等（2008）利用原油价格变化进行样本内预测分析，本章进行了样本外分析，但未能发现这两个变量具有收益率时间序列的可预测性。更为重要的是，我们发现 TWLS 方法在所有这些单变量预测模型和组合预测模型中都优于 OLS 方法。除了原油价格变化这一变量外，TWLS 方法的收益率可预测性在所有情况下都非常显著。因此，使用新提

出的预测变量进一步证明了 TWLS 方法对预测效果的提升。

总的来看，本节从两个方面扩展了 TWLS 方法的应用。首先，使用 TWLS 方法来预测由行业、动量、账面市值比和规模等特征构成的投资组合收益。其次，研究了 TWLS 是否也能提高近期文献中发展起来的其他预测指标的预测能力，包括综合注意力指数（Chen et al., 2022）、融券余额（Rapach et al., 2016）、黄金与铂金价格之比（Huang and Kilic, 2019）、经济政策不确定性（Brogaard and Detzel, 2015）和原油价格变化（Driesprong et al., 2008）。结果表明 TWLS 方法结合上述预测指标依旧是成功的。

13.5.2 中国市场结果

本节运用 TWLS 方法，检验该方法是否可以改进中国市场指数的预测效果，以此说明 TWLS 改进的普适性。

1. 预测变量和样本

被预测变量和前文一致，为市场超额收益率，由股票收益率和对应无风险利率作差得到。股票收益率为考虑现金红利再投资的综合月市场回报率（流通市值加权平均法），无风险利率使用一年存款利率转化为月度。数据均来源于 CSMAR 数据库。预测变量参考 Welch 和 Goyal（2008）、姜富伟等（2011）和蒋志强等（2019）的研究。考虑到中国市场数据的可得性，对 13.4.1 节的变量进行修改，构造的 12 个中国宏观预测变量如表 13-6 所示。

表 13-6 中国宏观预测变量

变量符号	名称	计算方法
DP	股息价格比	每股股息的对数与当期股价的对数之差
DY	股息率	每股股息的对数与滞后一期股价的对数之差
EP	盈余价格比	每股收益的对数与当期股价的对数之差
BM	账面市值比	每股净资产与当期股价之比
NTIS	净权益增加	过去 12 个月上海和深圳证券交易所新股发行量的移动加总除以当月综合市场总市值
TBL	短期国库券利率	1 个月期的国债收益率
LTY	长期国库券利率	10 年期的国债收益率
TMS	期限价差	10 年期与 1 个月期中债收益率之差（中债国债）
DFS	信用价差	30 年期 AAA 评级公司债券收益率与国债收益率之差

变量符号	名称	计算方法
M₀G	未预期到货币冲击	当月流通中现金增长率和上月增长率之差
INFL	通货膨胀率	CPI 的月度同比增长率
SVAR	股票方差	A 股股票市值加权日收益率的平方和

注：每股股利、每股收益、每股净资产和股价均为全市场所有沪深 A 股（不含科创板和创业板）的月均值。在计算财务指标相关的预测变量时，按财报发布日期匹配，以保证在预测时所有预测变量数据可得。INFL 使用的 CPI 为所有城市消费者的消费物价指数，因为当月信息一般于下个月发布，此处使用滞后一个月的消费物价指数。M₀G 为未预期到货币冲击，因为当月信息一般于下个月发布，此处使用滞后一个月的未预期到货币冲击

中国市场的全样本数据的时间范围为 2006 年 3 月至 2021 年 12 月。

2. 基于 R_{OoS}^2 的预测表现

样本外的时间范围为 2011 年 3 月至 2021 年 12 月，收益率的样本外预测表现如表 13-7 所示。12 个预测变量的描述见前文。表 13-7 的面板 A 给出了全样本基于 OLS 和 TWLS 估计的单变量模型及其等权重平均组合预测的 R_{OoS}^2 值，面板 B 和面板 C 给出了前后两段子样本的结果。结果表明，全样本中，12 个预测变量中有 11 个在单变量 TWLS 模型的表现优于 OLS 模型；TWLS 方法还提高了组合预测的精度：单变量 OLS 模型的等权重组合（EW-OLS）的样本外 R^2（R_{OoS}^2）为 1.243%，而 EW-TWLS 的 R_{OoS}^2 高达 3.966%，且显著优于历史均值法。子样本结果与全样本结果基本一致。在第一个子样本中，从 2011 年 3 月到 2015 年 12 月，TWLS 提高了 12 个变量中的 10 个的预测性能，将组合预测的 R_{OoS}^2 从 3.353%提高至 5.328%。在第二个子样本中，当 OLS 估计被 TWLS 估计取代时，12 个单变量模型中有 9 个的预测结果更为准确，虽然大部分单变量预测的 R_{OoS}^2 为负值，但 EW-TWLS 的 R_{OoS}^2 为正，0.509%，而 EW-OLS 方法的 R_{OoS}^2 仅为–4.112%。

表 13-7 由 R_{OoS}^2 衡量的样本外预测表现 （单位：%）

变量	面板 A：全样本 (2011.03~2021.12)		面板 B：子样本一 (2011.03~2015.12)		面板 C：子样本二 (2016.01~2021.12)	
	OLS	TWLS	OLS	TWLS	OLS	TWLS
DP	−7.765	**0.819**	−5.735	**3.131**	−12.916	**−5.047**
DY	−7.911	**3.521***	−3.760	**7.898****	−18.442	**−7.585**
EP	−0.915	−1.183	−0.802	**−0.298**	−1.202	−3.428

续表

变量	面板A：全样本 (2011.03~2021.12)		面板B：子样本一 (2011.03~2015.12)		面板C：子样本二 (2016.01~2021.12)	
	OLS	TWLS	OLS	TWLS	OLS	TWLS
BM	−2.776	**3.601****	−1.728	**6.690****	−5.434	**−4.239**
NTIS	−5.639	**1.717****	−5.697	**2.803****	−5.491	**−1.039**
TBL	−7.440	**−4.539**	−11.032	**−4.166**	1.673	−5.487
LTY	−16.268	**−6.672**	−13.697	**−7.763**	−22.792	**−3.903**
TMS	−1.983	**2.033****	−2.512	**4.213****	−0.640	−3.497
DFS	−13.923	**0.480****	−7.427	**1.090****	−30.405	**−1.066**
M₀G	−1.657	**−1.446**	−0.568	−1.002	−4.421	**−2.571**
INFL	−2.884	**−0.094**	2.823	1.667	−17.365	**−4.562**
SVAR	−1.273	**2.143****	0.408	**3.698****	−5.538	**−1.802**
FC	1.243*	**3.966****	3.353**	**5.328****	−4.112	**0.509**

注：FC 为组合预测的结果。加粗数字表明 TWLS 方法的样本外 R^2 优于对应的 OLS 方法，正的 R^2_{OoS} 表明目标模型的平均预测误差比基准模型（历史平均）的平均预测误差更小，预测更准确。此处使用 CW 检验目标模型相对于基准模型的统计显著性。

*、**、***分别表示目标模型在10%、5%、1%显著性水平上显著优于基准模型。

具体地，全样本中单变量 OLS 的 12 个模型中的预测结果均为负值，说明单个宏观变量对股市的预测效果不如基于历史均值法的基准模型。而对于 TWLS 模型，改进了 11 个单变量 OLS 的样本外预测表现，即对观测值进行时间加权可以大大提高这些预测变量的预测精度；其中超过半数的单变量模型预测的 R^2_{OoS} 为正，显著优于基准模型；DFS 的改进程度最大，R^2_{OoS} 从−13.923%增加到 0.480%，在 5%水平下显著。

从等权重平均组合预测结果来看：尽管基于 OLS 方法的各单变量模型的样本外表现较差，但其 EW-OLS 的 R^2_{OoS} 为 1.243%，仅在 10%水平下显著。TWLS 方法的 EW-TWLS 的 R^2_{OoS} 为 3.966%，是 EW-OLS 的 R^2_{OoS} 的 3 倍多。结果表明 EW-TWLS 在 1%水平上具有显著的收益率可预测性。

同样，为了研究预测性能随时间变化的稳定性，与前文一致，将评估样本分为两个子样本。第一个子样本从 2011 年 3 月至 2015 年 12 月，第二个子样本为 2016 年 1 月~2021 年 12 月。表 13-7 的面板 B 和面板 C 展示了 OLS 和 TWLS 模型在两个子样本期间的预测性能。与前文一致，两个子样本在大多情况下，TWLS 方法比 OLS 方法表现出更好的样本外预测性能。具体来说，在第一个子样本中，OLS 方法的单变量预测中，只有 INFL 和 SVAR 两个变量的 R^2_{OoS} 为正；使用 TWLS

方法的 12 个单变量模型中有 10 个 R_{OoS}^2 值高于 OLS 方法的结果；EW-OLS 方法组合预测的 R_{OoS}^2 值为 3.353%，而 EW-TWLS 方法的 R_{OoS}^2 更高，为 5.328%，在 1% 的水平上显著优于基准模型。在第二个子样本中，OLS 模型的样本外表现依旧很差，仅一个单变量模型的 R_{OoS}^2 显著为正；使用 TWLS 方法的 12 个单变量模型中有 9 个 R_{OoS}^2 值高于 OLS 方法的结果；组合预测 EW-OLS 方法的 R_{OoS}^2 为 –4.112%，小于零；相比之下，组合预测 EW-TWLS 方法的 R_{OoS}^2 为 0.509%，虽然没有显著地超过历史均值法，但远高于 EW-OLS 组合预测结果。

3. 基于预测结果的投资组合表现

与前文一致，本节主要研究收益可预测性的经济意义，利用样本外预测值构造的投资组合效用收益差值（CER 增益）衡量。投资表现如表 13-8 所示。

表 13-8 由投资组合的效用收益差值（CER 增益）衡量的样本外预测表现

变量	面板 A：全样本 (2011.03~2021.12) OLS	TWLS	面板 B：子样本一 (2011.03~2015.12) OLS	TWLS	面板 C：子样本二 (2016.01~2021.12) OLS	TWLS
DP	2.397	**3.102**	12.942	6.873	–6.078	**0.168**
DY	2.274	**5.789**	16.426	14.083	–9.077	**–0.751**
EP	–7.620	**–6.362**	–15.935	–16.549	–0.994	**1.789**
BM	5.987	4.125	14.550	8.776	–0.873	**0.482**
NTIS	–7.556	**–4.705**	–16.503	**–8.377**	–0.452	–1.762
TBL	–7.532	**–3.550**	–18.131	**–7.910**	1.383	–0.077
LTY	–14.847	–16.161	–36.963	**–36.154**	2.743	–0.376
TMS	–2.663	**1.921**	–5.582	**0.306**	–0.328	**3.232**
DFS	–11.425	**–10.116**	–25.602	**–19.906**	0.112	–2.404
M_0G	2.560	–1.104	6.060	–0.796	–0.202	–1.289
INFL	–13.489	–16.171	–30.633	–35.667	0.035	–0.720
SVAR	–0.278	**0.931**	1.703	**3.946**	–1.893	**–1.429**
FC	0.946	**2.232**	3.410	**4.548**	–1.068	**0.427**

注：FC 为组合预测的结果。表中给出的 CER 增益为使用目标模型（OLS/TWLS）预测结果指导资产配置和使用历史均值（基准模型）预测结果的 CER 差值（正文中的 CER 增益为表中数据乘以 100 的结果，为月度数据），差值乘以 1200 表示年化百分比值。CER 增益大于 0 表明该模型在投资应用方面优于基准模型。加粗数字表示基于 TWLS 的 CER 增益高于基于 OLS 的结果。其中，在计算 CER 时，股指的最优权重限制在 0~1.5，风险规避系数 γ 设为 3

表 13-8 的面板 A 给出了 2011 年 3 月至 2021 年 12 月整个预测期的年化 CER 增益。在 12 个预测变量中使用 TWLS 方法提高了 8 个单变量的 CER 增益，TMS 和 DY 的投资组合表现改善最大，CER 增益分别从–266.3 个基点上升至 192.1 个基点和 227.4 个基点上升至 578.9 个基点。但只有 5 个单变量模型具有正的年化 CER 增益，这表明如果用单个宏观变量预测结果指导投资，对于一个在股票指数和无风险的国库券之间分配财富、具有均值-方差偏好的投资者而言，使用 TWLS 方法虽然提高了 OLS 方法大部分变量的投资收益，但仍然有 7 个变量未超过历史均值法构造投资组合所带来的收益。在面板 B 和面板 C 中，子样本的结果与全样本结果比较一致，其中 TMS 和 SVAR 使用 TWLS 方法的预测表现始终优于 OLS 方法；此外，DP、BM 和 TMS 三个单变量的 TWLS 方法的 CER 增益始终为正，表明这三个宏观变量运用 TWLS 预测结果构造的投资组合收益始终超过历史均值法。

表 13-8 的最后一行为组合预测的样本外投资收益 CER 增益，结果证实 TWLS 方法的组合预测具有更强的经济上的可预测性，且子样本的结果与全样本高度一致。全样本 EW-TWLS 方法的 CER 增益高达 223.2 个基点，而 EW-OLS 方法的 CER 增益仅为 94.6 个基点。两个子样本组合预测的结果显示，TWLS 的投资组合的收益均有明显改善，分别从 341 个基点增加到 454.8 个基点，以及从–106.8 个基点增加到 42.7 个基点，其中第二个子样本的 EW-OLS 方法的 CER 增益为负值。因此，结合子样本的投资表现来看，TWLS 模型的样本外性能对评估期变化的敏感性低于 OLS 模型。

整体来看，在单变量预测中，TWLS 方法提高了 OLS 方法预测的投资收益，但仍有半数的单变量预测的投资表现未超过基准模型；而对于组合预测，使用 TWLS 方法预测始终具有正的 CER 增益，即投资收益超过基准模型。结果证实了 TWLS 方法的组合预测具有更强的经济上的可预测性。

4. 不同经济周期预测表现

本节主要研究中国市场背景下，运用 TWLS 方法在不同经济周期中的预测表现。关于中国股市牛市和熊市的划分，主要使用波峰波谷判定法和市场平均收益判定法划分牛市和熊市两种周期。前者指市场指数从波谷上升至波峰且此过程维持一定时间时，市场处于牛市，否则为熊市（Pagan and Sossounov, 2003）。后者指市场平均收益率超过无风险利率时为牛市，否则为熊市。其中市场平均收益率和无风险利率与前文一致，分别为沪深 A 股的收益率和一年存款利率。

图 13-6 展示了样本外时间范围内（2011 年 3 月～2021 年 12 月）上证综合指数（000001）、深证综合指数（399106）走势和牛市区间。其中实线为上证综合指数走势，对应左侧纵坐标，虚线为深证综合指数走势，对应右侧纵坐标，牛市区间对应图中阴影区域。图 13-6（a）为根据波峰波谷判定法划分的牛市结果，2014 年

1 月至 2015 年 5 月为牛市，其余为熊市。图 13-6（b）的阴影部分为市场平均收益判定法的结果。

(a) 波峰波谷判定法

(b) 市场平均收益判定法

图 13-6　上证综合指数和深证综合指数走势与牛熊市划分

不同周期的样本外预测表现（R_{OoS}^2 和 CER 增益）如表 13-9 和表 13-10 所示，前者为波峰波谷判定法划分周期的结果，后者为市场平均收益判定法划分周期的结果。我们尝试了其他论文中的牛熊市划分方法，结果与表 13-9 和表 13-10 展示的结果类似。

表 13-9　基于波峰波谷判定法牛熊市的样本外预测表现

变量	面板 A：衰退期				面板 B：扩张期			
	R_{OoS}^2 /%		效用：CER 增益		R_{OoS}^2 /%		效用：CER 增益	
	OLS	TWLS	OLS	TWLS	OLS	TWLS	OLS	TWLS
DP	−10.321	**4.060**∗∗	−0.364	**7.194**	0.720	−9.941	19.759	−25.702
DY	−12.723	**5.894**∗∗	−2.189	**8.707**	8.065	−4.358	32.323	−15.438
EP	0.808	**0.895**∗	−3.064	**−0.694**	−6.637	−8.082	−38.984	−45.350
BM	−3.479	**5.803**∗∗∗	4.195	**7.757**	−0.442	−3.712	16.674	−21.479
NTIS	−9.248	**1.857**∗∗	−7.177	**−3.124**	6.345	1.252	−0.842	−13.202
TBL	0.320∗∗	−1.168	1.391	0.936	−33.206	**−15.730**	−66.531	**−34.286**
LTY	−1.978	**2.087**∗∗∗	−2.054	**5.057**	−1.999	1.856	−7.646	−19.078

续表

变量	面板 A：衰退期				面板 B：扩张期			
	R^2_{OoS}/%		效用：CER 增益		R^2_{OoS}/%		效用：CER 增益	
	OLS	TWLS	OLS	TWLS	OLS	TWLS	OLS	TWLS
TMS	−6.284	**−0.200**	−11.914	**−11.778**	8.401**	0.258	−14.710	−41.568
DFS	−2.215	**5.038****	−1.591	**2.185**	1.853	−7.468	8.500	−9.170
M_0G	−0.919	**2.313****	2.717	2.068	−4.108	−13.925	1.256	−23.997
INFL	−15.474	**−5.042**	−12.281	−13.097	−18.904	**−12.082**	−33.386	−35.506
SVAR	−13.252	**−0.064**	−9.469	−10.875	−16.150	2.287	−27.638	**−5.234**
FC	2.257*	**6.342*****	0.936	**4.420**	−0.195	−3.347	0.059	−13.672

注：根据波峰波谷判定法划分的牛熊市结果，2014 年 1 月至 2015 年 5 月为牛市，其余为熊市。加粗数字表明基于 TWLS 的样本外 R^2 或 CER 增益优于对应的 OLS 方法，使用 CW 检验目标模型相对于基准模型的统计显著性

*、**、***分别表示目标模型在 10%、5%、1%显著性水平上显著优于基准模型

表 13-10　基于市场平均收益判定法牛熊市的样本外预测表现

变量	面板 A：衰退期				面板 B：扩张期			
	R^2_{OoS}/%		效用：CER 增益		R^2_{OoS}/%		效用：CER 增益	
	OLS	TWLS	OLS	TWLS	OLS	TWLS	OLS	TWLS
DP	−8.538	**5.879***	9.453	**9.636**	−7.263	**−2.472**	−3.543	**−2.307**
DY	−4.462	**9.076***	9.912	**10.445**	−10.153	**−0.091**	−4.104	**1.920**
EP	−0.936	−2.057	−7.493	**−6.848**	−0.902	**−0.615**	−7.727	**−5.961**
BM	−1.870	**8.634****	11.630	10.239	−3.365	**0.328**	1.232	−0.936
NTIS	−8.807	**0.449****	−8.765	**−5.732**	−3.579	**2.541**	−6.304	**−3.746**
TBL	−3.235	**−2.656****	−2.990	**0.274**	−10.175	**−5.764**	−11.394	**−6.675**
LTY	−1.451	−3.514	0.418	**6.224**	−2.329	**5.640**	−5.244	**−1.572**
TMS	−7.420	**−3.195**	−16.249	−18.457	0.065	**1.922**	−10.921	−14.153
DFS	2.795**	**8.126*****	6.722	**9.340**	−3.918	**−1.747**	−6.057	**−5.997**
M_0G	−1.142	**−0.454**	1.992	−1.393	−1.992	−2.091	3.003	−0.891
INFL	−12.587	**−1.116**	−5.363	−6.429	−18.661	**−10.284**	−22.814	−24.320
SVAR	−7.237	**1.814*****	2.610	0.366	−18.270	**−0.387**	−23.124	**−18.850**
FC	5.311*	**7.097*****	5.345	**5.958**	−0.666	2.150	−2.734	−0.868

注：依据市场平均收益判定法进行牛熊市的划分，当市场平均收益率超过无风险利率时为牛市，否则为熊市。加粗数字表明基于 TWLS 的样本外 R^2 或 CER 增益优于对应的 OLS 方法，使用 CW 检验目标模型相对于基准模型的统计显著性

*、**、***分别表示目标模型在 10%、5%、1%显著性水平上显著优于基准模型

结果与预期的一致，TWLS 模型在衰退期表现得更好，且其预测准确性显著提高。单变量 OLS 模型及其等权重组合预测的 R_{OoS}^2 在经济衰退时也比经济扩张时更高，说明收益率的可预测性更强。在经济衰退期，12 个预测变量中的 10~11 个使用 TWLS 方法会产生更高的 R_{OoS}^2，综合表 13-9 和表 13-10 的结果来看，对 DY、DP 和 NTIS 的预测精度提高最为显著，以表 13-10 的结果为例，R_{OoS}^2 提高范围分别为–4.462%提高至 9.076%、–8.538%提高至 5.879%和–8.807%提高至 0.449%。此外，在经济扩张期，使用 TWLS 方法的单变量模型的预测精度改善程度取决于牛熊市的划分结果。对于组合预测模型，在经济衰退期，EW-TWLS 与 EW-OLS 相比具有更高的 R_{OoS}^2，且 R_{OoS}^2 的改善更显著。同样，结果表明 CER 增益也存在反周期模式，这与 R_{OoS}^2 的结果一致。总体而言，经济周期的预测结果支持了前面的假设，即 TWLS 通过考虑结构突变的作用来提高预测表现。

5. 特征投资组合的可预测性

本节主要构造了行业投资组合、动量投资组合、账面市值比投资组合和规模投资组合，检验 TWLS 方法是否提升了特征组合收益率的预测效果，有助于证明 TWLS 方法对收益率预测有改进作用这一主要发现的稳健性。

行业投资组合包括农、林、牧、渔业（A）和采矿业（B）等共 18 个市值加权的投资组合，行业及其符号如表 13-11 所示。每月按照上月的动量（或账面市值比/市值大小），按照升序排列，将所有股票等分成 10 组，构造市值加权的 10 个投资组合。其中，账面价值为所有者权益合计（资产负债表 A003000000 字段）加上递延所得税资产（A001222000），减去递延所得税负债（A002208000），再减去优先股（A003112101）得到，市场价值为月个股流通市值（月个股回报率文件的 Msmvosd 字段）。因为我国没有账面价值的月度数据，所有公司的年报须在每年 4 月底之前发布，因此在计算账面市值比时，t 年 1~3 月使用 $t-2$ 财年末的账面价值，t 年 4~12 月使用 $t-1$ 财年末的账面价值进行计算。所有所需数据来源于 CSMAR 数据库。被预测变量为特征投资组合超前一期的超额收益率，预测变量为上文的 12 个宏观经济变量及其组合预测。预测结果见表 13-12。

表 13-11　行业及其符号

行业	符号	行业	符号
农、林、牧、渔业	A	电力、热力、燃气及水生产和供应业	D
采矿业	B	建筑业	E
制造业	C	批发和零售业	F

续表

行业	符号	行业	符号
交通运输、仓储和邮政业	G	科学研究和技术服务业	M
住宿和餐饮业	H	水利、环境和公共设施管理业	N
信息传输、软件和信息技术服务业	I	教育	P
金融业	J	卫生和社会工作	Q
房地产业	K	文化、体育和娱乐业	R
租赁和商务服务业	L	综合	S

注：符号与 CSMAR 数据库的 Nninded 字段一致

表 13-12 特征投资组合收益率的预测 R_{OoS}^2

面板 A：行业投资组合超额收益

行业	R_{OoS}^2 /% OLS	R_{OoS}^2 /% TWLS	行业	R_{OoS}^2 /% OLS	R_{OoS}^2 /% TWLS	行业	R_{OoS}^2 /% OLS	R_{OoS}^2 /% TWLS
A	0.608	**2.571****	G	0.366	**1.953****	M	−0.190	**3.543*****
B	**2.168****	**7.258*****	H	0.040	**1.113***	N	−0.465	**2.244****
C	**1.493***	**4.829*****	I	0.048	**3.269*****	P	−0.077	**2.269****
D	−0.211	**0.624****	J	0.019	**3.213*****	Q	−0.768	**1.720****
E	−0.204	**1.297****	K	−0.220	**1.704****	R	−1.219	**7.670*****
F	−0.253	**7.510*****	L	0.323	**1.072**	S	0.319	**3.731*****
输	0.521	**4.115*****	低	1.711*	1.340*	小	−0.969	**6.288*****
2	0.070	**2.066****	2	1.299*	**2.744****	2	−0.172	**5.488*****
3	1.140	**4.482*****	3	1.187	**4.310****	3	−0.164	**4.576*****
4	0.538	**5.599*****	4	1.325	**6.130*****	4	0.089	**5.547*****
5	0.919	**4.634*****	5	1.072	**4.348*****	5	0.294	**3.939****
6	−0.069	**5.389*****	6	1.025	**5.956*****	6	0.283	**4.154****
7	0.876	**4.622*****	7	0.832	**2.933****	7	0.319	**4.997*****
8	0.904	**2.352****	8	−0.103	**2.436****	8	0.692	**4.682*****
9	2.119**	**2.225****	9	0.535	**3.262****	9	1.190	**4.481****
赢	2.141**	**1.606****	高	0.728	**1.251****	大	1.611*	**1.615****

注：加粗数字表明基于 TWLS 的样本外 R^2 优于对应的 OLS 方法，使用 Clark 和 West（2007）检验目标模型相对于基准模型的统计显著性

*、**、***分别表示目标模型在 10%、5%、1%显著性水平上显著优于基准模型

其中，OLS 方法只在采矿业、制造业以及高动量、低账面市值比和大规模组合中有显著的样本外可预测性，说明它们对宏观经济变量的敏感程度高于其他投资组合。除最高的动量组合和最低的账面市值比组合之外，TWLS 方法改善了其他所有投资组合收益的预测能力。其中在规模投资组合中的样本外 R^2 整体上呈递减趋势，表明规模越小，越易受到近期预测变量的干扰，TWLS 方法对预测的改进程度也越大。综上，对于特征组合收益率的预测，TWLS 方法相较于 OLS 方法具有更优越的预测表现。

13.5.3　中美市场收益预测对比

首先，从整体预测结果来看，TWLS 方法在两个市场的样本外预测表现均有显著提升，其中中国市场的提升效果更为明显，样本外投资表现与样本外 R^2 表现高度一致，美国市场使用 TWLS 方法预测的投资表现更为稳健。可能由于美国市场的样本更长，在一定程度上平滑了样本外的预测表现。

其次，不同周期的预测表现存在明显差异。在美国市场，TWLS 方法在经济扩张和衰退期均表现更优，只是在经济衰退期的改善更大；而在中国市场，TWLS 方法在股市处于牛市时，未必能超过基准模型，这与牛熊市的划分方式有关。一方面从 OLS 方法的表现来看，对中国股市而言，大部分宏观经济变量在牛市时基本无预测能力；另一方面，中国股市牛短熊长，牛市的时间区间较短，牛市区间计算得到的预测能力与熊市区间的预测能力之间缺乏可比性。综合来看，相同点是在两个市场的经济衰退期，TWLS 方法均表现更优，与以往的研究结论相符。

需要注意的是，从特征投资组合的结果来看，TWLS 方法对中国市场的提升效果更为显著。尤其是对小市值的股票组合，TWLS 方法预测提升幅度最大，远高于其他特征投资组合以及美国市场相同投资组合的结果。因为中国市场以散户投资者为主，具有追涨杀跌的投资风格，且更偏好小市值的博彩型股票，更关注股票近期的市场表现，而非基本面等更长期的因素，这与以机构投资者为主的美国市场有着显著的不同。

13.6　衰　减　指　数

上文探讨了 TWLS 方法对预测的改进及其改进原因，本节主要关注基于 TWLS 方法的衰减系数 λ ［见式（13-4）］的时间序列表现。根据该公式，λ 在一定程度上衡量了衰减速度，即近期相对于早期的数据权重的大小，λ 越大，衰减速度越快，说明全市场投资者在形成预期（并指导决策）时更关注近期数据，同时也意味着结构突变发生更频繁。

前文主要从预测的角度，证明了 TWLS 方法对预测性能的改善，因此，实证中使用的窗宽为扩展窗宽，λ 的求解基于样本内数据，对样本外数据进行预测。不同于此，本章为了使 λ 数据在时间序列上存在可比性，使用滚动窗口进行计算；并且为了计算全市场投资者的预期与历史数据的关系，只使用样本内 λ 的择优结果。

图 13-7 和图 13-8 分别展示了美国和中国市场滚动窗口 λ 的结果，训练集滚动窗口为 60 个月，对应的验证集滚动窗口为 24 个月。图中实线为 12 个预测变量滚动窗口的 λ 结果，虚线为以滞后一期市场收益率为预测变量的滚动窗口 λ 结果。

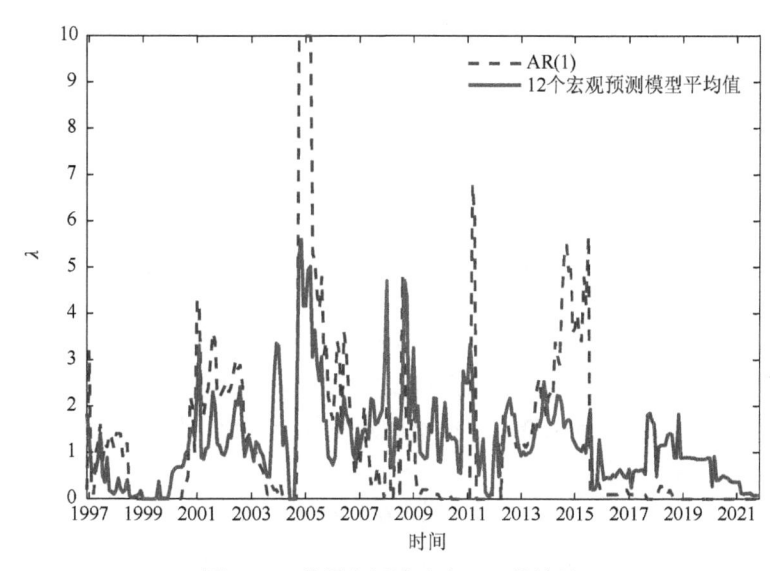

图 13-7 美国市场滚动窗口 λ 的结果

根据图 13-7，在美股 2001 年互联网泡沫破裂、"9·11"事件、2008 年金融危机期间以及 2010~2012 年欧债危机等区间，λ 均有不同程度的上升，说明 λ 的确捕捉到了结构突变的发生，同时表明市场在突出事件发生时，全市场投资者更关注近期事件。

根据图 13-8，沪深 A 股的 λ 在 2015 年股灾、2016 年实行熔断机制和 2018 年中美贸易战期间均处在高位。λ 升高一方面因为投资者更关注近期，另一方面可能由股市的剧烈波动、不确定性上升引起，因此考虑剥离波动率和不确定性，排除外生事件的干扰，单纯捕捉投资者对近期的关注程度随时间的变化。

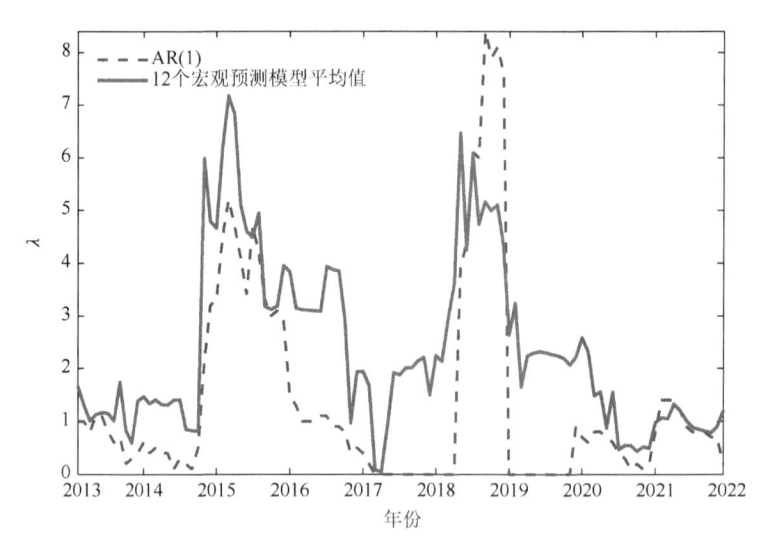

图 13-8　中国市场滚动窗口 λ 的结果

实证中，为了延长 λ 的时间范围，替换 DFS 变量为 TO（换手率：A 股所有上市总交易额除以总市值），总样本时间范围为 2002 年 1 月到 2021 年 12 月，滚动窗口计算得到的 λ_{avg} 的时间范围为 2008 年 12 月至 2021 年 12 月，为 12 个单变量模型 λ 的均值（图 13-9 中的 λ 均值）。图 13-9 展示了 λ 与已实现波动率和中国经济政策不确定性的关系。根据图 13-9（a），λ 与已实现波动率有着密切的联系，尤其在 2015 年股灾期间，波动剧烈，且 λ 也处在高位，计算两者的相关性为 0.36。图 13-9（b）的虚线为中国经济政策不确定性指数，整体上呈现上升的趋势，尤其是近年中美贸易战以及新冠疫情，使不确定性处于高位。根据如下公式剥离波动率和经济政策不确定性的影响：

$$\lambda_{\text{avg},t} = \beta_0 + \beta_1 RV_t + \beta_2 EPU_t + \varepsilon_t \quad (13\text{-}19)$$

式中，RV 为使用 5min 高频数据计算的日内波动率，取其月度均值；EPU 为中国经济政策不确定性指数，根据上述公式提取残差项 ε_t，即为剔除波动率和中国经济政策不确定性后的结果，对其进行标准化得到 λ 的最终结果如图 13-10 所示。

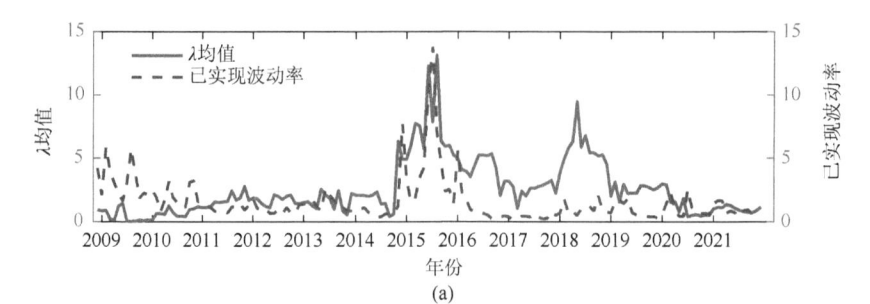

(a)

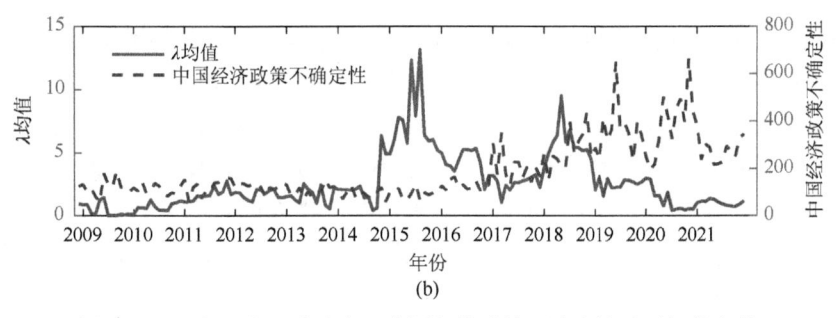

第 13 章 信息传播快、衰减快对市场预测和定价的影响 ·361·

(b)

图 13-9 λ 与已实现波动率、中国经济政策不确定性随时间的走势

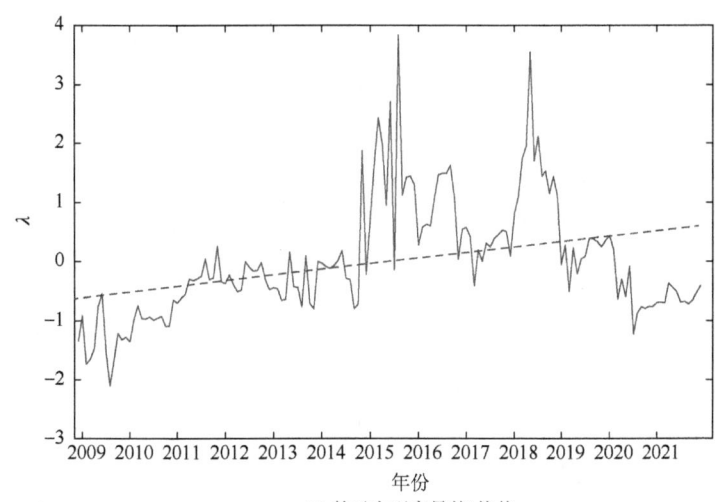

(a) 基于宏观变量的 λ 均值

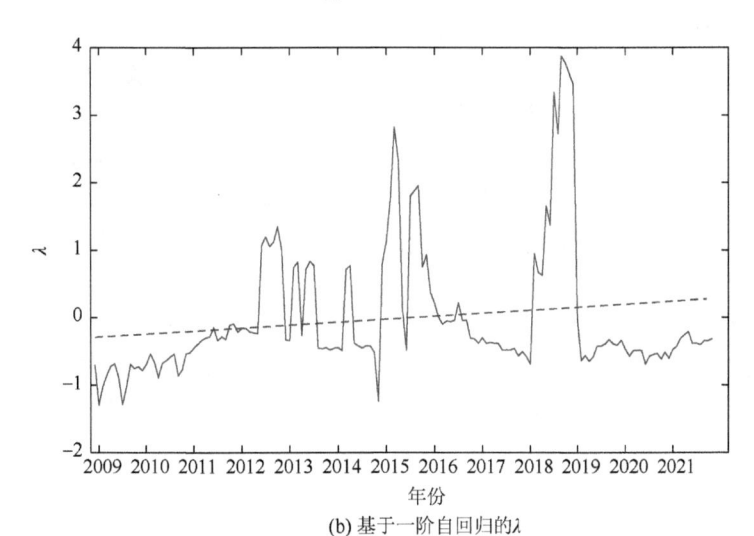

(b) 基于一阶自回归的 λ

图 13-10 标准化的 λ

图 13-10 中的实线为剔除波动率和不确定性影响,且进行标准化后的 λ,虚线为对应的趋势线。其中图 13-10(a)的趋势线系数为 0.008,对应 t 值为 4.728,在 1%显著性水平下显著为正;图 13-10(b)的趋势线系数为 0.004,对应 t 值为 2.10,在 5%显著性水平下显著为正。根据图 13-10,整体来看,无论是基于宏观预测变量的 λ 均值还是一阶自回归的结果(两者相关性高达 0.60),λ 在 2009~2021 年间呈现波动上升趋势,趋势线系数显著为正,表明全市场投资者越来越关注近期的观测值。

13.7 小　　结

对股票收益率的预测是学术界长期存在且广泛关注的问题,许多研究旨在检测股票收益率的可预测性。本章提出 TWLS 方法,即将更大的权重分配给更近期的观测结果,以解决结构突变问题,从而提高对收益率的预测能力。中国和美国市场的样本外预测结果表明,TWLS 方法可以大大提高单变量模型的预测性能。TWLS 组合预测模型具有显著的收益率可预测性,且可预测性强于 OLS 组合预测模型。

进一步的分析表明,本章的 TWLS 方法在不同的时间区间子样本以及中美股市样本中都具有显著的收益率可预测性。在测试样本中,OLS 组合预测模型不能战胜历史均值法,而 TWLS 组合预测模型表现依旧优于基准模型。在投资组合配置框架下,TWLS 组合预测模型的表现也优于历史平均基准,表明了收益率可预测性的经济意义。在扩张和衰退的经济条件下,TWLS 方法在预测性能上有明显改善,尤其在经济衰退期。本章将分析扩展到特征投资组合收益率的预测方面,并使用其他新提出的预测变量。即便使用不同的加权函数、验证样本选择和风险厌恶系数,TWLS 收益率预测方面依旧表现出色,具有稳健性。

此外,本章针对 TWLS 方法的时间加权思想提取全市场的衰减指数,即全市场投资者形成预期并指导决策对历史观测值的衰减情况。λ 越大,表明衰减速度越快,全市场投资者在形成预期(并指导决策)时更关注近期数据,这也可能由股市的剧烈波动或不确定性上升引起。为了在一定程度上排除后者,本章剔除波动率和不确定性对衰减指数的影响,并进行标准化处理得到最终的衰减指数。结果表明,衰减指数在金融危机期间处于高位,其中中国市场的衰减指数呈现较为明显的上升趋势,表明自 2009 年以来,市场的投资者在形成预期时更关注近期的收益率情况。

第14章 互联网搜索记录传播带来的影响

14.1 概　　述

股价盈余公告后漂移（post earnings announcement drift，PEAD）是资产定价领域重点研究的异象，指股票价格对公司盈余公告中包含的未预期盈余信息反应迟缓（Brown and Han，2000；Chung and Hrazdil，2011；Hirshleifer and Teoh，2003）。有效市场理论假设投资者对自己的资产保持充分的关注，公开信息一经发布就会被价格吸收。然而，投资者的注意力和认知是有限的（Kahneman and Tversky，2013），投资者在接收到未预期盈余信息后无法立即对股票进行合理定价，从而导致之后的收益异常漂移现象。因此，PEAD 现象为挑战有效市场理论提供了强有力的证据。我们可以用 PEAD 的强弱作为指标，研究来自不同投资者的关注是否会对资本市场的信息效率和价格发现过程产生不同的影响。

大量文献研究了在公开信息发布后投资者关注对价格发现的积极影响。由于投资者无法跟踪和处理市场上所有上市公司的信息，所以投资者的注意力分配在交易活动中起着至关重要的作用，从而影响资产定价（Barber and Odean，2008；Engelberg and Parsons，2011；Frank and Sanati，2018；Seasholes and Wu，2007）。当股票获得更高的投资者关注度时，市场信息会更快地反映在价格中（Loh，2010）。然而，各种行为偏差（如处置效应、心理账户等）会使投资者的交易活动变得非理性，尤其是对个人投资者而言。更多的投资者关注并不意味着定价的合理性，投资者的成熟度和专业性也很重要。不同投资者对于信息的处理能力不同，因此来自不同投资者的关注在股票市场价格发现过程中扮演的角色也不同。

过去的研究证明了投资者的专业程度在资本市场中有着至关重要的作用，但是很少有文献结合投资者的专业程度来研究投资者关注的影响，而是将专业和非专业投资者的关注作为一个整体来研究。不同类型的投资者的投资策略和表现各不相同。Shleifer 和 Summers（1990）认为股票价格是由套利投资者和噪声投资者之间的博弈决定的。当许多噪声投资者基于与公司市场基本面无关的主观信念或信息做出非理性决策时，噪声交易者对股票价格的持续冲击会导致资产价格与有效市场假设不符。Grinblatt 和 Keloharju（2000）的调查结果也表明，与机构投资者相比，个人投资者的投资业绩相对较差。Barber 和 Odean（2008）

发现个人投资者的净购买与股票后续的收益呈显著的负相关关系。他们表示，从长期来看，个人投资者比机构投资者输得更多，赢得更少。因此，在研究投资者关注在资本市场中的作用时，我们不能排除投资者专业性的影响。对于具有不同信息处理能力的异质投资者，其对股票市场的注意力可能导致完全不同的交易行为，进而对资产定价产生不同的影响。Chen 等（2022）通过研究来自不同投资者的注意力（散户与非散户投资者关注）是否以及如何与股票市场中的股价盈余公告后漂移现象相关联，来揭示投资者关注在影响信息效率的过程中是否具有异质性。在上述文献的基础上，本章将进一步探讨互联网搜索与股价盈余公告后漂移现象的关系。

由于不同类型的投资者对于股票市场的关注度是非常主观且不能直接观察到的变量，所以怎么去度量它是一个很难解决的问题。最近的研究认为投资者在谷歌上的在线搜索行为能够很好地刻画散户投资者的关注。由于缺乏信息渠道，个人投资者比机构投资者更倾向于使用免费的搜索引擎搜索金融信息（Da et al., 2011），而机构投资者拥有更专业的工具（如彭博、Wind 等）。这种情况在中国资本市场中尤其明显。一方面，个人投资者在中国股票市场中占据非常大的比重（80%以上），其交易行为对股票价格的走势有着决定性的作用。另一方面，中国互联网经历了革命性的发展。随着中国移动设备和移动互联网的迅猛发展，个人投资者更容易通过互联网设备上的搜索应用程序获取公共财务信息。互联网的发展吸引了大量尾部投资者进入股票市场（Bogan, 2008），并且造成了传统信息渠道（如报刊等）的萎缩乃至消失。中国股票市场中投资者对金融信息的互联网搜索行为在一定程度上更能反映散户对某个股票的关注，并对其随后的投资决策和交易行为产生重大影响（Rubin A and Rubin E, 2010）。因此，在本章的实证分析中，我们使用百度搜索引擎上的在线搜索指数来衡量散户投资者的关注度。除了散户投资者关注引起的散户交易活动外，Welagedara 等（2017）研究了另一种由非散户投资者关注引起的理性和成熟投资者的交易活动。我们使用 Welagedara 等（2017）的方法计算非散户投资者关注的代理变量，并比较了散户和非散户投资者关注度在中国股票市场中的区别。

先前的研究认为，有限的投资者注意力会导致 PEAD，更高的投资者关注度意味着对公开信息的解释更准确，并加速了对盈利消息的消化（Bernard and Thomas, 1989; Foster et al., 1984; Hirshleifer and Teoh, 2003）。然而，我们的研究表明散户投资者关注对这个价格发现过程有着相反的作用。在盈余公告发布前的个人投资者在线搜索行为越频繁，股价对盈余信息的反应越迟缓，进而导致 PEAD 现象更加显著。与发达市场的情况不一致，中国股市散户投资者比例较高（超过 80%）。由于中国股市仍是一个发展中的股市，信息交流和披露机制尚不完善，散户投资者主要通过互联网获取信息，尤其是通过免费的搜索引擎获取信息。

个人投资者的行为和心理偏见对其决策的影响超过了公共信息内容的影响,当一家公司受到更多散户投资者的关注时,会导致股票市场效率降低。相比之下,我们还研究了非散户投资者注意力的影响,它有助于解释公共信息和价格发现。

总的来说,我们使用包含 2011~2018 年中国公司的 48 106 份盈利公告的样本,通过实证分析,发现散户投资者注意力对 PEAD 的影响与非散户投资者的影响显著不同。当一家上市公司在盈余公告之前受到更多散户投资者关注且不被非散户投资者关注时,其股价在公告日对未预期信息的反应较弱,随后表现出更加显著的长期漂移现象。相比之下,非散户投资者注意力有助于更准确地解释预期外的盈余信息,使股票价格在面对事件冲击时的响应更加充分。当正面(负面)信息发布时,公告日附近的股价会表现出较高(较低)回报,从而减小股价盈余公告后漂移的幅度,提高了信息处理的效率。

在之后的分析中,我们提供了进一步的证据,发现不同投资者关注的股票具有不同的特征。散户投资者关注与信息不确定性和流动性风险呈正相关关系,这将阻碍盈余信息的解读,导致价格调整延迟。相比之下,非散户投资者关注与信息不确定性和非流动性呈负相关关系,表明专业性较强的投资者如机构投资者等倾向于关注确定性较高和流动性较好的股票。由于异质投资者对股票的偏好不同,在盈余公告之前不同类型的投资者关注的增量差异取决于公司的信息不确定性和流动性风险,进而在信息处理效率方面表现出不同的影响。另外,我们发现行为偏差也是造成不同类型投资者关注对 PEAD 作用不同的重要因素。股票在公告日附近的净买入与散户投资者关注呈负相关,而与非散户投资者关注呈正相关,表明散户投资者在短期内的交易行为不够理性,导致股价的反应不足。接着,我们检验了两类已被证实会影响 PEAD 的行为偏差(邻近效应和时近效应)对异质投资者关注的影响,并发现当股价接近其 52 周高点(邻近)或者最近达到过 52 周高点(时近)时,散户投资者关注使 PEAD 增加的效果更加显著。邻近(时近)偏差往往会增强散户投资者的非理性活动,并导致对收益信息的理解更差,从而使收益信息更缓慢地融入股票价格。相比之下,非散户投资者注意力对 PEAD 的影响几乎不受邻近和时近效应的影响。

本章主要有以下四个方面的贡献。首先,我们拓深了有关投资者关注和投资者专业性的相关文献。早期研究(DellaVigna and Pollet,2009;Drake et al.,2015;Hirshleifer and Teoh,2003)将投资者关注视作同质的,没有探究投资者关注的类别或深入研究其特征。时刻关注一家公司并不等同于了解其估值,因此在研究金融市场中投资者关注的影响时,将投资者关注与投资者专业性联系起来很重要。其次,大量文献指出,有限的投资者注意力是导致 PEAD 的原因(DellaVigna and Pollet,2009;Hirshleifer et al.,2008;Hung et al.,2015;Lin and Chiang,2016),公告日附近的互联网搜索行为代表了投资者的信息需求,这可以缓解股价的反应不足并减少发达金融市场中的 PEAD 现象。然而，我们的研究结果提供了相反的证据，即散户投资者在盈余公告之前通过在线搜索获得的注意力在一定程度上加剧了中国股市的 PEAD 现象。这些发现丰富了有关新兴市场投资者关注的现有文献。再次，我们的研究结果提供了经验证据，表明在行为偏差的影响下，散户投资者注意力的增加会导致更严重的 PEAD 异常。最后，我们的研究结果为新兴市场的投资者提供了投资建议，个人投资者应深入研究市场信息，更谨慎地制定交易策略。

14.2　文献回顾与假设

14.2.1　异质投资者关注

Kahneman 和 Tversky（2013）提出投资者的注意力是有限的。投资者只有在关注该公司时才会选择购买该公司的股票。Barber 和 Odean（2008）指出，只有那些被媒体频繁提及、成交量异常或价格波动极大的股票，才能引起关注，成为投资者的选择。Engelberg 和 Parsons（2011）基于热门电视节目 *Mad Money*，发现节目中前一天推荐的股票会产生较高的隔夜收益，并且该收益将在接下来的几个月内反转。然而，与买入建议相比，该节目的卖出建议对股价的影响并不显著。投资者关注在获取信息和决策方面起着至关重要的作用，从而影响资产定价。

有大量文献研究如何度量投资者关注，例如，极高或极低的历史收益率（Barber and Odean, 2008）、异常换手率（Barber and Odean, 2008）、媒体报道的多少（Barber and Odean, 2008）和广告成本（Grullon et al., 2004；Lou, 2014）。然而，Frank 和 Sanati（2018）指出，那些以股票市场交易数据计算而来的代理变量不能保证其独立性。另外，随着科技的发展，当投资者能通过互联网这种更加方便且便宜的方式获取所需信息时，互联网同时也可以记录并了解人们在关注什么。因此，Da 等（2011）首先通过投资者在谷歌上的网络搜索行为直接度量投资者的关注度，认为投资者只有在感兴趣的情况下才会尝试搜索该公司的相应信息，然后更多的互联网查询意味着对该公司的更多关注。然而，互联网搜索指数刻画更多的是来自个人投资者的关注（Aouadi et al., 2013；Cheng et al., 2021；Da et al., 2011）。因此，我们需要找到一种方法来度量另一类投资者关注（来自专业投资者），这样才能比较异质投资者关注在金融市场中的影响。

早期研究者将股票换手率视为衡量投资者关注的指标（Barber and Odean, 2008；Loh, 2010），因为他们认为投资者的注意力决定了投资者在金融市场的交易活动。投资者高度关注会导致交易活动更加活跃。因此，特定股票的高换手率反映了许多投资者正在密切关注它。Welagedara 等（2017）证明散户投资者的注意力仅对特定股票的部分成交量有贡献。因此，他们在控制其他影响因素时，通过异常搜索量指数（散户投资者关注的代理变量）对股票换手率进行回归，并使用回归的残差项来构建机构投资者关注的指标。然后，他们基于美国市场分析师评级及其变更的数据，证明了个人投资者关注和机构投资者关注对价格发现的不同影响。Hervé 等（2019）使用投资者在谷歌和维基百科上的在线搜索行为来分别度量噪声和聪明投资者的注意力。他们指出，噪声投资者关注增加会加大收益率的波动，而聪明投资者的关注增加会降低收益率波动。

鉴于这一证据，我们认为异质投资者关注在金融市场中扮演着不同的角色，研究其对资产定价的影响具有重要意义。由于中国投资者很少使用谷歌和维基百科，我们采用百度搜索强度来衡量中国散户投资者的关注度，并按照 Welagedara 等（2017）的方法以异常换手率的残差构建非散户投资者关注度指标，进而研究这两种投资者类型的注意力对股价的预期影响。

14.2.2 关于股价盈余公告后漂移的文献

大量研究认为，由于投资者的认知限制造成的有限注意力，PEAD 反映了在未预期盈余信息释放到市场后股票被合理定价的困难程度（Bernard and Thomas, 1989; Foster et al., 1984; Hirshleifer and Teoh, 2003）。随后的股票会随着消息的好坏程度继续向上或向下漂移。Hirshleifer 和 Teoh（2003）指出，当大量盈余公告发布到市场时，投资者无法处理所有公告信息并做出相应的投资决策，导致事件发生日期前后市场反应不足，随后的股价漂移幅度更大。当公司在周五公布收益时，实时市场反应较弱，股价 PEAD 更为显著（DellaVigna and Pollet, 2009）。Drake 等（2015）称，在被称为"疯狂三月"的美国大学男子篮球联赛（National Collegiate Athletic Association，NCAA）举办过程中，投资者投入股票市场上的注意力明显减少，导致市场对在这期间发布的财报公告的反应变弱，进而随后的 PEAD 较大。

许多研究从整体上考察了投资者注意力的影响，但并未探讨异质投资者注意力对 PEAD 的影响，尤其是散户投资者的注意力。由于个人投资者通常被认为不如机构投资者专业，当个人投资者更加关注公司但以非理性的策略进行交易时，是否会更快地将盈余信息纳入价格是一个问题。因此将与异质投资者关注相关的文献见解扩展到有关 PEAD 的研究是一个很自然的想法。PEAD 描述的是市场由于未能及时反映金融信息所造成的延迟股价反应的程度，是衡量股票市场信息效率的重要反向指标。在本章中，我们的目标是通过研究不同投资者类别在 PEAD 中的角色来检验他们的关注是否有助于价格发现。如果特定投资者类型的关注有助于解释收益信息并导致股票定价更合理，那么 PEAD 将会更小。

14.2.3 提出假设

Welagedara 等（2017）认为在研究投资者对金融市场的关注度时，我们不能排除投资者专业性的影响。投资者关注的程度不足以预测公开信息发布后的股价走势。个人投资者可能会采取非理性行为，导致价格反应不足或反应过度。他们认为，当股票受到更多个人投资者的关注时，在分析师上调推荐后，价格漂移会明显更大。因此，我们认为散户投资者的注意力不能帮助解释未预期盈余，甚至会阻止未预期盈余中的定价信息被吸收到股票价格中，从而表现出更大幅度的价格漂移。然而，机构（非散户）投资者可以减少错误定价，导致较小的 PEAD。因此，我们给出如下假设。

H1：在其他条件不变的情况下，特定公司的散户投资者关注与其 PEAD 呈正相关，而非散户投资者关注与 PEAD 呈负相关。

14.3 数 据

14.3.1 衡量投资者关注

为了检验我们的假设，我们必须构建有说服力的指标来刻画不同类型投资者对中国上市公司的关注度。先前的研究使用各种代理变量来衡量投资者的注意力，例如，极高或极低的历史回报、异常换手率、媒体报道多和广告成本高。然而，Frank 和 Sanati（2018）指出，从股票市场衍生出的代理变量不能确保独立性。媒体报道和广告成本衡量的是信息的供给，不能描述上市公司的信息需求和投资者获得的信息量。

Da 等（2011）率先使用谷歌总搜索频率来衡量散户投资者的注意力。他们表示，当有人使用搜索引擎搜索上市公司时，这意味着投资者注意到了它。此外，个人投资者更有可能使用互联网搜索引擎搜索公司，因为机构投资者配备了更复杂和专业、可以提供更准确的信息的工具。按照这种思路，我们仿照之前的文献（Zhang G Y and Zhang S J, 2013），用百度的总搜索频率来衡量中国散户投资者的关注度。具体地，我们使用爬虫代码从网站（http://index.baidu.com）上获取每只股票的搜索量指数。一般而言，个人投资者主要以股票名称、股票简称、股票代码为关键词搜索特定上市公司的相关信息。Kong 等（2019）认为以股票名称缩写为关键词更为合适，因为投资者输入缩写最为频繁。另外，当用户使用股票代码来搜索公司信息时，该搜索记录更有可能来自投资者，以获取股票市场的有用信息。在中国股市中，以股票简称和股票代码为关键词的投资者数量足够大，因此我们将使用股票简称和股票代码的搜索量相加来构建我们的股票搜索指数。百度从 2011 年开始统计相关指数数据，因此我们收集了 2011~2018 年的周度 SVI。

具体而言，考虑到股票搜索指数的异质性，我们计算异常股票搜索指数来衡量散户投资者关注。如果散户投资者更多（更少）关注股票，股票搜索指数将比过去的平均水平增加（减少），并呈现正（负）的异常股票搜索指数。我们计算第 t 周散户投资者关注的异常股票搜索指数如下：

$$\text{Att}_{i,t}^R = \ln(\text{SVI}_{i,t}) - \ln(\text{Median}(\text{SVI}_{i,t-1},\text{SVI}_{i,t-2},\cdots,\text{SVI}_{i,t-8})) \quad (14\text{-}1)$$

式中，$\text{SVI}_{i,t}$ 为股票 i 在第 t 周的股票搜索指数；$\text{Att}_{i,t}^R$ 为第 t 周的异常股票搜索指数，用来衡量散户投资者关注。

先前的文献认为交易决策源于投资者所见，因此我们认为总交易量由散户投资者关注和非散户投资者关注引起的交易量组成。按照 Welagedara 等（2017）的思路，我们在控制其他影响因素的同时，用股票周换手率对散户投资者关注进行回归，并将非散户投资者关注定义为回归残差减去过去 8 周的残差中位数。在本章中，我们使用异常换手率残差作为衡量非散户投资者关注的指标，而不是使用其他机构投资者注意力的指标（如分析师覆盖、机构持股比例和公司实地考察等），原因有两个。首先，这些代理指标是滞后指标，无法及时衡量金融市场中时刻变化的关注度。分析师可能会在关注该公司相当长一段时间后发布报告或访问该公司。其次，有大量公司没有分析师报告和企业实地考察数据，但是我们不能断定非散户投资者没有关注它们。从这些角度来看，我们应用与异常 SVI 对应的异常换手率残差来衡量非散户投资者的注意力，具体如下：

$$\ln(\text{TV}_{i,t}) = \alpha + \beta_1\text{Att}_{i,t}^R + \beta_2 r_{i,t} + \beta_3 \ln(\text{TV}_{i,t-1}) + \beta_4 \text{volatility}_{i,t} + \varepsilon_{i,t} \quad (14\text{-}2)$$

$$\text{Att}_{i,t}^{\text{NR}} = \varepsilon_{i,t} - \text{Median}(\varepsilon_{i,t-1},\varepsilon_{i,t-2},\cdots,\varepsilon_{i,t-8}) \quad (14\text{-}3)$$

式中，$\text{TV}_{i,t}$ 为股票 i 在第 t 周的换手率，具体计算为每周交易量除以流通股总数；$\text{Att}_{i,t}^R$ 为第 t 周散户投资者关注；$\text{Att}_{i,t}^{\text{NR}}$ 为第 t 周非散户投资者关注；$r_{i,t}$ 为周收益率；波动率 $\text{volatility}_{i,t}$ 为股票 i 在第 t 周内每日收益的标准差。

在实证部分，对于第 q 季度的股票 i，我们定义其盈余公告发布日所在的一周为公告周，然后基于公告周前一周的 Att^R 和 Att^{NR} 的值来衡量散户和非散户投资者关注。

14.3.2 衡量盈余公告后漂移

在有关 PEAD 的传统实证文献中，这种异象是通过用事件日期后几周或几个月内的累积异常收益（cumulative abnormal return，CAR）对上市公司的标准化未预期盈余（standardized unexpected earnings，SUE）进行回归来刻画的（Kim et al.，2019），SUE 的正系数即表示存在 PEAD 异象，说明股票没有得到合理定价来及时地反映盈余信息，市场中的投资者需要较长的时间来消化理解未预期盈余。

具体来说，CAR 分两步计算。首先，我们按股票市值（变量为 Size）和账面市值比（变量为 BM）排序的 5×5 投资组合计算调整后的异常收益：

$$AR_{i,q,d} = R_{i,q,d} - R_{p,q,d} \quad (14\text{-}4)$$

式中，$AR_{i,q,d}$ 和 $R_{i,q,d}$ 分别为股票 i 在第 d 天第 q 季度的异常收益率和每日收益率；$R_{p,q,d}$ 为股票 i 所属的投资组合 p 的等加权平均收益率。

然后，我们将盈余公告发布日期定义为第 0 天（如果盈余公告日为非交易日，我们将下一个交易日视为第 0 天），并将 a 天到 b 天的异常收益相加为累积异常收益 CAR（a，b）：

$$CAR_{i,q}(a,b) = \sum_{d=a}^{b} AR_{i,q,d} \quad (14\text{-}5)$$

本章计算 CAR（0，1）、CAR（2，21）和 CAR（2，61）来描述股票价格在公告日后的第 0~1 天、第 2~21 天和第 2~61 天的相应反应。

接着，我们通过盈余公告发布的实际每股收益减去每股收益的预测值来计算未预期盈余，然后用历史未预期盈余的标准差对当期未预期盈余进行标准化处理。具体来说，我们选择在财政年度末按总股本调整的季度每股收益（earning per share，EPS）来衡量盈利能力。基于随机游走时间序列模型，将 $t-4$ 季度的 EPS 视为 t 季度 EPS 的合理预测，我们可以计算意外收益：

$$UE_{i,t} = EPS_{i,t} - EPS_{i,t-4} \quad (14\text{-}6)$$

然后，我们将 $UE_{i,t}$ 除以之前 12 个季度的未预期盈余的标准差来计算 SUE：

$$SUE_{i,t} = \frac{UE_{i,t}}{\sigma_{i,t \to t-4}} \quad (14\text{-}7)$$

式中，$\sigma_{i,t \to t-4}$ 为前 12 个季度意外收益的标准差。对于每个季度 q，我们通过根据 SUE 的分布将所有样本进行五等分并依次赋值 1、0.8、0.6、0.4 以及 0.2 来计算 R_SUE。例如，在某个季度，如果某一个公司的 SUE 处于最高的五分位组，那么该样本的 R_SUE 赋值为 1；相反，如果某一个公司的 SUE 处于最低的五分位组，则该样本的 R_SUE 赋值为 0.2。

14.4　实　证　结　果

14.4.1　汇总统计

表 14-1 的面板 A 提供了我们样本中 SUE、CAR、Att^R、Att^{NR} 和部分公司特

征的描述性统计结果,总共有涉及 2415 家公司的 48 106 个观测值。股票的交易数据、财务数据以及盈余公告数据均来自 CSMAR 数据库,样本的时间跨度为 2011~2018 年,并删去了控制变量有缺失值的样本。我们对所有变量进行了 1% 和 99% 的水平盖帽处理。Att^R 的平均值(中位数)为 0.035(−0.005),Att^{NR} 的平均值(中位数)为 0.006(0.001)。SUE 的平均值为 0.001,中位数为−0.030,标准差为 1.016。面板 B 显示了上述季度变量之间的皮尔逊相关性。如表 14-1 所示,Att^R 与 Att^{NR} 的相关系数为 0.160。

表 14-1 主要变量的描述性统计结果

面板 A:描述统计

变量	样本数	均值	标准差	1%分位数	25%分位数	50%分位数	75%分位数	99%分位数
CAR(0,1)	48 106	0.001	0.034	−0.083	−0.017	−0.002	0.015	0.111
CAR(2, 21)	48 106	0.001	0.102	−0.216	−0.054	−0.010	0.044	0.325
CAR(2, 61)	48 106	0	0.169	−0.379	−0.097	−0.016	0.078	0.533
Att^R	48 106	0.035	0.249	−0.442	−0.117	−0.005	0.144	0.868
Att^{NR}	48 106	0.006	0.058	−0.124	−0.015	0.001	0.020	0.214
SUE	48 106	0.001	1.016	−2.577	−0.595	−0.030	0.581	2.655
Size	48 106	22.501	0.969	20.721	21.842	22.376	23.022	25.364
BM	48 106	0.407	0.287	0.035	0.206	0.336	0.528	1.391

面板 B:皮尔逊相关系数

变量	CAR(0,1)	CAR(2, 21)	CAR(2, 61)	Att^R	Att^{NR}	SUE	Size	BM
CAR(0,1)	1							
CAR(2, 21)	−0.038	1						
CAR(2, 61)	−0.026	0.545	1					
Att^R	−0.046	0.404	0.164	1				
Att^{NR}	−0.031	0.097	0.116	0.160	1			
SUE	0.103	0.063	0.107	0.008	−0.010	1		
Size	0.038	0.027	0.058	0.005	−0.012	0.035	1	
BM	−0.013	−0.077	−0.162	−0.058	−0.048	−0.063	0.084	1

14.4.2 单变量分析

在不同的子样本中，我们根据公告前一周的 Att^R 和 Att^{NR} 的中位数将股票分为四组。对于散户投资者相对关注度高（高 Att^R 和低 Att^{NR}）和非散户投资者相对关注度高（低 Att^R 和高 Att^{NR}）的股票组合，我们分别计算即时股价反应 CAR（0，1），以及延迟股价反应 CAR（2，21）和 CAR（2，61）的平均值。表 14-2 给出了基于正负未预期盈余进行分类的子样本的平均 CAR。在 SUE 为正的公司中，非散户投资者相对关注度高的股票在事件发生日期前后的即时股价反应比散户投资者关注度高的公司更显著。对于随后的延迟股价反应，高 Att^R 和低 Att^{NR} 的股票组合的平均 CAR（2，21）为 3.78%，而低 Att^R 和高 Att^{NR} 的股票组合的平均 CAR（2，21）为 2.66%。散户投资者相对关注度越高，PEAD 越显著，从第 2 天到第 21 天的异常回报差异为 1.12%。类似地，高 Att^R 和低 Att^{NR} 的股票组合在随后三个月的股价漂移幅度更大，并且两组之间的 CAR（2，61）差异为 2.30%。当一家公司发布负面盈利消息时，非散户投资者相对关注度较高的股票组合在公告日前后的反应更为激烈，股价调整更加充分。对于散户投资者相对关注度较高的股票组合，其 CAR（2，21）平均比非散户投资者相对关注度高的股票组合低 3.60%，CAR（2，61）低 2.25%。这表明当股票市场中的交易者以散户投资者为主时，股票价格调整较慢，漂移现象更为显著。

在表 14-2 中，我们还给出了具有极端正未预期盈余（R_SUE 等于 1）和极端负未预期盈余（R_SUE 等于 0.2）的子样本的结果，得到了类似的收益率趋势。与具有低 Att^R 和高 Att^{NR} 的股票相比，具有高 Att^R 和低 Att^{NR} 的股票组合在很长一段时期中有着更大的异常收益，经历了更加显著的股价漂移。至于极负的未预期盈余，散户投资者相对关注度大的股票组合表现出更小的即时股价反应和更大的延迟股价反应。

表 14-2 盈余公告期间和之后的股票异常收益

投资组合	漂移 CAR（0，1）	漂移 CAR（2，21）	漂移 CAR（2，61）
好消息			
高 Att^R & 低 Att^{NR}	0.0034***	0.0378***	0.0297***
	（4.69）	（8.41）	（7.83）
低 Att^R & 高 Att^{NR}	0.0047***	0.0266***	0.0065***
	（5.39）	（6.17）	（5.34）
差别	−0.0013*	0.0112***	0.0230***
	（−1.93）	（4.22）	（3.77）

续表

投资组合	漂移 CAR（0，1）	漂移 CAR（2，21）	漂移 CAR（2，61）
坏消息			
高 Att^R & 低 Att^{NR}	−0.0016***	−0.0353***	−0.0188***
	(−3.64)	(−9.80)	(−6.17)
低 Att^R & 高 Att^{NR}	−0.0043***	0.0007	0.0037***
	(−4.06)	(−0.82)	(3.72)
差别	0.0027***	−0.036***	−0.0225***
	(3.85)	(−4.21)	(−7.50)
极端好消息			
高 Att^R & 低 Att^{NR}	0.0064***	0.0508***	0.0534***
	(5.43)	(7.32)	(8.01)
低 Att^R & 高 Att^{NR}	0.0074***	0.0229**	0.0176***
	(7.36)	(2.67)	(4.71)
差别	−0.0010	0.0279***	0.0358***
	(−0.32)	(5.64)	(7.32)
极端坏消息			
高 Att^R & 低 Att^{NR}	−0.0031**	−0.0381***	−0.0313***
	(−2.02)	(−7.80)	(−6.47)
低 Att^R & 高 Att^{NR}	−0.0082***	−0.0247***	−0.0014
	(−3.55)	(−6.10)	(−1.04)
差别	0.0051***	−0.0134***	−0.0299***
	(3.24)	(−4.43)	(−5.90)

注：括号内的 t 统计量基于 Newey-West 标准误进行调整

*** $p<0.01$，** $p<0.05$，* $p<0.1$

为了直观地展示 Att^R 和 Att^{NR} 的影响，我们还在图 14-1 中提供了折线图，以显示异质投资者关注影响下的股价盈余公告后漂移现象。我们选取了未预期盈余最高（R_SUE 等于 1）和未预期盈余最低（R_SUE 等于 0.2）的观测样本，并分别计算了散户投资者关注相对较高（高 Att^R 和低 Att^{NR}）以及非散户投资者关注相对较高（低 Att^R 和高 Att^{NR}）的股票组合的日度异常收益的平均值，进而得到公告日前 60 天到后 60 天的累积异常收益并绘制了相关趋势图。从图 14-1 可以看出，有正面（负面）盈余消息的股票表现出明显的向上（向下）价格趋势，表明

PEAD 异象在中国股票市场中很显著。更重要的是，无论盈余信息是好是坏，对于非散户投资者相对关注度较高的股票，公告日附近的股价反应更为显著，因此导致随后的 PEAD 较小。

单变量分析的实证结果和图 14-1 表明，来自非散户投资者的关注会导致发布到市场的信息更快地被股票价格吸收。如果没有机构投资者，个人投资者会对公布的盈余信息反应不足，从而导致价格发现延迟。投资者的注意力和投资者的专业性都在盈余公告后的价格发现中发挥着重要作用。具有不同专业性的异质投资者关注对 PEAD 的影响不同。

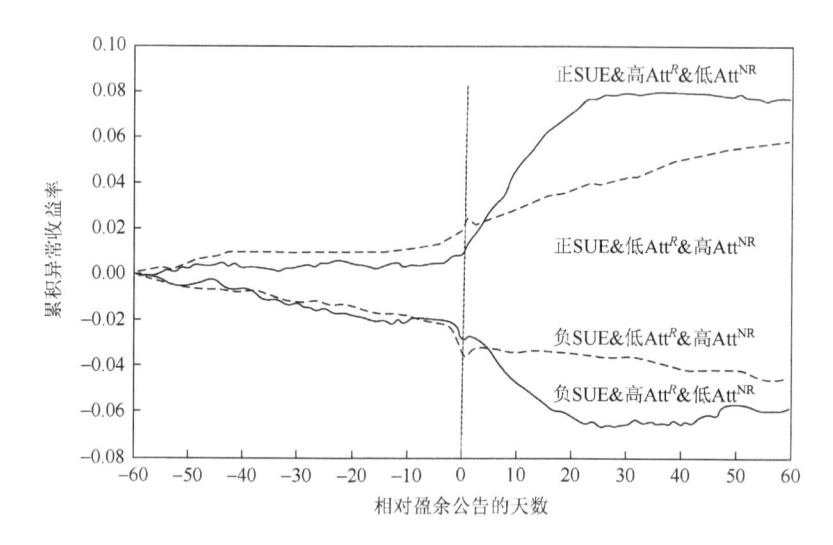

图 14-1　盈余公告前后不同股票组合的股价走势

14.4.3　异质投资者关注对 PEAD 的影响

由于投资组合分类分析的方法忽略了大量影响收益率的其他股票特征，在本节中我们通过回归来进一步检验异质投资者关注与 PEAD 之间的关系。我们分别根据散户和非散户投资者关注的五分位数将整个样本进行分割。然后，在每个五等分内，我们基于以下回归模型进行分析：

$$\text{CAR}_{i,t} = \alpha_0 + \alpha_1 \text{R\_SUE}_{i,t} + \text{Controls} + \varepsilon_{i,t} \tag{14-8}$$

式中，$\text{CAR}_{i,t}$ 为股票 i 在第 t 季度经过 Size 和 BM 调整的累积异常回报，在我们的实证研究中主要使用 CAR（2，21）和 CAR（2，61）；Controls 为控制变量。对于第 q 季度，我们按照上面定义的 SUE 将股票五等分，并对每组中的股票进行标准化赋值，得到 R_SUE。对于顶部（底部）SUE 五分位的股票，R_SUE 等于 1（0.2）。控制变量包括 Size、BM、行业和季度虚拟变量。

表 14-3 的面板 A 提供了基于散户投资者关注（Att^R）排序的五等分投资组合的回归结果，回归的因变量为 CAR（2，21）。结果表明，R_SUE 的系数在所有投资组合中均显著为正，表明中国股票市场中的 PEAD 现象十分显著。当散户投资者关注（Att^R）增加时，R_SUE 的系数和显著性（t 值）整体上呈现上升趋势。最高和最低的 Att^R 五等分股票组合之间的 R_SUE 系数差为 0.009，t 值为 9.87，这表明散户投资者关注越大，PEAD 越大。表 14-3 的面板 B 展示了基于非散户投资者关注（Att^{NR}）排序的五等分投资组合的回归结果。相比之下，随着非散户投资者关注的增加，R_SUE 的系数和显著性呈减小趋势。这些与我们的假设是一致的。特定公司的散户（非散户）投资者关注度与其 PEAD 正（负）相关。

表 14-3　异质投资者关注与 PEAD 的分组回归结果

面板 A：散户投资者关注与 PEAD

CAR（2，21）	以 Att^R 分组					
	低	2	3	4	高	高−低
R_SUE	0.013***	0.015***	0.014***	0.016***	0.022***	0.009***
	(4.74)	(5.44)	(4.88)	(5.29)	(4.27)	(9.87)
Size	0.005***	0.002***	0.004***	0.004***	0.011***	
	(4.99)	(3.04)	(4.48)	(4.23)	(6.09)	
BM	−0.007**	−0.012***	−0.017***	−0.030***	−0.090***	
	(−2.17)	(−4.77)	(−6.11)	(−9.34)	(−13.44)	
常数项	−0.137***	−0.069***	−0.089***	−0.078***	−0.196***	
	(−6.19)	(−3.44)	(−4.52)	(−3.32)	(−4.55)	
行业固定效应	是	是	是	是	是	
季度固定效应	是	是	是	是	是	
样本数	9634	9613	9617	9612	9630	
R^2/%	3.1	2.6	2.8	2.8	5.8	

面板 B：非散户投资者关注与 PEAD

CAR（2，21）	以 Att^{NR} 分组					
	低	2	3	4	高	高−低
R_SUE	0.023***	0.016***	0.014***	0.018***	0.013***	−0.010***
	(5.34)	(4.77)	(4.36)	(5.12)	(3.15)	(−10.97)
Size	0.007***	0.006***	0.006***	0.004***	0.002*	
	(5.58)	(5.91)	(6.14)	(4.56)	(1.74)	

续表

面板 B：非散户投资者关注与 PEAD

CAR（2，21）	以 Att^R 分组					高−低
	低	2	3	4	高	
BM	−0.041***	−0.034***	−0.027***	−0.031***	−0.035***	
	(−10.17)	(−8.61)	(−7.47)	(−9.92)	(−8.17)	
常数项	−0.145***	−0.131***	−0.127***	−0.096***	−0.055*	
	(−4.97)	(−5.54)	(−5.40)	(−3.97)	(−1.86)	
行业固定效应	是	是	是	是	是	
季度固定效应	是	是	是	是	是	
样本数	9634	9613	9616	9613	9630	
R^2/%	7.1	2.8	2.6	3.2	2.3	

注：括号内的 t 统计量基于 Newey-West 标准误进行调整

*** $p<0.01$，** $p<0.05$，* $p<0.1$

14.4.4 回归分析

在上文中，我们在投资组合层面检验了散户和非散户投资者关注对 PEAD 的影响。为了提供进一步的证据，我们引入交互变量并基于如下混合面板进行回归：

$$\text{CAR}_{i,t} = \alpha_0 + \alpha_1 \text{R\_SUE}_{i,t} + \alpha_2 \text{Att}^R_{i,t} + \alpha_3 \text{Att}^R_{i,t} \times \text{R\_SUE}_{i,t} \\ + \alpha_4 \text{Att}^{NR}_{i,t} + \alpha_5 \text{Att}^{NR}_{i,t} \times \text{R\_SUE}_{i,t} + \text{Controls} + \varepsilon_{i,t} \quad (14\text{-}9)$$

在我们的实证研究中主要使用 CAR（2，21）和 CAR（2，61）。对于第 q 季度，我们按照上面定义的 SUE 将股票五等分，并对每组中的股票进行标准化赋值。对于顶部（底部）SUE 五分位的股票，R_SUE 等于 1（0.2）。Att^R 由事件前一周的异常 SVI 衡量，而 Att^{NR} 是如上定义的异常换手率残差。控制变量包括 Size、BM、行业和季度虚拟变量。

在表 14-4 中，我们给出了相应的回归结果。（1）、（2）和（3）列使用 CAR（2，21）作为因变量。在（1）和（2）列中，我们分别检验了散户和非散户投资者关注对 PEAD 的影响。在（3）列中，我们在回归中同时加入了散户和非散户投资者关注的代理变量。在（1）、（3）列中，交乘项 $\text{Att}^R \times \text{R\_SUE}$ 的系数显著为正，而在（2）、（3）列中交乘项 $\text{Att}^{NR} \times \text{R\_SUE}$ 的系数显著为负。这表明散户（非散户）投资者关注与 PEAD 之间存在正（负）相关性。在（4）、（5）和

（6）列中，回归的因变量是 CAR（2，61），其结果与前三个回归结果类似，异质投资者关注的影响提供了有力的证据。传统文献指出，投资者关注的增加有助于市场吸收公开的盈余信息。然而，我们的经验证据表明，投资者的专业性在价格发现中也起着至关重要的作用。只有成熟的投资者关注才能使公开信息更快地被股价吸收。相比之下，不太成熟的投资者的关注并不能加速盈余信息的吸收。

表 14-4 异质投资者关注与 PEAD 回归结果

变量	CAR（2，21）			CAR（2，61）		
	（1）	（2）	（3）	（4）	（5）	（6）
R_SUE	0.018**	0.018***	0.016***	0.056***	0.050***	0.049***
	(12.85)	(10.33)	(11.36)	(19.46)	(17.41)	(17.39)
Att^R	0.172***		0.173***	0.113***		0.105***
	(20.42)		(20.61)	(10.48)		(9.86)
$Att^R \times R\_SUE$	0.021*		0.023**	0.019***		0.025*
	(1.84)		(1.97)	(3.69)		(2.66)
Att^{NR}		0.005	−0.006		0.022***	0.016***
		(1.03)	(−1.34)		(3.69)	(2.66)
$Att^{NR} \times R\_SUE$		−0.018***	−0.015**		−0.019**	−0.017*
		(−2.66)	(−2.36)		(−2.03)	(−1.88)
Size		0.005***	0.005***		0.016***	0.016***
		(9.47)	(11.28)		(15.10)	(15.69)
BM		−0.034***	−0.030***		−0.108***	−0.105***
		(−16.95)	(−16.12)		(−24.70)	(−24.64)
常数项	−0.036***	−0.109***	−0.150***	−0.039***	−0.343***	0.369***
	(−8.97)	(−8.76)	(−13.29)	(−4.60)	(−14.29)	(−15.66)
行业固定效应	是	是	是	是	是	是
季度固定效应	是	是	是	是	是	是
样本数	48 106	48 106	48 106	48 106	48 106	48 106
R^2/%	19	1.8	20.1	4.7	4.8	7.6

注：括号内的 t 统计量基于 Newey-West 标准误进行调整

*** $p<0.01$，** $p<0.05$，* $p<0.1$

14.5 进一步研究

14.5.1 影响机制：来自信息不确定性的证据

为了进一步了解异质投资者关注对 PEAD 的影响机制，我们结合先前的研究进行了进一步的分析。根据有效市场假说，理性的投资者对信息发布反应迅速，从而可以充分解读信息中包含的、会影响股票估值的部分。然而，当公共信号比较嘈杂时（如上市公司充满不确定性），投资者处理信息所花费的时间会变长，增加了其对股价预测的难度和准确性。此外，较高的信息不确定性可能会导致市场参与者之间的意见分歧增加，使解读公开信息、辨明错误定价变得更加困难。因此，处理信息发布的不确定性会阻碍股票价格消化估值信息，表明信息不确定性与 PEAD 之间存在正相关关系。

对于盈余公告前后投资者关注与信息不确定性之间的关系，我们假设不同类型的投资者关注与信息不确定性表现出不同的相关性，原因如下。

（1）对投资者来说，即将发布的盈余信息具有很强的信息不确定性。不同类型的投资者因风险偏好而对信息不确定性持有不同的看法，而机构投资者则倾向于规避不确定性风险，从而减少对信息不确定性高的股票的关注。相比之下，Bali 等（2021）认为散户投资者对彩票型股票有特别的偏好。Liu 等（2020）则表示，由于散户投资者的强烈投机需求，盈余公告对他们有着很大的吸引力，尤其是对于彩票型股票。因此，个人投资者可以在财报公布前几天更多地关注信息不确定性高的股票，从而制定赌博式的投资决策，导致个人投资者的注意力与信息不确定性之间存在正相关关系。

（2）由于个人投资者通常在短时间内频繁买卖股票，个人投资者对特定公司的高度关注也可能导致股票的信息不确定性增加。

为了检验上述影响机制，我们进行如下两阶段最小二乘（two stage least square，2SLS）回归：

$$\text{Uncertainty} = \beta_0 + \beta_1 \text{Att}_{i,t}^{R} + \beta_2 \text{Att}_{i,t}^{NR} + \text{Controls} + \varepsilon_{i,t} \quad (14\text{-}10)$$

$$\begin{aligned}\text{CAR}_{i,t} = &\gamma_0 + \gamma_1 \text{R\_SUE}_{i,t} + \gamma_2 \widehat{\text{Uncertainty}}_{i,t} \\ &+ \gamma_3 \widehat{\text{Uncertainty}}_{i,t} \times \text{R\_SUE}_{i,t} + \text{Controls} + \varepsilon_{i,t}\end{aligned} \quad (14\text{-}11)$$

我们用公司年限和收益波动率作为信息不确定性的代理变量。公司年限是公司在公布收益时成立以来的年数；收益波动率是公告周每日收益的标准差；符号"^"表示期望值。控制变量包括 Size、BM、行业和季度虚拟变量。

表 14-5 给出了上述 2SLS 回归的结果。(1)、(2) 和 (3) 列给出了信息不确定性由公司年限来衡量时的结果，而 (4)、(5) 和 (6) 列则使用收益波动率来衡量信息不确定性。通常，较小的公司年限或较高的收益波动率表明信息的不确定性较高。从表 14-5 中可以看出，Att^R 与公司年限负相关，而在 (1) 列中 Att^{NR} 的系数显著为正。这意味着非散户投资者可能更喜欢通常面临较少信息不确定性的老公司。相比之下，散户投资者会在公告日期之前更关注新公司。然后，我们使用公司年限的估计值进行第二阶段回归，它代表与两类投资者关注相关的部分。在 (2) 和 (3) 列中，公司年限的估计值的系数显著为负，表明老股票的价格调整延迟更小。这与我们的假设一致，即散户（非散户）投资者关注与信息不确定性呈正（负）相关，导致散户（非散户）投资者关注与 PEAD 正（负）相关。同样，(4) 列显示 Att^R（Att^{NR}）与收益波动率正（负）相关。然后，如 (5) 列和 (6) 列所示，与投资者关注相关部分的收益波动率估计值会导致较大的 PEAD。我们不打算使用第一阶段回归来显示异质投资者关注和信息不确定性之间的因果关系，而是为了阐明异质投资者关注在盈余公告前的增量差异是以股票的信息不确定性（如年龄）为条件。此外，在财报公布前散户（非散户）投资者关注的增加可能会导致公告日期前后信息不确定性（例如，收益波动率）的增加（减少）。这些可以部分解释异质投资者关注对 PEAD 的不同影响。

表 14-5 信息不确定性的影响

变量	公司年限			收益波动率		
	(1)	(2)	(3)	(4)	(5)	(6)
	第一阶段	第二阶段	第二阶段	第一阶段	第二阶段	第二阶段
因变量	Uncertainty	CAR(2, 21)	CAR(2, 61)	Uncertainty	CAR(2, 21)	CAR(2, 61)
R_SUE	0.158	1.000***	0.271**	0.158	0.011	0.025*
	(1.59)	(13.01)	(2.36)	(1.59)	(1.22)	(1.74)
Att^R	−0.143**			0.791*		
	(−2.43)			−1.90		
Att^{NR}	0.791*			−0.143**		
	(1.90)			(−2.43)		
$\widehat{\text{Uncertainty}}$		−0.000	−0.000		0.051	−0.003
		(−0.31)	(−0.13)		(0.80)	(−0.54)
$\widehat{\text{Uncertainty}}$×R_SUE		−0.055***	−0.012*		0.028*	0.015*
		(−12.86)	(−1.93)		(1.86)	(1.69)

续表

变量	公司年限			收益波动率		
	(1)	(2)	(3)	(4)	(5)	(6)
	第一阶段	第二阶段	第二阶段	第一阶段	第二阶段	第二阶段
Size	0.207**	0.012***	0.017***	0.207**	0.080***	0.012***
	(2.06)	(16.52)	(14.83)	(2.06)	(11.51)	(13.59)
BM	1.121***	0.002	−0.099***	1.121***	0.560***	−0.091***
	(3.88)	(0.75)	(−19.23)	(3.88)	(10.07)	(−22.27)
常数项	12.425***	−0.286***	−0.382***	12.425***	−4.059***	−0.264***
	(5.41)	(−15.81)	(−13.20)	(5.41)	(−11.09)	(−11.48)
行业固定效应	是	是	是	是	是	是
季度固定效应	是	是	是	是	是	是
样本数	48 106	48 106	48 106	48 106	48 106	48 106
$R^2/\%$	0.6	2.0	4.7	0.6	2.8	3.9

注：括号内的 t 统计量基于 Newey-West 标准误进行调整

*** $p<0.01$，** $p<0.05$，* $p<0.1$

14.5.2 影响机制：流动性风险的证据

由于 PEAD 是描述股票价格反应不足的异常现象，套利者有动力纠正这种错误定价来获取收益。然而，由于 PEAD 现象与有效市场理论不符，大量研究提出这有可能是交易成本造成的（Chung and Hrazdil, 2011；Ng et al., 2008；Zhang G Y and Zhang S J, 2013）。如果套利机会伴随着交易成本，那么套利者对反应不足的股票制定相应策略就没有利润。非流动性风险是市场参与者面临的重要交易成本来源，并被证实与 PEAD 正相关（Chordia et al., 2009）。较高的非流动性意味着套利者持股成本会变高，不愿意参与交易来纠正错误定价，进而导致较大的 PEAD。

一般来说，个人投资者可能对特定股票的流动性不敏感，而机构投资者更喜欢流动资产。此外，散户投资者关注的增加可能会在短期内助长非理性交易活动，加剧错误定价，这对市场套利者来说是一种套利风险。因此，投资者关注的增加可能会降低交易对手的交易热情，从而导致流动性增加。因此，我们假设散户和非散户投资者关注与股票的流动性特征相关性不同，导致其对 PEAD 产生的影响不一致。

按照 Amihud（2002）的方法，我们将一周内每日绝对股票收益与每日交易量的比率的均值定义为周度非流动性指标（变量为 ILLIQ）。对于每一个盈余公告，我们用公告日所在周的 ILLIQ 来衡量盈余公告期间该股票的非流动性风险，并使用两阶段最小二乘回归分析来检验该影响路径。在第一阶段回归中，我们控制其他变量并用 Att^R 和 Att^{NR} 对 ILLIQ 进行回归来检验它们的相关性。在第二阶段回归中，我们用估计的 ILLIQ 及其与 R_SUE 的交乘项来对 CAR 进行回归。表 14-6 给出了上述 2SLS 回归的结果。

表 14-6 流动性风险的影响

变量	（1）第 1 阶段	（2）第 2 阶段	（3）第 2 阶段
因变量	ILLIQ	CAR（2, 21）	CAR（2, 61）
R_SUE	−0.001	−0.049***	0.001
	(−0.11)	(−23.85)	(0.19)
Att^R	0.088***		
	(4.49)		
Att^{NR}	−0.022**		
	(−2.25)		
$\widehat{ILLIQ}$		0.014**	0.014
		(2.26)	(1.11)
$\widehat{ILLIQ} \times$ R_SUE		1.214***	0.300***
		(38.5)	(18.96)
Size	−0.033***	0.030***	0.035***
	(−12.17)	(36.56)	(26.80)
BM	−0.011	−0.022***	−0.098***
	(−1.31)	(−14.02)	(−34.73)
常数项	0.746***	−0.645***	−0.744***
	(11.85)	(−35.12)	(−25.59)
行业固定效应	是	是	是
季度固定效应	是	是	是
样本数	48 106	48 106	48 106
R^2/%	2.2	8.5	6.1

注：括号内的 t 统计量基于 Newey-West 标准误进行调整

*** $p<0.01$，** $p<0.05$

我们可以从表 14-6 中看出，Att^R（Att^{NR}）与 ILLIQ 正（负）相关。在（2）和（3）列中，交乘项 $\widehat{ILLIQ} \times R\_SUE$ 的系数显著为正，表明较低的流动性会导致较大的 PEAD。这意味着异质投资者关注对 PEAD 的影响部分是由于异质投资者关注与非流动性之间的负相关（这种相关性可能来自散户和非散户投资者的不同偏好或交易行为）。具体而言，散户（非散户）投资者可能会更多（更少）关注非流动性资产或引发非流动性（流动性），从而提高（降低）PEAD。

14.5.3 影响机制：来自行为偏差的证据

1. 盈余公告附近的投资者行为

要了解异质投资者关注对 PEAD 的影响机制，必须深入研究异质投资者在公告日前后的交易模式以及投资者关注对市场交易活动的影响。

为了解释 PEAD，Battalio 和 Mendenhall（2005）研究了不同投资者类型围绕盈余公告的买入和卖出行为。他们认为，异质投资者的行为基于不同的信息来源而有所不同。Ayers 等（2011）指出了小单和大单交易者存在不同交易模型，会对 PEAD 造成不同的影响。Hirshleifer 等（2008）提出个人投资者假设，认为个人投资者在盈余公告附近的交易行为是非理性的，他们在盈余消息出现时采取逆向交易策略。这种逆向交易行为会对股票的价格造成相应的价格压力，导致股票被低估。具体来说，由于个人投资者不如机构投资者专业，他们会在坏（好）消息后买入（卖出）股票。此外，Kaniel 等（2012）的研究结果证实了个人投资者倾向于在信息发布后采取与消息性质相反的交易策略，具体表现为在负（正）未预期盈余之后的净购买（净卖出）。此外，Eom 等（2019）也指出韩国股市散户投资者与消息相仿的交易模式可能会阻碍盈余信息完全被股价解释，因此推动了 PEAD。相比之下，机构投资者的更多关注可能会导致对盈余信息的更理性和更准确的解释。受先前文献的启发，我们假设散户投资者倾向于在盈余公告后出售（购买）具有正面（负面）盈余信息的股票，而非散户投资者则不会。

首先，我们使用来自交易者的订单流来构建衡量盈余公告事件附近投资者的交易行为（包括买卖的方向和强度）的变量。按照 Lee 和 Ready（1991）的方法，我们对每笔订单进行标注，表明其是由买家还是卖家发起的。高频交易数据来自 CSMAR 数据库。CSMAR 数据库提供每笔交易的交易信息，包括交易日期、时间、报价和交易量。使用 Lee 和 Ready（1991）的算法将交易识别为买方发起或卖方发起：①如果某笔订单的执行价格高于（低于）其报价中点，我们将其识别为购买（卖出）；②当执行价格等于报价的中点时，如果上一笔成交订单的执行价格高于（低于）当前执行价格，我们将其识别为由买方（卖方）发起的交易。然后，我们将公告周内买入的股票数量减去卖出的股票数量，再除以买入和卖出的股票数量总和，从而计算得到订单不平衡（order imbalance，OIB）指标。由于 OIB 衡量的是投资者主动做出的投资决策，因此可以很好地刻画投资者对盈余信息的反应。具体来说，第 w 周股票 i 的订单不平衡定义为

$$\text{OIB}_{i,w} = \frac{\sum \text{Buy}_{i,w} - \sum \text{Sell}_{i,w}}{\sum \text{Buy}_{i,w} + \sum \text{Sell}_{i,w}} \qquad (14\text{-}12)$$

式中，$\text{Buy}_{i,w}$ 为第 w 周股票 i 的购买量；$\text{Sell}_{i,w}$ 为第 w 周股票 i 的卖出量。对于每个公告事件，我们在公告周内使用 OIB 来衡量投资者的反应。OIB 的符号和大小分别反映了交易活动的方向和强度。

其次，我们通过 SUE 的符号将我们的样本分成正 SUE 和负 SUE 两个子样本，然后进行如下 2SLS 回归：

$$\text{OIB} = \beta_0 + \beta_1 \text{Att}_{i,t}^{R} + \beta_2 \text{Att}_{i,t}^{NR} + \text{Controls} + \varepsilon_{i,t} \qquad (14\text{-}13)$$

$$\text{CAR}_{i,t} = \gamma_0 + \gamma_1 \text{R\_SUE} + \gamma_2 \widehat{\text{OIB}}_{i,t} + \gamma_3 \widehat{\text{OIB}}_{i,t} \times \text{R\_SUE} + \text{Controls} + \varepsilon_{i,t}$$

$$(14\text{-}14)$$

式中，OIB 为公告周的订单不平衡指标。控制变量包括 Size、BM、行业和季度虚拟变量。

表 14-7 给出了上述 2SLS 回归的结果。我们可以从（1）列和（4）列中看到，当 SUE 为正（负）时，Att^R 与 OIB 负（正）相关。这意味着散户投资者关注的增加可能会阻碍与 SUE 的方向相同的动量交易行为。散户投资者往往会根据财报信息制定逆向交易策略。在（2）列和（3）列中，$\widehat{\text{OIB}} \times \text{R\_SUE}$ 的系数显著为负，这表明当盈余信息为正时，盈余公告日前后的订单不平衡越大，表明投资者的买入行为越充分，PEAD 越小。只有当好消息后的购买强度足够大时，未预期盈余信息才能迅速融入股价。相比之下，在（5）列和（6）列中，$\widehat{\text{OIB}} \times \text{R\_SUE}$ 系数显著为正。当盈利消息为负面时，如果投资者抛售意愿不强，甚至逆势交易，就会出现较大的 PEAD。Hirshleifer 等（2008）提出了个人投资者假设，由于他们对盈余信息的不成熟解读，个人投资者在盈余公布附近做出与消息方向相反的投资行为，从而产生了与盈余信息相反的价格压力，这减缓了价格发现，并导致了更加显著的 PEAD 现象。总之，我们的实证结果与 Hirshleifer 等（2008）的假设一致。然而，非散户投资者在财报公布前的关注并没有对在事件发生日前后投资者的交易活动产生显著影响。

表 14-7 行为偏差的影响

变量	正 SUE (1) 第1阶段	正 SUE (2) 第2阶段	正 SUE (3) 第2阶段	负 SUE (4) 第1阶段	负 SUE (5) 第2阶段	负 SUE (6) 第2阶段
因变量	OIB	CAR (2, 21)	CAR (2, 61)	OIB	CAR (2, 21)	CAR (2, 61)
R_SUE	0.031*** (7.49)	0.016*** (3.45)	0.068*** (8.74)	0.022*** (6.09)	0.018*** (3.56)	0.039*** (4.79)
Att^R	−0.005** (−2.04)			0.026*** (3.22)		
Att^{NR}	0.001 (0.54)			−0.003 (−1.26)		
$\widehat{OIB}$		0.101*** (14.61)	0.154*** (13.30)		0.071*** (4.50)	0.097*** (3.85)
$\widehat{OIB} \times R\_SUE$		−1.407*** (−10.67)	−0.613*** (−2.83)		0.112*** (2.86)	0.128** (2.05)
Size	0.014*** (21.68)	0.020*** (11.89)	0.022*** (7.49)	0.013*** (20.75)	0.003*** (4.69)	0.012*** (9.33)
BM	−0.020*** (−7.16)	−0.053*** (−15.67)	−0.112*** (−17.96)	−0.027*** (−10.00)	−0.034*** (−12.81)	−0.106*** (−20.33)
常数项	−0.290*** (−19.04)	−0.402*** (−12.08)	−0.484*** (−8.38)	−0.239*** (−15.47)	−0.078*** (−4.63)	−0.265*** (−8.53)
行业固定效应	是	是	是	是	是	是
季度固定效应	是	是	是	是	是	是
样本数	48 106	48 106	48 106	48 106	48 106	48 106
R^2/%	12.9	2.9	5.0	17.0	2.7	5.2

注：括号内的 t 统计量基于 Newey-West 标准误进行调整
*** $p<0.01$，** $p<0.05$

2. 邻近效应和时近效应

Huang 等（2019）表示，投资者的目标价格会对投资者行为产生重要作用，从而对 PEAD 造成影响。与处置效应类似，投资者倾向于在股价超过目标价格时通过卖出股票来获取收益，因此股票会伴随着巨大的下行风险。来自卖家的价格压力阻碍了对正面盈余信息的解读，导致 PEAD 现象。相反，当股价远低于投资者的目标价格时，投资者通常会继续持有股票，导致股价对负面消息反应不足。此外，个人投资者由于缺乏专业知识和技能，更容易出现这些行为和心理偏差（Shin and Park，2018），产生更加显著的目标价格效应。因此，我们预计，在正面（负面）盈余信息公布后，对于接近（远离）投资者目标价格的股票，散户投资者关注对 PEAD 的影响更为显著。

  一般来说，投资者会选择历史股价的 52 周高点作为锚点，大量研究证明，52 周高点是导致 PEAD 现象的原因（Goh and Jeon，2017；Shin and Park，2018）。在本节中，我们将邻近度（proximity）计算为股票当前价格与 52 周高点的比率，以衡量与投资者锚点的相对距离，并将时近度（recency）计算为股票达到 52 周高点后的交易日数，来衡量时间概念上的距离。然后，我们根据邻近度（时近度）的中位数将样本分为高邻近度（时近度）股票组合和低邻近度（时近度）股票组合，并基于 SUE 的正负，按照式（14-9）中的混合面板数据模型进行回归。从表 14-8 中可以看出，R_SUE 的系数在（1）～（4）四列中均为正且显著，这表明高邻近度股票和低邻近度股票组合都存在 PEAD 现象。表 14-8 中的（1）列和（2）列给出了正 SUE 的回归结果，我们发现 $Att^R \times R\_SUE$ 的系数仅在高邻近度时才显著。对于盈利消息为负的股票，尽管高邻近组和低邻近组股票组合的 $Att^R \times R\_SUE$ 系数均显著为正，但是低邻近组的显著性和系数较大。这与我们的假设一致，即散户投资者关注与 PEAD 之间的正相关源于个人投资者的行为偏见，从而导致反应不足。相比之下，无论是正 SUE 还是负 SUE，低邻近度股票和高邻近度股票的 $Att^{NR} \times R\_SUE$ 系数之间没有显著差异。表 14-9 检验了时近度的影响。我们可以发现，当盈余信息为正时，股票离 52 周高点过去的时间越短，Att^R 对 PEAD 的影响越显著。而当盈余信息为负时，对于不同的时近度，Att^R 对 PEAD 的影响没有显著性差异。

表 14-8 异质投资者关注、PEAD 和邻近效应

CAR（2，21）	好消息		坏消息	
	低邻近度	高邻近度	低邻近度	高邻近度
	（1）	（2）	（3）	（4）
R_SUE	0.012[*]	0.017[***]	0.012[**]	0.016[***]
	(1.88)	(3.22)	(2.36)	(3.17)
Att^R	0.124[***]	0.149[***]	0.203[***]	0.126[***]
	(5.15)	(8.66)	(15.21)	(23.10)

续表

CAR（2，21）	好消息 低邻近度 (1)	好消息 高邻近度 (2)	坏消息 低邻近度 (3)	坏消息 高邻近度 (4)
$Att^R \times R\_SUE$	0.025 (0.86)	0.068*** (3.48)	0.057*** (2.69)	0.045** (2.07)
Att^{NR}	0.006 (0.48)	0.008 (0.81)	−0.006 (−1.18)	0.000 (0.02)
$Att^{NR} \times R\_SUE$	−0.025* (−1.77)	−0.030*** (−2.59)	−0.024* (−1.81)	−0.029** (−2.56)
Size	0.002* (1.90)	0.004*** (5.29)	0.002* (1.95)	0.006*** (6.30)
BM	−0.001 (−0.39)	−0.037*** (−12.68)	−0.042*** (−12.08)	−0.019*** (−6.51)
常数项	−0.118*** (−4.16)	−0.114*** (−5.87)	−0.056** (−2.42)	−0.170*** (−7.45)
行业固定效应	是	是	是	是
季度固定效应	是	是	是	是
样本数	48 106	48 106	48 106	48 106
R^2/%	12.9	28.8	30.3	13.2

注：括号内的 t 统计量基于 Newey-West 标准误进行调整
*** $p<0.01$，** $p<0.05$，* $p<0.1$

表 14-9　异质投资者关注、PEAD 和时近效应

CAR（2，21）	好消息 低时近度 (1)	好消息 高时近度 (2)	坏消息 低时近度 (3)	坏消息 高时近度 (4)
R_SUE	0.029*** (4.61)	0.019*** (3.97)	0.012* (1.67)	0.017*** (4.00)
Att^R	0.153*** (7.46)	0.117*** (6.39)	0.188*** (19.11)	0.131*** (18.37)

续表

CAR (2, 21)	好消息		坏消息	
	低时近度	高时近度	低时近度	高时近度
	(1)	(2)	(3)	(4)
$Att^R \times R\_SUE$	0.064***	0.039*	0.062**	0.066***
	(2.73)	(1.84)	(2.57)	(3.66)
Att^{NR}	0.025**	0.020**	−0.009	0.002
	(2.10)	(2.26)	(−1.48)	(0.53)
$Att^{NR} \times R\_SUE$	−0.029***	−0.020*	−0.027*	−0.020**
	(−3.25)	(−1.90)	(−1.81)	(−2.10)
Size	0.008***	0.003***	0.007***	0.003***
	(7.72)	(3.70)	(6.33)	(3.87)
BM	−0.041***	−0.010***	−0.053***	−0.017***
	(−10.47)	(−3.84)	(−11.67)	(−7.41)
常数项	−0.209***	−0.095***	−0.187***	−0.090***
	(−8.79)	(−4.74)	(−6.82)	(−5.02)
行业固定效应	是	是	是	是
季度固定效应	是	是	是	是
样本数	48 106	48 106	48 106	48 106
$R^2/\%$	23.4	18.9	21.0	20.6

注：括号内的 t 统计量基于 Newey-West 标准误进行调整

*** $p<0.01$，** $p<0.05$，* $p<0.1$

14.6 稳健性检验

14.6.1 增加其他控制变量

为了检验我们结论的稳健性，我们首先引入其他控制变量：ROA（表示资产回报率）、leverage（表示资产负债率）、disp（表示分析师盈利预测离散度）、BAS（表示买卖价差）、MOM（表示过去 12 个月的累积收益）。表 14-10 给出了与我们的主结论一致的回归结果，表明散户投资者关注会加剧 PEAD，而非散户投资者关注有助于缓解 PEAD。

表 14-10　增加其他控制变量

变量	CAR(2, 21) (1)	CAR(2, 21) (2)	CAR(2, 21) (3)	CAR(2, 61) (4)	CAR(2, 61) (5)	CAR(2, 61) (6)
R_SUE	0.015*** (10.52)	0.018*** (10.39)	0.015*** (10.50)	0.031*** (11.40)	0.033*** (12.10)	0.031*** (11.54)
Att^R	0.165*** (19.08)		0.167*** (19.33)	0.114*** (10.64)		0.112*** (10.33)
$Att^R \times R\_SUE$	0.024** (2.05)		0.024** (2.07)	0.027* (1.80)		0.030* (1.95)
Att^{NR}		0.005 (1.02)	−0.006 (−1.33)		0.022*** (3.75)	0.015*** (2.63)
$Att^{NR} \times R\_SUE$		−0.018*** (−2.63)	−0.014** (−2.31)		−0.019** (−2.09)	−0.017* (−1.94)
Size	0.007*** (12.60)	0.007*** (11.64)	0.007*** (12.72)	0.010*** (10.60)	0.010*** (10.23)	0.010*** (10.58)
BM	−0.038*** (−16.52)	−0.045*** (−17.73)	−0.038*** (−16.61)	−0.059*** (−16.52)	−0.064*** (−17.23)	−0.059*** (−16.49)
ROA	0.013 (1.18)	0.003 (0.24)	0.013 (1.15)	0.017 (0.88)	0.010 (0.47)	0.017 (0.88)
leverage	−0.001 (−0.43)	0.001 (0.29)	−0.001 (−0.50)	0.002 (0.54)	0.004 (0.94)	0.003 (0.59)
disp	−0.000 (−0.68)	−0.000 (−0.72)	−0.000 (−0.60)	−0.000 (−0.28)	−0.000 (−0.33)	−0.000 (−0.29)
BAS	0.104*** (10.24)	0.087*** (8.30)	0.105*** (10.42)	0.129*** (8.10)	0.115*** (7.18)	0.128*** (8.06)
MOM	0.003 (1.44)	−0.007*** (−3.43)	0.003 (1.56)	0.139*** (43.45)	0.131*** (40.61)	0.138*** (43.42)
常数项	−0.203*** (−14.98)	−0.167*** (−11.48)	−0.204*** (−15.12)	−0.283*** (−12.82)	−0.257*** (−11.37)	−0.283*** (−12.81)
行业固定效应	是	是	是	是	是	是
季度固定效应	是	是	是	是	是	是
样本数	48 106	48 106	48 106	48 106	48 106	48 106
R^2/%	19.1	2.0	19.5	13.8	10.7	13.9

注：括号内的 t 统计量基于 Newey-West 标准误进行调整

*** $p<0.01$，** $p<0.05$，* $p<0.1$

14.6.2　Fama-MacBeth 回归

我们用 Fama-MacBeth 方法代替固定效应面板模型。为了消除自相关和异方差，我们计算了 Newey-West 调整后的标准误。表 14-11 提供了与我们使用固定效应面板方法进行的主要回归相似的结果，证明了不同投资者关注对 PEAD 的不同影响。

表 14-11　Fama-MacBeth 回归

变量	CAR (2, 21) (1)	CAR (2, 21) (2)	CAR (2, 21) (3)	CAR (2, 61) (4)	CAR (2, 61) (5)	CAR (2, 61) (6)
R_SUE	0.016*** (7.45)	0.017*** (6.48)	0.017*** (7.34)	0.046*** (9.19)	0.049*** (10.10)	0.046*** (9.28)
Att^R	0.171*** (10.57)		0.175*** (11.00)	0.104*** (6.92)		0.105*** (6.80)
$Att^R \times $ R_SUE	0.024*** (3.81)		0.020*** (3.44)	0.030** (2.43)		0.026** (2.21)
Att^{NR}		0.005 (1.37)	−0.006 (−1.69)		0.021*** (3.14)	0.015** (2.14)
$Att^{NR} \times $ R_SUE		−0.016** (−2.31)	−0.012** (−2.19)		−0.013* (−1.87)	−0.013* (−1.71)
Size	0.005*** (3.24)	0.005*** (3.09)	0.005*** (3.17)	0.014*** (4.67)	0.014*** (4.59)	0.014*** (4.64)
BM	−0.031*** (−3.72)	−0.034*** (−3.50)	−0.031*** (−3.78)	−0.115*** (−5.13)	−0.118*** (−5.20)	−0.115*** (−5.19)
常数项	−0.113*** (−3.58)	−0.101*** (−3.18)	−0.113*** (−3.50)	−0.309*** (−4.47)	−0.306*** (−4.40)	−0.312*** (−4.46)
样本数	48 106	48 106	48 106	48 106	48 106	48 106
R^2/%	24.5	3.7	25.3	10.3	6.8	10.7

注：括号内的 t 统计量基于 Newey-West 标准误进行调整

*** $p<0.01$，** $p<0.05$，* $p<0.1$

14.6.3 主要变量的替代变量

我们还通过替换主要变量的替代变量来检验稳健性。我们首先计算由市值和账面市值比调整后的买入并持有异常收益（buy and hold abnormal return，BHAR）来衡量价格反应：

$$\text{BHAR}(a,b) = \prod_{d=a}^{b}(1+R_{i,q,d}) - \prod_{d=a}^{b}(1+R_{p,q,d})$$

式中，$R_{i,q,d}$ 为股票 i 在第 d 天、第 q 季度的每日收益率；$R_{p,q,d}$ 为股票 i 所属的投资组合 p 的等加权平均收益率。另外，我们也使用了分析师覆盖率（AnaCover）和机构持股比例（IniHold）作为衡量非散户投资者关注的替代指标。AnaCover 是一家公司的分析师覆盖率。IniHold 为机构持股比例，为最近一季度持有的机构投资者（如基金、境外机构投资者、券商、保险、证券基金等）持股比例之和。

表 14-12 给出了使用替代变量时的回归结果。BHAR 在（1）、（2）列中用作 CAR 的替代变量。（3）、（4）列通过 AnaCover 衡量非散户投资者关注，而 IniHold 则在（5）、（6）列中使用。在所有列中，我们都可以找到与主要结果一致的结果，即散户投资者关注与 PEAD 之间呈正相关，非散户投资者关注与 PEAD 之间呈负相关。

表 14-12　使用替代变量时的回归结果

变量	（1） BHAR(0,21)	（2） BHAR(0,61)	（3） CAR(0,21)	（4） CAR(0,61)	（5） CAR(0,21)	（6） CAR(0,61)
R_SUE	0.016*** (11.55)	0.049*** (17.36)	0.011*** (4.32)	0.028*** (6.19)	0.014*** (6.79)	0.043*** (11.48)
Att^R	0.169*** (20.31)	0.097*** (9.30)	0.171*** (20.38)	0.106*** (10.10)	0.171*** (20.50)	0.108*** (10.29)
$\text{Att}^R \times \text{R\_SUE}$	0.024** (2.12)	0.024 (1.59)	0.023** (1.99)	0.025 (1.64)	0.022* (1.90)	0.022 (1.46)
Att^{NR}	0.025** (2.10)	0.020** (2.26)				
$\text{Att}^{NR} \times \text{R\_SUE}$	−0.026*** (−10.74)	−0.008** (−2.16)				
AnaCover			−0.004*** (−4.82)	−0.012*** (−6.91)		

续表

变量	(1) BHAR(0,21)	(2) BHAR(0,61)	(3) CAR(0,21)	(4) CAR(0,61)	(5) CAR(0,21)	(6) CAR(0,61)
AnaCover×R_SUE			-0.002*** (-3.30)	-0.001 (-0.74)		
IniHold					-0.001*** (-5.44)	-0.002*** (-4.60)
IniHold×R_SUE					-0.001*** (-8.97)	-0.001*** (-4.78)
Size	0.006*** (11.54)	0.016*** (16.14)	0.007*** (11.89)	0.018*** (14.71)	0.007*** (12.54)	0.017*** (15.85)
BM	-0.029*** (-16.07)	-0.104*** (-24.63)	-0.030*** (-16.18)	-0.105*** (-24.69)	-0.031*** (-16.71)	-0.106*** (-24.91)
常数项	-0.153*** (-13.53)	-0.379*** (-16.05)	-0.181*** (-13.21)	-0.405*** (-14.33)	-0.166*** (-13.99)	-0.386*** (-15.57)
行业固定效应	是	是	是	是	是	是
季度固定效应	是	是	是	是	是	是
样本数	48 106	48 106	48 106	48 106	48 106	48 106
R^2/%	20.3	8.3	19.8	7.7	19.9	7.7

注：括号内的 t 统计量基于 Newey-West 标准误进行调整

*** $p<0.01$，** $p<0.05$，* $p<0.1$

14.6.4 基于分析师的收益惊喜

Ayers 等（2011）表示不同投资者对基于季节性随机游走和分析师预测两种方法计算而来的未预期盈余所做出的反应会不同。具体而言，大单（小单）交易者倾向于通过基于分析师预测（季节性随机游走）的未预期盈余来形成预期。因此，我们有必要证明我们的结论不是由未预期盈余的计算方法引起的。由于分析师只给出他们对每个财年的预测，我们无法计算基于分析师预测的季度未预期盈余作为比较。因此，我们计算基于分析师预测的年度未预期盈余（SUE^{AF}），为预测偏差（每位分析师预测的每股收益减去实际每股收益）的平均值除以其标准差。对于每个财年，我们按照之前同样的方式对 SUE^{AF} 进行标准化，得到对应的五分位值 R_SUE^{AF}。

表 14-13 给出了根据分析师预测计算未预期盈余时的回归结果。我们可以发现 $Att^R \times R\_SUE^{AF}$ 的系数仍然显著为正，表明散户投资者关注阻碍了对分析师无

法预测的盈余信息的解释。相比之下，非散户投资者关注有助于短期的价格发现，但是对更为长期过程中的 PEAD 现象的影响并不显著。

表 14-13 基于分析师预测计算的未预期盈余

变量	CAR (2, 21)			CAR (2, 61)		
	(1)	(2)	(3)	(4)	(5)	(6)
R_SUE^{AF}	0.007**	0.009**	0.008**	0.054***	0.044***	0.043***
	(2.33)	(2.57)	(2.55)	(9.85)	(7.73)	(7.67)
Att^R	0.132***		0.131***	0.042**		0.030
	(17.31)		(17.21)	(2.20)		(1.64)
$Att^R \times R\_SUE^{AF}$	0.034***		0.034***	0.065**		0.065**
	(3.03)		(3.04)	(2.26)		(2.41)
Att^{NR}		0.210***	0.128***		0.292***	0.253***
		(12.44)	(8.15)		(7.78)	(7.06)
$Att^{NR} \times R\_SUE^{AF}$		−0.013***	−0.023***		0.001	−0.004
		(−4.05)	(−7.69)		(0.11)	(−0.55)
Size	0.002*	0.002*	0.002**	0.006***	0.006***	0.006***
	(1.96)	(1.94)	(2.03)	(3.89)	(3.92)	(3.95)
BM	−0.034***	−0.038***	−0.033***	−0.105***	−0.106***	−0.104***
	(−10.00)	(−10.38)	(−9.90)	(−17.27)	(−17.32)	(−17.35)
常数项	−0.069***	−0.051**	−0.069***	−0.077***	−0.182***	−0.190***
	(−3.08)	(−2.13)	(−3.12)	(−4.88)	(−4.76)	(−5.03)
行业固定效应	是	是	是	是	是	是
年份固定效应	是	是	是	是	是	是
样本数	10 810	10 810	10 810	10 810	10 810	10 810
$R^2/\%$	17.2	3.5	18.0	4.0	6.3	7.5

注：括号内的 t 统计量基于 Newey-West 标准误进行调整

*** $p<0.01$，** $p<0.05$，* $p<0.1$

14.6.5 通过拆分周期进行子样本分析

本节根据样本时间跨度的中点将样本分成两个子周期，并分别进行回归分析。表 14-14 的（1）列和（2）列研究了 2015 年之前异质投资者关注的影响，而表 14-14 的（3）列和（4）列检验了 2015 年之后（包括 2015 年）的影响。我们可以发现，$Att^R \times R\_SUE$ 的系数在 10%以下的水平上显著为正，而 $Att^{NR} \times R\_SUE$ 的系数在所有列中都显著为负。此外，Att^R 对 PEAD 的影响在 2015 年之后更加显著，表明互联网对金融市场的影响力不断扩大。

表 14-14 对样本时间进行分割

变量	2015 年之前		2015 年之后	
	CAR (2, 21)	CAR (2, 61)	CAR (2, 21)	CAR (2, 61)
	(1)	(2)	(3)	(4)
R_SUE	0.016***	0.044***	0.016***	0.053***
	(8.34)	(11.65)	(7.72)	(13.06)
Att^R	0.213***	0.116***	0.151***	0.109***
	(21.53)	(8.14)	(10.97)	(6.43)
$Att^R \times$ R_SUE	0.021*	0.029*	0.048***	0.049**
	(1.78)	(1.94)	(2.64)	(2.03)
Att^{NR}	−0.007	0.029***	−0.003	0.019**
	(−1.16)	(3.23)	(−0.37)	(2.08)
$Att^{NR} \times$ R_SUE	−0.028***	−0.037***	−0.023**	−0.030**
	(−3.17)	(−2.66)	(−2.20)	(−2.09)
Size	0.004***	0.013***	0.007***	0.020***
	(6.15)	(9.41)	(10.84)	(14.73)
BM	−0.024***	−0.103***	−0.036***	−0.107***
	(−11.90)	(−19.83)	(−13.13)	(−18.98)
常数项	−0.113***	−0.296***	−0.230***	−0.514***
	(−7.79)	(−9.57)	(−14.05)	(−15.70)
行业固定效应	是	是	是	是
季度固定效应	是	是	是	是
样本数	22 678	22 678	25 428	25 428
R^2/%	25.2	8.8	16.8	7.3

注：括号内的 t 统计量基于 Newey-West 标准误进行调整。
*** $p<0.01$，** $p<0.05$，* $p<0.1$

14.6.6 内生性分析

我们通过引入工具变量来解决在研究异质投资者关注与 PEAD 关系时存在的

潜在内生性问题。对于工具变量的构建，我们计算了与特定公司的同行公司的 Att^R 和 Att^{NR} 的平均值，分别记为 Peer_Att^R 和 Peer_Att^{NR}。Drake 等（2017）指出投资者对特定公司的关注与对同一行业中其他公司的关注相关联，并且关注可以从特定公司的同行公司转移到该公司。但是，投资者对其他公司的关注应该与具体公司的基本面、信息环境和投资者结构无关，不直接影响公司的股价。因此，我们使用 Peer_Att^R 和 Peer_Att^{NR} 作为 Att^R 和 Att^{NR} 的工具变量。

表 14-15 给出了引入工具变量的回归结果。当使用 2SLS 回归时，我们的主要结论仍然是稳健的。具体来说，如（1a）列和（1b）列中所示，我们在第一阶段回归中估计了 Att^R 和 Att^{NR} 的值。Peer_Att^R（Peer_Att^{NR}）的系数在 1% 的水平上显著为正，表明对该公司的关注度与同行公司的关注度之间存在显著的正相关关系，这与 Drake 等（2017）提出的注意力协同概念一致。对于第二阶段估计的结果，由同行公司估计的散户（非散户）投资者关注度仍然显示出对 PEAD 的显著正（负）影响，进一步证实了我们的主要结论。

表 14-15 引入工具变量的回归结果

变量	一阶段回归		二阶段回归	
	Att^R	Att^{NR}	CAR (2, 21)	CAR (2, 61)
	(1a)	(1b)	(2a)	(2b)
R_SUE	0.007*	−0.015**	0.008***	0.044***
	(1.91)	(−2.24)	(5.17)	(15.14)
Peer_Att^R	0.995***			
	(7.55)			
Peer_Att^{NR}		5.350***		
		(3.52)		
Att^R			−0.104***	−0.108***
			(−5.30)	(−4.16)
Att^R × R_SUE			0.265***	0.179***
			(5.79)	(4.36)
Att^{NR}			0.021***	0.017
			(3.35)	(1.59)
Att^{NR} × R_SUE			−0.020***	−0.006
			(−7.96)	(−1.64)

续表

变量	一阶段回归		二阶段回归	
	Att^R	Att^{NR}	CAR(2, 21)	CAR(2, 61)
	(1a)	(1b)	(2a)	(2b)
Size	−0.005***	0.003	0.005***	0.016***
	(−4.19)	(1.60)	(3.68)	(4.38)
BM	−0.022***	−0.002	−0.033***	−0.108***
	(−6.05)	(−0.32)	(−4.63)	(−5.22)
常数项	0.112***	−0.092*	−0.120***	−0.342***
	(4.23)	(−1.79)	(−10.24)	(−14.31)
行业固定效应	是	是	是	是
季度固定效应	是	是	是	是
样本数	48 106	48 106	48 106	48 106
R^2/%	20.6	7.9	17.5	7.3

注：括号内的 t 统计量基于 Newey-West 标准误进行调整

*** $p<0.01$，** $p<0.05$，* $p<0.1$

14.7 小 结

本章研究了异质投资者关注对中国股票市场 PEAD 的影响。我们根据投资者的互联网搜索行为来衡量散户投资者关注。然后，我们构建了一个异常换手率残差来代表非散户投资者关注。根据 2011~2018 年中国股市上市公司的季度盈余公告，我们提供了盈余公告后价格反应不足的证据。我们发现，散户投资者关注度更高的股票在事件发生日期前后的市场反应不太充分，而在盈余公告后价格漂移明显更大。然而，非散户投资者关注度更高的股票表现出更显著的即时市场反应和较小的 PEAD。这种研究结论是新颖的，因为很少有文献研究不同类别投资者的关注度。之前的研究主要集中在整个市场的投资者注意力上。他们指出，当忽略注意力的来源和特征时，增加投资者的注意力可以减轻异常回报漂移现象。我们的证据表明，不太成熟的投资者关注不能加速对盈余信息的吸收，反而会阻碍价格发现。

然后，我们从信息不确定性、流动性风险和行为偏差三个方面研究了异质投资者关注对 PEAD 的影响机制。我们发现，高散户投资者关注与高信息不确定性和高流动性风险相关，这将阻碍对盈利消息的解释，导致价格调整延迟。相比之下，非散户投资者关注与信息不确定性和流动性不足呈负相关，有助于价格发现。这意味着在盈余公告之前异质投资者关注的增量差异取决于公司的信息不确定性和流动性风险，这可能源于异质投资者对其交易活动引起的不同股票特征的偏好，从而对 PEAD 产生不同方向的影响。此外，我们研究了行为偏见的影响。散户投资者关注可能导致投资者行为方面的非理性，从而导致股价反应不足。此外，当股价接近 52 周高点时，散户投资者关注增加 PEAD 的作用更为显著。邻近（时近）偏差往往会放大散户投资者的非理性行为，并使市场对盈余信息的解读更差，从而使盈余信息更缓慢地吸收到股票价格中。相比之下，非散户投资者关注对 PEAD 的影响几乎不受邻近和时近效应的影响。

接着，我们通过增加一系列控制变量、改变关键变量的代理变量，改变回归方法，拆分样本和引入工具变量来排除潜在的内生性问题，以检验我们的主要结论的稳健性。我们的结论依然成立，散户（非散户）投资者关注的增加会导致更大（更小）的 PEAD。

在我们的研究中，我们提供的证据表明，按不同投资者专业性分类的异质投资者关注在价格发现中发挥着不同的作用，这表明投资者的专业性对于将盈余信息吸收到股票价格中至关重要。来自不太专业投资者的关注度可能会损害市场信息的有效性，而成熟的投资者投入市场的关注度则有助于价格发现。我们的研究丰富了有关投资者关注的现有文献，并有助于预测股价趋势。

第15章 基于互联网的政务治理信息化对公司业绩的影响

15.1 概　　述

　　以往的研究发现，政府参与企业事务可能对企业产生两方面的影响。一方面，政府的参与可能会增加企业的价值（Roberts，1990；Faccio，2006；Akey，2015；Chen et al.，2015；Akey and Lewellen，2016），并且帮助企业获得政府资源，对企业有利（Dinç，2005；Faccio et al.，2006；Duchin and Sosyura，2012；Goldman et al.，2013）。另一方面，政治家也可能作为"寻租者"产生不当行为，例如，可能会侵犯股东的利益，降低企业的经营效率，从而对企业造成损害（Dixit et al.，1997；Frye and Shleifer，1997；Shleifer and Vishny，1998）。

　　大量的文献表明，地理距离会影响信息不对称程度（Acemoglu et al.，2007；John et al.，2011；Huang et al.，2017），且地理邻近性与监管压力之间存在正向关系。政府与企业之间更远的距离意味着政府对公司特定信息的直接观察较少（Huang et al.，2017）。因此，与政府距离较远的企业在财务信息报告中可能存在机会主义行为。Duchin 等（2020）利用中国集体企业与政府之间的距离作为"政府参与"的代理变量，发现远距离公司的表现优于近距离公司。

　　随着通信技术的不断发展，世界逐渐进入了互联网时代。互联网极大地提高了信息获取和传递效率，实现了人和信息的即时交互以及人和人之间的即时交流。由此，信息传播的途径不断丰富，从 PC 互联网开始转向更多移动便携式设备和可穿戴式设备，信息传递的方式也更加丰富和迅速。信息传递的变化，不仅影响人们的生活和商业行为，也会影响政府、企业以及政府与企业之间的关系。传统的线下业务办理不仅给企业和政府带来了较高的运营成本，也会极大地限制政府为企业提供服务。随着互联网的发展，越来越多的政府机构通过多元化互联网布局来开展新的服务模式，更好地协助当地企业成长和发展。2016年，国务院印发了《关于加快推进"互联网＋政务服务"工作的指导意见》，强调推进"互联网＋政务服务"对加快转变政府职能、提高政府效率、激发市场活力具有重要意义。2016年9月，李克强总理在国务院常务会议上指出，加快推进"互联网＋政务服务"是深化简政放权、放管结合、优化服务改革的关键之举，有利于提高政府效率和透明度，降低制度性交易成本[①]。政务治理信息化的发展在国际上也是大势所趋，放眼全球，通过对电子政务的评估，推动电子政务服务质量的改善，已经成为各国提升政府绩效的重要手段。进入 21 世纪以来，联合国经济和社会事务部、埃森哲公司、布朗大学等众多著名国际组织、咨询公司和研究机构，陆续开展了大规模的电子政务调研，并已引起理论界和实践界的高度关注。联合国经济和社会事务部从 2001 年起对联合国会员国的电子政务发展水平进行调查，并发布了调查报告。从图 15-1 和图 15-2 中可以看出，我国的电子政务发展水平逐年上升，排名也是逐年前进。

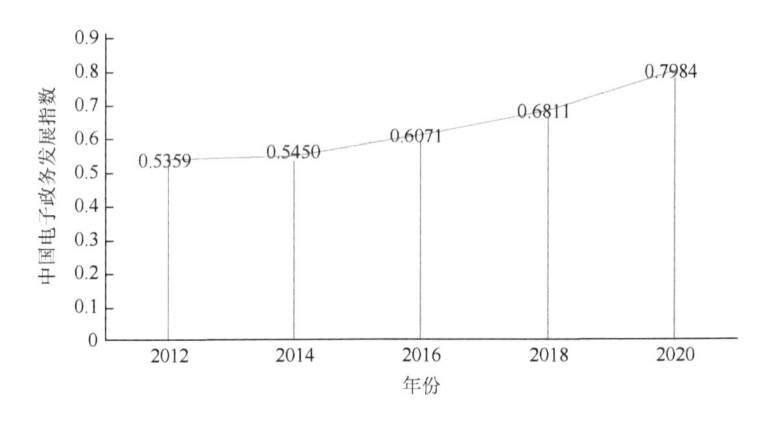

图 15-1 中国电子政务发展指数

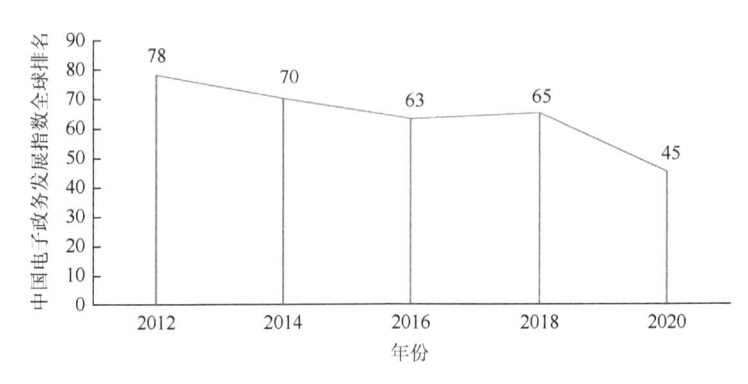

图 15-2 中国电子政务发展指数全球排名

资料来源：2012~2021 年《联合国电子政务调查报告》

研究发现，行政审批的发展可以通过减少企业交易费用而促进经济增长、提

---

① 中华人民共和国中央人民政府.李克强主持召开国务院常务会议. [2016-09-14]. https://www.gov.cn/premier/2016-09/14/content_5108441.htm.

高企业创新水平等。近年来,基于互联网的政务治理信息化的发展则更加便利了企业事务的办理,有助于进一步减少交易费用、促进企业的发展。与线下政务服务相比,集约化的网上政务服务平台加强了政府各部门服务运作的协同性,将碎片化的服务事项进行了整合。这一举措不仅提高了行政审批和监管的效率,同时实现了惠企政策的公开透明,使市场环境更为公平、市场主体经济活动更为便捷与高效。因此,与线下政务服务相比不同的是,基于互联网的政务治理信息化的发展除了减少企业的交易费用、使市场主体经济更有活力外,能够进一步降低政府与企业之间的信息不对称程度,减轻部分企业因地处偏远而产生的机会主义行为。

目前的研究往往集中于政务治理信息化对于营商环境以及经济环境的影响,鲜有研究针对政务治理信息化对企业微观个体的影响。本章对政务治理信息化所带来的影响进行了尝试性的拓展,使用上海、深圳上市公司的数据研究了近年来企业与政府之间的距离和政务治理的发展对企业绩效的影响,并进一步探讨了政务治理信息化的发展在有关地理距离对企业绩效的影响方面是否存在调节作用。

15.2 理论推演与研究假设

企业进入市场及其经营运作的很多方面都会受到政府行政审批的管制。对于企业而言,行政审批会带来交易费用,审批改革会降低交易费用。行政审批中心旨在将原本独立分散的各个审批部门集中在同一个办事大厅,协同工作。这不仅减少了企业奔波于各个职能部门的时间、缩短了冗长的审批周期,而且提高了审批过程的透明度和审批效率。通过对行政审批中心设立的研究发现,其他特征相似但所在城市设立行政审批中心的企业,交易费用显著较低、收益更高。基于此,我们提出本章的第一条研究假设。

H1:在其他条件不变的情况下,政务改革能够使企业的业绩表现得到提升。

近年来,"最多跑一次""一网通办""不见面审批"等地方政府"互联网+政务服务"创新与改革全面推进,市场主体可以借此实现企业开办、生产、经营、注销全流程的在线申报与办理。基于互联网的政务治理信息化的发展使空间距离的影响变小了,企业可以通过网络办理各类事项,因此企业能够更为便捷、高效地办理业务。与行政审批改革的原理相似,政务治理信息化的发展能够使企业办理政务事项所需的交通运输、人力、时间成本大幅降低。基于此,我们提出本章的第二条研究假设。

H2:在其他条件不变的情况下,政务治理信息化的发展能够使企业的业绩表现得到提升。

研究表明,信息不对称随着地理距离的增加而更加显著。除此之外,地理距离能够影响监管威慑程度与监管成本,地理上邻近能够增大惩戒可能性,提高经理人对违规后受惩罚的感知度，能够减少经理人的违规行为，且地理距离越大，监管人员所需的旅费等财务成本和时间成本就越高，所消耗的监管资源就越大。在时间和人力限制下，邻近的上市公司可能受到更多的监管。信息不对称是企业产生盈余管理行为的最主要原因之一。盈余管理就是企业管理当局在遵循会计准则的基础上，通过对企业对外报告的会计收益信息进行控制或调整，以达到主体自身利益最大化的行为。政府机构对于与政府距离较远的企业进行管理时可能存在"鞭长莫及"的现象，地理距离会加剧政府监管机构和企业之间的信息不对称，从而掩盖企业本身内部的经营问题。而互联网的发展能够减缓政府与企业之间的信息不对称，从而减轻企业因地处偏远所产生的机会主义行为，对于"虚高"的企业业绩进行"打假"。基于此，我们提出本章的第三条研究假设。

H3：在其他条件不变的情况下，政务治理信息化的发展对于距离政府近的企业业绩表现的正向影响大于距离政府远的企业。

15.3 研 究 设 计

15.3.1 变量定义

（1）上市公司业绩指标有以下几个变量：OPOA，使用经营收入/总资产计算；OPOE，使用经营收入/净资产计算；ROA，使用净利润/总资产计算；ROE，使用净利润/净资产计算。

（2）Distance：上市公司与政府之间的空间距离。选取 A 股上市公司，通过 CSMAR 获取上市公司注册地的经纬度，通过百度应用程序编程接口（application programming interface，API）获取各地级、县级市政府的经纬度，并手动补齐缺失数据。我们按照文献中的标准方法计算一家公司与其当地政府之间的距离，基于它们的经纬度坐标 (X, Y)，其中 X 和 Y 分别是每个坐标的经度和纬度。坐标为 (X_1, Y_1) 的 A 点与坐标为 (X_2, Y_2) 的 B 点之间的距离，可以用公式表示为

$$\text{Distance} = R^2 \times \arctan 2\left(\sqrt{\alpha}, \sqrt{1-\alpha}\right)$$

$$\alpha = \left[\sin\left(\frac{Y_1 - Y_2}{3}\pi\right)\right]^2 + \cos\left(\frac{Y_1}{180}\pi\right) \times \cos\left(\frac{Y_2}{180}\pi\right) \times \left[\sin\left(\frac{X_1 - X_2}{3}60\pi\right)\right]^2$$

R = 地球半径

(15-1)

（3）Establish：是否设立行政审批中心。若上市公司所在地级市当年存在行政审批中心，则赋值为 1，否则为 0。

（4）Eindex：电子政务发展指数。本章所用电子政务发展指数的数据来自国家行政学院电子政务研究中心所发布的《中国城市电子政务发展水平调查报告》，该报告从 2014 年起开始发布。该报告采用层次分析法，请权威专家对评估指标进行打分，将分数综合平均后作为权重，进而构建中国电子政务发展水平指数评估指标体系。评估指标体系由四部分组成：基础准备（如信息基础设施、人力资本水平）、在线服务（如结婚证、驾驶证、身份证、医疗保险等覆盖日常生活各个方面的服务项目）、电子参与（如市长信箱、网上征集、网上评议、政府规章草案民意征集、网上公示、在线访谈等）和新技术与新应用（如政务微博、政务微信、政务微门户等多渠道访问），分别占 20%、60%、10% 和 10% 的权重。

（5）控制变量。企业的杠杆率（总负债/总资产，Leverage）、企业规模（总资产的自然对数，Size）、企业年龄（企业自成立以来到样本时期的年数的自然对数，Age）、营业收入增长率（Growth）、无形资产比率（Intangible）、企业性质是否为国有（SOE）、董事会规模（Boardsize）、独立董事占比（IndBoard）、高管学历（董监高是否具有海外留学背景，Overseas）、管理层持股比例（Mshare）、两职合一（Duality）、股权制衡率（第二大股东至第五大股东的持股比例/第一大股东持股比例，Blocks）、第一大股东持股比例（Top1）、机构投资者持股比例（Institution）。

15.3.2 数据来源、相关说明

本章以 2000~2020 年中国沪深 A 股上市公司为原始样本，并按照以下原则剔除样本：①考虑到金融、保险行业经营性质的特殊性，剔除金融、保险行业公司样本；②剔除资不抵债的样本；③考虑到数据一致性与稳定性，剔除缺失数据。经过上述标准筛选后，最终得到 44 357 个年度-公司样本观察值。为了避免极端值的影响，对连续变量进行 1% 的缩尾处理。

15.3.3 计量模型

本章参考 Duchin 等（2020）的模型设定，将距离及政务治理信息化对企业表现的影响构造为以下模型：

$$Y_{fict} = \alpha + \beta \, \text{Distance}_{fict} + \gamma \, \text{e\_gov}_{ct} + \rho \, \text{Interaction}_{fict} + \delta' \, \text{Controls}_{fict} + \mu_t + \theta_c + \varphi_i + \varepsilon_{fict} \tag{15-2}$$

式中，下标 c 为城市，i 为行业，f 为企业，t 为时间；e_gov 为政务发展变量，包括 Establish 和 Eindex；Interaction 为企业与政府之间的距离与政务发展变量的交

叉项，在引入电子政务发展指数（Eindex）的回归中被引入方程中；Controls 为企业层面的控制变量。本章还在模型中加入了时间、城市和行业固定效应 μ_t、θ_c、φ_i。另外，α、β、γ、ρ、δ' 和 ε_{fict} 为模型参数。

15.4　实证结果分析

15.4.1　描述性统计

从描述性统计的结果看，上市公司与地级市政府之间的距离 Distance 均值为 18.6km，最小值为 0.8km，最大值为 120.3km，差距较大。电子政务发展指数 Eindex 由于数据年份限制，只保留 2016 年、2018 年、2019 年三年的观察值，其均值为 0.523，最小值为 0.172，最大值为 0.768，如表 15-1 所示。

表 15-1　各变量描述性统计

变量	样本数	均值	标准差	最小值	最大值
ROA	44 357	0.052	0.073	−0.377	0.250
ROE	44 357	0.046	0.189	−1.227	0.356
OPOA	44 357	0.039	0.075	−0.386	0.231
OPOE	44 357	0.054	0.202	−1.234	0.590
Distance	44 357	18.6	21.3	0.8	120.3
Eindex	7 708	0.523	0.127	0.172	0.768
Establish	44 357	0.831	0.375	0	1
SOE	44 357	0.446	0.497	0	1
Size	44 357	21.836	1.293	19.045	25.831
Leverage	44 357	0.441	0.208	0.053	1
Age	44 357	2.674	0.479	0	4.143
Growth	44 357	0.195	0.514	−0.701	3.577
Intangible	44 357	0.044	0.052	0	0.319
Boardsize	44 357	2.153	0.212	1.609	2.708
Overseas	44 357	0.446	0.497	0	1
IndBoard	44 357	35.02	9.316	0	57.140
Mshare	44 357	10.348	18.637	0	69.457
Duality	44 357	0.241	0.428	0	1
Blocks	44 357	0.648	0.608	0	2.736
Top1	44 357	36.302	15.687	8.990	75.460
Institution	44 357	43.262	26.005	0	91.810

15.4.2 相关性分析

相关性分析结果显示,上市公司与地级市政府之间的距离与上市公司绩效之间呈显著的正相关关系,行政审批改革与上市公司绩效之间呈显著的正相关关系,各主要变量间相关系数不超过 0.5(政务信息化与上市公司绩效之间的相关系数为 −0.001,但不显著,由于篇幅限制,未列出),为了进一步分析各变量之间的关系,下面对这些变量进行进一步的统计检验。

15.4.3 分组检验

在分组检验中,将企业按照与地级市政府距离的远近划分为近距离企业与远距离企业,并检验这两个分类的企业之间 ROA 的差值是否具有显著差别,如表 15-2 所示。我们可以看到,远距离企业的 ROA 的均值显著高于近距离企业的 ROA。

表 15-2 分组检验

分组	远距离企业的 ROA			近距离企业的 ROA			
	观察值	均值	标准差	观察值	均值	标准差	差值
以平均值分组	13 057	0.054	0.081	31 300	0.047	0.081	0.007***
	观察值	均值	标准差	观察值	均值	标准差	差值
以中位数分组	22 280	0.052	0.080	22 077	0.046	0.081	0.006***

*** $p<0.01$

15.4.4 回归结果

本章使用固定效应回归的方式检验上市公司与地级市政府之间的距离对上市公司绩效的影响,如表 15-3 所示。基本模型结果如下:上市公司与地级市政府之间的距离对上市公司的绩效有正向的影响。与政府距离越远的企业其表现可能越好,与先前文献的结果一致。

表 15-3 上市公司与地级市政府之间的距离与上市公司绩效的关系

变量	(1) ROA	(2) ROE	(3) OPOA	(4) OPOE
Distance	0.004** (2.29)	−0.001 (−0.10)	0.005*** (2.76)	0.010* (1.90)

续表

变量	（1）ROA	（2）ROE	（3）OPOA	（4）OPOE
SOE	−0.004***	−0.003	−0.005***	−0.009***
	(−5.15)	(−1.34)	(−5.77)	(−3.61)
Size	0.009***	0.028***	0.011***	0.037***
	(20.55)	(23.36)	(28.95)	(28.74)
Leverage	−0.109***	−0.272***	−0.150***	−0.318***
	(−42.10)	(−29.22)	(−61.81)	(−32.68)
Age	0.004***	0.009***	0.003***	0.009***
	(4.03)	(4.28)	(3.22)	(3.65)
Growth	0.027***	0.065***	0.028***	0.075***
	(31.48)	(30.05)	(32.42)	(30.09)
Intangible	−0.057***	−0.146***	−0.077***	−0.170***
	(−7.64)	(−7.18)	(−10.51)	(−8.05)
Boardsize	0.007***	0.015***	0.007***	0.016***
	(3.64)	(3.02)	(4.22)	(3.28)
Overseas	−0.002***	−0.003	−0.002***	−0.002
	(−3.42)	(−1.60)	(−2.93)	(−1.15)
IndBoard	0.000	0.000	0.000	0.000
	(0.31)	(0.16)	(0.45)	(0.06)
Mshare	0.001***	0.002***	0.001***	0.002***
	(29.88)	(20.71)	(32.55)	(22.49)
Duality	−0.000	−0.001	−0.000	−0.002
	(−0.15)	(−0.53)	(−0.50)	(−0.79)
Blocks	−0.007***	−0.013***	−0.008***	−0.015***
	(−7.80)	(−5.77)	(−8.41)	(−6.00)
Top1	−0.000***	−0.000	−0.000*	0.000
	(−2.73)	(−0.54)	(−1.82)	(0.46)
Institution	0.001***	0.001***	0.001***	0.001***
	(27.68)	(19.33)	(29.32)	(20.49)
常数项	−0.146***	−0.564***	−0.207***	−0.747***
	(−14.98)	(−21.21)	(−22.01)	(−26.32)
年度固定效应	是	是	是	是
城市固定效应	是	是	是	是

续表

变量	(1) ROA	(2) ROE	(3) OPOA	(4) OPOE
行业固定效应	是	是	是	是
样本数	44 357	44 357	44 357	44 357
调整后的 R^2/%	24.0	18.1	30.9	21.7
F-统计量	332.101	172.151	539.539	216.757

注：括号中的数值为 t 统计量

* $p<0.10$，** $p<0.05$，*** $p<0.01$

根据表 15-2 以及表 15-3 的结果我们可以得到，离政府越远的企业绩效会更好，地理距离的增加加大了企业与政府之间的信息不对称，监管压力较小导致企业可能存在机会主义行为。

为了验证政务改革以及电子政务的发展对企业绩效、政府与企业之间的距离对企业的影响作用，表 15-4 首先通过加入"是否设立行政审批中心"虚拟变量对假设 H1 加以验证。由表 15-4 可以看出，"行政审批中心"的设立的确能够提升企业的业绩表现，这与假设 H1 一致。

表 15-4 政务改革对上市公司绩效的影响

变量	(1) ROA	(2) ROE	(3) OPOA	(4) OPOE
Distance	0.004**	−0.001	0.005***	0.010*
	(2.28)	(−0.12)	(2.75)	(1.89)
Establish	0.002*	0.008**	0.003**	0.011***
	(1.74)	(2.49)	(2.17)	(3.18)
SOE	−0.004***	−0.003	−0.005***	−0.009***
	(−5.14)	(−1.32)	(−5.76)	(−3.59)
Size	0.009***	0.028***	0.011***	0.037***
	(20.57)	(23.38)	(28.97)	(28.76)
Leverage	−0.109***	−0.272***	−0.150***	−0.318***
	(−42.10)	(−29.22)	(−61.81)	(−32.69)
Age	0.004***	0.009***	0.003***	0.009***
	(4.02)	(4.26)	(3.20)	(3.63)
Growth	0.027***	0.065***	0.028***	0.075***
	(31.49)	(30.06)	(32.42)	(30.09)

续表

变量	(1) ROA	(2) ROE	(3) OPOA	(4) OPOE
Intangible	−0.057*** (−7.64)	−0.146*** (−7.18)	−0.077*** (−10.51)	−0.170*** (−8.06)
Boardsize	0.007*** (3.64)	0.015*** (3.02)	0.007*** (4.22)	0.016*** (3.28)
Overseas	−0.002*** (−3.47)	−0.003* (−1.67)	−0.002*** (−2.99)	−0.002 (−1.25)
IndBoard	0.000 (0.31)	0.000 (0.16)	0.000 (0.45)	0.000 (0.06)
Mshare	0.001*** (29.89)	0.002*** (20.72)	0.001*** (32.55)	0.002*** (22.50)
Duality	−0.000 (−0.17)	−0.001 (−0.55)	−0.000 (−0.52)	−0.002 (−0.82)
Blocks	−0.007*** (−7.80)	−0.013*** (−5.77)	−0.008*** (−8.41)	−0.015*** (−6.00)
Top1	−0.000*** (−2.73)	−0.000 (−0.54)	−0.000* (−1.82)	0.000 (0.46)
Institution	0.001*** (27.68)	0.001*** (19.33)	0.001*** (29.33)	0.001*** (20.49)
常数项	−0.148*** (−15.06)	−0.571*** (−21.31)	−0.209*** (−22.13)	−0.757*** (−26.50)
年度固定效应	是	是	是	是
城市固定效应	是	是	是	是
行业固定效应	是	是	是	是
样本数	44 357	44 357	44 357	44 357
调整后的 R^2/%	24.0	18.2	30.9	21.8
F-统计量	311.466	161.497	506.072	203.481

注：括号中的数值为 t 统计量

* $p<0.10$，** $p<0.05$，*** $p<0.01$

为了验证政务治理信息化的发展对企业业绩表现的影响，通过加入电子政务发展指数及其与企业-政府间距离的交乘项（Interaction），本节对 H2 和 H3 加以验证。2014 年开始公布的报告中，由于数据的限制，公布地级市电子政务发展指数的报告只有2016年、2018年、2019年。为了减缓内生性的影响,将电子政务发展指数滞后一期(L_eindex)。

由表15-5可以看出,政务治理信息化能够提升企业的业绩表现,这与假设H2一致。"电子政务发展指数"与企业与政府之间距离的交乘项(Interaction)均为负,这说明电子政务的发展对企业业绩表现的影响对于近距离的企业更为强大且显著,在政务治理信息化的过程中,政府与企业之间的信息不对称程度也逐渐下降,远距离企业的业绩反而受到了负向的影响。这在一定程度上也证实了远距离企业可能因监管压力较小存在机会主义的行为。综上所述,回归结果印证了假设H3。

表15-5 政务治理信息化对上市公司绩效的影响

变量	(1) ROA	(2) ROA(有交乘项)	(3) ROE	(4) ROE(有交乘项)	(5) OPOA	(6) OPOA(有交乘项)	(7) OPOE	(8) OPOE(有交乘项)
L_eindex	0.012 (1.50)	0.022** (2.19)	0.017 (0.81)	0.038 (1.35)	0.013 (1.55)	0.023** (2.19)	0.005 (0.23)	0.022 (0.75)
Distance	0.001 (0.25)	0.027* (1.71)	−0.014 (−1.07)	0.038 (0.76)	0.001 (0.32)	0.027* (1.70)	−0.005 (−0.32)	0.036 (0.70)
Interaction		−0.048* (−1.72)		−0.096 (−1.09)		−0.047* (−1.67)		−0.076 (−0.81)
SOE	−0.002 (−0.66)	−0.002 (−0.67)	0.011* (1.72)	0.011* (1.72)	−0.001 (−0.39)	−0.001 (−0.39)	0.006 (0.80)	0.006 (0.80)
Size	0.012*** (10.44)	0.012*** (10.39)	0.032*** (9.72)	0.032*** (9.68)	0.013*** (12.26)	0.013*** (12.20)	0.039*** (11.51)	0.039*** (11.47)
Leverage	−0.144*** (−18.94)	−0.144*** (−18.92)	−0.372*** (−14.39)	−0.372*** (−14.38)	−0.180*** (−24.57)	−0.180*** (−24.54)	−0.405*** (−15.12)	−0.405*** (−15.10)
Age	0.006* (1.86)	0.006* (1.87)	0.011 (1.24)	0.011 (1.25)	0.008** (2.42)	0.008** (2.43)	0.016* (1.72)	0.016* (1.72)
Growth	0.031*** (13.15)	0.031*** (13.17)	0.075*** (11.06)	0.075*** (11.06)	0.032*** (13.46)	0.032*** (13.48)	0.080*** (10.30)	0.080*** (10.30)
Intangible	−0.068*** (−3.27)	−0.068*** (−3.26)	−0.178*** (−3.06)	−0.178*** (−3.05)	−0.075*** (−3.69)	−0.075*** (−3.68)	−0.189*** (−2.99)	−0.189*** (−2.98)
Boardsize	0.020*** (3.14)	0.020*** (3.13)	0.056*** (3.42)	0.056*** (3.42)	0.022*** (3.55)	0.022*** (3.54)	0.063*** (3.70)	0.063*** (3.70)
Overseas	−0.005*** (−2.85)	−0.005*** (−2.84)	−0.008* (−1.68)	−0.008* (−1.68)	−0.005*** (−2.74)	−0.005*** (−2.74)	−0.007 (−1.51)	−0.007 (−1.50)
IndBoard	0.000 (0.46)	0.000 (0.47)	0.001 (1.10)	0.001 (1.11)	0.000 (0.47)	0.000 (0.48)	0.001 (1.11)	0.001 (1.11)

续表

变量	(1) ROA	(2) ROA（有交乘项）	(3) ROE	(4) ROE（有交乘项）	(5) OPOA	(6) OPOA（有交乘项）	(7) OPOE	(8) OPOE（有交乘项）
Mshare	0.001*** (13.34)	0.001*** (13.34)	0.002*** (9.59)	0.002*** (9.59)	0.001*** (13.85)	0.001*** (13.85)	0.002*** (9.65)	0.002*** (9.65)
Duality	−0.002 (−0.68)	−0.002 (−0.68)	−0.003 (−0.51)	−0.003 (−0.51)	−0.001 (−0.67)	−0.001 (−0.67)	−0.002 (−0.28)	−0.002 (−0.28)
Blocks	−0.010*** (−3.33)	−0.010*** (−3.33)	−0.016** (−2.31)	−0.016** (−2.31)	−0.009*** (−3.08)	−0.009*** (−3.08)	−0.013* (−1.81)	−0.013* (−1.81)
Top1	−0.000 (−0.39)	−0.000 (−0.38)	−0.000 (−0.03)	−0.000 (−0.02)	0.000 (0.34)	0.000 (0.35)	0.000 (0.85)	0.000 (0.86)
Institution	0.001*** (10.38)	0.001*** (10.37)	0.001*** (7.18)	0.001*** (7.18)	0.001*** (10.56)	0.001*** (10.56)	0.001*** (7.08)	0.001*** (7.08)
常数项	−0.269*** (−8.49)	−0.274*** (−8.61)	−0.775*** (−9.11)	−0.785*** (−9.16)	−0.311*** (−10.09)	−0.315*** (−10.20)	−0.942*** (−11.07)	−0.950*** (−11.11)
年度固定效应	是	是	是	是	是	是	是	是
城市固定效应	是	是	是	是	是	是	是	是
行业固定效应	是	是	是	是	是	是	是	是
样本数	7708	7708	7708	7708	7708	7708	7708	7708
调整后的 R^2/%	26.0	26.1	21.4	21.4	30.8	30.8	22.9	22.9
F-统计量	63.132	59.450	31.352	29.517	86.222	81.189	35.770	33.679

注：括号中的数值为 t 统计量

* $p<0.10$，** $p<0.05$，*** $p<0.01$

15.5 稳健性检验

15.5.1 替换被解释变量

参考 Duchin 等（2020）的研究，使用资产年度增长率、权益年度增长率作为企业业绩表现的替代变量，对研究假设予以检验。根据表 15-6 的结果我们可以得到，离政府越远的企业绩效会更好这一结论仍然稳健，对于以上市公司的资产年度增长率以及上市公司的权益年度增长率为被解释变量的回归模型，上市公司与地级市政府之间的地理距离这一变量均对上市公司绩效有正向的影响,地理距离的增加的确加大了企业与政府之间的信息不对称程度,企业可能会存在机会主义行为。

表15-6 替换被解释变量后的回归结果

变量	(1) 资产年度增长率	(2) 权益年度增长率
Distance	0.706**	0.137
	(2.20)	(0.22)
SOE	−0.160	0.289
	(−0.82)	(0.70)
Size	0.004	0.040
	(0.04)	(0.42)
Leverage	0.066	0.301
	(0.39)	(0.27)
Age	1.190	2.084*
	(1.45)	(1.73)
Growth	1.060***	1.006**
	(4.85)	(2.25)
Intangible	2.180	8.053
	(0.69)	(1.17)
Boardsize	−0.746*	−1.179**
	(−1.80)	(−2.07)
Overseas	−0.344*	0.066
	(−1.75)	(0.15)
IndBoard	−0.021*	−0.042
	(−1.79)	(−1.40)
Mshare	−0.003	−0.019
	(−0.88)	(−1.26)
Duality	0.057	−0.022
	(0.62)	(−0.14)
Blocks	0.656*	1.289**
	(1.93)	(2.08)
Top1	0.046	0.084
	(1.48)	(1.59)
Institution	0.001	−0.014
	(0.45)	(−0.90)

续表

变量	(1) 资产年度增长率	(2) 权益年度增长率
常数项	−2.901*** (−3.45)	−5.768* (−1.66)
年度固定效应	是	是
城市固定效应	是	是
行业固定效应	是	是
样本量	40 092	40 092
调整后的 R^2/%	0.6	1.9
F-统计量	8.430	3.128

注：括号中的数值为 t 统计量

* $p<0.10$，** $p<0.05$，*** $p<0.01$

15.5.2 替换解释变量

本节参考肖红军等（2021）的方法，使用上市公司与政府之间的地理距离是否大于25km和50km（是取1，否取0）作为监管距离的替代测度方式。

从表15-7和表15-8的结果中我们可以看出，在替换了监管距离的变量后，不论以25km（变量为dist25）还是50km（变量为dist50）为分界作为监管距离的替代测度方式，表15-7与表15-8的结果与基准回归仍然一致，地理距离对于绩效的影响系数均为正，且大部分显著，为地理距离的增加加大了企业与政府之间的信息不对称这一观点提供了证据。

表15-7 以25km为地理距离变量的分界

变量	(1) ROA	(2) ROE	(3) OPOA	(4) OPOE
dist25	0.001 (1.49)	0.001 (0.52)	0.002** (2.16)	0.005** (2.03)
SOE	−0.004*** (−5.23)	−0.003 (−1.29)	−0.005*** (−5.83)	−0.009*** (−3.66)
Size	0.008*** (20.39)	0.028*** (23.33)	0.011*** (28.84)	0.037*** (28.74)
Leverage	−0.109*** (−42.10)	−0.271*** (−29.21)	−0.150*** (−61.90)	−0.318*** (−32.72)

续表

变量	(1) ROA	(2) ROE	(3) OPOA	(4) OPOE
Age	0.004*** (3.99)	0.010*** (4.34)	0.003*** (3.21)	0.009*** (3.74)
Growth	0.027*** (31.52)	0.065*** (30.11)	0.028*** (32.48)	0.075*** (30.18)
Intangible	−0.057*** (−7.54)	−0.147*** (−7.19)	−0.076*** (−10.43)	−0.173*** (−8.14)
Boardsize	0.007*** (3.62)	0.014*** (3.01)	0.007*** (4.24)	0.017*** (3.35)
Overseas	−0.002*** (−3.46)	−0.003* (−1.70)	−0.002*** (−2.96)	−0.002 (−1.22)
IndBoard	0.000 (0.26)	0.000 (0.12)	0.000 (0.44)	0.000 (0.12)
Mshare	0.001*** (30.25)	0.002*** (21.00)	0.001*** (32.92)	0.002*** (22.80)
Duality	−0.000 (−0.14)	−0.001 (−0.47)	−0.000 (−0.52)	−0.002 (−0.80)
Blocks	−0.007*** (−7.62)	−0.013*** (−5.63)	−0.008*** (−8.24)	−0.014*** (−5.86)
Top1	−0.000** (−2.57)	−0.000 (−0.39)	−0.000* (−1.65)	0.000 (0.63)
Institution	0.001*** (27.96)	0.001*** (19.54)	0.001*** (29.59)	0.001*** (20.70)
常数项	−0.144*** (−14.82)	−0.562*** (−21.23)	−0.205*** (−21.93)	−0.746*** (−26.36)
年度固定效应	是	是	是	是
城市固定效应	是	是	是	是
行业固定效应	是	是	是	是
样本量	44 555	44 555	44 555	44 555
调整后的 R^2/%	24.0	18.2	30.9	21.8
F-统计量	334.868	173.715	543.139	218.740

注：括号中的数值为 t 统计量

* $p<0.10$，** $p<0.05$，*** $p<0.01$

表 15-8　以 50km 为地理距离变量的分界

变量	(1) ROA	(2) ROE	(3) OPOA	(4) OPOE
dist50	0.006***	0.005	0.006***	0.011***
	(5.03)	(1.54)	(5.06)	(3.40)
SOE	−0.004***	−0.003	−0.005***	−0.009***
	(−5.16)	(−1.27)	(−5.81)	(−3.68)
Size	0.008***	0.028***	0.011***	0.037***
	(20.41)	(23.33)	(28.85)	(28.74)
Leverage	−0.109***	−0.271***	−0.150***	−0.318***
	(−42.15)	(−29.23)	(−61.95)	(−32.74)
Age	0.004***	0.010***	0.003***	0.009***
	(3.94)	(4.32)	(3.15)	(3.69)
Growth	0.027***	0.065***	0.028***	0.075***
	(31.52)	(30.11)	(32.48)	(30.18)
Intangible	−0.057***	−0.147***	−0.076***	−0.174***
	(−7.60)	(−7.21)	(−10.50)	(−8.19)
Boardsize	0.006***	0.014***	0.007***	0.017***
	(3.57)	(3.00)	(4.20)	(3.33)
Overseas	−0.002***	−0.003*	−0.002***	−0.002
	(−3.48)	(−1.70)	(−2.98)	(−1.23)
IndBoard	0.000	0.000	0.000	0.000
	(0.22)	(0.11)	(0.39)	(0.09)
Mshare	0.001***	0.002***	0.001***	0.002***
	(30.17)	(20.97)	(32.85)	(22.76)
Duality	0.000	−0.001	−0.000	−0.001
	(0.02)	(−0.42)	(−0.36)	(−0.68)
Blocks	−0.007***	−0.013***	−0.008***	−0.014***
	(−7.64)	(−5.64)	(−8.25)	(−5.87)
Top1	−0.000***	−0.000	−0.000*	0.000
	(−2.64)	(−0.42)	(−1.72)	(0.57)
Institution	0.001***	0.001***	0.001***	0.001***
	(27.93)	(19.53)	(29.57)	(20.69)

续表

变量	(1) ROA	(2) ROE	(3) OPOA	(4) OPOE
常数项	−0.144*** (−14.81)	−0.562*** (−21.24)	−0.205*** (−21.90)	−0.745*** (−26.34)
年度固定效应	是	是	是	是
城市固定效应	是	是	是	是
行业固定效应	是	是	是	是
样本量	44 555	44 555	44 555	44 555
调整后的 R^2/%	24.0	18.2	30.9	21.8
F-统计量	335.962	173.793	544.184	218.997

注：括号中的数值为 t 统计量
* $p<0.10$，*** $p<0.01$

15.6　异质性分析

15.6.1　产权异质性

在我国，国有企业有别于民营企业，国有企业具备市场逻辑主导的经济使命与社会逻辑主导的社会使命。国有企业的社会责任，是社会对国有企业行为的客观期望，它由国有企业的性质所决定，国有企业同时具有非经济目标和经济目标。围绕国家战略蓝图与使命安排，习近平总书记对国有企业功能定位做出了重要的指示。在 2016 年 10 月 10 日召开的全国国有企业党的建设工作会议上，习近平总书记强调，"使国有企业成为党和国家最可信赖的依靠力量，成为坚决贯彻执行党中央决策部署的重要力量，成为贯彻新发展理念、全面深化改革的重要力量，成为实施'走出去'战略、'一带一路'建设等重大战略的重要力量，成为壮大综合国力、促进经济社会发展、保障和改善民生的重要力量，成为我们党赢得具有许多新的历史特点的伟大斗争胜利的重要力量"[①]。因此，可以说国家使命构成国有企业的存在理由，国有企业成为履行国家使命的重要功能载体。国有企业的社会使命感，使其产生机会主义行为的概率大大降低。

表 15-9 和表 15-10 的结果显示，对于民营企业来说，地理距离对绩效的正向影响效果更为显著，这也进一步验证了机会主义行为假说。更高的社会责任感以

---

① 国务院国有资产监督管理委员会. 习近平在全国国有企业党的建设工作会议上强调:坚持党对国有企业的领导不动摇 开创国有企业党的建设新局面.[2016-10-12]. http://www.sasac.gov.cn/n2588025/n2588119/c2674022/content.html.

及政策约束将使国有企业相较于民营企业具有更强的自我约束力，从而不论上市公司与地级市政府之间的距离远或近，都不能对其业绩产生显著的影响。

表 15-9 民营企业的结果

变量	(1) ROA	(2) ROE	(3) OPOA	(4) OPOE
Distance	0.004* (1.68)	−0.003 (−0.43)	0.004 (1.50)	0.005 (0.69)
Size	0.010*** (14.88)	0.030*** (16.42)	0.012*** (20.02)	0.038*** (19.87)
Leverage	−0.108*** (−28.09)	−0.260*** (−19.81)	−0.147*** (−40.91)	−0.296*** (−21.63)
Age	0.006*** (4.55)	0.013*** (4.41)	0.005*** (3.99)	0.013*** (4.15)
Growth	0.029*** (24.54)	0.067*** (22.83)	0.030*** (25.18)	0.077*** (23.51)
Intangible	−0.086*** (−6.63)	−0.208*** (−5.86)	−0.105*** (−8.51)	−0.240*** (−6.61)
Boardsize	0.011*** (3.52)	0.028*** (3.39)	0.013*** (4.41)	0.036*** (4.17)
Overseas	−0.003*** (−3.57)	−0.006*** (−2.68)	−0.003*** (−3.35)	−0.006** (−2.33)
IndBoard	0.000 (1.05)	0.000 (0.91)	0.000 (1.47)	0.000 (1.34)
Mshare	0.001*** (23.78)	0.001*** (16.09)	0.001*** (25.44)	0.002*** (16.89)
Duality	−0.001 (−0.73)	−0.001 (−0.27)	−0.001 (−0.73)	−0.001 (−0.42)
Blocks	−0.002 (−1.59)	−0.001 (−0.49)	−0.001 (−0.94)	0.002 (0.72)
Top1	0.000*** (4.00)	0.001*** (4.95)	0.000*** (5.43)	0.001*** (6.67)
Institution	0.001*** (20.43)	0.001*** (13.00)	0.001*** (21.17)	0.001*** (13.39)
常数项	−0.205*** (−12.37)	−0.685*** (−15.24)	−0.263*** (−16.66)	−0.879*** (−18.73)
年度固定效应	是	是	是	是
城市固定效应	是	是	是	是

续表

变量	(1) ROA	(2) ROE	(3) OPOA	(4) OPOE
行业固定效应	是	是	是	是
样本量	24 568	24 568	24 568	24 568
调整后的 R^2/%	24.5	18.9	30.4	21.9
F-统计量	201.964	109.070	308.525	133.856

注：括号中为 t 统计量

$*p<0.10$，$**p<0.05$，$***p<0.01$

表 15-10　国有企业的结果

变量	(1) ROA	(2) ROE	(3) OPOA	(4) OPOE
Distance	0.001 (0.19)	−0.005 (−0.64)	0.002 (0.63)	0.005 (0.55)
Size	0.008*** (14.30)	0.028*** (16.11)	0.011*** (20.96)	0.038*** (20.03)
Leverage	−0.110*** (−31.60)	−0.290*** (−21.42)	−0.152*** (−46.20)	−0.344*** (−24.33)
Age	−0.001 (−0.91)	−0.001 (−0.14)	−0.002 (−1.31)	−0.002 (−0.42)
Growth	0.023*** (20.39)	0.063*** (19.77)	0.025*** (21.16)	0.071*** (19.00)
Intangible	−0.041*** (−4.51)	−0.117*** (−4.98)	−0.061*** (−6.72)	−0.139*** (−5.42)
Boardsize	0.003 (1.30)	0.003 (0.52)	0.002 (0.96)	0.002 (0.29)
Overseas	−0.001 (−1.02)	0.000 (0.17)	−0.001 (−0.87)	−0.000 (−0.05)
IndBoard	−0.000 (−0.18)	−0.000 (−0.47)	−0.000 (−0.85)	−0.000 (−1.25)
Mshare	0.002*** (9.07)	0.002*** (3.68)	0.002*** (9.42)	0.003*** (4.88)
Duality	0.002 (1.44)	−0.000 (−0.03)	0.001 (0.51)	−0.002 (−0.52)

续表

变量	(1) ROA	(2) ROE	(3) OPOA	(4) OPOE
Blocks	−0.014*** (−9.48)	−0.028*** (−6.58)	−0.017*** (−10.94)	−0.038*** (−8.15)
Top1	−0.000*** (−6.74)	−0.001*** (−4.79)	−0.000*** (−7.30)	−0.001*** (−5.80)
Institution	0.001*** (15.37)	0.001*** (11.11)	0.001*** (17.26)	0.002*** (13.00)
常数项	−0.096*** (−7.62)	−0.467*** (−13.05)	−0.162*** (−13.15)	−0.658*** (−16.76)
年度固定效应	是	是	是	是
城市固定效应	是	是	是	是
行业固定效应	是	是	是	是
样本量	19 780	19 780	19 780	19 780
调整后的 R^2/%	27.4	19.9	35.5	24.6
F-统计量	141.425	74.816	247.811	97.457

注：括号中的数值为 t 统计量

*** $p<0.01$

15.6.2 地区异质性

由于东部沿海地区相较于内陆地区较为发达，信息不对称程度可能也较低，所以距离对其影响可能更小。根据国家统计局 2018 年的划分方法，属于我国东部地区的省市包括：北京市、天津市、河北省、上海市、江苏省、浙江省、福建省、山东省、广东省、海南省。因此，本节将东部地区与其他地区进行分组回归，以验证本章的研究假设。

从表 15-11 和表 15-12 的结果可以看出，在控制了年度、行业以及城市固定效应后，在经济欠发达的中、西部地区以及东北地区，信息不对称程度较高，可能存在监管较为不规范等问题，上市公司与地级市政府之间的地理距离与上市公司绩效具有更显著的正向关系。这也进一步印证了本章的机会主义假说。

表 15-11　中、西部地区及东北地区回归结果

变量	(1) ROA	(2) ROE	(3) OPOA	(4) OPOE
Distance	0.006*	−0.010	0.007**	0.007
	(1.95)	(−1.06)	(2.24)	(0.71)
SOE	−0.008***	−0.011**	−0.009***	−0.020***
	(−5.30)	(−2.55)	(−6.11)	(−4.27)
Size	0.010***	0.031***	0.013***	0.043***
	(13.66)	(13.91)	(18.79)	(17.69)
Leverage	−0.114***	−0.352***	−0.156***	−0.411***
	(−25.32)	(−20.24)	(−36.74)	(−22.53)
Age	−0.001	−0.001	−0.002	−0.002
	(−0.79)	(−0.21)	(−1.21)	(−0.30)
Growth	0.025***	0.068***	0.025***	0.074***
	(19.83)	(20.09)	(20.28)	(18.83)
Intangible	−0.053***	−0.143***	−0.063***	−0.132***
	(−4.43)	(−4.04)	(−5.51)	(−3.60)
Boardsize	0.011***	0.038***	0.013***	0.040***
	(3.75)	(4.52)	(4.45)	(4.58)
Overseas	−0.003***	−0.003	−0.002**	−0.001
	(−2.60)	(−0.85)	(−2.07)	(−0.26)
IndBoard	0.000	0.000	0.000*	0.000
	(0.74)	(0.63)	(1.74)	(1.27)
Mshare	0.001***	0.001***	0.001***	0.002***
	(16.38)	(9.66)	(18.22)	(10.71)
Duality	−0.001	−0.005	−0.002	−0.008
	(−0.71)	(−1.04)	(−1.53)	(−1.63)
Blocks	−0.013***	−0.024***	−0.014***	−0.027***
	(−7.66)	(−5.03)	(−8.56)	(−5.41)
Top1	−0.000***	−0.001***	−0.000***	−0.000**
	(−5.47)	(−2.73)	(−5.36)	(−2.37)
Institution	0.001***	0.001***	0.001***	0.002***
	(17.55)	(11.40)	(18.83)	(12.36)
常数项	−0.157***	−0.599***	−0.231***	−0.853***
	(−9.42)	(−12.36)	(−14.14)	(−16.15)

续表

变量	(1) ROA	(2) ROE	(3) OPOA	(4) OPOE
年度固定效应	是	是	是	是
城市固定效应	是	是	是	是
行业固定效应	是	是	是	是
样本量	15 692	15 692	15 692	15 692
调整后的 R^2/%	26.9	20.0	34.5	24.2
F-统计量	126.661	71.337	199.783	85.127

注：括号中的数值为 t 统计量

$*p<0.10$，$**p<0.05$，$***p<0.01$

表 15-12　东部地区回归结果

变量	(1) ROA	(2) ROE	(3) OPOA	(4) OPOE
Distance	0.003 (1.37)	0.005 (0.92)	0.004 (1.60)	0.011* (1.84)
SOE	−0.002** (−1.97)	0.002 (0.77)	−0.002** (−2.10)	−0.002 (−0.70)
Size	0.008*** (15.37)	0.027*** (18.27)	0.011*** (22.06)	0.034*** (22.11)
Leverage	−0.108*** (−33.49)	−0.234*** (−21.25)	−0.149*** (−49.27)	−0.273*** (−23.82)
Age	0.005*** (4.29)	0.011*** (4.61)	0.004*** (3.46)	0.010*** (3.80)
Growth	0.028*** (24.52)	0.063*** (22.26)	0.029*** (25.47)	0.075*** (23.49)
Intangible	−0.063*** (−6.41)	−0.148*** (−6.08)	−0.090*** (−9.36)	−0.197*** (−7.79)
Boardsize	0.004* (1.67)	0.002 (0.33)	0.004* (1.84)	0.003 (0.53)
Overseas	−0.002** (−2.00)	−0.002 (−1.05)	−0.002* (−1.87)	−0.002 (−1.00)
IndBoard	−0.000 (−0.65)	−0.000 (−0.62)	−0.000 (−1.31)	−0.000 (−1.33)

续表

变量	(1) ROA	(2) ROE	(3) OPOA	(4) OPOE
Mshare	0.001***	0.002***	0.001***	0.002***
	(24.63)	(17.92)	(26.55)	(19.19)
Duality	0.000	0.001	0.000	0.002
	(0.26)	(0.53)	(0.32)	(0.66)
Blocks	−0.004***	−0.008***	−0.004***	−0.008***
	(−3.87)	(−2.91)	(−3.95)	(−2.86)
Top1	0.000	0.000**	0.000*	0.000***
	(0.84)	(2.04)	(1.94)	(3.05)
Institution	0.001***	0.001***	0.001***	0.001***
	(21.85)	(15.72)	(23.02)	(16.46)
常数项	−0.135***	−0.537***	−0.189***	−0.682***
	(−11.14)	(−16.68)	(−16.47)	(−20.21)
年度固定效应	是	是	是	是
城市固定效应	是	是	是	是
行业固定效应	是	是	是	是
样本量	28 664	28 664	28 664	28 664
调整后的 R^2/%	22.6	17.0	29.0	20.3
F-统计量	210.618	104.614	344.752	133.926

注：括号中的数值为 t 统计量

* $p<0.10$，** $p<0.05$，*** $p<0.01$

15.6.3 分年份回归

中国互联网协会发布的《Internet Guide 2007 中国互联网调查报告》显示，互联网的发展在历经曲折、调整后，从 2005 年开始在应用层面步入快车道。2006 年，中国互联网各种应用进入高速发展阶段，搜索引擎成为用户用得最多的互联网工具，网络广告突破临界点，开始爆发式增长，博客、播客/视频共享等 Web 2.0 应用则在 2006 年大范围流行。从图 15-3 中我们不难看出，自 2006 年开始，全国的互联网普及率呈现陡坡式增长。互联网的"连通性"属性使地理距离导致的信息不对称程度弱化。近年来，互联网接入者更是广泛地应用大数据、云计算、电商平台等互联网工具，不但打通了虚拟与实体空间，打破了时间与空间约束（李海舰等，2014），还进一步促进了信息流通与传播。同时，互联网的发展是政务治理信息化的基础。因此，企业的机会主义行为会随着互联网的发展逐渐弱化。本节根据年份分段回归,自 2006 年开始,以五年为一个单位,观察互联网发展与基准回归结果之间的关系。

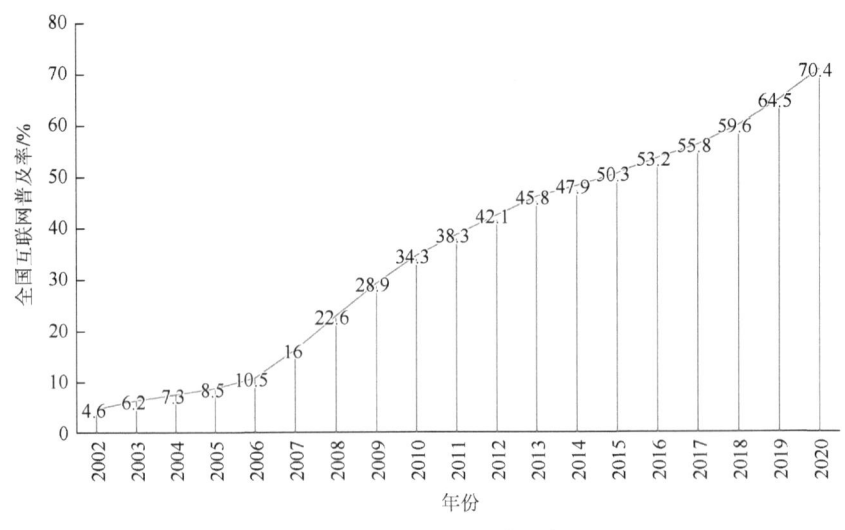

图 15-3 全国互联网普及率

资料来源:国家统计局

由表 15-13 的结果我们可以看出,基准模型的主要变量回归系数的确随着时间有不显著甚至符号相反的趋势,这也进一步印证了本章的研究假设。

表 15-13 分年份回归

变量	(1) ROA	(2) ROE	(3) OPOA	(4) OPOE
2006~2010 年	0.009*	0.017	0.011**	0.037***
	(1.87)	(1.51)	(2.37)	(2.87)
2011~2015 年	0.003	0.000	0.006**	0.016**
	(1.10)	(0.04)	(2.02)	(2.02)
2016~2020 年	0.004	−0.005	0.003	0.002
	(1.22)	(−0.58)	(1.15)	(0.26)
控制变量	控制	控制	控制	控制
年度固定效应	是	是	是	是
城市固定效应	是	是	是	是
行业固定效应	是	是	是	是

注:括号中的数值为 t 统计量

* $p<0.10$,** $p<0.05$,*** $p<0.01$

15.7 小　　结

本章研究了企业与政府之间的距离以及政务的改革发展在上市公司表现中的作用。

首先，本章利用上市公司与政府之间的距离数据，验证了远距离公司的表现优于近距离公司。我们探索了多种可能的因素，最终在信息不对称中找到了证据。

其次，为了探究政务发展对企业的影响，本章使用政务服务中心的建立以及电子政务的发展指数两种形式进行探究。行政审批中心的建立不涉及互联网的发展，其便利性、时效性的确能够缩短企业事务审批周期，提高审批效率，改善企业绩效。电子政务的发展得益于互联网的发展，近年来互联网的飞速发展使政府与企业之间的交流变得更加便利，从而大大减少了因空间距离过远、监管压力较小导致的企业不规范经营、机会主义现象。本章的结果印证了该假设：政务治理信息化的确有利于企业的绩效改善，然而，远距离企业绩效的改善低于近距离企业绩效的改善。

进一步地，本章进行了稳健性检验与异质性分析。在替换了主要被解释变量与主要解释变量的衡量方式后，结果依然稳健。在异质性分析部分，本章主要针对企业的性质、东西部地区以及分年份进行了分析，结果表示，在具有更高社会责任的国有企业中、在更加发达以及信息更加透明的东部地区、在互联网高速发展后的时段中，企业由于地理距离过远所产生的机会主义行为将受到抑制。

本章主要是从互联网以及空间距离的角度来解释为何远距离企业反而受到的改善较小。未来可以加入盈余管理以及信息不对称的指标进一步探讨互联网及政务治理信息化发展对远距离企业的影响机制。

参 考 文 献

陈浪南，屈文洲. 2000. 资本资产定价模型的实证研究[J]. 经济研究，35（4）：26-34.
陈敏，艾柯青. 2015. 大学生网络消费行为与支付方式的调查研究[J]. 时代金融，(6)：168-170，177.
陈荣达，林博，何诚颖，等. 2019. 互联网金融特征、投资者情绪与互联网理财产品回报[J]. 经济研究，54（7）：78-93.
陈思佳. 2015. 广州市大学生互联网消费金融市场调研报告[D]. 广州：广东财经大学.
陈小悦，孙爱军. 2000. CAPM 在中国股市的有效性检验[J]. 北京大学学报（哲学社会科学版），37（4）：28-37.
程雪军. 2019. 我国互联网消费金融发展：问题、挑战与监管[J]. 财会月刊，(15)：162-170.
池茜，陈浒，吕雁斐. 2018. 消费贷下谨慎控制欲望——基于对花呗、白条使用情况的调查[J]. 中国集体经济，(29)：74-75.
董志勇，韩旭. 2008. 模糊厌恶和羊群行为[J]. 经济科学，(2)：51-64.
方执向. 2018. 大学生互联网消费金融信用风险影响因素分析[J]. 时代金融，(17)：248.
冯金辉. 2010. 中国消费金融公司发展研究[D]. 兰州：兰州大学.
黄小强. 2015. 我国互联网消费金融的界定、发展现状及建议[J]. 武汉金融，(10)：39-41.
黄轩，张青龙. 2018. 基于 ARMA-GARCH 模型的沪深 300 指数波动率分析与预测[J]. 中国物价，(6)：44-46.
贾振方. 2018. 基于 VaR 模型与 ES 模型风险度量分析[J]. 合作经济与科技，(17)：79-81.
姜富伟，涂俊，Rapach D E，等. 2011. 中国股票市场可预测性的实证研究[J]. 金融研究，(9)：107-121.
蒋志强，田婧雯，周炜星. 2019. 中国股票市场收益率的可预测性研究[J]. 管理科学学报，22（4）：92-109.
靳云汇，刘霖. 2001. 中国股票市场 CAPM 的实证研究[J]. 金融研究，(7)：106-115.
孔华强. 2006. 金融市场波动率模型及实证研究[D]. 北京：首都经济贸易大学.
冷奥琳，王梦迪，贾明. 2019. 无风险利率影响担保市场交易结构的效应研究[J]. 系统工程理论与实践，39（7）：1635-1642.
李晨辰，吴冲锋. 2022. 证券交易的移动化：眼球效应与乐观偏差[J]. 管理科学学报，25（10）：1-20.
李海舰，田跃新，李文杰. 2014. 互联网思维与传统企业再造[J]. 中国工业经济，(10)：135-146.
李浩然. 2018. P2P 网络借贷市场利率风险溢价影响因素研究[D]. 绵阳：西南科技大学.
李雄英，陈小玲，曾凯华. 2018. 基于三类模型的四大银行股票收益率预测研究[J]. 经济数学，35（4）：21-27.

廖愉平. 2014. 我国 P2P 借贷模式行业发展研究[J]. 商场现代化, (22): 165-166.

刘德文, 姚山季. 2016. 基于 TAM 的第三方支付使用意愿实证研究——以支付宝为例[J]. 企业经济, 35 (1): 66-72.

刘金全, 邵欣炜. 2004. 流动性约束与消费行为关系的实证研究[J]. 管理科学学报, 7 (4): 90-94.

刘思雨. 2018. 互联网消费金融产品大学生用户使用意愿实证研究[J]. 现代商业, (20): 161-163.

刘玉. 2015. 我国互联网消费金融的现状和趋势研究[J]. 中国集体经济, (24): 95-97.

刘志峰, 张婷婷. 2020. 投资者彩票偏好对股票价格行为的影响研究[J]. 管理科学学报, 23 (3): 89-99.

孟爱科. 2015. 移动金融的风险问题和防范方法[J]. 企业改革与管理, (20): 41.

牛东晓, 刘达, 冯义, 等. 2007. 考虑外生变量的广义自回归条件异方差日前电价预测模型[J]. 电网技术, 31 (22): 44-48.

潘莉, 徐建国. 2011. A 股个股回报率的惯性与反转[J]. 金融研究, (1): 149-166.

彭潇熟, 张德生, 王若星, 等. 2011. 国际黄金价格具有外生变量的 GARCH 预测模型[J]. 黄金, 32 (1): 10-14.

邵腾伟, 吕秀梅. 2017. 新常态下我国互联网消费金融的表现、作用与前景[J]. 西部论坛, 27 (1): 95-106.

施东晖. 1996. 上海股票市场风险性实证研究[J]. 经济研究, 31 (10): 44-48.

宋军, 吴冲锋. 2001. 基于分散度的金融市场的羊群行为研究[J]. 经济研究, 36 (11): 21-27.

孙书娜, 孙谦. 2018. 投资者关注和股市表现——基于雪球关注度的研究[J]. 管理科学学报, 21 (6): 60-71.

田长海, 刘锐. 2013. 消费金融促进消费升级的理论与实证分析[J]. 消费经济, 29 (6): 18-21, 26.

王大鹏, 赵正堂. 2016. 中国保险业资产配置与风险整合——基于虚实配比、Copula-CVaR 模型和 Monte Carlo 算法的实证研究[J]. 产经评论, 7 (2): 71-82.

王莉, 王方华, 张朋柱. 2008. 基于 TAM-VCE 模型的客户网上参与产品开发意愿[J]. 管理科学学报, 11 (1): 49-58.

吴海波, 吴冲锋. 2023. 移动化交易与彩票类股票需求: 来自 A 股市场的经验证据[J]. 系统管理学报, 32 (5): 1022-1035.

吴世农, 许年行. 2004. 资产的理性定价模型和非理性定价模型的比较研究——基于中国股市的实证分析[J]. 经济研究, 39 (6): 105-116.

吴雯婷. 2016. 基于泛 VAR 模型展开的互联网金融风险研究[J]. 商业经济研究, (1): 172-174.

吴玉宝, 汪金菊. 2016. 沪深股市的相关结构分析与投资组合风险度量——基于 ARFIMA-GARCH-Copula 模型[J]. 运筹与管理, 25 (2): 220-225.

肖红军, 阳镇, 凌鸿程. 2021. "鞭长莫及"还是"遥相呼应": 监管距离与企业社会责任[J]. 财贸经济, 42 (10): 116-131.

谢合亮, 黄卿. 2017. 基于蒙特卡洛方法的金融市场风险 VaR 的算法分析[J]. 统计与决策, 33 (15): 157-162.

谢慧, 张鑫瑜, 肖地发. 2020. 基于计划行为理论和技术接受模型的校园消费金融分期产品选择影响因素研究[J]. 经营与管理, (11): 122-129.

谢平，邹传伟，刘海二. 2012. 互联网金融模式研究[J]. 新金融评论，（1）：3-52.

谢平，邹传伟，刘海二. 2014. 对 P2P 网络贷款的监管[N]. 第一财经日报，2014-10-29（A09）.

熊熊，高雅，冯绪. 2017. 卖空交易与异质信念：基于中国股票市场的证据[J]. 系统工程理论与实践，37（8）：1937-1948.

杨朝军，邢靖. 1998. 上海证券市场 CAPM 实证检验[J]. 上海交通大学学报，32（3）：61-66.

杨晨. 2014. 移动金融服务的技术风险识别及管控策略研究[J]. 中国商贸，（34）：88-90.

杨万里. 2018. 基于 GARCH 模型的互联网货币基金风险分析[J]. 时代金融，（14）：208-209.

杨翱，彭迪云，谢菲. 2016. 基于 TAM/TPB 的感知风险认知对用户信任及其行为的影响研究——以支付增值产品余额宝为例[J]. 管理评论，28（6）：229-240.

姚加权，冯绪，王赞钧，等. 2021. 语调、情绪及市场影响：基于金融情绪词典[J]. 管理科学学报，24（5）：26-46.

叶湘榕. 2015. 互联网金融背景下消费金融发展新趋势分析[J]. 征信，33（6）：73-77.

易志高，茅宁. 2009. 中国股市投资者情绪测量研究：CICSI 的构建[J]. 金融研究，（11）：174-184.

余佩琨，李志文，王玉涛. 2009. 机构投资者能跑赢个人投资者吗？[J]. 金融研究，（8）：147-157.

俞庆进，张兵. 2012. 投资者有限关注与股票收益——以百度指数作为关注度的一项实证研究[J]. 金融研究，（8）：152-165.

袁军. 2020. 中国 A 股市场羊群行为的实证分析[J]. 金融理论与实践，（2）：82-87.

臧旭恒，李燕桥. 2012. 消费信贷、流动性约束与中国城镇居民消费行为——基于 2004-2009 年省际面板数据的经验分析[J]. 经济学动态，（2）：61-66.

张红红，葛冬玲，相吉利. 2010. 基于 TAM 模型的创新科技产品采用意愿研究[J]. 科技进步与对策，27（18）：86-90.

张维，张永杰. 2006. 异质信念、卖空限制与风险资产价格[J]. 管理科学学报，9（4）：58-64.

张行. 2014. 互联网金融：模式、风险及其防范[J]. 哈尔滨金融学院学报，（4）：14-16.

周永圣，孙苗苗，王晶. 2019. 互联网消费金融债权信用研究——基于蚂蚁花呗业务模式的分析[J]. 价格理论与实践，（3）：126-129.

朱波，宋振平. 2009. 基于 SFA 效率值的我国开放式基金绩效评价研究[J]. 数量经济技术经济研究，26（4）：105-116.

朱彤，叶静雅. 2009. 投资评级发布日的机构投资者行为与证券的异常收益——来自上海证券市场的证据[J]. 金融研究，（3）：154-170.

宗计川，李纪阳，戴芸. 2020. 慕"名"而来的投资偏误——有限关注视角下的实证检验[J]. 管理科学学报，23（7）：27-56.

Aastveit K A，Gerdrup K R，Jore A S，et al. 2014. Nowcasting GDP in real time：A density combination approach[J]. Journal of Business & Economic Statistics，32（1）：48-68.

Abarbanell J S，Bernard V L. 1992. Tests of analysts' overreaction/underreaction to earnings information as an explanation for anomalous stock price behavior[J]. The Journal of Finance，47（3）：1181-1207.

Acemoglu D，Aghion P，Lelarge C，et al. 2007. Technology，information，and the decentralization of the firm[J]. The Quarterly Journal of Economics，122（4）：1759-1799.

Acerbi C, Tasche D. 2002. Expected shortfall: A natural coherent alternative to value at risk[J]. Economic Notes, 31 (2): 379-388.

Ajzen I. 1985. From Intentions to Actions: A Theory of Planned Behavior[M]. Berlin, Heidelberg: Springer-Verlag: 11-39.

Ajzen I, Fishbein M. 1980. Understanding Attitudes and Predicting Social Behaviour[M]. Englewood Cliffs, NJ: Prentice-Hall: 20-35.

Akey P. 2015. Valuing changes in political networks: Evidence from campaign contributions to close congressional elections[J]. The Review of Financial Studies, 28 (11): 3188-3223.

Akey P, Lewellen S. 2016. Policy uncertainty, political capital, and firm risk-taking[J]. SSRN Electronic Journal.

Alhaj-Yaseen Y S, Yau S K. 2018. Herding tendency among investors with heterogeneous information: Evidence from China's equity markets[J]. Journal of Multinational Financial Management, 47: 60-75.

Amaya D, Christoffersen P, Jacobs K, et al. 2015. Does realized skewness predict the cross-section of equity returns?[J]. Journal of Financial Economics, 118 (1): 135-167.

Amihud Y. 2002. Illiquidity and stock returns: Cross-section and time-series effects [J]. Journal of Financial Markets, 5 (1): 31-56.

An L, Lou D, Shi D H. 2022. Wealth redistribution in bubbles and crashes[J]. Journal of Monetary Economics, 126: 134-153.

Andersen T G, Bollerslev T. 1998. Answering the skeptics: Yes, standard volatility models do provide accurate forecasts [J]. International Economic Review, 39 (4): 885-905.

Andersen T G, Bollerslev T, Diebold F X. 2007. Roughing it up: Including jump components in the measurement, modeling, and forecasting of return volatility[J]. Review of Economics and Statistics, 89 (4): 701-720.

Andersen T G, Bollerslev T, Diebold F X, et al. 2001. The distribution of realized exchange rate volatility[J]. Journal of the American Statistical Association, 96 (453): 42-55.

Anderson E W, Ghysels E, Juergens J L. 2005. Do heterogeneous beliefs matter for asset pricing?[J]. The Review of Financial Studies, 18 (3): 875-924.

Andrade S C, Bian J Z, Burch T R. 2013. Analyst coverage, information, and bubbles[J]. Journal of Financial and Quantitative Analysis, 48 (5): 1573-1605.

Andrade S C, Chang C, Seasholes M S. 2008. Trading imbalances, predictable reversals, and cross-stock price pressure[J]. Journal of Financial Economics, 88 (2): 406-423.

Andrei D, Hasler M. 2014. Investor attention and stock market volatility[J]. Review of Financial Studies, 28 (1): 33-72.

Ang A, Bekaert G. 2002. International asset allocation with regime shifts[J]. The Review of Financial Studies, 15 (4): 1137-1187.

Ang A, Hodrick R J, Xing Y H, et al. 2006. The cross-section of volatility and expected returns[J]. The Journal of Finance, 61 (1): 259-299.

Ang A, Hodrick R J, Xing Y H, et al. 2009. High idiosyncratic volatility and low returns: International and further U.S. evidence[J]. Journal of Financial Economics, 91 (1): 1-23.

Antweiler W, Frank M Z. 2004. Is all that talk just noise? The information content of internet stock message boards[J]. The Journal of Finance, 59 (3): 1259-1294.

Aouadi A, Arouri M, Teulon F. 2013. Investor attention and stock market activity: Evidence from France[J]. Economic Modelling, 35: 674-681.

Artzner P, Delbaen F, Eber J M, et al. 1999. Coherent measures of risk[J]. Mathematical Finance, 9 (3): 203-228.

Aslan H, Easley D, Hvidkjaer S, et al. 2011. The characteristics of informed trading: Implications for asset pricing[J]. Journal of Empirical Finance, 18 (5): 782-801.

Atmaz A, Basak S. 2018. Belief dispersion in the stock market[J]. The Journal of Finance, 73 (3): 1225-1279.

Avramov D. 2002. Stock return predictability and model uncertainty[J]. Journal of Financial Economics, 64 (3): 423-458.

Ayers B C, Li O Z, Yeung P E. 2011. Investor trading and the post-earnings-announcement drift[J]. The Accounting Review, 86 (2): 385-416.

Badrinath S G, Kale J R, Noe T H. 1995. Of shepherds, sheep, and the cross-autocorrelations in equity returns[J]. The Review of Financial Studies, 8 (2): 401-430.

Bailey W, Cai J, Cheung Y L, et al. 2009. Stock returns, order imbalances, and commonality: Evidence on individual, institutional, and proprietary investors in China[J]. Journal of Banking & Finance, 33 (1): 9-19.

Baker M, Stein J C. 2004. Market liquidity as a sentiment indicator[J]. Journal of Financial Markets, 7 (3): 271-299.

Baker S R, Bloom N, Davis S J. 2016. Measuring economic policy uncertainty[J]. The Quarterly Journal of Economics, 131 (4): 1593-1636.

Bali T G, Cakici N, Whitelaw R F. 2011. Maxing out: Stocks as lotteries and the cross-section of expected returns[J]. Journal of Financial Economics, 99 (2): 427-446.

Bali T G, Demirtas K O, Levy H. 2009. Is there an intertemporal relation between downside risk and expected returns?[J]. Journal of Financial and Quantitative Analysis, 44 (4): 883-909.

Bali T, Hirshleifer D, Peng L, et al. 2021. Attention, social interaction, and investor attraction to lottery stocks [R]. Cambridge: National Bureau of Economic Research.

Bandi F M, Russell J R. 2008. Microstructure noise, realized variance, and optimal sampling[J]. Review of Economic Studies, 75 (2): 339-369.

Banerjee S. 2011. Learning from prices and the dispersion in beliefs[J]. The Review of Financial Studies, 24 (9): 3025-3068.

Bansal N, Connolly R A, Stivers C. 2010. Regime-switching in stock index and Treasury futures returns and measures of stock market stress[J]. Journal of Futures Markets, 30 (8): 753-779.

Banz R W. 1981. The relationship between return and market value of common stocks[J]. Journal of Financial Economics, 9 (1): 3-18.

Barber B M, Lee Y T, Liu Y J, et al. 2009. Just how much do individual investors lose by trading?[J]. The Review of Financial Studies, 22 (2): 609-632.

Barber B M, Odean T. 2000. Trading is hazardous to your wealth: The common stock investment performance of individual investors[J]. The Journal of Finance, 55 (2): 773-806.

Barber B M, Odean T. 2002. Online investors: Do the slow die first?[J]. The Review of Financial Studies, 15 (2): 455-488.

Barber B M, Odean T. 2008. All that glitters: The effect of attention and news on the buying behavior of individual and institutional investors[J]. The Review of Financial Studies, 21 (2): 785-818.

Barber B M, Odean T. 2013. The Behavior of Individual Investors[M]//Handbook of the Economics of Finance. Amsterdam: Elsevier: 1533-1570.

Barberis N. 2000. Investing for the long run when returns are predictable[J]. The Journal of Finance, 55 (1): 225-264.

Barberis N, Huang M. 2008. Stocks as lotteries: The implications of probability weighting for security prices[J]. American Economic Review, 98 (5): 2066-2100.

Barberis N, Huang M, Santos T. 2001. Prospect theory and asset prices[J]. The Quarterly Journal of Economics, 116 (1): 1-53.

Barberis N, Shleifer A, Wurgler J. 2005. Comovement[J]. Journal of Financial Economics, 75 (2): 283-317.

Basak S, Chabakauri G. 2010. Dynamic mean-variance asset allocation[J]. The Review of Financial Studies, 23 (8): 2970-3016.

Basu S. 1983. The relationship between earnings' yield, market value and return for NYSE common stocks further evidence[J]. Journal of Financial Economics, 12 (1): 129-156.

Battalio R H, Mendenhall R R. 2005. Earnings expectations, investor trade size, and anomalous returns around earnings announcements[J]. Journal of Financial Economics, 77 (2): 289-319.

Bauer R A. 1960. Consumer behavior as risk taking [C]// Proceedings of the 43rd Conference of the American Marketing Association, Chicago: 389-398.

Bawa V S, Lindenberg E B. 1977. Capital market equilibrium in a mean-lower partial moment framework[J]. Journal of Financial Economics, 5 (2): 189-200.

Bernard V L, Thomas J K. 1989. Post-earnings-announcement drift: Delayed price response or risk premium?[J]. Journal of Accounting Research, 27: 1-36.

Bernhardt D, Campello M, Kutsoati E. 2006. Who herds? [J]. Journal of Financial Economics, 80 (3): 657-675.

Berrada T, Detemple J, Rindisbacher M. 2018. Asset pricing with beliefs-dependent risk aversion and learning[J]. Journal of Financial Economics, 128 (3): 504-534.

Bhandari L C. 1988. Debt/equity ratio and expected common stock returns: Empirical evidence[J]. The Journal of Finance, 43 (2): 507-528.

Birru J, Wang B L. 2016. Nominal price illusion[J]. Journal of Financial Economics, 119 (3): 578-598.

Blankespoor E, Miller G S, White H D. 2014. The role of dissemination in market liquidity: Evidence from firms' use of twitter™[J]. The Accounting Review, 89 (1): 79-112.

Boehme R D, Danielsen B R, Sorescu S M. 2006. Short-sale constraints, differences of opinion, and overvaluation[J]. Journal of Financial and Quantitative Analysis, 41 (2): 455-487.

Bogan V. 2008. Stock market participation and the internet[J]. Journal of Financial and Quantitative Analysis, 43 (1): 191-211.

Bollerslev T. 1986. Generalized autoregressive conditional heteroskedasticity[J]. Journal of Econometrics, 31 (3): 307-327.

Brogaard J, Detzel A. 2015. The asset-pricing implications of government economic policy uncertainty[J]. Management Science, 61 (1): 3-18.

Brown L D, Han J C Y. 2000. Do stock prices fully reflect the implications of current earnings for future earnings for AR1 firms?[J]. Journal of Accounting Research, 38 (1): 149-164.

Brown N C, Stice H, White R M. 2015. Mobile communication and local information flow: Evidence from distracted driving laws[J]. Journal of Accounting Research, 53 (2): 275-329.

Brown T, Grant S M, Winn A M. 2020. The effect of mobile device use and headline focus on investor judgments[J]. Accounting, Organizations and Society, 83: 101100.

Brunnermeier M K.2001. Asset Pricing under Asymmetric Information: Bubbles, Crashes, Technical Analysis, and Herding[M]. Oxford: Oxford University Press.

Buraschi A, Jiltsov A. 2006. Model uncertainty and option markets with heterogeneous beliefs[J]. The Journal of Finance, 61 (6): 2841-2897.

Buss A, Schöenleber L, Vilkov G. 2018. Expected stock returns and the correlation risk premium[J]. SSRN Electronic Journal.

Campbell J, Cochrane J. 1999. By force of habit: A consumption-based explanation of aggregate stock market behavior[J]. Journal of Political Economy, 107 (2): 205-251.

Campbell J Y, Ramadorai T, Schwartz A. 2009. Caught on tape: Institutional trading, stock returns, and earnings announcements[J]. Journal of Financial Economics, 92 (1): 66-91.

Campbell J Y, Thompson S B. 2008. Predicting excess stock returns out of sample: Can anything beat the historical average?[J]. The Review of Financial Studies, 21 (4): 1509-1531.

Caparrelli F, D'Arcangelis A M, Cassuto A. 2004. Herding in the Italian stock market: A case of behavioral finance[J]. Journal of Behavioral Finance, 5 (4): 222-230.

Carhart M M. 1997. On persistence in mutual fund performance[J]. The Journal of Finance, 52 (1): 57-82.

Chae J. 2005. Trading volume, information asymmetry, and timing information[J]. The Journal of Finance, 60 (1): 413-442.

Chan F, Pauwels L L. 2018. Some theoretical results on forecast combinations[J]. International Journal of Forecasting, 34 (1): 64-74.

Chang E C, Cheng J W, Khorana A. 2000. An examination of herd behavior in equity markets: An international perspective[J]. Journal of Banking & Finance, 24 (10): 1651-1679.

Chauvet M, Potter S. 2002. Predicting a recession: Evidence from the yield curve in the presence of structural breaks[J]. Economics Letters, 77 (2): 245-253.

Chen H, Parsley D, Yang Y W. 2015. Corporate lobbying and firm performance[J]. Journal of Business Finance & Accounting, 42 (3/4): 444-481.

Chen J, Tang G H, Yao J Q, et al. 2022. Investor attention and stock returns[J]. Journal of Financial and Quantitative Analysis, 57 (2): 455-484.

Chen X, Diao X D, Wu C F. 2022. Heterogeneous investor attention and post earnings announcement drift: Evidence from China[J]. Economic Modelling, 110: 105796.

Chen Y C, Wu H C, Huang J J. 2017. Herd behavior and rational expectations: A test of China's market using quantile regression[J]. International Journal of Economics and Financial Issues, 7: 649-663.

Cheng F Y, Chiao C, Wang C F, et al. 2021. Does retail investor attention improve stock liquidity? A dynamic perspective[J]. Economic Modelling, 94: 170-183.

Chiang T C, Li J D, Tan L. 2010. Empirical investigation of herding behavior in Chinese stock markets: Evidence from quantile regression analysis[J]. Global Finance Journal, 21(1): 111-124.

Chiang T C, Zheng D Z. 2010. An empirical analysis of herd behavior in global stock markets[J]. Journal of Banking & Finance, 34 (8): 1911-1921.

Chong T T L, Liu X J, Zhu C Q. 2017. What explains herd behavior in the Chinese stock market?[J]. Journal of Behavioral Finance, 18 (4): 448-456.

Chordia T, Goyal A, Sadka G, et al. 2009. Liquidity and the post-earnings-announcement drift[J]. Financial Analysts Journal, 65 (4): 18-32.

Chordia T, Subrahmanyam A, Anshuman V R. 2001. Trading activity and expected stock returns[J]. Journal of Financial Economics, 59 (1): 3-32.

Christiansen C, Schmeling M, Schrimpf A. 2012. A comprehensive look at financial volatility prediction by economic variables[J]. Journal of Applied Econometrics, 27 (6): 956-977.

Christie W G, Huang R D. 1995. Following the pied piper: Do individual returns herd around the market?[J]. Financial Analysts Journal, 51 (4): 31-37.

Chung D Y, Hrazdil K. 2011. Market efficiency and the post-earnings announcement drift[J]. Contemporary Accounting Research, 28 (3): 926-956.

Claeskens G, Magnus J R, Vasnev A L, et al. 2016. The forecast combination puzzle: A simple theoretical explanation[J]. International Journal of Forecasting, 32 (3): 754-762.

Clark T E, West K D. 2007. Approximately normal tests for equal predictive accuracy in nested models[J]. Journal of Econometrics, 138 (1): 291-311.

Clor-Proell S M, Guggenmos R D, Rennekamp K. 2020. Mobile devices and investment news Apps: The effects of information release, push notification, and the fear of missing out[J]. The Accounting Review, 95 (5): 95-115.

Cochrane J H. 1999. New facts in finance [J]. Economic Perspectives, 23: 36-58.

Cochrane J H. 2007. Financial Markets and the Real Economy[M]// Mehra R. Handbook of the

Equity Premium. Elsevier: Amsterdam.

Connolly R, Stivers C, Sun L C. 2005. Stock market uncertainty and the stock-bond return relation[J]. Journal of Financial and Quantitative Analysis, 40 (1): 161-194.

Corsi F. 2009. A simple approximate long-memory model of realized volatility[J]. Journal of Financial Econometrics, 7 (2): 174-196.

Da Z, Engelberg J, Gao P, et al. 2011. In search of attention[J]. Journal of Finance, 66(5): 1461-1499.

Daigler R T, Rossi L. 2006. A portfolio of stocks and volatility[J]. The Journal of Investing, 15 (2): 99-106.

Dangl T, Halling M. 2012. Predictive regressions with time-varying coefficients[J]. Journal of Financial Economics, 106 (1): 157-181.

Dash S, Moran M T. 2005. VIX as a companion for hedge fund portfolios[J]. The Journal of Alternative Investments, 8 (3): 75-80.

Datar V T, Naik N Y, Radcliffe R. 1998. Liquidity and stock returns: An alternative test[J]. Journal of Financial Markets, 1 (2): 203-219.

David A. 2008. Heterogeneous beliefs, speculation, and the equity premium[J]. The Journal of Finance, 63 (1): 41-83.

Davis F D, Bagozzi R P, Warshaw P R. 1989. User acceptance of computer technology: A comparison of two theoretical models[J]. Management Science, 35 (8): 982-1003.

DellaVigna S, Pollet J M. 2009. Investor inattention and Friday earnings announcements[J]. The Journal of Finance, 64 (2): 709-749.

DeMiguel V, Plyakha Y, Uppal R, et al. 2013. Improving portfolio selection using option-implied volatility and skewness[J]. Journal of Financial and Quantitative Analysis, 48 (6): 1813-1845.

Demirer R, Kutan A M. 2006. Does herding behavior exist in Chinese stock markets?[J]. Journal of International Financial Markets, Institutions and Money, 16 (2): 123-142.

Dennis P J, Strickland D. 2002. Who blinks in volatile markets, individuals or institutions?[J]. The Journal of Finance, 57 (5): 1923-1949.

Dhaoui A, Bensalah N. 2017. Asset valuation impact of investor sentiment: A revised Fama-French five-factor model[J]. Journal of Asset Management, 18 (1): 16-28.

Diebold F X, Lee J H, Weinbach G C. 1994. Regime Switching with Time-Varying Transition Probabilities[M]//Nonstationary Time Series Analysis and Cointegration. Oxford: Oxford University Press: 283-302.

Diebold F X, Mariano R S. 1995. Comparing predictive accuracy[J]. Journal of Business & Economic Statistics, 13 (3): 253-263.

Diebold F X, Schorfheide F, Shin M. 2017. Real-time forecast evaluation of DSGE models with stochastic volatility[J]. Journal of Econometrics, 201 (2): 322-332.

Diether K B, Malloy C J, Scherbina A. 2002. Differences of opinion and the cross section of stock returns[J]. The Journal of Finance, 57 (5): 2113-2141.

Dimson E. 1979. Risk measurement when shares are subject to infrequent trading[J]. Journal of

Financial Economics, 7 (2): 197-226.

Dinç I S. 2005. Politicians and banks: Political influences on government-owned banks in emerging markets[J]. Journal of Financial Economics, 77 (2): 453-479.

Ding Z X, Granger C W J, Engle R F. 1993. A long memory property of stock market returns and a new model[J]. Journal of Empirical Finance, 1 (1): 83-106.

Dixit A, Grossman G, Helpman E. 1997. Common agency and coordination: General theory and application to government policy making[J]. Journal of Political Economy, 105 (4): 752-769.

Døskeland T M, Hvide H K. 2011. Do individual investors have asymmetric information based on work experience?[J]. The Journal of Finance, 66 (3): 1011-1041.

Doukas J A, Kim C F, Pantzalis C. 2006. Divergence of opinion and equity returns[J]. Journal of Financial and Quantitative Analysis, 41 (3): 573-606.

Drake M S, Jennings J, Roulstone D T, et al. 2017. The comovement of investor attention[J]. Management Science, 63 (9): 2847-2867.

Drake M S, Roulstone D, Thornock J R. 2015. The determinants and consequences of information acquisition via EDGAR [J]. Contemporary Accounting Research, 32: 1128-1161.

Driesprong G, Jacobsen B, Maat B. 2008. Striking oil: Another puzzle?[J]. Journal of Financial Economics, 89 (2): 307-327.

Driessen J, Maenhout P J, Vilkov G. 2013. Option-implied correlations and the price of correlation risk [J]. SSRN Electronic Journal.

Duchin R, Gao Z Y, Shu H B. 2020. The role of government in firm outcomes[J]. The Review of Financial Studies, 33 (12): 5555-5593.

Duchin R, Sosyura D. 2012. The politics of government investment[J]. Journal of Financial Economics, 106 (1): 24-48.

Dumas B, Kurshev A, Uppal R. 2009. Equilibrium portfolio strategies in the presence of sentiment risk and excess volatility[J]. The Journal of Finance, 64 (2): 579-629.

Dyl E A, Elliott W B. 2006. The share price puzzle [J]. Journal of Business, 79 (4): 2045-2066.

Easley D, Hvidkjaer S, O'Hara M. 2002. Is information risk a determinant of asset returns?[J]. The Journal of Finance, 57 (5): 2185-2221.

Engelberg J E, Parsons C A. 2011. The causal impact of media in financial markets[J]. The Journal of Finance, 66 (1): 67-97.

Engle R F. 1982. Autoregressive conditional heteroscedasticity with estimates of the variance of United Kingdom inflation [J]. Econometrica: Journal of the Econometric Society, 50 (4): 987-1007.

Engle R, Kelly B. 2012. Dynamic equicorrelation[J]. Journal of Business & Economic Statistics, 30 (2): 212-228.

Engle R F, Ghysels E, Sohn B. 2013. Stock market volatility and macroeconomic fundamentals[J]. Review of Economics and Statistics, 95 (3): 776-797.

Engle R F, Rangel J G. 2008. The spline-GARCH model for low-frequency volatility and its global macroeconomic causes[J]. The Review of Financial Studies, 21 (3): 1187-1222.

Eom Y, Hahn J, Sohn W. 2019. Individual investors and post-earnings-announcement drift: Evidence from Korea[J]. Pacific-Basin Finance Journal, 53: 379-398.

Faccio M. 2006. Politically connected firms[J]. American Economic Review, 96 (1): 369-386.

Faccio M, Masulis R W, McConnell J J. 2006. Political connections and corporate bailouts[J]. Journal of Finance, 61 (6): 2597-2635.

Fang L, Peress J. 2009. Media coverage and the cross-section of stock returns[J]. The Journal of Finance, 64 (5): 2023-2052.

Fama E F, French K R. 1992. The cross-section of expected stock returns[J]. The Journal of Finance, 47 (2): 427-465.

Fama E F, French K R. 1993. Common risk factors in the returns on stocks and bonds[J]. Journal of Financial Economics, 33 (1): 3-56.

Fama E F, French K R. 2015. A five-factor asset pricing model[J]. Journal of Financial Economics, 116 (1): 1-22.

Fama E F, MacBeth J D. 1973. Risk, return, and equilibrium: Empirical tests[J]. Journal of Political Economy, 81 (3): 607-636.

Fan J Q, Li Q F, Wang Y Y. 2017. Estimation of high dimensional mean regression in the absence of symmetry and light tail assumptions[J]. Journal of the Royal Statistical Society Series B, Statistical Methodology, 79 (1): 247-265.

Favre L, Galeano J A. 2002. Mean-modified value-at-risk optimization with hedge funds[J]. The Journal of Alternative Investments, 5 (2): 21-25.

Featherman M. 2001. Is perceived risk germane to technology acceptance research? [C]// AMCIS Proceedings, Bosto: 1-5.

Fleming J, Kirby C, Ostdiek B. 2001. The economic value of volatility timing[J]. The Journal of Finance, 56 (1): 329-352.

Foster G, Olsen C, Shevlin T. 1984. Earnings releases, anomalies, and the behavior of security returns [J]. Accounting Review, 59 (4): 574-603.

Frank M Z, Sanati A. 2018. How does the stock market absorb shocks?[J]. Journal of Financial Economics, 129 (1): 136-153.

Frankel R, Johnson M, Skinner D J. 1999. An empirical examination of conference calls as a voluntary disclosure medium[J]. Journal of Accounting Research, 37 (1): 133-150.

Franzoni F, Schmalz M C. 2017. Fund flows and market states [J]. Review of Financial Studies, 30 (8): 2621-2673.

Friedman M. 1957. A Theory of the Consumption Function [M]. Princeton: Princeton University Press.

Friend I, Westerfield R, Granito M. 1978. New evidence on the capital asset pricing model[J]. The Journal of Finance, 33 (3): 903-917.

Froot K A, Scharfstein D S, Stein J C. 1992. Herd on the street: Informational inefficiencies in a market with short-term speculation[J]. The Journal of Finance, 47 (4): 1461-1484.

Frye T, Shleifer A. 1997. The invisible hand and the grabbing hand [J]. American Economic Review, 87: 354-358.

Galariotis E C, Rong W, Spyrou S I. 2015. Herding on fundamental information: A comparative study[J]. Journal of Banking & Finance, 50: 589-598.

Garfinkel J A. 2009. Measuring investors' opinion divergence[J]. Journal of Accounting Research, 47 (5): 1317-1348.

Giacomini R, Rossi B. 2009. Detecting and predicting forecast breakdowns[J]. Review of Economic Studies, 76 (2): 669-705.

Giraitis L, Kapetanios G, Price S. 2013. Adaptive forecasting in the presence of recent and ongoing structural change[J]. Journal of Econometrics, 177 (2): 153-170.

Gneiting T. 2011. Making and evaluating point forecasts[J]. Journal of the American Statistical Association, 106 (494): 746-762.

Goh J, Jeon B H. 2017. Post-earnings-announcement-drift and 52-week high: Evidence from Korea[J]. Pacific-Basin Finance Journal, 44: 150-159.

Goldman E, Rocholl J, So J. 2013. Politically connected boards of directors and the allocation of procurement contracts[J]. Review of Finance, 17 (5): 1617-1648.

Gompers P A, Metrick A. 2001. Institutional investors and equity prices[J]. The Quarterly Journal of Economics, 116 (1): 229-259.

Gordon S, St-Amour P. 2000. A preference regime model of bull and bear markets[J]. American Economic Review, 90 (4): 1019-1033.

Grant A M. 2017. Solution-focused cognitive–behavioral coaching for sustainable high performance and circumventing stress, fatigue, and burnout[J]. Consulting Psychology Journal: Practice and Research, 69 (2): 98-111.

Grant S M. 2016. Information choice within disclosures, mobile devices, and investor estimates of fundamental value[D]. Urbana-Champaign: University of Illinois at Urbana-Champaign.

Grant S M. 2020. How does using a mobile device change investors' reactions to firm disclosures?[J]. Journal of Accounting Research, 58 (3): 741-775.

Greene J, Smart S. 1999. Liquidity provision and noise trading: Evidence from the "investment dartboard" column[J]. The Journal of Finance, 54 (5): 1885-1899.

Grenadier S R, Wang N. 2007. Investment under uncertainty and time-inconsistent preferences[J]. Journal of Financial Economics, 84 (1): 2-39.

Grinblatt M, Keloharju M.2000. The investment behavior and performance of various investor types: A study of Finland's unique data set[J]. Journal of Financial Economics, 55 (1): 43-67.

Grinblatt M, Keloharju M. 2009. Sensation seeking, overconfidence, and trading activity[J]. The Journal of Finance, 64 (2): 549-578.

Grinblatt M, Titman S, Wermers R. 1995. Momentum investment strategies, portfolio performance, and herding: A study of mutual fund behavior [J]. American Economic Review, 85 (5):

1088-1105.

Grossman S J, Stiglitz J E. 1980. On the impossibility of informationally efficient markets [J]. American Economic Review, 70 (3): 393-408.

Grullon G, Kanatas G, Weston J P. 2004. Advertising, breadth of ownership, and liquidity[J]. The Review of Financial Studies, 17 (2): 439-461.

Gu B, Konana P, Rajagopalan B, et al. 2007. Competition among virtual communities and user valuation: The case of investing-related communities[J]. Information Systems Research, 18 (1): 68-85.

Guidolin M, Timmermann A. 2007. Asset allocation under multivariate regime switching[J]. Journal of Economic Dynamics and Control, 31 (11): 3503-3544.

Guidolin M, Timmermann A. 2008. International asset allocation under regime switching, skew, and kurtosis preferences[J]. The Review of Financial Studies, 21 (2): 889-935.

Guiso L, Sapienza P, Zingales L. 2018. Time varying risk aversion [J]. Journal of Financial Economics, 128 (3): 403-421.

Guo B, Zhang W, Zhang Y J, et al. 2017. The five-factor asset pricing model tests for the Chinese stock market[J]. Pacific-Basin Finance Journal, 43: 84-106.

Hall R E, Mishkin F S. 1982. The sensitivity of consumption to transitory income: Estimates from panel data on households[J]. Econometrica, 50 (2): 461-481.

Hamilton J D. 1989. A new approach to the economic analysis of nonstationary time series and the business cycle[J]. Econometrica, 57 (2): 357-384.

Han B, Kumar A. 2013. Speculative retail trading and asset prices[J]. Journal of Financial and Quantitative Analysis, 48 (2): 377-404.

Harris C, Laibson D. 2001. Dynamic choices of hyperbolic consumers[J]. Econometrica, 69 (4): 935-957.

Henkel S J, Martin J S, Nardari F. 2011. Time-varying short-horizon predictability[J]. Journal of Financial Economics, 99 (3): 560-580.

Hervé F, Zouaoui M, Belvaux B. 2019. Noise traders and smart money: Evidence from online searches[J]. Economic Modelling, 83: 141-149.

Hilal S, Poon S H, Tawn J. 2011. Hedging the black swan: Conditional heteroskedasticity and tail dependence in S&P500 and VIX[J]. Journal of Banking & Finance, 35 (9): 2374-2387.

Hirshleifer D, Subrahmanyam A, Titman S. 1994. Security analysis and trading patterns when some investors receive information before others[J]. The Journal of Finance, 49 (5): 1665-1698.

Hirshleifer D, Teoh S H. 2003. Limited attention, information disclosure, and financial reporting[J]. Journal of Accounting and Economics, 36 (1/2/3): 337-386.

Hirshleifer D A. 2001. Investor psychology and asset pricing [J]. Journal of Finance, 56 (4): 1533-1597.

Hirshleifer D A, Myers J N, Myers L A, et al. 2008. Do individual investors cause post-earnings announcement drift? Direct evidence from personal trades[J]. The Accounting Review, 83 (6):

1521-1550.

Hong H, Lim T, Stein J C. 2000a. Bad news travels slowly: Size, analyst coverage, and the profitability of momentum strategies[J]. The Journal of Finance, 55 (1): 265-295.

Hong H, Kubik J D, Solomon A. 2000b. Security analysts' career concerns and herding of earnings forecasts[J]. The RAND Journal of Economics, 31 (1): 121-144.

Hong H, Stein J C. 2003. Differences of opinion, short-sales constraints, and market crashes[J]. The Review of Financial Studies, 16 (2): 487-525.

Hong H, Stein J C. 2007. Disagreement and the stock market[J]. Journal of Economic Perspectives, 21 (2): 109-128.

Hou K W, Loh R K. 2016. Have we solved the idiosyncratic volatility puzzle?[J]. Journal of Financial Economics, 121 (1): 167-194.

Hou K W, Xue C, Zhang L. 2015. Digesting anomalies: An investment approach[J]. The Review of Financial Studies, 28 (3): 650-705.

Huang D S, Jiang F W, Tu J, et al. 2015. Investor sentiment aligned: A powerful predictor of stock returns[J]. The Review of Financial Studies, 28 (3): 791-837.

Huang D, Kilic M. 2019. Gold, platinum, and expected stock returns[J]. Journal of Financial Economics, 132 (3): 50-75.

Huang S Y, Liu X, Yin C X. 2019. Investor target prices[J]. Journal of Empirical Finance, 54: 39-57.

Huang Z K, Li L X, Ma G R, et al. 2017. Hayek, local information, and commanding heights: Decentralizing state-owned enterprises in China[J]. American Economic Review, 107 (8): 2455-2478.

Huberman G, Regev T. 2001. Contagious speculation and a cure for cancer: A nonevent that made stock prices soar[J]. The Journal of Finance, 56 (1): 387-396.

Hung M, Li X, Wang S H. 2015. Post-earnings-announcement drift in global markets: Evidence from an information shock[J]. The Review of Financial Studies, 28 (4): 1242-1283.

Hwang S, Salmon M. 2004. Market stress and herding[J]. Journal of Empirical Finance, 11 (4): 585-616.

Ikeda S S. 2015. Two-scale realized kernels: A univariate case[J]. Journal of Financial Econometrics, 13 (1): 126-165.

Inoue A, Jin L, Rossi B. 2017. Rolling window selection for out-of-sample forecasting with time-varying parameters[J]. Journal of Econometrics, 196 (1): 55-67.

Inoue A, Rossi B. 2011. Identifying the sources of instabilities in macroeconomic fluctuations[J]. Review of Economics and Statistics, 93 (4): 1186-1204.

Jegadeesh N. 1990. Evidence of predictable behavior of security returns[J]. The Journal of Finance, 45 (3): 881-898.

Jegadeesh N, Titman S. 1993. Returns to buying winners and selling losers: Implications for stock market efficiency[J]. The Journal of Finance, 48 (1): 65-91.

Jiang G H, Lee C M C, Zhang Y. 2005. Information uncertainty and expected returns[J]. Review of

Accounting Studies, 10 (2): 185-221.

Jiao W T, Lilti J J. 2017. Whether profitability and investment factors have additional explanatory power comparing with Fama-French Three-Factor Model: Empirical evidence on Chinese A-share stock market[J]. China Finance and Economic Review, 5 (1): 7.

Jin Y H, Yan M Y, Xi Y Q, et al. 2016. Stock price synchronicity and stock price crash risk: Based on the mediating effect of herding behavior of QFII [J]. China Finance Review International, 6 (3): 230-244.

John K, Knyazeva A, Knyazeva D. 2011. Does geography matter? Firm location and corporate payout policy[J]. Journal of Financial Economics, 101 (3): 533-551.

Jorion P. 2002. How informative are value-at-risk disclosures?[J]. The Accounting Review, 77 (4): 911-931.

Kahneman D, Tversky A. 2013. Prospect Theory: An Analysis of Decision under Risk[M]//Handbook of the Fundamentals of Financial Decision Making: Part I. World Scientific: 99-127.

Kaizoji T, Leiss M, Saichev A, et al. 2015. Super-exponential endogenous bubbles in an equilibrium model of fundamentalist and Chartist traders[J]. Journal of Economic Behavior & Organization, 112: 289-310.

Kaniel R, Liu S M, Saar G, et al. 2012. Individual investor trading and return patterns around earnings announcements[J]. The Journal of Finance, 67 (2): 639-680.

Kaniel R, Saar G, Titman S. 2008. Individual investor trading and stock returns[J]. The Journal of Finance, 63 (1): 273-310.

Kelley E K, Tetlock P C. 2013. How wise are crowds? Insights from retail orders and stock returns[J]. The Journal of Finance, 68 (3): 1229-1265.

Kim C J, Nelson C R. 1999. Has the U.S. economy become more stable? A Bayesian approach based on a Markov-switching model of the business cycle[J]. Review of Economics and Statistics, 81 (4): 608-616.

Kim J B, Li L C, Yu Z B, et al. 2019. Local versus non-local effects of Chinese media and post-earnings announcement drift[J]. Journal of Banking & Finance, 106: 82-92.

Kong D M, Lin C, Liu S S. 2019. Does information acquisition alleviate market anomalies? Categorization bias in stock splits[J]. Review of Finance, 23 (1): 245-277.

Krishnan C, Petkova R, Ritchken P. 2009. Correlation risk [J]. Journal of Empirical Finance, 16 (3): 353-367.

Kubota K, Takehara H. 2018. Does the Fama and French five-factor model work well in Japan?[J]. International Review of Finance, 18 (1): 137-146.

Kumar A. 2009. Who gambles in the stock market [J]. Journal of Finance, 64 (4): 1889-1933.

Kumar A, Lee C M C. 2006. Retail investor sentiment and return comovements[J]. The Journal of Finance, 61 (5): 2451-2486.

Lakonishok J, Shleifer A, Vishny R W. 1992. The impact of institutional trading on stock prices[J]. Journal of Financial Economics, 32 (1): 23-43.

Lee C M C, Ready M J. 1991. Inferring trade direction from intraday data[J]. The Journal of Finance, 46 (2): 733-746.

Lee C M C, Swaminathan B. 2000. Price momentum and trading volume[J]. The Journal of Finance, 55 (5): 2017-2069.

Li C C, Li R, Diao X D, et al. 2020. Market segmentation and supply-chain predictability: Evidence from China[J]. Accounting & Finance, 60 (2): 1531-1562.

Li H T, Wu C F, Zhou C Y. 2022a. Time-varying risk aversion and dynamic portfolio allocation[J]. Operations Research, 70 (1): 23-37.

Li J, Yu J. 2012. Investor attention, psychological anchors, and stock return predictability [J]. Journal of Financial Economics, 104 (2): 401-419.

Li Q, Zhang T, Ding H. 2013. Herd behavior of the securities investment funds in China-empirical analysis based on periodic law and plate effect [J]. Journal of Central University of Finance and Economics, 6: 37-43.

Li T. 2007. Heterogeneous beliefs, asset prices, and volatility in a pure exchange economy [J]. Journal of Economic Dynamics and Control, 31 (5): 1697-1727.

Li Z L, Diao X D, Wu C F. 2022b. The influence of mobile trading on return dispersion and herding behavior[J]. Pacific-Basin Finance Journal, 73: 101767.

Li Z L, Diao X D, Wu C F. 2024. Attention allocation and return comovement when trading on smartphones: Evidence from China[J]. Applied Economics, 56 (25): 3011-3031.

Lin M C, Chiang M T. 2016. Beyond or under expectations? The effect of CSR on analyst forecasts and market reactions to earnings announcements [J]. International Research Journal of Applied Finance, 7 (12): 382-410.

Lin Q. 2017. Noisy prices and the Fama-French five-factor asset pricing model in China[J]. Emerging Markets Review, 31: 141-163.

Liu B B, Wang H J, Yu J F, et al. 2020. Time-varying demand for lottery: Speculation ahead of earnings announcements[J]. Journal of Financial Economics, 138 (3): 789-817.

Liu C L, Forsythe S. 2011. Examining drivers of online purchase intensity: Moderating role of adoption duration in sustaining post-adoption online shopping[J]. Journal of Retailing and Consumer Services, 18 (1): 101-109.

Liu J, Stambaugh R F, Yuan Y. 2019. Size and value in China [J]. Journal of Financial Economics, 134 (1): 48-69.

Liu L Y, Patton A J, Sheppard K. 2015. Does anything beat 5-minute RV? A comparison of realized measures across multiple asset classes[J]. Journal of Econometrics, 187 (1): 293-311.

Loh R K. 2010. Investor inattention and the underreaction to stock recommendations[J]. Financial Management, 39 (3): 1223-1252.

Lou D. 2014. Attracting investor attention through advertising[J]. The Review of Financial Studies, 27 (6): 1797-1829.

Lucas R E. 1978. Asset prices in an exchange economy[J]. Econometrica, 46 (6): 1429-1445.

Luce R D, Krantz D H. 1971. Conditional expected utility[J]. Econometrica, 39 (2): 253-271.

Lux T. 1995. Herd behaviour, bubbles and crashes[J]. The Economic Journal, 105 (431): 881-896.

Lynch A W. 2001. Portfolio choice and equity characteristics: Characterizing the hedging demands induced by return predictability[J]. Journal of Financial Economics, 62 (1): 67-130.

Malkiel B G, Cragg J G. 1970.Expectations and the structure of share prices [J]. American Economic Review, 60 (4): 601-617.

Malkiel B G, Xu Y. 2002. Idiosyncratic risk and security returns[D]. Dallas: University of Texas at Dallas.

Markowitz H. 1952. Portfolio selection[J]. The Journal of Finance, 7 (1): 77-91.

Mehra R, Prescott E C. 1985. The equity premium: A puzzle [J]. Journal of Monetary Economics, 15 (2): 145-161.

Menzly L, Ozbas O. 2010. Market segmentation and cross-predictability of returns[J]. The Journal of Finance, 65 (4): 1555-1580.

Merton R C. 1969. Lifetime portfolio selection under uncertainty: The continuous-time case[J]. The Review of Economics and Statistics, 51 (3): 247-257.

Merton R C. 1971. Optimum consumption and portfolio rules in a continuous-time model[J]. Journal of Economic Theory, 3 (4): 373-413.

Merton R C. 1980. On estimating the expected return on the market: An exploratory investigation [J]. Journal of Financial Economics, 8 (4): 323-361.

Merton R C. 1987. A simple model of capital market equilibrium with incomplete information[J]. The Journal of Finance, 42 (3): 483-510.

Mihov A, Naranjo A. 2017. Customer-base concentration and the transmission of idiosyncratic volatility along the vertical chain[J]. Journal of Empirical Finance, 40: 73-100.

Miller E M. 1977. Risk, uncertainty, and divergence of opinion[J]. The Journal of Finance, 32 (4): 1151-1168.

Miller G S, Skinner D J. 2015. The evolving disclosure landscape: How changes in technology, the media, and capital markets are affecting disclosure[J]. Journal of Accounting Research, 53 (2): 221-239.

Mitchell J, Hall S G. 2005. Evaluating, comparing and combining density forecasts using the KLIC with an application to the bank of England and NIESR 'fan' charts of inflation[J]. Oxford Bulletin of Economics and Statistics, 67 (s1): 995-1033.

Mitton T, Vorkink K. 2007. Equilibrium underdiversification and the preference for skewness[J]. The Review of Financial Studies, 20 (4): 1255-1288.

Nagel S. 2005. Short sales, institutional investors and the cross-section of stock returns[J]. Journal of Financial Economics, 78 (2): 277-309.

Nakagawa R, Oiwa H, Takeda F. 2012. The economic impact of herd behavior in the Japanese loan market[J]. Pacific-Basin Finance Journal, 20 (4): 600-613.

Neave E H. 1975. Multiperiod Consumption-Investment Decisions and Risk Preference[M]//

Stochastic Optimization Models in Finance. Amsterdam: Elsevier: 501-515.

Neely C J, Rapach D E, Tu J, et al. 2014. Forecasting the equity risk premium: The role of technical indicators[J]. Management Science, 60 (7): 1772-1791.

Ng J, Rusticus T O, Verdi R S. 2008. Implications of transaction costs for the post-earnings announcement drift[J]. Journal of Accounting Research, 46 (3): 661-696.

Novy-Marx R. 2012. Is momentum really momentum?[J]. Journal of Financial Economics, 103 (3): 429-453.

Pagan A R, Sossounov K A. 2003. A simple framework for analysing bull and bear markets[J]. Journal of Applied Econometrics, 18 (1): 23-46.

Palazzo B. 2012. Cash holdings, risk, and expected returns[J]. Journal of Financial Economics, 104 (1): 162-185.

Pan L, Tang Y, Xu J G. 2016. Speculative trading and stock returns[J]. Review of Finance, 20 (5): 1835-1865.

Patatoukas P N. 2012. Customer-base concentration: Implications for firm performance and capital markets[J]. The Accounting Review, 87 (2): 363-392.

Patro A, Kanagaraj A. 2012. Exploring the herding behaviour in Indian mutual fund industry[J]. Asian Journal of Finance & Accounting, 4 (1): 189-204.

Patton A J, Sheppard K. 2015. Good volatility, bad volatility: Signed jumps and the persistence of volatility[J]. Review of Economics and Statistics, 97 (3): 683-697.

Paye B S. 2012. 'Déjà vol': Predictive regressions for aggregate stock market volatility using macroeconomic variables[J]. Journal of Financial Economics, 106 (3): 527-546.

Peng L, Xiong W. 2006. Investor attention, overconfidence and category learning[J]. Journal of Financial Economics, 80 (3): 563-602.

Pesaran M H, Pettenuzzo D, Timmermann A. 2006. Forecasting time series subject to multiple structural breaks [J]. Review of Economic Studies, 73 (4): 1057-1084.

Pesaran M H, Pick A, Pranovich M. 2013. Optimal forecasts in the presence of structural breaks[J]. Journal of Econometrics, 177 (2): 134-152.

Pesaran M H, Timmermann A. 1995. Predictability of stock returns: Robustness and economic significance[J]. The Journal of Finance, 50 (4): 1201-1228.

Pesaran M H, Timmermann A. 2002. Market timing and return prediction under model instability[J]. Journal of Empirical Finance, 9 (5): 495-510.

Pesaran M H, Timmermann A. 2007. Selection of estimation window in the presence of breaks[J]. Journal of Econometrics, 137 (1): 134-161.

Politis D N, Romano J P. 1994. The stationary bootstrap[J]. Journal of the American Statistical Association, 89 (428): 1303-1313.

Pollet J M, Wilson M. 2010. Average correlation and stock market returns[J]. Journal of Financial Economics, 96 (3): 364-380.

Qin X, Zhou C. 2021. Systemic risk allocation using the asymptotic marginal expected shortfall[J].

Journal of Banking & Finance, 126: 106099.

Qu S, Starks L, Yan H. 2003. Risk, dispersion of analyst forecasts and stock returns [C]// University of Texas at Austin Working Paper, Austin: 1-33.

Racicot F E, Rentz W F. 2017. A panel data robust instrumental variable approach: A test of the new Fama-French five-factor model[J]. Applied Economics Letters, 24 (6): 410-416.

Rapach D, Zhou G F. 2013. Forecasting Stock Returns[M]//Handbook of Economic Forecasting. Amsterdam: Elsevier: 328-383.

Rapach D E, Ringgenberg M C, Zhou G F. 2016. Short interest and aggregate stock returns[J]. Journal of Financial Economics, 121 (1): 46-65.

Rapach D E, Strauss J K, Zhou G F. 2010. Out-of-sample equity premium prediction: Combination forecasts and links to the real economy[J]. The Review of Financial Studies, 23 (2): 821-862.

Rapach D E, Wohar M E. 2006. Structural breaks and predictive regression models of aggregate U.S. stock returns[J]. Journal of Financial Econometrics, 4 (2): 238-274.

Roberts B E. 1990. A dead senator tells no lies: Seniority and the distribution of federal benefits[J]. American Journal of Political Science, 34 (1): 31-58.

Rogers B.2003. Effective Supply Teaching: Behaviour Management, Classroom Discipline and Colleague Support[M]. Los Angeles: Sage Publications.

Rubin A, Rubin E. 2010. Informed investors and the internet[J]. Journal of Business Finance & Accounting, 37 (7/8): 841-865.

Samuelson P A. 1969. Lifetime portfolio selection by dynamic stochastic programming[J]. The Review of Economics and Statistics, 51 (3): 239-246.

Savage L. 1954. The Foundations of Statistics [M]. New York: John Wiley and Sons.

Saxton G D. 2012. New media and external accounting information: A critical review[J]. Australian Accounting Review, 22 (3): 286-302.

Scharfstein D S, Stein J C. 1990. Herd behavior and investment [J]. American Economic Review, 80: 465-479.

Scheinkman J, Xiong W. 2003. Overconfidence and speculative bubbles[J]. Journal of Political Economy, 111 (6): 1183-1220.

Scholes M, Williams J. 1977. Estimating betas from nonsynchronous data[J]. Journal of Financial Economics, 5 (3): 309-327.

Schultz P. 2000. Stock splits, tick size, and sponsorship[J]. The Journal of Finance, 55 (1): 429-450.

Schwert G W. 1989. Why does stock market volatility change over time?[J]. The Journal of Finance, 44 (5): 1115-1153.

Seasholes M S, Wu G J. 2007. Predictable behavior, profits, and attention[J]. Journal of Empirical Finance, 14 (5): 590-610.

Segnon M, Gupta R, Bekiros S, et al. 2018. Forecasting US GNP growth: The role of uncertainty[J]. Journal of Forecasting, 37 (5): 541-559.

Sensier M, van Dijk D. 2004. Testing for volatility changes in U.S. macroeconomic time series[J].

Review of Economics and Statistics, 86 (3): 833-839.

Shalen C T. 1993. Volume, volatility, and the dispersion of beliefs[J]. The Review of Financial Studies, 6 (2): 405-434.

Sharpe W F. 1964. Capital asset prices: A theory of market equilibrium under conditions of risk[J]. The Journal of Finance, 19 (3): 425-442.

Shiller R J. 2002. Bubbles, human judgment, and expert opinion[J]. Financial Analysts Journal, 58 (3): 18-26.

Shin H, Park S. 2018. Do foreign investors mitigate anchoring bias in stock market? Evidence based on post-earnings announcement drift[J]. Pacific-Basin Finance Journal, 48: 224-240.

Shiva A, Narula S, Shahi S K. 2020. What drives retail investors' investment decisions? Evidence from no mobile phone phobia (Nomophobia) and investor fear of missing out (I-FoMo) [J]. Journal of Content, Community and Communication, 10 (6): 2-20.

Shleifer A, Summers L H. 1990. The noise trader approach to finance[J]. Journal of Economic Perspectives, 4 (2): 19-33.

Shleifer A, Vishny R W. 1998. The Grabbing Hand: Government Pathologies and Their Cures [M]. Cambridge, MA: Harvard University Press.

Singh S, Yadav S S. 2015. Indian stock market and the asset pricing models [J]. Procedia Economics and Finance, 30: 294-304.

Smith J, Wallis K F. 2009. A simple explanation of the forecast combination puzzle[J]. Oxford Bulletin of Economics and Statistics, 71 (3): 331-355.

Sprenger T O, Tumasjan A, Sandner P G, et al. 2014. Tweets and trades: The information content of stock microblogs[J]. European Financial Management, 20 (5): 926-957.

Stattman D. 1980. Book values and stock returns [J]. The Chicago MBA: A Journal of Selected Papers, 4 (1): 25-45.

Steffensen M. 2011. Optimal consumption and investment under time-varying relative risk aversion[J]. Journal of Economic Dynamics and Control, 35 (5): 659-667.

Stock J H, Watson M W. 1999. Business cycle fluctuations in U.S. macroeconomic time series[J]. Handbook of Macroeconomics, 1: 3-64.

Subrahmanyam A. 2005. On the stability of the cross-section of expected stock returns in the cross-section: Understanding the curious role of share turnover[J]. European Financial Management, 11 (5): 661-678.

Takeda F, Wakao T. 2014. Google search intensity and its relationship with returns and trading volume of Japanese stocks[J]. Pacific-Basin Finance Journal, 27: 1-18.

Tan L, Chiang T C, Mason J R, et al. 2008. Herding behavior in Chinese stock markets: An examination of A and B shares[J]. Pacific-Basin Finance Journal, 16 (1/2): 61-77.

Taylor S, Todd P A. 1995. Understanding information technology usage: A test of competing models[J]. Information Systems Research, 6 (2): 144-176.

Toda H Y, Yamamoto T. 1995. Statistical inference in vector autoregressions with possibly integrated processes[J]. Journal of Econometrics, 66 (1/2): 225-250.

Tornatzky L G, Fleischer M. 1990. The Processes of Technological Innovation [M]. Lexington, Massachusetts: Lexington Books.

Venkatesh V, Davis F D. 2000. A theoretical extension of the technology acceptance model: Four longitudinal field studies[J]. Management Science, 46 (2): 186-204.

Venkatesh V, Morris M G, Davis G B, et al. 2003. User acceptance of information technology: Toward a unified view [J]. MIS Quarterly, 27 (3): 425-478.

Wang F A. 1998. Strategic trading, asymmetric information and heterogeneous prior beliefs[J]. Journal of Financial Markets, 1 (3/4): 321-352.

Wang Y D, Diao X D, Pan Z Y, et al. 2019. Heterogeneous beliefs and aggregate market volatility revisited: New evidence from China[J]. Pacific-Basin Finance Journal, 55: 127-141.

Wang Y D, Hao X F, Wu C F. 2021. Forecasting stock returns: A time-dependent weighted least squares approach[J]. Journal of Financial Markets, 53: 100568.

Welagedara V, Deb S S, Singh H. 2017. Investor attention, analyst recommendation revisions, and stock prices[J]. Pacific-Basin Finance Journal, 45: 211-223.

Welch I, Goyal A. 2008. A comprehensive look at the empirical performance of equity premium prediction[J]. The Review of Financial Studies, 21 (4): 1455-1508.

Wermers R. 1999. Mutual fund herding and the impact on stock prices[J]. The Journal of Finance, 54 (2): 581-622.

White H. 2000. A reality check for data snooping[J]. Econometrica, 68 (5): 1097-1126.

Widrow B, Stearns S D. 1985. Adaptive Signal Processing [M]. Upper Saddle River:Prentice-Hall.

Wu H B, Wu C F. 2024. Mobile device use and the ranking effect on trading behavior: Evidence from natural experiments[J]. Pacific-Basin Finance Journal, 85: 102317.

Wu H B, Wu C F, Xu Y W. 2024. The impact of mobile device usage on lottery behavior: Evidence from China[J]. Applied Economics Letters, 31 (1): 81-86.

Xie T, Xu Y, Zhang X S. 2015. A new method of measuring herding in stock market and its empirical results in Chinese A-share market[J]. International Review of Economics & Finance, 37: 324-339.

Yao J, Ma C C, He W P. 2014. Investor herding behaviour of Chinese stock market[J]. International Review of Economics & Finance, 29: 12-29.

Yohe G W. 1979. Taxing consumption to finance reduced emissions: An alternative pollution control[J]. Economics Letters, 2 (1): 1-4.

Yu J L. 2011. Disagreement and return predictability of stock portfolios[J]. Journal of Financial Economics, 99 (1): 162-183.

Yu Y, Duan W J, Cao Q. 2013. The impact of social and conventional media on firm equity value: A sentiment analysis approach[J]. Decision Support Systems, 55 (4): 919-926.

Yuan J H, Deng R, Cao G. 2011. Imitating herding behavior: Based on computational experiments [J]. Systems Engineering-Theory & Practice, 31 (5): 855-862.

Yuan Y. 2015. Market-wide attention, trading, and stock returns[J]. Journal of Financial Economics,

116（3）：548-564.

Zangari P. 1996. A VaR methodology for portfolios that include options[J]. RiskMetrics Monitor，1：4-12.

Zaremba A，Czapkiewicz A. 2017. Digesting anomalies in emerging European markets: A comparison of factor pricing models[J]. Emerging Markets Review，31：1-15.

Zeldes S P. 1989. Consumption and liquidity constraints: An empirical investigation[J]. Journal of Political Economy，97（2）：305-346.

Zhang G Y，Zhang S J. 2013. Information efficiency of the U.S. credit default swap market: Evidence from earnings surprises[J]. Journal of Financial Stability，9（4）：720-730.

Zhang H，Mao H. 2007. Herd behavior, stock volatility and investment return: Empirical analysis based on the securities investment funds in China [J]. Economic Theory and Business Management，10：50-54.

Zhang X F. 2006. Information uncertainty and stock returns[J]. The Journal of Finance，61（1）：105-137.

Zhang Y H，Li Y，Su Z F，et al. 2014. Can internet search predict the stock market? [J]. Journal of Financial Research，2：193-206.

Zhou D H，Zhao Y J. 2016. Can microblogging information disclosure help to reduce stock price synchronicity? [J]. Contemporary Finance & Economics，8：109-120.

Zhu X N，Zhu J. 2013. Predicting stock returns: A regime-switching combination approach and economic links[J]. Journal of Banking & Finance，37（11）：4120-4133.